ŒUVRES COMPLÈTES
DE VOLTAIRE

TOME QUARANTE ET UNIÈME

PARIS
LIBRAIRIE HACHETTE ET Cie
79, BOULEVARD SAINT-GERMAIN, 79

A LA MÊME LIBRAIRIE

ŒUVRES
DES PRINCIPAUX ÉCRIVAINS FRANÇAIS

VOLUMES IN-18 JÉSUS

On peut se procurer chaque volume de cette série relié en percaline gaufrée, tranches rognée, moyennant 50 cent.; en demi-reliure, dos en chagrin, tranches jaspées, moyennant 1 fr. 50 cent.; et avec tranches dorées, moyennant 2 fr. en sus du prix marqué.

1re Série à 1 franc 25 c. le volume.

Barthélemy : *Voyage du jeune Anacharsis en Grèce dans le milieu du IVe siècle avant l'ère chrétienne*. 3 volumes.
Atlas pour le Voyage du jeune Anacharsis, dressé par J.-D. Barbié de Bocage, revu par A.-D. Barbié du Bocage. In-8, 1 fr. 50 c.
Boileau : *Œuvres complètes*. 2 vol.
Bossuet : *Œuvres choisies*. 5 vol
Corneille : *Œuvres complètes*. 7 vol.
Fénelon : *Œuvres choisies*. 4 vol.
La Fontaine : *Œuvres complètes*. 3 volumes.
Marivaux : *Œuvres choisies*. 2 vol.
Molière : *Œuvres complètes*. 3 vol.
Montaigne : *Essais*, précédés d'une lettre à M. Villemain sur l'éloge de Montaigne, par P. Christian. 2 vol.
Montesquieu : *Œuvres complètes*. 3 volumes.
Pascal : *Œuvres complètes*. 3 vol.
Racine : *Œuvres complètes*. 3 vol.
Rousseau (J.-J.) : *Œuvres complètes*. 13 volumes.
Saint-Simon (le duc de) : *Mémoires complets et authentiques sur le siècle de Louis XIV et la Régence*, collationnés sur le manuscrit original par M. Chéruel, et précédés d'une notice de M. Sainte-Beuve, de l'Académie française. 13 vol.
Sedaine : *Œuvres choisies*. 1 vol.
Voltaire : *Œuvres complètes*. 46 vol.

2e Série à 3 francs 50 cent. le volume.

Chateaubriand : *Le Génie du Christianisme*. 1 vol.
— *Les Martyrs*; — *le Dernier des Abencerrages*. 1 vol.
— *Atala*; — *René*; — *les Natchez* 1 vol.
Fléchier : *Mémoires sur les Grands Jours d'Auvergne en 1665*, annotés par M. Chéruel et précédés d'une notice par M. Sainte-Beuve 1 vol.
Malherbe : *Œuvres poétiques*, réimprimées pour le texte sur la nouvelle édition des *Œuvres complètes de Malherbe*, publiées par M. Lud. Lalanne dans la Collection des GRANDS ÉCRIVAINS DE LA FRANCE. 1 vol.
Sévigné (Mme de) : *Lettres de Mme de Sévigné, de sa famille et de ses amis*, réimprimées pour le texte sur la nouvelle édition publiée par M. Monmerqué dans la Collection des GRANDS ÉCRIVAINS DE LA FRANCE. 8 v.

COULOMMIERS. — TYPOGRAPHIE P. BRODARD ET GALLOIS.

ŒUVRES COMPLÈTES

DE VOLTAIRE

COULOMMIERS. — IMPRIMERIE P. BRODARD ET GALLOIS.

ŒUVRES COMPLÈTES

DE VOLTAIRE

TOME QUARANTE ET UNIÈME

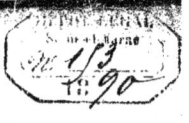

PARIS
LIBRAIRIE HACHETTE ET Cie
79, BOULEVARD SAINT-GERMAIN, 79

1890

CORRESPONDANCE.

(SUITE.)

MMMMDCLXVII. — A M. LE BARON GRIMM.

Ferney, 13 juin.

Je demande une grâce à mon cher prophète : c'est de vouloir bien me donner les noms et les adresses des personnes raisonnables et respectables d'Allemagne qui ont exercé leur générosité envers les Calas, et qui pourraient répandre sur les Sirven quelques gouttes de baume qu'elles ont versé sur les blessures des innocents infortunés. J'attends de jour en jour un factum de M. de Beaumont en faveur de la famille Sirven. Je ne sais s'il obtiendra justice pour elle; mais je suis très-sûr qu'il démontrera son innocence. C'est le public que je prends toujours pour juge : il se trompe quelquefois au théâtre, et ce n'est que pour un temps; mais, dans les affaires qui intéressent la société, il prend toujours le bon parti. Deux parricides imputés coup sur coup pour cause de religion sont, à mon avis, un objet bien intéressant et bien digne de notre philosophie. Mes tendres respects à ma philosophe [1].

MMMMDCLXVIII. — A FRÉDÉRIC, LANDGRAVE DE HESSE-CASSEL.

Ferney, 21 juin.

Monseigneur, les maladies qui persécutent ma vieillesse sans relâche m'ont privé longtemps de l'honneur de renouveler mes hommages à Votre Altesse Sérénissime. Souffrez que l'amour de la justice et la compassion pour les malheureux m'inspirent un peu de hardiesse. Ce sont vos propres sentiments qui encouragent les miens. J'ai pensé qu'un esprit aussi philosophique que le vôtre, et un cœur aussi généreux, protégeraient une cause qui est celle du genre humain.

Permettez, monseigneur, que votre nom soit publié au premier rang de ceux qui auront daigné aider les défenseurs de l'innocence à la secourir contre l'oppression. Les bienfaiteurs de l'humanité doivent être connus. Leur nom sera cher à tous les esprits tolérants et à toutes les âmes sensibles.

Je suis persuadé que Votre Altesse Sérénissime sera touchée après avoir lu seulement la page qui expose le malheur des Sirven. Plusieurs personnes se sont réunies dans le dessein de poursuivre cette affaire comme celle des Calas. Nous ne demandons qu'un léger secours. Nous savons que vos sujets ont le premier droit à vos générosités. La moin-

---

1. Mme d'Épinai. (Éd.)

dre marque de vos bontés sera précieuse. Que ne puis-je les venir implorer moi-même, et être témoin du bonheur qu'on goûte dans vos états! Je suis réduit à ne vous présenter que de loin le profond respect et le dévouement inviolable avec lequel je serai jusqu'au dernier moment de ma vie, etc.

MMMMDCLXIX. — A M. LE COMTE D'ARGENTAL.

22 juin.

Mon âme est entièrement réformée à la suite de mes anges; je pense entièrement comme eux. Il faut donner la préférence à l'impression sur la représentation;

..........Le temps ne fait rien à l'affaire;

et si l'ouvrage est passable, il sera donné toujours assez tôt. Je remercie mes anges de leurs nouvelles critiques; j'en ai fait aussi de mon côté, et j'en ferai, et je corrigerai jusqu'à ce que la force de la diction puisse faire passer l'atrocité du sujet. On peut encore ajouter aux notes, que vous avez jugées assez curieuses. Il n'est pas difficile de donner aux proscriptions hébraïques un tour qui désarme la censure théologique. Ce n'est point la vérité qui nous perd, c'est la manière de la dire. Ne vous lassez point de me renvoyer ces manuscrits, qui sont si fort accoutumés à voyager. Je voudrais bien savoir si M. le duc de Praslin et M. de Chauvelin ont été contents. Il est clair que vos suffrages et le leur, donnés sans enthousiasme et sans séduction, après une lecture attentive, doivent répondre de l'approbation du public éclairé. On est bien loin de compter sur un succès pareil à celui du *Siége de Calais*, ni sur celui qu'aura la comédie de *Henri IV*. Il suffit qu'un ouvrage bien conduit et bien écrit ait un petit nombre d'approbateurs; le petit nombre est toujours celui des élus.

Nous sommes bien heureux, mes anges, d'avoir des philosophes qui n'ont pas la prudente lâcheté de Fontenelle [1]. Il paraît un livre intitulé *Examen critique des apologistes*, etc., par Fréret. Je ne suis pas bien sûr que Fréret en soit l'auteur, mais je suis sûr que c'est le meilleur livre qu'on ait encore écrit sur ces matières. Les provinces sont garnies de cet ouvrage; vous n'êtes pas si heureux à Paris. Il arrivera bientôt que les provinces prendront leur revanche du mépris que les Parisiens avaient pour elles. Comme on y a moins de dissipation, on y a plus de temps pour lire et pour s'éclairer. Je ne désespère pas que dans dix ans la tolérance ne soit établie à Toulouse. En attendant que le règne de la vérité advienne, je voudrais bien que vous lussiez le mémoire de Beaumont en faveur des Sirven, et que vous voulussiez bien m'en dire votre avis. Ma destinée est de n'être pas content des arrêts des parlements. J'ose ne point l'être de celui qui a condamné Lally; l'énoncé de l'arrêt est vague et ne signifie rien. Les factums pour et

---

[1]. Fontenelle disait que s'il avait la main pleine de vérités, il se garderait bien de l'ouvrir. (Éd.)

contre ne sont que des injures. Enfin je ne m'accoutume point à voir des arrêts de mort qui ne sont pas motivés; il y a dans cette jurisprudence welche une barbarie arbitraire qui insulte au genre humain.

Cette lettre n'est pas écrite par mon griffonneur ordinaire; et je suis si malingre, que je ne puis écrire moi-même. Tout ce que je puis faire, c'est de me mettre au bout de vos ailes avec mes sentiments ordinaires, qui sont bien respectueux et bien tendres.

MMMMDCLXX. — A M. DAMILAVILLE.

23 juin.

Mon cher ami, j'ai chez moi actuellement deux bons prêtres, dont l'un est fort connu de vous, et fort digne de l'être : c'est M. l'abbé Morellet. Il est docteur de Sorbonne, comme vous le savez. L'autre n'est que bachelier; mais l'un et l'autre sont également édifiants. J'espère que l'un d'eux, à son retour à Paris, pourra vous faire tenir quelques-unes des bagatelles amusantes qui ont paru depuis peu à Neuchâtel. Je vous envoie, en attendant, la lettre sur Jean-Jacques que vous me demandiez, et que j'ai enfin retrouvée. Je me flatte que j'aurai incessamment le mémoire de notre cher Beaumont, ce défenseur infatigable de l'innocence. Le petit discours qu'on a préparé pour seconder ce mémoire n'est fait absolument que pour quelques étrangers qui pourront protéger cette famille infortunée. Il ne réussirait point à Paris, et n'y servirait de rien à la bonté de la cause; c'est uniquement au mémoire juridique qu'il faut s'en rapporter; c'est de là que dépendra la destinée des Sirven. On m'a mandé que le parlement n'avait point signé l'arrêt qui condamne les jeunes fous d'Abbeville, et qu'il avait voulu laisser à leurs parents le temps d'obtenir du roi une commutation de peine; je souhaite que cette nouvelle soit vraie. L'excellent livre des Délits et des peines, si bien traduit par l'abbé Morellet, aura produit son fruit. Il n'est pas juste de punir la folie par des supplices qui ne doivent être réservés qu'aux grands crimes.

Est-il vrai qu'on va donner *Henri IV*[1] sur le théâtre de Paris? son nom seul fera jouer la pièce six mois; je l'ai toujours pensé ainsi. Mes tendres compliments à Platon, je vous en prie.

MMMMDCLXXI. — DE M. DALEMBERT.

A Paris, ce 26 juin.

Je savais bien, mon cher et illustre maître, que le nommé Vernet, au cou tord ou tors[1], avait publié incognito des lettres contre vous, contre moi, et contre bien d'autres; mais j'ignorais qu'il voulût les ressusciter; elles étaient si bien mortes, ou plutôt elles étaient mort-nées. Quoi qu'il en soit, j'aurai soin de ce jésuite presbytérien, et je ne manquerai pas de lui dire un mot d'honnêteté à la première occasion;

---

[1] *La Partie de chasse de Henri IV*, par Collé. (ÉD.)
[1] Dalembert fait allusion à une note plaisante de la *Lettre curieuse*. (ÉD.)

mais un mot seulement, parce qu'il n'en mérite pas davantage, et que je ne veux pas tout à fait demeurer en reste avec un honnête prêtre comme lui : *Ne prorsus insalutatum dimittam*.

A propos de latin, quoique cela ne vienne pas à ce que nous disons, dites-moi, je vous prie (j'ai besoin de le savoir, et pour cause), si c'est vous, comme je le crois, qui avez fait les deux vers latins qui sont à la tête de votre *Dissertation sur le feu*, et si le second est *cuncta fovet* ou *cuncta parit*.

J'ai actuellement entre les mains le livre de Fréret, ou, si vous le voulez, d'un capitaine au régiment du roi, ou de qui il vous plaira. Si ce capitaine était au service de notre saint-père le pape, je doute qu'il le fît cardinal, à moins que ce ne fût pour l'engager à se taire; car ce capitaine est un vrai Cosaque, qui brûle et qui dévaste tout. C'est dommage que l'assemblée du clergé finisse, elle aurait beau jeu pour demander que le capitaine Fréret fût mis au conseil de guerre pour être ensuite livré au bras séculier, et traité suivant la douceur des ordonnances de notre mère la sainte Église.

Quoi qu'il en soit, ce livre est, à mon avis, un des plus diaboliques qui aient encore paru sur ce sacré sujet, parce qu'il est savant, clair, et bien raisonné. On dit qu'il y a un curé de village d'auprès de Besançon[1] qui y avait fait une réponse; mais que, toutes réflexions faites, on l'a prié de la supprimer, parce que la défense était beaucoup plus faible que l'attaque.

Le bâillon de Lally a révolté jusqu'à la populace, et l'énoncé de l'arrêt a paru bien absurde à tous ceux qui savent lire. Je suis persuadé, comme vous, que Lally n'était point traître, car l'arrêt n'aurait pas manqué de le dire ; et trahir les intérêts du roi ne signifie rien, puisque c'est trahir les intérêts du roi que de frauder quelques sous d'entrée; ce qui, à mon avis, ne mérite pas la corde. Je crois bien que ce Lally était un homme odieux, un méchant homme, si vous voulez, qui méritait d'être tué par tout le monde, excepté par le bourreau. Les voleurs du Canada étaient bien plus dignes de la hart; mais ils avaient des parents premiers commis, et Lally n'avait pour parents que des prêtres irlandais, à qui il ne reste d'autres consolations que de dire forces messes pour lui. Quoi qu'il en soit, qu'il repose en paix, et que ses respectables juges nous y laissent!

Je n'ai point vu l'actrice nouvelle[2] par qui on prétend que Mlle Clairon sera remplacée ; mais j'entends dire qu'elle a en effet beaucoup de talent, d'âme, et d'intelligence ; qu'elle n'a que des défauts qui se perdent aisément, mais qu'elle a toutes les qualités qui ne s'acquièrent point. Pour Mlle Clairon, elle a absolument quitté le théâtre, et a très-bien fait ; il faut en ce monde-ci avoir le moins de tyrans qu'il est possible; et il ne faut pas rester dans un état que tout concourt à avilir. Elle a pourtant joué dans une maison particulière le rôle d'Ariane,

---

1. N. S. Bergier, curé de Flangebouche, en Franche-Comté, publia sa *Réponse* en 1757. (ÉD.)
2. Mlle Sainval aînée. (ÉD.)

pour le prince de Brunswick, qui en a été enchanté. Ce prince de Brunswick a été ici fort goûté et fort fêté de tout le monde, et il le mérite. Il y a un gros prince de Deux-Ponts qui a commandé dans la dernière guerre l'armée de l'Empire, et qui durant la paix protége Fréron et autres canailles.

Ledit prince trouve très-mauvais qu'on accueille le prince de Brunswick et qu'on ne le regarde pas, lui gros et grand seigneur, héritier de deux électorats, et surtout, comme vous voyez, amateur des gens de mérite; c'est que, par malheur, le prince de Brunswick a de la gloire, et que le gros prince de Deux-Ponts n'en a point.

Oui, j'ai lu dans son temps la *Prédication* de l'abbé Coyer, et je crois qu'après la prédication même c'est un des livres les plus inutiles qui aient été faits.

Je crois aussi que la *préface* de l'*Histoire de l'Église* est de votre ancien disciple; il y a des erreurs de fait, mais le fond est bon. Quant à l'ouvrage, il est maigre, mais il est aisé de lui donner de l'embonpoint dans une seconde édition; et c'est un corps de bon tempérament qui ne demande qu'à devenir gros et gras. Je présume qu'il le deviendra; la carcasse est faite, il n'y a plus qu'à la couvrir de chair. Dans ces sortes d'ouvrages c'est beaucoup que d'avoir le cadre, et un nom tel que celui-là à mettre au bas, parce qu'on n'ose pas brûler, à peine de ridicule, les cadres qui portent des noms pareils.

Adieu, mon cher et illustre maître; vous devez avoir vu l'abbé Morellet, ou *Mords-les*, qui sûrement ne vous aura point mordu, et que vous aurez bien caressé, comme il le mérite. Vous avez vu aussi M. le chevalier de Rochefort, qui est un galant homme, et qui m'a paru aussi enchanté de la réception que vous lui avez faite qu'il l'est peu du séjour de Versailles et de la société des courtisans. *Iterum vale*. Je vous embrasse de tout mon cœur. Réponse, je vous prie, sur les deux vers latins; j'en suis un peu pressé. J'oubliais de vous dire que Mlle Clairon a déjà rendu le pain bénit; voilà ce que c'est que de quitter le théâtre.

MMMMDCLXXII. — A M. DALEMBERT.

26 juin.

Mon digne et aimable philosophe, je l'ai vu ce brave *Mords-les*, qui les a si bien mordus; il est du naturel des vrais braves, qui ont autant de douceur que de courage; il est visiblement appelé à l'apostolat. Par quelle fatalité se peut-il que tant de fanatiques imbéciles aient fondé des sectes de fous, et que tant d'esprits supérieurs puissent à peine venir à bout de fonder une petite école de raison? c'est peut-être parce qu'ils sont sages; il leur manque l'enthousiasme, l'activité. Tous les philosophes sont trop tièdes; ils se contentent de rire des erreurs des hommes, au lieu de les écraser. Les missionnaires courent la terre et les mers; il faut au moins que les philosophes courent les rues; il faut qu'ils aillent semer le bon grain de maison en maison. On réussit encore plus par la prédication que par les écrits des Pères. Acquittez-vous de ces deux grands devoirs, mon cher frère; prêchez et écrivez, combattiez, convertissez, rendez les fanatiques si odieux et si méprisables, que le gouvernement soit honteux de les soutenir.

Il faudra bien à la fin que ceux à qui une secte fanatique et persécutrice a valu des honneurs et des richesses se contentent de leurs avantages, qu'ils se bornent à jouir en paix, et qu'ils se défassent de l'idée de rendre leurs erreurs respectables. Ils diront aux philosophes : « Laissez-nous jouir, et nous vous laisserons raisonner. » On pensera un jour en France comme en Angleterre, où la religion n'est regardée par le parlement que comme une affaire de politique; mais, pour en venir là, mon cher frère, il faut du travail et du temps.

L'Église de la sagesse commence à s'étendre dans nos quartiers, où régnait, il y a douze ans, le plus sombre fanatisme. Les provinces s'éclairent, les jeunes magistrats pensent hautement; il y a des avocats généraux qui sont des anti-Omer. Le livre attribué à Fréret, et qui est peut-être de Fréret, fait un bien prodigieux. Il y a beaucoup de confesseurs, et j'espère qu'il n'y aura point de martyrs. Il y a beaucoup de tracasseries politiques à Genève; mais je ne connais pas de ville où il y ait moins de calvinistes que dans cette ville de Calvin. On est étonné des progrès que la raison humaine a faits en si peu d'années. Ce petit professeur de bêtises, nommé Vernet, est l'objet du mépris public. Son livre contre vous et contre les philosophes est le plus inconnu des livres, malgré la prétendue troisième édition. Vous sentez bien que la *Lettre curieuse de Robert Covelle*, que je vous ai envoyée, n'est calculée que pour le méridien de Genève, et pour mortifier ce pédant. Il a un frère qui possède une métairie dans ma terre de Tournay; il y vient quelquefois : je compte avoir le plaisir de le faire mettre au pilori dès que j'aurai un peu de santé; c'est une plaisanterie que les philosophes peuvent se permettre avec de tels prêtres, sans être persécuteurs comme eux.

Il me semble que tous ceux qui ont écrit contre les philosophes sont punis dans ce monde : les jésuites ont été chassés; Abraham Chaumeix s'est enfui à Moscou; Berthier est mort d'un poison froid; Fréron a été honni sur tous les théâtres, et Vernet sera pilorié infailliblement.

Vous devriez, en vérité, punir tous ces marauds-là par quelqu'un de ces livres moitié sérieux, moitié plaisants, que vous savez si bien faire. Le ridicule vient à bout de tout; c'est la plus forte des armes, et personne ne la manie mieux que vous. C'est un grand plaisir de rire en se vengeant. Si vous n'écrasez pas l'inf....., vous avez manqué votre vocation. Je ne peux plus rien faire. J'ai peu de temps à vivre : je mourrai, si je puis, en riant; mais, à coup sûr, en vous aimant.

MMMMDCLXXIII. — A M. DAMILAVILLE.

26 juin.

Je suis enchanté de l'abbé Morellet, mon cher frère. En vérité, tous ces philosophes-là sont les plus aimables et les plus vertueux des hommes; et voilà ceux qu'Omer veut persécuter!

Il n'y a qu'un homme infiniment instruit dans la belle science de la théologie et des Pères qui puisse avoir fait l'*Examen critique des apo-*

logistes. J'avoue que le livre est sage et modéré; tout critique doit l'être; mais je ne pense pas qu'on doive blâmer le lord Bolyngbroke d'avoir écrit avec la fierté anglaise, et d'avoir rendu odieux ce qu'il a prouvé être misérable. Il fait, ce semble, passer son enthousiasme dans l'âme du lecteur. Il examine d'abord de sang-froid, ensuite il argumente avec force, et il conclut en foudroyant. Les *Tusculanes* de Cicéron et ses *Philippiques* ne doivent point être écrites du même style.

Vous me faites bien plaisir, mon cher frère, de me dire que Mlle Sainval[1] a réellement du talent. Il est à souhaiter qu'elle soutienne le théâtre, qui tombe, dit-on, en langueur. Mais quand aurons-nous des hommes qui aient de la figure et de la voix ?

J'ai écrit à M. Grimm. Il s'agit de me faire savoir les noms des principales personnes d'Allemagne que je pourrai intéresser à favoriser les Sirven. Je vous supplie de lui en écrire un mot, et de le presser de m'envoyer les instructions que je lui demande. Les Sirven et moi nous vous en aurons une égale obligation.

Adieu, mon cher frère; s'il n'y a point de nouveauté à présent, le livre attribué à Fréret doit en tenir lieu pour longtemps : il fait honneur à l'esprit humain.

Comme je vous embrasse, vous et les vôtres !

MMMMDCLXXIV. — A M. THIERIOT.

26 juin.

Mon cher et ancien ami, j'aurais plus de foi à votre régime qu'à l'eau de M. Vyl. La véritable eau de santé est de l'eau fraîche, et tous ceux qui prétendent faire subsister ensemble l'intempérance et la santé sont des charlatans. Une meilleure recette est celle qu'on vous envoie de Brandebourg tous les trois mois[2]. Votre arrangement me paraît très-bien fait et très-adroit; il n'y a personne auprès de votre correspondant qui puisse l'avertir qu'on lui donne du vieux pour du nouveau. Il serait à souhaiter que le public donnât dans le même panneau, et qu'il relût nos auteurs du bon temps, au lieu de se gâter le goût par les misérables nouveautés dont on nous accable.

Vous êtes sans doute informé du nouveau livre qui paraît sous le nom de *Fréret ;* c'est un excellent ouvrage qui doit déjà être connu en Allemagne. Les citations sont aussi fidèles que curieuses, les preuves claires, et le raisonnement si vigoureux, qu'il n'y a qu'un sot qui puisse y répliquer. Les *Lettres sur les miracles* de Baudinet et de Covelle ne sont point encore connues en France.

Si je trouve dans mes paperasses quelques petits morceaux qui puissent figurer dans vos envois, je ne manquerai pas de vous en faire part; mais à présent je suis si occupé de l'édition in-quarto que les Cramer font de mes anciennes sottises, je suis si enseveli dans des tas de papiers, que je ne peux rien débrouiller; mais quand je serai défait

1. Mlle Sainval l'aînée. (ÉD.)
2. Le payement de ce que lui donnait le roi de Prusse, dont il était le correspondant littéraire. (ÉD.)

de cet embarras désagréable, je chercherai tous les matériaux qui pourront vous convenir. Nous comptons avoir incessamment un des neveux de votre correspondant. J'aime bien autant les voir chez moi que de les aller chercher chez eux. Nous avons eu l'abbé Morellet; c'est un homme très-aimable, très-instruit, très-vertueux. Voilà comme les vrais philosophes sont faits, et ce sont eux qu'on veut persécuter! Adieu, mon cher ami; vivez tranquille et heureux.

MMMMDCLXXV. — A M. D'ALEMBERT.

1ᵉʳ juillet.

Ignis ubique latet, naturam amplectitur omnem,
Cuncta parit, renovat, dividit, unit, alit [1].

Oui, mon cher philosophe, ces deux mauvais vers sont de moi. Je suis comme l'évêque de Noyon[2], qui disait dans un de ses sermons : « Mes frères, je n'ai pris aucune des vérités que je viens de vous dire ni dans l'Écriture, ni dans les Pères; tout cela part de la tête de votre évêque. »

Je fais bien pis; je crois que j'ai raison, et que le feu est précisément tel que je le dis dans ces deux vers. Votre Académie n'approuva pas mon idée, mais je ne m'en soucie guère. Elle était toute cartésienne alors, et on y citait même les petits globules de Malebranche; cela était fort douloureux. Je vous recommande, mon cher frère et mon maître, les Vernet dans l'occasion.

Vous m'enchantez de me dire que Mlle Clairon a rendu le pain bénit; on aurait bien dû la claquer à Saint-Sulpice. Je m'y intéresse d'autant plus, moi qui vous parle, que je rends le pain bénit tous les ans avec une magnificence de village que peut-être le marquis Simon Le Franc n'a pas surpassée. Je suis toujours fâché que le puissant auteur de la belle *Préface* ait pris martre pour renard, en citant saint Jean. Les pédants tireront avantage de cette méprise, comme Cyrille se prévalut de quelques balourdises de l'empereur Julien; et de là ils concluront que les philosophes ont toujours tort.

Nous aurons incessamment dans notre ermitage un prince[3] qui vaut un peu mieux que le protecteur[4] de Catherin Fréron.

Étes-vous homme à vous informer de ce jeune fou nommé M. de La Barre, et de son camarade, qu'on a si doucement condamnés à perdre le poing, la langue, et la vie, pour avoir imité Polyeucte et Néarque? On me mande qu'ils ont dit, à leur interrogatoire, qu'ils avaient été induits à l'acte de folie qu'ils ont commis par la lecture des livres des encyclopédistes.

J'ai bien de la peine à le croire; les fous ne lisent point, et assurément nul philosophe ne leur aurait conseillé des profanations. La chose

---

1. Le feu est partout, il emplit toute la nature ; par lui tout est produit, ranimé, divisé, uni, alimenté. (ÉD.)
2. Clermont-Tonnerre. (ÉD.)
3. Le prince de Brunswick. (ÉD.) — 4. Le prince de Deux-Ponts. (ÉD.)

est importante. Tâchez d'approfondir un bruit si odieux et si dangereux.

M. le chevalier de Rochefort m'a bien consolé de tous les importuns qui sont venus me faire perdre mon temps dans ma retraite. Dieu merci, je ne les reçois plus; mais quand il me viendra des hommes tels que M. le chevalier de Rochefort, qui me parleront de vous, mes moments seront bien employés avec eux. Je viens de voir aussi un M. Bergier[1], qui pense comme il faut; il dit qu'il a eu le bonheur de vous voir quelquefois, et il ne m'en a pas paru indigne.

N'oubliez pas, je vous en supplie, Polyeucte et Néarque; mais surtout mandez-moi si vous êtes dans une situation heureuse, et si vous vous consolez des niches qu'on fait tous les jours à la philosophie.

MMMMDCLXXVI. — A M. LE COMTE DE ROCHEFORT, LIEUTENANT DES GARDES DU CORPS.

1ᵉʳ juillet.

Vous n'êtes pas, monsieur, comme ces voyageurs qui viennent à Genève et à Ferney pour m'oublier ensuite et être oubliés. Vous êtes venu en vrai philosophe, en homme qui a l'esprit éclairé et un cœur bienfaisant. Vous vous êtes fait un ami d'un homme qui a renoncé au monde; j'ai senti tout ce que vous valez; vous m'avez laissé bien des regrets. Comptez, monsieur, que votre souvenir est la plus douce de mes consolations.

Je vous suis très-obligé de ces *Ruines de la Grèce*[2]. Je crois qu'on est actuellement à Paris dans les ruines du bon goût, et quelquefois dans celles du bon sens; mais de bons esprits, tels que vous et vos amis, soutiendront toujours l'honneur de la nation. Il est vrai qu'ils seront en petit nombre; mais, à la longue, le petit nombre gouverne le grand.

J'ai vu depuis peu un ouvrage posthume de M. Fréret[3], secrétaire de l'Académie des belles-lettres. Ce livre mérite d'entrer dans votre bibliothèque; il ne paraît pas fait pour être lu de tout le monde; mais il y a d'excellentes recherches, et si l'on y trouve quelque chose de dangereux, vous en savez assez pour le réfuter. J'aurai l'honneur de vous l'envoyer par la diligence de Lyon à l'adresse qu'il vous plaira de m'indiquer.

Mme Denis est très-touchée de votre souvenir. Agréez, monsieur, mes tendres respects, que je vous présente du fond de mon cœur.

P. S. Si vous aimez Henri IV, comme je n'en doute pas, je vous exhorte à lire la justification du président de Thou[4] contre le sieur de Bury, auteur d'une nouvelle *Vie de Henri IV*.

1. Frère de Bergier le théologien. (ÉD.)
2. *Les Ruines des plus beaux monuments de la Grèce considérés du côté de l'histoire et de l'architecture*, par Julien-David Leroy, 1758, in-folio. (ÉD.)
3. *Examen critique*, etc. (ÉD.) — 4. *Le Président de Thou justifié*, etc. (ÉD.)

MMMMDCLXXVII. — A M. DAMILAVILLE.

1ᵉʳ juillet.

On me mande, mon cher frère, une étrange nouvelle. Les deux insensés[1], dit-on, qui ont profané une église en Picardie, ont répondu, dans leurs interrogatoires, qu'ils avaient puisé leur aversion pour nos saints mystères dans les livres de nos encyclopédistes et de plusieurs philosophes de nos jours. Cette nouvelle est sans doute fabriquée par les ennemis de la raison, de la vertu, et de la religion. Qui sait mieux que vous combien tous ces philosophes ont tâché d'inspirer le plus profond respect pour les lois reçues? Ils ne sont que des précepteurs de morale, et on les accuse de corrompre la jeunesse. On cherche à renouveler l'aventure de Socrate; on veut rendre les Parisiens aussi injustes que les Athéniens, parce qu'on croit plus aisé de les faire ressembler aux Grecs par leurs folies que par leurs talents.

Ne pourriez-vous pas remonter à la source d'un bruit si odieux et si ridicule? Je vous prie de mettre tous vos soins à vous en informer.

J'ai reçu la visite d'un homme de mérite qui vous a vu quelquefois chez M. d'Holbach; son nom est, je crois, Bergier. Il m'a paru en effet digne de vivre avec vous.

On dit que Mlle Clairon a rendu le pain bénit, et que toute la paroisse a battu des mains.

M. le prince de Brunswick vient bientôt honorer mon désert de sa présence. Je ne sais comment je pourrai le recevoir dans l'état où je suis. Je m'affaiblis plus que jamais, mon cher frère; mais, puisque Fréron et Omer se portent bien, je dois être content.

Je vous embrasse avec la plus tendre amitié. Écr. l'inf....

MMMMDCLXXVIII. — A M. LE CHEVALIER DE TAULÈS.

A Ferney, 3 juillet.

Voulez-vous bien, monsieur, que je vous adresse cette réponse que je dois à M. Thomas? Je crois que je l'aime autant que vous l'aimez, sans que je l'aie jamais vu. Vous êtes dans le temple de la Discorde, tandis que je suis dans celui de la Paix; mais je quitterais volontiers mon temple pour venir vous embrasser dans le vôtre, si j'avais une heure de santé. Donnez-moi la consolation, je vous en prie, de présenter mes respectueux hommages à M. l'ambassadeur; je me flatte que sa santé est entièrement raffermie, et qu'il a, comme vous, un corps digne de son âme; la mienne, toute languissante qu'elle est, vous est bien véritablement attachée.

MMMMDCLXXIX. — A M. DAMILAVILLE.

4 juillet.

C'est un grand hasard, mon cher frère, quand je peux écrire un mot de ma main. J'ai plus de plaisir à vous écrire mes pensées

---

1. Le chevalier de La Barre et Moisnel. (ÉD.)

qu'à les dicter; il me semble qu'alors le commerce en est plus intime. Je vous recommande plus que jamais la cause de ces infortunés Sirven, qui ont le malheur d'être venus trop tard pour exciter le zèle du public, mais qui enfin seront secourus et justifiés. Nous voici dans ce mois de juillet où vous m'avez fait espérer le mémoire du prophète Élie. Il n'a point à travailler à présent au triste procès de M. de La Luzerne : c'est une affaire d'enquête et d'interrogatoire. Du moins on m'a dit qu'à présent le ministère d'un avocat était inutile. Si cela est vrai, je vous conjure de plaider la cause des Sirven devant Élie.

Je vous prie d'envoyer à frère Grimm ce petit billet.

Je vous avais déjà dit que j'avais vu frère Bergier et plusieurs autres frères. La paix soit sur eux. Avez-vous vu la préface du roi de Prusse? C'est dommage qu'il débute par la plus lourde bévue.

L'enchanteur Merlin peut-il corriger la sienne? Cet enchanteur n'entend pas le latin.

Je vous prie, mon cher frère, de pardonner à un vieux malade s'il n'écrit ni plus ni mieux.

MMMMDCLXXX. — A M. LE COMTE D'ARGENTAL.

4 juillet.

Mon divin ange, voici un homme plus heureux que moi. C'est un de mes compatriotes des déserts de Gex, qui a l'honneur de paraître devant vous; c'est le syndic de nos grands États, c'est le maire de la capitale de notre pays, qui a deux lieues de large sur cinq de long; c'est le subdélégué de Mgr l'intendant, c'est celui qui a posé les limites de la France avec l'auguste république de Genève. M. le duc de Praslin lui avait promis d'orner sa poitrine d'une figure de saint Michel[1] terrassant le diable; il soupire après ce rare bonheur, et moi j'attends mes roués. Vous avez vu sans doute M. de Chabanon; je me mets aux pieds de Mme d'Argental.

MMMMDCLXXXI. — A M. LULLIN, CONSEILLER ET SECRÉTAIRE D'ÉTAT DE GENÈVE.

A Ferney, 5 juillet.

Monsieur, parmi les sottises dont ce monde est rempli, c'est une sottise fort indifférente au public qu'on ait dit que j'avais engagé le conseil de Genève à condamner les livres du sieur Jean-Jacques Rousseau, et à décréter sa personne; mais vous savez que c'est par cette calomnie qu'ont commencé vos divisions. Vous poursuivîtes le citoyen qui, étant abusé par un bruit ridicule, s'éleva le premier contre votre jugement, et qui écrivit que plusieurs conseillers avaient pris chez moi, et à ma sollicitation, le dessein de sévir contre le sieur Rousseau, et que c'était dans mon château qu'on avait dressé l'arrêt. Vous savez encore que les jugements portés contre le citoyen et contre le sieur Jean-

---

1. Le cordon de Saint-Michel. (ÉD.)

Jacques Rousseau ont été les deux premiers objets des plaintes des représentants : c'est là l'origine de tout le mal.

Il est donc absolument nécessaire que je détruise cette calomnie. Je déclare au conseil et à tout Genève que s'il y a un seul magistrat, un seul homme dans votre ville à qui j'aie parlé ou fait parler contre le sieur Rousseau, avant ou après sa sentence, je consens d'être aussi infâme que les secrets auteurs de cette calomnie doivent l'être. J'ai demeuré onze ans près de votre ville, et je ne me suis jamais mêlé que de rendre service à quiconque a eu besoin de moi; je ne suis jamais entré dans la moindre querelle; ma mauvaise santé même, pour laquelle j'étais venu dans ce pays, ne m'a pas permis de coucher à Genève plus d'une seule fois.

On a poussé l'absurdité et l'imposture jusqu'à dire que j'avais prié un sénateur de Berne de faire chasser le sieur Jean-Jacques Rousseau de Suisse. Je vous envoie, monsieur, la lettre de ce sénateur. Je ne dois pas souffrir qu'on m'accuse d'une persécution. Je hais et méprise trop les persécuteurs pour m'abaisser à l'être. Je ne suis point ami de M. Rousseau, je dis hautement ce que je pense sur le bien ou sur le mal de ses ouvrages ; mais si j'avais fait le plus petit tort à sa personne, si j'avais servi à opprimer un homme de lettres, je me croirais trop coupable.

MMMMDCLXXXII. — A MADAME GEOFFRIN, A VARSOVIE.

5 juillet.

Vous êtes, madame, avec un roi qui seul de tous les rois ne doit sa couronne qu'à son mérite. Votre voyage vous fait honneur à tous deux. Si j'avais eu de la santé, je me serais présenté sur votre route, et j'aurais voulu paraître à votre suite. Je ne peux mieux faire ma cour à Sa Majesté et à vous, madame, qu'en vous proposant une bonne action : daignez lire, et faire lire au roi, le petit écrit ci-joint. Ceux qui secourent les Sirven, et qui prennent en main leur cause, ont besoin d'être appuyés par des noms respectés et chéris. Nous ne demandons qu'à voir notre liste honorée par ces noms qui encouragent le public. L'aide la plus légère nous suffira. La gloire de protéger l'innocence vaut le centuple de ce qu'on donne. L'affaire dont il s'agit intéresse le genre humain, et c'est en son nom qu'on s'adresse à vous, madame. Nous vous devrons l'honneur et le plaisir de voir un bon roi secourir la vertu contre un juge de village, et contribuer à extirper la plus horrible superstition. J'ai l'honneur d'être, etc.

MMMMDCLXXXIII. — A MADAME D'ÉPINAL.

6 juillet. Partira par Lyon je ne sais quand.

Je bénis la Providence, ma respectable et chère philosophe, de ce que votre pupille va devenir tuteur[1]; s'il y a un corps qui ait besoin

---

1. Allusion à la prétention qu'avait le parlement de Paris de s'appeler tuteur des rois. (ÉD.)

les philosophes, c'est assurément celui dans lequel il va entrer. Les philosophes ne rouent point les Calas, ils ne condamnent point à un supplice horrible [1] des insensés qu'il faut mettre aux Petites-Maisons. De quel front peut-on aller à *Polyeucte* après une pareille aventure? Le tuteur, élevé par sa tutrice, sera digne de l'emploi auquel il se destine. On attend beaucoup de la génération qui se forme ; la jeunesse est instruite, elle n'arrive point aux dignités avec les préjugés de ses grands-pères. J'ai, Dieu merci, un neveu [2] dans le même corps, qui a été bien élevé, et qui pense comme il faut penser. La lumière se communique de proche en proche ; il faut laisser mourir les vieux aveugles dans leurs ténèbres ; la véritable science amène nécessairement la tolérance. On ne brûlerait pas aujourd'hui la maréchale d'Ancre comme sorcière, on ne ferait pas la Saint-Barthélemy ; mais nous sommes encore loin du but où nous devons tendre : il faut espérer que nous l'atteindrons. Nous sommes, en bien des choses, les disciples des Anglais ; nous finirons par égaler nos maîtres.

Vous devez à présent, ma chère et respectable philosophe, jouir d'une santé brillante, et moi je dois être languissant : aussi suis-je. Puisque Esculape est à Paris, que vos bontés me soutiennent.

Permettez que je fasse les plus tendres compliments au tuteur. Tout notre petit ermitage est à vos pieds.

MMMMDCLXXXIV. — A M. L'ABBÉ MORELLET.

7 juillet.

C'est moi, mon cher frère, qui voudrais passer avec vous dans ma retraite les derniers six mois qui me restent peut-être encore à vivre. C'est Antoine qui voudrait recevoir Paul. Mon désert est plus agréable que ceux de la Thébaïde, quoiqu'il ne soit pas si chaud. Tous nos ermites vous aiment, tous chantent vos louanges, et désirent passionnément votre retour.

Le livre de Fréret [3] est bien dangereux, mais *oportet hæreses esse*. Les manuscrits de du Marsais et de Chénelart [4] ont été imprimés aussi. Il est bien triste que l'on impute quelquefois à des vivants, et même à de bons vivants, les ouvrages des morts. Les philosophes doivent toujours soutenir que tout philosophe qui est en vie est un bon chrétien, un bon catholique. On les loue quelquefois des mêmes choses que les dévots leur reprochent, et ces louanges deviennent funestes, *che sono accuse, e pajon lodi*. Le bruit de ces dangereux éloges va frapper les longues et superbes oreilles de certains pédants ; et ces pédants irrités poursuivent avec rage de pauvres innocents qui voudraient faire le bien en secret. La dernière scène qui vient de se passer à Paris prouve bien

---

1. La condamnation du chevalier de La Barre et du chevalier d'Étallonde. (ÉD.) — 2. L'abbé Mignot. (ÉD.)
3. *L'Examen critique des apologistes de la religion chrétienne*. (ÉD.) Chénelart est probablement un nom sous lequel Voltaire voulait faire passer quelque opuscule. Quant à du Marsais, il s'agit de l'*Analyse de la religion chrétienne*, dont il a souvent été question. (ÉD.)

que les frères doivent cacher soigneusement les mystères et les noms de leurs frères. Vous savez que le conseiller Pasquier a dit, en plein parlement, que les jeunes gens d'Abbeville qu'on a fait mourir avaient puisé leur impiété dans l'école et dans les ouvrages des philosophes modernes. Ils ont été nommés par leur nom; c'est une dénonciation dans toutes les formes. On les rend complices des profanations insensées de ces malheureux jeunes gens; on les fait passer pour les véritables auteurs du supplice dans lequel on a fait expirer de jeunes indiscrets. Y a-t-il jamais eu rien de plus méchant et de plus absurde que d'accuser ainsi ceux qui enseignent la raison et les mœurs d'être les corrupteurs de la jeunesse? Qu'un janséniste fanatique eût été coupable d'une telle calomnie, je n'en serais pas surpris; mais que ce soit un conseiller de grand'chambre, cela est honteux pour la nation. Le mal est que ces imputations parviennent au roi, et qu'elles paraissent dictées par l'impartialité et par l'esprit de patriotisme. Les sages, dans des circonstances si funestes, doivent se taire et attendre.

Quand vous trouverez, mon cher frère, les livres que vous avez eu la bonté de me promettre, M. Damilaville les payera à votre ordre. Rien ne presse. Ne songez qu'à vos travaux et à vos amusements, vivez aussi heureux qu'un pauvre sage peut l'être, et souvenez-vous des ermites qui vous seront très-tendrement attachés.

MMMMDCLXXXV. — A M. DAMILAVILLE.

7 juillet.

Mon cher frère, mon cœur est flétri; je suis atterré. Je me doutais qu'on attribuerait la plus sotte et la plus effrénée démence [1] à ceux qui ne prêchent que la sagesse et la pureté des mœurs. Je suis tenté d'aller mourir dans une terre où les hommes soient moins injustes. Je me tais; j'ai trop à dire.

Je vous prie instamment de m'envoyer la lettre qu'on prétend que j'ai écrite à Jean-Jacques, et qu'assurément je n'ai point écrite. Le temps se consume à confondre la calomnie. On vous demande bien pardon de vous charger de faire rendre tant de lettres.

MMMMDCLXXXVI. — A M. HENNIN.

A Ferney, 8 juillet.

Tout malade que je suis, mon cher monsieur, il faudra probablement que je reçoive dans ma puante et délabrée maison un prince [2] victorieux et aimable. Heureusement il est philosophe, M. l'ambassadeur l'est aussi, vous l'êtes aussi.

Pouvons-nous sans indiscrétion, M. le Denis et moi, supplier Son Excellence de vouloir bien nous protéger de sa présence, et d'amener M. le prince de Brunswick? Nous leur donnerons du lait de nos vaches, du miel de nos abeilles, et des fraises de notre jardin. Négociez cette

1. Parmi les livres trouvés chez le chevalier de La Barre se trouvait le *Dictionnaire philosophique*, qu'on mit sur le bûcher qui consuma ses restes. (ED.)
2. Le prince de Brunswick. (ED.)

affaire avec Son Excellence; mettez-moi à ses pieds; dites-lui qu'après qu'il se sera crevé avec le prince par sa trop bonne chère, il est juste qu'il vienne jeûner le lendemain à la campagne, respirer un air pur, et oublier les tracasseries génevoises et les cuisiniers français.

Je ne sais point le jour, j'ignore la marche de M. le prince de Brunswick; j'ignore même si son projet est de dîner dans ma caserne. Mettez-moi au fait; ayez la bonté de le prévenir sur l'état d'un vieillard infirme. Vous me ressuscitez quelquefois par votre gaieté, secourez-moi par vos bontés. Mon cœur et mon estomac vous sont dévoués. V.

MMMMDCLXXXVII. — De Catherine II, impératrice de Russie.

A Pétersbourg, le 29 juin (9 juillet).

Monsieur, la lueur de l'étoile du Nord n'est qu'une aurore boréale.

Les bienfaits répandus à quelques centaines de lieues, et dont il vous plaît de faire mention, ne m'appartiennent pas : les Calas doivent ce qu'ils ont reçu à leurs amis; M. Diderot, la vente de sa bibliothèque au sien; mais les Calas et les Sirven vous doivent tout. Ce n'est rien que de donner un peu à son prochain de ce dont on a un grand superflu; mais c'est s'immortaliser que d'être l'avocat du genre humain, le défenseur de l'innocence opprimée. Ces deux causes vous attirent la vénération due à de tels miracles. Vous avez combattu les ennemis réunis des hommes : la superstition, le fanatisme, l'ignorance, la chicane, les mauvais juges, et la partie du pouvoir qui repose entre les mains des uns et des autres. Il faut bien des vertus et des qualités pour surmonter ces obstacles. Vous avez montré que vous les possédez: vous avez vaincu.

Vous désirez, monsieur, un secours modique pour les Sirven : le puis-je refuser? me louerez-vous de cette action? y a-t-il de quoi? En parlant de là, je vous avoue que j'aimerais mieux qu'on ignorât ma lettre de change. Si cependant vous pensez que mon nom, tout peu harmonieux qu'il est, fasse quelque bien à ces victimes de l'esprit de persécution, je me remets à votre prévoyance, et vous me nommerez, pourvu seulement que cela même ne leur nuise pas. J'ai mes raisons pour le croire. Mes aventures avec l'évêque de Rostou ont été traitées publiquement, et vous en pouvez, monsieur, communiquer le mémoire à votre gré, comme une pièce authentique.

J'ai lu avec beaucoup d'attention l'imprimé qui accompagnait votre lettre. Il est bien difficile de réduire en pratique les principes qu'il contient. Malheureusement le grand nombre y sera longtemps opposé. Il est cependant possible d'émousser la pointe des opinions qui mènent à la destruction des humains. Voici mot à mot ce que j'ai inséré, entre autres choses, à ce sujet dans une instruction au comité qui refondra nos lois :

« Dans un grand empire qui étend sa domination sur autant de peuples divers qu'il y a de différentes croyances parmi les hommes, la faute la plus nuisible au repos et à la tranquillité de ses citoyens serait l'intolérance de leurs différentes religions. Il n'y a même qu'une sage tolérance également avouée de la religion orthodoxe et de la politique qui puisse ramener toutes les brebis égarées à la vraie croyance. La persécution irrite les esprits; la tolérance les adoucit et les rend moins obstinés; elle étouffe ces disputes contraires au repos de l'État et à l'union des citoyens. »

Après cela suit un précis du livre de l'*Esprit des lois*, *Sur la magie*, etc., qu'il serait trop long de rapporter ici. Il y est dit tout ce qu'on peut dire pour préserver d'un côté les citoyens des maux que peuvent produire de pareilles accusations, sans cependant troubler de l'autre la tranquillité des croyances, ni scandaliser les consciences des croyants. J'ai cru que c'était l'unique voie praticable d'introduire le cri de la raison, que de l'appuyer sur le fondement de la tranquillité publique, dont chaque individu sent continuellement le besoin et l'utilité.

Le petit comte de Schowalow, de retour dans sa patrie, m'a fait le récit de l'intérêt que vous avez bien voulu prendre à tout ce qui me regarde. Je finis par vous en marquer ma gratitude.   CATERINE.

MMMMDCLXXXVIII. — A M. LE COMTE D'ARGENTAL.

12 juillet.

Mes divins anges, quoique les belles-lettres soient un peu honnies, que le théâtre soit désert, que les hommes n'aient plus de voix, que les femmes ne sachent plus attendrir; quoiqu'il faille enfin renoncer au monde, je ne renonce point aux roués[1], et je vous prie de me les renvoyer, pour qu'ils reçoivent chez moi la confirmation de l'arrêt que vous avez porté sur eux.

Puis-je vous demander s'il est vrai qu'on ait imprimé *Barneveldt*[2]? Avez-vous vu M. de Chabanon? êtes-vous contents de son plan[3]?

Je ne vous parle que de théâtre, et cependant j'ai le cœur navré. C'est que je n'aime point du tout les Félix[4] qui font mourir inhumainement, et dans des supplices recherchés, les Polyeucte et les Néarque[5]. Je conviens que les Polyeucte et les Néarque ont très-grand tort; ce sont de grands extravagants : mais les Félix n'ont certainement pas raison. Il y a enfin des spectateurs qui n'aiment point du tout de pareilles pièces. Je me persuade que vous êtes de leur nombre, surtout après avoir lu l'excellent traité *des Délits et des peines*[6]. Il se passe des choses bien horribles dans ce monde; mais on en parle un moment, et puis on va souper.

Respect et tendresse.

1. La tragédie du *Triumvirat*. (ÉD.)
2. Cette tragédie de Lemierre venait en effet d'être imprimée, quoiqu'on en eût interdit la représentation. Elle fut jouée, pour la première fois, le 30 juin 1790. (ÉD.)
3. De sa tragédie d'*Eudoxie*. (ÉD.)
4. Personnage de la tragédie de *Polyeucte*. (ÉD.)
5. Les chevaliers de La Barre et d'Étallonde. (ÉD.)
6. Par Beccaria. (ÉD.)

ANNÉE 1766.

MMMMDCLXXXIX. — A M. DAMILAVILLE.

12 juillet.

Mon cher frère, Polyeucte et Néarque[1] déchirent toujours mon cœur : il me goûtera quelque consolation que quand vous me manderez tout ce que vous aurez pu recueillir.

On dit qu'on ne jouera point la pièce de Collé[2] : je m'y intéresse peu, puisque je ne la verrai pas ; et, en vérité, je suis incapable de prendre aucun plaisir après une funeste catastrophe dont on veut me rendre en quelque façon responsable. Vous savez que je n'ai aucune part au livre[3] que ces pauvres insensés adoraient à genoux. Il pleut de tous côtés des ouvrages indécents, comme *la Chandelle d'Arras*[4], *le Compère Mathieu*[5], *l'Espion chinois*[6] ; et cent autres avortons qui périssent au bout de quinze jours, et qui ne méritent pas qu'on fasse attention à leur existence passagère. Le ministère ne s'occupe pas sans doute de ces pauvretés : il n'est occupé que du soin de faire fleurir l'État ; et l'intérêt réduit à quatre pour cent est une preuve d'abondance.

Je tremble que M. de Beaumont ne se décourage : je vous conjure d'exciter son zèle. J'ai pris des mesures qui vont m'embarrasser beaucoup, s'il abandonne cette affaire des Sirven. Parlez-lui, je vous prie, de celle d'Abbeville ; il s'en sera sans doute informé. Je ne connais point de loi qui ordonne la torture et la mort pour des extravagances qui n'annoncent qu'un cerveau troublé. Que fera-t-on donc aux empoisonneurs et aux parricides ?

Adieu, mon cher ami ; adoucissez, par vos lettres, la tristesse où je suis plongé.

MMMMDCXC. — A M. HENNIN.

Jeudi matin.

Ma foi, monsieur, les beaux esprits se rencontrent. Vous ne me dites point que MM. les plénipotentiaires avaient employé la même formule que moi chétif, quand je vous montrai mon édit émané contre le col-tord ou tors[7]. Si on lui donne une attestation de vie et de mœurs, il sera de ces gens qu'on pend avec leur grâce au cou. Avez-vous vu le gendre du roi d'Angleterre aujourd'hui ? avez-vous vu le grand kan des Cosaques ? comment me tirerai-je d'un hitman et d'un prince héréditaire ? Si vous ne venez à mon secours avec M. le chevalier de Taulès, qui est de la taille du grand kan, je suis perdu. Mettez-moi toujours aux pieds de Son Excellence, et ayez pitié du pauvre vieillard qui vous aime de tout son cœur.

---

1. Le chevalier de La Barre et le chevalier d'Étallonde. (ÉD.).
2. *La Partie de chasse de Henri IV*. (ÉD.).
3. *Le Dictionnaire philosophique*. (ÉD.).
4. Poème en dix-huit chants, par l'abbé du Laurens. (ÉD.).
5. Roman du même auteur. (ÉD.). — 6. Ouvrage de Goudar. (ÉD.).
7. Vernet. (ÉD.).

MMMMDCXCI. — A M. LE COMTE D'ARGENTAL.

Aux eaux de Rolle en Suisse, par Genève, 14 juillet.

Mes chers anges, mettez-moi aux pieds de M. de Chauvelin; dites-lui que je pense comme lui; dites-lui que la pièce inspire je ne sais quoi d'atroce, mais qu'elle n'ennuie point; qu'elle est un peu dans le goût anglais; qu'on n'a eu d'autre intention que de dire ce qu'on pense d'Auguste et d'Antoine, et que d'ailleurs elle es; assez fortement écrite.

Non vraiment je n'ai point ma minute; je l'avais envoyée au libraire; je ferai mon possible pour la retirer, et je vous conjure encore, par vos ailes, de me renvoyer ma copie, par la diligence de Lyon, à Meyrin, en belle toile cirée : c'est la façon dont il faut s'y prendre pour faire tenir tous les gros paquets. Vous verrez, par l'étrange lettre que j'ai reçue d'un château près d'Abbeville, que vos dignes avocats ont encore bien plus fortement raison qu'ils ne pensaient. Il y a dans tout cela de quoi frémir d'horreur. Je suis persuadé que le roi aurait fait grâce, s'il avait su tout ce détail; mais la tête avait tourné à ce pauvre chevalier de La Barre et à tout le monde; on n'a pas su le défendre, on n'a pas su même récuser des témoins qu'on pouvait regarder comme subornés par Belleval. D'ailleurs, ce qui est bien singulier, c'est qu'il n'y a point de loi expresse pour un pareil délit. Il est abandonné, comme presque tout le reste, à la prudence ou au caprice du juge. Le lieutenant d'Abbeville a craint de n'en pas faire assez, et le parlement en a trop fait. Vous savez que des vingt-cinq juges il n'y en a eu que quinze qui ont opiné à la mort. Mais quand plus d'un tiers des opinants penche vers la clémence, les deux autres tiers sont bien cruels. De quoi dépend la vie des hommes! Si la loi était claire, tous les juges seraient du même avis; mais quand elle ne l'est pas, quand il n'y a pas même de loi, faut-il que cinq voix de plus suffisent pour faire périr, dans les plus horribles tourments, un jeune gentilhomme qui n'est coupable que de folie? Que lui aurait-on fait de plus s'il avait tué son père?

En vérité, si le parlement est le père du peuple, il ne l'est pas de de la famille d'Ormesson. Je suis saisi d'horreur. Je prends actuellement des eaux minérales, mais sûrement elles me feront mal; on ne digère rien après de pareilles aventures.

Je ne suis point surpris de la conduite de ce malheureux Jean-Jacques, mais j'en suis très-affligé. Il est affreux qu'il ait été donné à un pareil coquin de faire *le Vicaire savoyard*. Ce malheureux fait trop de tort à la philosophie; mais il ne ressemble aux philosophes que comme les singes ressemblent aux hommes.

Toute ma petite famille, mes anges, se met au bout de vos ailes, et moi surtout qui vous adore autant que je hais, etc., etc., etc.

Je vous demande en grâce de m'envoyer la consultation des avocats; il n'y a qu'à la mettre dans le paquet de toile cirée, afin que les brûlés soient avec les roués.

MMMMDCXCII. — A M. Élie de Beaumont.

Aux eaux de Rolle, le 14 juillet.

Êtes-vous, mon cher Cicéron, du nombre de ceux qui ont fait une consultation en faveur de l'humanité, contre une cruauté indigne de ce siècle? vous en êtes bien capable. Je vous en révérerai et aimerai bien davantage. Vous auriez fait encore plus, si vous aviez lu la relation véritable que M. Damilaville doit vous communiquer. Que vous avez bien raison de faire voir que notre jurisprudence criminelle est encore bien barbare! Ne vous découragez point, mon cher Cicéron, de tout ce que vous voyez; donnez, au nom de Dieu, votre mémoire pour les Sirven, dussiez-vous ne point obtenir d'attribution de juges. Je vous répète que ce mémoire sera votre chef-d'œuvre, qu'il mettra le comble à votre réputation; et quant aux Sirven, ils seront toujours assez justifiés dans l'Europe.

Soyez toujours le défenseur de l'innocence et de la raison; rendez les hommes meilleurs et plus éclairés; c'est votre vocation. Soyez surtout heureux vous-même avec votre digne épouse. Mon cœur est à vous, et mon esprit est le client du vôtre.

MMMMDCXCIII. — A M. Damilaville.

Aux eaux de Rolle en Suisse, 14 juillet.

Vous allez être bien étonné; vous allez frémir, mon cher *frère*, quand vous lirez la *Relation*[1] que je vous envoie. Qui croirait que la condamnation de cinq jeunes gens de famille à la plus horrible mort pût être le fruit de l'amour et de la jalousie d'un vieux scélérat d'élu[2] d'Abbeville? la première idée qui vient est que cet élu est un grand réprouvé; mais il n'y a pas moyen de rire dans une circonstance si funeste. Ne saviez-vous pas que plusieurs avocats ont donné une consultation qui démontre l'absurdité de cet affreux arrêt? ne l'aurai-je point, cette consultation?

On dit que le premier président leur en a voulu faire des reproches, et qu'ils lui ont répondu avec la noblesse et la fermeté dignes de leur profession. C'est une chose abominable que la mort des hommes, et que les plus terribles supplices dépendent de cinq radoteurs qui l'emportent, par la majorité des voix, sur les dix conseillers du parlement les plus éclairés et les plus équitables. Je suis persuadé que si Sa Majesté eût été informée du fond de l'affaire, elle aurait donné grâce; elle est juste et bienfaisante : mais la tête avait tourné aux deux malheureux, et ils se sont perdus eux-mêmes.

Je vous conjure, mon cher frère, d'envoyer à M. de Beaumont copie de la *Relation*, avec le petit billet que je lui écris.

Je vous embrasse avec autant de douleur que de tendresse.

Est-ce qu'on a brûlé *les Délits et les peines*?

1. La *Relation de la mort du chevalier de La Barre*. (Éd.)
2. Il s'appelait Belleval. (Éd.)

MMMMDCXCIV. — A M. LA COMBE.

Aux eaux de Rolle, 14 juillet.

Je ne crois point du tout, monsieur, que cette pièce[1] puisse être jouée; je pense seulement qu'elle est faite pour être lue par les gens de lettres : ainsi il me paraît que vous ne devez pas en tirer un grand nombre d'exemplaires. Je vous avoue qu'on ne veut faire imprimer cet ouvrage qu'en faveur des notes; et, pour peu que les censeurs trouvent à redire à quelques-unes des notes, on les corrigera sans difficulté.

Il paraît depuis peu une *Histoire du commerce et de la navigation des Égyptiens*[2]. Je vous prie de me l'envoyer à Meyrin, près de Genève.

MMMMDCXCV. — A M. DAMILAVILLE.

Aux eaux de Rolle, 14 juillet.

Je suis toujours aux eaux, et assez malade, mon cher ami. J'ai mal daté ma dernière, qui pourtant ne partira qu'avec ce billet-ci. Je vous supplie de faire rendre cet autre billet à La Combe. Mes amis savent sans doute que je suis aux eaux; mais je recevrai exactement toutes les lettres qu'on m'écrira à Genève.

Voici ce qu'on m'écrit sur Jean-Jacques :

« J'ai vu les lettres de M. Hume. Il mande que Rousseau est le scélérat le plus atroce, le plus noir qui ait jamais déshonoré la nature humaine; qu'on lui avait bien dit qu'il avait tort de se charger de lui, mais qu'il avait cédé aux instances de ses protecteurs; qu'il avait mis le scorpion dans son sein, et qu'il en avait été piqué; que le procès avec cet homme affreux, allait être imprimé en anglais; qu'il priait qu'on le traduisit en français, et qu'on vous en envoyât un exemplaire. »

MMMMDCXCVI. — A M. HENNIN.

Ange de paix, voici un Génevois qui vous donnera de quoi faire votre métier de bienfaisance. Tandis que vous cherchez à peupler le pays de Gex de protestants, on les en chasse; on ravit le bien patrimonial d'une famille. C'est par charité chrétienne, à la vérité; mais c'est contre les lois mêmes de Louis XIV, qui ne sont pas si sévères que les déprédateurs fiscaux. Permettez que je recommande à vos bontés, à votre protection, et à vos conseils, le porteur de ma requête.

On dit qu'une jolie et brave Lyonnaise a rossé trois citoyens. Le porteur n'est pas du nombre; elle lui aurait donné un baiser.

MMMMDCXCVII. — AU MÊME.

Mercredi matin à huit heures, à Ferney, (... juillet).

Figurez-vous donc, monsieur, qu'hier mardi, M. le prince de Brunswick m'écrit qu'il viendra se reposer de ses fatigues dans mon ermi-

1. *La Triumvirat.* (ÉD.) — 2. Par Ameilhon. (ÉD.)

tage. Je lui propose d'y venir manger du lait et des œufs frais, et de renoncer ce jour-là au monde et à ses pompes. Et sur ce que vous m'aviez mandé des pompes, je vous prie de vouloir bien venir avec M. de Taulès pour me bouillir du lait. Point du tout, ne voilà-t-il pas que ce jeune héros me mande qu'il est engagé pour des crevailles avec M. l'ambassadeur, et qu'il ne viendra que demain! Je n'ose plus supplier Son Excellence de venir faire pénitence de ses excès à la campagne. Qu'il se crève, qu'il se damne, qu'il fasse tout ce qu'il voudra; il est le maître, et je suis à ses ordres et aux vôtres. Faites-moi la grâce d'instruire un pauvre vieux ermite de vos marches et de vos plaisirs.

Votre grand diable de Cosaque, qui dit avoir la poitrine perdue, est un fort bon homme. Il avait avec lui un médecin qui a du mérite.

MMMMDCXCVII bis. — DE FRÉDÉRIC II, ROI DE PRUSSE.

Vous présumez mieux de moi que je ne le fais moi-même; vous me soupçonnez d'être l'auteur d'un *Abrégé de l'histoire ecclésiastique* et de sa préface. Cela n'est guère plausible. Un homme sans cesse occupé de guerres ou d'affaires n'a pas le temps d'étudier l'histoire ecclésiastique. J'ai plus fait de manifestes durant ma vie que je n'ai lu de bulles. J'ai combattu des croisés, des gens avec des toques bénites, que le saint-père avait fortifiés dans le zèle qu'ils marquaient pour me détruire; mais ma plume, moins téméraire que mon épée, respecte les objets qu'une longue coutume a rendus vénérables. Je vois avec étonnement, par votre lettre, que vous pourriez choisir une autre retraite que la Suisse, et que vous pensez au pays de Clèves. Cet asile vous sera ouvert en tout temps. Comment le refuserais-je à un homme qui a tant fait d'honneur aux lettres, à sa patrie, à l'humanité, enfin à son siècle? Vous pouvez aller de Suisse à Clèves sans fatigue; si vous vous embarquez à Bâle, vous pouvez faire ce voyage en quinze jours sans presque sortir de votre lit.

J'ai lu avec plaisir la petite brochure que vous m'avez envoyée; elle fera plus d'impression qu'un gros livre : peu de gens raisonnent, au lieu que chaque individu est susceptible d'émotion à la narration simple d'un fait. Il ne m'en fallait pas tant pour assister ces malheureux[1] que le fanatisme prive de leur patrie dans le royaume le plus policé de l'Europe; ils trouveront des secours et même un établissement, s'ils le veulent, qui pourra les soustraire aux atrocités de la persécution et aux longues formalités d'une justice que peut-être on ne leur rendra pas. Voilà ce que je puis faire et ce que je m'offre d'exécuter, tant en faveur de l'auteur de *la Henriade* que de sa nièce, de son jésuite Adam, et de son hérétique Sirven. Je prie le ciel qu'il les conserve tous dans sa sainte garde.

1. Les Sirven. (ED.)

MMMMDCXCVIII. — A M. LE COMTE D'ARGENTAL.

Aux eaux de Rolle, 16 juillet.

Je me jette à votre nez, à vos pieds, à vos ailes, mes divins anges. Je vous demande en grâce de m'apprendre s'il n'y a rien de nouveau. Je vous supplie de me faire avoir la consultation des avocats; c'est un monument de générosité, de fermeté, et de sagesse, dont j'ai d'ailleurs un très-grand besoin. Si vous n'en avez qu'un exemplaire, et que vous ne vouliez pas le perdre, je le ferai transcrire, et je vous le renverrai aussitôt.

L'atrocité de cette aventure me saisit d'horreur et de colère. Je me repens bien de m'être ruiné à bâtir et à faire du bien dans la lisière d'un pays où l'on commet de sang-froid, et en allant dîner, des barbaries qui feraient frémir des sauvages ivres. Et c'est là ce peuple si doux, si léger, et si gai! Arlequins anthropophages! je ne veux plus entendre parler de vous. Courez du bûcher au bal, et de la Grève à l'Opéra-Comique; rouez Calas, pendez Sirven, brûlez cinq pauvres jeunes gens[1] qu'il fallait, comme disent mes anges, mettre six mois à Saint-Lazare; je ne veux pas respirer le même air que vous.

Mes anges, je vous conjure, encore une fois, de me dire tout ce que vous savez. L'inquisition est fade en comparaison de vos jansénistes de grand'chambre et de Tournelle. Il n'y a point de loi qui ordonne ces horreurs en pareils cas; il n'y a que le diable qui soit capable de brûler les hommes en dépit de la loi. Quoi! le caprice de cinq vieux fous suffira pour infliger des supplices qui auraient fait trembler Busiris! Je m'arrête, car j'en dirais bien davantage. C'est trop parler de démons, je ne veux qu'aimer mes anges.

MMMMDCXCIX. — A M. DAMILAVILLE.

A Genève, 16 juillet.

Votre ami, monsieur, est toujours aux eaux de Rolle en Suisse, et les médecins lui ont conseillé un grand régime. Vous pouvez toujours m'écrire chez M. Souchai, à Genève, tant pour les affaires de Bugey que pour le vingtième.

Nous vous supplions très-instamment, M. Frégote et moi, de nous envoyer, à l'adresse de M. Souchai, la consultation des avocats, les conclusions du procureur général, comme aussi l'avis du rapporteur, les noms des juges qui ont opiné pour, et ceux des juges qui ont opiné contre, afin que nous puissions nous conduire avec plus de sûreté dans la révision de cette affaire.

Nous espérons tirer un grand parti de la consultation des avocats; nous nous flattons même de vous envoyer, avant qu'il soit peu, un

---

1. Il y avait cinq accusés, le chevalier de La Barre, Moisnel, Douville de Maillefeu, Dumaisniel de Savouse, et d'Étallonde de Morival; le premier et le dernier avaient été condamnés à être brûlés, mais d'Étallonde était contumax. La Barre seul fut exécuté. (Ed.)

mémoire raisonné qu'on nous dit être fait sur la bonne jurisprudence, touchant le fait et le droit.

S'il y a quelque chose de nouveau, nous vous prions de vouloir bien en parler à MM. les conseillers Mignot et d'Hornoy, qui vous donneront sans doute les éclaircissements nécessaires.

Nous nous recommandons à votre amitié et à votre bonté, étant très-particulièrement, monsieur, vos très-humbles et très-obéissants serviteurs,

J. L. B. et compagnie [1].

MMMMDCC. — A M. LE COMTE DE ROCHEFORT.

Aux eaux de Rolle, 16 juillet.

La petite acquisition de mon cœur, que vous avez faite, monsieur, vous est bien confirmée. En vous remerciant des *Ruines de la Grèce*, que vous voulez bien m'envoyer. Vous voyez quelquefois dans Paris les ruines du bon goût et du bon sens, et vous ne verrez jamais que chez un petit nombre de sages les ruines que vous désirez de voir.

Voici une relation [2] qu'on m'envoie, dans laquelle vous trouverez un triste exemple de la décadence de l'humanité. On me mande que cette horrible aventure n'a presque point fait de sensation dans Paris. Les atrocités qui ne se passent point sous nos yeux ne nous touchent guère; personne même ne savait la cause de cette funeste catastrophe. On ne pouvait pas deviner qu'un vieux élu, très-réprouvé, amoureux, à soixante ans, d'une abbesse, et jaloux d'un jeune homme de vingt-deux ans, avait seul été l'auteur d'un événement si déplorable. Si Sa Majesté en avait été informée, je suis persuadé que la bonté de son caractère l'aurait portée à faire grâce.

Voilà trois désastres bien extraordinaires, en peu d'années; ceux des Calas, des Sirven, et de ces malheureux jeunes gens d'Abbeville. A quels pièges affreux la nature humaine est exposée! Je bénis ma fortune, qui me fait achever ma vie dans les déserts des Suisses, où l'on ne connaît point de pareilles abominations. Elles mettent la noirceur dans l'âme. Les Français passent pour être gais et polis; il vaudrait bien mieux passer pour être humains. Démocrite doit rire de nos folies; mais Héraclite doit pleurer de nos cruautés. Je retournerai demain dans l'ermitage où vous m'avez vu, pour recevoir le prince de Brunswick. On le dit humain et généreux; c'est le caractère des braves gens. Les robes noires, qui n'ont jamais connu le danger, sont barbares.

Pardonnez à la tristesse de ma lettre, vous, monsieur, qui pensez comme le prince de Brunswick. Conservez-moi une amitié que je mérite par mon tendre et respectueux attachement pour vous.

1. Ce qui signifie J. L. Boursier et compagnie. (ÉD.)
2. La *Relation de la mort du chevalier de La Barre*. (ÉD.)

MMMMDCCI. — DE M. DALEMBERT.

16 juillet.

Avez-vous connu, mon cher maître, un certain M. Pasquier, conseiller de la cour, qui a de gros yeux, et qui est un grand bavard? on a dit de lui que sa tête ressemblait à une tête de veau, dont la langue était bonne à griller. Jamais cela n'a été plus vrai qu'aujourd'hui; car c'est lui qui, par ses déclamations, a fait condamner à la mort des jeunes gens qu'il ne fallait mettre qu'à Saint-Lazare. C'est lui qui a péroré, dit-on, contre les livres des philosophes, qu'il a pourtant dans sa bibliothèque, et qu'il lit même avec plaisir, comme le lui a reproché une femme de ma connaissance; car il n'est point du tout dévot, et c'est lui qui, du temps de M. de Machault, fit contre le clergé une assez plate levée de bouclier dans une assemblée de chambres. Quoi qu'il en soit, je ne sais ce que les jeunes écervelés condamnés par nosseigneurs ont dit à leur interrogatoire; mais je sais bien qu'ils n'ont trouvé dans aucun livre de philosophie les extravagances qu'ils ont faites, extravagances, au reste, qui ne méritaient qu'une correction d'écoliers; car le plus âgé n'a pas vingt-deux ans, et le plus jeune n'en a que seize. On vous aura sans doute envoyé le bel arrêt qui les condamne, arrêt digne du siècle du roi Robert. Vous verrez la belle kyrielle des crimes qu'on leur reproche, et qui ne sont que des sottises de jeunes gens libertins et échauffés par la débauche. En vérité il est abominable de mettre à si bon marché la vie des hommes. Il y a ici un religieux italien[1], homme d'esprit et de mérite, qui ne revient point de cette atrocité, et qui dit qu'à l'inquisition de Rome ces jeunes fous auraient tout au plus été condamnés à un an de prison. Au reste, le seul de ces jeunes gens qui ait été exécuté (car les autres sont en fuite) est mort avec un courage, ou, ce qui est encore mieux, un sang-froid digne d'une meilleure tête. Il a demandé du café, en disant qu'*il n'y avait pas à craindre que cela l'empêchât de dormir*. Le bourreau a voulu se joindre au confesseur pour l'exhorter, il a prié le bourreau de *se borner à son ministère* : il lui a seulement recommandé de ne le point faire souffrir, et de lui bien placer la tête; et ses derniers mots, étant à genoux et les yeux bandés, ont été : *Suis-je bien comme cela ?* Vous savez qu'on a brûlé, conjointement avec lui, le *Dictionnaire philosophique*, où il n'a assurément rien trouvé de toutes les platitudes dont on l'accuse, d'avoir passé devant une procession sans ôter son chapeau, d'avoir dit des grossièretés sur des burettes, d'avoir donné des coups de canne à un crucifix de bois, et autres sottises semblables. Je ne veux plus parler de tout cet auto-da-fé si honorable à la nation française, car cela me donne de l'humeur, et je ne veux que me moquer de tout.

Frère *Mords-les* est arrivé, il y a deux jours, enchanté du séjour qu'il a fait chez le respectable patriarche des Alpes. Il dit qu'il vous a trouvé plongé dans les lectures les plus édifiantes, entouré de *Bibles* et de

---

[1]. Le nonce du pape. (ÉD.)

Pères de l'Église, et qu'il vous a procuré un grand secours, celui d'une *Concordance de la Bible*, ouvrage de génie, dont il dit que vous n'aviez jamais entendu parler. Pour moi, il y a longtemps que j'avais l'honneur de connaître cette rapsodie digne de Pasquier-Quesnel et de Pasquier Tête de veau.

J'oubliais vraiment de vous parler d'une grande nouvelle : c'est la brouillerie de Jean-Jacques et de M. Hume. Je me doutais bien qu'ils ne seraient pas longtemps amis; le caractère féroce de Jean-Jacques ne le permettait pas ; mais je ne m'attendais pas à la noirceur dont M. Hume l'accuse. Vous savez sans doute de quoi il s'agit. M. Hume a demandé une pension du roi d'Angleterre pour Rousseau, du consentement de ce dernier; il l'a obtenue avec beaucoup de peine; il s'est pressé de lui écrire cette bonne nouvelle; Rousseau lui a répondu, en l'accablant d'injures, qu'il ne l'avait amené en Angleterre que pour le déshonorer, qu'il ne voulait ni de la pension du roi, ni de l'amitié de M. Hume, et qu'il renonçait à tout commerce avec lui. On peut dire de M. Hume, comme dans la comédie : « Voilà un bourgeois bien payé de ses bons services. » Ce qu'il y a de fâcheux pour Jean-Jacques, c'est que tous les gens raisonnables croiront M. Hume, quand il dit qu'il avait le consentement de Rousseau pour cette pension; mais Rousseau le niera, et il trouvera aussi des gens qui le croiront; car je gagerais bien qu'il n'a pas donné son consentement par écrit. Il paraît que son plan a été de laisser agir M. Hume, en lui donnant un simple consentement verbal, et de refuser ensuite la pension avec éclat, pour se faire des amis dans le parti de l'opposition ; se mettant peu en peine de compromettre M. Hume envers le roi et envers la nation, pourvu que Jean-Jacques ait des partisans, et fasse parler de lui. Le bon M. Hume dit avoir des preuves que depuis deux mois Rousseau méditait de lui jouer ce tour. Il se prépare à donner toute cette histoire au public. Que de sottises vont dire à cette occasion tous les ennemis de la raison et des lettres ! les voilà bien à leur aise : ca... reront infailliblement ou Rousseau ou M. Hume, et peut-être tous les deux.

Pour moi, je rirai, comme je fais de tout, et je tâcherai que rien ne trouble mon repos et mon bonheur. Adieu, mon maître.

P. S. J'oubliais de vous dire un mot de Socin Vernet ; j'en aurai soin, ne vous mettez pas en peine. Cela ne m'empêche pas de vous le recommander. J'espère le rendre ridicule sous tous les méridiens.

MMMMDCCII. — A M. D'ALEMBERT.

18 juillet.

Frère Damilaville vous a communiqué sans doute la *Relation* d'Abbeville, mon cher philosophe. Je ne conçois pas comment des êtres pensants peuvent demeurer dans un pays de singes qui deviennent si souvent tigres. Pour moi, j'ai honte d'être même sur la frontière. En vérité voici le temps de rompre ses liens, et de porter ailleurs l'horreur dont on est pénétré. Je n'ai pu parvenir à recevoir la consultation des avocats ; vous l'avez vue sans doute, et vous avez frémi. Ce n'est plus le temps de plaisanter ; les bons mots ne conviennent point aux massacres. Quoi! des Busiris en robe font périr dans les plus horribles supplices des enfants de seize ans! et cela malgré l'avis de dix juges intègres et humains! et la nation le souffre! A peine en parle-t-on un moment, on court ensuite à l'Opéra-Comique; et la barbarie, devenue plus insolente par notre silence, égorgera demain qui elle voudra juridiquement; et vous surtout qui aurez élevé la voix contre elle deux ou trois minutes. Ici Calas roué, là Sirven pendu, plus loin un bâillon dans la bouche d'un lieutenant général; quinze jours après, cinq jeunes gens condamnés aux flammes pour des folies qui méritaient Saint-Lazare. Qu'importe l'avant-propos du roi de Prusse? Apporte-t-il le moindre remède à ces maux exécrables? est-ce là le pays de la philosophie et des agréments? c'est celui de la Saint-Barthélemy. L'inquisition n'aurait pas osé faire ce que des juges jansénistes viennent d'exécuter. Mandez-moi, je vous en prie, ce qu'on dit du moins, puisqu'on ne fait rien. C'est une misérable consolation d'apprendre que des monstres sont abhorrés, mais c'est la seule qui reste à notre faiblesse, et je vous la demande. M. le prince de Brunswick est outré d'indignation, de colère, et de pitié. Redoublez tous ces sentiments dans mon cœur par deux mots de votre main, que vous enverrez, par la petite poste, à frère Damilaville. Votre amitié, et celle de quelques êtres pensants, est le seul plaisir auquel je puisse être sensible.

La méprise de l'avant-propos consiste en ce qu'on suppose que ces paroles, *In principio erat*, etc., ont été falsifiées. Ce sont les deux passages sur la Trinité qui ont été interpolés dans l'épître de Jean [1]. Quelle pitié que tout cela! on perd à déterrer des erreurs un temps qu'on emploierait peut-être à découvrir des vérités.

N. B. Le théologien Vernet s'est plaint au conseil de Genève qu'on se moquait de lui; le conseil lui a offert une attestation de vie et de mœurs, comme quoi il n'avait pas volé sur les grands chemins, ni même dans la poche. Cette dernière partie de l'attestation paraissait bien hasardée.

MMMMDCCIII. — A M. LE MARÉCHAL DUC DE RICHELIEU.

Aux eaux de Rolle, 18 juillet.

Je ne sais où vous êtes, monseigneur; mais quelque part que vous soyez, vous êtes compatissant et généreux : vous serez touché de cette *Relation* qu'on m'a envoyée [2]. Je suis persuadé que, si on avait été

---

1. Voltaire veut parler des versets 7 et 8 du chapitre v de la première épître de saint Jean, où l'on dit : « ... tres sunt qui testimonium dant in cælo, Pater, Verbum, et Spiritus Sanctus; et hi tres unum sunt. Et tres sunt qui testimonium dant in terra, spiritus, et aqua, et sanguis; et hi tres unum sunt. » (ED.)

2. *Extrait d'une lettre d'Abbeville, du 7 juillet.*

... Un habitant d'Abbeville, lieutenant de l'élection, riche, avare, et nommé Belleval, vivait dans la plus grande intimité avec l'abbesse de Vignancourt, fille de M. de Brou, lorsque deux jeunes gentilshommes, parents de l'abbesse, nommés de La Barre, arrivèrent à Abbeville. L'abbesse les reçut chez elle, les logea dans l'intérieur du couvent, plaça, peu de temps après, l'aîné des deux

informé de l'origine de cette horrible aventure, on aurait fait quelque grâce. Cet élu d'Abbeville vous paraîtra un grand réprouvé. Il est seul la cause du désespoir de cinq familles, et il est lui-même au nombre de ceux qu'il a accablés par sa méchanceté. La peine de mort n'est point ordonnée par la loi, et le degré du châtiment est entièrement abandonné à la prudence des juges.

Il y a plusieurs années qu'une profanation beaucoup plus sacrilége fut commise dans la ville de Dijon; les coupables furent condamnés à six mois de prison, et à quatre mille livres envers les pauvres, payables solidairement. Les meilleurs jurisconsultes prétendent que, dans les délits qui ne traînent pas après eux de suites dangereuses, et dont la punition est arbitraire, il faut toujours pencher vers la clémence plutôt que vers la cruauté.

Il est triste de voir des exemples d'inhumanité dans une nation qui recherche la réputation d'être douce et polie. Je sais bien qu'il n'y a point de remède aux choses faites; mais j'ai cru que vous ne seriez pas fâché d'être instruit de ce qui a produit cette catastrophe épouvantable.

Il est triste que l'amour en soit la cause : il n'est pas accoutumé, dans notre siècle, à produire de pareilles horreurs; il me semble que vous l'aviez rendu plus humain.

frères dans les mousquetaires. Le plus jeune, âgé de seize à dix-sept ans, toujours logé chez sa cousine, toujours mangeant avec elle, fit connaissance avec la jeunesse de la ville, l'introduisit chez l'abbesse; on y soupait, on y passait une partie de la nuit.

Le sieur Belleval, congédié de la maison, résolut de se venger. Il savait que le chevalier de La Barre avait commis de grandes indécences, quatre mois auparavant, avec quelques jeunes gens de son âge mal élevés. L'un d'eux même avait donné, en passant, un coup de baguette sur un poteau auquel était attaché un crucifix de bois; et quoique le coup n'eût été donné que par derrière, et sur le simple poteau, la baguette, en tournant, avait frappé malheureusement le crucifix. Il sut que ces jeunes gens avaient chanté des chansons impies, qui avaient scandalisé quelques bourgeois. On reprochait surtout au chevalier de La Barre d'avoir passé à trente pas d'une procession qui portait le saint sacrement, et de n'avoir pas ôté son chapeau.

Belleval courut de maison en maison exagérer l'indécence très-répréhensible du chevalier et de ses amis. Il écrivit aux villes voisines; le bruit fut si grand, que l'évêque d'Amiens se crut obligé de se transporter à Abbeville, pour réparer le scandale par sa piété.

Alors on fit des informations, on jeta des monitoires, on assigna des témoins; mais personne ne voulait accuser juridiquement de jeunes indiscrets dont on avait pitié. On voulait cacher leurs fautes, qu'on imputait à l'ivresse et à la folie de leur âge.

Belleval alla chez tous les témoins; il les menaça, il les fit trembler; il se servit de toutes les armes de la religion; enfin il força le juge d'Abbeville à le faire assigner lui-même en témoignage. Il ne se contenta pas de grossir les objets dans son interrogatoire, il indiqua les noms de tous ceux qui pouvaient témoigner; il requit même le juge de les entendre. Mais ce délateur fut bien surpris lorsque le juge ayant été forcé d'agir et de rechercher les imprudents complices du chevalier de La Barre, il trouva le fils du délateur Belleval à la tête.

Belleval désespéré fit évader son fils avec le sieur d'Étallonde, fils du président de Bancour, et le jeune d'Ouville, fils du maire de la ville. Mais poussant jusqu'au bout sa jalousie et sa vengeance contre le chevalier de La Barre, il le fit suivre par un espion. Le chevalier fut arrêté avec le sieur Moisnel son ami.

Continuez-moi vos bontés, et pardonnez-moi de ne vous pas écrire de ma main. Ma misérable santé est dans un tel état que je ne suis capable que de vous aimer, et de vous respecter jusqu'au dernier moment de ma vie.

MMMMDCCIV. — A M. LE MARQUIS DE VILLEVIEILLE.

12 juillet.

En vérité, monsieur, vous avez adouci mes maux et prolongé ma vie en me gratifiant de ces dix paquets de la poudre des chartreux. Je n'ai qu'une seule prise de la poudre des pilules de Prusse[1].

Oui, sans doute, il faut faire une seconde édition de cet ouvrage, et il y en aura plus d'une. L'avant-propos est violent; cet avant-propos est du roi : il n'y a qu'une seule faute, mais elle est grave, et sera relevée par les ennemis de la raison. Il y parle d'une falsification d'un passage dans l'Évangile de Jean. L'on prétend que ce n'est point ce passage de l'Évangile qui a été falsifié, mais bien deux endroits d'une épître. Le corps de l'histoire est de l'abbé de Prades; il a besoin de beaucoup de corrections et d'additions. On m'a parlé de quelques autres ouvrages qui paraissent. Je remercie ceux qui nous éclairent; mais je tremble pour eux, à moins qu'ils ne soient des rois de Prusse. La *Rela-*

La tête leur tourna, comme vous le pouvez bien penser, dans leur interrogatoire. Cependant Moisnel répondit plus sagement que La Barre. Celui-ci se perdit toi-même; vous savez le reste.

Je me trouvai samedi à Abbeville, où une petite affaire m'avait conduit, lorsque de La Barre et Moisnel, escortés de quatre archers, y arrivèrent de Paris, par une route détournée. Je ne saurais vous donner une juste idée de la consternation de cette ville, de l'horreur qu'on y ressent contre Belleval, et de l'effroi qui règne dans toutes les familles. Le peuple même trouve l'arrêt trop cruel; il déchirerait Belleval ; il est sorti d'Abbeville, et on ne sait où il est.

Nota bene. Les accusés ont été condamnés par le parlement de Paris, en confirmation de la sentence d'Abbeville, à avoir la langue et le poing coupés, la tête tranchée, et à être jetés dans les flammes, après avoir subi la question ordinaire et extraordinaire. Le chevalier de La Barre a été seul exécuté; on continue le procès du sieur Moisnel. Plusieurs avocats ont signé une consultation par laquelle ils prouvent l'illégalité de l'arrêt. Il y avait vingt-cinq juges ; quinze opinèrent à la mort, et dix à une correction légère.

Après avoir donné cette note, qui est de Voltaire, M. Beuchot ajoute ce qui suit :

« Dans une copie qui m'a été communiquée, le *nota bene* offre deux variantes que voici :

« *Nota bene.* Le chevalier de La Barre a été condamné par le parlement de Paris en confirmation, etc........ Le chevalier de La Barre a été exécuté. On a brûlé avec lui ses livres, qui consistaient dans les *Pensées philosophiques* de Diderot, le *Sofa* de Crébillon, des *Lettres sur les miracles,* le *Dictionnaire philosophique,* deux petits volumes de Bayle, un *Discours de l'empereur Julien,* grec et français; un *Abrégé de l'histoire de l'Église* de Fleury, et l'*Anatomie de la messe.* On continue le procès du sieur Moisnel. Les autres sont condamnés à être brûlés vifs. Plusieurs avocats ont signé, etc. »

« Cette version me paraît toute vraisemblable. Les deux petits volumes de Bayle sont l'*Extrait* fait par le roi de Prusse (voyez lettre MMMMDLXXXV). Le *Discours de l'empereur Julien* est celui que Voltaire fit réimprimer en 1769. L'*Abrégé de l'histoire de l'Église* est celui dont il est aussi parlé dans la lettre MMMMDLXXXV; l'*Anatomie de la messe* est un livre du XVIe siècle.

1. Les pilules de Prusse sont l'*Abrégé de l'histoire ecclésiastique.* (ÉD.)

Mon que je vous envoie vous fera frémir comme moi : l'inquisition aurait été moins barbare.

La postérité ne concevra pas comment les gentilshommes d'une province ont laissé immoler d'autres gentilshommes par des bourreaux, sur un arrêt de vingt-cinq bourreaux en robe, à la pluralité de quinze voix contre dix. C'était bien là le cas au moins de faire des représentations à ceux qui en font tous les jours de si violentes pour des sujets bien moins intéressants.

Je souhaite passionnément, monsieur, d'avoir l'honneur de vous revoir. Je crois avoir retrouvé en vous un autre marquis de Vauvenargues. Vous me consolerez de sa perte, et des atrocités religieuses qu'on commet encore dans un siècle qui n'était pas digne de lui. Je vous attends, monsieur, avec l'attachement le plus tendre et le plus respectueux.

MMMMDCCV. — A M. DAMILAVILLE.

19 juillet.

Ce petit billet ouvert que je vous envoie, mon cher frère, pour Protagoras¹, est pour vous comme pour lui; il est écrit dans l'amertume de mon cœur. Je crains que Protagoras ne soit trop gai au milieu des horreurs qui nous environnent. Le rôle de Démocrite est fort bon quand il ne s'agit que des folies humaines; mais les barbaries font des Héraclites. Je ne crois pas que je puisse rire de longtemps. Je vous répète toujours la même chose, je vous fais toujours la même prière. La consultation en faveur de ces malheureux jeunes gens, et le mémoire des Sirven, ce sont là mes deux pôles. On m'assure que celui qui est mort n'avait pas dix-sept ans; cela redouble encore l'horreur.

C'est aujourd'hui le jour où j'attends une de vos lettres. Si je n'en ai point, mon affliction sera bien cruelle; mais si j'ai la consultation des avocats, je recevrai au moins quelque consolation. Je sais que c'est après la mort le médecin; mais cela peut du moins sauver la vie à d'autres. L'assassinat juridique des Calas a rendu le parlement de Toulouse plus circonspect; les cris ne sont pas inutiles, ils effrayent les animaux carnassiers, au moins pour quelque temps.

Adieu, mon cher frère; je vous embrasse toujours avec autant de douleur que de tendresse.

MMMMDCCVI. — AU MÊME.

Aux eaux de Rolle en Suisse, par Genève, 24 juillet.

Je ne me laisse point abattre, mon cher frère, mais ma douleur, ma colère, et mon indignation, redoublent à chaque instant. Je me laisse si peu abattre, que je prendrai probablement le parti d'aller finir mes jours dans un pays² où je pourrai faire du bien. Je ne serai pas le seul. Il se peut faire que le règne de la raison et de la vraie religion s'éta-

1. Dalembert. (ÉD.) — 2. Le pays de Clèves. (ÉD.)

blisse bientôt, et qu'il fasse taire l'iniquité et la démence. Je suis persuadé que le prince qui favorisera cette entreprise vous ferait un sort agréable si vous vouliez être de la partie. Une lettre de Protagoras pourrait y servir beaucoup. Je sais que vous avez assez de courage pour me suivre; mais vous avez probablement des liens que vous ne pourrez rompre.

J'ai commencé déjà à prendre des mesures; si vous me secondez, je ne balancerai pas. En attendant, je vous conjure de prendre au moins, chez M. de Beaumont, le précis de la consultation, avec les noms des juges. Je n'ai vu personne qui ne soit entré en fureur au récit de cette abomination.

Comme je serai encore quelque temps aux eaux de Suisse, je vous prie d'adresser vos lettres à M. Boursier, chez M. Souchai, à Genève, au *Lion d'or*.

Mon cher frère, que les hommes sont méchants, et que j'ai besoin de vous voir !

MMMMDCCVII. — A M. LE PRINCE DE LIGNE.
Aux eaux de Rolle en Suisse, 22 juillet.

Vous voyez bien, monsieur le prince, par le lieu dont je date, que je ne suis pas le plus jeune et le plus vigoureux des mortels. Mais, en quelque état que je sois, je ressens vos bontés comme si j'avais votre âge. Votre lettre me fait voir que vous êtes aussi philosophe qu'aimable. Né dans le sein des grandeurs, vous faites peu de cas de celles qui ne sont pas dans vous-même, et qu'on n'obtient que par la faveur d'autrui. Il ne vous appartient pas d'être courtisan, c'est à vous qu'il faut faire sa cour; et vous pouvez jouir assurément de la vie la plus heureuse et la plus honorée, sans avoir d'obligation à personne.

Je serais bien tenté de vous envoyer un petit écrit sur une aventure horrible, assez semblable à celle des Calas; mais j'ai craint que le paquet ne fût un peu trop gros; il est de deux feuilles d'impression. Je suis persuadé qu'il toucherait votre belle âme; vous y verriez d'ailleurs des choses très-curieuses. Je passe dans ma petite sphère les derniers temps de ma vie, comme vous passez vos beaux jours, à faire le plus de bien dont je suis capable; c'est par cela seul que je mérite un peu des bontés dont vous daignez m'honorer. Vous en ferez beaucoup dans vos belles et magnifiques terres; vous y vivrez en souverain, vous pourrez attirer auprès de vous des hommes dignes de vous plaire : les plus grands rois n'ont rien au-dessus.

On m'a dit que vous iriez faire un tour en Italie; je ne sais si ce bruit est fondé, mais il me plaît infiniment. Je me flatterais que vous prendriez la route de Genève, que je pourrais avoir l'honneur de vous recevoir dans ma cabane; vos grâces ranimeraient ma vieillesse. L'Italie commence à mériter d'être vue par un prince qui pense comme vous. On y allait, il y a vingt ans pour voir des statues antiques, et pour y entendre de nouvelle musique; on peut y aller aujourd'hui pour y voir des hommes qui pensent, et qui foulent aux pieds la superstition et le fanatisme.

Tes plus grands ennemis, Rome, sont à tes portes.
                    Racine, *Mithridate*, act. III, sc. I.

Il s'est fait en Europe une révolution étonnante dans les esprits. J'ai trop peu d'espace pour vous dire ici ce que je pense du vôtre, et pour vous faire connaître toute l'étendue de mon respect et de mon attachement.

MMMMDCCVIII. — A M. LE COMTE D'ARGENTAL.

Aux eaux de Rolle en Suisse, par Genève, 23 juillet.

Un Génevois, nommé Ballexserd, qui est à Paris, et qui a remporté un prix à je ne sais quelle académie, par un excellent ouvrage, veut se présenter devant mes anges pour obtenir par leur protection une audience de M. le duc de Choiseul. Je ne sais s'il veut lui parler des affaires de Genève, ou s'il a quelque autre grâce à lui demander; mais je supplie mes divins anges de daigner lui accorder toute la faveur qu'ils pourront : ce sera une nouvelle grâce que j'aurai reçue d'eux.

Je me flatte que mes anges voudront bien m'envoyer le petit paquet en toile cirée, pour lequel je leur ai présenté requête. J'ai écrit à M. de Chauvelin; pour peu qu'il connaisse l'amour-propre des auteurs, il n'aura pas été médiocrement surpris que je sois en tout de son avis.

Je ne dormirai point jusqu'à ce que j'aie la consultation des avocats. Hélas ! mes anges, nous ne sommes pas heureux en consultations. Celle de l'avocat qui joue si bien la comédie n'a point réussi; celle qui devait porter les juges à l'humanité n'a pas empêché qu'on ne traitât de pauvres jeunes gens coupables d'extravagances, en coupables de parricides ; et enfin la consultation de Beaumont pour les Sirven ne vient point. Les horreurs du fanatisme qui vous environnent semblent avoir glacé la main d'Élie ; il me paraît au contraire qu'on devrait s'encourager plus que jamais à combattre l'atrocité des jugements injustes. On dit que cet infortuné jeune homme, qui n'avait que vingt et un ans, est mort avec la fermeté de Socrate; et Socrate a moins de mérite que lui : car ce n'est pas un grand effort, à soixante et dix ans, de boire tranquillement un gobelet de ciguë ; mais mourir dans des supplices horribles, à l'âge de vingt et un ans, cela demande assurément plus de courage. Cette barbarie m'occupe jour et nuit. Est-il possible que le peuple l'ait soufferte ? L'homme, en général, est un animal bien lâche ; il voit tranquillement dévorer son prochain, et semble content, pourvu qu'on ne le dévore pas : il regarde encore ces boucheries avec le plaisir de la curiosité.

Mes anges, j'ai le cœur déchiré.

MMMMDCCIX. — A M. DALEMBERT.

Aux eaux de Rolle en Suisse, 25 juillet.

Oui vraiment je le connais, ce mufle de bœuf, et ce cœur de tigre, qui mérite par ses fureurs ce qu'il a fait éprouver à l'extravagance; et vous voulez prendre le parti de rire, mon cher Platon! il faudrait prendre celui de se venger, ou du moins quitter un pays où se commettent tous les jours tant d'horreurs. N'auriez-vous pas déjà lu la *Relation* ci-jointe? Je vous prie de l'envoyer à frère Frédéric, afin qu'il accorde une protection plus marquée et plus durable à cinq ou six hommes de mérite qui veulent se retirer dans une province méridionale de ses États¹, et y cultiver en paix la raison, loin du plus absurde fanatisme qui ait jamais avili le genre humain, et loin des scélérats qui se jouent ainsi du sang des hommes. L'extrait de la première relation est d'une vérité reconnue : je ne suis pas sûr de tous les faits contenus dans la seconde ; mais je sais bien qu'en effet il y a une consultation d'avocats ; et si je puis, par votre moyen, parvenir à l'avoir, vous ferez une œuvre méritoire. Je sais que vous n'êtes pas trop lié avec le barreau ; mais voilà de ces occasions où il faut sortir de sa sphère. L'abbé Morellet, M. Turgot, pourraient vous procurer cette pièce. Vous pourriez me la faire tenir par Damilaville, qui la cherche de son côté.

Pourquoi faut-il n'avoir que de telles armes contre des monstres qu'il faudrait assommer! C'est bien dommage, encore une fois, que Jean-Jacques soit un fou, et un méchant fou; sa conduite a fait plus de tort aux belles-lettres et à la philosophie que le *Vicaire savoyard* ne leur fera jamais de bien.

Non, encore une fois, je ne puis souffrir que vous finissiez votre lettre en disant : *Je rirai*. Ah! mon cher ami, est-ce là le temps de rire? riait-on en voyant chauffer le taureau de Phalaris? Je vous embrasse avec rage.

MMMMDCCX. — A M. DAMILAVILLE.

Aux eaux de Rolle en Suisse, par Genève, 22 juillet.

Mon indignation, mon horreur, augmentent à chaque moment, mon cher frère. Vous parlez de courage; vous devez en avoir vous et vos amis. Voici une lettre pour Platon. Il faudrait tâcher de prendre un parti²; et si vous me donnez votre parole, je vous réponds du succès, je dis même du succès le plus flatteur. Il faut savoir quitter un cachot pour vivre libre et honoré. Je vous demande en grâce de m'obtenir l'extrait de la consultation, et les noms que j'ai demandés. Voici une lettre de Sirven pour Élie. Adieu. Tous mes sentiments sont extrêmes, et surtout celui de mon amitié pour vous.

MMMMDCCXI. — A M. DIDEROT.

23 juillet.

On ne peut s'empêcher d'écrire à Socrate, quand les Mélitus et les Anitus se baignent dans le sang et allument les bûchers. Un homme tel que vous ne doit voir qu'avec horreur le pays où vous avez le malheur de vivre. Vous devriez bien venir dans un pays où vous auriez la liberté entière, non-seulement d'imprimer ce que vous voudriez, mais

1. Le pays de Clèves. (Éd.)
2. Il s'agissait de quitter la France et d'aller s'établir à Clèves. (Éd.)

de prêcher hautement contre des superstitions aussi infâmes que sanguinaires. Vous n'y seriez pas seul, vous auriez des compagnons et des disciples. Vous pourriez y établir une chaire qui serait la chaire de vérité. Votre bibliothèque se transporterait par eau, et il n'y aurait pas quatre lieues de chemin par terre. Enfin vous quitteriez l'esclavage pour la liberté. Je ne conçois pas comment un cœur sensible et un esprit juste peut habiter le pays des singes devenus tigres. Si le parti qu'on vous propose satisfait votre indignation et plaît à votre sagesse, dites un mot, et on tâchera d'arranger tout d'une manière digne de vous, dans le plus grand secret, et sans vous compromettre. Le pays qu'on vous propose est beau, et à portée de tout¹. L'Uranienbourg² de Tycho-Brahé serait moins agréable. Celui qui a l'honneur de vous écrire est pénétré d'une admiration respectueuse pour vous, autant que d'indignation et de douleur. Croyez-moi, il faut que les sages qui ont de l'humanité se rassemblent loin des barbares insensés.

MMMMDCCXII. — A M. ÉLIE DE BEAUMONT.

25 juillet.

En vous présentant, monsieur, ma requête au nom de l'humanité pour les Sirven et pour votre gloire, je vous conjure de me dire s'il est vrai qu'il y ait une loi de 1681 par laquelle on puisse condamner à la mort ceux qui sont coupables de quelques indécences impies. J'ai cherché cette loi dans le *Recueil des ordonnances*, et je ne l'ai point trouvée. Vous savez que celle de 1666 y est directement contraire. Si je pouvais au moins avoir l'extrait de la consultation en faveur de ces cinq extravagants infortunés, je vous aurais une extrême obligation. Je n'ai pas conçu le jugement contre M. de La Luzerne³. Il y a bien des choses dans le monde que je ne conçois pas : il y en a qui me saisissent d'une horreur égale à l'estime, à la vénération, et à l'amitié que vous m'avez inspirées.

MMMMDCCXIII. — A M. LEKAIN.

Aux eaux de Rolle en Suisse, 25 juillet.

Mon cher ami, il faudrait une autre maison pour ajuster l'appartement⁴ dont vous parlez. D'ailleurs la tragédie d'Abbeville excite en moi une telle indignation, qu'il ne m'est pas possible de relire les tragédies que vous jouez : elles sont à l'eau rose, en comparaison de celle-là. Tout ce que je puis vous dire, c'est que je serai toujours l'admirateur de vos talents, et l'ami de votre personne. Ces deux sentiments me sont trop chers, pour qu'ils puissent jamais s'affaiblir dans mon cœur.

V.

1. Le pays de Clèves. (ÉD.)
2. C'est le nom d'un palais qu'avait fait construire et qu'habitait Tycho-Brahé, dans une île du détroit du Sund, entre Elseneur et Copenhague. (ÉD.)
3. Dans un procès au civil, où Élie de Beaumont avait publié un mémoire. (ÉD.)
4. La tragédie du *Triumvirat*. (ÉD.)

VOLTAIRE — XLI

MMMMDCCXIV. — A M. LE COMTE DE ROCHEFORT.

Aux eaux de Rolle en Suisse, par Genève, 25 juillet.

J'ai reçu, monsieur, les *Ruines* d'Athènes, et père Adam celles de mon visage. Vous nous comblez de présents. Une nouvelle visite mettrait le comble à tant de bontés. Si jamais vous allez dans vos terres, daignez regarder Ferney comme une terre qui vous appartient sur la route.

Votre cœur a été touché, sans doute, de la *Relation* que j'ai eu l'honneur de vous envoyer. On n'a guère profité de l'excellent livre *des Délits et des peines*; on ne connaît pas les proportions. Vous voyez par le lieu dont je date que ma santé n'est pas trop bonne : elle diminue tous les jours, et l'âge augmente. On quitterait la vie sans regret s'il n'y avait pas des âmes telles que la vôtre, qui réparent par leur vertu aimable les horreurs qu'on voit de tous côtés.

Toute ma petite famille vous fait les plus tendres compliments. Père Adam vous donne sa bénédiction, et vous renouvelle ses plus sincères hommages.

V.

MMMMDCCXV. — DE MADAME GEOFFRIN.

A Varsovie, 25 juillet.

Dans l'instant même que j'ai reçu votre lettre, monsieur, je l'ai envoyée au roi avec les cahiers qui l'accompagnaient. Sa Majesté me fit l'honneur de m'écrire sur-le-champ le billet que voici en original :

« J'ai cru voir, dans la lettre que Voltaire vous écrit, la raison qui s'adresse à l'amitié en faveur de la justice. Quand je ferai une statue de l'Amitié, je lui donnerai vos traits. Cette divinité est mère de la Bienfaisance : vous êtes la mienne depuis longtemps, et votre fils ne vous refusera pas, quand même ce que Voltaire me demande ne m'honorerait pas autant. »

Comme c'est à vous, monsieur, que je le dois, je vous en fais l'hommage et le sacrifice. Sa Majesté me fit dire que nous lirions ensemble la brochure. Sa Majesté me l'a lue. Comme le roi lit aussi parfaitement bien que vous écrivez, monsieur, le lecteur et l'auteur m'ont fait passer une soirée délicieuse.

Sa Majesté a été très-touchée du sort des malheureux pour lesquels vous vous intéressez; elle m'a donné de sa poche deux cents ducats.

Le roi a soupiré, monsieur, en lisant l'endroit de votre lettre où vous paraissez regretter de n'avoir pu m'accompagner. Vous avez vu des rois ! eh bien ! l'âme, le cœur, l'esprit, et les agréments de celui-ci, auraient été, pour votre philosophie et votre humanité, un spectacle intéressant, touchant, agréable, et peut-être nouveau.

Je payerai bien cher le plaisir que j'ai eu de voir un roi qui était celui de mon cœur, avant que d'être celui de la Pologne. Je sens que la présence réelle de ses vertus, de sa sensibilité, des charmes de sa société et de sa personne, remue mon cœur bien plus vivement que ne faisait le souvenir que j'en avais conservé, quoiqu'il me fût toujours présent, et assez fort pour me faire entreprendre un très-grand voyage.

« Cette douce nourriture, que je suis venue chercher pour mon sentiment, va se changer en amertume pour le reste de ma vie, quand il me faudra, en quittant ces lieux, prononcer le mot *jamais*.

« Je serai de retour chez moi à la fin d'octobre. Vous aurez la bonté, monsieur, de me faire savoir à qui je dois remettre l'aumône du roi. J'y joindrai le denier de la veuve.

« Soyez persuadé que j'ai la même horreur que vous pour le fanatisme et ses effroyables effets, et que votre humanité et votre zèle m'inspirent une aussi grande vénération que la beauté de votre esprit, son étendue, et l'immensité de vos connaissances me causent d'admiration.

« La réunion de ces sentiments me rend digne, monsieur, de vous louer et de vous respecter. Sa Majesté a voulu garder la lettre que vous m'avez fait l'honneur de m'écrire. Par ce sacrifice que je fais au roi, et par celui que je vous fais de son billet, vous devez connaître mon cœur. Vous voyez qu'il préfère à sa propre gloire le plaisir de faire des heureux. »

MMMMDCCXVI. — A M. DAMILAVILLE.

A Genève, 25 juillet.

Le roi de Prusse vient d'envoyer cinq cents livres à Sirven. Cette petite générosité, à laquelle rien ne l'engageait, m'a été d'autant plus sensible qu'il ne l'a faite qu'à ma prière, et que ce bienfait a passé par mes mains. Le mémoire du divin Élie produirait bien un autre effet.

Je ne doute pas un moment que, si vous vouliez venir vous établir à Clèves, avec Platon et quelques amis, on ne vous fît des conditions très-avantageuses. On y établirait une imprimerie qui produirait beaucoup; on y établirait une autre manufacture plus importante, ce serait celle de la vérité. Vos amis viendraient y vivre avec vous. Il faudrait qu'il n'y eût dans ce secret que ceux qui fonderaient la colonie. Soyez sûr qu'on quitterait tout pour vous joindre. Platon pourrait partir avec sa femme et sa fille, ou les laisser à Paris, à son choix.

Soyez très-sûr qu'il se ferait alors une grande révolution dans les esprits, et qu'il suffirait de deux ou trois ans pour faire une époque éternelle : les grandes choses sont souvent plus faciles qu'on ne pense. Puisse cette idée n'être pas un beau rêve ! Il ne faut que du zèle et du courage pour la réaliser; vous avez l'un et l'autre. J'attends votre réponse avec impatience, et je vous supplie surtout, mon cher ami, de presser Élie. Quand même on n'imprimerait qu'une centaine d'exemplaires de son factum pour Sirven, quand même les horreurs où l'on est plongé empêcheraient de poursuivre cette affaire, il en reviendrait toujours beaucoup de gloire à Élie, et une grande consolation pour Sirven.

Je sèche en attendant la consultation des avocats en faveur de cet infortuné qui est mort avec plus de courage que Socrate; nous attendons aussi les noms des juges dont la postérité doit faire justice. Voici l'extrait d'une lettre que je viens de recevoir.

« Le chevalier de La Barre a soutenu les tourments et la mort sans aucune faiblesse et sans aucune ostentation. Le seul moment où il a paru ému est celui où il a vu le sieur Belleval dans la foule des spectateurs. Le peuple aurait mis Belleval en pièces, s'il n'y avait pas eu main-forte. Il y avait cinq bourreaux à l'exécution du chevalier. Il était petit-fils d'un lieutenant général des armées, et serait devenu un excellent officier. Le cardinal Le Camus, dont il était parent, avait commis des profanations bien plus grandes; car il avait communié un cochon avec une hostie; et il ne fut qu'exilé. Il devint ensuite cardinal, et mourut en odeur de sainteté. Son parent est mort dans les plus horribles supplices, pour avoir chanté des chansons, et pour n'avoir pas ôté son chapeau. » BOURSIER, chez M. Souchai, au *Lion d'or*.

MMMMDCCXVII. — A M. LE COMTE D'ARGENTAL.

Aux eaux de Rolle, 26 juillet.

Je vous importunai, mes anges, par ma dernière lettre, en faveur d'un Ballexserd, qui en effet a du mérite : je vous suppliai de daigner lui procurer une audience de M. le duc de Choiseul; mais aujourd'hui je crois devoir vous prier de n'en rien faire. Je viens d'apprendre que la moitié de Genève a publié un libelle contre l'autre; que même on manque violemment de respect dans ce libelle à M. l'ambassadeur de France. J'ignore de quel parti est ce Ballexserd; mais il me semble que, dans les circonstances présentes, et au point d'aigreur où en sont les esprits, je ne dois pas compromettre vos bontés. M. le duc de Choiseul est lassé et indigné de toutes les manœuvres des Génevois, et je ne voudrais pas que vous eussiez à vous reprocher d'avoir présenté un homme dont peut-être on serait mécontent. Je retire donc très-humblement ma requête; mais je persiste toujours à vous conjurer de me faire avoir au moins le précis de la consultation des avocats en faveur des Polyeuctes et des Néarques. Je vous envoie un petit extrait des dernières nouvelles d'Abbeville. Vous serez attendris de plus en plus. J'attends le petit paquet en toile cirée adressé à Meyrin par la diligence de Lyon. La tragédie des langues coupées, etc., m'intéresse plus que celle des roués, ou plutôt, après tant d'horreurs, je ne m'intéresse à rien.

Nous prenons des eaux en Suisse, Mme Dupuits et moi : elles ne nous feront nul bien; mais au moins ces eaux ne sont point en Picardie.

Respect et tendresse.

MMMMDCCXVIII. — A M. THIERIOT.

26 juillet.

Mon ancien ami, voici de quoi animer votre correspondance avec Frédéric; il vaut mieux que cette *Relation* lui vienne par vous que par moi.

J'ai été très-touché qu'il ait envoyé cinq cents livres aux Sirven, à ma seule prière, et qu'il ait fait passer ce petit bienfait par mes mains. Cela me fait oublier tout le reste.

Vous frémirez en lisant la *Relation* que je vous envoie. Ne dites ni n'écrivez que cette relation vient de M. de Florian et de moi.

ANNÉE 1766.

MMMMDCCXIX. — A M. HENNIN.

Voici une grande diablesse de virtuose vénitienne qui vient vous demander votre protection au saut du lit. Elle chante, elle rimaille, elle.... Que ne fait-elle point? Je suis indigné d'elle. Si elle peut vous amuser, vous m'appellerez Bonneau.

Elle voudrait concerter chez vous.

Mille tendres respects.   V.

MMMMDCCXX. — A M. LE MARQUIS DE FLORIAN.

Aux eaux de Rolle, 28 juillet.

Je viens de lire le mémoire signé de huit avocats. Il ne parle point d'une abbesse, mais d'une supérieure de couvent. Il dit que le juge devait se récuser lui-même, parce que de cinq accusés il y en avait quatre dont les familles avaient avec lui de violents démêlés. Le mémoire porte que ce juge voulait marier son fils unique avec une demoiselle qui voulait épouser le frère aîné d'un de ces accusés mêmes. Cette demoiselle était dans le couvent, et la supérieure favorisait les prétentions du rival. Il y a bien plus : ce juge était curateur de cette jeune personne, et on avait tenu une assemblée des parents de la demoiselle, pour ôter la curatelle à ce juge.

Voilà donc de tous les côtés l'amour qui est la cause d'un si grand malheur; voilà un lieutenant de l'élection, âgé de soixante ans, amoureux d'une religieuse, et voilà un jeune homme amoureux d'une pensionnaire, qui ont produit toute cette affaire épouvantable.

Ce qui nous étonne encore dans ce procès, c'est que la procédure, ni la sentence, ni l'arrêt, n'ont fait aucune mention de l'audace sacrilège avec laquelle on avait mutilé un crucifix; il n'y a eu aucune charge sur ce crime contre les accusés; et cette action est probablement d'un soldat ivre de la garnison, ou de quelque ouvrier huguenot de la manufacture d'Abbeville. Mais les enquêtes faites sur cette profanation, ayant été jointes aux autres corps du délit, ont produit dans les esprits une fermentation qui n'a pas peu contribué à l'horreur de la catastrophe.

Un des principaux corps du délit est une vieille chanson grivoise qu'on chante dans tous les régiments. L'une est intitulée, *la Madelène*; et l'autre, *la Saint-Cyr*.

Il est peu parlé, dans la consultation des avocats, de l'infortuné jeune homme qui a fini ses jours d'une manière si cruelle, et avec une fermeté si héroïque.

Il est très-constant que de vingt-cinq juges il n'y en a eu que quinze qui aient opiné à la mort. Si les seigneurs d'Hornoy ont appris quelque chose qui puisse éclaircir cette horrible affaire, nous leur serons bien obligés de nous en faire part.

Ils vont donc faire une tragédie avec le jeune La Harpe? Il vaut mieux faire des tragédies que d'être témoin de celle qui vient de se passer dans votre voisinage.

Nous vous embrassons très-tendrement.

Il est doux de cultiver son jardin, mais il me semble qu'on y jette de grosses pierres.

MMMMDCCXXI. — A M. DE LA HARPE.

Aux eaux de Rolle, 28 juillet.

Vous partagerez donc vos faveurs, monsieur, entre mes deux nièces, cette année. Vous allez dans le pays du chevalier de La Barre; il n'y a point de tragédie plus terrible que celle dont il a été le héros. Il est mort avec un courage étonnant, et avec un sang-froid et une raison qu'on ne devait pas attendre des extravagances de son âge. Il était petit-fils d'un lieutenant général fort estimé; tout le monde le plaint. Il avait commis les mêmes imprudences que Polyeucte, à cela près que Polyeucte avait raison dans le fond, et qu'il était animé de la grâce; au lieu que son imitateur ne l'était que par la folie. Les larmes coulent volontiers pour la jeunesse qui a fait des fautes, et qu'elle aurait réparées dans l'âge mûr. Nous vous souhaitons une vie heureuse, dans ce chaos de malheurs et de peines qu'on appelle le monde, dont vous serez un jour détrompé. Soyez au-dessus des bons et des mauvais succès; mais soyez sensible à l'amitié, elle seule adoucit les maux de la vie.

Je vous embrasse du meilleur de mon cœur.

MMMMDCCXXII. — A M. DAMILAVILLE.

Aux eaux de Rolle, 28 juillet.

J'ai reçu toutes vos lettres, mon cher ami. Je suis toujours dans le même état, à la même place, et dans la même résolution. Il y a un homme puissant[1] dans l'Europe qui est aussi indigné que nous. Voici le moment de prendre un parti, pour peu qu'on trouve des âmes fortes et courageuses qui nous secondent.

J'ai dévoré le mémoire; je me flatte qu'il sera bientôt public. Notre ami Élie l'aurait fait plus éloquent. Ce mémoire devait être un beau commentaire sur le livre des Délits et des peines. On dit que ce commentaire paraîtra bientôt; mais l'ignorant doit rentrer dans sa coquille, et ne se montrer de plus de six mois. Je crois vous avoir déjà dit quelque chose du lièvre qui craignait qu'on ne prît ses oreilles pour des cornes.

J'ai relu tous les détails que vous m'avez écrits. Vous jugez de l'impression qu'ils ont faite sur moi. Que ne puis-je être avec vous, et vous ouvrir mon cœur!

Si le Platon moderne voulait, il jouerait un bien plus grand rôle que l'ancien Platon. Je suis persuadé, encore une fois, qu'on pourrait changer la face des choses. Ce serait d'ailleurs un amusement pour vous et pour lui de faire une nouvelle édition de ce grand recueil des sciences et des arts, de réduire à quatre lignes les ridicules déclamations des Cahusac et de tant d'autres, de fortifier tant de bons arti-

1. Le roi de Prusse. (ÉD.)

cles, et de ne plus laisser la vérité captive. Il y a un volume de planches dont on pourrait très-bien se passer. En un mot, en réduisant l'ouvrage, je suis certain qu'il vous vaudrait cent mille écus. Mais, comme on dit, il faut vouloir, et on ne veut pas assez.

On vous supplie de donner cours aux incluses.

MMMMDCCXXIII. — A M. D'ALEMBERT.

30 juillet.

Ma rage vous embrasse toujours tendrement, mon cher et aimable philosophe. Il m'a tant passé d'horreurs par les mains depuis quelques jours, que je ne sais plus ce que je vous ai écrit. Vous ai-je mandé que j'avais obtenu de frère Frédéric une gratification pour les Sirven? Cette goutte de baume sur tant de blessures faites à la raison et à l'innocence, m'a un peu soulagé, mais ne m'a pas guéri. Je suis honteux d'être si sensible et si vif à mon âge. Je m'afflige du tremblement de terre à Constantinople, tandis que vous examinez gaiement combien il faut de parties sulfureuses pour renverser une ville dont les dimensions sont données. Je pleure les gens dont on arrache la langue, tandis que vous servez de la vôtre pour dire des choses très-agréables et très-plaisantes. Vous digérez donc bien, mon cher philosophe; et moi je ne digère pas. Vous êtes encore jeune, et moi je suis un vieux malade; pardonnez à ma tristesse. Je viens de voir dans la *Gazette de France* un article du tonnerre qui a pulvérisé une vieille femme; et le tonnerre n'est point tombé sur les juges d'Abbeville! comment cela peut-il se souffrir?

Si vous savez quelque chose sur Polyeucte et Néarque[1], daignez m'en écrire un petit mot aux eaux de Rolle.

J'ai vu le mémoire des huit avocats; il dit peu de chose, il ne m'apprend rien, et me laisse dans ma rage.

Les plénipotentiaires viennent de commencer leurs opérations à Genève, en déclarant Jean-Jacques Rousseau un calomniateur infâme. Un parti vient de faire un libelle abominable contre tous les particuliers de l'autre parti. On cherche à pendre l'auteur du libelle. Vernet a fait un nouveau mémoire, mais il ne trouve personne qui veuille l'imprimer; les libraires y ont été déjà attrapés.

Vivez gaiement, mon grand philosophe. Mais pourquoi les gens qui pensent ne vivent-ils pas ensemble?

MMMMDCCXXIV. — A M. DAMILAVILLE.

30 juillet.

Je vous ai déjà mandé, monsieur, que j'avais reçu toutes vos lettres, tant sur les vingtièmes de Valromey, Bugey, et Gex, que sur les autres objets. On signifia avant-hier à tous les villages de ces bailliages qu'ils eussent à payer sur-le-champ le vingtième et la taille, sans quoi on mettrait tous les syndics en prison. Cette rigueur n'avait

1. La Barre et d'Étallonde. (ÉD.)

point été exercée jusqu'à présent. On croit que c'est pour payer les troupes qui sont en garnison à Bourg-en-Bresse et dans le voisinage. M. de Voltaire, votre ami, a payé sur-le-champ pour le village de Ferney. Il est toujours aux eaux de Rolle en Suisse, et il me charge de vous faire les plus tendres compliments.

J'attends, monsieur, avec impatience le mémoire circonstancié que vous avez eu la bonté de nous promettre. Vous devez avoir reçu deux petits mémoires touchant l'établissement d'une nouvelle manufacture[1]. J'espère que vous direz sur cela quelque chose de positif. Ce n'est assurément que manque de courage, et non pas manque de force, qu'on a tardé si longtemps à établir cette manufacture nécessaire.

Les plénipotentiaires médiateurs viennent de déclarer solennellement, et par écrit, que Jean-Jacques Rousseau n'est qu'un calomniateur. Cette déclaration, jointe à celle de M. Hume, est le juste châtiment d'un polisson qui est devenu un scélérat, par un excès d'orgueil. Il est plus coupable que personne envers la philosophie : d'autres l'ont persécutée, mais il l'a profanée.

Nos compliments, je vous prie, à M. Tonpla[2]. Votre très-humble et très-obéissant serviteur
BOURSIER.

MMMMDCCXXV. — A M. THIERIOT.

Ferney, 31 juillet.

J'ai reçu votre lettre du 17 juillet, mon ancien ami, et vous devez en avoir reçu une de moi du 26. Je souhaite que le paquet que vous me destinez soit un peu gros; il n'y a qu'à l'envoyer par la diligence de Lyon à Neyrin : tout arrive sûrement par cette voie, presque aussi promptement que par la poste. Je croyais qu'on vous avait envoyé les trois volumes des *Mélanges*; je vais tout à l'heure recommander au libraire de vous les faire parvenir sans délai. Le livre de Fréret est autre chose que cette *Lettre de Thrasybule*. C'est un assez gros volume in-octavo, imprimé en Allemagne depuis quelques mois; il est intitulé *Examen critique des apologistes*. On dit que c'est un excellent livre, plein de recherches curieuses et de raisonnements vigoureux; les connaisseurs en font un très-grand cas. Je vous serai très-obligé de me faire avoir la critique de Thomas[3], la *Cacomonade* et l'*Histoire des jésuites*[4]. J'ai le mémoire des sept avocats[5] : il ne me paraît pas si intéressant que les extraits que vous enverrez sans doute à votre correspondant ; surtout gardez-vous de nommer celui qui fait tenir ces extraits. La personne dont vous vous plaignez est inébranlable dans la fermeté de ses sentiments, et met dans l'amitié une chaleur toujours active. Elle aura peut-être été effarouchée d'un peu de tiédeur ou de mollesse qu'on vous reproche quel-

1. L'établissement à Clèves d'une colonie de philosophes. (ÉD.)
2. Anagramme de Platon, nom qui désigne Diderot. (ÉD.)
3. *Examen d'un discours de M. Thomas*, qui a pour titre : Éloge de Louis Dauphin de France. (ÉD.)
4. Ouvrages de Linguet. (ÉD.) — 5. Voltaire lui-même. (ÉD.)

quefois, et de cette insensibilité apparente qui vous fait oublier vos amis pendant plusieurs mois; mais il faut pardonner à vos maladies. Nous prenons toujours les eaux en Suisse avec Mlle Corneille. Je crois vous avoir mandé que votre correspondant a donné cinq cents francs aux Sirven. Je m'étais trompé, c'est cent écus d'Allemagne; mais c'est toujours un bienfait honorable dont ils doivent être reconnaissants. Je vous souhaite une meilleure santé qu'à moi, et je vous embrasse de tout mon cœur. J'aimerai toujours mon ancien ami.

MMMMDCCXXVI. — A M. DAMILAVILLE.

1ᵉʳ auguste.

Nous vous remercions sensiblement, monsieur, des trois pièces que vous avez bien voulu nous envoyer, touchant le vingtième de Bresse et Bugey. La douleur de la mort de M. de Balarre[1], causée par de mauvais médecins, qui n'ont pu s'accorder entre eux, a saisi votre ami de la plus vive douleur. Il est certain qu'on n'a point connu la maladie de ce pauvre enfant. Les médecins qui l'ont tué n'ont songé qu'à leur réputation et qu'à faire une expérience. Le mauvais régime a achevé ce que ces indignes médecins avaient commencé. Heureux qui n'a point affaire avec ces messieurs-là ! La sobriété peut contribuer beaucoup à nous empêcher de tomber entre leurs mains.

Nos amis vous prient de nous envoyer votre sentiment sur la manufacture qu'on veut établir.

Savez-vous que les médiateurs de Genève ont donné une déclaration publique, dans laquelle ils certifient que Rousseau est un infâme calomniateur? Voilà la qualification qu'il reçoit à la fois de la France et des deux cantons suisses. Ne trouvez-vous pas que le petit Jean-Jacques devient tous les jours un important personnage? son orgueil sera un peu humilié. Il serait bien plus fâché s'il savait à quel point ses ouvrages tombent tous les jours dans le décri.

Vos amis vous font les plus tendres compliments. Votre très-humble, etc.

BOURSIER et compagnie.

MMMMDCCXXVII. — AU MÊME.

4 auguste.

J'ai communiqué à votre ami votre lettre du 28. Je vous ai écrit par nos correspondants de Lyon. Nous attendons, monsieur, des lettres d'Allemagne pour l'établissement en question. Je suis toujours très-persuadé que votre ami de Paris y trouverait un grand avantage. Il n'y a peut-être que la mauvaise santé de mon correspondant de Suisse qui pût déranger ce projet; mais si la chose était une fois en train, ni ses maladies, ni sa mort ne pourraient empêcher l'établissement de subsister. Il ne s'agit que de se rassembler sept ou huit bons ouvriers dans des genres différents, ce qui ne serait point du tout malaisé.

Le seigneur allemand[2] à qui on s'est adressé a eu la petite indiscré-

1. Le chevalier de La Barre (ÉD.) — 2. Le roi de Prusse. (ÉD.)

tion d'en dire quelque chose à un jeune homme[1] qui peut l'avoir mandé à Paris. On n'était point encore entré avec lui dans les détails; on ne lui avait point recommandé le secret; on a tout lieu d'espérer qu'étant actuellement mieux instruit, cette petite affaire pourra se conclure avec la plus grande discrétion.

On soutient toujours à Hornoy que tout ce qu'on a dit du sieur Belleval est la pure vérité. Ces anecdotes peuvent très-bien s'accorder avec les autres; elles servent à redoubler l'horreur et l'atrocité de cette affaire, qui est peut-être entièrement oubliée dans Paris; car on dit que dans votre pays on fait le mal assez vite, et qu'on l'oublie de même.

Nous doutons fort que le *Dictionnaire des sciences et des arts* soit donné de longtemps aux souscripteurs de Paris. Mais quoi qu'il en soit, le projet de réduire cet ouvrage, et de l'imprimer en pays étranger, est extrêmement approuvé. Plût à Dieu que je visse le commencement de cette entreprise! je mourrais content, dans l'espérance que le public en verrait la fin.

On dit qu'on fait des recherches chez tous les libraires dans les provinces de France. On a déjà mis en prison, à Besançon, un libraire nommé Fantet[2]. Nous ne savons pas encore de quoi il est question.

Toute notre famille vous fait les plus tendres compliments. Nous espérons recevoir de vous incessamment le mémoire en faveur du Breton[3] et ensuite celui du Languedochien[4].

Adieu, monsieur; on vous aime bien tendrement.

BOURSIER et compagnie.

On me recommanda, ces jours passés, une lettre pour un notaire; en voici une autre qu'on m'adresse pour un procureur : l'amitié ne rougit point de ces petits détails.

MMMMDCCXXVIII. — A M. TARGE.

Aux eaux de Rolle en Suisse, le 4 auguste.

En réponse, monsieur, à la lettre dont vous m'honorez, du 25 juillet, je dois vous dire qu'il est très-vrai que j'envoyai, en 1757, à l'amiral Bing, quelques mois avant sa mort, le témoignage que M. le maréchal de Richelieu avait rendu à sa conduite. M. le maréchal avait été témoin du combat naval donné fort près du pont : j'envoyai sa lettre originale à M. l'amiral Bing. Je l'avais vu à Londres en 1726; mais je ne crus pas devoir lui rappeler notre connaissance; je crus que je le servirais mieux en paraissant être ignoré de lui; mon paquet tomba dans les mains du feu roi d'Angleterre, qui l'ouvrit, et qui eut la générosité de l'envoyer à l'amiral.

La lettre de M. le maréchal de Richelieu fut présentée au conseil de guerre; elle fit pencher quelques juges en faveur de l'accusé; mais la loi était précise contre lui, rien ne put le sauver. L'amiral, avant sa mort, recommanda sur le tillac, à son secrétaire, de m'écrire qu'il

1. Le fils du médecin Tronchin. (Éd.)
2. Voyez la *Lettre d'un membre du conseil de Zurich*. (Éd.)
3. La Chalotais. (Éd.) — 4. Sirven. (Éd.)

mourait mon obligé, et de m'envoyer tous les écrits qui contenaient sa justification.

Voilà, monsieur, tous les éclaircissements que je puis vous donner sur cette cruelle aventure. Il semble que ma destinée ait été de prendre le parti de ceux que des juges, ou prévenus ou trop sévères, ont inhumainement condamnés. L'*Histoire d'Angleterre*, à laquelle vous travaillez, monsieur, offre plus d'un exemple de ces jugements sanguinaires; et, quelque histoire qu'on lise, l'humanité gémit toujours. J'espère que la lecture de votre ouvrage sera un de mes plus grands plaisirs dans la retraite où je finis mes jours.

J'ai l'honneur d'être,

VOLTAIRE.

MMMMDCCXXIX. — A M. DAMILAVILLE.

6 auguste.

Le mémoire que vous m'avez envoyé, monsieur, fait verser des larmes et bouleverse l'âme. Il est bien triste de ne pouvoir mettre sur le papier tous les sentiments de son cœur. Le public doit frémir d'indignation.

Votre ami persiste toujours dans son idée. Il est vrai, comme vous l'avez dit, qu'il faudra l'arracher à bien des choses qui font sa consolation, et qui sont l'objet de ses regrets; mais il vaut mieux les quitter par la philosophie que par la mort. Il perdra beaucoup, mais il lui restera de quoi vivre et de quoi être utile. Tout ce qui l'étonne, c'est que plusieurs personnes n'aient pas formé de concert cette résolution. Pourquoi un certain baron philosophe[1] ne viendrait-il pas travailler à l'établissement de cette colonie? pourquoi tant d'autres ne saisiraient-ils pas une si belle occasion?

Votre ami a reçu chez lui, depuis peu, deux princes souverains qui pensent entièrement comme vous. L'un d'eux offrait une ville, si celle que l'on a en vue n'était pas convenable. Le projet concernant le grand ouvrage serait très-utile, et ferait en même temps la fortune et la gloire de ceux qui l'entreprendraient.

Votre ami, monsieur, prétend qu'il n'y a qu'à vouloir; que les hommes ne veulent pas assez; que les petites considérations sont le tombeau des grandes choses.

J'ai vu aujourd'hui le sieur Sirven, qui est pénétré de vos bontés officieuses. Nous pensons que voici le temps le plus favorable pour sa cause. Le public, soulevé contre tant d'injustices réitérées de toutes parts, se déclarera pour les Sirven. Il ne tiendra qu'à M. de Beaumont de faire un chef-d'œuvre.

Si vous pouviez, monsieur, déterrer le mémoire de M. de Gennes, en faveur de M. de La Bourdonnais, vous me rendriez un très-grand service. Nous avons ici un jurisconsulte[2] qui se propose de faire un recueil des causes célèbres de ce temps-ci : il y a cinq ou six procès qui doivent intéresser toutes les nations; celui de M. de La Bourdon-

---

1. Le baron d'Holbach. (ÉD.) — 2. Voltaire lui-même. (ÉD.)

mais doit être à la tête : c'est un ouvrage qui ne paraîtra pas sitôt, mais qu'il est nécessaire de commencer.

S'il y a quelque chose de nouveau, nous vous prions de nous en faire part.

Nous sommes toujours avec les sentiments que vous nous connaissez, monsieur, votre, etc. BOURSIER et compagnie.

MMMMDCCXXX. — A M. LE COMTE D'ARGENTAL.

Aux eaux de Rolle, 6 auguste.

Le petit prêtre a reçu les roués [1]; le petit prêtre doit être plus tragique que jamais, car il joint aux roués, dans son imagination, les décollés, les bâillonnés, les brûlés, les incarcérés qui écrivent des mémoires avec des cure-dents; et il ne s'accoutume point à ces passages rapides de l'Opéra-Comique à la Grève. Il est toujours fâché de voir des singes devenus des tigres; mais il gourmande son imagination, il ne s'occupe que des atrocités de l'antiquité. Il est très-touché des choses raisonnables que ses anges lui disent. Il sait très-bien qu'il n'est pas membre du parlement d'Angleterre. Il dévore en secret ses sentiments d'humanité; il gémit obscurément sur la nature humaine.

Osera-t-il prier l'une des deux anges d'expliquer une critique qu'elle a faite de la tragédie d'*Octave et le jeune Pompée*, dans sa lettre du 22 juillet, dont elle a daigné accompagner l'envoi de la pièce? Voici la critique :

Pompée doit songer à qui ce serait directement s'attaquer; rien ne pourrait mettre Pompée à couvert de son ressentiment. Est-ce du ressentiment d'Octave dont vous voulez parler, madame, ou du ressentiment du sénat de Rome? c'est peut-être de l'un et de l'autre. Je crois la critique très-juste, et je vous réponds que le jeune auteur y aura la plus grande attention. Vous savez combien il est docile à vos critiques, quelle déférence il a toujours eue pour vos jugements.

Quoiqu'il soit plongé dans l'antiquité, il ne laisse pas de s'intéresser quelquefois aux modernes. Le *Mémoire* écrit avec un cure-dent [2] lui a paru devoir faire un effet prodigieux. S'est-il trompé, et se trompe-t-il quand il pense que ce mémoire irritera des hommes considérables? O Welches! sans tous ces orages, votre pays serait un joli pays. Respect et tendresse.

MMMMDCCXXXI. — A M. DALEMBERT.

7 auguste.

Vous pensez bien, mon vrai philosophe, que mon sang a bouilli quand j'ai lu ce mémoire [3] écrit avec un cure-dent; ce cure-dent grave pour l'immortalité. Malheur à qui la lecture de cet écrit ne donne pas la fièvre ! Il doit au moins faire mourir d'apoplexie le..., et le..., et le.... N'admirez-vous pas les sobriquets que le sot peuple donne à de

---

1. La copie du *Triumvirat*. (ÉD.) — 2. Ceux de La Chalotais. (ÉD.)
3. *Mémoires de M. de La Chalotais, procureur général au parlement de Bretagne*. (ÉD.)

certaines gens? C'est donc de tous les côtés à qui se couvrira d'horreur et d'infamie. Je vous plains d'être où vous êtes. Vous pouvez me dire : *Ubicumque calculum ponas, ibi naufragium invenies.*

Vous avez des liens, des pensions, vous êtes enchaîné; pour moi, je mourrai bientôt, et ce sera en détestant le pays des singes et des tigres, où la folie de ma mère me fit naître il y a bientôt soixante-treize ans. Je vous demande en grâce d'écrire de votre encre au roi de Prusse, et de lui peindre tout avec votre pinceau. J'ai de fortes raisons pour qu'il sache à quel point on doit nous mépriser. Un des plus grands malheurs des honnêtes gens, c'est qu'ils sont des lâches. On gémit, on se tait, on soupe, on oublie. Je vous remercie par avance des coups de foudre dont vous écrasez les jansénistes. Il est bon de marcher sur le basilic[1] après avoir foulé le serpent. Donnez-vous le plaisir de pulvériser les monstres sans vous commettre. Genève est une pétaudière ridicule, mais du moins de pareilles horreurs n'y arrivent point. On n'y brûlerait pas un jeune homme pour deux chansons faites il y a quatre-vingts ans. Rousseau n'est qu'un fou et un plat monstre d'orgueil. Adieu, je vous révère avec justice, et je vous aime avec tendresse.

Gardons pour nous notre douleur et notre indignation; gardons-nous le secret de nos cœurs.

MMMMDCXXXII. — De Frédéric II, roi de Prusse.

A Potsdam, 7 auguste.

Mon neveu[2] m'a écrit qu'il se proposait de visiter en passant le philosophe de Ferney. Je lui envie le plaisir qu'il a eu de vous entendre. Mon nom était de trop dans vos conversations; et vous aviez tant de matières à traiter, que leur abondance ne vous imposait pas la nécessité d'avoir recours au philosophe de Sans-Souci pour fournir à vos entretiens.

Vous me parlez d'une colonie de philosophes qui se proposent de s'établir à Clèves : je ne m'y oppose point; je puis leur accorder tout ce qu'ils demandent, au bois près, que le séjour de leurs compatriotes a presque entièrement détruit dans ces forêts, toutefois à condition qu'ils ménagent ceux qui doivent être ménagés, et qu'en imprimant ils observent de la décence dans leurs écrits.

La scène qui s'est passée à Abbeville est tragique : mais n'y a-t-il pas de la faute de ceux qui ont été punis? faut-il heurter de front des préjugés que le temps a consacrés dans l'esprit des peuples? Et si l'on veut jouir de la liberté de penser, faut-il insulter à la croyance établie? Quiconque ne veut point remuer est rarement persécuté. Souvenez-vous de ce mot de Fontenelle : « Si j'avais la main pleine de vérités, je penserais plus d'une fois avant de l'ouvrir. »

Le vulgaire ne mérite pas d'être éclairé; et si votre parlement a sévi contre ce malheureux jeune homme qui a frappé le signe que les chré-

1. Psaume XC, verset 13. (ÉD.) — 2. Le duc de Brunswick. (ÉD.)

tions révèrent comme le symbole de leur salut, accusez-en les lois du royaume[1]. C'est selon ces lois que tout magistrat fait serment de juger; il ne peut prononcer la sentence que selon ce qu'elles contiennent; et il n'y a de ressource pour l'accusé qu'en prouvant qu'il n'est pas dans le cas de la loi.

Si vous me demandiez si j'aurais prononcé un arrêt aussi dur, je vous dirais que non, et que, selon mes lumières naturelles, j'aurais proportionné la punition au délit. Vous avez brisé une statue, je vous condamne à la rétablir : vous n'avez pas ôté le chapeau devant le curé de la paroisse qui portait ce que vous savez, eh bien ! je vous condamne à vous présenter quinze jours consécutifs sans chapeau à l'église : vous avez lu les ouvrages de Voltaire; oh çà ! monsieur le jeune homme, il est bon de vous former le jugement; pour cet effet, on vous enjoint d'étudier la *Somme* de saint Thomas et le guide-âne de M. le curé. L'étourdi aurait peut-être été puni plus sévèrement de cette manière qu'il ne l'a été par les juges; car l'ennui est un siècle, et la mort un moment.

Que le ciel ou la destinée écarte cette mort de votre tête, et que vous éclairiez doucement et paisiblement ce siècle que vous illustrez! Si vous venez à Clèves, j'aurai encore le plaisir de vous revoir, et de vous assurer de l'admiration que votre génie m'a toujours inspirée. Sur ce, je prie Dieu qu'il vous ait en sa sainte et digne garde.

FÉDÉRIC.

MMMMDCCXXXIII. — A M. LE PRÉSIDENT DE RUFFEY.

Ferney, 8 auguste.

Votre Vigne et votre Laurier sont très-ingénieux, mon cher président. Votre académie devient de jour en jour plus brillante; il faut espérer que ces établissements feront beaucoup de bien aux provinces; ils accoutumeront les hommes à penser, et à sacrifier les préjugés aux vérités. Les Jeux Floraux n'ont guère contribué qu'à perpétuer dans Toulouse le mauvais goût; mais des prix donnés à des recherches utiles sont un véritable encouragement pour l'esprit humain.

Il y a, dans le recueil de l'Académie des belles-lettres de Paris, des mémoires qu'on cite dans toute l'Europe : mais tous les compliments faits à l'Académie française sont oubliés, et c'est bien tout ce qui peut leur arriver de plus heureux.

Mon triste état augmente tous les jours; et ce n'est pas seulement parce que j'ai bientôt soixante-treize ans, c'est parce que je suis né extrêmement faible.

Ipse fecit nos, et non ipsi nos.

1. Il n'existait aucune loi en France d'après laquelle on pût condamner le chevalier de La Barre; et ce qui le prouve, c'est que depuis vingt ans aucun des membres du tribunal que cet arrêt a couvert d'opprobre n'a osé le citer; mais il est vrai qu'ils en ont supposé l'existence : ce qui prouve ou une ignorance honteuse de la législation, ou un fanatisme porté jusqu'à la démence. (*Éd. de Kehl.*)

Mme Denis, qui se porte bien, fera les honneurs à M. le marquis de La Tour-du-Pin, et je serai aussi sensible à ses bontés que si j'étais dans la force de l'âge.

Je n'ai point entendu parler de mon contemporain M. de La Marche. Je vous supplie de vouloir bien présenter mes respects à M. Le Goux. Conservez-moi surtout vos bontés.

MMMMDCCXXXIV. — A M. DAMILAVILLE.

9 auguste.

Je vous prie, monsieur, de n'écrire qu'à moi le résultat de nos affaires. Il n'y a point d'autre adresse qu'à *M. Boursier, chez M. Souchay, au Lion d'or, à Genève*. Mes associés sont toujours dans les mêmes sentiments. Il y a des blessures que le temps guérit; il y en a d'autres qu'il envenime.

Nous avons reçu toutes vos lettres. Les espérances que vous nous avez données nous ont apporté quelques consolations; mais les idées que nous avons conçues sont si flatteuses, que je crains bien que ce ne soit un beau roman.

Je vous l'ai déjà dit : les plus petits liens arrêtent les plus grandes résolutions. Il y a des monstres qui n'ont subsisté que parce que les Hercules qui pouvaient les détruire n'ont pas voulu s'éloigner de leurs commères.

Comme on s'entretient de tout à Genève, on a beaucoup parlé de la fausse démarche du parlement. Nos politiques prétendent que si le parlement s'était contenté de présenter humblement au roi le mémoire de M. de La Chalotais, il aurait touché Sa Majesté, au lieu de l'aigrir. Pour moi, qui ne suis point politique, et qui ne me mêle que des affaires de mon commerce, je ne décide point sur ces questions délicates. Je joins, comme vous, un peu de philosophie à mes occupations, et c'est là que je trouve le seul soulagement qu'on puisse éprouver dans les malheurs de la vie.

J'ai entendu parler confusément de ces jeunes écervelés d'Abbeville; mais comme on dit que ce sont des enfants de quinze à seize ans, je crois qu'on aura pitié de leur âge, et qu'on ne leur fera point de mal.

Nous vous sommes plus tendrement attachés que jamais.

BOURSIER *et compagnie*.

MMMMDCCXXXV. — AU MÊME.

Aux eaux de Rolle, 11 auguste.

J'ai reçu, mon cher ami, votre lettre du 5. Je vous envoie les principaux extraits des lettres de Jean-Jacques, dont l'original est au dépôt des affaires étrangères. Vous y verrez que Jean-Jacques, domestique du comte de Montaigu, était bien éloigné d'être secrétaire d'ambassade : il ne parlait pas alors avec tant de dignité qu'aujourd'hui.

Vous trouverez dans la *Gazette de France*, n° 249, la justice que lui rendirent les médiateurs de Genève, en le traitant de calomniateur atroce. Tant de témoignages joints au tour qu'il a joué à MM. Diderot, Tronchin, Hume, Dalembert, et tant d'autres; sa piété lorsqu'il eut le bonheur de communier de la main d'un Montmolin, sa noble promesse d'écrire contre M. Helvétius; toutes ces actions honnêtes lui assurent sans doute une réputation digne de lui.

Le bruit qui a couru si ridiculement que je voulais me transplanter, à mon âge, n'est fondé que sur les cinq cents livres que le roi de Prusse m'a envoyées pour les Sirven, et sur l'offre qu'il leur a faite de leur donner un asile dans ses États. Pour moi, je ne vois pas pourquoi je quitterais mes retraites suisses, dont je me trouve si bien depuis douze années.

M. Boursier, votre ami, nous est venu voir aux eaux, où nous sommes toujours; il s'en retourne à Genève, et il vous prie de lui adresser dans cette ville, en droiture, et à son propre nom, les instructions que vous voudrez bien lui faire parvenir touchant sa manufacture. On ne lui a rien mandé touchant M. Tonpla, et il doute fort que ce Hollandais veuille s'intéresser dans ce nouveau commerce. Il y aurait pourtant de très-grands avantages : mais on voit les choses de loin, sous des points de vue si différents, qu'il est bien difficile de se concilier. Au reste, je m'entends si peu à ces sortes d'affaires, que je n'entre dans aucuns détails, de peur de dire des sottises. Il faut que chacun s'en tienne à son métier; le mien est de cultiver en paix les belles-lettres et l'amitié : ce sont les seules consolations de ma vieillesse et de mes maladies.

J'ai lu le mémoire de l'homme éloquent[1] dont on plaint le malheur. Il ne paraît pas qu'il ait voulu adoucir ses ennemis. S'il y a quelque chose de nouveau sur cette affaire, vous me ferez un extrême plaisir de m'en instruire.

Vous m'avez mis du baume dans le sang, en me disant que M. de Beaumont travaillait pour les Sirven. Puisse mon baume ne point s'aigrir!

Adieu; mon âme embrasse la vôtre.

MMMMDCCXXXVI. — DE M. DALEMBERT.

A Paris, ce 11 auguste.

Il n'y a rien de nouveau, que je sache, mon cher et illustre maître, sur l'atroce et absurde affaire d'Abbeville. On dit seulement, mais ce n'est qu'un ouï-dire, que le jeune Moisnel, qui était resté en prison, et qui a seize ans, a été condamné par les Torquemada d'Abbeville à être blâmé : sur quoi je vous prierai d'abord d'observer la cruauté de ce jugement, qui déclare infâme un pauvre enfant digne tout au plus d'être fouetté au collége; et puis de voir la singulière gradation du jugement que ces Busiris en robe, comme vous les appelez très-bien, ont prononcé contre des jeunes gens tous également coupables; le premier, brûlé vif; le second, décapité; le troisième, blâmé; j'espère que le quatrième sera loué. Je ne veux plus parler de cette exécration, qui me rend odieux le pays où elle s'est commise.

1. La Chalotais. (ÉD.)

Vous saurez qu'il y a actuellement quatre-vingt-trois jésuites à Rennes, pas davantage, et que ces marauds, comme vous croyez bien, ne s'endorment pas dans l'affaire de M. de La Chalotais. Il est transféré à Rennes, et apparemment sera bientôt jugé. Son mémoire lui a concilié tout le public, et rend ses persécuteurs bien odieux. Laubardemont de Calonne surtout (car on l'appelle ainsi) ne se relèvera pas de l'infamie dont il est couvert; c'est ce que j'ai entendu dire aux personnes les plus sages et les plus respectables.

Une autre sottise (car nous sommes riches en ce genre) qui occupe beaucoup le public, c'est la querelle de Jean-Jacques et de M. Hume. Pour le coup, Jean-Jacques s'est bien fait voir ce qu'il est, un fou et un vilain fou, dangereux et méchant, ne croyant à la vertu de personne, parce qu'il n'en trouve pas le sentiment au fond de son cœur, malgré le beau pathos avec lequel il en fait sonner le nom; ingrat, et, qui pis est, haïssant ses bienfaiteurs (c'est de quoi il est convenu plusieurs fois lui-même), et ne cherchant qu'un prétexte pour se brouiller avec eux, afin d'être dispensé de la reconnaissance. Croiriez-vous qu'il veut aussi me mêler dans sa querelle, moi qui ne lui ai jamais fait le moindre mal, et qui n'ai jamais senti pour lui que de la compassion dans ses malheurs, et quelquefois de la pitié de son charlatanisme ? Il prétend que c'est moi qui ai fait la lettre sous le nom du roi de Prusse, où on se moque de lui. Vous saurez que cette lettre est d'un M. Walpole, que je ne connais même pas, et à qui je n'ai jamais parlé. Jean-Jacques est une bête féroce qu'il ne faut voir qu'à travers des barreaux, et toucher qu'avec un bâton. Vous ririez de voir les raisons d'après lesquelles il a soupçonné, et ensuite accusé M. Hume d'intelligence avec ses ennemis. M. Hume a parlé contre lui en dormant; il logeait à Londres, dans la même maison, avec le fils de Tronchin; il avait le regard fixe, et surtout il a fait trop de bien à Rousseau pour que sa bienfaisance fût sincère. Adieu, mon cher maître; que de fous et de méchants dans ce meilleur des mondes possibles !

Je vous embrasse *ex animo*.

MMMMDCCXXXVII. — A M. DE LA HARPE.

Aux eaux de Rolle en Suisse, par Genève, 11 auguste.

Mon cher confrère, je n'ai plus qu'un chagrin, c'est de ne vous avoir pas donné le prix de ma main. Non-seulement votre ouvrage est couronné, mais il est bon; et non-seulement il est bon, mais il est touchant et agréable.

Si l'on n'est pas sensible, on n'est jamais sublime[1].

Hornoy et Ferney seront donc vos deux sommets du mont Parnasse : vous passerez l'automne dans l'un, et l'hiver dans l'autre; vous serez également bien reçu partout.

Mme Denis s'intéresse à vos succès comme moi-même. Nous vous

---

1. Vers de La Harpe, dans sa pièce couronnée par l'Académie française en 1766, et intitulée *le Poète*. (ÉD.)

faisons les plus sincères compliments, et nous allons faire une provision de lauriers pour vous en faire une petite couronne à votre arrivée.

MMMMDCCXXXVIII. — DE FRÉDÉRIC II, ROI DE PRUSSE.

A Potsdam, le 13 auguste.

Je compte que vous aurez déjà reçu ma réponse à votre avant-dernière lettre. Je ne puis trouver l'exécution d'Abbeville aussi affreuse que l'injuste supplice de Calas. Ce Calas était innocent; le fanatisme se sacrifie cette victime, et rien dans cette action atroce ne peut servir d'excuse aux juges. Bien loin de là, ils se soustraient aux formalités des procédures, et ils condamnent au supplice sans avoir des preuves, des convictions, des témoins.

Ce qui vient d'arriver à Abbeville est d'une nature bien différente. Vous ne contesterez pas que tout citoyen doit se conformer aux lois de son pays; or il y a des punitions établies par les législateurs pour ceux qui troublent le culte adopté par la nation. La discrétion, la décence, surtout le respect que tout citoyen doit aux lois, obligent donc de ne point insulter au culte reçu, et d'éviter le scandale et l'insolence. Ce sont ces lois de sang qu'on devrait réformer, en proportionnant la punition à la faute; mais tant que ces lois rigoureuses demeureront établies, les magistrats ne pourront pas se dispenser d'y conformer leur jugement.

Les dévots en France crient contre les philosophes, et les accusent d'être la cause de tout le mal qui arrive. Dans la dernière guerre, il y eut des insensés qui prétendirent que l'*Encyclopédie* était cause des infortunes qu'essuyaient les armées françaises. Il arrive pendant cette effervescence que le ministère de Versailles a besoin d'argent, et il sacrifie au clergé, qui en promet, des philosophes qui n'en ont point, et qui n'en peuvent donner. Pour moi, qui ne demande ni argent ni bénédictions, j'offre des asiles aux philosophes, pourvu qu'ils soient sages et qu'ils soient aussi pacifiques que le beau titre dont ils se parent le sous-entend; car toutes les vérités ensemble qu'ils annoncent ne valent pas le repos de l'âme, seul bien dont les hommes puissent jouir sur l'atome qu'ils habitent. Pour moi, qui suis un raisonneur sans enthousiasme, je désirerais que les hommes fussent raisonnables, et surtout qu'ils fussent tranquilles.

Nous connaissons les crimes que le fanatisme de religion a fait commettre. Gardons-nous d'introduire le fanatisme dans la philosophie; son caractère doit être la douceur et la modération. Elle doit plaindre la fin tragique d'un jeune homme qui a commis une extravagance; elle doit démontrer la rigueur excessive d'une loi faite dans un temps grossier et ignorant; mais il ne faut pas que la philosophie encourage à de pareilles actions, ni qu'elle fronde des juges qui n'ont pu prononcer autrement qu'ils l'ont fait.

Socrate n'adorait pas les *Deos majores et minores gentium*; toutefois il assistait aux sacrifices publics. Gassendi allait à la messe, et Newton au prône.

« La tolérance, dans une société, doit assurer à chacun la liberté de croire ce qu'il veut ; mais cette tolérance ne doit pas s'étendre à autoriser l'effronterie et la licence de jeunes étourdis qui insultent audacieusement à ce que le peuple révère. Voilà mes sentiments, qui sont conformes à ce qu'assurent la liberté et la sûreté publique, premier objet de toute législation.

Je parie que vous pensez, en lisant ceci : « Cela est bien allemand, cela se ressent bien du flegme d'une nation qui n'a que des passions ébauchées. »

Nous sommes, il est vrai, une espèce de végétaux en comparaison des Français : aussi n'avons-nous produit ni *Jérusalem délivrée*, ni *Henriade*. Depuis que l'empereur Charlemagne s'avisa de nous faire chrétiens en nous égorgeant, nous le sommes restés ; à quoi peut-être a contribué notre ciel toujours chargé de nuages, et les frimas de nos longs hivers.

Enfin, prenez-nous tels que nous sommes : Ovide s'accoutuma bien aux mœurs des peuples de Tomes ; et j'ai assez de vaine gloire pour me persuader que la province de Clèves vaut mieux que le lieu où le Danube se jette par sept bouches dans la mer Noire. Sur ce, je prie Dieu qu'il vous ait en sa sainte et digne garde.   FÉDÉRIC.

MMMMDCXXXIX. — A M. LE COMTE D'ARGENTAL.

15 auguste.

Il est vrai, mes divins anges, que j'ai été saisi de l'indignation la plus vive, et en même temps la plus durable ; mais je n'ai point pris le parti qu'on suppose. J'en serais très-capable si j'étais plus jeune et plus vigoureux ; mais il est difficile de se transplanter à mon âge, et dans l'état de langueur où je suis : j'attendrai, sous les arbres que j'ai plantés, le moment où je n'entendrai plus parler des horreurs qui font préférer les ours de nos montagnes à des singes et à des tigres déguisés en hommes.

Ce qui a fait courir le bruit dont vous avez la bonté de me parler, c'est que le roi de Prusse m'ayant mandé qu'il donnerait aux Sirven un asile dans ses États, je lui ai fait un petit compliment ; je lui ai dit que je voudrais les y conduire moi-même, et il a pris apparemment mon compliment pour une envie de voyager.

Vous avez probablement lu sa préface de l'*Abrégé de l'histoire de l'Église* ; c'est une terrible préface. Les livres dans ce goût pleuvent de tous les côtés de l'Europe : l'Italie même s'en mêle ; cela ira loin. Il est assez aisé d'empêcher la raison de naître ; mais quand une fois elle est née, il n'est pas au pouvoir humain de la faire mourir. Pour moi, je ne lui donnerai point de lait ; je la vois forte et drue ; elle parviendra à l'âge de maturité sans que je la nourrisse.

J'ignore encore si on imprimera les roués[1] ; ils ne sont bons qu'à donner de l'horreur de ces anciens Romains dont nous faisons tant de cas ; les notes achèvent de peindre la nature humaine dans toute son

1. La tragédie du *Triumvirat*. (Éd.)

exécrable turpitude. Mes anges, plus la nature humaine, abandonnée à elle-même ou à la superstition, inspire des idées tristes, et fait bondir le cœur, plus j'aime cette nature humaine, quand je vois des âmes comme les vôtres. Vous me faites aimer un peu la vie.

Je vous supplie de dire à M. le marquis de Chauvelin combien je lui suis tendrement attaché.

Pourriez-vous avoir la bonté de me dire quelle impression le *Mémoire de M. de La Chalotais* a faite dans Paris?

MMMMDCCXL. — A FRÉDÉRIC, LANDGRAVE DE HESSE-CASSEL.

15 auguste.

Monseigneur, M. de Vinci m'avertit que Votre Altesse Sérénissime ajoute à ses œuvres de charité celle de venir guérir demain un malade vers les deux heures. Vous avez cru sans doute que le plaisir rendait la vie : vous ne vous êtes pas trompé.

MMMMDCCXLI. — A M. DAMILAVILLE.

16 auguste.

Monsieur, nous avons bien reçu votre lettre du 9 d'auguste, avec le mémoire concernant le procès; et votre correspondant remerciera bientôt l'avocat auteur du mémoire, qui nous paraît convaincant.

Nous sommes toujours fort étonnés que vous ne nous disiez pas un seul mot de M. Tonpla, ni de ses idées sur les choses qui se sont passées, e. dont nous espérions ar ple détail.

La manufacture[1] réussirait certainement, si elle était bien conduite, si on ne voulait pas dans les commencements aller plus loin que les forces ne le permettent; mais comptez que la plus grande difficulté est de trouver des ouvriers.

Il ne nous est parvenu aucune nouvelle de Paris concernant la Bretagne, que le petit *Mémoire* assez mal imprimé de M. de La Chalotais. Nous ne savons pas encore quelle impression il aura faite sur les juges. Toute notre famille souhaite d'autant plus de bien à ce magistrat, qu'il nous a traités fort bien dans une affaire que nous avions à Rennes, il y a quatre ans[2].

M. de Voltaire, votre ami, est toujours aux eaux de Rolle en Suisse, avec M. et Mme Dupuits; mais je ne crois point du tout les eaux convenables à sa vieillesse et à l'espèce de maladie dont il est attaqué. Je ne sais pas s'il reviendra à Ferney, ou s'il ira chez l'électeur palatin.

Nous n'avons aucune nouvelle dans notre ville de Genève. Les médiateurs travaillent avec un zèle infatigable à réunir les esprits. S'il y a quelque chose de nouveau dans vos quartiers, vous nous ferez plaisir de nous en faire part.

Vous savez combien notre famille vous est attachée, et combien je

---

1. L'établissement à Clèves d'une colonie de philosophes. (ÉD.)
2. Allusion au compte rendu. (ÉD.)

suis en mon particulier, monsieur, votre très-humble et très-obéissant serviteur,
BOURSIER.

MMMMDCCXLII. — AU MÊME.

18 auguste.

Ils en ont menti, les vilains Welches; ils en ont menti, les assassins en robe. Je peux vous le dire en sûreté dans cette lettre : c'est par une insigne fourberie qu'on a substitué le *Dictionnaire philosophique* au *Portier des Chartreux*, que l'on n'a pas osé nommer à cause du ridicule. Je sais, à n'en pouvoir douter, que jamais livre de philosophie ne fut entre les mains de l'infortuné jeune homme qu'on a si indignement assassiné.

Je ne vois, mon cher frère, que cruauté et mensonge. Il est si faux qu'on m'ait refusé, qu'au contraire on m'a prévenu, et qu'on a même tracé la route que je devais prendre. Je la prendrais cette route, si les hommes qui aiment la vérité avaient du zèle; mais on n'en a point, on est arrêté par mille liens, on demeure tranquillement sous le glaive, exposé non-seulement aux fureurs des méchants, mais à leurs railleries. Les fanatiques triomphent. Que deviendra votre ami? quel rôle jouera-t-il, quand l'ouvrage auquel il a travaillé vingt années devient l'horreur ou le jouet des ennemis de la raison? ne sent-il pas que sa personne sera toujours en danger, et que ce qu'il peut espérer de mieux est de se soustraire à la persécution, sans pouvoir jamais prétendre à rien, sans oser ni parler ni écrire?

Le chevalier de Jaucourt, qui a mis son nom à tant d'articles, doit-il être bien content? Enfin six ou sept cent mille sots huguenots ont abandonné leur patrie pour les sottises de Jehan Chauvin, et il ne se trouvera pas douze sages qui fassent le moindre sacrifice à la raison universelle, qu'on outrage! Cela est aussi honteux pour l'humanité que l'infâme persécution qui nous opprime.

Je dois être très-mécontent que vous ne m'ayez pas écrit un seul mot de votre ami, que vous ne m'ayez pas même fait part de ses sentiments. Je vois bien que les philosophes sont faits pour être isolés, pour être accablés l'un après l'autre, et pour mourir malheureusement sans s'être jamais secourus, sans avoir seulement eu ensemble la moindre intelligence; et quand ils ont été unis, ils se sont bientôt divisés, et par là même ils ont été en opprobre aux yeux de leurs ennemis. Ce n'était point ainsi qu'en usaient les stoïciens et les épicuriens : ils étaient frères, ils faisaient un corps, et les philosophes d'aujourd'hui sont des bêtes fauves qu'on tue l'une après l'autre.

Je vois bien qu'il faut mourir sans aucune espérance. Cependant ne m'abandonnez pas; écrivez à M. Boursier sur la manufacture, sur M. Tonpla, sur toutes les choses qu'il entendra à demi-mot.

Je ne vous dirai pas aujourd'hui, mon cher frère : *Écr. l'inf....,* car c'est l'inf.... qui nous écr. Voici un petit mot pour le prophète Élie.

MMMMDCCXLIII. — A M. LE CHEVALIER DE TAULES.

Lundi matin 18 auguste, à Ferney.

Vous êtes, monsieur, un digne compatriote de Henri IV, franc, loyal, bienfaisant, bon à montrer aux amis et aux ennemis; comptez que vous êtes selon mon cœur. Je suis bien fâché que vos comités vous prennent tout entier. Si vous pouvez quelquefois vous échapper pour venir philosopher avec un solitaire, vous ferez une bonne œuvre dont je vous aurai bien de l'obligation. Je ne vous ai encore vu qu'en grande compagnie, et jamais à mon aise; je suis pénétré de vos bontés, je vous aime de tout mon cœur, et je veux vous le dire à tête reposée. Mme Denis joint ses prières aux miennes; nous vous sommes également dévoués.

Mille tendres respects.

MMMMDCCXLIV. — A M. LE MARÉCHAL DUC DE RICHELIEU.

10 août, comme disent les Welches, car ailleurs on dit auguste.

Je demande pardon à mon héros de ne lui point écrire de ma main, et je lui demande encore pardon de ne lui pas écrire gaiement ; mais je suis malade et triste. Sa missionnaire[1] a l'air d'un oiseau; elle s'en retourne à tire-d'aile à Paris. Vous avez bien raison de dire qu'elle a une imagination brillante, et faite pour vous. Elle dit que vous n'avez que trente à quarante ans, tout au plus; elle me confirme dans l'idée où j'ai toujours été que vous n'êtes pas un homme comme un autre. Je vous admire sans pouvoir vous suivre. Vous savez que la terre est couverte de chênes et de roseaux : vous êtes le chêne, et je suis un vieux roseau tout courbé par les orages. J'avoue même que la tempête qui a fait périr ce jeune fou de chevalier de La Barre m'a fait plier la tête. Il faut bien que ce malheureux jeune homme n'ait pas été aussi coupable qu'on l'a dit, puisque non-seulement huit avocats ont pris sa défense, mais que, de vingt-cinq juges, il y en a eu dix qui n'ont jamais voulu opiner à la mort.

J'ai une nièce dont les terres sont aux portes d'Abbeville. J'ai entre les mains l'interrogatoire; et je peux vous assurer que, dans toute cette affaire, il y a tout au plus de quoi enfermer pour trois mois à Saint-Lazare des étourdis dont le plus âgé avait vingt et un ans, et le plus jeune quinze ans et demi.

Il semble que l'affaire des Calas n'ait inspiré que de la cruauté. Je ne m'accoutume point à ce mélange de frivolité et de barbarie : des singes devenus des tigres affligent ma sensibilité, et révoltent mon esprit. Il est triste que les nations étrangères ne nous connaissent, depuis quelques années, que par les choses les plus avilissantes et les plus odieuses.

Je ne suis pas étonné d'ailleurs que la calomnie se joigne à la cruauté. Le hasard, ce maître du monde, m'avait adressé une malheu-

1. Mme de Saint-Julien. (ÉD.)

reuse famille qui se trouve précisément dans la même situation que les Calas, et pour laquelle les mêmes avocats vont présenter la même requête. Le roi de Prusse m'ayant envoyé cinq cents livres d'aumône pour cette famille malheureuse, et lui ayant offert un asile dans ses États, je lui ai répondu avec la cajolerie qu'il faut mettre dans les lettres qu'on écrit à des rois victorieux. C'était dans le temps que M. le prince de Brunswick faisait à mes petits pénates le même honneur que vous avez daigné leur faire. Voilà l'occasion du bruit qui a couru que je voulais aller finir ma carrière dans les États du roi de Prusse; chose dont je suis très-éloigné, presque tout mon bien étant placé dans le Palatinat et dans la Souabe. Je sais que tous les lieux sont égaux, et qu'il est fort indifférent de mourir sur les bords de l'Elbe ou du Rhin. Je quitterai même sans regret la retraite où vous avez daigné me voir, et que j'ai très-embellie. Il la faudra même quitter, si la calomnie m'y force; mais je n'en ai eu jusqu'à présent nulle envie.

Il faut que je vous dise une chose bien singulière. On a affecté de mettre dans l'arrêt qui condamne le chevalier de La Barre, qu'il faisait des génuflexions devant le *Dictionnaire philosophique*; il n'avait jamais lu ce livre. Le procès-verbal porte qu'un de ses camarades et lui s'étaient mis à genoux devant *le Portier des Chartreux*, et l'*Ode à Priape* de Piron; ils récitaient les *Litanies du c..*; ils faisaient des folies de jeunes pages; et il n'y avait personne de la bande qui fût capable de lire un livre de philosophie. Tout le mal est venu d'une abbesse dont un vieux scélérat a été jaloux, et le roi n'a jamais su la cause véritable de cette horrible catastrophe. La voix du public indigné s'est tellement élevée contre ce jugement atroce, que les juges n'ont pas osé poursuivre le procès après l'exécution du chevalier de La Barre, qui est mort avec un courage et un sang-froid étonnant, et qui serait devenu un excellent officier.

Des avocats m'ont mandé qu'on avait fait jouer dans cette affaire des ressorts abominables. J'y suis intéressé par ce *Dictionnaire philosophique* qu'on m'a très-faussement imputé. J'en suis si peu l'auteur, que l'article *Messie*, qui est tout entier dans le *Dictionnaire encyclopédique*, est d'un ministre protestant, homme de condition, et très-homme de bien; et j'ai entre les mains son manuscrit, écrit de sa propre main.

Il y a plusieurs autres articles dont les auteurs sont connus; et, en un mot, on ne pourra jamais me convaincre d'être l'auteur de cet ouvrage. On m'impute beaucoup de livres, et depuis longtemps je n'en fais aucun. Je remplis mes devoirs; j'ai, Dieu merci, les attestations de mes curés et des états de ma petite province. On peut me persécuter, mais ce ne sera certainement pas avec justice. Si d'ailleurs j'avais besoin d'un asile, il n'y a aucun souverain, depuis l'impératrice de Russie jusqu'au landgrave de Hesse, qui ne m'en ait offert. Je ne serais pas persécuté en Italie; pourquoi le serais-je dans ma patrie? Je ne vois pas quelle pourrait être la raison d'une persécution nouvelle, à moins que ce ne fût pour plaire à Fréron.

J'ai encore une chose à vous dire, mon héros, dans ma confession générale: c'est que je n'ai jamais été gai que par emprunt. Quiconque fait des tragédies et écrit des histoires est naturellement sérieux, quelque Français qu'il puisse être. Vous avez adouci et égayé mes mœurs, quand j'ai été assez heureux pour vous faire ma cour. J'étais chenille, j'ai pris quelquefois des ailes de papillon; mais je suis devenu chenille.

Vivez heureux, et vivez longtemps : voilà mon refrain. La nation a besoin de vous. Le prince de Brunswick se désespérait de ne vous avoir pas vu; il convenait avec moi que vous êtes le seul qui ayez soutenu la gloire de la France. Votre gaieté doit être inaltérable; elle est accompagnée des suffrages du public, et je ne connais guère de carrière plus belle que la vôtre.

Agréez mes vœux ardents et mon très-respectueux hommage, qui ne finira qu'avec ma vie.

P. S. Oserais-je vous conjurer de donner ce mémoire à M. de Saint-Florentin, et de daigner l'appuyer de votre puissante protection et de toutes vos forces ? Quand on peut, avec des paroles, tirer une famille d'honnêtes gens de la plus horrible calamité, on doit dire ces paroles. Je vous le demande en grâce.

MMMMDCCXLV. — A M. ÉLIE DE BEAUMONT.

Le 20 auguste.

J'ai reçu, mon cher Cicéron, une lettre du 8 août (puisque les Welches ont fait août d'*auguste*); cette lettre m'a transporté de joie. J'ai vu que le plus généreux de tous les hommes me donne le titre de son ami. Je veux mériter et conserver, jusqu'au dernier moment de ma vie, un titre qui m'est si cher. J'ai sur-le-champ dressé des petits mémoires pour M. le duc de Praslin, M. le duc de Choiseul et M. de Saint-Florentin, que Mme de Saint-Julien, parente de M. le duc de Choiseul, et qui est actuellement chez moi, doit porter à Paris. Elle part dans deux jours, et nous servira de tout son pouvoir.

Mais aujourd'hui je reçois une lettre du 11 d'août qui me perce le cœur. Vous n'y êtes plus mon ami, vous m'écrivez *monsieur*. Fi! que cela est horrible de se rétracter! Je ne veux pas vous en croire; je m'en tiens à la première lettre, et je déchire la seconde. J'ai déjà répondu à la première, et cette petite réponse parviendra dans le paquet de M. Damilaville, dont Mme de Saint-Julien a bien voulu encore se charger.

Je vous répète ici combien je m'intéresse à l'affaire qui vous regarde, et à quel point je suis étonné que M. de La Luzerne n'ait pas pleinement gagné son procès, je suis persuadé que vous viendrez à bout de tout; mais je vous dirai toujours que, si nous n'obtenons pas l'évocation pour les Sirven, je suis bien sûr que vous obtiendrez les suffrages de tout le public. L'esquisse du mémoire que vous eûtes la bonté de m'envoyer, il y a quelques mois, me parut devoir produire un morceau admirable, fait pour être lu avec avidité par tous les ordres de l'État, et pour confirmer la haute réputation où vous êtes. La véritable éloquence, et même la langue, sont d'ordinaire trop négligées à votre

barreau, et les plaidoyers de nos avocats n'entrent point encore dans
les bibliothèques des nations étrangères. Je ne connais guère que
votre mémoire pour les Calas qui ait eu de la réputation en Europe; il
a été lu jusqu'à Moscou.

Adieu, mon cher Cicéron. Je me mets aux pieds de madame votre
femme. Ne m'ôtez jamais le beau titre que vous m'avez donné.

MMMMDCCXLVI. — A M. DAMILAVILLE.

20 auguste.

Je suis tantôt aux eaux, tantôt à Ferney, mon cher frère. Je vous ai
écrit par Mme de Saint-Julien, sœur de M. le marquis de La Tour-du-
Pin, commandant en Bourgogne, et parente de M. le duc de Choiseul.
Elle est venue avec monsieur son frère, et a bien voulu passer quelques
jours dans ma retraite. Elle a la bonté de se charger d'une lettre pour
vous, dans laquelle il y en a une pour M. de Beaumont. En voici une
autre que je vous envoie pour ce défenseur de l'innocence.

J'ai vu M. Boursier, pour qui vous avez toujours eu les mêmes bontés:
il n'a pas été embarrassé un moment des calomnies qu'on a fait courir
sur sa manufacture; il est toujours dans les mêmes sentiments. C'est
bien dommage que ses forces ne répondent pas à son zèle, car il est
comme moi dans sa soixante-treizième année. Il désirait fort d'être se-
condé par des personnes d'un âge mûr, qui semblent avoir tourné leurs
vues d'un autre côté. Il se plaint beaucoup d'un de ses camarades qui
ne lui a pas répondu. Pour moi, mon cher ami, je n'entends plus rien
aux affaires de ce monde; j'y vois quelquefois des abominations qui
atterrent l'esprit et qui tuent la langue. On dit que, dans certaines îles,
quand on a coupé la jambe à un nègre, tous les autres se mettent à
danser.

Je vous demande en grâce de me faire avoir le mémoire de feu M. de
La Bourdonnais; il manque à mon petit recueil des causes véritablement célèbres.

Adieu; vos sentiments sont ma plus chère consolation.

MMMMDCCXLVII. — AU MÊME.

Du 23 auguste.

Mon cher frère, je ne sais rien. Tout est-il oublié? Que dit-on? Un
petit paquet pour vous et pour M. de Beaumont ne partira pas sitôt;
mais il partira. L'incluse, à laquelle je vous prie de donner cours, est
pour un homme qui est honnête malgré sa profession. Je ne peux pas
écrire aujourd'hui fort au long, parce que je suis un peu malade. Je n'ai
point changé de sentiment, ni ne changerai. C'est ainsi que mon amitié
pour vous est faite.

MMMMDCCXLVIII. — A M. DALEMBERT.

25 auguste.

Le roi de Prusse, mon cher philosophe, me mande qu'il aurait condamné ces cinq jeunes gens à marcher quinze jours chapeau bas, à

chanter des psaumes, et à lire quelques pages de la *Somme* de saint Thomas. Gardez-vous bien de dire à qui il a écrit ce jugement de Salomon. Il faut qu'on tourne les yeux vers le Nord, le Midi n'a que des marionnettes barbares. Vous savez qu'on vient de donner en Scythie le plus beau, le plus galant, le plus magnifique carrousel qu'on ait jamais vu; mais on n'y a brûlé personne pour n'avoir pas ôté son chapeau. Je suis fâché que vous ne soyez pas là. Tout ce que j'apprends de votre pays fait hausser les épaules et bondir le cœur. Je crois que vous verrez bientôt le mémoire d'Élie de Beaumont en faveur des Sirven, et que vous en serez plus content que de celui des Calas.

Je recommande les Sirven à votre éloquence. Parlez pour eux à ceux qui sont dignes que vous leur parliez; échauffez les tièdes : c'est une belle occasion d'inspirer l'horreur pour le fanatisme.

Si vous avez oublié l'ami Vernet, voici une occasion de vous souvenir de lui. On dit que cette autre tête de bœuf dont la langue doit être fumée mugit beaucoup contre moi. En avez-vous ouï dire quelque chose? Je brave ses beuglements et ceux des monstres qui peuvent crier avec lui. J'ai peu de temps à vivre, mais je ne mourrai pas la victime de ces misérables. Je mourrai en souhaitant que la nature fasse naître beaucoup de Français comme vous, et qu'il n'y ait plus de Welches.

Je voulais vous envoyer une facétie sur Vernet, je ne la retrouve point; la perte est médiocre.

Ah! mon cher maître! que les philosophes sont à plaindre! Leur royaume n'est pas de ce monde, et ils n'ont pas l'espérance de régner dans un autre.

Monstres persécuteurs, qu'on me donne seulement sept ou huit personnes que je puisse conduire, et je vous exterminerai.

MMMMDCCXLIX. — A M. DAMILAVILLE.

25 février.

Tout ce que je puis vous dire aujourd'hui par une voie sûre, mon cher frère, c'est que tout est prêt pour l'établissement de la manufacture. Plus d'un prince en disputerait l'honneur; et, des bords du Rhin jusqu'à ceux de l'Oby, Platon trouverait sûreté, encouragement et honneur. Il est inexcusable de vivre sous le glaive, quand il peut faire triompher librement la vérité. Je ne conçois pas ceux qui veulent ramper sous le fanatisme dans un coin de Paris, tandis qu'ils pourraient écraser ce monstre. Quoi! ne pourriez-vous pas me fournir seulement deux disciples zélés? Il n'y aura donc que les énergumènes qui en trouveront! Je ne me demanderais que trois ou quatre années de santé et de vie; ma peur est de mourir avant d'avoir rendu service.

Vous apprendrez peut-être avec plaisir le jugement qu'a rendu le roi de Prusse contre le chevalier de La Barre et ses camarades. Il les condamne, en cas qu'ils aient mutilé une figure de bois, à en donner une autre à leurs frais; s'ils ont passé devant des capucins sans ôter leur chapeau, ils iront demander pardon aux capucins, chapeau bas; s'ils ont chanté des chansons gaillardes, ils chanteront des antiennes à haute et intelligible voix; s'ils ont lu quelques mauvais livres, ils lront deux pages de la *Somme* de saint Thomas. Voilà un arrêt qui paraît tout à fait juste. On donne de tous côtés aux Welches des leçons dont ils ne profitent guère. Je suis aussi indigné que le premier jour. Je n'aurai de consolation que quand vous m'enverrez le factum du brave Élie.

Voici un petit mot de lettre pour M. Dalembert; il m'ouvre son cœur, et M. Diderot me ferme le sien. Il est triste qu'il néglige ceux qui ne voulaient que le servir, et je vous avoue que son procédé n'est pas honnête. Je vois que les philosophes seront toujours de malheureux êtres isolés qu'on dévorera les uns après les autres, sans qu'ils s'unissent pour se secourir. *Sauve qui peut!* sera la devise de ce commun naufrage. Les persécuteurs finiront par avoir raison, et la plus pure portion du genre humain sera à la fois sous le couteau et dans le mépris.

Je vous prie, mon cher frère, de demander à Élie s'il est vrai que ce bœuf de Pasquier mugisse encore contre moi, et s'il est assez insolent pour croire qu'il peut m'embarrasser. Je veux surtout avoir l'ancien mémoire pour M. de La Bourdonnais; cinq ou six procès dans ce goût pourront faire un volume honnête qui instruira la postérité, et du moins les assassins en robe pourront devenir l'exécration du genre humain.

Adieu, mon cher frère; écrivez-moi de toute façon, sans vous compromettre, afin que je puisse savoir tout ce que vous pensez. Je vous embrasse mille fois. Écr. l'*inf*..., écr. l'*inf*..., écr. l'*inf*....

MMMMDCCL. — A M. Le Clerc de Montmerci.

25 auguste.

Il est vrai que je n'écris guère, mon cher confrère en Apollon. Les horreurs qui déshonorent successivement votre pays m'ont rendu si triste, il y a si peu de sûreté à la poste, et toutes les consolations sont tellement interdites, que je me suis tenu longtemps dans le silence. Les persécuteurs sont des monstres qui étendent leurs griffes d'un bout du royaume à l'autre; les persécutés sont dévorés les uns après les autres. S'il y avait un coin de terre où l'on pût cultiver la raison en paix, je vous prierais d'y venir; et je ne sais encore si vous l'oseriez. Conservez-moi votre amitié, détestez le fanatisme, écrivez-moi quand vous n'aurez rien à faire, et que vous aurez quelque chose à m'apprendre. Ma vie serait heureuse dans mes déserts, si les gens de lettres étaient moins malheureux dans le pays où vous êtes.

Comptez surtout sur mon amitié inaltérable.

MMMMDCCLI. — A Frédéric, landgrave de Hesse-Cassel.

A Ferney, le 25 auguste.

Monseigneur, pourquoi mon âge et mes maux me réduisent-ils à ne remercier Votre Altesse Sérénissime qu'en lui écrivant! pourquoi suis-je privé de la consolation de vous faire ma cour! J'ai été pénétré au fond du cœur de voir en vous un prince philosophe. La justesse de votre esprit et la vérité de vos sentiments m'ont charmé. Votre façon de penser semble réparer les actions tyranniques que la superstition a fait commettre à tant de princes. Vous êtes éclairé et bienfaisant. Que de princes ne sont ni l'un ni l'autre ! mais en récompense ils ont un confesseur, et ils gagnent le paradis en mangeant le vendredi pour deux cents écus de marée.

Votre Altesse Sérénissime m'a attaché à elle; je ne souhaite de la santé que pour m'aller mettre à ses pieds. Je ne vais jamais à la ville de Calvin : mais je veux aller à la capitale d'un prince qui connaît Calvin, et qui le méprise. Puisse la nature m'en donner la force comme elle m'en donne le désir.

Votre Altesse Sérénissime m'a paru avoir envie de voir les livres nouveaux qui peuvent être dignes d'elle. Il en paraît un intitulé *le Recueil nécessaire*. Il y a surtout dans ce recueil un ouvrage de milord Bolyngbroke, qui m'a paru ce qu'on a jamais écrit de plus fort contre la superstition. Je crois qu'on le trouve à Francfort; mais j'en ai un exemplaire broché que je lui enverrai, si elle le souhaite, soit par la poste, soit par les chariots. Cette dernière voie est fort longue, l'autre est un peu coûteuse. J'attendrai ses ordres. Je suis, etc.

MMMMDCCLII. — DE FRÉDÉRIC II, ROI DE PRUSSE.

Je crois que vous avez déjà reçu les lettres que je vous ai écrites sur le sujet des émigrants. Il ne dépend que des philosophes de partir, et d'établir leur séjour dans le lieu de mes États qui leur conviendra le mieux. Je n'entends plus parler de Tronchin, je le crois parti; et supposé qu'il soit encore ici, cela ne le rendra pas plus instruit de ce qui se passe chez moi et de ce que je vous écris. Quant à ceux de Berne, je suis très-résolu à les laisser brûler des livres, s'ils y trouvent du plaisir, parce que tout le monde est maître chez soi; et qu'importe à nous autres qu'ils brûlent M. de Fleury? N'avez-vous pas fait passer par les flammes les cantiques de Salomon, pour les avoir mis en beaux vers français? Lorsque les magistrats et les théologiens se mettent en train de brûler, ils jetteraient la Bible au feu, s'ils la rencontraient sous leurs mains. Toutes ces choses qui viennent d'arriver aux Calas, aux Sirven, et en dernier lieu à Abbeville, me font soupçonner que la justice est mal administrée en France, qu'on se précipite souvent dans les procédures, et qu'on n'y joue de la vie des hommes. Le président Montesquieu était prévenu pour cette jurisprudence qu'il avait sucée avec le lait; cela ne m'empêche pas d'être persuadé qu'elle a grand besoin d'être réformée, et qu'il ne faut jamais laisser aux tribunaux le pouvoir d'exécuter des sentences de mort, avant qu'elles n'aient été revues par des tribunaux suprêmes, et signées par le souverain. C'est une chose pitoyable que de casser des arrêts et des sentences, quand les victimes ont péri; il faudrait punir les juges et les restreindre avec tant d'exactitude, qu'on n'eût pas désormais de pareilles rechutes à craindre. Sancho Pança était un grand jurisconsulte; il gouvernait sagement son île de Barataria; il serait à souhaiter que les présidiaux eussent toujours sa belle sentence sous les yeux; ils respecteraient au moins davantage la vie des malheumaux, s'ils se rappelaient qu'il vaut mieux sauver un coupable que de condamner un innocent. Si je me le rappelle bien, c'est à Toulouse¹ qu'il y a une messe fondée pour la pie qui couvre encore de honte la mémoire des magistrats inconsidérés qui firent exécuter une fille innocente, accusée d'un vol qu'une pie apprivoisée avait fait; mais ce qui me révolte le plus est cet usage barbare de donner la question aux gens condamnés, avant de les mener au supplice : c'est une cruauté en pure perte, et qui fait horreur aux âmes compatissantes qui ont encore conservé quelque sentiment d'humanité. Nous voyons encore chez les nations que les lettres ont le plus polies, des restes de l'ancienne férocité de leurs mœurs. Il est bien difficile de rendre le genre humain bon, et d'achever d'apprivoiser cet animal, le plus sauvage de tous. Cela me confirme dans mon sentiment, que les opinions n'influent que faiblement sur les actions des hommes ; car je vois partout que leurs passions l'emportent sur le raisonnement. Supposons donc que vous parvinssiez à faire une révolution dans la façon de penser, la secte que vous formeriez serait peu nombreuse, parce qu'il faut penser pour en être, et que peu de personnes sont capables de suivre un raisonnement géométrique et rigoureux. Et ne comptez-vous pour rien ceux qui par état sont opposés aux rayons de lumière qui découvrent leur turpitude ? ne comptez-vous pour rien les princes auxquels on a inculqué qu'ils ne règnent qu'autant que le peuple est attaché à la religion ? ne comptez-vous pour rien ce peuple, qui n'a de raison que les préjugés, qui hait les nouveautés en général, et qui est incapable d'embrasser celles dont il est question, qui demandent des têtes métaphysiques et rompues dans la dialectique, pour être conçues et adoptées ? Voilà de grandes difficultés que je vous propose, et qui, je crois, se trouveront éternellement dans le chemin de ceux qui voudront annoncer aux nations une religion simple et raisonnable.

Si vous avez quelque nouvel ouvrage dans votre portefeuille, vous me ferez plaisir de me l'envoyer; les livres nouveaux qui paraissent à présent font regretter ceux du commencement de ce siècle. L'histoire² de l'abbé Velly est ce qui a paru de meilleur; car je n'appelle pas des livres tout ce tas d'ouvrages faits sur le commerce et sur l'agriculture, par des auteurs qui n'ont jamais vu ni vaisseaux ni charrues. Vous n'avez plus de poëtes dramatiques en France, plus de ces jolis vers de société dont on voyait tant autrefois. Je remarque un esprit d'analyse et de géométrie dans tout ce qu'on écrit; mais les belles-lettres sont sur leur déclin ; plus d'orateurs célèbres, plus de vers agréables, plus de ces ouvrages charmants qui faisaient autrefois une partie de la gloire de la nation française. Vous avez le dernier soutenu cette gloire; mais vous n'aurez point de successeurs. Vivez donc longtemps, conservez votre santé et votre belle humeur ; et que le dieu du goût, les muses, et Apol-

1. C'était à Rouen. MM. Théodore Baudouin (sous le nom de Daubigny) et Caignez ont fait jouer, en 1815, un mélodrame intitulé *la Pie voleuse*. Ils ont placé la scène à Palaiseau. (Éd.)

2. *L'Histoire de France*, commencée par Velly, a été continuée par Villaret, puis par Garnier, qui n'a pas achevé le règne de Charles IX. (Éd.)

lon, par leur puissant secours, prolongent votre carrière, et vous rajeunissent plus réellement que les filles de Pélée n'eurent intention de rajeunir leur père! J'y prendrai plus de part que personne. Au moins, ayant parlé d'Apollon, il ne m'est plus permis, sans commettre un mélange profane, de vous recommander à la sainte garde de Dieu.

MMMMDCCLIII. — A M. DAMILAVILLE.

29 augusta.

Je vous envoie donc, mon cher ami, les lettres[1] très-ennuyeuses, écrites, il y a vingt-deux ans, par un polisson. Ces lettres ne prouvent autre chose, sinon qu'il était alors un mauvais valet, et qu'il a toujours été ingrat et orgueilleux.

Je vous supplie de me renvoyer ces lettres le plus tôt que vous pourrez, non-seulement parce qu'elles me sont nécessaires, mais parce qu'on m'a fait promettre de ne m'en point dessaisir.

Il est triste qu'un pareil homme ait écrit cinquante bonnes pages. Cela fait souvenir d'un fripon qui, ayant ouvert un bon avis dans Athènes, fut déclaré indigne de bien penser; et on fit proposer son avis par un homme de bien.

Mais vous savez que j'ai de plus grands sujets de chagrin que ceux qui peuvent venir de Jean-Jacques. Les sottises de cet animal ne sont que ridicules; mais je ne reviens point des choses affreuses. Ma tristesse augmente, et ma santé diminue tous les jours; je mourrai avec la douleur de voir les hommes devenir tous les jours plus méchants. Votre amitié vertueuse fait ma consolation.

Vous croyez bien que j'attends vos deux Hollandais avec quelque impatience.

MMMMDCCLIV. — DE M. DALEMBERT.

A Paris, ce 29 augusta.

Je ne sais trop où vous prendre, mon cher maître; mais je vous écris à tout hasard à Ferney. M. le chevalier de Rochefort m'avait chargé d'un paquet pour vous, qui contenait le *mémoire* des avocats sur l'affaire d'Abbeville, et un petit mot de lettre; mais comme frère Damilaville me dit qu'il vous avait déjà envoyé le *mémoire*, j'ai gardé le paquet, que j'ai remis à M. le chevalier de Rochefort. Je ne sais rien de nouveau sur les suites de l'assassinat juridique commis à Abbeville par un arrêt des *pères de la patrie*, sinon que ces pères de la patrie en sont aujourd'hui l'excrément et les tyrans, aux yeux de tous ceux qui ont conservé le sens commun. Ce qui occupe à présent nos Welches, ce sont deux affaires d'un genre fort différent : celle de M. de La Chalotais, et celle du trop fameux Jean-Jacques, qu'on punirait bien et qu'on attraperait bien en ne parlant point de lui. M. Hume vient de m'envoyer une longue lettre de ce drôle (car il ne mérite pas d'autre nom), qui excite tour à tour l'indignation et la pitié en la lisant; c'est le commérage et le cailletage le plus plat joint à la plus vilaine âme. Je crois qu'il se-

1. Les lettres de Rousseau à M. du Theil. (ÉD.)

fût bon qu'elle fût imprimée. Imaginez-vous que ce maraud m'accuse aussi d'être de ses ennemis, moi qui n'ai d'autre reproche à me faire que d'avoir trop bien parlé et trop bien pensé de lui. Je l'ai toujours cru un peu charlatan, mais je ne le croyais pas un méchant homme. Je suis bien tenté de lui faire un défi public d'administrer les preuves qu'il a contre moi ; ce défi l'embarrasserait beaucoup : mais en vaut-il la peine ?

À l'égard de M. de La Chalotais, il paraît que tous les gens du métier conviennent que toutes les règles ont été violées dans la procédure qu'on a faite contre lui; et que le roi, si plein de bonnes intentions, a été bien indignement et bien odieusement trompé dans cette affaire. Toute la France en attend la décision; et, en attendant, ses persécuteurs sont l'objet de l'exécration publique. Adieu, mon cher maître; la colère me rend malade, et m'empêche de vous en écrire davantage. Portez-vous bien, dormez (c'est ce que j'ai bien de la peine à faire), digérez de votre mieux (je ne parle pas de ce qui se fait, car cela est impossible à digérer), et surtout aimez-moi toujours.

MMMMDCCLV. — À MADAME D'ÉPINAI.

Ferney, 30 auguste.

Que toutes les bénédictions se répandent sur ma belle philosophe et sur son prophète ! que leurs cœurs sensibles et honnêtes gémissent avec moi des horreurs de ce monde, sans en être troublés ! qu'ils voient d'un œil de pitié la frivolité et la barbarie ! qu'ils jouissent d'une vie heureuse, en plaignant le genre humain ! Le prophète me l'avait bien dit, que les étoiles du Nord deviennent tous les jours plus brillantes. Tous les secours pour les Sirven sont venus du Nord. On pourrait tirer une ligne droite de Darmstadt à Pétersbourg, et trouver partout des sages.

J'ai vu dans mon ermitage deux princes qui savent penser, et qui m'ont dit que presque partout on pensait comme eux. J'ai béni l'Éternel, et j'ai dit à la Raison : « Quand gouverneras-tu le Midi et l'Occident ? » Elle m'a répondu qu'elle demeurait six mois de l'année à *la Chevrette*[1] avec l'Imagination et les Grâces, et qu'elle s'en trouvait très-bien; mais qu'il y avait certains quartiers où elle ne pénétrait jamais; et quand elle a voulu en approcher, elle n'y a trouvé que ses plus cruels ennemis. Elle dit que la plupart de ses partisans sont tièdes, et que ses ennemis sont ardents.

Je me recommande aux prières de ma belle philosophe et de mon cher prophète.

MMMMDCCLVI. — À M. DE CHABANON.

30 auguste.

Vous vous êtes douté, mon cher confrère, que j'étais affligé des horreurs dont la nouvelle à pénétré dans ma retraite; vous ne vous êtes pas trompé. Je ne saurais m'accoutumer à voir des singes métamorphosés

1. Maison de campagne de Mme d'Épinai. (ÉD.)

en tigres; *nomo sum*, cela suffit pour justifier ma douleur. Je vois avec plaisir que la vie frivole et turbulente de Paris vous déplaît, vous en sentez tout le vide, il est effrayant pour quiconque pense. Vous avez heureusement deux consolations toujours prêtes, la musique et la littérature. Vous ferez votre tragédie quand votre enthousiasme vous commandera, car vous savez qu'il faut recevoir l'inspiration, et ne la jamais chercher.

Vous souvenez-vous que vous m'aviez parlé de Mme de Scallier ? Il y a quelques jours qu'une dame vint dans mon ermitage avec son mari; elle me dit qu'elle jouait un peu du violon, et qu'elle en avait un dans son carrosse; elle en joua à vous rendre jaloux, si vous pouviez l'être; ensuite elle se mit à chanter, et chanta comme Mlle Le Maure; et tout cela avec une bonté, avec un air si aisé et si simple, que j'étais transporté. C'était Mme de Scallier elle-même avec son mari, qui me paraît un officier d'un grand mérite. Je fus désespéré de ne les avoir tenus qu'un jour chez moi. Si vous les voyez, je vous supplie de leur dire que je ne perdrai jamais le souvenir d'une si belle journée.

J'ai eu depuis une autre apparition de Mme de Saint-Julien, la sœur du commandant de notre province. Il est vrai qu'elle ne joue pas du violon, et qu'elle ne chante point; mais elle a une imagination et une éloquence si singulières, que j'en suis encore tout émerveillé. Même bonté, même naturel, mêmes grâces que Mme de Scallier, avec un fonds de philosophie qui est rare chez les dames. Ces deux apparitions devaient chasser les idées tristes que donne la méchanceté des hommes; cependant elles n'ont pu réussir : si quelque chose peut faire cet effet sur moi, c'est votre lettre; elle m'a fait un extrême plaisir. Il m'est bien doux de voir les grands talents et la raison joints à la sensibilité du cœur.

On m'a parlé d'un *Artaxerxe*[1] qui a, dit-on, du succès. Les pauvres comédiens avaient grand besoin de ce secours. L'opéra-comique est devenu, ce me semble, le spectacle de la nation. Cela est au point que les comédiens de Genève se préparent à venir jouer sur mon petit théâtre un opéra-comique. On dit qu'ils s'en tirent à merveille, mais ils ne peuvent jouer ni une tragédie de Racine, ni une comédie de Molière.

Vous m'annoncez une nouvelle bien agréable, en me flattant que Mlle Clairon pourrait venir. Je n'ai plus d'acteurs, mon théâtre est perdu pour la tragédie, mais j'aime bien autant sa société que ses talents. Elle se lassera elle-même de la déclamation, et elle sera toujours de bonne compagnie. Ce qu'elle pense et ce qu'elle dit vaut mieux que tous les vers qu'elle récite, surtout les vers nouveaux.

Toute ma famille vous remercie tendrement de votre souvenir; la vôtre doit bien contribuer à la douceur de votre vie. Je me mets aux pieds de madame votre mère et de madame votre sœur. Adieu, monsieur; conservez-moi une amitié qui me sera toujours chère, et que je mérite par tous les sentiments que vous m'avez inspirés pour toute la vie.

1. Tragédie de Lemierre. (Éd.)

ANNÉE 1766.

MMMMDCLVII. — A M. DAMILAVILLE.

31 auguste.

Nous vous remercions, monsieur, ma famille et moi, de la part que vous voulez bien prendre à l'établissement que nous projetons. Nous savons que les commencements sont toujours difficiles, et qu'il faut se roidir contre les obstacles.

Je conseillerais à M. Tonpla de faire un petit voyage par la diligence de Lyon; c'est l'affaire de huit jours. Il verrait les choses par lui-même, et s'aboucherait avec votre ami. On saurait précisément sur quoi compter.

Il est certain que cet établissement peut faire un très-grand bien, et que l'utile y serait joint à l'agréable. La liberté entière du commerce le fait toujours fleurir; la protection dont on vous a parlé est sûre.

Le petit voyage que je propose peut se faire dans un grand secret; et M. Tonpla, allant à Lyon, *sous le nom de M. Tonpla*, ou sous celui de monsieur son cousin, ne donnera d'alarme à aucun négociant.

Nous avons reçu des lettres d'Abbeville qui sont très-intéressantes. Nous aurons du drap de Van-Robais, qui sera de grand débit, et nous espérons n'avoir point à craindre la concurrence.

M. Sirven me charge de vous présenter ses très-humbles remerciments. Quelques étrangers ont pris beaucoup de part à son malheur; mais on ne s'est adressé à aucun homme de votre pays : on craint que la pitié ne soit un peu épuisée.

Ma femme, mon neveu, et moi, nous vous embrassons de tout notre cœur. Votre très-humble et très-obéissant serviteur, BOURSIER.

MMMMDCCLVIII. — A M. LA COMBE.

Auguste.

Vous êtes trop bon, monsieur, et je ne prétends point du tout qu'il vous en coûte pour m'envoyer des livres; passe encore si vous les aviez imprimés. Épargnez-vous, je vous en supplie, les frais d'une gravure pour une brochure qui, entre nous, n'en vaut pas trop la peine. Je vous dirai franchement que la pièce[1] m'a paru plutôt une satire de Rome qu'une tragédie. Je ne puis penser qu'une pièce de théâtre sans intérêt se fasse jouer ni lire. Les notes m'ont paru plus intéressantes que la pièce. Une estampe vous coûterait beaucoup, ne ferait nul bien à l'édition, et n'en augmenterait point le prix.

Je vous prie d'ailleurs de considérer que la représentation d'un orage ne caractérise point les proscriptions de trois coquins. Cet orage m'a paru fort étrange au sujet : j'aimerais mieux, dans une tragédie, un beau vers qu'une belle estampe. Enfin je sais que vous ferez plaisir à l'auteur de ne vous point mettre en frais pour cette bagatelle. Toutes vos lettres augmentent les sentiments d'estime et d'amitié que vous m'avez inspirés.

1. *Le Triumvirat*. (ÉD.)

MMMMDCCLIX. — De Frédéric II, roi de Prusse.

A Breslau, le 1er septembre.

Vous avez vu, par ma lettre précédente, que des philosophes paisibles doivent s'attendre d'être bien reçus chez moi. Je n'ai point vu le fils de l'Hippocrate moderne, et ne lui ai point parlé. Je ne sais ce qui peut être transpiré du dessein de vos philosophes ; je m'en lave les mains. Je suis ici dans une province où l'on préfère la physique à la métaphysique ; on cultive les champs, on a rebâti huit mille maisons, et l'on fait à milliers d'enfants par an, pour remplacer ceux qu'une fureur politique et guerrière a fait périr.

Je ne sais si, tout bien considéré, il n'est pas plus avantageux de travailler à la population qu'à faire de mauvais arguments. Les seigneurs et le peuple, occupés des soins de leur rétablissement, vivent en paix ; et ils sont si pleins de leur ouvrage, que personne ne fait attention au culte de son voisin. Les étincelles de haine de religion, qui se ranimaient souvent avant la guerre, sont éteintes ; et l'esprit de tolérance gagne journellement dans la façon de penser générale des habitants. Croyez que le désœuvrement donne lieu à la plupart des disputes. Pour les éteindre en France, il ne faudrait que renouveler le temps des défaites de Poitiers et d'Azincourt ; vos ecclésiastiques et vos parlements, sérieusement occupés de leurs propres affaires, ne penseraient qu'à eux, et laisseraient le public et le gouvernement tranquilles. C'est une proposition à faire à ces messieurs ; je doute toutefois qu'ils l'approuvent.

Vos ouvrages sont répandus ici, et entre les mains de tout le monde. Il n'y a point de peuple, point de climat où votre nom ne perce, point de société policée où votre réputation ne brille.

Jouissez de votre gloire, et jouissez-en longtemps. Sur ce, je prie Dieu qu'il vous ait en sa sainte et digne garde. Fédéric.

MMMMDCCLX. — A M. le comte de Rochefort.

1er septembre.

Comptez, monsieur, que mon cœur est pénétré de vos bontés. Je ne savais pas que ce fût vous qui m'aviez envoyé un factum qui m'a paru admirable. Le petit mot qui l'accompagnait m'avait paru être de la main de M. Damilaville. Pardonnez à la faiblesse de mes yeux ; mes organes ne valent rien, mais mon cœur a la sensibilité d'un jeune homme. Il a été touché de quelques aventures funestes, mais ma sensibilité n'est point indiscrète. Il y a des pays et des occasions où il faut savoir garder le silence. Mon cœur ne s'ouvre que sur les sentiments de la reconnaissance et de l'amitié qu'il vous doit. Je ne souhaite plus que de vous revoir encore ; et si je puis l'espérer, je me tiendrai très-heureux.

J'ai appris de M. le duc de La Vallière qu'il prenait la maison de Janson ; ce qui est sûr, c'est qu'il l'embellira, et que ceux qui y souperont avec lui passeront des moments bien agréables. Oserais-je vous supplier, monsieur, de vouloir bien faire souvenir de moi M. le duc de La Vallière et M. le prince de Beauvau, si vous les voyez ? Je me souviens, que M. le duc d'Ayen m'honorait autrefois de ses bontés. Vous serez mon protecteur dans toutes les compagnies des gardes. J'ai connu autrefois des gardes du corps qui faisaient des tragédies; mais je les crois plus brillants encore en campagne qu'au Parnasse. Je suis obligé de finir trop vite ma lettre, le courrier part dans ce moment.

Je vous suis attaché pour ma vie.

MMMDCCLXI. — A M. LE RICHE, DIRECTEUR ET RECEVEUR GÉNÉRAL DES DOMAINES DU ROI, ETC., A BESANÇON.

5 septembre.

La personne, monsieur, à qui vous avez bien voulu envoyer votre mémoire en faveur du sieur Fantet[1], vous remercie très-sensiblement de votre attention. Votre ouvrage est très-bien fait, et il serait admirable s'il plaidait en faveur de l'innocence. Mais le moyen de ne pas condamner un scélérat qui, parmi quinze ou vingt mille volumes, en a chez lui une trentaine sur la philosophie ! Non-seulement il est juste de le ruiner, mais j'espère qu'il sera brûlé, ou au moins pendu, pour l'édification des âmes dévotes et compatissantes. On est sans doute trop éclairé et trop sage à Besançon, pour ne pas punir du dernier supplice tout homme qui débite des ouvrages de raisonnements. Il est vrai que sous Louis IV on a imprimé, *ad usum Delphini*, le poëme de Lucrèce contre toutes les religions, et les œuvres d'Apulée. M. l'abbé d'Olivet, quoique Franc-Comtois, a dédié au roi les *Tusculanes* de Cicéron, et le *de Natura deorum*, livres infiniment plus hardis que tout ce qu'on a écrit dans notre siècle; mais cela ne doit pas sauver le sieur Fantet de la corde. Je crois même qu'on devrait pendre sa femme et ses enfants pour l'exemple.

J'ai en main un arrêt d'un tribunal de la Franche-Comté, par lequel un pauvre gentilhomme qui mourait de faim fut condamné à perdre la tête pour avoir mangé, un vendredi, un morceau de cheval qu'on avait jeté près de sa maison. C'est ainsi qu'on doit servir la religion, et qu'on doit faire justice.

On pourrait bien aussi, monsieur, vous condamner pour avoir pris le parti d'un infortuné. Il est certain que vous méprisez l'Église, puisque vous parlez en faveur de quelques livres nouveaux. Vous êtes inspecteur des domaines, par conséquent vous devez être regardé comme un païen, *sicut ethnicus et publicanus*.

Je me recommande aux prières des saintes femmes, qui ne manqueront pas de vous dénoncer : on dit qu'elles ont toutes beaucoup d'esprit, et qu'elles sont fort instruites. Vous ne sauriez croire combien je suis enchanté de voir tant de raison et tant de tolérance dans ce siècle. Il faut avouer qu'aujourd'hui aucune nation n'approche de la nôtre, soit dans les vertus pacifiques, soit dans la conduite à la guerre. Comme je suis extrêmement modeste, je ne mettrai point mon nom au bas des

---

1. Libraire à Besançon. (Éd.)

justes éloges que méritent vos compatriotes. Je vous supplie de vouloir bien me faire part du dispositif de l'arrêt, lorsqu'il sera rendu.

MMMMDCCLXII. — A M. DAMILAVILLE.

5 septembre.

On m'a fait voir enfin, mon cher ami, mes prétendues *Lettres* imprimées à Amsterdam par le sieur Robinet. Il y en a trois qu'on impute bien ridiculement à Montesquieu. Les autres sont falsifiées, selon la méthode honnête des nouveaux éditeurs de Hollande. Les notes qu'on y a jointes méritent le carcan. Il est bien triste que votre ami ait été en relation avec ce Robinet.

Vous devez avoir actuellement la lettre du vertueux Jean-Jacques à ce fripon de M. Hume, qui avait eu l'insolence de lui procurer une pension du roi d'Angleterre; c'est un trait qu'un galant homme ne peut jamais pardonner. Je me flatte que vous m'enverrez cette belle lettre de Jean-Jacques; on dit qu'il y a huit pages entières de pauvretés. Le bruit court qu'il est devenu tout à fait fou en Angleterre, physiquement fou; qu'on le garde actuellement à vue, et qu'on va le transférer à Bedlam. Il faudrait, par représailles, mettre aux Petites-Maisons une de ses protectrices.

Vous voyez que tout ce qui se passe est bien désagréable pour la philosophie. Tâchez de faire partir au plus tôt vos deux Hollandais. Je suis toujours très-affligé et très-malade.

Voici une lettre pour Protagoras, dont je vous prie de mettre l'adresse.

MMMMDCCLXIII. — AU MÊME.

8 septembre.

J'ai bien des choses à vous dire, mon cher ami. Premièrement, dès que M. de Beaumont m'eut écrit qu'il fallait demander M. Chardon pour rapporteur, je n'eus rien de plus pressé que de faire ce qu'il me prescrirait, tout malade et tout languissant que je suis. Vous savez quelle est mon activité dans ces sortes d'affaires; vous savez que ma maxime est de remplir tous mes devoirs aujourd'hui, parce que je ne suis pas sûr de vivre demain.

On m'a mandé depuis qu'il fallait attendre; je ne pouvais pas deviner ce contre-ordre. Tout ce que je peux faire est de ne pas réitérer ma demande. Je vous supplie de le dire à M. de Beaumont.

Je suis déjà tout consolé, et Sirven l'est comme moi, si l'on ne peut pas obtenir une évocation. Ce sera beaucoup pour lui si l'on imprime seulement le mémoire de M. de Beaumont. Il est si convaincant et si plein d'une vraie éloquence, qu'il fera également la gloire de l'auteur et la justification de l'accusé. Le public éclairé, mon cher ami, est le souverain juge en tout genre; et nous nous en tenons à ses arrêts, si nous ne pouvons en obtenir un en forme juridique.

La seconde prière que je vous fais, c'est de m'envoyer le factum pour feu M. de La Bourdonnais.

J'ai une troisième requête à vous présenter au sujet de ce Robinet qu'on dit être l'auteur de *la Nature*, et qui certainement ne l'est pas ; car l'auteur de *la Nature* sait le grec ; et ce Robinet, l'éditeur de mes prétendues *Lettres*, cite dans ces *Lettres* deux vers grecs, qu'il estropie comme un franc ignorant. On voit d'ailleurs dans le livre une connaissance de la géométrie et de la physique que n'a point le sieur Robinet. Enfin ce Robinet est un faussaire. Il est triste que de vrais philosophes aient été en relation avec lui.

Vous savez qu'il a fait imprimer dans son infâme recueil la *Lettre* que je vous écrivis *sur les Sirven* l'année dernière. Ne sachant pas votre nom, il vous appelle *M. D'amoureux* : il dit, dans une note, « qu'il a restitué un long passage que le censeur n'avait pas laissé subsister dans l'édition de Paris. » Ce passage, qui se trouve à la page 181 de son édition, concerne Genève et J. J. Rousseau. Il me fait dire « qu'il y a une grande dame de Paris qui aime Jean-Jacques comme son tou-tou. » Vous m'avouerez que ce n'est pas là mon style : mais cette grande dame pourrait être très-fâchée, et il ne faut pas susciter de nouveaux ennemis aux philosophes.

Je vous prie donc, au nom de l'amitié et de la probité, de m'envoyer un certificat qui confonde hautement l'imposture de ce malheureux. S'il y a eu en effet un censeur par les mains de qui ait passé cette lettre que vous imprimâtes, réclamez son témoignage ; s'il n'y a point eu de censeur, le mensonge de Robinet est encore par là même pleinement découvert, puisqu'il prétend restituer un passage que le censeur a supprimé.

Vous voyez qu'il faut combattre toute sa vie. Tout homme public est condamné aux bêtes ; mais il est quelquefois indispensable d'écraser les bêtes qui mordent. Je me chargerai de faire mettre dans les journaux ce désaveu. J'y ajouterai quelques réflexions honnêtes sur les indécences et les calomnies dont les notes de ce M. Robinet sont chargées.

Je crois qu'on a bien oublié actuellement dans Paris des choses que les âmes vertueuses et sensibles n'oublieront pas. Je voudrais qu'on aimât assez la vérité pour exécuter le projet proposé à M. Tonpla. Est-il possible qu'on ne trouvera jamais quatre ou cinq avocats pour plaider ensemble une si belle cause ?

Adieu, mon très-cher ami. *Ecr. l'inf....*

MMMMDCCLXIV. — A M. LE COMTE D'ESTAING.

Ferney, 8 septembre.

Monsieur, la lettre dont vous m'honorez, et les instructions qui l'accompagnent, m'inspirent autant de regrets que de reconnaissance. Si j'avais été assez heureux pour recevoir plus tôt ces mémoires, j'aurais eu la satisfaction de rendre à votre mérite et à vos belles actions la justice qui leur est due. Je ne suis instruit qu'après trois éditions ; mais si je vis assez pour en voir une nouvelle, je vous réponds bien du zèle avec lequel je profiterai des lumières que vous avez la bonté de me donner.

Je vois que vos connaissances égalent votre bravoure. Je n'ai pas osé compromettre votre illustre nom dans l'histoire des malheurs de Pondichéri et du général Lally. Le journal du blocus, du siége, et de la prise de cette ville, insinue que c'est à vous, monsieur, que Chanda-Saeb demanda si d'ordinaire en France on choisissait un fou pour grand vizir. Je me suis bien donné de garde de vous citer en cette occasion. Il m'a paru que la tête avait tourné à ce commandant infortuné, mais qu'il ne méritait pas qu'on la lui coupât. Je suis si persuadé de l'extrême supériorité des lumières des juges, que je n'ai jamais compris leur arrêt, qui a condamné un lieutenant général des armées du roi pour avoir trahi les intérêts de l'État et de la compagnie des Indes. Je crois qu'il est démontré qu'il n'y a jamais eu de trahison; et je trouve encore cette catastrophe fort extraordinaire.

Je suis persuadé, monsieur, que si le ministère s'y était pris quelques mois plus tôt pour préparer l'expédition du Brésil, vous auriez fait cette conquête en peu de temps, et la France vous aurait eu l'obligation de faire une paix plus avantageuse.

Tout ce que vous dites sur les colonies, tant françaises qu'anglaises, fait voir que vous êtes également propre à combattre et à gouverner.

La manière dont les Anglais en usèrent avec vous, quand vous fûtes pris sur un vaisseau marchand, exigeait, ce me semble, que les ministres anglais vous fissent les réparations les plus authentiques, et qu'ils vous prévinssent avec tous les égards et tous les empressements qu'ils vous devaient. C'est ainsi qu'ils en usèrent avec M. Ulloa. Je veux croire, pour leur excuse, que ceux qui vous retinrent à Plymouth ne connaissaient pas encore votre personne.

Ma vieillesse et mes maladies ne me permettent pas l'espérance de pouvoir mettre dans leur jour les choses que vous avez daigné me confier; mais, s'il se trouvait quelque occasion d'en faire usage, ne doutez pas de mon zèle.

En cas que vous m'honoriez de quelqu'un de vos ordres, je vous prie, monsieur, d'ajouter à vos bontés celle de me dire votre opinion sur l'arrêt porté contre M. de Lally, et sur la conduite qu'on tenait à Pondichéri. Soyez très-persuadé que je vous garderai le secret.

J'ai l'honneur d'être avec beaucoup de respect, monsieur, etc.

MMMDCCLXV. — DE FRÉDÉRIC, LANDGRAVE DE HESSE-CASSEL.

Weissenstein, le 9 septembre.

Monsieur, j'ai reçu votre lettre avec bien du plaisir. J'ai quitté Ferney avec bien du chagrin, et j'aurais volontiers voulu profiter plus longtemps de la douce satisfaction de m'entretenir avec un ami dont je fais tout le cas possible, et qu'il mérite. Je suis charmé que vous soyez content de ma façon de penser. Je tâche, autant qu'il m'est possible, de me défaire des préjugés; et si en cela je pense différemment du vulgaire, c'est aux entretiens que j'ai eus avec vous, et à vos ouvrages, que j'en ai l'unique obligation. Que je serais au comble de la satisfaction si je pouvais me flatter de vous voir ici ! J'aurais soin que vous y trouviez toutes les aisances possibles, et moi et toute ma cour serions charmés d'aller au-devant de tout ce qui pourrait vous être agréable. Ne me refusez point, monsieur, si cela est possible, ce plaisir.

Je n'aime point Calvin; il était intolérant, et le pauvre Servet en a été la victime : aussi n'en parle-t-on plus à Genève, comme s'il n'avait jamais existé. Pour Luther, quoiqu'il ne fût pas doué d'un grand esprit (comme on le voit dans ses écrits), il n'était point persécuteur, et il n'aimait que le vin et les femmes.

Notre foire a été des plus brillantes, et vos deux tragédies de *Brutus* et d'*Olympie*, que j'ai fait représenter avec la toute pompe nécessaire, lui ont donné le plus grand lustre.

Continuez-moi toujours votre amitié, et soyez bien persuadé des sentiments d'estime, d'amitié, et de considération que j'ai pour vous, et qui ne finiront qu'avec la vie.
FÉDÉRIC.

MMMMDCCLXVI. — A M. DEODATI DE TOVAZZI.

A Ferney, 9 septembre.

Vous souviendrez-vous, monsieur, qu'à l'occasion de votre *Dissertation sur la langue italienne*, j'eus l'honneur de recevoir quelques lettres de vous et de vous répondre? On vient d'imprimer une de mes lettres à Amsterdam, sous le nom de Genève, dans un recueil de deux cents pages.

Ce recueil contient plusieurs de mes lettres, presque toutes entièrement falsifiées. Celle que je vous adressai de Ferney, le 24 de janvier 1761, est défigurée d'une manière plus maligne et plus scandaleuse que les autres. On y outrage indignement un général d'armée[1], ministre d'État, dont le mérite est égal à la naissance. Il est, ce me semble, de votre intérêt, monsieur, du mien, et de celui de la vérité, de confondre une si horrible calomnie. Voici comme je m'explique sur la valeur de ce général.

« Nous exprimerions encore différemment l'intrépidité tranquille que les connaisseurs admirèrent dans le petit-neveu du héros de la Valteline, etc. »

Voici comme l'éditeur a falsifié ce passage :

« Nous exprimerions encore différemment l'intrépidité tranquille que quelques prétendus connaisseurs admirèrent dans *le plus petit-neveu* du héros de la Valteline, lorsque ayant vu son armée en déroute par la terreur panique de nos alliés à Rosbach, qui causa pourtant la nôtre, ce petit-neveu ayant aperçu, etc. »

Cet article aussi insolent que calomnieux, finit par cette phrase non

1. M. le prince de Soubise. (*Éd. de Kehl.*)

moins falsifiée : « Il eut encore le courage de soutenir tout seul les reproches amers et intarissables d'une multitude toujours trop tôt et trop bien instruite du mal et du bien. »

Une telle falsification n'est pas la négligence d'un éditeur qui se trompe, mais le crime d'un faussaire qui veut à la fois décrier un homme respectable et me nuire. Il vous nuit à vous-même, en supposant que vous êtes le confident de ces infamies. Vous ne refuserez pas sans doute de rendre gloire à la vérité. Je crois nécessaire que vous preniez la peine de me certifier que ce morceau de ma lettre, depuis ces mots, *nous exprimerions*, jusqu'à ceux-ci, *du mal et du bien*, n'est point dans la lettre que je vous écrivis; qu'il y est absolument contraire, et falsifié de la manière la plus lâche et la plus odieuse. Je recevrai avec une extrême reconnaissance cette justice que vous me devez; et le prince qui est intéressé à cette calomnie sera instruit de l'honnêteté et de la sagesse de votre conduite, dont vous avez déjà donné des preuves.

Recevez celles de mon estime, et de tous les sentiments avec lesquels j'ai l'honneur d'être, monsieur, etc.

MMMMDCCLXVII. — A M. LE DUC DE LA VALLIÈRE.

9 septembre.

M. le chevalier de Rochefort, monsieur le duc, ranime ma très-languissante vieillesse, en m'apprenant que vous me conservez toujours vos anciennes bontés. J'en suis d'autant plus flatté, qu'on prétend que vous abandonnez vos anciens protégés, Champs, Montrouge, et votre belle collection de livres rares et inlisibles. On dit que vous achetez la cabane de Jansen, dont vous allez faire un palais délicieux, selon votre généreuse coutume. Si les bâtiments, les jardins, la chasse, les bibliothèques choisies, éprouvent votre inconstance, les hommes ne l'éprouvent pas. Vos goûts peuvent avoir de la légèreté, mais votre cœur n'en a point. Vous allez devenir un vrai philosophe; j'entends, s'il vous plaît, philosophe épicurien. Le jardin de Jansen, qui n'était qu'un potager, deviendra dans vos mains le vrai jardin d'Épicure. Vous vous écarterez tout doucement de la cour, et vous n'en serez que plus heureux en vivant pour vous et pour vos amis : ce qui est au fond la véritable vie.

Vous souvenez-vous, monsieur le duc, d'une lettre que j'eus l'honneur de vous écrire, il y a quelques années, sur ce M. Urceus Codrus, que nous avions pris pour un prédicateur? On vient d'imprimer un recueil de quelques-unes de mes lettres, dans lequel ce rogaton est inséré. On m'y fait dire que vous avez *déterré* les *Sermones festivi*, au lieu de *déterrer* les *Sermones festici*. On y prétend qu'un *marchand* a fait la comédie de la *Mandragore*, et *marchand* est là pour *Machiavel*. Ces inepties assez nombreuses ne sont pas la seule falsification dont on doive se plaindre : on a interpolé dans toutes ces lettres des articles très-impertinents et très-insolents.

Jugez, si on imprime aujourd'hui de tels mensonges, quand ils s aisés à découvrir, quelle était autrefois la hardiesse des copistes, lorsqu'il était très-malaisé de découvrir leurs impostures. On a fait de tout temps ce qu'on a pu pour tromper les hommes : encore passe si on se bornait à les tromper; mais on fait quelquefois des choses plus affreuses et plus barbares sur lesquelles je garde le silence.

Comme je suis mort pour les plaisirs, je dois l'être aussi pour les horreurs; et j'oublie ce que la nation peut avoir de frivole et d'exécrable, pour ne me souvenir que d'un cœur aussi généreux que le vôtre, et pour vous souhaiter toute la félicité que vous méritez. J'ai peu de temps à végéter encore sur ce petit tas de boue; je ne regretterai guère que vous et le petit nombre de personnes qui vous ressemblent. Vos bontés seront ma plus chère consolation, jusqu'au moment où je rendrai mon existence aux quatre éléments.

Agréez mon très-tendre respect.

MMMMDCCLXVIII. — A M. BLIN DE SAINMORE.

A Ferney, le 9 septembre.

Vous m'avez écrit quelquefois, monsieur, et je vous ai répondu autant que ma santé et la faiblesse de mes yeux ont pu le permettre. Je me souviens que je vous envoyai, en 1762, des vers fort médiocres, en échange des vers fort bons que vous m'aviez adressés.

On me mande qu'un homme de lettres, nommé M. Robinet, actuellement en Hollande, a rassemblé plusieurs de mes lettres toutes défigurées, parmi lesquelles se trouve ce petit billet en vers dont je vous parle. Vous me feriez plaisir, monsieur, de m'instruire de la demeure de M. Robinet, qu'on m'a dit être connu de vous. Je vous prie aussi de me dire quand nous aurons le *Racine*, pour lequel j'ai souscrit entre vos mains. Je suis bien vieux et bien malade, et je crains de mourir avant d'avoir vu cette justice rendue à celui que je regarde comme le meilleur de nos poëtes.

J'ai l'honneur d'être, etc.

MMMMDCCLXIX. — DE M. DALEMBERT.

Ce 9 septembre.

C'est en effet, mon cher et illustre maître, un jugement de Salomon que celui dont vous me parlez. Nos pères de la patrie sont à bien des siècles de ce jugement-là. Heureusement tous les magistrats ne sont pas aussi absurdes. La cour des aides, qui, à la vérité, est présidée par M. de Malesherbes, vient d'en donner la preuve. Un nommé Broutel, qui, avec les trois ou quatre marauds de la sénéchaussée d'Abbeville, avait principalement influé dans la condamnation de ces malheureux écervelés, a voulu être président de l'élection, qui est un autre tribunal, et qui, ainsi que toute la ville, a pris en horreur les juges de la sénéchaussée : l'élection n'en a point voulu; il en a appelé à la cour des aides, qui, au rapport de M. Goudin, homme de mérite, instruit et très-éclairé, a débouté tout d'une voix ce maraud de sa demande.

Cette aventure est une faible consolation pour les mânes du pauvre décapité, mais c'en est une pour les gens raisonnables qui ont encore leur tête sur leurs épaules. Je ne sais pas bien exactement si la tête de veau[1] a parlé contre vous à ses confrères les singes ; on prétend au moins qu'il a dit qu'il ne fallait pas s'amuser à brûler des livres, que c'était les auteurs que Dieu demandait en sacrifice : ces tigres voudraient encore nous ramener au temps des druides, qui offraient à leurs dieux des victimes humaines. Vous saurez pourtant que la plupart des conseillers de la classe du parlement de Paris sont honteux de ce jugement, que plusieurs en sont indignés, et le disent à très-haute voix, entr'autres le président comte abbé de Guébriant, qui regrette beaucoup de ne s'être pas trouvé ce jour-là à la grand'chambre, et qui est persuadé qu'il lui aurait épargné cette infamie. Vous saurez de plus qu'un conseiller de Tournelle, de mes amis et de mes confrères dans l'Académie des sciences[2], a empêché, il y a peu de temps, que la Tournelle ne rendît encore un jugement pareil dans une affaire semblable, et a fait mettre l'accusé hors de cour.

Adieu, mon cher maître; l'abbé de La Porte, qui fait un almanach des gens de lettres, m'a chargé de vous demander à vous-même votre article, contenant votre nom, les titres que vous voulez prendre, ceux de vos ouvrages que vous avouez, ceux même qu'on *vous attribue*, c'est-à-dire que vous avez faits sans les avouer, etc. *Iterum vale.*

MMMMDCCLXX. — A M. DAMILAVILLE.

Du 10 septembre.

Je vous prie, mon cher ami, d'envoyer ce petit billet chez M. de Beaumont. Il m'est venu aujourd'hui deux Hollandais ; j'ai cru que c'étaient les vôtres, mais j'ai été bien vite détrompé. O que je voudrais, mon cher ami, vous tenir avec Tonpla ! Je suis accablé des idées les plus tristes. Les injures des hommes ne doivent pas vous rendre plus gai. Nous gémirions ensemble, et ce serait une consolation pour nous deux.

Écrivez-moi vite pour désavouer l'imposture de ce malheureux Robinet. Bonsoir, mon ami, supportons la vie comme nous pourrons.

MMMMDCCLXXI. — A M. LE COMTE D'ARGENTAL.

13 septembre.

J'ai toujours oublié de demander à mes anges s'ils avaient reçu une visite de M. Fabry, maire de la superbe ville de Gex, syndic de nos puissants États, subdélégué de Mgr l'intendant, et sollicitant les suprêmes honneurs de la chevalerie de Saint-Michel. Je lui avais donné un petit chiffon de billet pour vous, à son départ de Gex pour Paris, et j'ai lieu de croire qu'il ne vous l'a pas rendu. Je vous supplie, mes divins anges, de vouloir bien m'en instruire.

Il doit vous être parvenu un petit paquet sous l'enveloppe de M. de

1. Pasquier. (Ed.) — 2. Dionis du Séjour. (Ed.)

Courteilles. Il contient un *Commentaire du livre* italien *des Délits et des peines*. Ce commentaire est fait par un avocat de Besançon, ami intime comme moi de l'humanité. J'ai fourni peu de chose à cet ouvrage, presque rien; l'auteur l'avoue hautement, et en fait gloire, et se soucie d'ailleurs fort peu qu'il soit bien ou mal reçu à Paris, pourvu qu'il réussisse parmi ses confrères de Franche-Comté, qui commencent à penser. Les provinces se forment; et si l'infâme obstination du parlement visigoth de Toulouse contre les Calas fait encore subsister le fanatisme en Languedoc, l'humanité et la philosophie gagnent ailleurs beaucoup de terrain.

Je ne sais si je me trompe, mais l'affaire des Sirven me paraît très-importante. Ce second exemple d'horreur doit achever de décréditer la superstition. Il faut bien que tôt ou tard les hommes ouvrent les yeux. Je sais que les sages qui ont pris leur parti n'apprendront rien de nouveau; mais les jeunes gens flottants et indécis apprennent tous les jours, et je vous assure que la moisson est grande d'un bout de l'Europe à l'autre. Pour moi, je suis trop vieux et trop malade pour me mêler d'écrire; je reste chez moi tranquille. C'est en vain que des bruits vagues et sans fondement m'imputent le *Dictionnaire philosophique*, livre, après tout, qui n'enseigne que la vertu. On ne pourra jamais me convaincre d'y avoir part. Je serai toujours en droit de désavouer tous les ouvrages qu'on m'attribue; et ceux que j'ai faits sont d'un bon citoyen. J'ai soutenu le théâtre de France pendant plus de quarante années; j'ai fait le seul poëme épique tolérable qu'on ait dans la nation. L'histoire du *Siècle de Louis XIV* n'est pas d'un mauvais compatriote. Si on veut me pendre pour cela, j'avertis *messieurs* qu'ils n'y réussiront pas, et que je vivrai toujours, en dépit d'eux, plus agréablement qu'eux. Mais, pour persécuter un homme légalement, il faut du moins quelques preuves commencées, et je défie qu'on ait contre moi la preuve la plus légère. Je m'oublie moi-même à présent pour ne songer qu'aux Sirven; le plaisir de les servir me console. Je n'étais point instruit de la manière dont il fallait s'y prendre pour demander un rapporteur; je croyais qu'on le nommait dans le conseil du roi; c'est la faute de M. de Beaumont de ne m'avoir pas instruit. J'écris à Mme la duchesse d'Enville, qui est actuellement à Liancourt, pour la supplier de demander M. Chardon à M. le vice-chancelier. M. de Beaumont insiste sur M. Chardon. Pour moi, j'avoue que tout rapporteur m'est indifférent. Je trouve la cause des Sirven si claire, la sentence si absurde, et toutes les circonstances de cette affaire si horribles, que je ne crois pas qu'il y eût un seul homme au conseil qui balançât un moment.

Il faut vous dire encore que le parlement de Toulouse persiste à condamner la mémoire de Calas. Il a préféré l'intérêt de son indigne amour-propre à l'honneur d'avouer sa faute et de la réparer. Comment voudrait-on que les Sirven, condamnés comme les Calas, allassent se remettre entre les mains de pareils juges? la famille s'exposerait à être rouée. Nous comptons sur le suffrage de mes divins anges, sur leur protection, sur leur éloquence, sur le zèle de leurs belles âmes : je ne saurais leur exprimer mon respect et ma tendresse.

MMMMDCCLXXII. — De Frédéric II, roi de Prusse.

À Sans-Souci, le 13 septembre.

Vous n'avez pas besoin de me recommander les philosophes; ils seront tous bien reçus, pourvu qu'ils soient modérés et paisibles. Je ne peux leur donner ce que je n'ai pas. Je n'ai point le don des miracles, et ne puis ressusciter les bois du parc de Clèves, que les Français ont coupés et brûlés; mais d'ailleurs ils y trouveront asile et sûreté.

Il me souvient d'avoir lu, dans ce livre brûlé dont vous me parlez, qu'il était imprimé à Berne; les Bernois ont donc exercé une juridiction légitime sur cet ouvrage. Ils ont brûlé des conciles, des controverses, des fanatiques, et des papes; à quoi j'applaudis fort, en qualité d'hérétique. Ce ne sont que des niaiseries, en comparaison de ce qui vient de se passer à Abbeville. Rôtir des hommes passe la raillerie; jeter du papier au feu, c'est humeur.

Vous devriez, par représailles, faire un *auto-da-fé* à Ferney, et condamner aux flammes tous les ouvrages de théologie et de controverse de votre voisinage, en rassemblant autour du brasier des théologiens de toute secte, pour les régaler de ce doux spectacle. Pour moi, dont la foi est tiède, je tolère tout le monde, à condition qu'on me tolère, moi, sans m'embarrasser même de la foi des autres.

Vos missionnaires dessilleront les yeux à quelques jeunes gens qui les liront ou les fréquenteront. Mais que de bêtes dans le monde qui ne pensent point ! que de personnes livrées au plaisir, que le raisonnement fatigue! que d'ambitieux occupés de leurs projets ! sur ce grand nombre, combien peu de gens aiment à s'instruire et à s'éclairer ! Le brouillard épais qui aveuglait l'humanité aux Xe et XIIIe siècles est dissipé; cependant la plupart des yeux sont myopes; quelques-uns ont les paupières collées.

Vous avez en France les *convulsionnaires*; en Hollande on connaît les *fins*; ici les *piétistes*. Il y aura de ces espèces-là tant que le monde durera, comme il se trouve des chênes stériles dans les forêts, et des frelons près des abeilles.

Croyez que si des philosophes fondaient un gouvernement, au bout d'un demi-siècle le peuple se forgerait des superstitions nouvelles, et qu'il attacherait son culte à un objet quelconque qui frapperait les sens; ou il se ferait de petites idoles, ou il révérerait les tombeaux de ses fondateurs, ou il invoquerait le soleil, ou quelque absurdité pareille l'emporterait sur le culte pur et simple de l'Être suprême.

La superstition est une faiblesse de l'esprit humain; elle est inhérente à cet être : elle a toujours été, elle sera toujours. Les objets d'adoration pourront changer comme vos modes de France; mais que m'importe qu'on se prosterne devant une pâte de pain azyme, devant le bœuf Apis, devant l'arche d'alliance, ou devant une statue? Le choix ne vaut pas la peine; la superstition est la même, et la raison n'y gagne rien.

Mais de se bien porter à soixante-dix ans, d'avoir l'esprit libre, d'être encore l'ornement du Parnasse à cet âge, comme dans sa première jeunesse, cela n'est pas indifférent. C'est votre destin : je souhaite que vous en jouissiez longtemps, et que vous soyez aussi heureux que le comporte la nature humaine. Sur ce, je prie Dieu qu'il vous ait en sa sainte et digne garde.

FÉDÉRIC.

MMMMDCCLXXIII. — A MADAME DE SAINT-JULIEN.

A Ferney, 14 septembre.

Je ne sais, madame, si j'écris au chasseur, ou au philosophe, ou à une jolie dame, ou au meilleur cœur du monde; il me semble que vous êtes tout cela. J'ai reçu une lettre de vous qui m'attache à votre char autant que je l'étais dans votre apparition à Ferney; et M. le duc de Choiseul a dû vous en faire tenir une de moi qui ne vaut pas la vôtre. Il a bien voulu m'en écrire une qui m'enchante. J'admire toujours comment il trouve du temps, et comme il est supérieur dans les affaires et dans les agréments.

J'ai voulu me consoler du malheur de vous avoir perdue. J'ai eu l'insolence de faire jouer sur mon petit théâtre *Henri IV*[1], *le Roi et le Fermier*[2], *Rose et Colas*[3], *Annette et Lubin*[4]. J'ai reconnu dans cette pièce M. l'abbé de Voisenon : c'est la meilleure de toutes, à mon gré; il n'y a que lui qui puisse avoir tant de grâces. Je ne m'attendais pas à voir tout ce que j'ai vu dans mes déserts.

L'amitié dont vous daignez m'honorer, madame, est ce qui me flatte davantage, et qui fait le charme de ma vieillesse et de ma retraite. Votre caractère est au-dessus de vos charmes; je suis amoureux de votre âme, il ne m'appartient pas d'aller plus loin.

Je pris la liberté de vous remettre à votre départ de Ferney une petite requête pour M. de Saint-Florentin, en faveur d'une malheureuse famille huguenote. Le père a été vingt-trois ans aux galères, pour avoir donné à souper et à coucher à un prédicant; la mère a été enfermée, les enfants réduits à mendier leur pain. On leur avait laissé le tiers du bien pour les nourrir; ce tiers a été usurpé par le receveur des domaines. Il y a de terribles malheurs sur la terre, madame, pendant que ceux qu'on appelle heureux sont dévorés de passions ou d'ennui.

Si vous n'êtes pas assez forte (ce que je ne crois pas) pour toucher la pitié de M. de Saint-Florentin, j'ose vous demander en grâce de joindre M. le maréchal de Richelieu à vous. M. de Saint-Florentin est difficile à émouvoir sur les huguenots. Vous aurez fait une très-belle action si vous parvenez à rendre la vie à cette pauvre famille. Soyez sûre, madame, que vous n'êtes pas faite seulement pour plaire.

Agréez, madame, mon très-sincère respect et un attachement plus inaltérable que les plus grandes passions que vous ayez pu inspirer

1. *La Partie de chasse de Henri IV*, par Collé. (Éd.)
2. Opéra-comique de Sedaine et Monsigny. (Éd.)
3. Opéra-comique des mêmes auteurs. (Éd.)
4. Opéra-comique de Mme Favart et Martini. (Éd.)

MMMMDCCLXXIV. — A M. NANCEY, CORDELIER A DIJON.

14 septembre.

Saint François d'Assise, monsieur, serait bien étonné de voir un de ses enfants qui fait de si bons vers français, et moi j'en suis très-édifié; il vous mettrait en pénitence, et je vous donnerais ma bénédiction. Vous êtes dans la ville de l'esprit et des talents, vous y trouverez tous les encouragements possibles. Je ne puis applaudir que de loin à vos travaux littéraires; j'en serais l'heureux témoin, si mon âge et mes maladies me permettaient d'aller à Dijon.

Agréez mes remercîments, et les sentiments d'estime avec lesquels j'ai l'honneur d'être, monsieur, votre, etc.

MMMMDCCLXXV. — A M. LE CHEVALIER DE TAULÈS.

Dimanche matin, 14 septembre.

Si j'existais, monsieur, vous savez que je passerais une partie de mes jours à faire ma cour à Son Excellence, et à tâcher de mériter votre amitié. Je n'ai plus qu'une demi-existence tout au plus. Vous, monsieur, qui avez un corps digne de votre âme, vous qui pouvez faire tout ce que vous voulez, je vous demande en grâce que vous vouliez dîner à Ferney le jour où vous serez le moins occupé. J'ai reçu une lettre charmante qui était, je crois, dans le paquet de M. l'ambassadeur...

V. t. h. e. t. o. s. VOLTAIRE.

P. S. Le plus tôt que je pourrai avoir l'honneur de vous parler sera le mieux.

MMMMDCCLXXVI. — A M. LE MARÉCHAL DUC DE RICHELIEU.

A Ferney, 15 septembre.

Quand j'eus l'honneur d'écrire à mon héros, par Mme de Saint-Julien, j'étais bien triste, bien indigne de lui; mais il n'y avait que deux jours qu'elle était à Ferney; elle y resta encore quelque temps, et elle adoucit mes mœurs. Ne trouvez-vous pas que Mme de Saint-Julien a quelque chose de Mme du Châtelet? elle en a l'éloquence, l'enfantillage, et la bonté, avec un peu de sa physionomie. Je la prends pour ma patronne auprès de vous. Il faut qu'elle s'unisse à moi pour obtenir votre protection en faveur d'une famille de vos anciens sujets. En vérité, ces d'Espinas, pour qui je vous ai présenté un mémoire, sont dignes de toute votre pitié. Vingt-trois ans de galères pour avoir donné à souper, sont une chose un peu dure; jamais souper ne fut si cher. Voilà toute une famille réduite à la plus honteuse misère: elle redemande son bien; il n'y a rien de plus juste. Et ne dois-je pas me flatter qu'une âme aussi généreuse que la vôtre daignera faire cette bonne œuvre? Recommandez ces infortunés à M. de Saint-Florentin, je vous en conjure. Ma position est cruelle: je me trouve nécessairement entouré des persécutés qui fondent autour de moi: les d'Espinas, les Calas, les Sirven m'environnent; ce sont des roues, des potences, des galères, des confiscations; et les chevaliers de La Barre ne m'ont pas mis de baume dans le sang.

Quand vous aurez quelque moment de loisir, monseigneur, je vous demanderai en grâce de lire le factum en faveur de Sirven; il va être imprimé; c'est une affaire qui concerne une province dont vous êtes encore béni tous les jours. Vous verrez un morceau véritablement éloquent, ou je suis fort trompé.

J'ai eu l'insolence de faire venir chez moi une troupe de comédiens qui ont joué très-bien *Henri IV* avec *Annette et Lubin*. C'est dommage qu'Annette n'ait pas de musique, car la comédie est charmante. Pour *Henri IV*, j'aurais voulu qu'il eût eu un peu plus d'esprit; mais le nom seul d'Henri IV m'a ému. Il suffit souvent d'un nom pour le succès. Il y a dans cette troupe une actrice qui joue, à mon gré, un peu mieux que Mlle Dangeville, quoiqu'elle ne soit pas si jolie. Dieu vous donne acteurs et actrices à la Comédie-Française!

Nous allons avoir Mme de Brionne et Mme la princesse de Ligne: où me fourrerai-je? J'étais enchanté d'avoir Mme de Saint-Julien. Je me mets à vos pieds avec la tendresse la plus respectueuse.

MMMMDCCLXXVII. — A M. ÉLIE DE BEAUMONT.

15 septembre.

Je ne crois pas, monsieur, qu'on puisse reculer sur M. Chardon. J'avais, comme vous savez, exécuté vos ordres sitôt que vous me les aviez donnés: j'avais écrit à M. le duc de Choiseul; il me mande qu'il est ami de M. Chardon, et qu'il va le proposer à M. le vice-chancelier pour rapporteur de l'affaire. M. le duc de Choiseul protégera les Sirven comme il a protégé les Calas; c'est une belle âme, je ne le connais que par des traits de générosité et de grandeur. Je suis au comble de ma joie de voir l'affaire des Sirven commencée; soyez sûr que vous serez couvert de gloire aux yeux de l'Europe.

Je ne sais si l'affaire qui regarde Mme de Beaumont se poursuit pendant les vacations; c'est dans celle-là qu'il faut triompher. Je supplie d'agréer mon respect et le tendre intérêt que je prends à tous deux.

MMMMDCCLXXVIII. — A M. DAMILAVILLE.

15 septembre.

Ce petit billet, pour M. de Beaumont, vous mettra au fait de tout ce qui concerne M. Chardon.

Je crois que l'affaire ira bien sous la protection de MM. les ducs de Choiseul et de Praslin, de M. et de Mme d'Argental, et de Mme la duchesse d'Enville.

Les philosophes se remettront en crédit, en prenant hautement le parti de l'innocence opprimée: ils rangeront le public sous leurs étendards.

Pourquoi M. Tompla ne ferait-il pas ce petit voyage? cela serait digne de lui; il aurait le plaisir du mystère; ce serait Antoine qui irait voir Paul.

Pour chasser toutes mes idées tristes, j'ai eu l'insolence de faire venir chez moi toute la troupe comique de Genève ; elle est excellente, elle a joué *Henri IV*, et *Annette et Lubin* ; le nom seul de Henri IV m'émeut, et fait la moitié du succès. J'ai eu aussi *le Roi et le Fermier*, avec *Rose et Colas* ; cela a été joué supérieurement : il y a surtout une actrice excellente qui ferait les délices de Paris.

Mais, après ces fêtes brillantes, je songe aux horreurs de ce monde ; je songe aux infortunés, et je retombe dans ma tristesse ; votre amitié me console plus que les fêtes. *Écr. l'inf....*

MMMMDCCLXXIX. — A M. D'ALEMBERT.

16 septembre.

Mon cher et grand philosophe, vous saurez que j'ai chez moi un jeune conseiller au parlement, mon neveu, qui s'appelle d'Hornoy. La terre d'Hornoy est à cinq lieues d'Abbeville. C'est par le moyen d'un de ses plus proches parents qu'on est venu à bout de honnir ce maraud de Broutel. Il broutera désormais ses chardons ; et voilà du moins cet âne rouge incapable de posséder jamais aucune charge : c'est, comme vous dites, une bien faible consolation. Je voudrais que vous fussiez à Berlin ou à Saint-Pétersbourg ; mais vous êtes nécessaire à Paris : que ne pouvez-vous être partout !

Quand vous écrirez à celui[1] qui a rendu le jugement de Salomon ou de Sancho-Pança, certifiez-lui, je vous prie, que je lui suis toujours attaché comme autrefois, et que je suis fâché d'être si vieux.

Le procureur général de Besançon[2], dont la tête ressemble, comme deux gouttes d'eau, à celle dont la langue est si bonne à cuire[3], fit mettre en prison ces jours passés un pauvre libraire[4] qui avait vendu des livres très-suspects. Il n'y allait pas moins que de la corde par les dernières ordonnances. Le parlement a absous le libraire tout d'une voix, et le procureur général a dit à ce pauvre diable : « Mon ami, ce sont les livres que vous vendez qui ont corrompu vos juges. »

La discorde règne toujours dans Genève, mais la moitié de la ville ne va plus au sermon. Je demande grâce à l'abbé de La Porte ; je ne sais plus ni ce que je suis, ni ce que j'ai fait ; il faudra que je me recueille.

Il pleut des Fréret, des Dumarsais, des Bolyngbrocke. Vous savez que, Dieu merci, je ne me mêle jamais d'aucune de ces productions ; je ne les garde pas même chez moi ; je les rends quand je les ai parcourues. C'est une chose abominable qu'on aille quelquefois fourrer mon nom dans tous ces caquets-là ; mais il y aura toujours de méchantes langues. Prenez toujours le parti de l'innocence : je vous embrasse très-tendrement. Les philosophes ne sont guère tendres, mais je le suis.

1. Frédéric. (ÉD.) — 2. Il se nommait Doroz. (ÉD.) — 3. Pasquier. (ÉD.)
4. Fantet. (ÉD.)

ANNÉE 1766.

MMMMDCCLXXX. — A M. LE COMTE DE ROCHEFORT.

16 septembre.

Dieu vous maintienne, monsieur, dans le dessein de faire le voyage d'Italie, puisque vous passerez dans mon ermitage à votre retour! Dans le temps que M. le gazetier d'Utrecht et M. le courrier d'Avignon disaient que je n'étais pas chez moi, je faisais jouer *Henri IV* par la troupe de Genève. Tout le monde pleure quand la famille du meunier se mit à genoux devant Henri IV; il est adoré dans nos déserts comme à Paris.

On attend Mme la comtesse de Brionne vers la fin de ce mois ou le commencement de l'autre; elle va des Pyrénées aux Alpes : cela est digne d'un grande écuyère.

M. Duclos sera pour vous un excellent compagnon de voyage : vous verrez tous deux des philosophes en Italie, mais il faut les déterrer. Les statues se présentent dans ce pays-là, et les hommes se cachent.

Vous ne sauriez croire à quel point je suis pénétré de vos bontés. Le jour où j'aurai le bonheur de vous voir avec M. Duclos sera un beau jour pour moi.

MMMMDCCLXXXI. — A M. DAMILAVILLE.

16 septembre.

Je me hâte, mon cher ami, de répondre à votre lettre du 11; je commence par ce recueil abominable, imprimé à Amsterdam sous le titre de Genève.

Les trois lettres qu'on attribue en note, d'une manière indécise, à M. de Montesquieu ou à moi, sont ajoutées à l'ouvrage, et sont d'un autre caractère. La lettre à M. Deodati, sur son livre *de l'Excellence de la langue italienne*, est falsifiée bien odieusement; car, au lieu des justes éloges que je donnais au courage ferme et tranquille d'un prince[1] à qui tout le monde rend cette justice, on y fait une satire très-amère de sa personne et de sa conduite. C'est ainsi qu'on a empoisonné presque toutes les lettres qu'on a pu rassembler de moi.

Je suis dans la nécessité de me justifier dans les journaux; un simple désaveu ne suffit pas. L'infâme éditeur est allé au-devant de mes dénégations. Il dit dans son avertissement que toutes les personnes à qui mes lettres sont adressées vivent encore; il réclame leur témoignage : c'est donc leur témoignage seul qui peut le confondre. J'attends le certificat de M. Deodati; j'en ai déjà un autre[2]; mais le vôtre m'est le plus nécessaire. Je vous prie très-instamment de me le donner sans délai.

Vous pouvez dire en deux mots que vous avez vu, dans un prétendu recueil de mes lettres, un écrit de moi, page 170, à M. D'amoureux;

1. Le prince de Soubise. (Cl.)
2. Du duc de La Vallière. (Cl.)

VOLTAIRE — XLI

que cette lettre n'a jamais été écrite à M. D'amoureux, mais à vous; que cette lettre est très-falsifiée; que tout le morceau de la page 181 est supposé; qu'il est faux que le morceau ait jamais été présenté à aucun censeur, et que la note de l'éditeur à l'occasion de cette lettre est calomnieuse.

Une telle déclaration fortifiera beaucoup les autres certificats. Le prince, indignement attaqué dans la lettre à M. Doodati, jugera d'une calomnie par l'autre. En un mot, j'attends cette preuve de votre amitié; vous ne pouvez la refuser à ma douleur et à la vérité.

Il est très-certain que c'est ce M. Robinet, éditeur de mes prétendues *Lettres*, qui a fait imprimer celles-ci; mais je ne prononcerai pas son nom, et je ne détruirai même la calomnie qu'avec la modération qui convient à l'innocence. Je suis très-aise qu'aucun sage ne soit en correspondance avec ce Robinet, qui se vante de connaître la *Nature*, et qui connaît bien peu la probité.

Entendons-nous, s'il vous plaît, sur M. d'Autrey. Il n'a jamais dit qu'il ait eu des conférences avec M. Tonpla; mais que Tonpla ayant écrit quelques *Réflexions* philosophiques pour un de ses amis, il y avait répondu article par article. Je vous ai montré cette réponse, bonne ou mauvaise; mais je n'ai jamais ouï dire ni dit qu'ils aient eu des conférences ensemble. La vérité est toujours bonne à quelque chose jusque dans les moindres détails.

Je me porte fort mal, et je serai très-fâché de mourir sans avoir vu Tonpla. Vous savez qu'un de ces malheureux juges qui avait tout embrouillé dans l'affaire d'Abbeville, et qui avait tant abusé de la jeunesse de ces pauvres infortunés, vient d'être flétri par la cour des aides de Paris comme il le méritait. Ce scélérat, nommé Broutel, qui a osé être juge sans être gradué, devrait être poursuivi au parlement de Paris, et être puni plus grièvement qu'à la cour des aides : c'est, Dieu merci, un des parents de mon neveu d'Horncy le conseiller, à qui l'on doit la flétrissure de ce coquin.

On vient de m'envoyer le *mémoire* de M. de Calonne; il est en effet approuvé par le roi [1]; ainsi M. de Calonne est justifié dans tout ce qui regarde son ministère. Le public n'est juge que des procédés, qui sont fort différents des procédures.

Je vous avoue que j'ai une extrême curiosité de savoir ce qui se passe à Bedlam, et de lire la lettre de cet archifou [2], qui se plaint si amèrement de l'outrage qu'on lui a fait, en lui procurant une pension : c'est un petit singe fort bon à enchaîner, et à montrer à la foire pour un schelling.

Il y a un *commentaire* [3] sur le petit livre de Beccaria, dont on dit beaucoup de bien; il est fait par un jeune avocat de Besançon; dès que je l'aurai, je vous l'enverrai. On dit qu'il entre surtout dans quelques détails de la jurisprudence française, et qu'il rapporte beaucoup d'aventures tragiques; celle des Sirven m'occupe uniquement. Je vous ai

1. Le roi avait écrit de sa main, au bas du mémoire de Calonne : « Je vous autorise à faire imprimer ce mémoire, etc. » (ÉD.)
2. J. J. Rousseau. (ÉD.) — 3. Il est de Voltaire. (ÉD.)

mandé l'excès des bontés de M. le duc de Choiseul, et combien je compte sur sa protection.

Je connaissais déjà le projet de la traduction de Lucien[1], et j'avais lu le plus beau de ses dialogues. Ce Lucien-là valait mieux que Fontenelle. J'ai une très-grande idée du traducteur.

Ah! mon cher ami, que je serais heureux de me trouver entre Ton-pla et vous! *Écr. l'inf....*

MMMMDCCLXXXII. — A M. DE LA HARPE.

17 septembre.

Mon cher confrère et mon cher enfant, je vous remercie bien tard, mais j'ai été malade. J'ai pris les eaux, et pendant ce temps-là on n'écrit point. Vous savez aussi peut-être combien j'ai été affligé d'une aventure dont vous avez entendu parler à Hornoy; vous n'ignorez pas tous les bruits qui ont couru; je suis sûr enfin que vous me pardonnerez mon silence : comptez que je n'en ai pas moins été sensible à vos succès et à votre gloire. Je suis persuadé que vous avez achevé actuellement votre tragédie, car vous travaillez avec la facilité du génie. Je ne sais si vous aurez des acteurs, je ne suis sûr que de vos beaux vers. Votre ami M. de Chamfort m'a envoyé sa pièce académique. Vous avez un frère en lui, vous êtes l'aîné; mais ce cadet me paraît fort aimable, et très-digne de votre amitié. Votre union fait également honneur aux vainqueurs et aux vaincus. Je voudrais vous tenir l'un et l'autre dans ma retraite. Je vois que vous n'y viendrez que quand les beaux jours seront passés, mais vous ferez les beaux jours. Vous me trouverez peut-être vieilli et triste; vous me rajeunirez, et vous m'égayerez. Je vous embrasse du meilleur de mon cœur.

MMMMDCCLXXXIII. — A M. THIERIOT.

19 septembre.

Mon ancien ami, j'ai été très-touché de votre lettre. La société a ses petits orages comme les affaires; mais tous les orages passent. Votre correspondant me mande qu'on a rebâti huit mille maisons en Silésie. Cela prouve qu'il y avait eu huit mille maisons de détruites, et huit mille familles désolées, sans compter les morts et les blessés. Voilà les vrais orages, le reste est le malheur des gens heureux.

J'ai été un peu consolé en apprenant que la cour des aides a versé l'opprobre à pleines mains sur le nommé Broutel, l'un des juges les plus acharnés d'Abbeville. Ce malheureux était en effet incapable de juger, puisqu'il avait été rayé du tableau des avocats. Le jugement était donc contre toutes les lois. Un vieux jaloux, avare et fripon, a été le premier mobile de cette abominable aventure, qui fait frémir l'humanité. Voilà encore de vrais orages, mon ancien ami; il faut cultiver son jardin. Je ne voulais qu'un jardin et une chaumière :

Di melius fecere, bene est; nihil amplius opto.

[1] Par l'abbé Morellet. Ce projet n'eut point de suite. (ED.)

Je viens d'être bien étonné; M. de La Borde, premier valet de chambre du roi, m'apporte deux actes de son opéra de *Pandore*; je m'attendais à de la musique de cour : nous avons trouvé, Mme Denis et moi, du Rameau. Peut-être nous trompons-nous, mais ma nièce s'y connaît bien : pour moi, je ne suis qu'un ignorant.

J'ai une chose à vous apprendre, c'est que feu Mgr le Dauphin, dans sa dernière maladie, lisait *Locke* et *Malebranche*.

Adieu, je vous embrasse de tout mon cœur. Où logez-vous à présent ?

MMMMDCCLXXXIV. — A M. DAMILAVILLE.

19 septembre.

Tout ce qui est à Ferney, mon cher frère, doit vous être très-obligé de la lettre pathétique et convaincante que vous nous avez envoyée. Nous pensons tous qu'il n'y a d'autre parti à prendre, après une pareille lettre, que de demander pardon à celui qui l'a écrite. Mais j'avais proposé aux juges de Calas de s'immortaliser en demandant pardon aux Calas, la bourse à la main : ils ne l'ont pas fait.

Je vous ai déjà parlé de la bonté de M. le duc de Choiseul, et de la noblesse de son âme : je vous ai dit avec quel zèle il daigne demander M. Chardon pour rapporteur des Sirven; il sera notre juge comme il l'a été des Calas; soyez très-sûr qu'il met sa gloire à être juste et bienfaisant.

Votre attestation, mon cher frère, celle de M. Marin, celle de M. Deodati, me sont d'une nécessité absolue. M. le prince de Soubise a un bibliothécaire qui ramasse toutes les pièces curieuses imprimées en Hollande : ce malheureux recueil de mes prétendues lettres sera sans doute dans sa bibliothèque, s'il n'y est déjà. M. le prince de Soubise le verra, et l'a peut-être vu : un homme de cet état n'a pas le temps d'examiner, de confronter; il verra les justes éloges que je lui ai donnés tournés en infâmes satires; il se trouvera outragé, et le contre-coup en retombera infailliblement sur moi.

Ce n'est point Blin de Sainmore qui est l'éditeur de ce libelle; c'est certainement celui qui a fait imprimer mes *Lettres secrètes*.

Les trois lettres sur le gouvernement en général, imprimées au-devant du recueil, sont d'un style dur, cynique, et plus insolent que vigoureux, affecté depuis peu par de petits imitateurs. Ce n'est point là le style de Blin de Sainmore. On a accusé Robinet; je ne l'accuse ni ne l'accuserai : je me contenterai de réprimer la calomnie dans les journaux étrangers. Cette démarche est d'autant plus nécessaire que le livre est répandu partout, hors à Paris. Il est heureux du moins de pouvoir détruire si aisément la calomnie.

Les protestants se plaignent beaucoup de notre ami M. de Beaumont, qui réclame en sa faveur les lois rigoureuses sur les protestants, contre lesquelles il semble s'être élevé dans l'affaire des Calas. J'aurais voulu qu'il eût insisté davantage sur la lésion dont il se plaint justement, et qu'il eût fait adroitement sentir combien il en coûtait à son cœur d'invoquer des lois si cruelles. J'ai peur que son factum pour lui-même ne unies à son factum pour les Sirven, et ne refroidisse beaucoup; mais enfin tout mon désir est qu'il réussisse dans les deux affaires, auxquelles je prends un égal intérêt.

Je ne sais comment vous êtes avec Thieriot; je ne sais où il demeure; je crois qu'il passe sa vie, comme moi, à être malade et à faire des remèdes. Cela le rend un peu inégal dans les devoirs de l'amitié; mais il faut user d'indulgence envers les faibles. Je vous prie de lui faire passer ce petit billet.

Vous aurez incessamment quelque chose; mais vous savez combien il est dangereux d'envoyer par les postes étrangères des brochures de Hollande. Nous recevons des livres de France, mais nous n'en envoyons pas. Tous les paquets qui contiennent des imprimés étrangers sont saisis, et vous savez qu'on fait très-bien, attendu l'extrême impertinence des presses bataves.

J'ai chez moi M. de La Borde, qui met *Pandore* en musique; je suis étonné de son talent. Nous nous attendions, Mme Denis et moi, à de la musique de cour[1], et nous avons trouvé des morceaux dignes de Rameau. Tout cela n'empêche pas que je n'aie Belleval et Broutel[2] extrêmement sur le cœur.

Consolons-nous, mon cher frère, dans l'amour de la raison et de la vertu; comptez que l'une et l'autre font de grands progrès. Saluez, de ma part, nos frères Barnabé, Thaddée, et Timothée. *Écr. l'inf....*

MMMMDCCLXXXV. — A M. LE COMTE D'ARGENTAL.

19 septembre.

Mes divins anges, je vous avouerai longtemps que j'ai été pénétré de l'aventure que vous savez. Le jugement flétrissant porté unanimement contre ce monstre de Broutel a été une goutte de baume sur une profonde blessure. J'étais dans une si horrible mélancolie, que, pour me guérir, j'ai fait venir toute la troupe des comédiens de Genève, au nombre de quarante-neuf, en comptant les violons. J'ai vu ce que je n'avais jamais vu, des opéras-comiques: j'en ai eu quatre. Il y a une actrice très-supérieure, à mon gré, à Mlle Dangeville; mais ce n'est pas en beauté: elle est pourtant très-bien sur le théâtre. Elle a, par-dessus Mlle Dangeville, le talent d'être aussi comique en chantant qu'en parlant. Il y a deux acteurs excellents; mais rien pour le tragique ni pour le haut comique en aucun lieu du monde. Cela prouve évidemment que le cothurne est à tous les diables, et que la nation est entièrement tournée aux tracasseries parlementaires, aux horreurs abbevilliennes, et à la farce. J'ai vu jouer aussi *Henri IV*: vous croyez bien que cela n'a pas déplu à l'auteur de *la Henriade*.

J'ai reçu une lettre charmante de M. le duc de Choiseul; en vérité, c'est une belle âme. Lui et M. le duc de Praslin sont de l'ancienne chevalerie; mais je doute que M. Pasquier en soit.

---

1. J. B. de La Borde était valet de chambre du roi. (ÉD.)
2. L'un dénonciateur, l'autre juge du chevalier de La Barre. (ÉD.)

Le petit *Commentaire sur les Délits et les peines*, d'un avocat de Besançon, réussit beaucoup dans la province et chez l'étranger.

Il y a dans le parlement de Besançon un procureur général qui est un bœuf: le parlement lui fait souvent l'affront de nommer le greffier en chef pour faire les fonctions de procureur général dans les affaires difficiles. Ce bœuf alla mugir, ces jours passés, chez un libraire qui vendait ce que les sots appellent de mauvais livres; il le fit mettre en prison, et requit qu'on le fît pendre, en vertu de la belle loi émanée en 1756; car les Welches ont aussi quelquefois des lois. Le parlement, d'une voix unanime, renvoya le libraire absous, et le bœuf, en mugissant, dit au libraire : « Mon ami, ce sont les livres que vous vendez qui ont corrompu vos juges. »

Voilà de beaux exemples ! O Welches ! profitez. Mais cependant je n'ai point encore le factum pour les Sirven ; mes anges l'ont-ils vu ? Je crois que je me consolerais de tout, si je gagnais ce procès: non, je ne me consolerais point; le monde est trop méchant.

J. J. Rousseau est un étonnant fou.

J'ai chez moi actuellement M. de La Borde, qui met en musique le péché original, sous le nom de *Pandore*. Le bon de l'affaire, c'est que M. le Dauphin lui avait proposé cet opéra quelques mois avant sa mort.

Respect et tendresse.

N. B. Je viens d'entendre des morceaux de *Pandore*; je vous assure qu'il y en a d'excellents.

MMMMDCCLXXXVI. — A M. LA COMBE.

19 septembre.

Je persiste dans mon opinion, monsieur. Je crois que vous faites très-bien de n'imprimer que peu d'exemplaires de la tragédie[1] de mon ami ; elle n'est point théâtrale; elle ne va point au cœur; il en convient lui-même. Il n'y a qu'un très-petit nombre de gens qui aiment l'antiquité. Encore une fois, il n'est pas juste que vous fassiez un présent pour un ouvrage qui peut ne vous produire aucune utilité. On trouvera d'autres façons de faire une galanterie à la personne[2] à qui on destinait ce présent. Il est vrai que si l'édition peu nombreuse que vous faites réussissait contre mon attente, mon ami vous fournirait un morceau assez curieux concernant la littérature et le théâtre, que vous pourriez joindre au reste de l'ouvrage : alors, si vous étiez content du succès de la seconde édition, vous pourriez donner au comédien qu'on vous indiquerait la petite rétribution dont vous parlez. Au reste, je ne crois pas que le ton sur lequel la comédie est aujourd'hui montée permette qu'on joue des pièces de ce caractère. On est fort las, je crois, des anciens Romains : on ne se pique plus de déclamer les vers comme on faisait du temps de Baron ; on veut du jeu de théâtre; on met la pantomime à la place de l'éloquence ; ce qui peut réussir dans le cabinet devient froid sur la scène. Voilà bien des raisons pour vous en-

1. Le *Triumvirat*. (ÉD.) — 2. Lekain. (ÉD.)

gager à ne tirer d'abord qu'un très-petit nombre d'exemplaires. Au reste, l'auteur de cet ouvrage ne veut point se faire connaître : c'est un homme retiré qui craint le public, et qui n'aspire point à la réputation. Pour moi, je n'aspire qu'à votre amitié. J'ajoute qu'il y a quelques vers dans la pièce qui sont assez de mon goût, et dans ma manière d'écrire. Plusieurs jeunes gens m'ont fait cet honneur quelquefois; ils ont imité mon style en l'embellissant. Je sens bien qu'on pourra me soupçonner; mais on aura grand tort assurément, et je ne doute pas que votre amitié ne me rende le service de dissiper ces soupçons.

Adieu, monsieur; je suis infiniment touché de tous les sentiments que vous me témoignez.

MMMMDCCLXXXVII. — À M. LE MARQUIS D'ARGENCE DE DIRAC.

19 septembre.

J'ai reçu, monsieur, la traduction de l'*Exorde des lois de Zaleucus*, l'un des plus anciens et des plus grands législateurs de la Grèce. C'est un précieux monument de l'antiquité : il sert à prouver que nos premiers maîtres ont toujours reconnu un Dieu suprême qui lit dans le cœur des hommes, et qui juge nos actions et nos pensées. Il n'y a que la malheureuse secte d'Épicure qui ait jamais combattu une opinion si raisonnable et si utile au genre humain : la piété et la vertu sont de tous les temps. Vous me mandez que vous avez trouvé des barbares, indignes de la société des honnêtes gens, qui se sont élevés contre ce fragment si respectable. Il est triste que, dans notre nation, il y ait des gens si absurdes : c'est le fruit de l'ignorance où l'on vit dans la plupart des provinces, et de la misérable éducation qu'on y a reçue jusqu'à présent. La rouille de l'ancienne barbarie subsiste encore. On trouve cent chasseurs, cent tracassiers, cent ivrognes, pour un homme qui lit; c'est en quoi les Anglais, et même les Allemands, l'emportent prodigieusement sur nous.

J'ai vu, ces jours passés, M. Boursier, qui m'a dit qu'il avait fait quelques commissions pour vous; il ne m'a pas dit ce que c'était : tout ce que je sais, c'est qu'il vous est attaché comme moi. Soyez bien persuadé, monsieur, des tendres sentiments de votre, etc.

MMMMDCCLXXXVIII. — À M. LE MARQUIS DE VILLETTE.

MMMMDCCXXXIX. — A. M. CHRISTIN.

22 septembre.

Mon cher philosophe, vous m'avez envoyé un singulier monument de la barbare imbécillité d'une certaine secte; il n'y a qu'elle, dans l'univers entier, capable de pareilles horreurs. La plupart des hommes n'y font pas d'attention; mais les âmes sensibles sont toujours touchées de ce qui effleure à peine les autres.

On a brûlé à Berne l'*Histoire de l'Église* qu'on attribue à un certain prince¹; cela pourra avoir des suites sérieuses.

Je vous prie, mon cher ami, de bien recommander à M. de G.... de ne me jamais nommer, et de ne parler de moi que comme d'un agricole qui aime la vertu et la vérité autant que la campagne. Vous savez que, dans un temps de persécution, il faut opposer la discrétion à la méchanceté des hommes. J'ai fait mon compliment à M. Le Riche, qui est le Beaumont de la Franche-Comté, et le protecteur de l'innocence. Faites mes tendres compliments, je vous prie, à M. de G...., et revenez voir vos amis le plus tôt que vous pourrez.

MMMMDCCXC. — A M. ***.

A Ferney, le 22 septembre.

Je suis très-éloigné de penser, monsieur, que vous ayez la moindre part à l'édition de mes prétendues *Lettres* données au public par un faussaire calomniateur qui, pour gagner quelque argent, falsifie ce que j'ai écrit, et m'expose au juste ressentiment des personnes les plus respectables du royaume, en substituant des satires infâmes aux éloges que je leur avais donnés.

Les notes dont on a chargé ces *Lettres* sont encore plus diffamatoires que le texte ; vous y êtes loué, et cela est triste. L'éditeur sait en sa conscience qu'aucune de ces lettres n'a été écrite comme il les a imprimées. Si par hasard vous le connaissiez, il serait digne de votre probité de lui remontrer son crime, et de l'engager à se rétracter. On fait de la littérature un bien indigne usage ; imprimer ainsi des lettres d'autrui, c'est être à la fois voleur et faussaire.

Comme ces *Lettres* courent l'Europe, je serai forcé de me justifier. Je n'ai jamais répondu aux critiques, mais j'ai toujours confondu la calomnie. Vous m'avez toujours prévenu par des témoignages d'estime et d'amitié ; j'y ai répondu par les mêmes sentiments. Je ne demande ici que ce que l'humanité exige ; votre mérite vous fait un devoir de venger l'honneur des belles-lettres.

J'ai l'honneur d'être, monsieur, avec les sentiments que j'ai toujours eus pour vous, votre, etc.

MMMMDCCXCI. — A MADAME LA MARQUISE DU DEFFAND.

A Ferney, 24 septembre.

Ennuyez-vous souvent, madame, car alors vous m'écrirez. Vous me demandez ce que je fais ; j'embellis ma retraite, je meuble de jolis appartements où je voudrais vous recevoir ; j'entreprends un nouveau procès dans le goût de celui des Calas, et je n'ai pas pu m'en dispenser ; car un père, une mère, et deux filles, remplis de vertu, et condamnés au dernier supplice, se sont réfugiés à ma porte, dans les larmes et dans le désespoir.

---

1. Ce n'est que l'avant-propos qui est du roi de Prusse. (Éd.)

C'est une des petites aventures dignes du meilleur des mondes possibles. Je vous demande en grâce de vous faire lire le mémoire que M. de Beaumont a fait pour cette famille, aussi respectable qu'infortunée. Il sera bientôt imprimé. Je prie M. le président Hénault de le lire attentivement.

Vos suffrages serviront beaucoup à déterminer celui du public, et le public influera sur le conseil du roi. La belle âme de M. le duc de Choiseul nous protége; je ne connais point de cœur plus généreux et plus noble que le sien; car, quoi qu'en dise Jean-Jacques, nous avons de très-honnêtes ministres. J'aimerais mieux assurément être jugé par le prince de Soubise, et par M. le duc de Praslin, que par le parlement de Toulouse.

Il faudrait, madame, que je fusse aussi fou que l'ami Jean-Jacques pour aller à Vesel. Voici le fait : Le roi de Prusse m'ayant envoyé cent écus d'aumône pour cette malheureuse famille des Sirven, et m'ayant mandé qu'il leur offrait un asile à Vesel ou à Clèves, je le remerciai comme je le devais; je lui dis que j'aurais voulu lui présenter moi-même ces pauvres gens auxquels il promettait sa protection. Il lut ma lettre devant un fils de M. Tronchin, qui est secrétaire de l'envoyé d'Angleterre à Berlin. Le petit Tronchin, qui ne pense pas que j'ai soixante-treize ans, et que je ne peux sortir de chez moi, crut entendre que j'irais trouver le roi de Prusse; il le manda à son père; ce père l'a dit à Paris; les gazetiers en ont beaucoup raisonné

Et voilà.... comme on écrit l'histoire.
Charlot, act. I, sc. VII.

Puis fiez-vous à messieurs les savants.
La Pucelle, ch. X, v. 107.

Il faut que je vous dise, pour vous amuser, que le roi de Prusse m'a mandé qu'on avait rebâti huit mille maisons en Silésie. La réponse est bien naturelle : « Sire, on les avait donc détruites; il y avait donc huit mille familles désespérées. Vous autres rois, vous êtes de plaisants philosophes ! »

Jean-Jacques du moins ne fait de mal qu'à lui, car je ne crois pas qu'il ait pu m'en faire; et Mme la maréchale de Luxembourg ne peut pas croire que j'aie jamais pu me joindre aux persécuteurs du *Vicaire savoyard*. Jean-Jacques ne le croit pas lui-même; mais il est comme Chianpot-la-Perruque, qui disait que tout le monde lui en voulait.

Savez-vous que l'horrible aventure du chevalier de La Barre a été causée par le tendre amour? savez-vous qu'un vieux maraud d'Abbeville, nommé Belleval, amoureux de l'abbesse de Villancourt, et maltraité, comme de raison, a été le seul mobile de cette abominable catastrophe? Ma nièce de Florian, qui a l'honneur de vous connaître, et dont les terres sont auprès d'Abbeville, est bien instruite de toutes ces horreurs; elles font dresser les cheveux à la tête.

Savez-vous encore que feu M. le Dauphin, qu'on ne peut assez regretter, lisait *Locke* dans sa dernière maladie? J'ai appris, avec bien de l'étonnement, qu'il savait toute la tragédie de *Mahomet* par cœur. Si ce siècle n'est pas celui des grands talents, il est celui des esprits cultivés.

Je crois que M. le président Hénault a été aussi enthousiasmé que moi de M. le prince de Brunswick. Il y a un roi de Pologne philosophe qui se fait une grande réputation. Et que dirons-nous de mon impératrice de Russie?

Je m'aperçois que ma lettre est un éloge de têtes couronnées; mais, en vérité, ce n'est pas fadeur, car j'aime encore mieux leurs valets de chambre.

Il m'est venu un premier valet de chambre du roi, nommé M. de La Borde, qui fait de la musique, et à qui M. le Dauphin avait conseillé de mettre en musique l'opéra de *Pandore*. C'est de tous les opéras, sans exception, le plus susceptible d'un grand fracas. Faites-vous lire les paroles, qui sont dans mes OEuvres, et vous verrez s'il n'y a pas là bien du tapage.

Je croyais que M. de La Borde faisait de la musique comme un premier valet de chambre en doit faire, de la petite musique de cour et de ruelle; je l'ai fait exécuter: j'ai entendu des choses dignes de Rameau. Ma nièce Denis en est tout aussi étonnée que moi; et son jugement est bien plus important que le mien, car elle est excellente musicienne.

Vous en ai-je assez conté, madame? vous ai-je assez ennuyée? suis-je assez bavard? Souffrez que je finisse en disant que je vous aimerai jusqu'au dernier moment de ma vie, de tout mon cœur, avec le plus sincère respect.

MMMMDCCXCII. — A M. DAMILAVILLE.

24 septembre.

Je vous remercie, mon cher ami, mon cher frère, de votre noble et philosophique *Déclaration* sur l'insolence de ce faussaire qui a fait imprimer ses sottises sous mon nom. La canaille littéraire est ce que je connais de plus abject dans le monde. L'auteur du *Pauvre diable*[1] a raison de dire qu'il fait plus de cas d'un ramoneur de cheminées, qui exerce un métier utile, que de tous ces petits écornifleurs du Parnasse. Il est bon de faire un petit ouvrage qu'on insérera dans les journaux, et qui servira de préservatif contre plus d'une imposture.

Un beau préservatif sera le factum de notre ami Élie[2]. Vous ne m'avez point mandé si vous l'aviez lu. J'ai bien à cœur que l'ouvrage soit parfait. Un factum, dans une telle affaire, doit se faire lire avec le même plaisir qu'une tragédie intéressante et bien écrite. Il n'y a plus moyen de reculer sur M. Chardon; je crois que M. le duc de Choiseul trouverait fort mauvais qu'après lui avoir demandé ce rapporteur, on en demandât un autre; mais il faudra nécessairement tâcher de captiver M. Le Noir[3], qui est, dit-on, le meilleur criminaliste du royaume : sa voix sera

---

1. Voltaire lui-même. (ÉD.) — 2. Pour les Sirven. (ÉD.)
3. Lieutenant général de police. (ÉD.)

d'un très-grand poids; et nous courons beaucoup de risque s'il ne prend pas notre parti.

Vous aurez incessamment toutes les choses que vous me demandez, mon cher ami. Il y a un nouveau livre, comme vous savez, de feu M. Boulanger. Ce Boulanger pétrissait une pâte que tous les estomacs ne peuvent pas digérer : il y a quelques endroits où la pâte est un peu aigre; mais, en général, son pain est ferme et nourrissant. Ce M. Boulanger-là a bien fait de mourir, il y a quelques années, aussi bien que La Métrie, du Marsais, Fréret, Bolyngbroke, et tant d'autres. Leurs ouvrages m'ont fait relire les écrits philosophiques de Cicéron; j'en suis enchanté plus que jamais. Si on les lisait, les hommes seraient plus honnêtes et plus sages.

Je me flatte que le petit ballot est parti. Mes compliments à l'auteur voilé du dévoilé. Je l'embrasse mille fois. *Écr. l'inf....*

MMMMDCCXCIII. — A M. LE COMTE D'ARGENTAL.

26 septembre.

Mon cher ange, je vous supplie de présenter mes tendres respects à M. le duc de Praslin. Je suis pénétré des sentiments de bonté dont il veut toujours m'honorer. Je lui souhaite une santé affermie; c'est la seule chose qui peut lui manquer, et c'est celle sans laquelle il n'y a point de bonheur.

Il est vrai que j'ai un beau sujet[1]; mais c'est une belle femme qui me tombe entre les mains, à l'âge de près de soixante-treize ans : je la donnerai à exploiter à quelque jeune homme. Je vous ai déjà dit que j'étais comme le chevalier Condom, qui s'est fait une grande réputation pour avoir procuré du plaisir à la jeunesse, quand il ne pouvait plus en avoir.

La Harpe et Chamfort viennent chez moi à la fin de l'automne, ainsi vous aurez deux tragédies : de quoi diable avez-vous à vous plaindre?

Je ne hais pas absolument les roués; je trouve qu'ils se font lire, et qu'il n'y a pas un seul moment de langueur. Je trouve qu'elle est fortement écrite, et je crois même qu'elle ferait plaisir au théâtre, si Mlle Clairon jouait Fulvie; Mlle Le Couvreur, Julie; Baron, Auguste; et Lekain, Pompée. Il n'est pas mal d'ailleurs d'avoir une pièce dans ce goût, afin que tous les genres soient épuisés.

A l'égard des ouvrages philosophiques tels que Cicéron, Lucrèce, Sénèque, Épictète, Pline, Lucien en faisaient contre les superstitions de leur temps, je ne me pique point d'imiter ces grands hommes. Vous savez que je ne fais aucun ouvrage dans ce goût; je vis chez des Welches, et non pas chez les anciens Romains. Je suis sur les frontières d'une nation qui sait par cœur *Rose et Colas*, et qui ne lit point le *de Natura deorum*. La calomnie a beau m'imputer quelquefois des écrits pleins d'une sagesse hardie, qui n'est pas celle des Welches, mais qui est celle des Montaigne, des Charron, des La Mothe-le-Vayer, des Bayle, je défie qu'on me prouve jamais que j'aie la moindre part à ces témérités phi-

1. *Les Scythes.* (ÉD.)

losophiques. Il est vrai que j'ai été indigné de certaines barbaries welches; mais je me suis consolé en songeant combien il y a de Français aimables, à la tête desquels vous êtes, avec l'hôte chez qui vous logez. Il n'y a point de mois où l'on ne voie paraître en Hollande tantôt un excellent ouvrage de Fréret[1], tantôt un moins bon, mais pourtant assez bon, de Boulanger[2]; tantôt un autre éloquent et terrible de Bolyngbroke[3]. On a réimprimé le *Vicaire savoyard*, dégagé du fatras d'*Émile*, avec quelques ouvrages du consul de Maillet[4]. Toute la jeunesse allemande apprend à lire dans ces ouvrages; ils deviennent le catéchisme universel, depuis Bade jusqu'à Moscou. Il n'y a pas à présent un prince allemand qui ne soit philosophe. Je n'ai assurément aucune part dans cette révolution qui s'est faite depuis quelques années dans l'esprit humain. Ce n'est pas ma faute si ce siècle est éclairé, et si la raison a pénétré jusque dans les cavernes. J'achève paisiblement ma vie, sans sortir de chez moi; je bâtis un village, je défriche des terres incultes, et je suis seulement fâché que le blé vaille actuellement chez nous quarante francs le setier. J'ai bâti une église, et j'y entends la messe: je ne vois pas pourquoi on voudrait me faire martyr. On peut m'assassiner, mais on ne peut me condamner; et d'ailleurs, quand on m'assassinerait à soixante-treize ans, j'aurais toujours probablement plus vécu que mes assassins, et j'aurais plus rendu de services aux hommes que maître Pasquier. Mais j'espère que cela n'arrivera pas, et je vous réponds que j'y mettrai bon ordre. J'ai peu de temps à vivre, d'une manière ou d'autre; je vivrai et je mourrai attaché à mon cher ange, avec mon culte ordinaire d'hyperdulie.

P. S. Que dites-vous de Mme la comtesse de Brionne, qui va des Pyrénées aux Alpes, comme on va de Versailles à Paris? elle voulait venir incognito; je l'en défie. Est-ce qu'elle serait philosophe?

MMMMDCCXCIV. — A M. LA COMBE.

A Ferney, 26 septembre.

Je suis obligé, monsieur, de recourir à votre témoignage pour confondre une singulière imposture. Un éditeur s'est avisé de recueillir quelques-unes de mes lettres qui ont couru dans Paris. Elles sont toutes falsifiées, et presque toutes les falsifications sont des outrages odieux faits aux personnes les plus considérables du royaume. Ce recueil est imprimé à Amsterdam, sous le nom de Genève. Il est connu dans toute l'Europe, hors à Paris, où il est justement prohibé.

Il y a dans ce recueil une lettre que je vous écrivis en 1763, au sujet de la reine Christine. Je vous prie de me dire si les paroles suivantes sont effectivement[5] dans l'original que vous pouvez avoir:

« La réputation de son père était si grande, qu'on aurait tenu compte

---

1. *Examen critique des apologistes de la religion chrétienne*. (ÉD.)
2. *L'Antiquité dévoilée*. (ÉD.)
3. *L'Examen important*, etc., par Voltaire. (ÉD.)
4. C'est par plaisanterie que Voltaire nomme ici le consul de Maillet auteur du *Telliamed*. (ÉD.)
5. Elles n'y étaient pas. (ÉD.)

à cette princesse de toutes les sottises attachées à son sexe, et même du mal qu'elle n'aurait pas osé faire à ses sujets. Il faut être né bien dépravé et bien stupide, pour ne pas briller sur le trône, et pour ne point s'immortaliser par de bonnes actions, plus faciles à faire que les grandes et belles actions. Quoi qu'il en soit, ce livre est toujours un monument précieux qui pourrait servir d'exemple à d'autres princes qui auraient la folle gloriole d'abdiquer. »

Je ne crois pas m'être servi d'expressions si plates et si ridicules. Presque tout le reste de la lettre imprimée est très-indignement défiguré. Je vous prie de m'envoyer un certificat dans lequel vous fassiez éclater votre juste indignation contre le faussaire. On ne peut réprimer le brigandage de la librairie qu'en le dévoilant. Je vous serai obligé de m'envoyer les feuilles de la pièce[1] que vous imprimez. Je souhaite que cet ouvrage soit accueilli avec quelque indulgence, afin que l'auteur puisse joindre à la seconde édition quelques morceaux de littérature qu'il m'a confiés, et qui me paraissent très-curieux. Je vous prie de compter pour jamais sur l'estime et l'amitié qui m'attachent à vous.

MMMMDCCXCV. — A M. DAMILAVILLE.

26 septembre.

Vous semblez craindre, mon cher ami, par votre lettre du 23, que l'on ne fasse quelque difficulté sur le bel exorde que vous avez mis à votre certificat; je ne vous en ai pas moins d'obligation, et je le sens dans le fond de mon cœur. Je compte faire imprimer ce certificat avec les autres, que j'enverrai à tous les journaux; je n'aurai pas de peine à confondre la calomnie. Il me semble que nous sommes dans le siècle des faussaires; mais mon étonnement est que les faussaires soient si maladroits. Comment peut-on insérer, dans des lettres déjà publiques, des impostures si atroces et si aisées à découvrir? Ce qui me fâche beaucoup, c'est que ces lettres se vendent à Genève. Mme la comtesse de Brionne, qui daigne venir à Ferney, ne sera-t-elle pas bien régalée de ce beau libelle? elle y trouvera sa maison outragée.

Je ne sais où prendre ce M. Deodati, qui me doit un témoignage authentique de la vérité: c'est à lui qu'est écrite la lettre si indignement falsifiée. Je n'ai point reçu de réponse à la lettre que je lui ai écrite: il faut ou qu'il ne soit point à Paris, ou qu'il soit malade, ou qu'il ne sache pas remplir les premiers devoirs de la société. Ma famille juge que la chose est importante. Je serai peut-être obligé de m'adresser à M. le lieutenant de police. Je connais votre cœur, mon cher ami; vous mettrez de l'empressement à trouver ce Deodati, et à lui faire remplir son devoir. Voilà une fort sotte affaire; mais la plupart des affaires de ce monde sont fort sottes; on est bien heureux quand l'atrocité ne se joint pas à la sottise.

Je vous ai déjà mandé que M. le duc de Choiseul et M. le duc de Praslin souhaitaient M. Chardon pour rapporteur. J'ignore les senti-

1. *Le Triumvirat.* (ÉD.)

ments présents de M. de Beaumont sur ce choix; mais le point principal est l'impression de son mémoire. Je me flatte que M. d'Argental en aura le premier exemplaire.

Il me semble que le temps est favorable pour faire imprimer cet ouvrage, et pour disposer les esprits. L'automne est un temps d'indolence et de désœuvrement, pendant lequel on est avide de nouveautés.

Vous savez sans doute que le sieur Saucourt, juge d'Abbeville, n'a pas voulu juger les autres accusés, et l'on croit qu'il se démettra de sa place : c'est ainsi qu'on se repent après que le mal est fait.

J'attends votre paquet, dans lequel j'espère trouver des consolations. Si M. Boulanger, auteur du bel article *Vingtième*[1], vivait encore, il serait bien étonné que le blé coûte quarante francs le setier, et qu'on n'y met point ordre. Tout va comme il plaît à Dieu.

Adieu, mon cher ami; je suis bien malade. Je vous répète que je serai très-fâché de mourir sans avoir vu Platon, et surtout sans vous avoir revu avec lui. Je vous embrasse de toutes les forces qui me restent. *Écr. l'inf*....

Voulez-vous bien envoyer cette lettre au libraire La Combe? Il y a aussi une lettre à lui adressée dans ce maudit recueil, et La Combe sera sans doute plus honnête que Deodati. Bonsoir, mon très-cher ami.

MMMMDCCXCVI. — A MADAME D'ÉPINAI.

26 septembre.

Si vous êtes chèvre, madame, il n'y a personne qui ne veuille devenir bouc; mais vous m'avouerez que de vieux singes, devenus tigres, sont une horrible espèce. Comment se peut-il faire que les êtres pensants et sensibles ne cherchent pas à vivre ensemble dans un coin du monde, à l'abri des coquins absurdes qui le défigurent? Je jouis de cette consolation depuis quelques années; mais il y a des êtres qui me manquent; j'aurais voulu vivre surtout avec vous et vos amis. Il est vrai que le petit nombre de sages répandus dans Paris peut faire beaucoup de bien en s'élevant contre certaines atrocités, et en ramenant les hommes à la douceur et à la vertu. La raison est victorieuse à la longue; elle se communique de proche en proche. Une douzaine d'honnêtes gens qui se font écouter produit plus de bien que cent volumes : peu de gens lisent, mais tout le monde converse, et le vrai fait impression.

Votre petit Mazar, madame, a pris, je crois, assez mal son temps pour apporter l'harmonie dans le temple de la Discorde. Vous savez que je demeure à deux lieues de Genève : je ne sors jamais; j'étais très-malade quand ce phénomène a brillé sur le noir horizon de Genève. Enfin il est parti, à mon très-grand regret, sans que je l'aie vu. Je me suis dépiqué en faisant jouer sur mon petit théâtre de Ferney des opéras-comiques pour ma convalescence; toute la troupe de Genève, au nombre de cinquante, a bien voulu me faire ce plaisir. Vous croyez bien que l'auteur de *la Henriade* a fait jouer *Henri IV*. Nous avons

1. L'article est de Damilaville. (ÉD.)

tous pleuré d'attendrissement et de joie quand nous avons vu la petite famille se mettre à genoux devant ce bon roi. Tout cela est consolant, je l'avoue, mais il y a trop de méridiens entre vous et moi : mon malheur est que mon château n'est pas une aile du vôtre; c'est alors que je serais heureux. Mme Denis pense comme moi; permettez-nous d'embrasser M. Grimm. Adieu, madame; vivez heureuse. Agréez mon très-tendre respect.

MMMMDCCXCVII. — A M. VERNES.

Septembre.

Voici, monsieur, où en est l'affaire de cette malheureuse et innocente famille des Sirven. Il a fallu deux années de soins et de peines réitérées pour rassembler en Languedoc les pièces justificatives. Nous les avons enfin arrachées. Le mémoire de M. de Beaumont est déjà signé par plusieurs avocats; nous avons déjà demandé un rapporteur; M. le duc de Choiseul nous protége; il m'écrit ces propres mots de sa main, dans la dernière lettre dont il m'honore : « Le jugement des Calas est un effet de la faiblesse humaine, et n'a fait souffrir qu'une famille; mais la dragonnade de M. de Louvois a fait le malheur du siècle. »

Avouez, monsieur le curé huguenot, que M. le duc de Choiseul est une belle âme, et que ces paroles doivent être gravées en lettres d'or. Pour celles de Vernet¹, si on peut les écrire, ce n'est qu'avec la matière dont Ézéchiel faisait son déjeuner. Quant à Jean-Jacques, il suffit de vous dire qu'il y avait autrefois à Paris un pauvre homme nommé *Chiampot-la-Perruque*, qui se plaignait que la cour et la ville étaient liguées contre lui.

Vous devriez bien abandonner vos ouailles quelques moments, pour venir converser dans un château où il n'y a pas une ouaille.

MMMMDCCXCVIII. — A M. DAMILAVILLE.

1ᵉʳ octobre.

Je vous envoie, mon cher ami, cette lettre ouverte pour M. de Beaumont, que je vous supplie de lire.

Il s'est chargé de trois affaires fort équivoques, qui feront grand tort à la cause des Sirven. Il y a un parti violent contre lui : on a surtout prévenu les deux Tronchin. On s'irrite de le voir invoquer une loi cruelle contre les protestants mêmes qu'il a défendus; on dit que sa femme, étant née protestante, devait réclamer cette loi moins qu'une autre. On prétend que l'acquéreur de la terre de Canon est de bonne foi, et que les terres en Normandie ne se vendent jamais plus que le denier vingt. On assure que le brevet obtenu par l'acquéreur le met à l'abri de toutes recherches, et que la même faveur qui lui a fait obtenir son brevet lui fera gagner sa cause.

Je vous confie mes alarmes. L'odieux qu'on jette sur cette affaire nuira beaucoup à celle des Sirven, je le vois évidemment : mais plus nous

1. *Lettres critiques d'un voyageur anglais.* (Éd.)

attendrons, plus nous trouverons le public refroidi ; et d'ailleurs les démarches que j'ai faites exigent absolument que le mémoire soit imprimé sans délai. Si M. de Beaumont est à la campagne, il n'a d'autre parti à prendre que de vous confier le mémoire, que vous ferez imprimer par Merlin.

J'ai enfin reçu le *Certificat* de M. Deodati ; j'aurai celui de La Combe par le premier ordinaire. Il est essentiel de confondre la calomnie : en brisant une de ses flèches, on brise toutes les autres. Il paraît tous les jours des livres qu'on ne manque pas de m'imputer. Il faudrait que je ressemblasse à Esdras, et que je dictasse jour et nuit, pour faire la dixième partie des écrits dont l'imposture me charge. On poursuit avec acharnement ma vieillesse ; on empoisonne mes derniers jours. Je n'ai d'autre ressource que dans la vérité ; il faut qu'elle paraisse du moins aux yeux des ministres ; ils jugeront de toutes ces calomnies par celles de l'éditeur de mes prétendues *Lettres*. C'est un service qu'il m'aura rendu, et qui pourra servir de bouclier contre les traits dont on accable les pauvres philosophes.

On a annoncé le livre de Fréret dans la *Gazette* d'Avignon. On y dit à la vérité, que le livre est dangereux, mais qu'il y a beaucoup de modération et de profondeur.

Adieu, mon cher ami ; je vous embrasse aussi tendrement que je vous regrette.

Je vous demande en grâce de m'envoyer, par la première poste, le factum de M. de La Roque contre M. de Beaumont ; car je veux absolument juger ce procès au tribunal de ma conscience.

MMMMDCCXCIX. — A M. LE COMTE D'ARGENTAL

8 octobre.

Vraiment, mes adorables anges, je ne suis pas étonné que le prophète Élie de Beaumont ne vous ait pas envoyé son mémoire pour les Sirven ; la raison en est bien claire, c'est que ce mémoire n'est pas encore fait. Il m'avait mandé, il y a près deux mois, qu'il l'avait remis entre les mains de plusieurs avocats pour le signer, et M. Damilaville lui avait déjà donné quelque argent de ma part ; je croyais même déjà l'ouvrage imprimé, je me hâtais de demander un rapporteur, je sollicitais votre protection et celle de vos amis ; mais enfin il s'est trouvé que Beaumont avait pris le futur pour le passé. Je vois qu'il a été un peu désorienté par deux causes malheureuses qu'il a perdues coup sur coup. Il ne faudrait pas que le défenseur des Calas se chargeât jamais d'une cause équivoque : celle des Sirven lui aurait fait un honneur infini.

Il a encore, comme vous savez, un procès très-intéressant au nom de sa femme ; mais je tremble encore pour ce procès-là. Il a le malheur d'y réclamer les lois rigoureuses contre les protestants, lois dont il avait tant fait sentir la dureté, non-seulement dans l'affaire des Calas, mais dans une autre encore que je lui avais confiées. Cette funeste coutume des avocats de soutenir ainsi le pour et le contre pourra lui faire grand tort, et en fera sûrement à la cause des Sirven : cependant l'affaire est entamée, il la faut suivre. J'ai obtenu pour cette malheureuse famille Sirven la protection de plusieurs princes étrangers ; je leur ai écrit que le factum était prêt : s'il ne paraît pas, ils seront en droit de croire que je les ai trompés. Je ne me rebute point, mais je suis fort affligé.

Je ne suis pas moins que vous n'ayez pas reçu le *Commentaire sur les Délits et les peines*, par un avocat de Besançon. Je sais bien que M. Janel a des ordres positifs de ne laisser passer aucune brochure suspecte par la voie de la poste ; mais cette brochure est très-sage, elle me paraît instructive ; il n'y a aucun mot qui puisse choquer le gouvernement de France, ni aucun gouvernement. Je reçois tous les jours, par la poste, tous les imprimés qui paraissent ; on les laisse tous arriver sans aucune difficulté. Je ne vois pas pourquoi l'on défendrait le transport des pensées de province à Paris, tandis qu'on permet l'exportation de Paris en province.

Je suis encore plus surpris qu'on n'ait pas respecté l'enveloppe de M. de Courteilles, et que l'on prive un conseiller d'État d'un écrit sur la jurisprudence. Vous recevrez cet écrit par quelque autre voie, et vous jugerez si on doit le traiter avec tant de rigueur.

Vous n'ignorez pas qu'on a fait en Hollande deux éditions de quelques-unes de mes lettres, qu'on a cruellement falsifiées, et auxquelles on a joint des notes d'une insolence punissable contre les personnes du royaume les plus respectables. On m'a conseillé de m'adresser à un nommé M. du Clairon, qui est, dit-on, actuellement commissaire de la marine, ou consul à Amsterdam : il est auteur d'une tragédie de *Cromwell*, qu'il a dédiée à M. le duc de Praslin. Je ne veux pas croire qu'il soit trop instruit du mystère de cette abominable édition ; mais je crois qu'il peut aisément se procurer des lumières sur l'éditeur.

M. le prince de Soubise, et plusieurs autres personnes d'une grande distinction, sont très-outragés dans ces lettres. Il est nécessaire que je mette, au moins dans les journaux un avertissement qui démontre et qui confonde la calomnie. Heureusement les preuves sont nettes et claires ; j'ai en main les certificats de ceux à qui j'avais écrit ces lettres, qu'un faussaire a défigurées. J'espère que M. du Clairon, qui est sur les lieux, voudra bien me donner des éclaircissements sur cette manœuvre infâme. Je lui écris qu'ayant, comme lui, M. le duc de Praslin pour protecteur, j'ai quelque droit d'espérer ses bons offices, dans cette conjoncture, à l'abri d'une telle protection ; que le livre est imprimé par Marc-Michel Rey, imprimeur de J. J. Rousseau, à Amsterdam ; que Jean-Jacques y est loué, et les hommes les plus respectables chargés d'outrages ; que je le supplie de vouloir bien me donner sur cette œuvre d'iniquité les notions qu'il pourra acquérir, et que tous les honnêtes gens lui en auront obligation. Je me flatte que M. le duc de Praslin permettra la liberté que je prends de dire un mot dans cette lettre de mon attachement pour lui, et de la protection dont il m'honore.

MMMMDCCC. — À M. LE MARÉCHAL DUC DE RICHELIEU.

Au château de Ferney, 8 octobre.

Il n'y a point assurément de façon de pisser plus noble que celle de notre héros; et le cardinal de Tencin, chez qui vous pisâtes, n'aurait pas eu votre générosité. Votre jeune homme[1] est arrivé dans mon couvent; je l'y ai fait moine sur-le-champ; il aura des livres à sa disposition. J'ai un ex-jésuite[2] qui a professé vingt années, et qui pourra lui donner de bons conseils sur ses études, et diriger sa conduite. J'ai le bonheur d'avoir une espèce de secrétaire[3] qui a beaucoup de mérite, et avec lequel il passera son temps agréablement. Toute notre maison vit dans une union parfaite; il ne tiendra qu'à lui d'y être aussi consolé qu'on peut l'être, quand on n'a pas le bonheur de vous faire sa cour. Il m'a paru vif, mais bon enfant; j'en aurai tous les soins que je dois à un jeune homme que vous protégez, et que vous daignez me recommander. S'il se tourne au bien, il n'aura d'obligation qu'à vos extrêmes bontés du bonheur de sa vie. C'est un enfant que le hasard vous a donné; vous l'avez élevé et corrigé, et j'espère que vos bienfaits auront formé son cœur.

J'abuse de votre générosité, monseigneur. Puisqu'elle ne se dément point pour cet enfant, daignerez-vous l'employer pour une famille entière du pays que vous avez gouverné? J'ai déjà pris la liberté d'implorer vos bontés pour les d'Espinas, gens de très-bon lieu, nés avec du bien, appartenant aux plus honnêtes gens du pays, et réduits à l'état le plus cruel, après vingt-trois ans de galères, pour avoir donné à souper à un prédicant. Si on ne leur rend pas leur bien, il vaudrait mieux les remettre aux galères.

Vous pouvez avoir égaré le mémoire que j'avais eu l'honneur de vous envoyer; souffrez que je vous en présente un second[4]. Vous me demanderez de quoi je me mêle de solliciter toujours pour des huguenots; c'est que je vois tous les jours ces infortunés, c'est que je vois des familles dispersées et sans pain, c'est que cent personnes viennent crier et pleurer chez moi, et qu'il est impossible de n'en être pas ému.

On dit que vous allez chercher à Vienne une future reine. Vous res-

1. Il s'appelait Claude Galien, et se conduisit si mal chez Voltaire, que celui-ci le renvoya honnêtement en le plaçant chez M. Hennin, résident de France à Genève. (ÉD.)
2. Le P. Adam. (ÉD.) — 3. Wagnière. (ÉD.)
4. *Affaires des religionnaires. Vivarais; intendance de Languedoc.*

Jean Pierre Espinas, d'une honnête famille de Château-Neuf, paroisse de Saint-Félix, près de Vernoux en Vivarais, ayant été vingt-trois ans aux galères pour avoir donné à souper et à coucher dans sa maison à un ministre de la religion prétendue réformée, et ayant obtenu sa délivrance par brevet du 23 de janvier 1763, se trouvant chargé d'une femme mourante et de trois enfants réduits à la mendicité, remontre très-humblement à Sa Majesté que son bien ayant été confisqué pendant vingt-six ans, à condition que la troisième partie en serait distraite pour l'entretien de ses enfants, jamais lesdits enfants n'ont joui de cette grâce. Il conjure Sa Majesté de daigner lui accorder la possession de son patrimoine, pour soulager sa vieillesse et sa famille.

semblée en tout au duc de Bellegarde, à cela près qu'il ne prenait point
d'îles, et qu'il n'imposait pas des lois aux Anglais.

Agréez mon respect et mon attachement, qui ne finiront qu'avec ma
vie.

MMMMDCCCI. — A M. Gay de Noblac.

Au château de Ferney, près Genève, 9 octobre.

Les maladies qui affligent ma vieillesse, monsieur, ne m'ont pas permis de répondre plus tôt à la lettre que vous avez bien voulu m'écrire le 4 septembre : je n'en suis pas moins sensible à toutes les choses obligeantes que vous me dites, et que je voudrais bien mériter; je les dois aux bontés dont M. le maréchal de Richelieu, votre gouverneur, m'honore. Je ne suis pas assez vain pour croire les mériter, mais je suis assez reconnaissant pour être honteux de vous avoir remercié si tard.

J'ai l'honneur d'être avec tous les sentiments que je vous dois, monsieur, votre très-humble et très-obéissant serviteur, Voltaire.

MMMMDCCCII. — A M. Damilaville.

10 octobre.

Mon cher ami, j'ai trouvé dans une de vos lettres, reçue le 4 octobre, un paquet de Russie. L'impératrice daigne m'écrire qu'elle établit la tolérance universelle dans tous ses États. Elle a la bonté de me communiquer la teneur de l'édit. Cet article, écrit de sa main, porte ces propres mots : *Que la tolérance est d'accord avec la religion et avec la politique.* Apparemment que ce qui convient à la Russie n'est pas praticable dans d'autres États. Vous savez que nous ne nous piquions ni vous ni moi, dans notre obscurité, de raisonner sur les volontés des souverains. Je vous mande seulement le fait tel qu'il est. Je crois vous avoir instruit que le sieur Deodati m'a écrit. J'attends aussi des certificats de plusieurs autres personnes; et, quand je les aurai, je ferai un petit mémoire pour le passé, le présent et l'avenir. La justification est si claire, que je n'aurai pas besoin de me mettre en colère; j'userai de la plus grande modération, et tous les journaux pourront se charger de ce mémoire. Je crois seulement que nous serons obligés de supprimer quelque chose du commencement de votre déclaration, qui pourrait effaroucher les ennemis des lettres.

Je me flatte, mon cher frère, que je recevrai bientôt le mémoire de feu M. de La Bourdonnais, avec tout ce que j'attends.

Je suis très-curieux, je l'avoue, de lire la lettre de Jean-Jacques à M. Hume. On dit que c'est un chef-d'œuvre d'impertinence.

L'intérêt que vous prenez à M. et à Mme de Beaumont ne vous a-t-il pas engagé à lire le factum de son adverse partie? un seul mémoire ne met jamais au fait. Si le mémoire de M. de La Roque pouvait se trouver dans votre paquet, je serais bien content.

Vous n'avez rien reçu par M. de La Borde; mais l'aîné Calas doit arriver à Paris avant cette lettre, et M. de La Borde devait aller de Ferney en Anjou.

O qu'il serait doux de vivre ensemble, et de se rassembler cinq ou six sages loin des méchants et loin des obstacles! comme on est bridé et garrotté de tous côtés!

Avez-vous des nouvelles d'Élie? Ce pauvre Sirven se désespère. Je lui ai donné vingt fois des espérances qui l'ont trompé. Je suis la cause innocente de ses larmes; il fait pitié.

Adieu, mon cher frère; vos lettres sont ma plus grande consolation.

MMMMDCCCIII. — A M. DALEMBERT.

15 octobre.

Mon vrai philosophe, Jean-Jacques est un maître fou, et aussi fou que vous êtes sage. La lettre de M. Hume me prouve que les Anglais ne sont point du tout hospitaliers, puisqu'ils n'ont pas donné une place dans Bedlam à Jean-Jacques. Ce petit bonhomme aurait été enchanté d'y être logé, pourvu qu'on eût mis son nom sur la porte, et que les gazettes en eussent parlé. Au moins les folies de cette espèce ne font pas grand mal; mais nous en avons eu à Toulouse et à Paris d'une espèce plus dangereuse. Les fous atrabilaires, les furieux, sont plus remarqués dans notre nation que dans toute autre. Je m'imagine que mon ancien disciple[1] vous a écrit ce qu'il en pensait; il est admirable sur ce chapitre. Je le crois enfin devenu tout à fait philosophe. Je me trompe fort, ou plus il vieillira, plus il sera humain et sage. Je voudrais savoir si vous écrivez toujours à une certaine dame qui donne des carrousels[2]; elle donne quelque chose de mieux; elle a minuté de sa main un édit sur la tolérance universelle. L'Église grecque n'était pas plus accoutumée que la latine à ce dogme divin. Si elle continue sur ce ton, elle aura plus de réputation que Pierre le Grand.

Ne pourriez-vous point me dire ce que produira, dans trente ans, la révolution qui se fait dans les esprits, depuis Naples jusqu'à Moscou? je n'entends pas les esprits de la Sorbonne ou de la halle, j'entends les honnêtes esprits.

Je suis trop vieux pour espérer de voir quelque chose, mais je vous recommande le siècle qui se forme.

Adieu, je me console en vous écrivant, et vous me rendrez heureux quand vous m'écrirez.

MMMMDCCCIV. — A M. DAMILAVILLE.

15 octobre.

Mon cher ami, j'ai lu le factum de M. Hume[3]: cela n'est écrit ni du style de Cicéron, ni de celui d'Addison. Il prouve que Jean-Jacques est un maître fou, et un ingrat pétri d'un sot orgueil; mais je ne crois pas que ces vérités méritent d'être publiées; il faut que les choses soient, ou bien plaisantes, ou bien intéressantes, pour que la presse s'en mêle.

---

1. Frédéric II. (ÉD.) — 2. Catherine II. (ÉD.)
3. *Exposé succinct de la contestation qui s'est élevée entre M. Hume et M. Rousseau, avec les pièces justificatives.* (ÉD.)

Je vous répéterai toujours qu'il est bien triste pour la raison que Rousseau soit fou : mais enfin Abbadie l'a été aussi. Il faut que chaque parti ait son fou, comme autrefois chaque parti avait son chansonnier.

Je pense que la publicité de cette querelle ne servirait qu'à faire tort à la philosophie. J'aurais donné une partie de mon bien pour que Rousseau eût été un homme sage; mais cela n'est pas dans sa nature; il n'y a pas moyen de faire un aigle d'un papillon : c'est assez, ce me semble, que tous les gens de lettres lui rendent justice; et d'ailleurs sa plus grande punition est d'être oublié.

Ne pourriez-vous pas, mon cher frère, écrire un petit mot à M. de Beaumont, à Launay, chez M. de Cideville, où je le crois encore, et réchauffer son zèle pour les Sirven? S'il n'avait entrepris que cette affaire, il serait comblé de gloire, et toute l'Europe le bénirait. J'ai annoncé son factum à tous les princes d'Allemagne comme un chef-d'œuvre, il y a près d'un an; le factum n'a point paru; on commence à croire que je me suis avancé mal à propos, et l'on doute de la réalité des faits que j'ai allégués. Est-il possible qu'il soit si difficile de faire du bien? Aidez-moi, mon cher ami, et cela deviendra facile.

M. Boursier attend le mémoire de M. Tonpla, qui probablement arrivera par le coche. Le protecteur[1] est toujours bien disposé; il m'écrit souvent pour l'établissement projeté; mais je vois bien que M. Boursier manquera d'ouvriers. Il est vieux et infirme, comme moi; il aurait besoin de quelqu'un qui se mît à la tête de cette affaire.

Il y a un château tout prêt[2], avec liberté et protection; est-il possible qu'on ne trouve personne pour jouir d'une pareille offre? Je vois que la plupart des affaires de ce monde ressemblent au conseil des rats.

J'ai deux personnes à encourager, Boursier[3] et Sirven : l'un et l'autre se désespèrent.

J'ai beaucoup d'obligation à M. Marin, pour une affaire moins considérable. On a imprimé un recueil de mes lettres à Avignon, sous le nom de Lausanne : on dit que ces lettres sont aussi altérées et aussi indignement falsifiées que celles qui ont été imprimées à Amsterdam. M. Marin a donné ses soins pour que cette rapsodie n'entrât point dans Paris, il en échappera pourtant toujours quelques exemplaires. Que voulez-vous? c'est un tribut qu'il faut que je paye à une malheureuse célébrité qu'il serait bien doux de changer contre une obscurité tranquille. Si je pouvais me faire un sort selon mon désir, je voudrais me cacher avec vous et quelques-uns de vos amis, dans un coin de ce monde; c'est là mon roman, et mon malheur est que ce roman ne soit pas une histoire. Il y a une vérité qui me console, c'est que je vous aime tendrement, et que vous m'aimez; avec cela on n'est pas si à plaindre.

Voici un billet pour frère Protagoras[4]; je le recommande à vos bontés.

---

1. Frédéric II. (Éd.) — 2. A Clèves. (Éd.) — 3. Voltaire lui-même. (Éd.)
4. Dalembert. (Éd.)

MMMMDCCCV. — A M. HENNIN.

Notre hôpital, monsieur, est très-sensible à votre charité. Maman[1] est affligée d'un *rhumatisse*, et ne peut faire aucun *exercisme*. Pâté[2] est accouchée d'un faux germe, comme certaine Julie du sieur Jean-Jacques; mais elle n'en est que plus belle. Cornélie-Chiffou est garde-malade. Je suis en bonnet de nuit. Père Adam trotte. Nous sommes tous également pénétrés de vos bontés. Mettez mon cadavre et ce qui me reste d'âme aux pieds de M. l'ambassadeur. Mille tendres et respectueux remercîments.

V.

MMMMDCCCVI. — A M. LE COMTE D'ARGENTAL.

22 octobre.

Mes divins anges, si mon état continue, adieu les tragédies. J'ai été vivement secoué, et j'ai la mine d'aller trouver Sophocle avant de faire, comme lui, des tragédies à quatre-vingts ans. Cependant je me sens un peu mieux, quand je songe que ma petite Duranci est devenue une Clairon. J'eus très-grande opinion d'elle, lorsque je la vis débuter sur des tréteaux en Savoie, aux portes de Genève, et je vous prie, quand vous la verrez, de la faire souvenir de mes prophéties; mais je vous avoue que je suis étonné qu'elle ait pris *Pulchérie* pour se faire valoir; c'est ressusciter un mort après quatre-vingt-dix ans : *Pulchérie* est, à mon gré, un des plus mauvais ouvrages de Corneille. Je sens bien qu'elle a voulu prendre un rôle tout neuf; mais quand on prend un habit neuf il ne faut pas le prendre de bure.

Nous venons de perdre un homme bien médiocre à l'Académie française[3]. On dit qu'il sera remplacé par Thomas; il aura besoin de toute son éloquence pour faire l'éloge d'un homme si mince.

Ne pourrais-je pas vous envoyer le *Commentaire sur les Délits et les peines* par la voie de M. Marin? l'enveloppe de M. de Sartine n'est-elle pas, dans ces cas-là, une sauvegarde assurée? On suppose alors, avec raison, que ces livres envoyés au secrétaire de la librairie, lui sont adressés pour savoir si on en permettra l'introduction en France. Je ferai ce que vous me prescrirez. Je pourrais me servir de la voie de M. le chevalier de Beauteville, mais je ne l'emploierai qu'en cas que vous trouviez qu'il n'y a point d'inconvénient.

Le livre de Fréret fait beaucoup de bruit. Il en paraît tous les mois quelqu'un de cette espèce. Il y a des gens acharnés contre les préjugés : on ne leur fera pas lâcher prise : chaque secte a ses fanatiques. Je n'ai pas, Dieu merci, ce zèle emporté; j'attends paisiblement la mort entre mes montagnes, et je n'ai nulle envie de mourir martyr. Je ne veux pas non plus finir comme un citoyen de Genève, extrêmement riche, qui vient de se jeter dans le Rhône, parce qu'avec son ar-

---

1. Mme Denis. (Éd.)
2. Voltaire donnait ce nom à sa cuisinière, qui s'appelait Perrachon. (Éd.)
3. Jacques Hardion. (Éd.)

gent il n'avait pu acheter la santé ; je sais souffrir, et je n'irai dans le Rhône qu'à la dernière extrémité. Je suis assez de l'avis de Mécène, qui disait qu'un malade devait se trouver heureux d'être en vie.

Portez-vous bien, mes adorables anges; il n'y a que cela de bon, parce que cela fait trouver tout bon.

Je voudrais bien savoir ce qu'on dit dans le public de la charlatanerie de Jean-Jacques ; j'ai vu un Thomas[1] sur le Pont-Neuf qui valait beaucoup mieux que lui, et dont on parlait moins. Ne m'oubliez pas, je vous en prie, auprès de M. de Chauvelin, quand vous le verrez.

Recevez mon tendre respect.

MMMMDCCCVII. — A M. COLINI.

A Ferney, 22 octobre.

Mon cher ami, vous savez que la Renommée a cent bouches, et que, pour une qui dit vrai, il y en a quatre-vingt-dix-neuf qui mentent. Il y a plus de deux ans que je ne suis sorti de la maison ; à peine ai-je pu aller dans le jardin cinq ou six fois. Vous voyez que je n'étais pas trop en état de voyager. Si j'avais pu me traîner quelque part, c'aurait été assurément aux pieds de votre adorable maître ; et je vous jure encore que si j'ai jamais un mois de santé, vous me verrez à Schwetzingen[2], mes soixante et treize ans ne m'en empêcheront pas; les passions donnent des forces.

Voici ce qui a donné lieu au bruit ridicule qui a couru. Le roi de Prusse m'avait envoyé cent écus pour ces malheureux Sirven, condamnés comme les Calas, et qui vont enfin être justifiés comme eux. Le roi de Prusse me manda même qu'il leur offrait un asile dans ses États. Je lui écrivis que je voudrais pouvoir aller les lui présenter moi-même ; il montra ma lettre. Ceux à qui il la montra[3] mandèrent à Paris que j'allais bientôt en Prusse; on broda sur ce canevas plus d'une histoire. Dieu merci, il n'y a point de mois où l'on ne fasse quelque conte de cette espèce. Un polisson vient d'imprimer quelques-unes de mes lettres en Hollande. Je suis accoutumé depuis longtemps à ces petits *agréments* attachés à une malheureuse célébrité. Ces lettres ont été falsifiées d'une manière indigne ; il faut souffrir tout cela, et j'en rirais de bon cœur si je me portais bien.

Mettez-moi aux pieds de Leurs Altesses Électorales, mon cher ami ; présentez-leur mon profond respect et mon attachement inviolable.

MMMMDCCCVIII. — A M. DAMILAVILLE.

24 octobre.

Je reçois un petit billet de vous, mon cher ami, avec une lettre de M. le chevalier de Rochefort. Les choses que vous me demandez me rappellent que j'avais donné un petit paquet pour vous à M. de La

---

1. C'était un arracheur de dents, à la fin du XVIIe siècle. (ÉD.)
2. Maison de plaisance de l'électeur palatin. (ÉD.) — 3. Tronchin fils. (ÉD.)

Borde. Vous me mandâtes, il y a quelque temps, que vous n'aviez rien reçu de lui, et alors je crus que je ne lui avais rien donné. Mais, en y songeant bien, je suis sûr que j'ai mis un petit paquet entre ses mains pour vous, ou du moins je crois en être sûr; et je suis plus sûr encore que j'en ai donné un au jeune Calas, qui doit vous l'avoir rendu.

Je n'ai point encore entendu parler de celui qui doit arriver à Meyrin. Je fais de tristes réflexions sur l'absence. Je n'en fais pas de gaies sur l'absence éternelle qu'il faudra bientôt essuyer. Vous savez, mon cher ami, comme il faut travailler à ma consolation.

Comptez-vous faire usage des trois lettres de Venise, de 1743 ? Si vous ne voulez pas vous en servir, renvoyez-les-moi, je vous en prie.

MMMMDCCCIX. — A M. Hume.

Ferney, 24 octobre.

J'ai lu, monsieur, les pièces du procès que vous avez eu à soutenir par-devant le public contre votre ancien protégé. J'avoue que la grande âme de Jean-Jacques a mis au jour la noirceur avec laquelle vous l'avez comblé de bienfaits; et c'est en vain qu'on a dit que c'est le procès de l'ingratitude contre la bienfaisance.

Je me trouve impliqué dans cette affaire. Le sieur Rousseau m'accuse de lui avoir écrit, en Angleterre, une lettre dans laquelle je me moque de lui. Il a accusé M. Dalembert du même crime.

Quand nous serions coupables au fond de notre cœur, M. Dalembert et moi, de cette énormité, je vous jure que je ne le suis point de lui avoir écrit. Il y a sept ans que je n'ai eu cet honneur. Je ne connais point la lettre dont il parle, et je vous jure que si j'avais fait quelque mauvaise plaisanterie sur M. Jean-Jacques Rousseau, je ne la désavouerais pas.

Il m'a fait l'honneur de me mettre au nombre de ses ennemis et de ses persécuteurs. Intimement persuadé qu'on doit lui élever une statue, comme il le dit dans sa lettre polie et décente de Jean-Jacques Rousseau, citoyen de Genève, à Christophe de Beaumont, archevêque de Paris, il pense que la moitié de l'univers est occupée à dresser cette statue sur son piédestal, et l'autre moitié à la renverser.

Non-seulement il m'a cru iconoclaste, mais il s'est imaginé que j'avais conspiré contre lui avec le conseil de Genève, pour faire décréter sa propre personne de prise de corps, et ensuite avec le conseil de Berne pour le faire chasser de la Suisse.

Il a persuadé ces belles choses aux protecteurs qu'il avait alors à Paris, et il m'a fait passer dans leur esprit pour un homme qui persécutait en lui la sagesse et la modestie. Voici, monsieur, comment je l'ai persécuté.

Quand je sus qu'il avait beaucoup d'ennemis à Paris, qu'il aimait comme moi la retraite, et que je présumai qu'il pouvait rendre quelques services à la philosophie, je lui fis proposer, par M. Marc Chapuis, citoyen de Genève, dès l'an 1759, une maison de campagne appelée l'*Ermitage*, que je venais d'acheter.

Il fut si touché de mes offres, qu'il m'écrivit ces propres mots : « Monsieur, je ne vous aime point ; vous corrompez ma république en donnant des spectacles dans votre château de Tournay, etc. »

Cette lettre, de la part d'un homme qui venait de donner à Paris un grave opéra¹ et une comédie², n'était cependant pas datée des Petites-Maisons. Je n'y fis point de réponse, comme vous le croyez bien, et je priai M. Tronchin, le médecin, de vouloir bien lui envoyer une ordonnance pour cette maladie. M. Tronchin me répondit que, puisqu'il ne pouvait pas me guérir de la manie de faire encore des pièces de théâtre à mon âge, il désespérait de guérir Jean-Jacques. Nous restâmes l'un et l'autre fort malades, chacun de notre côté.

En 1762, le conseil de Genève entreprit sa cure, et donna une espèce d'ordre de s'assurer de lui pour le mettre dans les remèdes. Jean-Jacques, décrété à Paris et à Genève, convaincu qu'un corps ne peut être en deux lieux à la fois, s'enfuit dans un troisième. Il conclut, avec sa prudence ordinaire, que j'étais son ennemi mortel, puisque je n'avais pas répondu à sa lettre obligeante. Il supposa qu'une partie du conseil genévois était venue dîner chez moi pour conjurer sa perte, et que la minute de son arrêt avait été écrite sur ma table, à la fin du repas. Il persuada une chose si vraisemblable à quelques-uns de ses concitoyens. Cette accusation devint si sérieuse, que je fus obligé enfin d'écrire au conseil de Genève une lettre très-forte, dans laquelle je lui dis que, s'il y avait un seul homme dans ce corps qui m'eût jamais parlé du moindre dessein contre le sieur Rousseau, je consentais qu'on le regardât comme un scélérat, et moi aussi ; et que je détestais trop les persécuteurs pour l'être.

Le conseil me répondit, par un secrétaire d'État, que je n'avais jamais eu, ni dû avoir, ni pu avoir la moindre part, ni directement, ni indirectement, à la condamnation du sieur Jean-Jacques.

Les deux lettres sont dans les archives du conseil de Genève.

Cependant M. Rousseau, retiré dans les délicieuses vallées de Motiers-Travers, ou Motiers-Travers, au comté de Neuchâtel, n'ayant pas eu, depuis un grand nombre d'années, le plaisir de communier sous les deux espèces, demanda instamment au prédicant de Motiers-Travers, homme d'un esprit fin et délicat, la consolation d'être admis à la sainte table ; il lui dit que son intention était, 1° *de combattre l'Église romaine* ; 2° *de s'élever contre l'ouvrage infernal* de l'Esprit, *qui établit évidemment le matérialisme* ; 3° *de foudroyer les nouveaux philosophes vains et présomptueux*. Il écrivit et signa cette déclaration, et elle est encore entre les mains de M. de Montmolin, prédicant de Motiers-Travers et de Boveresse.

Dès qu'il eut communié, il se sentit le cœur dilaté, il *s'attendrit jusqu'aux larmes*. Il le dit au moins dans sa lettre du 8 d'auguste 1765.

Il se brouilla bientôt avec le prédicant et les prêches de Motiers-Travers et de Boveresse. Les petits garçons et les petites filles lui jetèrent des pierres ; il s'enfuit sur les terres de Berne ; et, ne voulant plus être

1. *Le Devin du village.* (Éd.) — 2. *Narcisse, ou l'Amant de lui-même.* (Éd.)

lapide, il supplia *Messieurs* de Berne *de vouloir bien avoir la bonté de le faire enfermer le reste de ses jours dans quelqu'un de leurs châteaux, ou tel autre lieu de leur État qu'il leur semblerait bon de choisir*. Sa lettre est du 20 octobre 1765.

Depuis Mme la comtesse de Pimbesche, à qui l'on conseillait de se faire lier, je ne crois pas qu'il soit venu dans l'esprit de personne de faire une pareille requête. *Messieurs* de Berne aimèrent mieux le chasser que de se charger de son logement.

Le judicieux Jean-Jacques ne manqua pas de conclure que c'était moi qui le privais de la douce consolation d'être dans une prison perpétuelle et que même j'avais tant de crédit chez les prêtres, que je le faisais excommunier par les chrétiens de Motiers-Travers et de Boveresse.

Ne pensez pas que je plaisante, monsieur. Il écrit, dans une lettre du 24 de juin 1765 : *Être excommunié de la façon de M. de V. m'amusera fort aussi*. Et, dans sa lettre du 23 de mars, il dit : *M. de V. doit avoir écrit à Paris qu'il se fait fort de faire chasser Rousseau de sa nouvelle patrie*[1].

Le bon de l'affaire est qu'il a réussi à faire croire, pendant quelque temps, cette folie à quelques personnes ; et la vérité est que, si, au lieu de la prison qu'il demandait à *Messieurs* de Berne, il avait voulu se réfugier dans la maison de campagne que je lui avais offerte, je lui aurais donné cet asile, où j'aurais eu soin qu'il eût de bons bouillons avec des potions rafraîchissantes, bien persuadé qu'un homme dans son état mérite beaucoup plus de compassion que de colère.

Il est vrai qu'à la sagesse toujours conséquente de sa conduite et de ses écrits il a joint des traits qui ne sont pas d'une bonne âme. J'ignore si vous savez qu'il a écrit des *Lettres de la montagne*. Il se rend, dans la cinquième lettre, formellement délateur contre moi : cela n'est pas bien. Un homme qui a communié sous les deux espèces, un sage à qui l'on doit élever des statues, semble dégrader un peu son caractère par une telle manœuvre ; il hasarde son salut et sa réputation.

Aussi la première chose qu'ont faite MM. les médiateurs de France, de Zurich, et de Berne, a été de déclarer solennellement les *Lettres de la montagne* un libelle calomnieux. Il n'y a plus moyen que j'offre une maison à Jean-Jacques, depuis qu'il a été affiché calomniateur au coin des rues.

Mais, en faisant le métier de délateur et d'homme un peu brouillé avec la vérité, il faut avouer qu'il a toujours conservé son caractère de modestie.

Il me fit l'honneur de m'écrire, avant que la médiation arrivât à Genève, ces propres mots :

« Monsieur, si vous avez dit que je n'ai pas été secrétaire d'ambassade à Venise, vous avez menti ; et si je n'ai pas été secrétaire d'ambassade, et si je n'en ai pas eu les honneurs, c'est moi qui ai menti. »

J'ignorais que M. Jean-Jacques eût été secrétaire d'ambassade ; je n'en avais jamais dit un seul mot, parce que je n'en avais jamais entendu parler.

---

1. C'est du Peyrou qui dit cela. (ÉD.)

ANNÉE 1766.   107

Je montrai cette agréable lettre à un homme véridique, fort au fait des affaires étrangères, curieux, et exact : ces gens-là sont dangereux pour ceux qui citent au hasard. Il déterra les lettres originales, écrites de la main de Jean-Jacques, du 9 et du 13 d'auguste 1743[1], à M. du Theil, premier commis des affaires étrangères, alors son protecteur. On y voit ces propres paroles :

« J'ai été deux ans le domestique de M. le comte de Montaigu (ambassadeur à Venise)....J'ai mangé son pain...; il m'a chassé honteusement de sa maison...; il m'a menacé de me faire jeter par la fenêtre...., et, de pis, si je restais plus longtemps dans Venise..., etc. »

Voilà un secrétaire d'ambassade assez peu respecté, et la fierté d'une grande âme assez peu ménagée. Je lui conseille de faire graver au bas de sa statue les paroles de l'ambassadeur au secrétaire d'ambassade.

Vous voyez, monsieur, que ce pauvre homme n'a jamais pu se maintenir sous aucun maître, ni se conserver aucun ami, attendu qu'il est contre la dignité de son être d'avoir un maître, et que l'amitié est une faiblesse dont un sage doit repousser les atteintes.

Vous dites qu'il fait l'histoire de sa vie; elle a été trop utile au monde, et remplie de trop grands événements, pour qu'il ne rende pas à la postérité le service de la publier. Son goût pour la vérité ne lui permettra pas de déguiser la moindre de ces anecdotes, pour servir à l'éducation des princes qui voudront être menuisiers comme Émile.

A dire vrai, monsieur, toutes ces petites misères ne méritent pas qu'on s'en occupe deux minutes; tout cela tombe bientôt dans un éternel oubli. On ne s'en soucie pas plus que des baisers âcres de la *Nouvelle Héloïse*, et de son faux germe, et de son doux ami, et des lettres de Vernet[2] à un lord qu'il n'a jamais vu. Les folies de Jean-Jacques, et son ridicule orgueil, ne feront nul tort à la véritable philosophie, et les hommes respectables qui la cultivent en France, en Angleterre, et en Allemagne, n'en seront pas moins estimés.

Il y a des sottises et des querelles dans toutes les conditions de la vie. Quelques ex-jésuites ont fourni à des évêques des libelles diffamatoires sous le nom de *Mandements* ; les parlements les ont fait brûler; cela s'est oublié au bout de quinze jours. Tout passe rapidement, comme les figures grotesques de la lanterne magique.

1. Les lettres de J. J. Rousseau sont des 8 et 15 août et 11 octobre 1744 : dans celle du 8 août, on lit :

« J'ose porter.... mes justes et très-respectueuses plaintes contre un ambassadeur du roi et contre un maître dont j'ai mangé le pain.... Il y a quatorze mois que je suis entré au service de M. le comte de Montaigu en qualité de secrétaire.... M. l'ambassadeur a enfin pris le parti de me congédier : je comptais que la chose se passerait avec l'honnêteté accoutumée entre un maître qui a de la dignité, et un domestique honorable à qui quelques défauts particuliers ne doivent point ôter les égards dus à son état.... Enfin Son Excellence.... me propose, en termes très-nets, d'y souscrire (il s'agit d'un compte), ou de sauter par la fenêtre, jurant de m'y faire jeter sur-le-champ; et je vis le moment qu'elle se mettait en devoir d'exécuter sa menace elle-même.... Il m'ordonna, en me voyant sortir, de quitter son palais sur-le-champ, et de n'y remettre jamais les pieds. »

2. *Lettres critiques d'un voyageur anglais*. (ED.)

L'archevêque de Novogorod, à la tête d'un synode, a condamné l'évêque de Rostou à être dégradé et enfermé le reste de sa vie dans un couvent, pour avoir soutenu qu'il y a deux puissances, la sacerdotale et la royale. L'impératrice a fait grâce du couvent à l'évêque de Rostou. A peine cet événement a-t-il été connu en Allemagne et dans le reste de l'Europe.

Les détails des guerres les plus sanglantes périssent avec les soldats qui en ont été les victimes. Les critiques mêmes pièces de théâtre nouvelles, et surtout leurs éloges, sont ensevelis le lendemain dans le néant avec elles, et avec les feuilles périodiques qui en parlent. Il n'y a que les dragées du sieur Kayser[1] qui se soient un peu soutenues.

Dans ce torrent immense qui nous emporte et qui nous engloutit tous, qu'y a-t-il à faire ? Tenons-nous-en au conseil que M. Horace Walpole donne à Jean-Jacques, d'être sage et heureux. Vous êtes l'un, monsieur, et vous méritez d'être l'autre, etc. etc.

MMMMDCCCX. — DE FRÉDÉRIC II, ROI DE PRUSSE.

A Sans-Souci, le 24 octobre.

Si je n'ai pas l'art de vous rajeunir, j'ai toutefois le désir de vous voir vivre longtemps pour l'ornement et l'instruction de notre siècle. Que serait-ce des belles-lettres si elles vous perdaient? Vous n'avez point de successeur. Vivez donc le plus longtemps que cela sera possible.

Je vois que vous avez à cœur l'établissement de la petite colonie dont vous m'avez parlé[2]. Je suis embarrassé comment vous répondre sur bien des articles. Cette maison de Mailan dont vous me parlez, proche de Clèves, a été ruinée par les Français; et, autant que je me le rappelle, elle a été donnée en propriété à quelqu'un qui s'est engagé de la rétablir pour son usage. Les fermes que j'ai en ce pays-là s'amodient, et je ne saurais passer un contrat avec un autre fermier qu'après que l'échéance du bail sera terminée.

Cela n'empêchera pas que votre colonie ne s'établisse; et je crois que le moyen le plus simple serait que ces gens envoyassent quelqu'un à Clèves pour voir ce qui serait à leur convenance, et de quoi je puis disposer en leur faveur. Ce sera le moyen le plus court, et qui abrégera tous les malentendus auxquels l'éloignement des lieux et l'ignorance du local pourraient donner lieu.

Je vous félicite de la bonne opinion que vous avez de l'humanité. Pour moi, qui par les devoirs de mon état connais beaucoup cette espèce à deux pieds sans plumes, je vous prédis que ni vous ni tous les philosophes du monde ne corrigeront le genre humain de la superstition à laquelle il tient. La nature a mis cet ingrédient dans la composition de l'espèce : c'est une crainte, c'est une faiblesse, c'est une crédulité, une

---

[1]. Les pilules ou dragées de Kayser avaient eu de la vogue pendant quelques années. (ÉD.)

[2]. Il s'agissait d'établir à Clèves une petite colonie de philosophes français qui y pourraient dire librement la vérité, sans craindre ni ministres, ni prêtres, ni parlements. (Ed. de Kehl.)

précipitation de jugement qui par un penchant ordinaire entraîne les hommes dans le système du merveilleux.

Il est peu d'âmes philosophiques et d'une trempe assez forte pour détruire en elles les profondes racines que les préjugés de l'éducation y ont jetées. Vous en voyez dont le bon sens est détrompé des erreurs populaires, qui se révoltent contre les absurdités, et qui à l'approche de la mort redeviennent superstitieux par crainte, et meurent en capucins; vous en voyez d'autres dont la façon de penser dépend de leur digestion, bonne ou mauvaise.

Il ne suffit pas, à mon sens, de détromper les hommes; il faudrait pouvoir leur inspirer le courage d'esprit, ou la sensibilité et la terreur de la mort triompheront des raisonnements les plus forts et les plus méthodiques.

Vous pensez, parce que les quakers et les sociniens ont établi une religion simple, qu'en la simplifiant encore davantage, on pourrait sur ce plan fonder une nouvelle croyance. Mais j'en reviens à ce que j'ai déjà dit, et suis presque convaincu que si ce troupeau se trouvait considérable, il enfanterait en peu de temps quelque superstition nouvelle, à moins qu'on ne choisît, pour le composer, que des âmes exemptes de crainte et de faiblesse. Cela ne se trouve pas communément.

Cependant je crois que la voix de la raison, à force de s'élever contre le fanatisme, pourra rendre la race future plus tolérante que celle de notre temps; et c'est beaucoup gagner.

On vous aura l'obligation d'avoir corrigé les hommes de la plus cruelle, de la plus barbare folie qui les ait possédés, et dont les suites font horreur.

Le fanatisme et la rage de l'ambition ont ruiné des contrées florissantes dans mon pays. Si vous êtes curieux du total des dévastations qui se sont faites, vous saurez qu'en tout j'ai fait rebâtir huit mille maisons en Silésie; en Poméranie et dans la nouvelle Marche, six mille cinq cents; ce qui fait, selon Newton et Dalembert, quatorze mille cinq cents habitations.

La plus grande partie a été brûlée par les Russes. Nous n'avons pas fait une guerre aussi abominable; et il n'y a de détruit de notre part que quelques maisons dans les villes que nous avons assiégées, dont le nombre certainement n'approche pas de mille. Le mauvais exemple ne nous a pas séduits; et j'ai de ce côté-là ma conscience exempte de tout reproche.

A présent que tout est tranquille et rétabli, les philosophes, par préférence, trouveront des asiles chez moi partout où ils voudront; à plus forte raison l'ennemi de Baal, ou de ce culte que dans le pays où vous êtes on appelle *la prostituée de Babylone*.

Je vous recommande à la sainte garde d'Épicure, d'Aristippe, de Locke, de Gassend., de Bayle, et de toutes ces âmes épurées des préjugés que leur génie immortel a rendues des chérubins attachés à l'arche de la vérité.   Fédéric.

Si vous voulez nous faire passer quelques livres dont vous parlez, vous ferez plaisir à ceux qui espèrent en celui qui délivrera son peuple du joug des imposteurs.

MMMMDCCCXI. — A M. HELVÉTIUS.

Le 27 octobre.

Vous me donnez, mon illustre philosophe, l'espérance la plus consolante et la plus chère. Quoi! vous seriez assez bon pour venir dans mes déserts! Ma fin approche, je m'affaiblis tous les jours; ma mort sera douce, si je ne meurs point sans vous avoir vu.

Oui, sans doute, j'ai reçu votre réponse à la lettre que je vous avais écrite par l'abbé Morellet. Je n'ai pas actuellement un seul *Philosophe ignorant*. Toute l'édition que les Cramer avaient faite, et qu'ils avaient envoyée en France, leur a été renvoyée bien proprement par la chambre syndicale; elle est en chemin, et je n'en aurai que dans trois semaines. Ce petit livre est, comme vous savez, de l'abbé Tilladet; mais on m'impute tout ce que les Cramer impriment, et tout ce qui paraît à Genève, en Suisse, et en Hollande. C'est un malheur attaché à cette célébrité fatale dont vous avez eu à vous plaindre aussi bien que moi. Il vaut mieux, sans doute, être ignoré et tranquille que d'être connu et persécuté. Ce que vous avez essuyé pour un livre¹ qui aurait été chéri des La Rochefoucauld doit faire frémir longtemps tous les gens de lettres. Cette barbarie m'est toujours présente à l'esprit, et je vous en aime toujours davantage.

Je vous envoie une petite brochure d'un avocat de Besançon², dans laquelle vous verrez des choses relatives à une barbarie bien plus horrible. Je crains encore qu'on ne m'impute cette petite brochure. Les gens de lettres, et même nos meilleurs amis, se rendent les uns aux autres de bien mauvais services, par la fureur qu'ils ont de vouloir toujours deviner les auteurs de certains livres. De qui est cet ouvrage attribué à Bolynbroke, à Boulanger, à Fréret? Eh! mes amis, qu'importe l'auteur de l'ouvrage? ne voyez-vous pas que le vain plaisir de deviner devient une accusation formelle dont les scélérats abusent? Vous exposez l'auteur que vous soupçonnez; vous le livrez à toute la rage des fanatiques; vous perdez celui que vous voudriez sauver. Loin de vous piquer de deviner si cruellement, faites au contraire tous les efforts possibles pour détourner les soupçons. Aidons-nous les uns les autres dans la cruelle persécution élevée contre la philosophie. Est-il possible que cette philosophie ne nous réunisse pas! Quoi! de misérables moines n'auront qu'un même esprit, un même cœur; ils défendront les intérêts du couvent jusqu'à la mort; et ceux qui éclairent les hommes ne seront qu'un troupeau dispersé, tantôt dévorés par les loups, et tantôt se donnant les uns aux autres des coups de dents! L'abominable conduite de Jean-Jacques fait plus de tort à la philosophie que des mandements d'évêques; mais ce Judas de la troupe ne doit pas décourager les autres apôtres.

Qui peut rendre plus de services que vous à la raison et à la vertu? qui peut être plus utile au monde, sans se compromettre avec les per-

1. Le livre de l'Esprit. (ÉD.)
2. Commentaire sur le livre Des délits et des peines. (ÉD.)

vous? Que de choses j'aurais à vous dire, et que j'aurai de plaisir à vous ouvrir mon cœur et à lire dans le vôtre, si je ne meurs pas sans vous avoir embrassé! Du moins je vous embrasse de loin, et c'est avec une amitié égale à mon estime.

MMMMDCCCXII. — A M. LE MARÉCHAL DUC DE RICHELIEU.

27 octobre.

En vérité, monseigneur, vous m'avez écrit une lettre admirable. Vous avez raison en tout. Votre esprit est digne de votre cœur. Vous voyez les choses précisément comme elles sont, ce qui est bien rare. Pourquoi n'êtes-vous pas du conseil? vous y opineriez comme vous avez combattu. C'est la seule chose qui manque à votre brillante carrière. Je n'ai point voulu écrire à mon héros avant de connaître un peu son protégé. Il a très-peu de goût pour le christianisme. Je ne sais si vous lui en ferez un crime. Quant à moi, je lui ai fortement représenté la nécessité de reconnaître un dieu vengeur du vice, et rémunérateur de la vertu. Je l'ai heureusement trouvé convaincu de ces vérités, repentant de ses fautes, pénétré de vos bontés passées et à venir. Il a infiniment d'esprit, une grande lecture, une imagination toute de feu, une mémoire qui tient du prodige, une pétulance et une étourderie bien plus grandes. Mais il n'est question que de cultiver et corriger. Laissez-moi faire. Vous étiez très-bon physionomiste il y a quinze ans, lorsque vous prédîtes qu'il serait un grand sujet en bien ou en mal; car son cœur est aussi susceptible de l'un que de l'autre. J'espère le déterminer au premier.

Il y a quelque temps qu'il alla voir Mme la générale de Donop, veuve du premier ministre de Hesse, dont le château est à deux lieues de chez moi. Son esprit et sa figure lui donnèrent un accès facile auprès de cette dame, avec qui il soupe souvent. S'il n'y couche pas, c'est que cette jeune veuve a plus de soixante-dix ans, et que ses femmes de chambre en ont autant. Il y est fêté, et cette bonne dame a la complaisance de l'appeler M. le marquis, tout comme le petit Villette. Je n'ai pu, aussitôt son arrivée, le faire manger à ma table, parce que j'avais alors à la maison des personnes à qui je devais du respect; et je vous dirai que depuis plus de quinze jours ma déplorable santé me condamne à la solitude, quand mes moines sont au réfectoire; et je crains fort qu'après avoir mangé et soupé tête à tête avec des générales, il ne dédaigne la table d'un pauvre citadin, dont la maison n'est pas celle d'un gouverneur de province. Au reste, mon secrétaire et sa femme, avec qui Gallien mange, sont de très-bonne famille. Enfin vous ne m'aviez pas ordonné de le faire manger à la table de Mme Denis. Il a bien envie de mettre en œuvre les recherches qu'il a faites sur la province de Dauphiné, et d'en donner une petite histoire dans le goût du président Hénault; mais je ne sais rien ou pas grand'chose dans ma bibliothèque qui puisse seconder son envie, et il n'a apporté de Paris que *les Amours du père La Chaise*[1], pour commencer son ouvrage, qui étant fait sous mes

1. C'est le second volume de l'*Histoire du P. La Chaise*, 1696. (ÉD.)

yeux, et vous étant dédié par votre petit élève, pourrait l'annoncer avantageusement dans le monde. Ses parents sont auprès de Grenoble, où il peut les voir, et acheter à peu de frais le peu de livres qui lui sont nécessaires. Il m'a dit qu'il vous en écrivait; j'attends vos ordres là-dessus avant de rien faire. Cet enfant aurait besoin de quelques petits secours pour son entretien. J'ai cru voir par votre lettre que votre intention était que je les lui donnasse. Faites-moi connaître vos ordres là-dessus, je les suivrai ponctuellement. Il faut avouer que ce que vous avez fait pour lui depuis quinze ans est une des belles actions de votre vie. Vous devez le regarder comme un dépôt confié à mes soins, comme votre futur secrétaire. Il est très en état d'en devenir un du premier ordre. L'esprit est une grande ressource. Comme je vous instruirai exactement de la manière dont il tournera, vous ne lui ferez pas sentir que vous êtes instruit de rien par mon canal. Il n'aurait plus de confiance en moi, et il en a beaucoup, car il me dit tout ce qu'il pense. Mais, avant de penser à ses fautes, qui ne sont encore qu'idéales, je vais vous parler des miennes, qui sont réelles, et qui seraient bien plus grandes encore, si je tenais en effet école de raison. Mais on m'impute tous les jours des livres auxquels je n'ai pas la moindre part, et que même je n'ai pas lus. L'indiscrétion de ceux qui me viennent voir relève toutes mes paroles. C'est un malheur attaché au dangereux avantage d'une célébrité que je maudis. Quand on est un homme public, il faut être un homme puissant, ou l'on est écrasé de tous les côtés. J'ai des protecteurs dans toute l'Europe, à commencer par le roi de Prusse, qui est revenu à moi entièrement; mais je me flatte que je n'aurai aucun besoin de ces appuis; je crois avoir pris mes mesures pour mourir tranquille.

Je conviens de tout ce que vous me dites sur ces plats huguenots et sur leurs impertinentes assemblées. Savez-vous bien qu'ils m'aiment à la folie, et que, si j'étais parmi eux, j'en ferais ce que je voudrais? Cela paraît ridicule, mais je ne désespérerais pas de les empêcher d'aller au désert. A l'égard de cette pauvre famille d'Espinas, voyez ce que vous pouvez faire sans compromettre votre crédit. Il me semble que quand on délivre un homme des galères, il ne faut pas le condamner à mourir de faim. On doit faire grâce entière. Il faut lui rendre son bien. J'ose encore vous conjurer de dire un mot à M. de Saint-Florentin. Vous ne lui direz pas sans doute que c'est moi qui vous en ai supplié.

Me permettez-vous de mettre dans votre paquet, qui est déjà bien long, un petit mot pour Mme de Saint-Julien?

Agréez mon profond respect et mon attachement inviolable.

MMMMDCCCXIII. — A M. DAMILAVILLE.

28 octobre.

On aurait bien dû m'avertir, mon cher ami, que j'étais fourré dans la querelle du philosophe bienfaisant[1] et du petit singe ingrat[2]. Vous

[1] Hume, qui avait obtenu du roi d'Angleterre une pension pour J. J. Rousseau. (ÉD.)
[2] J. J. Rousseau. (ÉD.)

savez que je vous ai toujours dit que je ne connaissais pas cette lettre qu'on prétend que j'avais écrite à Jean-Jacques. Si vous la retrouvez, faites-moi le plaisir de me l'envoyer; je veux voir si cette lettre est aussi plaisante que je le souhaite. Renvoyez-moi donc les trois lettres de ce Huron, écrites à M. du Theil.

Le projet de ce pauvre Boursier ne reste sans exécution que parce que vous ne lui fournissez pas les secours nécessaires. S'il avait seulement deux personnes de votre caractère, il se flatterait bien de réussir. Ces deux personnes ne risqueraient rien de faire le voyage. Est-il possible que personne ne veuille entreprendre une chose si importante et si aisée, lorsqu'on est sûr de la plus grande protection !

Point de nouvelles de Meyrin. Êtes-vous bien sûr que le paquet a été mis à la diligence? Mes maladies augmentent tous les jours. Je m'imagine que l'élixir de Boursier pourrait seul me faire du bien; mais il faudrait que ce fût vous qui le préparassiez.

Je vous prie, mon cher ami, de faire mettre une enveloppe à la lettre de M. Dalembert, et d'envoyer l'autre à son adresse.

Comme je vous embrasse !

MMMMDCCCXIV. — A M. LE COMTE DE ROCHEFORT.

A Ferney, 19 octobre.

Puissiez-vous, mon chevalier, passer par chez nous en allant en Italie avec M. Duclos; et quand vous serez à Ferney, puissent les neiges et les glaces vous boucher tous les chemins !

J'ai lu le procès de l'ingratitude contre la générosité. Ce Jean-Jacques me paraît un charlatan fort au-dessus de ceux qui jouent sur les boulevards. C'est une âme pétrie de boue et de fiel. Il mériterait la haine, s'il n'était accablé du plus profond mépris.

On m'a mandé beaucoup de bien de Mlle Durancy. Le public, qui d'abord l'avait mal reçue, a changé d'avis. Cela lui arrive souvent à ce bon public; c'est une assemblée de fous qui devient sage à la longue.

Recevez, mon chevalier, mes tendres remercîments de votre souvenir, et les sincères compliments de Mme Denis, et de tout notre petit ermitage.

MMMMDCCCXV. — A M. DAMILAVILLE.

29 octobre.

Point de nouvelles de Meyrin, mon cher ami; mais j'en ai du moins reçu du prophète Élie. Il dit qu'il a fini à la fin son factum pour les Sirven; qu'à son retour à Paris, il va le faire signer par des avocats, et le faire imprimer. Dieu le veuille ! Je vois qu'il est occupé d'affaires intéressantes et épineuses. Son procès devenu personnel contre Mme de Rotichérolles, son autre procès pour les biens que réclame madame sa femme, me font une extrême peine. Mais enfin nous avons entrepris

1. *La Lettre du docteur Pansophe*, par Ch. Bordes. (ÉD.)

l'affaire des Sirven, il faut en venir à bout. Nous aurons gagné notre procès, si cette aventure sert à inspirer la tolérance et l'humanité à des cœurs barbares qui ne les ont point connues.

Mandez-moi ce qu'on pense du procès de l'ingratitude contre la bienfaisance. Ce charlatan de Jean-Jacques n'est-il pas le mépris de tous ceux qui ont le sens commun, et l'exécration de tous ceux qui ont un cœur? Mes deux conseillers[1] sont partis, mais l'un s'en va à sa terre d'Hornoy, l'autre à son abbaye. J'espère que vous les verrez cet hiver. Puisque je ne jouis pas de la consolation de votre société, il faut au moins que ma famille en jouisse.

Informez-vous, je vous prie, de ce qu'est devenu le paquet de Meyrin. Ne l'aurait-on pas fait partir par les rouliers, au lieu de le mettre à la diligence? Délivrez-moi de cette inquiétude.

On annonce un livre qui me tente; il est intitulé *Recherches des découvertes attribuées aux modernes*[2]. Envoyez-le-moi, je vous prie, s'il en vaut la peine.

Voulez-vous bien faire dire à Merlin qu'il se prépare à payer, au commencement de l'année prochaine, les mille livres qu'il doit à son correspondant de Genève? Ces mille livres appartiennent au sieur Wagnière. Merlin en devait payer cinq cents au mois de juin passé. J'en ai le billet; je le chercherai quand je me porterai mieux, et je vous l'enverrai.

Bonsoir, mon cher ami. Voici une lettre que je vous prie de faire remettre chez M. Élie de Beaumont.

Renvoyez-moi donc les lettres de Jean-Jacques.

MMMMDCCCXVI. — AU MÊME.

31 octobre.

Mon cher ami, ce pauvre Boursier est bien à plaindre : le paquet de Meyrin, sur lequel il avait fondé tant d'espérances, est sans doute perdu. Voyez, je vous en prie, s'il a été mis à la diligence de Lyon. Il faut que le commissionnaire que vous en avez chargé vous ait trompé. Il n'est nullement vraisemblable que ce paquet ait été égaré. Ayez la bonté de m'envoyer la feuille d'avis ou la copie de cet article du registre de Paris. Je la ferai représenter aux directeurs de Lyon, et je saurai au moins ce que le paquet est devenu. Mandez-moi ce qu'il contenait. Le monde est bien méchant!

Je me flatte qu'il y a quelque lettre de vous en chemin, qui m'apprendra ce qu'on pense dans le monde du procès de l'ingrat Rousseau contre le généreux Hume. Serait-il possible que ce malheureux Jean-Jacques eût encore des partisans à Paris? Si on m'avait averti que Jean-Jacques me mêlait dans ce procès, et qu'il m'accusait de lui avoir écrit en Angleterre, j'aurais pu vous fournir une petite réponse qui pourrait être le pendant de la lettre de M. Walpole. S'il en était encore temps,

---

1. D'Hornoy, petit-neveu de Voltaire, et Mignot, neveu de Voltaire. (ÉD.)
2. *Recherches sur l'origine des découvertes attribuées aux modernes*, par Dutens. (ÉD.)

je vous enverrais mon petit écrit, que vous pourriez joindre aux autres pièces du procès.

Bonsoir, mon très-cher ami ; je suis bien affligé.

MMMMDCCCXVII. — A M. BERTRAND.

A Ferney, 31 octobre.

Je voudrais, monsieur, que la maison de Lausanne fût encore à moi, elle serait bientôt à vous.

Mais voici ce qui m'arriva : feu M. de Mont-Rond, en faisant son marché avec moi, me demanda combien j'avais encore de temps à vivre ; je me fis fort de vivre neuf ans : cela parut exorbitant, mais je n'en démordis point, et je fis mon marché pour neuf ans ; le contrat fut dressé sur ce pied-là ; les neuf années sont révolues, je vis encore, et M. de Mont-Rond est mort ; la maison ne m'appartient plus. Si j'avais su que vous voulussiez un jour vous transplanter à Lausanne, j'aurais pris le parti de vivre plus longtemps, et de faire un meilleur marché. Si vous étiez un vrai philosophe, si vous aimiez la retraite, j'ai un petit ermitage auprès de Ferney que je vous céderais de tout mon cœur, et qui ne vous coûterait rien, pas même de remercîments, car cela n'en mérite pas. Mais je vois que vous aimez le grand monde, et que la superbe ville de Lausanne est l'objet de vos tendres souhaits. Les miens sont de vous revoir. Je vais prévenir M. Dalembert de votre arrivée à Paris ; il vous connaîtra avant de vous avoir vu : il vaut mieux prendre ce parti que de vous envoyer une lettre pour lui, qui augmenterait le port considérablement.

Le procès de Jean-Jacques contre M. Hume est le procès de l'ingratitude contre la générosité. Jean-Jacques est un monstre. Savez-vous bien que ce fou avait persuadé à ses amis que je cabalais avec vous pour le faire chasser de la Suisse? C'est le plus détestable extravagant que j'aie jamais connu. Cette dernière aventure achève de le couvrir d'opprobre. Je ne crois pas qu'il puisse vivre en Angleterre ; il faut qu'il aille chez vos Patagons hauts de neuf pieds : quoiqu'il n'en ait qu'environ quatre et demi, il leur prouvera qu'il est plus grand qu'eux.

Adieu, mon cher philosophe, je vous embrasse tendrement. Je serai enchanté de vous revoir.

MMMMDCCCXVIII. — DE FRÉDÉRIC, LANDGRAVE DE HESSE-CASSEL.

Au château de Weissenstein, près Cassel, 1er novembre.

Monsieur, Mme Galatin vous a dit vrai ; j'aime mieux avoir quelques vers sortis de votre plume que de toute autre. L'esprit, et le véritable esprit, y brille partout. L'*Épître à Uranie* est un ouvrage admirable, et tous ceux à qui le fanatisme et la superstition n'ont pas fermé les yeux pensent comme moi. *La Mule du pape* est charmante, on y découvre aisément son auteur. Personne n'est en état de dire de si jolies choses, et de leur donner une tournure si agréable.

Les prédicants calvinistes sont un peu (à ce qu'il m'a paru pendant le peu de séjour que j'ai fait à Genève) brouillés avec eux-mêmes sur des points capitaux de la religion.

J'ai fait depuis quelque temps des réflexions sur Moïse et sur quelques histoires du *Nouveau Testament* qui m'ont paru être justes. Est-ce que Moïse ne serait pas un bâtard de la fille de Pharaon que cette princesse aurait fait élever? Il n'est pas à croire qu'une fille de roi ait eu tant de soin d'un enfant israélite, dont la nation était en horreur aux Égyptiens. Le serpent d'airain ne ressemble pas mal au dieu d'Esculape; les chérubins, au sphinx; les bœufs, qui étaient sous la mer d'airain où les Israélites faisaient les ablutions, au dieu Apis. Enfin il paraît que Moïse avait donné à ce peuple beaucoup de cérémonies religieuses qu'il avait prises de la religion des Égyptiens. Pour ce qui est du *Nouveau Testament*, il y a des histoires dans lesquelles je souhaiterais d'être mieux instruit. Le massacre des innocents me paraît incompréhensible. Comment le roi Hérode aurait-il pu faire égorger tous ces petits enfants, lui qui n'avait pas le droit de vie et de mort, comme nous le voyons dans l'histoire de la Passion, et que ce fut Ponce-Pilate, gouverneur des Romains, qui condamna Jésus-Christ à la mort? Pourquoi est-ce que Josèphe n'en parle pas, ni aucun écrivain romain? La prière au jardin des Olives me paraît aussi un miracle de ce qu'elle est parvenue jusqu'à nous; car les Apôtres ont dormi, le Seigneur les a éveillés jusqu'à trois fois; à la troisième fois, Judas, avec sa cohorte, vint pour l'enlever; ainsi il n'a pas pu leur faire part de cette prière. L'ascension me paraît une histoire qui n'est pas bien claire. L'évangéliste saint Matthieu, qui est le plus précis des quatre dans sa narration, n'en dit pas un mot. Saint Marc le fait monter au ciel d'une chambre où les onze apôtres étaient à table; saint Luc, du chemin de Béthanie; saint Jean n'en parle pas; et le premier chapitre des *Actes des Apôtres* le fait monter au ciel d'une haute montagne où une nue descendit pour l'enlever. Que je serais charmé si je pouvais m'entretenir ici avec vous sur toutes ces choses, comme vous me le faites espérer! Soyez toujours persuadé que je ne négligerai aucune occasion où je pourrai vous réitérer de bouche les assurances de l'amitié sincère et de la parfaite considération avec lesquelles je suis votre, etc., FRÉDÉRIC.

MMMMDCCCXIX. — DE M. LE DUC DE LA VALLIÈRE.

A Paris, le 1er novembre.

Quand j'aurais moins d'amitié pour vous, monsieur, le respect qu'on doit à la vérité me forcerait de lui rendre hommage, en déclarant, le plus authentiquement qu'il est possible, que la lettre que vous m'avez adressée, et qui commence par ces mots : *Votre procédé est de l'ancienne chevalerie*, est falsifiée en beaucoup d'endroits dans le recueil où elle est imprimée.

Mon indignation est d'autant plus juste, qu'on vous fait dire du mal de gens que vous avez toujours aimés et respectés, et qu'on vous y donne un caractère qui certainement a toujours été fort éloigné de votre façon de penser. C'est une justice que je vous dois, et que je suis peut-être plus à portée de rendre que personne, par la liaison que j'ai eue avec vous pendant votre séjour à Paris, et par la correspondance que j'ai été charmé d'entretenir depuis que vous en êtes parti.

J'ajouterai encore que j'ai trouvé la même infidélité dans la lettre à M. Deodati de Tovazzi, qui est indignement altérée dans cette collection.

Vous ferez, monsieur, de ma lettre l'usage que vous voudrez. Je serai enchanté de faire un aveu public de l'estime que m'inspire la supériorité de vos talents, et de la juste indignation que me causent de pareilles falsifications. Le duc de La Vallière.

MMMMDCCCXX. — A M. DAMILAVILLE.

3 novembre.

Je reçois votre lettre du 27, mon cher et vertueux ami. Vous ne me mandez point ce que pense le public de la folie et de l'ingratitude de Jean-Jacques. Il semble qu'on ait trouvé de l'éloquence dans son extravagante lettre à M. Hume. Les gens de lettres ont donc aujourd'hui le goût bien faux et bien égaré. Ne savent-ils pas que la première loi est de conformer son style à son sujet? C'est le comble de l'impertinence d'affecter de grands mots quand il s'agit de petites choses. La lettre de Rousseau à M. Hume est aussi ridicule que le serait M. Chicaneau, s'il voulait s'exprimer comme Cinna et comme Auguste. On voit évidemment que ce charlatan, en écrivant sa lettre, songe à la rendre publique. L'art y paraît à chaque ligne; il est clair que c'est un ouvrage médité, et destiné au public. La rage d'écrire et d'imprimer l'a saisi au point qu'il a cru que le public, enchanté de son style, lui pardonnerait sa noirceur, et qu'il n'a pas hésité à calomnier son bienfaiteur, dans l'espérance que sa fausse éloquence fera excuser son infâme procédé.

L'enragé qu'il est m'a traité beaucoup plus mal encore que M. Hume; il m'a accusé, auprès de M. le prince de Conti et de Mme la duchesse de Luxembourg, de l'avoir fait condamner à Genève, et de l'avoir fait chasser de Suisse. Il le dit en Angleterre à qui veut l'entendre. Ce n'est pas qu'il le croie; mais c'est qu'il veut me rendre odieux. Et pourquoi veut-il me rendre odieux? parce qu'il m'a outragé, parce qu'il m'écrivit, il y a plusieurs années, des lettres insolentes et absurdes, pour toute réponse à la bonté que j'avais eue de lui offrir une maison de campagne auprès de Genève. C'est le plus méchant fou qui ait jamais existé. Un singe qui mord ceux qui lui donnent à manger est plus raisonnable et plus humain que lui.

Comme je me trouve impliqué dans ces accusations contre M. Hume, j'ai été obligé d'écrire à cet estimable philosophe un détail succinct de mes bontés pour Jean-Jacques, et de la singulière ingratitude dont il m'a payé. Je vous en enverrai une copie.

En attendant, je vous demande en grâce de faire voir à M. Dalembert ce que je vous écris. Il s'est cru obligé de se justifier de l'accusation intentée contre lui par Jean-Jacques d'avoir voulu se moquer de lui. L'accusation que j'essuie depuis près de deux ans est un peu plus sérieuse. Je serais un barbare si j'avais en effet persécuté Rousseau; mais je serais un sot, si je ne prenais pas cette occasion de le confondre, et de faire voir sans réplique qu'il est le plus méchant coquin qui ait jamais déshonoré la littérature.

Ce qui m'afflige, c'est que je n'ai aucune nouvelle de Meyrin. Je me porte toujours fort mal. Je vous embrasse tendrement et douloureusement.

MMMMDCCCXXI. — DE FRÉDÉRIC II, ROI DE PRUSSE.

A Sans-Souci, le 3 novembre.

Je ne suis pas le seul qui remarque que le génie et les talents sont plus rares en France et en Europe dans notre siècle, qu'à la fin du siècle précédent. Il vous reste trois poëtes, mais qui sont du second ordre : La Harpe, Marmontel, et Saint-Lambert. Les injustices qui se font à Abbeville n'empêchent pas qu'un Parisien de génie n'achève une bonne tragédie.

Il est sans doute affreux d'égorger des inn...ents avec le glaive de la loi; mais la nation en rougit; mais le gouvernement pensera sans doute à prévenir de tels abus. Il faut encore considérer que plus un État est vaste, plus il est exposé à ce que des subalternes abusent de l'autorité qui leur est confiée. Le seul moyen de l'empêcher est d'obliger tous les tribunaux du royaume de ne mettre en exécution les arrêts de mort qu'après qu'un conseil suprême a revu la procédure et confirmé leur sentence.

Il me semble que le jeune poëte, auteur du *Triumvirat*, n'a pas plus que soixante-treize ans. J'en juge ainsi, parce qu'un commençant ne connaît ni ne sent des nuances aussi fines qu'il en est dans le caractère d'Octave; que les deux actes que j'ai lus sont sans déclamation, et d'une simplicité qui ne plaît qu'après avoir épuisé toutes les fusées de la rhétorique. En supposant même qu'un jeune homme ait fait cet ouvrage, il est sûr qu'un sage l'a retouché et refondu. Vous m'en avez donné trop et trop peu pour vous arrêter en si beau chemin. Je vous compare aux rois : il en coûte à obtenir leur premier bienfait; celui-là donné, on les accoutume à donner de même.

J'ai lu votre article *Julien* avec plaisir. Cependant j'aurais désiré que vous eussiez plus ménagé cet abbé de La Bletterie : tout dévot, tout janséniste qu'il est, il a le premier rendu hommage à la vérité; il a rendu justice, quoique avec des ménagements qu'il lui convenait de garder; il a rendu justice, dis-je, au caractère de Julien. Il ne l'a point appelé *apostat*. Il faut tenir compte à un janséniste de sa sincérité. Je crois qu'il aurait été plus adroit de lui donner des éloges, comme on applaudit à un enfant qui commence à balbutier, pour l'encourager à mieux faire.

Le passage d'Ammien Marcellin est interpolé sans doute : vous n'avez, pour vous en convaincre, qu'à lire ce qui précède et ce qui suit. Ces deux phrases se lient si bien, que la fraude saute aux yeux. C'était le bon temps dans les premiers siècles : on accommodait les ouvrages à son gré. Josèphe s'en est ressenti également; l'Évangile de Jean de même. Tout ce qui m'étonne, c'est que messieurs les correcteurs ne se soient pas aperçus de certaines incongruités qu'ils auraient pu rectifier avec un coup de plume, comme la double généalogie, la prophétie dont vous faites mention, et nombre d'erreurs de noms de villes, de géographie, etc., etc. : les ouvrages marqués au sceau de l'humanité, c'est-à-dire pleins de bévues, d'inconséquences, de contradictions, devaient ainsi se déceler eux-mêmes. L'abrutissement de l'espèce humaine, durant tant de siècles, a prolongé le fanatisme. Enfin vous avez été le Bellérophon qui a terrassé cette Chimère.

Vivez donc pour achever d'en disperser les restes. Mais surtout songez que le repos et la tranquillité d'esprit sont les seuls biens dont nous puissions jouir pendant notre pèlerinage, et qu'il n'est aucune gloire qui en approche. Je vous souhaite ces biens, et je jure par Épicure et par Aristide que personne de vos admirateurs ne s'intéresse plus que moi à votre félicité.   FÉDÉRIC.

MMMMDCCCXXII. — A M. LE COMTE D'ARGENTAL.

3 novembre.

Mes divins anges, pour peu que l'état où je suis continue ou empire, vous serez mal servis. Il faut de la force pour traiter le beau sujet, l'intéressant sujet, mais le difficile sujet que j'ai trouvé[1]. J'ai besoin d'une santé que je n'ai pas; j'ai besoin surtout du recueillement et de la tranquillité qu'on m'arrache. Le couvent que j'ai bâti pour vivre en solitaire ne désemplit point d'étrangers; et vous savez quelles horreurs, soit de Paris, soit d'Abbeville, ont troublé mon repos et affligé mon âme.

Voilà encore ce malheureux charlatan J. J. Rousseau qui sème toujours la tracasserie et la discorde dans quelque lieu qu'il se réfugie. Ce malheureux a persuadé à quelques personnes du parti opposé à celui de M. Hume que je m'entendais contre lui avec ce même Hume qui l'a comblé de bienfaits. Ce n'est pas assez de le payer de la plus noire ingratitude, il prétend que je lui ai écrit à Londres une lettre insultante, moi qui ne lui ai pas écrit depuis environ neuf ans. Il m'accuse encore de l'avoir fait chasser de Genève et de Suisse; il me calomnie auprès de M. le prince de Conti et de Mme la duchesse de Luxembourg; il me force enfin de m'abaisser jusqu'à me justifier de ces ridicules et odieuses imputations. La vie d'un homme de lettres est un combat perpétuel, et on meurt les armes à la main.

Cela ne m'empêchera pas de traiter mon beau sujet, pourvu que la nature épuisée accorde encore cette consolation à ma vieillesse. Je serai soutenu par l'envie de faire quelque chose qui puisse vous plaire.

La troupe de Genève, qui n'est pas absolument mauvaise, se surpassa hier en jouant *Olympie*; elle n'a jamais eu un si grand succès. La foule qui assistait à ce spectacle le redemanda pour le lendemain à

1. *Les Scythes.* (Éd.)

grands cris. Je suis persuadé que Mlle Durancy ferait réussir bien davantage *Olympie* à Paris; et, par tout ce que j'apprends d'elle, je juge qu'elle jouerait mieux le rôle d'Olympie que Mlle Clairon. Tâchez de vous donner ce double plaisir; mais je vous avoue que je voudrais qu'on ne retranchât rien à la pièce. Toute mutilation énerve le corps et le défigure. Je n'ai point vu la représentation donnée à Genève; je ne sors guère de mon lit depuis longtemps, mais je sais qu'on a joué la pièce d'après l'édition des Cramer, et je suis un peu déshonoré à Paris par l'édition de Duchesne.

Au reste, mes anges ne manqueront pas de pièces de théâtre. M. de Chabanon est bien avancé; La Harpe vient demain travailler chez moi. Si je vous suis inutile, mes élèves ne vous le seront pas.

J'espère enfin qu'Élie de Beaumont va faire jouer la tragédie des Sirven. Il est comme moi : il a été accablé de tracasseries et de chagrins, mais il travaille à sa pièce.

Vous m'assurez, mes divins anges, que M. le duc de Praslin trouve bon que j'emploie la protection dont il m'honore auprès de M. du Clairon, commissaire de la marine à Amsterdam, au sujet de ces lettres défigurées que l'éditeur de Rousseau a imprimées, et des notes infâmes dans lesquelles le seul Rousseau est loué, et presque toute la cour de France traitée d'une manière indigne et punissable. Ces notes ont été faites à Paris, et il ne serait pas mal de connaître le scélérat. Un mot d'un premier commis, au nom de M. le duc de Praslin, suffirait à M. du Clairon.

Que mes anges agréent toujours ma tendresse inaltérable et respectueuse.

MMMMDCCCXXIII. — A M. DE CHABANON.

A Ferney, 2 novembre.

Vous êtes donc, monsieur, tout à travers les ruines de l'empire romain, et vous faites pleurer votre Eudoxie sur les décombres de Rome. Quand aurai-je le plaisir de mêler mes larmes aux siennes? Quand pourrai-je lire cet ouvrage, auquel je m'intéresse presque autant qu'à son auteur? Quelque bon qu'il soit, il sera fort difficile qu'il soit aussi aimable que vous.

Vous prétendez donc que j'ai été amoureux dans mon temps tout comme un autre? vous pourriez ne vous pas tromper. Quiconque peint les passions les a senties, il n'y a guère de barbouilleur qui n'ait exploité ses médailles. Voyez J. J. Rousseau : il traîne avec lui la belle Mlle Levasseur, sa blanchisseuse, âgée de cinquante ans, à laquelle il a fait trois enfants, qu'il a pourtant abandonnés pour s'attacher à l'éducation du seigneur Émile, et pour en faire un bon menuisier. C'est un grand charlatan et un grand misérable que ce J. J. Rousseau. J'aime mieux le charlatane Mlle Durancy, qui enchante le public, et à laquelle vous confierez probablement le rôle d'Eudoxie ou Eudocie.

Jouissez, monsieur, de tous vos talents, qui font votre gloire et votre bonheur. Jouissez de vos passions, partagez-vous entre le travail et les plaisirs, et n'oubliez pas un vieux solitaire si sensiblement pénétré de tout ce que vous valez.

Mme Denis vous fait mille tendres compliments.

MMMMDCCCXXIV. — A M. DU CLAIRON.

Au château de Ferney, 4 novembre.

Lorsque j'eus l'honneur de vous écrire, monsieur, je n'avais point encore lu la page 166, où l'auteur des notes a l'insolence et la mauvaise foi de vous accuser d'avoir volé le manuscrit de la tragédie de *Cromwell* à M. Morand votre ami.

J'avais parcouru seulement quelques endroits de cet ouvrage punissable. J'avais surtout remarqué la page 16 des trois lettres ajoutées après coup à l'édition; on lit ces mots dans cette page 16 : « Il est donc presque impossible, mon cher Philinte, qu'il y ait jamais un grand homme parmi nos rois, puisqu'ils sont abrutis et avilis dès le berceau par une foule de scélérats qui les environnent et les obsèdent jusqu'au tombeau. »

J'étais indigné, avec non moins de raison, de voir une lettre, que j'avais écrite en 1761 à M. Deodati, défigurée d'une manière bien cruelle. On y déchire M. le prince de Soubise, à qui j'avais donné les plus justes éloges. On l'insulte avec la malignité la plus outrageante : c'est à la page 98.

Il y a vingt atrocités pareilles contre des ministres, contre des hommes en place; j'ai été forcé de recourir au témoignage de ceux à qui j'avais écrit ces lettres, que le faussaire a falsifiées. Vous sentez, monsieur, combien il est important de mettre un frein, si on peut, à ces iniquités qui déshonorent la librairie. Je ne vous dirai pas que votre intérêt vous y engage, ce serait peut-être une raison pour vous empêcher d'agir; mais il importe de découvrir un scélérat qui a insulté les plus grands seigneurs du royaume.

Vous êtes à portée de le découvrir, soit en tirant ce secret de Marc-Michel Rey, imprimeur de Jean-Jacques Rousseau, soit en vous adressant à MM. les bourgmestres d'Amsterdam. Je puis vous assurer, monsieur, que les ducs de Choiseul et de Praslin ne vous sauront pas mauvais gré des soins que vous aurez pris pour arrêter ces infamies. Ils sont trop grands, à la vérité, pour être sensibles aux satires d'un malheureux, qui ne mérite que le mépris; mais ils sont trop justes et trop amis du bon ordre pour ne pas réprimer une audace trop longtemps soufferte.

Pour moi, monsieur, je vous avoue que ce petit événement, tout désagréable qu'il est, me laisse une grande consolation dans le cœur, puisqu'il a servi à renouer notre correspondance, et qu'il me donne une occasion de vous renouveler les sentiments de la véritable estime que vous m'avez inspirée, et de vous dire avec combien de vérité j'ai l'honneur d'être de tout mon cœur, monsieur, votre très-humble et très-obéissant serviteur.

MMMMDCCCXXV. — A M. DAMILAVILLE.

5 novembre.

J'espère, mon cher ami, que ce petit paquet vous parviendra. Celui de Meyrin est perdu, à ce que je vois. Je ne sais pas ce qu'il contenait; mais si ce sont des choses qui vous intéressent, vous et ce pauvre M. Boursier, il faut ne rien négliger pour en savoir des nouvelles.

Il arrive quelquefois que de petits paquets restent dans un coin, et sont négligés par les commis de la diligence. Il se peut aussi que vous ayez oublié de faire écrire ce que le paquet contenait. L'inadvertance d'un cocher peut encore être cause de cette perte. J'ai écrit à Lyon, agissez à Paris; mettez-moi au fait, et tâchons de retrouver notre paquet.

On a joué *Olympie* cinq jours de suite à Genève. Vous voyez que Jean-Jacques a eu raison de dire que je corrompais sa république. Je n'ai pas été témoin de cette horrible dépravation de mœurs. Je suis toujours dans mon lit, et toujours me consolant par votre amitié.

Mais renvoyez-moi donc les trois lettres de Jean-Jacques. Je m'étais trompé sur les dates; il faut que je les vérifie. Bonsoir, mon cher ami, je n'en peux plus.

MMMMDCCCXXVI. — A M. LE CHEVALIER DE TAULÈS.

6 novembre.

J'ai l'honneur, monsieur, de vous envoyer les *lettres originales du très-original Jean-Jacques*. Ne pensez-vous pas qu'il serait convenable que je demandasse à M. le duc de Choiseul la permission de faire imprimer l'extrait de ces lettres, et de mettre au bas : *Par ordre exprès du ministère de France ?* Ne serait-ce pas en effet un opprobre pour ce ministère, qu'un homme tel que Jean-Jacques Rousseau eût été secrétaire d'ambassade ? Les aventures de d'Éon, de Vergy, de Jean-Jacques, sont si déshonorantes, qu'il ne faut pas ajouter à ces indignités le ridicule d'avoir eu un Rousseau pour secrétaire nommé par le roi. Je m'en rapporte à Son Excellence. J'ose me flatter qu'il pensera comme vous et comme moi sur cette petite affaire, et je vous supplie de m'envoyer ses ordres et les vôtres. J'écris à M. le duc de Choiseul ; il n'est pas juste que Jean-Jacques passe pour avoir été une espèce de ministre de France, après avoir dit dans son *Contrat* insocial, page 163 : « Que ceux qui parviennent dans les monarchies ne sont que de petits brouillons, de petits intrigants, à qui les petits talents qui font parvenir aux grandes places ne servent qu'à montrer leur ineptie aussitôt qu'ils y sont parvenus. »

Je ne sais si M. l'ambassadeur pourrait en dire un mot dans sa dépêche; je m'en remets à sa prudence, à ses bontés, et à la bienveillance dont il daigne m'honorer.

Par ma foi, monsieur, vous aurez de ma part du respect autant que d'amitié ; mais je vous demande en grâce de ne vous plus servir de formules qui blessent le cœur, et un cœur qui est à vous. VOLTAIRE.

MMMMDCCCXXVII. — A M. DAMILAVILLE.

7 novembre.

Pas la moindre nouvelle de Meyrin, mon cher ami, et la tête me tourne. Nous avons ici les lettres originales de Jean-Jacques, écrites de sa main. M. l'ambassadeur me les a fait voir. Le secrétaire d'ambassade n'y parle que des coups de bâton que M. le comte de Montaigu voulut lui faire donner. M. du Theil ne répondit point à ses lettres, et lui donna l'aumône. Ce secrétaire d'ambassade, ce grand ministre, était copiste chez M. le comte de Montaigu, à deux cents livres de gages. Voilà un plaisant philosophe! Diderot lui criera-t-il encore : *O Rousseau!* dans le *Dictionnaire encyclopédique?* Les enfants crient en Angleterre : *O Rousseau!* mais dans un autre sens.

Au nom de Dieu, songez à votre paquet, et dites-moi ce que vous pensez de Mlle Durancy.

P. S. Consolons-nous, consolons-nous; le paquet est arrivé. On avait oublié de le mettre à Meyrin; on l'a porté à Genève, où il est resté. Il m'arrive. L'adresse était à Genève, voilà la source de tout le malentendu, et d'un si long délai.

Le pauvre Boursier a versé des larmes en lisant la lettre de votre ami. Pour lui, il a fait son marché; il est prêt à partir à la première occasion. Il dit qu'il mourra avec le regret de n'avoir point vu l'homme du monde qu'il vénère le plus. Il fera toutes vos commissions exactement et sans délai.

Mon cher ami, je n'ai pu lire votre lettre sans des transports de tendresse et d'horreur.

Comment vouliez-vous que je visse votre jeune joueur de clavecin? Mme Denis était malade. Il y a plus de six semaines que je suis au lit. Ah! nous sommes bien loin de donner des fêtes. Quand revient le défenseur des Calas et des Sirven? Il est indispensable qu'il donne son mémoire au plus vite.

Je vous serre entre mes bras malades. Embrassez pour moi vos amis.

MMMMDCCCXXVIII. — A M. LE CHEVALIER DE TAULÈS.

Je n'ai cru, mon cher monsieur, qu'il fallait une permission de M. le duc de Choiseul qu'au cas qu'on niât les lettres écrites en 1744, et qu'on se servît du prétexte des dates erronées pour crier au faussaire. C'est une précaution que j'ai cru devoir prendre. Je l'ai soumise aux lumières de M. l'ambassadeur et aux vôtres, et à celles de M. Hennin. Ces pauvres natifs m'ont appris à ne rien faire de ma tête; mais puisqu'on *rend justice au caractère de Jean-Jacques*, tout est fini. Il restait à faire voir que ce malheureux sophiste *n'a pas écrit douze pages de suite où il y ait le sens commun*, et qu'il n'y a jamais eu de réputation plus usurpée; mais ce n'est pas là mon affaire. Je sais attendre, et j'attendrai surtout que les vingt-cinq perruques[1], qui ne

---

1. Le petit conseil de la république de Genève était composé de vingt-cinq personnes. (ÉD.)

voient pas plus loin que le bout de leur nez, me rendent justice. Je suis assez content que vous me la rendiez. Il y a plus de repos dans mon cœur que dans Genève ; comptez, monsieur, qu'il y a aussi une amitié respectueuse pour vous dans ce vieux cœur que vous avez gagné.

VOLTAIRE.

MMMMDCCCXXIX. — A M. HELVÉTIUS.

Ferney, 7 novembre.

Connaissez ce malheureux Jean-Jacques ; voyez quel a été le prix de vos bienfaits[1]. On a découvert bien d'autres infamies. Je ne pouvais deviner pourquoi il conseillait à Émile d'épouser la fille du bourreau ; mais je vois bien à présent que c'était pour se faire un ami dans l'occasion.

Adieu ; souvenez-vous que Judas n'a pas décrédité les apôtres.

MMMMDCCCXXX. — A M. LE COMTE D'ARGENTAL.

7 novembre.

Vraiment cela n'allait pas mal ; j'étais en train. Je me disais : « Il y a là des choses qui plairont à mes anges ; » cette idée me soutenait. Mais, ô mes anges ! les tracasseries viennent en foule : elles tarissent la source qui commençait à couler. On me conteste la turpitude de notre ami Jean-Jacques. On soutient que Jean-Jacques était secrétaire d'ambassade à Venise, et qu'il avait seul le secret du ministère. M. le chevalier de Taulès m'a apporté les originaux des lettres de Jean-Jacques, où il n'est question que de coups de bâton, et point du tout de politique. Il est avéré que ce grand homme, loin d'avoir le secret de la cour, était copiste chez M. le comte de Montaigu, à deux cents livres de gages. M. l'ambassadeur et M. le chevalier de Taulès sont d'avis qu'on imprime ces lettres pour les joindre à l'éducation d'Émile, dès qu'Émile sera reçu maître menuisier, et qu'il aura épousé la fille du bourreau.

Je conçois bien que la publication de la honte de Jean-Jacques pourrait servir à ramener à la raison le parti qu'il a encore dans Genève, et refroidirait des têtes qu'il enflamme, et qui s'opposent à la médiation. Mais, comme ces lettres sont tirées du dépôt des affaires étrangères, je n'ose rien faire sans le consentement de M. le duc de Praslin et de M. le duc de Choiseul. Je remets cette affaire, mes divins anges, comme toutes les autres, à votre prudence et à vos bontés. Il me paraît essentiel que le ministère de France soit lavé de l'opprobre qui rejaillirait sur lui d'avoir employé Jean-Jacques. C'est trop que des d'Eon et des Vergy. La manière insultante dont ce malheureux Rousseau a parlé, dans plusieurs endroits, de la cour de France, exige qu'on démasque ce charlatan, aussi méchant qu'absurde. Nous verrons si Mme la du-

---

1. Voltaire envoyait à Helvétius le *Recueil de lettres de M. J. J. Rousseau et autres pièces*, etc.; 1766, in-12. On y trouve une lettre de Montmolin, du 28 septembre 1762, où il est question d'une réfutation projetée par Rousseau du livre d'Helvétius, intitulé *de l'Esprit*. (ÉD.)

chesse de Luxembourg et Mme de Boufflers le soutiendront encore. On me mande qu'il est en horreur à tous les honnêtes gens, mais je sais qu'il a encore des partisans.

Dites-moi, je vous en prie, des nouvelles de Mlle Durancy. On est toujours fou d'*Olympie* à Genève, on la joue tous les jours. Le bûcher tourne la tête; il y avait beaucoup moins de monde au bûcher de Servet, quand vingt-cinq faquins le firent brûler.

Je me mets au bout de vos ailes.

MMMMDCCCXXXI. — A M. DAMILAVILLE.

8 novembre.

Permettez, mon cher monsieur, que je vous adresse cette lettre pour M. Dalembert, de l'Académie des sciences, dont j'ignore la demeure.

Nous sommes toujours, ma femme[1] et moi, très-inquiets de votre santé. M. Coladon voudrait savoir si vous vous trouvez bien des remèdes qu'il vous a fournis.

Je vous envoie un exemplaire de la *Lettre de M. de Voltaire à M. Hume*. Nos citoyens reviennent furieusement sur le compte de J. J. Rousseau; on le regarde comme un fou et comme un monstre. Ce sera la seule réputation qui lui restera.

J'ai l'honneur d'être très-cordialement, monsieur, votre très-humble et très-obéissant serviteur, JEAN BOURSIER.

MMMMDCCCXXXII. — A M. LE CHEVALIER DE TAULÈS.

A Ferney, 8 novembre.

Je donnai, monsieur, ces jours passés, à ma nièce, un petit memorandum[2], pour la faire souvenir de vous demander une petite grâce dont j'avais besoin. Il s'agissait de vérifier une date : au lieu de vous prier de vouloir bien lui dire la date qu'elle aurait pu oublier, elle vous laissa mon petit billet. Je ne voulais que savoir précisément la date des lettres de Venise[3] que vous avez entre les mains; c'est vous qui aviez eu la bonté de m'en procurer une copie; je l'ai prêtée, et on ne me l'a pas encore rendue. Au moins, Mme Denis vous a dit combien je vous suis attaché; quoique vous ayez eu la cruauté de m'écrire que vous étiez avec respect; j'ai la justice, moi, d'être avec respect, et malgré cela avec sincérité, monsieur, votre très-humble et très-obéissant serviteur.

Voulez-vous, monsieur, avoir la bonté de me mettre aux pieds de Son Excellence? M. Thomas ne sera-t-il pas de l'Académie?

1. Cette expression désigne Mme Denis. (CL.)
2. Ce memorandum était une note ainsi conçue : « Mille tendres respects à M. le chevalier de Taulès.
3. Les lettres de Venise de Jean-Jacques. » (ÉD.)

MMMMDCCCXXXIII. — AU MÊME.

A Ferney, 10 novembre.

J'ose supplier, monsieur, Son Excellence, ou vous, de vouloir bien mettre dans vos paquets de la cour ces deux guérillas[1] que MM. les ducs de Choiseul et de Praslin m'ont demandées.

Dites-moi, je vous en prie, ce qu'on pense de Jean-Jacques à Genève. Les vingt-cinq perruques sont assurément sur des têtes de travers, si elles pensent que je suis enrôlé contre elles dans le régiment de Rousseau. Ces messieurs-là connaissent bien mal leur monde, et sont bien maladroits.

M. Thomas, Dieu merci, a tous les suffrages. Donnez-moi ici le vôtre, et traitez avec amitié   V. t. h. o. s. VOLTAIRE.

MMMMDCCCXXXIV. — A M. DAMILAVILLE.

(2 novembre.)

Vous devez déjà avoir reçu, mon très-cher ami, la lettre par laquelle je vous mandais que le petit ballot était parvenu à M. Boursier, par la messagerie de Lyon à Genève. Tout arrive, n'en doutez pas; et il n'y a point de pays où le public soit mieux servi qu'en France. Tout le mal venait, comme je vous l'ai dit, de ce qu'on avait mis l'adresse à Genève, au lieu de la mettre à Meyrin, et qu'on n'avait pas envoyé de lettre d'avis pour Genève : sans ces précautions, on court les risques d'un grand retardement.

Je vous ai mandé combien la lettre de M. Tonpla avait attendri M. Boursier. Je vous répète qu'il est bon de s'assurer de la personne[2] dont on semble trop se défier. Je vous répète que cette personne donne tous les jours des paroles positives à M. Boursier, et que ce Boursier, en cas de besoin, pourrait faire face à tout. Il a écrit à M. de Lemberta, et il attend sa réponse; il ne fera rien sans avoir le consentement de M. de Lemberta. Voilà tout ce que je sais.

Je vous envoie, par une autre lettre, celle que j'écrivis à M. Hume le 24 octobre. Je vous en ai déjà adressé plusieurs exemplaires, mais je crains que M. Janel, qui a des ordres très-positifs et très-justes de ne laisser passer aucun imprimé de Genève, n'ait confondu celui-ci avec tous les autres; il y a pourtant une très-grande différence. Ma lettre à M. Hume n'est qu'une justification honnête et légitime, quoique plaisante, contre les accusations d'un petit séditieux nommé J. J. Rousseau, qui a osé insulter le roi et tous ses ministres dans tous ses ouvrages, et qui mériterait au moins le pilori, s'il ne méritait pas les Petites-Maisons. Ma lettre à M. Hume venge la patrie.

Voici une lettre tout ouverte que je vous envoie pour Mme de Beaumont. Je vous prie, mon cher ami, de la lui faire parvenir, soit en l'envoyant à sa maison à Paris avec certitude qu'elle lui sera rendue, soit

---

1. La tragédie des Scythes et la Lettre à M. Hume du 24 octobre. (ÉD.)
2. Le roi de Prusse. (ÉD.)

et l'adressant à sa terre de Vieux-Fumé, d'où Mme de Beaumont a daté. Je ne sais pas où est cette terre de Vieux-Fumé[1]; je suppose qu'elle est près de Caen; mais, dans cette incertitude, je ne puis qu'implorer votre secours.

L'affaire des Sirven devient pour moi plus importante que jamais; il s'agit de sauver la vie à un père et deux filles qui se désespèrent, et qui vont suivre une femme et une mère morte de douleur. M. de Beaumont aurait bien mieux fait de suivre cette affaire que celle de M. de La Luzerne. Il y aurait eu peut-être autant de profit, et sûrement plus d'honneur.

Mon cher ami, ne nous lassons point de faire du bien aux hommes; c'est notre unique récompense.

MMMMDCCCXXXV. — AU MÊME.

17 novembre.

Mon cher ami, l'avocat de Besançon, auteur du *Commentaire des Délits et des peines*[2], vous en envoie deux exemplaires par cette poste. J'y joins deux *Lettre* à M. *Hume*.

Je vous supplie de vouloir bien mettre à la page 8 des *Certificats* un *et* au lieu des *ni*. Il faut : « Que le prétendu recueil de nos lettres, et un autre recueil, ne sont, etc. »

Cette déclaration, mon cher ami, n'est que pour les journaux, et surtout pour les journaux étrangers. Je vous demande en grâce d'en faire tenir un exemplaire au directeur du journal de Bouillon, avec contre-seing, en mettant au bas de la page 8 qu'il est supplié de corriger la faute indiquée.

On dit que c'est Marc-Michel Rey, éditeur de Jean-Jacques, qui a imprimé le *Recueil nécessaire*. Cela est très-vraisemblable, puisqu'on y trouve une partie du *Vicaire savoyard*. Je n'ai pas vérifié si la traduction de milord Bolyngbroke est fidèle. Les vrais philosophes, mon cher ami, ne font point de pareils ouvrages : ils respectent la religion autant qu'ils chérissent le roi.

Tout ceci est en réponse à votre lettre du 10 novembre. Dites à Mme de Beaumont que je serai le plus attaché de leurs serviteurs jusqu'au dernier moment de ma vie.

J'ai éclairci avec M. de La Borde la méprise du petit paquet qui vous est parvenu.

Ma mémoire de soixante-treize ans me trompait. Ce n'est point M. de La Borde, c'est M. le comte de Cucé, maître de la garde-robe du roi, qui avait eu la bonté de se charger de cette commission. Il pense en sage, et il agit en homme bienfaisant.

J'ai reçu plusieurs fois la lettre de Tonpla : elle serre mon cœur, et m'entraîne vers le sien. Que ne puis-je vous entretenir tous deux! Mon âme s'unit à la vôtre plus que jamais.

1. Limitrophe de Caen-les-Bonnes-Gens. (Éd.)
2. Ouvrage de Voltaire. (Éd.)

Voudriez-vous avoir la bonté de faire tenir l'incluse par la petite poste?

MMMMDCCCXXXVI. — A M. LA COMBE.

17 novembre.

Si tous les ouvrages que vous imprimez, monsieur, étaient écrits comme votre lettre du 9, vous feriez une grande fortune.

Je suis effrayé des huit pages que vous comptez refaire. En vérité, cet ouvrage très-froid n'en vaut pas la peine, et l'on compte vous donner bientôt quelque chose de plus intéressant.

Faites tout ce qu'il vous plaira du *Recueil de morale et de philosophie*. Quand il sera fait, je vous proposerai une petite préface. On prétend que c'est un M. Bordes, de l'Académie de Lyon, ancien antagoniste de Rousseau, qui a fait la lettre qu'on m'a attribuée dans les gazettes anglaises. Vous verrez par l'imprimé ci-joint que cette lettre n'est pas de moi. Si vous voulez donner au public ma lettre à M. Hume, avec des remarques historiques et critiques assez curieuses, je vous les ferai tenir. Rousseau n'est pas seulement un fou; c'est un méchant homme, c'est le singe de la philosophie qui saute sur un bâton, fait des grimaces, et mord les passants.

Je vous embrasse du meilleur de mon cœur.

MMMMDCCCXXXVII. — A M. LE COMTE D'ARGENTAL.

19 novembre.

Je vous écrivis, je crois, mes anges, le 8 de ce mois, que je pourrais vous envoyer le premier acte de ma *Bergerie*; et avant que vous m'ayez fait réponse, l'enceinte a été construite. « Une tragédie de bergers! et une tragédie faite en dix jours, me direz vous! aux Petites-Maisons, aux Petites-Maisons, de bons bouillons, des potions rafraîchissantes comme à Jean-Jacques. »

Mes divins anges, avant de me rafraîchir, lisez la pièce, et vous serez échauffés. Songez que quand on est porté par un sujet intéressant, par la peinture des mœurs agrestes, opposées au faste des cours orientales, par des passions vraies, par des événements surprenants et naturels, on vogue alors à pleines voiles (non pas à plein voile, comme dit Corneille¹), et on arrive au port en dix jours. Un sujet ingrat demande une année, et un long travail, qui échoue; un sujet heureux s'arrange de lui-même. *Zaïre* ne me coûta que trois semaines. Mais cinq actes en vers à soixante-treize ans, et malade! J'ai donc le diable au corps? oui, et je vous l'ai mandé. Mais les vers sont donc durs, raboteux, chargés d'inutiles épithètes? non; rapportez-vous-en à ce diable qui m'a bercé; lisez, vous dis-je. Maman Denis est épouvantée de la chose, elle n'en peut revenir.

Ce n'est pas *Tancrède*, ce n'est pas *Alzire*, ce n'est pas *Mahomet*, etc. Cela ne ressemble à rien; et cependant cela n'effarouche pas. Des lar-

1. *Pompée*, acte III, scène I. (ÉD.)

on en versera, où on sera de pierre. Des frémissements on en aura jusqu'à la moelle des os, où on n'aura point de moelle. Et ce n'est pas l'ex-jésuite qui a fait cette pièce; c'est moi.

Dans la fatuité de mon orgueil extrême,

Je le dis à Praslin, à vous, à Fréron même[1].

On demandait à un maréchal d'Estrées, âgé de quatre-vingt-dix-sept ans, et dont la femme, sœur de Manicamp, était grosse : « Qui a fait cet enfant à Mme la maréchale? — C'est moi, mort-dieu, » dit-il.

Ma *bergerie* part donc. Je l'envoie à M. le duc de Praslin pour vous. Faites lire cette drogue à Lekain ; que M. de Chauvelin manque le coucher du roi pour l'entendre. Mettez-moi chaudement dans le cœur de ce M. de Chauvelin ; que M. le duc de Praslin juge à la lecture ; puis moquez-vous de moi, et j'en rirai moi-même.

Respect et tendresse.

MMMMDCCCXXXVIII. — A M. CHARDON.

A Ferney, 19 novembre.

Monsieur, ce n'est pas ma faute si je vous importune ; prenez-vous-en à la réputation que vous avez d'être le juge le plus intègre et le rapporteur le plus éloquent. M. et Mme de Beaumont se croient trop heureux si leur fortune dépend de vous. Les Sirven vous demandent la vie ; et moi, monsieur, j'ose vous la demander pour eux, moi qui suis témoin, depuis trois années, de leur innocence, de leurs larmes, et de l'horrible injustice qu'ils essuyèrent lorsque le même fanatisme qui fit périr Calas sur la roue condamna Sirven et sa femme à la corde, sur la même accusation de parricide que la superstition impute si légèrement et que la nature désavoue.

M. le duc de Choiseul, qui pense de vous, monsieur, comme tout le public, et qui est votre ami, a eu la bonté de me mander qu'il prierait M. le vice-chancelier de vous nommer rapporteur dans l'affaire des Sirven. Vous êtes déjà instruit de cette horrible aventure ; je ne vous demande que la plus exacte justice. La malheureuse destinée de cette famille, qui l'a conduite dans mes déserts, deviendra un bonheur pour elle, si vous daignez rapporter sa cause. C'en est un pour moi que cette occasion de vous assurer de l'estime infinie et du respect, etc.

MMMMDCCCXXXIX. — A M. DAMILAVILLE.

19 novembre.

Mon cher ami, j'ai écrit à M. Chardon. J'ai fait souvenir M. le duc de Choiseul de la bonté qu'il a eue de nous le procurer pour rapporteur. Mme de Beaumont a dû recevoir la lettre que je vous envoyai pour

1. Parodie de ce vers d'*Alzire* (acte III, scène IV) :

Je l'ai dit à la terre, au ciel, à Guzman même. (Éd.)

elle. Je suis bien malade, mon cher ami, mais je ne suis pas oisif; je mourrai en travaillant et en vous aimant.

MMMMDCCCXL. — A M. LE COMTE D'ARGENTAL.

20 novembre.

Divins anges, vous vous y attendiez bien; voici des corrections que je vous supplie de faire porter sur le manuscrit.

Maman Denis et un des acteurs[1] de notre petit théâtre de Ferney, fou du *tripot*, et difficile, disent qu'il n'y a plus rien à faire, que tout dépendra du jeu des comédiens; qu'ils doivent jouer *les Scythes* comme ils ont joué *le Philosophe sans le savoir*, et que *les Scythes* doivent faire le plus grand effet, si les acteurs ne jouent ni froidement ni à contre-sens.

Maman Denis et mon vieux comédien de Ferney assurent qu'il n'y a pas un seul rôle dans la pièce qui ne puisse faire valoir son homme. Le contraste qui anime la pièce d'un bout à l'autre doit servir la déclamation, et prête beaucoup au jeu muet, aux attitudes théâtrales, à toutes les expressions d'un tableau vivant. Voyez mes anges, ce que vous en pensez; c'est vous qui êtes les juges souverains.

Je tiens qu'il faut donner cette pièce sur-le-champ, et en voici la raison. Il n'y a point d'ouvrage nouveau sur des matières très-délicates qu'on ne m'impute; les livres de cette espèce pleuvent de tous côtés. Je serai infailliblement la victime de la calomnie, si je ne prouve l'alibi. C'est un bon alibi qu'une tragédie. On dit : « Voyez ce pauvre vieillard! peut-il faire à la fois cinq actes, et cela, et cela encore? » Les honnêtes gens crient à l'imposture.

Je vous supplie, ô anges bienfaiteurs! de montrer la lettre ci-jointe à M. le duc de Praslin, ou de lui en dire la substance. Il sera très-utile qu'il ordonne à un de ses secrétaires ou premiers commis d'encourager fortement M. du Clairon à découvrir quel est le polisson qui a envoyé de Paris aux empoisonneurs de Hollande son venin contre toute la cour, contre les ministres, et contre le roi même, et qui fait passer sa drogue sous mon nom.

Voici la destination que je fais, selon vos ordres, des rôles pour l'académie royale du Théâtre-Français.

O anges! je n'ai jamais tant été au bout de vos ailes.

N. B. Il y a pourtant dans la *Lettre au docteur Pansophe* des longueurs et des répétitions. Elle est certainement de l'abbé Coyer.

N. B. Voulez-vous mettre mon gros neveu, l'abbé Mignot, du secret?

MMMMDCCCXLI. — A MADAME LA MARQUISE DU DEFFAND.

21 novembre.

La *Lettre au docteur Pansophe*, madame, est de l'abbé Coyer, j'en suis très-certain, non-seulement parce que ceux qui en sont certains

1. Voltaire lui-même. (Éd.)

me l'ont assuré, mais parce que, ayant été, au commencement de l'année en Angleterre, il n'y a que lui qui puisse connaître les noms anglais qui sont cités dans cette lettre. Je connais d'ailleurs son style; en un mot, je suis sûr de mon fait.

Il est fort mal à lui, qui se dit mon ami, de s'être servi de mon nom et de feindre que j'écris une lettre à Jean-Jacques, quand je dis qu'il y a sept ans que je ne lui ai écrit. Je me ferais sans doute honneur de cette *Lettre au docteur Pansophe*, si elle était de moi. Il y a des choses charmantes et de la meilleure plaisanterie; il y a pourtant des longueurs, des répétitions, et quelques endroits un peu louches. Il faut avouer en général que le ton de la plaisanterie est, de toutes les clefs de la musique française, celle qui se chante le plus aisément. On doit être sûr du succès, quand on se moque gaiement de son prochain; et je m'étonne qu'il y ait à présent si peu de bons plaisants dans un pays où l'on tourne tout en raillerie.

Pour moi, je vous assure, madame, que je n'ai point du tout songé à railler, quand j'ai écrit à David Hume : c'est une lettre que je lui ai réellement envoyée; elle a été écrite au courant de la plume. Je n'avais que des faits et des dates à lui apprendre; il fallait absolument me justifier des calomnies dont ce fou de Jean-Jacques m'avait chargé.

C'est un méchant fou que Jean-Jacques; il est un peu calomniateur de son métier; il ment avec des distinctions de jésuite, et avec l'impudence d'un janséniste.

Connaissez-vous, madame, un petit *Abrégé de l'histoire de l'Église*¹, orné d'une préface du roi de Prusse? Il parle en homme qui est à la tête de cent quarante mille vainqueurs, et s'exprime avec plus de fierté et de mépris que l'empereur Julien. Quoiqu'il verse le sang humain dans les batailles, il a été cruellement indigné de celui qu'on a répandu dans Abbeville.

L'assassinat juridique des Calas, et le meurtre du chevalier de La Barre, n'ont pas fait honneur aux Welches dans les pays étrangers. Votre nation est partagée en deux espèces : l'une, de singes oisifs qui se moquent de tout; et l'autre, de tigres qui déchirent. Plus la raison fait de progrès d'un côté, et de plus de l'autre le fanatisme grince des dents. Je suis quelquefois profondément attristé, et puis je me console en faisant mes tours de singe sur la corde.

Pour vous, madame, qui n'êtes ni de l'espèce des tigres ni de celle des singes, et qui vous consolez au coin de votre feu, avec des amis dignes de vous, de toutes les horreurs et de toutes les folies de ce monde, prolongez en paix votre carrière. Je fais mille vœux pour vous et pour M. le président Hénault. Mille tendres respects.

MMMMDCCCXLII. — A M. DAMILAVILLE.

21 novembre.

J'ai lu, mon cher ami, la *Lettre au docteur Pansophe*, qu'on m'attribuait. Je voudrais l'avoir faite, et sans doute, si je l'avais faite, je

1. Par l'abbé de Prades. (ÉD.)

ne la désavouerais pas. Elle est charmante, quoiqu'il y ait des longueurs et des répétitions. Il n'est pas douteux qu'elle ne soit de l'abbé Coyer; mais, s'il ne l'avoue pas, je dois regarder cette réticence comme un mauvais procédé à mon égard : sa gloire et son honneur doivent l'engager à dire la vérité.

Bonsoir. Je n'ai pas un moment à moi, et vous vous en apercevrez bientôt. Je vous embrasse vous et les vôtres.

MMMMDCCCXLIII. — A M. LE COMTE D'ARGENTAL.

22 novembre.

Mes anges sauront, ou savent déjà peut-être, que j'ai eu l'honneur de leur adresser deux paquets par M. le duc de Praslin. Le premier contenait une provision pour le *tripot*, avec une lettre relative au *tripot*. Le second renferme ma réponse à la lettre du 13 novembre, dont mes anges m'ont gratifié ; et cette lettre, bien ou mal raisonnée, est soumise à leur jugement céleste. Elle est accompagnée des lettres patentes qu'ils m'ont ordonné d'envoyer à Mlle Durancy [1], d'une lettre à M. du Clairon, et surtout de corrections nécessaires à ma création de dix jours. Souvenez-vous bien, je vous en prie, au quatrième acte, scène seconde, du mot de *tyrans*, auquel il faut substituer celui de *Persans*

Ces biens que des tyrans aux mortels ont ravis.

Mettez .

Ces biens que des Persans aux mortels ont ravis.

Tyrans sent le Jean-Jacques ; *Persans* est plus honnête, et il faut être honnête.

Mais voici bien une autre paire de manches, comme disait Corneille : je ne savais pas, quand je dépêchai mes *Scythes*, que Le Mierre avait fait *les Suisses* [2]. Or *les Suisses* et *les Scythes*, c'est tout un. Il est impossible que Le Mierre et moi ne nous soyons pas rencontrés. Je ne veux pas du tout passer pour être son copiste. En faisant présent de ma pièce aux comédiens, je peux passer devant Le Mierre. Les comédiens peuvent dire que c'est une tragédie qui leur appartient en propre, et qu'ils sont en droit de donner les pièces qui sont à eux avant celles dont les auteurs partagent avec eux le profit.

En un mot, il y a plus d'une tournure à donner à la chose. On peut même obtenir un ordre du premier gentilhomme de la chambre. O anges ! vous n'avez qu'à battre des ailes, et on fera ce que vous voudrez. Nous ne pensons pas, au couvent, que l'incognito puisse et doive se garder. Le petit La Harpe n'en sait rien ; mais M. Hennin a vu le manuscrit sur ma table. M. de Taulès, qui est curieux comme une fille, est au fait. Il y a une autre raison encore : c'est que maman [3] prétend que les *Scythes* sont ce que j'ai fait de mieux ; et moi je vous avoue que

1. La distribution des rôles des *Scythes*. (ÉD.)
2. *Guillaume Tell*, tragédie de Le Mierre. (ÉD.) — 3. Mme Denis. (ÉD.)

parmi mes médiocres ouvrages, je ne crois pas qu'il y en ait deux plus singuliers que *les Scythes*.

Je pense donc qu'il faut hardiment courir les risques des sifflets. Je pense qu'il faut faire lire la pièce devant mon gros neveu, et même devant Damilaville ; qu'il faut donner ce plaisir à vos amis, et vous en faire un amusement. J'attends vos ordres pour lire *les Scythes* ou *les Suisses* à notre ambassadeur suisse, à Hennin, à Taulès, à La Harpe, à Dupuits, qui ne savent rien encore bien positivement. J'attends vos ordres, dis-je, et je me prosterne.

MMMMDCCCXLIV. — A M. DAMILAVILLE.

24 novembre.

Eh bien ! mon cher et vertueux ami, imprime-t-on le mémoire pour les Sirven ? viendrons-nous enfin à bout de cette affaire, qui intéresse l'humanité entière ?

Je vous ai dit sans doute, et si je ne vous l'ai pas dit, je le redis ; et, si je l'ai redit, je le redis encore : Il est avéré, prouvé, démontré, que ce malheureux Jean-Jacques ne m'avait écrit, pour prix de mes bontés, une lettre très-insolente sur les spectacles, que pour engager avec moi une querelle, pour soulever contre moi les prêtres et les gueux de Genève, et pour me faire sortir des Délices. M. Tronchin est très-instruit d'une partie de cette intrigue, et j'ai les preuves de l'autre. Il n'y a jamais eu de pareil monstre dans la littérature, pas même Fréron ; voilà ce qu'il faut qu'on sache. Je me reprocherais de m'être même moqué de ce polisson, si je n'étais justifié par ses scélératesses. Je vous prie d'envoyer ce petit billet à M. de Marmontel. J'espère qu'enfin l'abbé Coyer rendra gloire à la vérité.

Je vous embrasse aussi tendrement que faire se peut.

MMMMDCCCXLV. — A M. MARMONTEL.

24 novembre.

Je suis en peine de savoir, mon cher confrère, si vous avez reçu un paquet que je fis partir vers le 9 ou 10 de ce mois, sous l'enveloppe de Mme Geoffrin. J'ignore même si elle est arrivée ; c'est ce qui fait que je vous écris par une autre voie. Je me meurs d'envie de voir *Bélisaire*[1]. J'ai toujours dans la tête que ce sera votre chef-d'œuvre.

Je dois vous apprendre que j'ai beaucoup trop ménagé ce malheureux Jean-Jacques. Il faut que vous connaissiez ce monstre. Il n'avait écrit contre la comédie (lui qui n'a fait que de bien mauvaises comédies) que pour soulever contre moi les prêtres et les autres gueux de Genève. Il était au désespoir que j'eusse une jolie maison près d'une ville où il était abhorré de tous les honnêtes gens. Apprenez cette anecdote à M. Dalembert. M. le docteur Tronchin a les preuves en main. Je

---

1. Roman de Marmontel, à l'occasion duquel Voltaire composa l'*Anecdote sur Bélisaire*; la *Seconde anecdote sur Bélisaire*; *Lettre de Gérofle à Cogé*; *Réponse catégorique*. Il en parle aussi dans plusieurs autres écrits. (ÉD.)

sais que tout cela est triste pour la littérature; mais il faut couper un membre gangrené.

Je vous demande en grâce de me donner des nouvelles de mon paquet. Je vous embrasse le plus tendrement du monde.

MMMMDCCCXLVI. — À MADAME DE FLORIAN.

24 novembre.

Chère nièce et chers neveux, Mme de Florian a donc toujours la goutte aux trois doigts dont on écrit, et ne peut donner jamais le moindre signe de vie à un oncle qui l'aime tendrement? Pour vous, monsieur son mari, c'est autre chose; vous répondez exactement, vous dites des nouvelles aux absents, vos lettres sont instructives.

Et vous, mon gros et cher neveu, qui êtes actuellement enfoncé jusqu'au cou dans des papiers terriers, prêtez-moi vos secours et vos lumières pour résister à des *ifs* de moines qui veulent opprimer maman Denis et moi. Quand vous aurez voix délibérative dans la première classe du parlement de France, faites-moi une belle et bonne cabale contre tous ces *ifs* de moines[1]; défaites-nous de cette vermine qui ronge le royaume; donnez de grands coups d'aiguillon dans le maigre cul de l'abbé de Chauvelin. C'est peu de chose; ce n'est pas assez d'avoir chassé les jésuites, qui du moins instruisaient la jeunesse, pour conserver des sangsues qui ne sont bonnes à rien qu'à s'engraisser de notre sang.

Nous sommes actuellement dans le climat de Naples, nous serons au mois de décembre dans celui de Sibérie. Et vous, quand sortirez-vous de votre séjour paisible pour le séjour tumultueux, frivole, et crotté, de Paris, la grand'ville?

Je vous embrasse tous trois de toutes les forces de mon âme, et de mes bras longs et menus.

MMMMDCCCXLVII. — A M. LE COMTE D'ARGENTAL.

24 novembre.

J'ai encore fatigué aujourd'hui mes anges, et ma lettre est partie adressée à M. Marin, le tout après avoir dépêché depuis cinq jours trois paquets à M. le duc de Praslin.

Pourquoi donc, direz-vous, nous assommer encore de cette lettre, vieillard indiscret du mont Jura? Pourquoi? c'est que j'aime bien ces vers-ci :

Il est des maux, Sulma, que nous fait la fortune.
Il en est de plus grands dont le poison cruel,
Par nous-même apprêté, nous porte un coup mortel.
Mais lorsque, sans secours, à mon âge, on rassemble,
Dans un exil affreux, tant de malheurs ensemble,

1. La Chalotais, dans un de ses *Mémoires*, rapporte qu'on lui attribuait un billet adressé au comte de Saint-Florentin, et qui commençait ainsi : « Tu es un *if*, aussi bien que les douze *ifs*. » Il est à croire que c'est à ce passage que Voltaire fait allusion. (*Note de M. Bouchot.*)

Lorsque tous leurs assauts viennent se réunir,
Un cœur, un faible cœur, les peut-il soutenir¹ ?

Il me semble que cette leçon vaut mieux que les autres, surtout si la voix éclate avec attendrissement sur *faible cœur*.

Voyez, décidez ; vous sentez bien que je suis à bout, que je n'ai plus d'huile dans ma lampe, que je vous ai envoyé ma dernière goutte, et que le succès ou la chute de l'ouvrage sont dans le sujet et non dans les vers ; que tout dépend à présent des acteurs ; que les situations et l'art du comédien font tout aux premières représentations.

Ainsi donc, nous vous conjurons, maman et moi, de faire jouer la pièce telle qu'elle est ; c'est ma dernière prière, c'est mon testament ; puis je mourrai en riant aux anges.

MMMMDCCCXLVIII. — DE FRÉDÉRIC II, ROI DE PRUSSE.

A Sans-Souci, le 25 novembre.

Cet *Extrait du dictionnaire de Bayle*, dont vous me parlez, est de moi. Je m'y étais occupé dans un temps où j'avais beaucoup d'affaires : l'édition s'en est ressentie. On en prépare à présent une nouvelle, où les articles des courtisanes seront remplacés par ceux d'Ovide et de Lucrèce, et dans laquelle on restituera le bon article de David.

Je vous envoie, comme vous le souhaitez, cet extrait informe, et qui ne répond point à mon dessein. Il sera suivi de la nouvelle édition dès qu'elle sera achevée. Mais ce ne sont que de légères chiquenaudes que j'applique sur le nez de l'*inf...*; il n'est donné qu'à vous de l'écraser.

Cette *inf...* a eu le sort des catins. Elle a été honorée tant qu'elle a été jeune ; à présent, dans sa décrépitude, chacun l'insulte. Le marquis d'Argens l'a assez maltraitée dans son *Julien*. Cet ouvrage est moins incorrect que les autres, cependant je n'ai pas été content de la sortie qui a été faite à propos de rien contre Maupertuis. Il ne faut point troubler la cendre des morts. Quelle gloire y a-t-il de combattre un homme que la mort a désarmé ? Maupertuis sans doute a fait un mauvais ouvrage : c'est une plaisanterie gravement écrite. Il aurait dû l'égayer, pour que personne ne pût s'y tromper. Vous prîtes la chose au tragique ; vous attaquâtes sérieusement un badinage ; et avec votre redoutable massue d'Hercule vous écrasâtes un moucheron.

Pour moi, qui voulais conserver la paix dans la maison, je fis tout ce que je pus pour vous empêcher d'éclater. Malgré tout ce que je vous disais, vous en devîntes le perturbateur ; vous composâtes un libelle presque sous mes yeux, vous vous servîtes d'une permission que je vous avais donnée pour un autre ouvrage pour imprimer ce libelle. Enfin vous avez eu tous les torts du monde vis-à-vis de moi ; j'ai souffert ce qui pouvait se souffrir, et je supprime tout ce que votre conduite me donna

1. *Les Scythes*, acte III, scène IV. (ÉD.)

d'ailleurs de justes sujets de plainte, parce que je me sens capable de pardonner.

Vous n'avez rien perdu en quittant ce pays. Vous voilà à Ferney entre votre nièce et des occupations que vous aimez, respecté comme le dieu des beaux-arts, comme le patriarche des écraseurs, couvert de gloire, et jouissant, de votre vivant, de toute votre réputation; d'autant plus qu'éloigné au delà de cent lieues de Paris, on vous considère comme mort, et l'on vous rend justice.

Mais de quoi vous avisez-vous de me demander des vers? Plutus a-t-il jamais requis Vulcain de lui fournir de l'or? Téthys a-t-elle jamais sollicité le Rubicon de lui donner son filet d'eau? Puisque, dans un temps où les rois et les empereurs étaient acharnés à me dépouiller, un misérable, s'alliant avec eux, me pilla mon livre; puisqu'il a paru, je vous en envoie un exemplaire en gros caractère. Si votre nièce se coiffe à la grecque ou à l'éclipse, elle pourra s'en servir pour des papillotes.

J'ai fait des poésies médiocres : en fait de vers, les médiocres et les mauvais sont égaux. Il faut écrire comme vous, ou se taire.

Il n'y a pas longtemps qu'un Anglais qui vous a vu a passé ici; il m'a dit que vous étiez un peu voûté, mais que ce feu que Prométhée déroba ne vous manque point. C'est l'huile de la lampe : ce feu vous soutiendra. Vous irez à l'âge de Fontenelle, en vous moquant de ceux qui vous payent des rentes viagères, et en faisant une épigramme quand vous aurez achevé le siècle. Enfin, comblé d'ans, rassasié de gloire, et vainqueur de l'*inf*..., je vous vois monter l'Olympe, soutenu par les génies de Lucrèce, de Sophocle, de Virgile, et de Locke, placé entre Newton et Épicure, sur un nuage brillant de clarté.

Pensez à moi quand vous entrerez dans votre gloire, et dites comme celui que vous savez : *Ce soir, tu seras assis à ma table*[1].

Sur ce, je prie Dieu qu'il vous ait en sa sainte et digne garde.

FÉDÉRIC.

MMMMDCCCXLIX. — A M. LE CHEVALIER DE TAULÈS.

Mardi au matin.

Si vous avez eu, monsieur, le temps de lire le petit écrit sur les commissions royales, qu'on prétend de M. Lambert[2], conseiller au parlement, je vous supplie de me le renvoyer; et si vous pouvez vous échapper un moment, ce dont je doute fort, je vous demande de mettre parmi vos œuvres de bienfaisance celle de venir voir un pauvre malade qui vous est tendrement attaché.

Recevez mes respects, et présentez-les, je vous prie, à Son Excellence.

1. Luc, XXIII, 43. (ÉD.)
2. Ce n'est point le conseiller Lambert, c'est l'avocat Chaillou qui est auteur de l'ouvrage intitulé *des Commissions extraordinaires en matière criminelle*, 1786, in-8°, réimprimé en 1789 avec des additions, sous ce titre : *De la stabilité des lois constitutives de la monarchie en général*. (ÉD.)

MMMMDCCCL. — A M. L'ABBÉ MORELLET.

26 novembre.

Je vais chercher, monsieur, les deux petites curiosités que vous désirez avoir, et elles vous parviendront par votre ami[1], à qui j'envoie cette lettre, et à qui je demande comment il faut s'y prendre. Je ne crois point que ces bagatelles doivent de droits aux fermiers généraux; mais il est toujours bon de prendre toutes ses précautions, et de ne pas s'exposer à des avanies.

Il est vrai, monsieur, que ce serait une grande consolation pour moi de former des élèves qui soutinssent le seul véritable théâtre qu'on ait en Europe. En vérité, j'ai besoin de consolation. Les choses que vous me mandez, celles que je sais d'ailleurs, et certains événements publics, font frémir le bon sens, et déchirent le cœur. Si j'étais plus jeune, si je pouvais me transplanter, si ceux qui sont capables de rendre les plus grands services à la raison humaine avaient du courage, je sais bien quel parti il y aurait à prendre. Mais il faudrait se voir ; et puis-je encore me flatter que vous ferez un voyage à Lyon pendant ma vie, et que je pourrai vous parler à cœur ouvert?

Il n'était pas possible que vous prissiez le parti de Rousseau dès que vous l'avez connu. Non-seulement c'est un fou, mais c'est un monstre. M. Tronchin a la preuve en main qu'il ne m'avait écrit une lettre insolente que pour m'engager dans une querelle sur la comédie, et pour soulever contre moi les prédicants et le peuple de Genève. Je n'ai pas été sa dupe. Ce pauvre fou a trop d'orgueil pour être adroit. Il est méchant, mais il n'est pas dangereux : c'est un grand malheur, je l'avoue, qu'un homme qui pouvait servir en ait été si indigne ; mais il n'aurait pu être utile qu'avec un meilleur cœur et un meilleur esprit. Aimons toujours, monsieur, les lettres, qu'il déshonore et qu'on persécute. Vous ferez plus de bien que Jean-Jacques n'a fait de mal. Continuez-moi vos bontés. Combattons sous le même étendard, sans tambour et sans trompette. Encouragez vos alliés, et que les traités soient secrets; comptez sur ma tendre et respectueuse amitié.

Votre très-humble et très-obéissant serviteur, MISO-PRIEST[2].

La *Lettre au docteur Pansophe* n'est point de moi ; elle est de l'abbé Coyer[3] ; je voudrais l'avoir faite.

MMMMDCCCLI. — A M. HENNIN.

27 novembre.

Il faudrait, mon cher résident, que les Génevois eussent le diable au corps pour ne pas accepter le règlement qu'on leur propose[4]. Il me semble que tous les ordres de leur petit État sont pesés dans des ba-

---

1. Helvétius, à qui Morellet avait précédemment apporté une lettre de Voltaire. (ÉD.)
2. Ennemi des prêtres. (ÉD.) — 3. Elle est de Bordes. (ÉD.)
4. La bourgeoisie rejeta le règlement proposé. (ÉD.)

lances qui sont plus justes que celles que Jupiter tient dans Homère. Tous les citoyens devraient venir baiser les mains des plénipotentiaires, et s'aller enivrer ensuite, comme le prescrit Rousseau dans je ne sais quel mauvais livre de sa façon. Bonsoir, très-aimable homme; mettez-moi aux pieds de Son Excellence, et ne m'oubliez pas auprès de M. de Taulès.

MMMMDCCCLII. — A M. DALEMBERT.

28 novembre.

Il y a trois heures que j'ai reçu le cinquième volume, mon très-cher philosophe. Ce que j'en ai lu m'a paru digne de vous. Je ne puis vous donner un plus grand éloge. Quoi, vous dites dans l'avertissement que l'*Apologie de l'étude* n'a pas été heureuse dans l'assemblée où elle fut lue [1]! Êtes-vous encore la dupe de ces assemblées? ne savez-vous pas que le *Catilina* de Crébillon fut reçu avec transport!

Adspice auditores torvis oculis, percute pulpitum fortiter, dic nihil ad propositum, et bene prædicabis.

Votre *Apologie de l'étude* est un morceau excellent, entendez-vous? n'allez pas vous y tromper.

Je vous rendrai compte incessamment du manuscrit que votre ami a envoyé à M. Boursier. Il faut attendre que la fermentation de la fourmilière de Genève soit un peu apaisée.

A l'égard de l'ami Vernet, il est dans la boue avec Jean Jacques, et ni l'un ni l'autre ne se relèveront.

Il y a aussi bien des gens qui barbotent dans Paris. En vérité, mon cher philosophe, je ne connais guère que vous qui soit clair, intelligible, qui emploie le style convenable au sujet, qui n'ait point un enthousiasme obscur et confus, qui ne cherche point à traiter la physique en phrases poétiques, qui ne se perde point dans des systèmes extravagants.

A l'égard de l'ouvrage sur les courbes[2], je vous répète encore que c'est ce que j'ai vu de mieux sur cette matière.

Puisque vous daignez mettre le petit buste[3] d'un petit vieillard sur votre cheminée avec des magots de la Chine, je vais commander un nouveau magot à celui qui a imaginé cette plaisanterie. J'aimerais bien mieux avoir votre portrait au chevet de mon lit, car je suis de ces dévots qui veulent avoir leur saint dans leur alcôve.

J'oubliais de vous dire que j'ai été très-fâché qu'on ait mis sur mon compte la *Lettre au docteur Pansophe*, qui est fort plaisante, à la vérité, mais où il y a des choses trop longues et trop répétées, et dans laquelle on voit même des naïvetés tirées de *Candide*. Cette lettre est de l'abbé Coyer. Il devrait avoir au moins le bon procédé, et même encore la vanité de l'avouer; en la mettant sous mon nom, il me met en contradiction avec moi-même, lorsque je proteste à M. Hume que je

1. L'*Apologie de l'étude* avait été lue dans la séance publique de l'Académie française du 13 avril 1761. (ÉD.)
2. Voltaire désigne ici l'ouvrage de Dalembert, intitulé *Sur la destruction des jésuites*, etc. (ÉD.)
3. Le buste de Voltaire exécuté par un ouvrier de Saint-Claude. (ÉD.)

n'ai rien écrit à Jean-Jacques depuis sept à huit ans. Je l'ai prié très-instamment de ne me point faire ce tort; il s'en ferait à lui-même. Il veut être de l'Académie, et je pense que l'Académie n'aime pas ces petits tours de passe-passe.

Je vous embrasse de tout mon cœur; je vous salue, lumière du siècle.

MMMMDCCCLIII. — A M. DAMILAVILLE.

28 novembre.

Je reçois, mon cher ami, votre lettre du 20 novembre. Le roi ne pouvait s'y prendre plus paternellement pour apaiser les troubles de Genève. Il fera dans cette taupinière ce qu'il a fait dans son royaume. Il a éteint les querelles indécentes et dangereuses des parlements et des évêques. Il a tout remis dans l'ordre, et je joins, dans les titres que je lui donne, le nom de *Sage* à celui de *Bien-Aimé*.

M. Boursier écrit à M. Dalembert. Vous voyez bien qu'il ne vous trompait pas, quand il disait qu'on pouvait absolument compter sur les offres de son correspondant[1]. Ces offres ne sont point du tout à rejeter. Il n'y a point, à la vérité, de fortune à faire; mais on aura sûreté et protection.

M. du Cré dit qu'il vous a envoyé un paquet par votre directeur, et il suppose que vous l'avez reçu. Je crois que ce paquet doit être parti de Lyon.

N'avez-vous point vu M. l'abbé Mignot depuis qu'il est de retour à Paris?

Je crois que l'affaire de M. de Lemberta réussira.

Adieu, mon cher ami; je vous écris à bâtons rompus et fort à la hâte, étant entouré de monde et accablé de maladie. Mille compliments, je vous prie, à M. Tonpla.

N. B. On m'a envoyé la *Justification de Rousseau*[2]. Quel est le sot qui a écrit cette sottise? est-il vrai que c'est le libraire Panckoucke? en ce cas, il est digne de seconder le docteur Pansophe.

Encore un petit mot : M. de Beaumont a-t-il vu l'*Avis au public*[3]?

MMMMDCCCLIV. — A M. BORDES.

A Ferney, 29 novembre.

Il y a longtemps, monsieur, que vous êtes mon Mercure, et que je suis votre Sosie, à cela près que je vous aime de tout mon cœur, et que vous ne me battez pas. Vous connaissez une ode sur la guerre, dans laquelle il y a tant de strophes admirables. On l'a imprimée sous mon nom : je serais trop glorieux si je l'avais faite. Il y a une certaine *Profession de foi philosophique* digne des *Lettres provinciales*. Je vou-

1. Le roi de Prusse, pour la colonie de philosophes à Clèves. (ÉD.)
2. *Justification de J. J. Rousseau dans la contestation qui lui est survenue avec M. Hume.* (ÉD.)
3. *L'Avis au public sur les parricides imputés aux Calas et aux Sirven.* (ÉD.)

drais bien l'avoir faite encore. Je n'aurais pas cependant attribué à Jean-Jacques du génie et de l'éloquence comme vous faites dans la note qu'on trouve à la dernière page de votre *Profession de foi*. Je ne lui trouve aucun génie. Son détestable roman d'*Héloïse* en est absolument dépourvu; *Émile* de même; et tous se autres ouvrages sont d'un vain déclamateur qui a délayé dans une prose souvent inintelligible deux ou trois strophes de l'autre Rousseau, surtout celle-ci :

> Couché dans un antre rustique,
> Du nord il brave la rigueur;
> Et notre luxe asiatique
> N'a point énervé sa vigueur.
> Il ne regrette point la perte
> De ces arts dont la découverte
> A l'homme a coûté tant de soins.
> Et qui, devenus nécessaires,
> N'ont fait qu'augmenter nos misères
> En multipliant nos besoins.

Jean-Jacques n'est qu'un malheureux charlatan qui, ayant volé une petite bouteille d'élixir, l'a répandue dans un tonneau de vinaigre, et l'a distribuée au public comme un remède de son invention.

Je voudrais bien avoir fait encore la *Lettre au docteur Pansophe*. On m'avait mandé qu'elle était de l'abbé Coyer; mais on dit actuellement qu'elle est de vous, et je le crois, parce qu'elle est charmante : mais elle ne s'accorde point avec ce que j'ai mandé à M. Hume, qu'il y a sept ans que je n'ai eu l'honneur d'écrire à M. Jean-Jacques.

Je vous prie de vous confier à moi : je vous demande encore en grâce de vous informer d'un nommé Nonnotte, ex-jésuite, qui m'a fait l'honneur d'imprimer à Lyon deux volumes[1] contre moi pour avoir du pain (je crois pas que ce soit du pain blanc). Il y a longtemps que je cherche deux autres libelles de jésuites contre les parlements; l'un, intitulé *Il est temps de parler*[2], et l'autre, *Tout se dira*. Ils sont rares : pourriez-vous me les faire venir, à quelque prix que ce soit?

Je vous demande pardon de la liberté que je prends. Je vous embrasse tendrement, mon cher confrère à l'Académie de Lyon, qui devriez l'être à l'Académie française.

MMMMDCCCLV. — A. M. HENNIN.

Dimanche au soir, 30 novembre.

Point du tout, monsieur, la lettre est de M. le duc de Choiseul, et il n'est point du tout question de M. le duc de Praslin, qui n'a point encore reçu mon paquet. Je soupçonne sur cela la chose la plus singulière et la plus plaisante, laquelle est en même temps très-bonne à savoir.

Ut si est. J'ai relu le projet de la médiation, et je tiens qu'il faut être

---

1. *Erreurs de M. de Voltaire*. (ÉD.) — 2. Par l'abbé Dassès. (ÉD.)

ou plus fou, ou plus malin que Jean-Jacques, pour ne le pas accepter avec des acclamations de reconnaissance. Voilà mon avis, dont je ne démordrai point. Je serais très-fâché que mes quatre poteaux[1] tombassent sur mon ami Vernet : je les relèverai en sa faveur, dût-on l'y faire attacher.

MMMMDCCCLVI. — A M. LE MARQUIS DE VILLETTE.

A Ferney, le 1er décembre.

MMMMDCCCLVII. — A M. DAMILAVILLE.

1er décembre.

Mon cher ami, j'ai prié M. d'Argental de vous mettre dans la confidence d'un drame[2] d'une espèce assez nouvelle. Je ne veux rien avoir de caché pour vous. Je crois que cet ouvrage était absolument nécessaire pour confondre la calomnie, cette calomnie dont je vous parlais si souvent en vous disant : *Écr. l'inf...*

Vous savez avec quel acharnement elle m'impute, presque tous les mois, quelque mauvais livre bien scandaleux que je n'ai jamais lu et que je ne lirai jamais. Les mauvais poëtes ne sachant plus comment s'y prendre pour me perdre, après m'avoir immolé à Crébillon, m'ont voulu immoler aux jansénistes ; ils se sont avisés de faire de moi un théologien ; et ils prétendent, avec l'abbé Guyon et l'abbé Dinouart, que je traite continuellement la controverse. Or certainement un homme qui fait une tragédie n'a guère le temps de controverser. Une tragédie demande un homme tout entier, et le demande pour longtemps. Non-seulement je me suis remis à faire des pièces de théâtre, mais j'en fais faire. Je m'occupe beaucoup de celle à laquelle La Harpe travaille actuellement sous mes yeux, et j'en ai de grandes espérances. J'ai dans ma vieillesse la consolation de former des élèves : je rends par là tout le service que je puis rendre aux belles-lettres. Il me semble que je ne mérite pas les cruelles persécutions que j'essuie depuis si longtemps.

Mandez-moi donc à qui on attribue le petit livre savant et éloquent que vous m'avez envoyé avec une note de M. Thieriot. L'auteur de ce livre ne me traite pas comme les Guyon et les Fréron : je voudrais bien connaître cet honnête homme.

Savez-vous quel est le polisson qui a fait le plat ouvrage intitulé *la Justification de Jean-Jacques*, et qui prétend que Jean-Jacques est le seul philosophe dont la conduite soit conforme à ses principes ?

Les affaires de Genève doivent finir bientôt. Ce petit État devra au roi toute sa félicité, outre quatre millions cinq cent mille livres de rente

---

1. Dans sa lettre du 27 novembre, M. Hennin avait écrit à Voltaire que les quatre poteaux indicateurs de sa justice seigneuriale étaient près de tomber. (ÉD.)
2. M. Beuchot donne sous ce titre à cette date une lettre qu'il a déjà insérée dans une autre lettre, à la date du 6 juillet 1765. (ÉD.)
3. *Les Scythes.* (ÉD.)

dont les Génevois jouissent en France. M. le chevalier de Beauteville leur a donné un projet qui est la sagesse même. S'ils ne l'acceptaient pas, il faudrait qu'ils fussent plus fous et plus méchants que Jean-Jacques.

Je vous embrasse tendrement, mon très-cher ami. Remerciez bien pour moi M. Thieriot de son attention, et faites quelquefois mention de moi avec Tonpla.

M. Boursier est toujours dans les mêmes sentiments; il dit qu'il se tiendra toujours prêt.

N. B. L'avocat de Besançon, auteur du *Commentaire sur les* lois concernant les *Délits*, a beaucoup augmenté son ouvrage [1]. L'édition est entièrement épuisée. Pourriez-vous demander à M. Marin si on permettra dans Paris l'entrée d'une nouvelle édition conforme à ce qui a déjà été imprimé, et très-circonspecte dans ce qui sera ajouté?

MMMMDCCCLVIII. — AU MÊME.

3 décembre.

Quel est donc, mon cher ami, le conseiller usurier, banqueroutier, et enfui? Qu'a fait M. de Mazarin? Avez-vous vu M. d'Argental?

Voulez-vous bien envoyer ce petit mot à M. Dalembert? Quand M. Thomas sera-t-il reçu? Le factum pour les Sirven est-il à l'impression? Je suis un grand questionneur, et je ne suis que cela aujourd'hui. La poésie m'avait transporté dans les espaces imaginaires; la métaphysique me replonge dans les abîmes. La faiblesse de mon corps succombe. Je vous embrasse.

MMMMDCCCLIX. — A M. LE COMTE D'ARGENTAL.

3 décembre.

Ce drame [2] deviendra bientôt l'habit d'Arlequin. J'envoie à mes anges, tous les ordinaires, de nouveaux morceaux à coudre. Je change toujours quelque chose, dès que j'ai dit que je ne changerais plus rien; mais, après tout, c'est pour plaire à mes anges.

Cependant je crois que je suis au bout de mon rôle, et que j'ai épuisé toutes mes ressources. Chaque animal n'a qu'un certain degré de force, et tous les efforts qu'il fait par delà sont inutiles. Je suis épuisé, je suis à sec.

M. de Thibouville a mandé d'étranges choses à maman Denis; il dit que, si par hasard il y avait une pièce nouvelle de la façon de votre créature, la superbe Clairon pourrait s'abaisser jusqu'à rentrer au théâtre, et à se charger du rôle principal de la pièce; mais ce sont des chimères dont on berce les pauvres provinciaux, les pauvres habitants des déserts de la Scythie.

Quoi qu'il en soit, je cherche toujours à prouver mon alibi : c'est le point principal, et j'ai pour cela les plus fortes raisons.

1. Cet ouvrage est de Voltaire. (ÉD.) — 2. *Les Scythes.* (ÉD.)

« Je n'ai point entendu d'Alainville[1]; mais tous ceux qui l'ont entendu, et qui s'y connaissent parfaitement, disent qu'il est nécessaire à la Comédie-Française. Au reste, comme il n'y a, dans *les Scythes*, aucun personnage qui crie, excepté Obéide (dans ses imprécations), Molé, s'il est rétabli, pourra jouer un des deux principaux rôles.

« Nous venons de la relire pour la quatrième fois, et elle nous a fait la même impression que la première.

« Remarquez bien, ô anges! que voici le cinquième paquet de corrections. Vous devez avoir tout reçu, soit par M. le duc de Praslin, soit par M. de Courteilles, soit par M. Marin.

« Voilà qui est fait, je ne me mêle plus de rien; c'est à vous à prendre soin de mon salut.

« Point du tout; il y a encore quelques petits coups de pinceau à donner, quelques mots répétés à varier, et puis maman Denis dit que c'est tout; mais qu'en disent mes anges? »

MMMMDCCCLX. — AU MÊME.

8 décembre.

Vous avez bien fait de m'écrire, mes divins anges; car vous esquivez par là une nuée de corrections et de changements qui étaient déjà tout prêts. Mais puisque vous me mandez que rien ne presse, je corrigerai plus à loisir ce que j'ai fait si fort à la hâte.

Vous avez dû vous apercevoir que j'ai deviné plus d'une de vos critiques. J'ai prévenu aussi la censure judicieuse que vous faites de la précipitation d'Obéide à dire, au cinquième acte : *Je l'accepte*, dès qu'on lui fait la proposition d'immoler son amant.

Je m'étais un peu égayé dans les imprécations, j'avais fait là un petit portrait de Genève pour m'amuser; mais vous sentez bien que cette tirade n'est pas comme vous l'avez vue; elle est plus courte et plus forte.

Mais aussi, comme mes anges laissent à maman et à moi notre libre arbitre, nous vous avouons que nous condamnons, anathématisons votre idée de développer dans les premiers actes la passion d'Obéide. Nous pensons que rien n'est si intéressant que de vouloir se cacher son amour à soi-même, dans ces circonstances délicates; de le laisser entrevoir par des traits de feu qui échappent; de combattre en effet sans dire : « Je combats; » d'aimer passionnément sans dire : « J'aime; » et que rien n'est si froid que de commencer par tout avouer. Je n'ai lu la pièce à personne, mais je l'ai fait lire à de très-bons acteurs qui sont dans notre confidence; je les ai vus pleurer et frémir. Il se peut que l'aventure de l'ex-jésuite[2] ait un peu influé sur votre jugement, et que vous ayez tremblé que l'intérêt, qui fait le succès des pièces au théâtre, manquât dans celle-ci; mais j'oserais bien répondre de l'intérêt le plus grand, si cette tragédie était bien jouée.

Vous m'avouez enfin que vous n'avez d'acteurs que Lekain; il ne faut

1. Il était frère du célèbre acteur Molé. (ÉD.)
2. Voltaire avait donné comme étant d'un ex-jésuite le *Triumvirat*, qui n'avait point eu de succès. (ÉD.)

donc point donner de pièces nouvelles. Le succès des représentations est toujours dans les acteurs. On prendra dorénavant le parti de faire imprimer ses pièces, au lieu de les faire jouer, et le théâtre tombera absolument. Les talents périssent de tous côtés.

Gardez donc vos *Scythes*, mes divins anges, ne les montrez point; amusez-vous de *Guillaume Tell* [1] et d'un cœur en fricassée [2]; faites comme vous pourrez.

Je dois vous dire (car je ne dois rien avoir de caché pour vous) que j'ai envoyé mes *Scythes* à M. le duc de Choiseul. J'ai été bien aise de lui faire ma cour, et de réchauffer ses bontés.

Daignez, je vous en conjure, vous occuper à présent de mes pauvres Sirven. Vous aurez enfin cette semaine le factum de M. de Beaumont. Cette tragédie mérite toute votre bonté et toute votre protection.

Je vous demande en grâce de me mettre aux pieds de M. le duc de Praslin, et de vouloir bien faire souvenir de moi M. le marquis de Chauvelin, à qui j'épargne une lettre inutile, et à qui je suis bien tendrement attaché.

Je vous demande pardon de tout le tracas que je vous ai donné pendant quinze jours. Je suis au bout de vos ailes pour le reste de ma vie.

MMMMDCCCLXI. — À M. LE MARQUIS D'ARGENCE DE DIRAC.

5 décembre.

Je vous renvoie, monsieur le marquis, votre *Lettre a M. le comte de Périgord* [3], que vous avez bien voulu me communiquer. J'en ai tiré une copie, selon la permission que vous m'en donnez. Cette lettre est bien digne d'une âme, aussi noble et aussi généreuse que la vôtre. Elle est simple, et c'est le seul style qui convienne à la vérité, quand on écrit à ses amis. Tous les faits que vous rapportez sont incontestables. Je ne doute pas que M. le comte de Périgord ne trouve fort bon que vous lui adressiez cette lettre, et que vous la rendiez publique. Pour moi, je vous avoue que je n'affecte point avec vous une fausse modestie, et que je vous ai une très-grande obligation.

Le livre du jésuite Nonnotte vient d'être réimprimé sous le titre d'*Amsterdam;* mais l'édition est d'Avignon. Les partisans des prétentions ultramontaines soutiennent ce livre; mais ces prétentions ultramontaines, qui offensent nos rois et nos parlements, n'ont pas un grand crédit chez la nation. C'est servir la religion et l'État que d'abandonner les systèmes jésuitiques à leurs ridicules.

Votre lettre à M. le comte de Périgord m'a tellement échauffé la tête et le cœur, que je vous ai répondu en vers par une *ode* [4] dont voici une strophe

Qu'il est beau, généreux d'Argence,
Qu'il est digne de ton grand cœur,

1. De Le Mierre. (ÉD.) — 2. Dans la *Gabrielle de Vergy* de Belloy. (ÉD.)
3. Le comte de Périgord, prince de Chalais, était, depuis 1753, gouverneur du haut et bas Berri. (ÉD.)
4. L'*Ode à la Vérité.* (ÉD.)

ANNÉE 1766.

De venger la faible innocence
Des traits du calomniateur!
Souvent l'Amitié chancelante
Resserre sa pitié prudente;
Son cœur glacé n'ose s'ouvrir,
Son zèle est réduit à tout craindre :
Il est cent amis pour nous plaindre,
Et pas un pour nous secourir.

Voici encore une strophe de cette ode :

Imitons les mœurs héroïques
De ce ministre des combats[1],
Qui de nos chevaliers antiques
A le cœur, la tête, et le bras;
Qui pense et parle avec courage,
Qui de la fortune volage
Dédaigne les dons passagers;
Qui foule aux pieds la Calomnie,
Et qui sait mépriser l'Envie
Comme il méprisa les dangers

Je crois que M. le duc de Choiseul ne sera pas mécontent de ces derniers vers. Il daigne toujours m'aimer; il m'honore quelquefois d'un mot de sa main.

J'aurai l'honneur de vous envoyer l'ode entière dès qu'elle sera mise au net, et je la ferai imprimer à la suite de votre lettre. Je serai enchanté de joindre votre éloge à celui de M. de Choiseul : cela paraîtra en même temps que le mémoire des Sirven, dont les avocats ne manqueront pas de vous envoyer quelques exemplaires. Vous pourrez faire publier votre lettre et l'ode à Bordeaux, pendant que je la publierai à Genève. Je voudrais que vous eussiez la bonté de m'envoyer tous vos titres et ceux de M. le comte de Périgord, pour les placer à la tête.

J'attends vos ordres, et j'ai l'honneur d'être avec les sentiments les plus tendres et les plus respectueux, monsieur, votre, etc.

MMMMDCCCLXII. — A M. DAMILAVILLE.

8 décembre.

Mon cher ami, j'ai remercié M. de Courteilles, dans les termes les plus passionnés, de la justice qu'il vous rendra sans doute. Vous devez d'ailleurs absolument compter sur M. d'Argental. Il est bien cruel que vous ayez besoin de protection, et que vous soyez réduit depuis si longtemps à consumer vos jours dans des travaux qui ne sont pas faits pour un homme de lettres. Mais enfin, puisque telle est votre destinée, il est juste que vous en tiriez l'avantage que vous méritez par vos services. Il est bien beau à vous, dans cette situation critique où vous êtes et qui m'intéresse si vivement, d'avoir trouvé du temps pour travailler

1. Le duc de Choiseul, ministre de la guerre. (Éd.)

au mémoire des Sirven avec M. de Beaumont. Je me flatte qu'il n'y aura point de phrases, mais une éloquence vraie, mâle et touchante, dans ce mémoire, qui doit lui faire tant d'honneur. Il doit avoir reçu la lettre que je vous envoyai pour lui dans mes derniers paquets.

Je crois qu'il faudra laisser chez le banquier les deux cents ducats du roi de Pologne, avec ce que nous pourrons tirer des personnes généreuses qui voudront nous aider. Cela servira à payer en partie les frais du conseil, qui seront immenses. Si vous voyez Mme Geoffrin, je vous supplie de me mettre à ses pieds.

Je ne sais pas assurément comment tournera le procès de La Chalotais ; mais, puisqu'il sera jugé par le conseil, je suis sûr de l'équité la plus impartiale.

Vous savez sans doute que Rousseau avait fait un projet de édition dans Genève, qu'on a trouvé dans les papiers du nommé Le Nieps[1], qui a été arrêté et mis à la Bastille. Rousseau devait venir se cacher dans le territoire auprès du lac, dans un endroit nommé *le Paquis*. Son dessein apparemment était d'être pendu ; c'est un homme qui cherche toute sorte d'élévation. Il est bien triste que les *O!* qu'on lui adresse dans l'*Encyclopédie* subsistent ; c'est un bien mauvais guide dans un dictionnaire qu'un enthousiasme qu'on est obligé de désavouer.

Je n'ai pas encore de réponse de l'abbé Coyer sur son bâtard[2], dont il m'a fait passer pour père. J'ai assez d'enfants à nourrir, sans adopter ceux des autres.

Adieu ; mandez-moi, je vous prie, en quel état est l'affaire qui vous regarde, et ne me laissez pas ignorer où en est celle des Sirven.

MMMMDCCCLXIII. — A M. LE COMTE D'ARGENTAL.

10 décembre.

Je pourrais maintenant dire à mes anges que j'ai fait à peu près tout ce qu'ils ont ordonné, excepté leur cruelle proposition d'épuiser l'amour et l'intérêt en parlant trop tôt d'amour. Je pourrais fatiguer leurs bontés par mille petites remarques ; mais comme il n'est point question de faire jouer la pièce, je ne les fatiguerai pas ; j'ai bien à leur parler d'autre chose, et voici sur quoi je supplie leurs ailes de trémousser beaucoup.

Je suppose que vous avez lu en son temps le factum de M. de Sudre, avocat de Toulouse, en faveur des Calas, factum aussi bon pour le fond des choses qu'aucun des mémoires de Paris. Ce M. de Sudre est un homme d'une probité courageuse, qui seul osa lutter contre le fanatisme, sans autre intérêt que celui de protéger l'innocence. Il fut lui-même longtemps la victime du fanatisme qu'il avait attaqué ; il fut même plusieurs années sans oser plaider. Enfin les écailles sont tombées des yeux de ces malheureux Toulousains ; ils ont élu d'une voix una-

---

1. Le Nieps, Génevois, condamné, en 1731, à un exil perpétuel, était venu s'établir à Paris. Lors des affaires de Genève il s'était prononcé pour le parti de la bourgeoisie, où il était très-considéré. (ÉD.)

2. Il s'agit de la *Lettre au docteur Pansophe*, qui est de Bordes. (ÉD.)

nime M. de Sudre pour premier capitoul. On en élit trois; le roi en nomme un entre ces trois. M. de Sudre a l'avantage d'avoir été proposé unanimement par la ville. Les voix ont été partagées entre ses deux concurrents; mais il a bien un autre avantage auprès de vous, celui d'avoir soutenu la cause de l'innocence opprimée avec une constance intrépide. Il honorera la place que ce coquin de David[1], digne d'être le capitoul de Jérusalem, a tant déshonorée; et si quelqu'un peut faire abolir la procession annuelle de Toulouse, où l'on remercie Dieu de quatre mille assassinats, c'est assurément M. de Sudre.

Voyez, mes anges, si vous avez des amis auprès de M. le comte de Saint-Florentin, de qui dépend cette affaire. Voyez si M. le duc de Praslin et M. le duc de Choiseul veulent dire un mot. Vous ferez certainement ce que vous pourrez, car je vous connais.

Le tout sans préjudicier à la tragédie des Sirven, qui va se jouer, et qui n'attirera peut-être pas grand monde, parce que la pièce n'est pas neuve. Pour celle des *Scythes*, pardieu, elle est neuve. Respect et tendresse.

MMMMDCCCLXIV. — A M. LE RICHE.

A Ferney, 12 décembre.

Je voudrais, monsieur, avoir l'honneur de vous envoyer quelques livres pour vos étrennes. Il faut que vous ayez la bonté de me mander comment je pourrai vous les faire parvenir avec sûreté. Je voudrais bien savoir aussi si les lettres qu'on adresse, du pays où je suis, en Lorraine, passent par la Franche-Comté.

Pourriez-vous encore me faire une autre grâce? Il y a dans votre ville un misérable ex-jésuite, nommé Nonnotte, qui, pour augmenter sa portion congrue, a fait un libelle en deux volumes. Je voudrais savoir quel cas on fait de sa personne et de son libelle. On dit que le père de ce prêtre est un boulanger; cela est heureux : il aura le pain azyme pour rien, et il distribuera gratis le pain des forts. Il faut que frère Nonnotte soit bien ingrat d'écrire contre moi, dans le temps que je loge et nourris un de ses confrères; mais, quand il s'agit de la sainte religion, l'ingratitude devient une vertu.

Je vous souhaite pour l'année prochaine la ruine de la superstition.

Vous connaissez sans doute à Dijon quelqu'un de vos confrères qui pense sagement. Vous pourriez me rendre un grand service en le priant de s'informer bien exactement quelle est la raison pour laquelle les ex-jésuites de Dijon ne voulurent point voir mon ex-jésuite de Ferney, quand il fit le voyage. Mon ex-jésuite s'appelle Adam. Il dit fort proprement la messe; il a marié des filles dans ma paroisse, avec toute la grâce imaginable. Il avait le malheur d'être brouillé depuis longtemps avec les jésuites bourguignons, quoiqu'il aime assez le vin. En un mot, ni le révérend père provincial, ni le révérend père recteur, ni le révérend père préfet, enfin aucun ex-révérend cuistre ne voulut voir mon aumônier; et, comme les jésuites disent toujours la vérité,

1. Capitoul lors de l'horrible affaire de Calas. (ÉD.)

je voudrais savoir s'ils lui ont refusé le salut parce qu'il dit la messe chez moi, ou si c'est une ancienne rancune de prêtre à prêtre.

Voyez, monsieur, si vous pouvez et si vous voulez vous charger de cette grande négociation. Elle m'aura procuré au moins le plaisir de m'entretenir avec un homme qui pense, ce qui n'est pas extrêmement commun. Je vous prie de compter sur les sentiments qui m'attachent véritablement à vous.

MMMMDCCCLXV. — A M. LE MARQUIS DE VILLEVIEILLE.

14 décembre.

J'ai reçu votre petit billet de Valence, mon cher marquis, et je vous écris à tout hasard à Valence. Je suis enchanté que vous vous confirmiez de plus en plus dans vos bons principes; mais la maison du Seigneur est entourée d'ennemis, et il y a bien des indiscrets dans le temple. Vous souvenez-vous d'une réponse que je vous fis lorsque vous étiez à Nancy? Je faisais des compliments au brave confiseur qui vendait vos dragées : vous envoyâtes ma lettre à un de vos élus de Paris, et cet élu très-indiscret m'a damné en faisant courir ma lettre. J'en ai reçu des reproches de la part des préposés aux confitures, et je crois le confiseur très-embarrassé. Tâchez que l'enfer où je suis se tourne au moins en purgatoire : je ne crois pas en effet avoir fait des compliments à un confiseur que je ne connais pas. Mandez que cette lettre n'est pas de moi, car assurément elle n'est pas de moi, et vous ne mentirez pas. Mandez que vous vous êtes trompé; mandez que ce n'est pas assez d'avoir l'innocence de la colombe, et qu'il faut encore avoir la prudence du serpent. Marchez toujours dans les voies du juste; distribuez la parole de Dieu, le pain des forts; faites prospérer la moisson évangélique; recevez ma bénédiction, et vivez dans l'union des fidèles.

MMMMDCCCLXVI. — A MADAME DE SAINT-JULIEN.

15 décembre.

Charmant papillon de la philosophie, de la société, et de l'amour, j'aurais été enchanté de vous voir honorer encore ma retraite d'une de vos apparitions; vous auriez même été mon premier médecin, car il y a environ deux mois que je ne sors guère de mon lit.

Savez-vous bien, madame, que j'ai des choses très-sérieuses à répondre à la lettre très-morale que vous n'avez point datée? Vous m'apprenez que, dans votre société, on m'attribue *le Christianisme dévoilé*, par feu M. Boulanger; mais je vous assure que les gens au fait ne m'attribuent point du tout cet ouvrage. J'avoue avec vous qu'il y a de la clarté, de la chaleur, et quelquefois de l'éloquence; mais il est plein de répétitions, de négligences, de fautes contre la langue; et je serais très-fâché de l'avoir fait, non-seulement comme académicien, mais comme philosophe, et encore plus comme citoyen.

Il est entièrement opposé à mes principes. Ce livre conduit à l'athéisme, que je déteste. J'ai toujours regardé l'athéisme comme le plus grand égarement de la raison, parce qu'il est aussi ridicule de dire que l'arrangement du monde ne prouve pas un artisan suprême, qu'il serait impertinent de dire qu'une horloge ne prouve pas un horloger.

Je ne réprouve pas moins ce livre comme citoyen; l'auteur paraît trop ennemi des puissances. Des hommes qui penseraient comme lui ne formeraient qu'une anarchie; et je vois trop, par l'exemple de Genève, combien l'anarchie est à craindre.

Ma coutume est d'écrire sur la marge de mes livres ce que je pense d'eux; vous verrez, quand vous daignerez venir à Ferney, les marges du *Christianisme dévoilé* chargées de remarques qui montrent que l'auteur s'est trompé sur les faits les plus essentiels.

Il est assez douloureux pour moi, madame, que la malignité et la légèreté des papillons de votre pays, qui n'ont ni votre esprit ni vos grâces, m'imputent continuellement des ouvrages capables de perdre ceux qu'on en soupçonne.

Quant à M. le maréchal de Richelieu, je me doutais bien qu'il n'aurait pas le temps de parler à M. le comte de Saint-Florentin de la famille infortunée[1] qui a excité votre compassion : il allait partir pour Bordeaux. Votre jolie âme en a fait assez. Cette famille obtient, par vos bontés, une pension sur son propre bien, dont on lui arrache le fonds pour avoir donné, il y a vingt-six ans, à souper à un sot prêtre hérétique. Quand j'aurai quelque grâce à implorer pour des malheureux, je demanderai votre protection, madame, auprès de M. le duc de Choiseul. Je l'importune quelquefois de mes indiscrètes requêtes, et il a toujours daigné m'accorder ce que j'ai pris la liberté de lui demander. Je craindrais bien de fatiguer ses bontés, si je ne savais par vous-même quel est l'excès de sa générosité.

Venez à Ferney, madame; nous chanterons ses louanges et les vôtres, pour le prologue de l'opéra de *Pandore*; et vous serez ma Pandore; mais vous n'ouvrirez point la boîte.

Agréez, madame, le respect et l'attachement du vieux solitaire.

MMMMDCCCLXVII. — A M. BORDES.

A Ferney, 15 décembre.

Je vous suis très-obligé, monsieur, des deux livres que vous voulez bien me confier, et que je vous rendrai très-fidèlement dès que je les aurai consultés. J'espère les recevoir incessamment. L'abbé Coyer me jure qu'il n'est point l'auteur de la *Lettre à Pansophe* : c'est donc vous qui l'êtes? Vous dites que ce n'est pas vous : c'est donc l'abbé Coyer. Il n'y a certainement que l'un de vous deux qui puisse l'avoir écrite. Le troisième n'existe pas. De plus vous étiez tous deux à Londres à peu près dans le temps que cette lettre parut. Il n'y a que vous deux qui puissiez connaître les Anglais dont on trouve les noms dans cette pièce. Le style en est parfaitement conforme à la *Profession*

---

1. Les Espinas. (ÉD.)

de foi très-plaisan'e que vous fîtes, il y a quelques années, entre les mains de Jean-Jacques.

Vous avez très-grande raison d'avouer que ce Jean-Jacques a quelquefois de la chaleur dans ses déclamations, et qu'il est souvent contraint, obscur, insolent, hérissé de sophismes, et plein de contradictions. Si vous vouliez ajouter, à cette confession générale, que vous vous êtes réjoui fort agréablement à ses dépens dans la *Lettre à Pansophe*, vous auriez une absolution plénière, sans être obligé ni à la pénitence ni au repentir, et vous seriez certainement sauvé chez tous les gens de lettres.

Je ne trouve donc dans cette publication de la *Lettre à Pansophe* d'autre défaut, sinon qu'elle me met en contradiction avec moi-même comme Jean-Jacques. Je dis à M. Hume qu'il y a plus de sept ans que je n'ai écrit à ce polisson, et cela est très-vrai. La *Lettre à Pansophe* semble me convaincre du contraire. Vous m'avez toujours marqué de l'amitié : je vous en demande instamment cette preuve. La *Lettre à Pansophe* vous fait honneur, et me ferait du tort. Vous avouez l'ode¹ que vous avez mise sous mon nom; avouez donc aussi la prose, et croyez qu'en vers et en prose je connais tout votre mérite, et que je vous suis tendrement attaché.

MMMMDCCCLXVIII. — A M. DAMILAVILLE.

15 décembre.

J'ai reçu à la fois, mon cher ami, vos lettres du 6 et du 8 de décembre. Il y a de la destinée en tout : la vôtre est de faire du bien, et même de réparer le mal que la négligence des autres a pu causer. Il est très-certain que si M. de Beaumont n'avait pas abandonné pendant dix-huit mois la cause des Sirven, qu'il avait entreprise, nous ne serions pas aujourd'hui dans la peine où nous sommes. Il ne lui fallait que quinze jours de travail pour achever son mémoire : il me l'avait promis. Ce mémoire lui aurait fait autant d'honneur que celui de M. de La Luzerne lui a causé de désagrément. Ce fut dans l'espérance de voir paraître incessamment le factum des Sirven que l'on composa l'*Avis au public*. C'est cet *Avis au public* qui a valu aux Sirven les deux cent cinquante ducats que vous avez entre les mains, les cent écus du roi de Prusse, et quelques autres petits présents qui aideront cette famille infortunée. J'ai empêché, autant que je l'ai pu, que le petit *Avis* entrât en France, et surtout à Paris; mais plusieurs voyageurs y en ont apporté des exemplaires; ainsi ce qui nous a servi d'un côté nous a extrêmement nui de l'autre.

Voilà le triste effet de la négligence de M. de Beaumont. Je vous prie de lui bien exposer le fait, et surtout de lui dire, ainsi qu'aux autres avocats, que s'il y a dans ce petit imprimé quelques traits contre la superstition de Toulouse, il n'y a rien contre la religion. L'auteur, tout protestant qu'il est, ne s'est moqué que des reliques ridicules por-

1. L'*Ode sur la guerre*. (ÉD.)

tées en procession par les Visigoths; il n'a dit que tout ce que les gens sensés disent dans notre communion. Si ce petit ouvrage, fait pour les princes d'Allemagne, et non pour les bourgeois de Paris, révolte quelques avocats, ou si plutôt il leur fournit un prétexte de ne point signer la consultation de M. de Beaumont, c'est assurément un très-grand malheur. Il n'y a que vous qui puissiez le réparer en leur faisant entendre raison, et en les faisant rougir du dégoût qu'ils donnent à leurs confrères. Vous mettez le comble à toutes bonnes actions, en suivant avec chaleur cette affaire, qui sans vous échouerait entièrement. Ce dernier trait de votre vertu courageuse m'attache à vous plus que jamais.

La petite affaire de M. de Lemberta avec M. Boursier est en train on fera une partie de ce qu'il désire, c'est-à-dire qu'on exécutera ses ordres¹, et qu'on ne lui donnera point d'argent. En attendant, je vous prie de lui avancer les cent écus, dont vous serez remboursé.

Mon cher Wagnière a prêté cinquante louis, qui font toute sa fortune², à un correspondant de l'enchanteur Merlin, qui lui a donné deux billets de Merlin, de vingt-cinq louis chacun; le premier payable au mois de juillet de cette année, et le second au mois de janvier 1767. Je vous prie très-instamment de préparer Merlin à payer cette dette sans aucune difficulté. Il serait triste que Wagnière eût à se repentir d'avoir fait plaisir. Je sais que Merlin doit de l'argent aux Cramer; mais Wagnière doit passer devant tout le monde. Vous ne reconnaissez point sa main dans cette lettre que je dicte, il est actuellement occupé à transcrire la tragédie³ que l'on doit vous montrer. M. d'Argental n'en a qu'une copie très-informe et très-barbouillée; je l'ai prié de la jeter dans le feu, en attendant la véritable. Je vous ai mandé, je crois, que j'avais écris à M. de Courteilles. Je voudrais bien savoir le nom de l'auteur du petit ouvrage sur les commissions. On dit qu'il est de M. Lambert⁴, conseiller au parlement; mais c'est ce dont je doute beaucoup. Adieu, mon cher ami; il ne reste que la place de vous dire à quel point je vous chéris.

MMMMDCCCLXIX. — DE FRÉDÉRIC II, ROI DE PRUSSE.

Je vous fais mes remercîments pour la belle tragédie⁵ que je viens de recevoir, et pour les ouvrages intéressants que j'attends encore et qui ne tarderont pas d'arriver. J'ai donné commission de chercher l'*Abrégé* de Fleury, s'il s'en trouve à Berlin, pour vous l'envoyer. On

---

1. Une nouvelle édition avec corrections et additions de l'opuscule *Sur la destruction des jésuites*. (ÉD.)
2. Voici ce que Wagnière écrivait le 26 décembre 1766 :
« Je n'ai pu retrouver, monsieur, dans le désordre où nous sommes, le billet de douze cents livres. Je vous prie de m'adresser toujours vos lettres à Genève. Voici un petit billet par lequel j'annule tous autres billets. Ainsi, les choses sont en règle. Vos amis vous font les plus tendres compliments. Ayez la bonté de n'écrire qu'à moi. J'ai l'honneur d'être bien sincèrement, monsieur, votre très-humble et très-obéissant serviteur, WAGNIÈRE. »
3. *Les Scythes*. (ÉD.) — 4. L'ouvrage est de Chaillou. (ÉD.)
5. *Le Triumvirat*. (ÉD.)

prétend qu'un docteur Ernesti a réfuté cet ouvrage; mais ce qu'il y a de plaisant, c'est qu'étant luthérien, il s'est vu nécessité de plaider la cause du pape, ce qui a fort édifié la cour de Saxe.

Je vous envoie en même temps un poëme singulier pour le choix du sujet[1]; ce sont les réflexions de l'empereur Marc Aurèle mises en vers. J'aime encore la poésie. Je n'ai que de faibles talents; mais comme je ne barbouille du papier que pour m'amuser, aussi peu importe-t-il au public que je joue au wisk, ou que je lutte contre la difficulté de la versification; ceci est plus facile et moins hasardeux que d'attaquer l'hydre de la superstition. Vous croyez que je pense que le peuple a besoin du frein de la religion pour être contenu; je vous assure que ce n'est pas mon sentiment; au contraire, l'expérience me range entièrement de l'opinion de Bayle. Une société ne saurait subsister sans lois, mais bien sans religion, pourvu qu'il y ait un pouvoir qui, par des peines afflictives, contraigne la multitude d'obéir à ces lois; cela se confirme par l'expérience des sauvages qu'on a trouvés dans les îles Mariannes, qui n'avaient aucune idée métaphysique dans leur tête; cela se prouve encore plus par le gouvernement chinois, où le théisme est la religion de tous les grands de l'État. Cependant, comme vous voyez que dans cette vaste monarchie, le peuple s'est abandonné à la superstition des bonzes, je soutiens qu'il en arriverait de même ailleurs, et qu'un État purgé de toute superstition ne se soutiendrait pas longtemps dans sa pureté, mais que de nouvelles absurdités reprendraient la place des anciennes; et cela au bout de peu de temps. La petite dose de bon sens répandue sur la surface de ce globe est, ce me semble, suffisante pour fonder une société généralement répandue, à peu près comme celle des jésuites, mais non pas un État. J'envisage les travaux de nos philosophes d'à présent comme très-utiles, parce qu'il faut faire honte aux hommes du fanatisme et de l'intolérance, et que c'est servir l'humanité que de combattre ces folies cruelles et atroces qui ont transformé nos ancêtres en bêtes carnassières : détruire le fanatisme, c'est tarir la source la plus funeste des divisions et des haines présentes à la mémoire de l'Europe, et dont on découvre les vestiges sanglants chez tous les peuples. Voilà pourquoi vos philosophes, s'ils viennent à Clèves, seront bien reçus; voilà pourquoi le baron de Werder, président de la chambre, a déjà été prévenu de les favoriser pour leur établissement; ils y trouveront sûreté, faveur, et protection; ils y feront en liberté des vœux pour le patriarche de Ferney, à quoi j'ajouterai un hymne en vers au dieu de la santé et de la poésie, pour qu'il nous conserve longues années son vicaire helvétique, que j'aime cent fois mieux que celui de saint Pierre, qui réside à Rome. Adieu.

P. S. Vous me demandez ce qu'il me semble de Rousseau de Genève? Je pense qu'il est malheureux et à plaindre. Je n'aime ni ses paradoxes, ni son ton cynique. Ceux de Neuchâtel en ont mal usé envers lui : il faut respecter les infortunés; il n'y a que des âmes perverses qui les accablent.

1. Le *Stoïcien*. (Éd.)

MMMMDCCCLXX. — A M. DAMILAVILLE.

17 décembre.

Mon cher ami, l'affaire des Sirven m'empêche de dormir. Il serait bien affreux que les retardements de M. de Feaumont eussent détruit nos plus justes espérances. S'il y a des avocats qui fassent les difficiles, il faut en trouver qui fassent leur devoir en les bien payant. Il ne sera pas difficile d'en avoir trois ou quatre qui signent; cela nous suffira. Tout ce que demandent les Sirven, c'est l'impression du mémoire; ils veulent encore plus gagner leur cause devant le public que devant le conseil. Si nous pouvons obtenir une évocation, à la bonne heure; sinon nous aurons du moins pour nous l'éloquence et la vérité, et ce qu'on aurait payé en procédures sera tout au profit d'une famille infortunée.

Les affaires de Genève se brouillent terriblement. J'ai peur que ces dissensions n'aient une fin funeste. Cela retarde la petite affaire de votre ami, M. de Lemberta[1]. On ne peut rien faire dans tous ces mouvements; presque toutes les boutiques sont fermées, et les bourses aussi. Donnez cependant à M. de Lemberta les cent écus, dont vous serez remboursé; j'en répondrai toujours.

L'abbé Coyer jure que ce n'est pas lui qui est l'auteur de la *Lettre au docteur Pansophe*. On en soupçonne beaucoup un M. Bordes, de l'Académie de Lyon, qui a déjà donné une *ode* sous mon nom, pendant la dernière guerre. On ferait une bibliothèque des livres que l'on m'impute. Tous les réfugiés errants qui font de mauvais livres les vendent, sous mon nom, à des libraires crédules. Les Fréron et les Pompignan ne manquent pas de m'imputer ces rapsodies, qui sont quelquefois très-dangereuses. On me répond que c'est l'état du métier; si cela est, le métier est fort triste.

Personne n'a encore ma tragédie; M. d'Argental n'en possède que des fragments informes; elle est intitulée *les Scythes*. C'est une opposition continuelle des mœurs d'un peuple libre aux mœurs des courtisans. Mme Denis et tous ceux qui l'ont lue ont pleuré et frémi. Je l'ai envoyée à M. le duc de Choiseul, qui me mande qu'elle vaut mieux que *Tancrède*. J'ai déjà composé une préface dans laquelle j'ai saisi une occasion bien naturelle de faire l'éloge de M. Diderot : cela m'a soulagé le cœur.

Je vous embrasse mille fois.

MMMMDCCCLXXI. — A M. THIERIOT.

19 décembre.

Je crois, mon ancien ami, que votre correspondant[2] aura été fort réjoui de l'épitaphe de la cruche étrusque[3]. Il est juste que je vous

1. Dalembert. (ÉD.) — 2. Le roi de Prusse. (ÉD.)
3. Diderot avait fait pour le comte de Caylus, mort en 1765, cette épitaphe :

Ci-gît un antiquaire acariâtre et brusque.
Oh ! qu'il est bien logé dans cette cruche étrusque !

fournisse aussi de quoi amuser votre homme. Je vous envoie d'abord du sérieux, et ensuite vous aurez du comique.

M. Damilaville doit vous communiquer une scène d'une tragédie que j'ai eu la sottise de faire malgré le précepte d'Horace, *solve senescentem*. J'étais las de voir toujours des princes avec des princesses, et de n'entendre parler que de trônes et de politique. J'ai cru qu'on pouvait donner plus d'étendue au tableau de la nature, et qu'avec un peu d'art on pouvait mettre sur le théâtre les plus viles conditions avec les plus élevées : c'est un champ très-fécond que de plus habiles que moi défricheront. Je me suis sans doute rencontré avec l'auteur de *Guillaume Tell*[2]. Mandez-moi ce que vous en pensez, et aimez toujours votre ancien ami.

MMMMDCCCLXXII. — A M. LE COMTE D'ARGENTAL.

19 décembre.

Mes divins anges, je ne veux point vous accabler des pièces qu'il faut coudre aux habits persans et scythes. Cette occupation deviendrait insupportable ; le mieux est d'achever le tableau dont vous avez l'esquisse, et de vous l'envoyer dans son cadre.

Comme je suis très-jeune, et que j'ai les passions fort vives, j'ai envoyé cette fantaisie à M. le duc de Choiseul, avant d'y avoir mis la dernière main; cependant il en a été si content, qu'il ne balance point à la mettre au-dessus de *Tancrède*.

Vous m'avouerez qu'en qualité de riverain suisse, je devais cet hommage à mon colonel. Je craignais beaucoup que *Guillaume Tell* ne fût précisément mon Indatire. Il était si naturel d'opposer les mœurs champêtres aux mœurs de la cour, que je ne conçois pas comment l'auteur de *Guillaume* a pu manquer cette idée. Je m'attendais aussi à voir mon Sozame dans le *Bélisaire* de Marmontel; on me mande qu'il n'en est rien. Qu'est donc devenue l'imagination ? est-ce qu'il n'y en a plus en France ?

Mandez-moi, je vous en prie, si la pomme de M. Le Mierre réussit autant dans le monde que celle de Paris, et celle de Mme Ève.

Vous disiez autrefois que je ne répondais point catégoriquement aux lettres. Vous avez pris mes défauts, et vous ne m'avez pas donné vos bonnes qualités ; c'est vous qui ne répondez point, car vous ne me dites seulement pas si M. le duc de Praslin a reçu le *Commentaire* que je lui ai envoyé par M. Janel, et vous ne riez point assez de voir en quelles mains le premier envoi était tombé. On l'a lu, on en a été content, et on n'a pas voulu le rendre, en dépit du droit des gens.

Avez-vous lu *Eudoxie* ou *Eudoxie* de M. de Chabanon ? en êtes-vous satisfaits ? Vous aurez une bonne tragédie de La Harpe, ou je suis bien trompé. Je corromps tant que je peux la jeunesse pour le service du tripot.

Le tripot de Genève va fort mal; les médiateurs n'ont point réussi

1. *Les Scythes*. (ÉD.) — 2. Tragédie de Le Mierre. (ÉD.)

dans leur entreprise; ils sont très-fâchés, ils menacent; tout cela tournera mal. Je crois que vous avez fort mal fait de ne point venir; vous auriez tout concilié, et la comédie, qui ne vaut pas le diable, aurait été au moins passable.

Je vous demande en grâce, quand vous ferez jouer *Zulime* à Mlle Durancy, de la lui faire jouer comme je l'ai faite, et non pas comme Mlle Clairon l'a jouée. Ce mot de Zulime, avec un cri douloureux : *O mon père ! j'en suis indigne*, fait un effet prodigieux. La manière dont les comédiens de Paris jouent cette scène est de Brioché.

    Je meurs sans vous haïr.... Ramire, sois heureux,
    Aux dépens de ma vie, aux dépens de mes feux.

Comment ces malheureux ignorent-ils assez leur langue pour ne pas savoir que cette répétition, *aux dépens*, fait attendre encore quelque chose; que c'est une suspension, que la phrase n'est pas finie, et que cette terminaison, *aux dépens de mes feux*, est de la dernière platitude ? Il n'y a pas jusqu'aux acteurs de province qui ne s'en aperçoivent. Mlle Clairon avait juré de gâter la fin de *Tancrède*. J'ai mille grâces à vous rendre d'avoir fait restituer par Mlle Durancy ce que Mlle Clairon avait tronqué. Un misérable libraire de Paris, nommé Duchesne, a imprimé mes pièces de la façon détestable dont les comédiens les jouent; il a fait tout ce qu'il a pu pour me déshonorer, et pour me rendre ridicule. De quel droit ce faquin a-t-il obtenu un privilége du roi pour corrompre ce qui m'appartient, et pour me couvrir de honte ? Je vous avoue que cela m'est sensible. Je me suis précautionné contre les plus violentes persécutions, et j'ai de quoi les braver; mais je n'ai point de remède contre l'opprobre et le ridicule dont les comédiens et les libraires me couvrent. J'avoue cette sensibilité; un artiste qui ne l'aurait pas serait un pauvre homme.

Je ne sais plus ce que devient l'affaire des Sirven; je crois que les lenteurs de Beaumont l'ont fait échouer. C'est bien pis que l'inepte insolence des comédiens et des libraires. C'est là ce qui me désespère; j'ai la tête dans un sac.

Les affaires de Genève ne laissent pas de m'embarrasser. J'y ai une grande partie de mon bien; toutes les caisses sont fermées. Je ne sais comment j'ai fait, moi pauvre diable, pour avoir une maison beaucoup plus grosse que celle de M. l'ambassadeur. Il se trouve qu'à Tournay et à Ferney je nourris cent cinquante personnes; on ne soutient pas cela avec des vers alexandrins et des banqueroutes.

Pardonnez-moi de mettre à vos pieds mes petites peines; c'est ma consolation.

Respect et tendresse.

    MMMMDCCCLXXIII. — A M. DAMILAVILLE.

    19 décembre.

Dites, je vous prie, mon cher ami, à M. de Beaumont, que j'ai reçu de M. Chardon une lettre charmante, dans laquelle il prend fort à cœur l'affaire concernant Canon, et celle des Sirven.

A l'égard des Sirven, j'ai pris mon parti. J'ai trouvé le public le premier des juges, et les suffrages de l'Europe me suffisent. Tant de difficultés me rebutent; et pour peu qu'on en fasse encore, que M. de Beaumont m'envoie son mémoire, je ne veux pas autre chose; je le ferai imprimer; les Sirven gagneront leur cause dans l'esprit des honnêtes gens : c'est à eux seuls que je veux plaire dans tous les genres.

Pour vous prouver que c'est aux honnêtes gens seuls que je veux plaire, je vous envoie une scène de la tragédie des *Scythes*. Montrez cela à Platon et à vos amis, et mandez-moi ce que vous en pensez. Il me semble qu'une tragédie dans ce goût a du moins le mérite de la nouveauté. Ce n'est pas la peine d'être imitateur, il faut se taire en tout genre quand on n'a rien de nouveau à dire. Donnez-en, je vous prie, une copie à Thieriot; cela nourrira sa correspondance [1].

Je cultiverai, mon cher ami, les belles-lettres jusqu'au dernier moment de ma vie, malgré tout le mal qu'elles m'ont fait. Je sais que, dès qu'on a donné un ouvrage passable, la canaille de la littérature jette les hauts cris: elle ne peut rien contre l'ouvrage, mais elle calomnie l'auteur. S'il réussit, on ne manque pas de l'appeler déiste, ou athée, ou même encyclopédiste; s'il paraît un mauvais livre, on ne manque pas de l'en accuser; et il en paraît tous les jours. L'imposture frappe à toutes les portes. Tantôt le vinaigrier Chaumeix, convulsionnaire crucifié; tantôt l'abbé d'Estrées, auteur de *l'Année merveilleuse*, et associé de Fréron; tantôt un ex-jésuite, crient au scandale jusqu'à ce qu'ils aient persuadé quelque pédant accrédité; et quelquefois la persécution suit de près la calomnie. On a beau faire du bien, on aurait beau même en faire à ces malheureux, ils n'en chercheraient pas moins à vous opprimer. Il faut combattre toute sa vie, et finir par s'enfuir, si les méchants l'emportent.

Adieu, mon cher ami. Que j'avais bien raison de vous dire autrefois à la fin de mes lettres, en parlant de la calomnie : *Écrasons l'infâme!* mais il est plus aisé de le dire que de le faire

MMMMDCCCLXXIV. — A M. DALEMBERT.

20 décembre.

Mon cher philosophe, vous êtes mon philosophe; plus je vous lis, plus je vous aime. Que de choses neuves, vraies, et agréables! Votre idée du livre antiphysique [2] est aussi neuve que plaisante. Vous parlez mieux médecine que les médecins. Puissent tous les magistrats apprendre par cœur votre page 79! Il y a un petit *Commentaire* [3] sur Beccaria, dont l'auteur est entièrement de votre avis. Or, quand deux gens qui pensent sont d'accord sans s'être donné le mot, il y a beaucoup à parier qu'ils ont raison. Chez les Athéniens il fallait, autant qu'il m'en

---

1. Thieriot était correspondant littéraire de Frédéric II. (ÉD.)
2. Voyez dans les *Œuvres de Dalembert* les *Éléments de philosophie* : l'auteur dit que, pour guérir les physiciens de la manie de tout expliquer, il a quelquefois désiré qu'on fît un ouvrage intitulé l'*Antiphysique*. (ÉD.)
3. Par Voltaire lui-même. (ÉD.)

souvient, les deux tiers des voix sur cinq cents, pour condamner un coupable; je n'en suis pas sûr pourtant. En parlant de Creyge[1], vous marchez sur des charbons ardents, et vous ne brûlez point. Pourquoi vous étonnez-vous tant que les Turcs n'aient point rebâti le temple de Jérusalem? Il y a une mosquée à la place, et il n'est pas permis de détruire une mosquée.

C'est, je crois, de Sanderson qu'on a dit qu'il jugeait que l'écarlate ressemblait au son d'une trompette, parce que l'écarlate est éclatante, et le son de la trompette aussi; mais malheureusement il n'y a point en anglais de mot qui réponde à notre éclatant, et qui puisse signifier à la fois brillant et bruyant; on dit *shining* pour les couleurs, *sounding* pour les sons.

Bassesse au figuré vient de *bas* au propre, comme *tendresse* vient de *tendre*.

Vous donnez de belles ouvertures pour la géométrie. L'idée qu'on peut faire passer une infinité de lignes courbes entre la tangente et le cercle m'a toujours paru une fanfreluche de Rabelais. Les géomètres qui veulent expliquer cette fadaise avec leur infini du second ordre sont de grands charlatans. Dieu merci, Euclide, autant que je m'en souviens, ne traite point cette question.

Je vais lire le reste. Je vous remercie du plaisir que je vais avoir, et de celui que vous m'avez donné.

Permettez à présent que je vous parle de la petite affaire de M. Boursier[?]; il a essayé de trois ou quatre formules pour faire passer les ordonnées de ses courbes; mais il dit que la géométrie transcendante qui règne aujourd'hui s'y oppose entièrement. Il n'y a aucun bon mathématicien à Lyon qui puisse l'aider; cependant il ne désespère point de son problème, mais il faudra du temps.

Vous allez, je crois, bientôt examiner les discours présentés pour un nouveau prix à l'Académie; le sujet n'est pas neuf assurément, et ne prête guère qu'à la déclamation, puisque je vous recommande une déclamation dont la devise est *Humanum paucis vivit genus*[2]; il m'a paru qu'il y avait de bonnes choses. L'écriture n'en est pas agréable aux yeux. Cette négligence fait quelquefois tort. Si vous pouviez vous charger de la lire à la séance, après avoir accoutumé vos yeux à ce griffonnage, elle acquerrait un nouveau prix dans votre bouche. Elle est de ce jeune homme à qui vous voulez bien vous intéresser; mais je ne veux et je ne dois demander que justice.

Quel est le jean-f..... de janséniste[3] qui a dit que c'est tenter Dieu que de mettre à la loterie du roi?

---

1. Voyez *Œuvres de D'Alembert*, I, 161. Creyge est auteur des *Principes mathématiques de théologie chrétienne*, où il calcule la durée du christianisme, dont il assigne la fin à l'année 3150. (Éd.)

2. Ce commencement d'un vers de Lucain (*Pharsale*, V, 343) était l'épigraphe mise par La Harpe à son *Discours des malheurs de la guerre et des avantages de la paix*, qui obtint en effet le prix de l'Académie française en janvier 1767. (Éd.)

3. D'Alembert, dans ses *Réflexions sur l'inoculation*, qui font partie du tome V de ses *Mélanges*, dit avoir lu autrefois une dissertation sur les loteries, où l'au-

Quel est le conseiller usurier qui a fait banqueroute?

Qu'a fait le duc de Mazarin? le cardinal de ce nom était un grand fripon.

Vous devriez bien au moins me mettre dans une partie de votre secret, et me dire à qui il faudrait que votre ami La Harpe écrivît une lettre en général. Il me semble que cela serait convenable.

MMMMDCCCLXXV. — A M. CHARDON.

A Ferney, 20 décembre.

Vraiment, monsieur, vous ne sauriez mieux placer vos bienfaits, et surtout en fait de colonie. J'en ai fondé une dans le plus bel endroit de la terre pour l'aspect, et dans le plus abominable pour la rigueur des saisons, dans un bassin d'environ cinquante lieues de tour, entouré de montagnes éternellement couvertes de neiges, par le quarante-sixième degré; de sorte que je me crois en Calabre l'été, et en Sibérie l'hiver. Je n'ai trouvé, en arrivant, que des terres incultes, de la pauvreté, et des écrouelles. J'ai défriché les terres, j'ai bâti des maisons, j'ai chassé l'indigence; j'ai vu en peu d'années mon petit territoire peuplé de trois fois plus d'habitants qu'il n'en avait, sans avoir eu pourtant l'agrément de contribuer par moi-même à cette population.

Vous m'instruirez, monsieur, et vous me fortifierez dans mon entreprise d'embellir des déserts et de rendre l'horreur agréable. J'attends avec impatience le mémoire dont vous voulez bien m'honorer. Vous pouvez m'envoyer votre mémoire sous le contre-seing de M. le duc de Choiseul. Lorsque je le suppliai de vous demander pour rapporteur à M. le vice-chancelier, dans l'affaire des Sirven, il me répondit qu'il était votre ami, et il est bien digne de l'être. Je ne connais point d'âme plus noble et plus généreuse, et jamais ministre n'a eu tant d'esprit. Il dit que vous étiez intendant dans une île¹ où il n'y avait que des serpents; ma colonie à moi est environnée de loups, de renards, et d'ours : on a presque partout affaire à des animaux nuisibles.

Si nous sommes assez heureux, monsieur, pour que vous rapportiez l'affaire des Sirven, c'est un sujet digne de votre éloquence, et je ne doute pas que cette affaire d'éclat ne vous fasse beaucoup d'honneur; mais vous y êtes tout accoutumé. M. de Beaumont me mande qu'il y a des préliminaires difficiles. Si on ne peut lever ces obstacles, j'aurai eu du moins la consolation d'être honoré de vos lettres, et de connaître votre extrême mérite. J'ai l'honneur d'être avec bien du respect, monsieur, votre, etc.

teur soutient que jouer aux jeux de hasard c'est tenter Dieu. Il ajoute que l'ouvrage est d'un grave janséniste accrédité et considéré parmi les siens; mais il ne le nomme pas. (Note de M. Beuchot.)

1. Sainte-Lucie. (ÉD.)

MMMMDCCCLXXVI. — A M. MARMONTEL.

20 décembre.

Mon cher confrère, j'avais déjà répondu au reproche de Mme Geoffrin de n'avoir rien dit du billet du roi de Pologne. Je lui ai mandé que le style de ce monarque ne m'étonnait point du tout. Je connais trois têtes couronnées du Nord qui feraient honneur à notre Académie, l'impératrice de Russie, le roi de Pologne, et le roi de Prusse. Voilà trois philosophes sur le trône, et cependant il y a encore peu de philosophie dans leurs climats : elle y pénètre pourtant. L'impératrice de Russie dit que ce n'est qu'une aurore boréale, et moi je pense que cette nouvelle lumière sera permanente. On se plaint qu'il y en a trop en France. Je ne vois pas quel mal peut jamais faire la raison. On n'a jamais jusqu'à présent essayé d'elle ; il faut du moins faire cette tentative, et on verra si elle est si nuisible. Non, mon cher confrère, la raison n'est pas si méchante qu'on le dit ; ce sont ses ennemis qui sont méchants.

J'aurai donc *Bélisaire* pour mes étrennes. C'est là où je trouverai la philosophie qui me plaît ; c'est là que tout le monde trouvera à s'amuser et à s'instruire. Je vous souhaite d'avance une bonne année. Présentez mes hommages et ma reconnaissance à Mme Geoffrin ; ce qu'elle a fait pour les Sirven est digne d'une souveraine. Je ne la connais que par de belles actions. Elle fut la première à souscrire en faveur de Mlle Corneille, dont le père lui avait fait un procès si impertinent ; elle ne s'en vengea que par des bienfaits. En vérité, voilà de ces choses qu'il faut que la postérité sache.

Mettez-moi bien à ses pieds.

Quand aurons-nous donc le discours de M. Thomas ? on dit qu'il lira un premier chant de la *Pétréiade*, qui est admirable. L'année 1767 ne commencera pas mal pour la littérature. Soyez-en le soutien avec M. Thomas. J'applaudis de loin à vos succès, qui me sont bien chers, et qui me consolent.

Mme Denis vous fait les plus sincères compliments.

N. B. Ce n'est point l'abbé Coyer qui a fait la *Lettre au docteur Pansophe*, c'est M. Bordes, académicien de Lyon, qui s'était déjà moqué plus d'une fois du charlatan de Genève. Je vous assure qu'il est bien loin d'oser remontrer sa petite figure dans sa patrie ; il courrait risque d'y être pendu ; mais vous savez qu'il en serait fort aise, pourvu que son nom fût mis dans la gazette. Adieu, mon cher confrère.

MMMMDCCCLXXVII. — A M. LE CARDINAL DE BERNIS.

Ferney, 22 décembre.

Monseigneur, je souhaite la bonne année à Votre Éminence, s'il y a de bonnes années ; car elles sont toutes assez mêlées, et j'en ai vu soixante-treize dont aucune n'a été fort bonne. Je ne m'imaginerai jamais que vous abandonniez entièrement les belles-lettres ; vous seriez un ingrat. Vous aimerez toujours les vers français, quand même vous fe-

-iez des hymnes latins. Je ne dis pas que vous aimerez les miens, mais vous me les ferez faire meilleurs. Vous m'avez accoutumé à prendre la liberté de vous consulter : je présente donc à votre muse archiépiscopale une tragédie¹ profane pour ses étrennes. Il m'a paru si plaisant de mettre sur la scène tragique une princesse qui raccommode ses chemises, et des gens qui n'en ont pas, que je n'ai pu résister à la tentation de faire ce qu'on n'a jamais fait. Il m'a paru que toutes les conditions de la vie humaine pouvaient être traitées sans bassesse; et quoique la difficulté d'ennoblir un tel sujet soit assez grande, le plaisir de la nouveauté m'a soutenu, et j'ai oublié le *solve senescentem* : mais, si vous me dites *solve*, je jette tout au feu. Jetez-y surtout ces étrennes si elles vous ennuient, et tenez-moi compte seulement du désir de vous plaire. Je me flatte que vous jouissez d'une bonne santé, et que vous êtes heureux. Je sais du moins que vous faites des heureux, et c'est un grand acheminement pour l'être. Vous faites de grands biens dans votre diocèse; vous contemplez de loin les orages, et vous attendez tranquillement l'avenir.

Pour moi chétif, je fais la guerre jusqu'au dernier moment, jansénistes, molinistes, Frérons, Pompignans, à droite, à gauche, et des prédicants, et J. J. Rousseau. Je reçois cent estocades, j'en rends deux cents, et je ris. Je vois à ma porte Genève en combustion pour des querelles de bibus, et je ris encore; et, Dieu merci, je regarde ce monde comme une farce qui devient quelquefois tragique.

Tout est égal au bout de la journée, et tout est encore plus égal au bout de toutes les journées.

Quoi qu'il en soit, je me meurs d'envie que vous soyez mon juge, et je vous demande en grâce de me dire si j'ai pu vous amuser une heure. Vous êtes pasteur, et voici une tragédie dont des pasteurs sont les héros. Il est vrai que des bergers de Scythie ne ressemblent pas à vos ouailles d'Albi; mais il y a quelques traits où l'on retrouve son monde. On aime à voir dans des peintures, quoique imparfaites, quelque chose de ce qu'on a vu autrefois. Ces réminiscences amusent et font penser. En un mot, monseigneur, aimez toujours les vers, pardonnez aux miens, et conservez vos bontés pour votre vieux et attaché serviteur!

MMMMDCCCLXXVIII. — A M. LE COMTE D'ARGENTAL.

22 décembre.

Je souhaite à mes anges la bonne année, c'est-à-dire quatre ou cinq bonnes pièces nouvelles, quatre ou cinq bons acteurs, et, de plus, tous les plaisirs possibles.

J'ai reçu le paquet dont vous m'honorez, du 13 de décembre. Voilà, je crois, la première fois qu'un pauvre auteur a été d'accord en tout avec ses critiques. Tout sera comme vous le désirez. Les trois quarts au moins de vos ordres sont prévenus, et vous serez ponctuellement

1. *Les Scythes.* (ÉD.)

obéis sur le reste ; mais les affaires de Genève ne laissent pas de m'embarrasser. La cessation de presque tout le commerce, qui ne se fait plus que par des contrebandiers, la cherté horrible des vivres, le redoublement des gardes, des fermes, la multiplication des gueux, les banqueroutes qui se préparent ; tout cela n'est point du tout poétique : on ne vivait point ainsi en Scythie.

Je ne crois point du tout qu'on se batte, mais je crois qu'on souffrira beaucoup. Si on se battait, ce serait bien pis ; on pourrait bien mettre alors le feu à la ville, et alors toutes les dettes sont payées.

Je pense, encore (entre nous) qu'on aurait pu prévenir tout ce tracas ; mais, quand les choses sont faites, ce n'est pas la peine de dire ce qu'on aurait pu faire.

Les délais de Beaumont, les maudites et plates affaires dont il a été chargé si longtemps, nous ont été très-funestes : cependant son mémoire est signé de dix avocats ; on l'imprime enfin ; mais on craint le parlement de Toulouse, et je ne vois pas pourquoi on le craint. On ne veut donner le mémoire qu'aux juges ; on n'ose pas le donner au public, dont pourtant la voix dirige les juges dans des affaires si criantes. Il me semble qu'il faut avoir pour soi la clameur publique. Voyez ce qu'a produit le cri de la nation dans l'affaire des Calas. Mais enfin je ne suis pas sur les lieux, et je m'en rapporte à ceux qui voient les choses de plus près. Je me flatte que vous aurez un exemplaire du mémoire en même temps que M. le vice-chancelier. M. le duc de Choiseul nous a promis de nous faire donner M. Chardon pour rapporteur.

Vous l'en ferez souvenir, mes divins anges. Respect et tendresse.

MMMMDCCCLXXIX. — A CATHERINE II.

22 décembre.

Madame, que Votre Majesté Impériale me pardonne, non vous n'êtes point l'*aurore boréale* ; vous êtes assurément l'astre le plus brillant du Nord, et il n'y en a jamais eu d'aussi bienfaisant que vous : Andromède, Persée, et Calisto, ne vous valent pas. Tous ces astres-là auraient laissé Diderot mourir de faim. Il a été persécuté dans sa patrie, et vos bienfaits viennent l'y chercher. Louis XIV avait moins de magnificence que Votre Majesté ; il récompensa le mérite dans les pays étrangers, mais on lui indiquait ce mérite : vous le cherchez, madame, et vous le trouvez. Vos soins généreux pour établir la liberté de conscience en Pologne sont un bienfait que le genre humain doit célébrer, et j'ambitionne bien d'oser parler au nom du genre humain, si ma voix peut encore se faire entendre.

En attendant, madame, permettez-moi de publier ce que vous avez daigné m'écrire au sujet de l'archevêque de Novogorod, et sur la tolérance. Ce que vous écrivez est un monument de votre gloire ; nous sommes trois, Diderot, Dalembert et moi, qui vous dressons des autels ; vous me rendez païen. Je suis avec idolâtrie, madame, aux pieds de Votre Majesté, mieux qu'avec un profond respect,

Le prêtre de votre temple.

MMMMDCCCLXXX. — A M. DAMILAVILLE.

22 décembre.

Mon cher ami, l'autre Sémiramis ne valait pas celle-ci[1] : le Ninus[2] n'était qu'un vilain ivrogne. J'admire sa veuve, je l'aime à la folie. Les Scythes deviennent nos maîtres en tout : voilà pourtant ce que fait la philosophie. Des pédants chez nous poursuivent les sages, et des princesses philosophes accablent de biens ceux que nos cuistres voudraient brûler.

Que M. de Beaumont fasse comme il voudra, mais je veux avoir son mémoire, je veux donner aux Sirven la consolation de le lire. Songez bien, encore une fois, que, si nous n'avons pas le bonheur d'obtenir l'évocation, nous aurons pour nous le cri de l'Europe, qui est le plus beau de tous les arrêts. Je compte toujours que M. Chardon sera le rapporteur. Pour moi, si j'étais juge, je condamnerais le bailli de Mazamet à faire amende honorable, à nourrir et à servir les Sirven le reste de sa vie.

Je doute fort que le roi permette la convocation des pairs au parlement de Paris. Ou je me trompe fort, ou il en sait beaucoup plus qu'eux tous : il apaise toutes les noises en temporisant.

Genève est un peu plus difficile à mener que notre nation, mais à la fin on en vient à bout.

J'embrasse tendrement le favori de ma Catherine[3]. Je vais écrire à ma Catherine, et lui dire tout ce que je pense d'elle. Mandez-moi des nouvelles de la pomme de Guillaume Tell : vous êtes Normand, vous devez vous intéresser aux pommes.

Oh! comme je vous embrasse!

Je vous prie, mon cher ami, de m'envoyer une lettre de change sur Lyon, de cinquante louis, dont voici la quittance. L'affaire de Lemberti traîne un peu en longueur; mais elle se fera, malgré le dérangement où l'on est.

MMMMDCCCLXXXI. — A MADAME LA DUCHESSE DE GRAMMONT.

A Ferney, 22 décembre.

Madame, permettez que deux personnes qui vous doivent leur bonheur en grande partie, ainsi qu'à M. le duc de Choiseul, vous témoignent au moins une fois par an leur reconnaissance.

Nous sommes avec un profond respect, madame, vos très-humbles, très-obéissants, et très-obligés serviteur et servante,

CORNEILLE DUPUITS. DUPUITS.

Il y en a trois, madame; je vous ai au moins autant d'obligation que les deux autres; mais ce n'est pas assez pour votre cœur de faire des heureux, vous pouvez d'un mot tirer une famille entière du plus grand malheur. Vous avez protégé l'innocence des Calas; les Sirven

---

1. Catherine II. (ÉD.) — 2. Pierre III. (ÉD.)
3. Diderot. (ÉD.)

suivent précisément la même horreur, et ils demandent au conseil la même justice contre les mêmes juges dont le fanatisme se joue de la vie des hommes.

M. de Beaumont, l'avocat des Calas, a fait pour les Sirven un mémoire signé de dix avocats; on l'imprime actuellement, et il ne sera présenté qu'aux juges. M. le duc de Choiseul a eu la bonté de promettre qu'il demanderait M. Chardon pour rapporteur à M. le vice-chancelier. M. Chardon s'y attend. Je vous supplie, madame, de vouloir bien en faire souvenir M. le duc votre frère. Je ne vous demande point pardon de mon importunité, car il s'agit de faire du bien, et je vous sers dans votre goût.

J'ai l'honneur d'être, avec le plus profond respect et la plus vive reconnaissance, madame, votre très-humble, très-obéissant, et très-obligé serviteur,

VOLTAIRE.

MMMMDCCCLXXXII. — A M. DE CHABANON.

A Ferney, 22 décembre.

Il y a longtemps que j'aurais dû vous remercier, mon cher confrère, d'avoir fait votre tragédie. Vous savez combien j'aime à corrompre la jeunesse, et combien j'adore les talents. M. de La Harpe travaille chez moi dix heures par jour; et moi, vieux fou, j'en ai fait tout autant. La rage des tragédies m'a repris comme à vous; mais, de par Melpomène, gardons-nous bien de les faire jouer. Figurez-vous que *Zaïre* fut huée dès le second acte, que *Sémiramis* tomba tout net, qu'*Oreste* fut à peu près sifflé, que la même *Adél... de du Guesclin*, redemandée par le public, avait été conspuée par cet aimable public; que *Tancrède* fut d'abord fort mal reçu, etc., etc., etc.

Je conclus donc, et je conclus bien, qu'il faut faire imprimer sa drogue: ensuite les comédiens donnent notre orviétan sur leur échafaud, s'ils le veulent ou s'ils peuvent; et notre pauvre honneur est en sûreté: car remarquez bien qu'ils ne représenteront jamais une pièce imprimée que quand le public leur dira : « Jouez donc cela, il y a du bon dans cela, cela vous vaudra de l'argent. » Alors ils vous jouent, ils vous défigurent; Mlle Dumesnil court à bride abattue, une autre dit des vers comme on lit la gazette, un autre mugit, un autre fait les beaux bras, et la pièce va au diable; et alors le public, qui est toujours juste, comme vous savez, avertit, en sifflant, qu'il siffle messieurs les acteurs et mesdemoiselles les actrices, et non pas le pauvre diable d'auteur.

Ce parti me paraît prodigieusement sage, et d'une très-fine politique. Faites imprimer votre *Eudoxie* ou *Eudocie*, quand nous en serons tous deux contents, et alors je vous réponds que les comédiens mêmes ne pourront la faire tomber.

Je vous souhaite d'ailleurs, pour l'année 1767, une maîtresse potelée, tendre, pleine d'esprit, et pourtant fidèle. Jouez du flageolet pour elle, et du violon pour vous. Cultivez les beaux arts, jouissez de la vie. Vous êtes fait pour être une des créatures les plus heureuses, comme vous êtes des plus aimables. Maman et moi, et Cornélie-Chiffon, et tous ceux qui ont eu l'honneur de vous voir, vous font leurs plus tendres compliments.

MMMMDCCCLXXXIII. — A M. DE PEZAY.

À Ferney, 22 décembre.

L'amitié que vous me témoignâtes, monsieur, dans votre séjour à Ferney et les sentiments que vous m'inspirâtes, me mettent en droit de me plaindre à vous de M. Dorat. Il m'a confondu d'une manière bien désagréable avec Jean-Jacques, et il a trop oublié que l'ingratitude de ce malheureux envers M. Hume, son bienfaiteur, et son infâme conduite envers moi, sont des choses très-essentielles qui blessent la société, et dans lesquelles le seul agresseur a tort. Ce n'est pas là un objet de plaisanterie. Ce malheureux m'a calomnié pendant un mois auprès de M. le prince de Conti et de Mme la duchesse de Luxembourg. Il a eu la basse hypocrisie de signer entre les mains d'un cuistre, à Neuchâtel, qu'il *écrirait contre M. Helvétius*, l'un de ses bienfaiteurs, et il accusait M. Helvétius d'un *matérialisme grossier*. Il m'a de même accusé presque juridiquement; il a insulté tous ceux qui l'ont nourri.

Encore une fois, monsieur, il n'est point question ici de ses mauvais livres et des querelles de littérature; il s'agit des procédés les plus lâches et les plus coupables. M. le duc de Choiseul, et tous les ministres, savent assez quelle est la conduite punissable de cet homme. C'est tout ce que je puis vous dire, et je vous prie de le dire à M. Dorat, dont vous savez que je n'ai jamais parlé qu'avec la plus grande estime.

J'ai l'honneur d'être, etc.

MMMMDCCCLXXXIV. — A. M. LE COMTE DE ROCHEFORT.

Ferney, 22 décembre.

Venez, monsieur; vous alliez baiser la pantoufle d'un prêtre, et vous serez embrassé par des profanes qui vous aiment de tout leur cœur.

Vous me trouverez dans mon lit, bien languissant; mais si la chair est faible, l'esprit est encore prompt, et surtout très-prompt à sentir tout ce que vous valez, très-touché de votre souvenir, et empressé à vous marquer les plus tendres et les plus respectueux sentiments. V.

1. Il venait de paraître un *Avis aux sages du siècle*, MM. Voltaire et Rousseau, commençant ainsi :

Sages fameux, qu'allez-vous faire?

et se terminant par :

Soyez toujours nos bienfaiteurs,
Et, plus dignes de nos hommages,
Achevez enfin par vos mœurs
Ce qu'ont ébauché vos ouvrages.

L'auteur de l'*Avis aux sages* est Dorat. (ÉD.)

MMMMDCCCLXXXV. — A M. LE COMTE D'ARGENTAL.

23 décembre.

Voici, mes anges, une aventure bien cruelle. Cette femme que vous m'avez recommandée fait un petit commerce de livres avec des libraires de Paris. Elle est venue chez moi, comme vous savez; elle m'a dit qu'elle pourrait me défaire de quelques anciens habits de théâtre, et d'autres trop magnifiques pour moi. Elle en a rempli trois malles; mais au fond de ces trois malles elle a mis quelques livres en feuilles qu'elle avait achetés à Genève. On dit qu'il y a quatre-vingts petits exemplaires d'un livre intitulé *Recueil nécessaire*, et d'autres livres pareils.

C'est l'usage, comme vous savez, que l'on fasse plomber ses malles au premier bureau, pour être ouvertes ensuite à la douane de Lyon ou de Paris.

Elle est donc allée faire plomber ses malles au bureau de Collonges, à la sortie du pays de Gex. Les commis ont visité ses malles, ils y ont trouvé des imprimés; ils ont saisi les malles, la voiture et les chevaux. Cette femme pouvait aisément se tirer d'affaire en disant : « Il n'y a point là de contrebande, rien qui doive payer à la ferme; je n'ai de vieux papiers imprimés que pour couvrir de vieilles hardes. Mais vous n'êtes pas en droit de saisir ce qui m'appartient. » Elle avait avec elle un homme qu'on croyait intelligent, et qui a manqué de tête. Celle de la femme a tourné. Elle a pris la fuite parmi les glaces et les neiges, dans un pays affreux. On ne sait où elle est. Elle a fait un bien cruel voyage. Je ne sais point quels autres livres en feuilles elle a achetés à Genève; j'ignore même si les rogatons qu'elle a achetés à Genève ne sont point des maculatures, des feuilles imparfaites qui servent d'enveloppe. En tout cas, je crois que les fermiers généraux chargés de ce département peuvent aisément faire restituer les effets dans lesquels il n'y a rien de sujet aux droits du roi. Ces fermiers généraux sont MM. Rougeot, Faventine et Poujaut; ils peuvent aisément étouffer cette affaire.

A l'égard de la femme, sa fuite la fait croire coupable. Mais de quoi peut-elle l'être? elle ne sait pas lire; elle obéissait aux ordres de son mari; elle ne sait pas si un livre est défendu ou non. Je la plains infiniment; je la fais chercher partout: j'ai peur qu'elle ne soit en prison, et qu'on ne l'ait prise pour une Génevoise à qui il n'est pas permis d'être sur les terres de France.

Tandis que je la fais chercher de tous côtés, je pense bien qu'à la réception de cette lettre, vous parlerez, mes divins anges, à Faventine, à Poujaut ou à Rougeot. Il n'y a pas certainement un moment à perdre. Un mot d'un fermier général au directeur du bureau de Collonges suffira; mais ce mot est bien nécessaire; il faut que l'on écrive sur-le-champ.

Tout ce qui serait à craindre, ce serait que le directeur du bureau de Collonges n'envoyât les papiers à la police de Lyon ou de Paris, et que cela ne fît une affaire criminelle qui pourrait aller loin.

MMMMDCCCLXXXVI. — A M. DAMILAVILLE.

24 décembre.

Voici, mon cher ami, la lettre que m'a écrite M. de Courteilles à votre sujet. Il faudra bien, tôt ou tard, qu'on fasse quelque chose pour vous; mais il est bien nécessaire que M. de Courteilles vive.

Je ne perdrai pas patience; j'attendrai le mémoire de M. de Beaumont. Quiconque désire passe sa vie à attendre.

Je suis très-fâché de la maladie du pauvre Thieriot. Il est seul; les dernières années de la vie d'un garçon sont tristes. Il faudrait qu'il fût dans le sein de sa famille.

Il y a, mon cher ami, actuellement à Genève cent pauvres diables qui écrivent beaucoup mieux que M. Totin, et qui ne sont pas plus riches. Tout commerce est cessé. La misère est très-grande. Je suis d'ailleurs entouré de pauvres de tous côtés. Si vous voulez pourtant donner un louis pour moi à ce Totin, vous êtes bien le maître.

On dit que la tragédie suisse [1] ne vaut rien, quoiqu'on y parle le langage de la nation. Il n'y a, de toutes les histoires de pommes, que celle de Paris qui ait fait fortune.

Je me doutais bien que Sa Majesté trouverait la convocation des pairs au parlement de Paris pour un procureur général au parlement de Rennes, extrêmement ridicule. Il y a assurément plus de raison dans sa tête que dans toutes celles des enquêtes.

Je vous embrasse très-tendrement.

MMMMDCCCLXXXVII. — AU MÊME.

29 décembre.

Mon cher ami, j'ai reçu le 27 votre lettre du 23. L'abbé Mignot doit vous avoir montré une lettre de sa sœur. Nous vous demandons, elle et moi, le secret le plus profond.

Voyez, je vous prie, la lettre que j'écris, aujourd'hui 29, au conseiller du grand conseil, et que ce secret reste entre vous et lui, et M. d'Argental. Nous nous sommes sacrifiés pour lui comme nous le devions, et nous espérons qu'il fera quelque chose pour nous. Vous lui en parlerez, si cela est nécessaire.

Je serais au désespoir, mon cher ami, de vous avoir chagriné en vous demandant un peu d'ordre. Ce n'est pas assurément pour moi, c'est uniquement pour les Sirven; car il y a grande apparence que je ne pourrai plus me mêler de cette affaire ni d'aucune. Je ne vous ai demandé que de vous rendre compte à vous-même des dépenses qu'on sera obligé de faire pour la procédure. Il ne s'agit que d'avoir un petit livret de deux sous, dont on fait un journal; ce n'est pas là assurément une affaire de finance.

Vous n'avez pas apparemment reçu la scène de l'Embaucheur. Vous ne m'accusez pas non plus la réception de ma lettre à l'impératrice de Russie. Nos lettres se seront croisées.

1. Le *Guillaume Tell* de Le Mierre. (ÉD.)

« Je suis très-malade; je ne me soutiens que par un peu de philosophie. Je devais partir demain, ma faiblesse et le temps horrible de notre climat m'en empêchent; mais je suis prêt à partir, s'il est nécessaire. Qu'importe où l'on meure?

J'éprouve une grande consolation en voyant que mon petit de La Harpe vient de remporter le prix de l'Académie. Je mets ma gloire dans celle de mes élèves, et j'attends beaucoup de lui.

Il n'y avait que deux hommes qui pussent avoir fait la *Lettre à Pansophe*, l'abbé Coyer et Bordes, qui étaient tous deux en Angleterre dans ce temps. Coyer nie fortement, et avec l'air de sincérité; Bordes nie faiblement, et avec un air d'embarras.

Pour celui qui a fait les *Notes*[1], c'est un intime ami du docteur Tronchin, et je ne suis pas assez heureux pour être dans sa confidence. Je sais certainement que les notes ont été faites à Paris par un homme très au fait, que vous connaissez; mais je ne veux accuser personne, et je me contente de me défendre. Il est triste d'avoir à combattre des rats, quand on est près d'être dévoré par des vautours. J'ai besoin de courage, et je crois que j'en ai.

Je ne sais ce que c'est que ce Livre des *Plagiats de Rousseau*, imprimé chez Durand. Si je reste à Ferney, je vous prierai de me l'envoyer. Il est cité, page 12, dans la triste et dure brochure des *Notes sur ma lettre à M. Hume*.

A l'égard des Sirven, mon cher ami, continuez, et vous serez béni. Le temps n'est pas favorable, je le sais; mais il faut toujours bien faire, laisser dire, et se résigner. Quel beau rôle auraient joué les philosophes, si Rousseau n'avait pas été un fou et un monstre! mais ne nous décourageons point.

Vous sentez bien que je ne dois rien dire sur M. de La Chalotais. Je vous suis seulement très-obligé de m'avoir fait voir combien le roi est sage et bon. Vous ne m'avez rien appris; mais j'aime à voir que vous en êtes pénétré comme moi. Je vous prie de faire mettre, si vous pouvez, cette déclaration dans le *Mercure*.

Voudriez-vous avoir la bonté de faire tenir d'abord cette lettre à l'abbé Mignot?

MMMMDCCCLXXXVIII. — A M. HENNIN.

30 décembre.

J'embrasse tendrement le ministre de paix. Je lui souhaite un bel olivier pour l'année 1767. A l'égard des myrtes, il en aura tant qu'il voudra. Je lui renvoie le fatras latin. Les livres rares sont rarement de bons livres.

Je le supplie de me mettre aux pieds de Son Excellence, quoique ses pieds ne soient pas trop fermes. On dit qu'il ne peut encore marcher, c'est la statue de Nabuchodonosor[2], tête d'or et pieds d'argile. Dites-lui, je vous en prie, que je lui serai tendrement dévoué toute ma vie.

Voltaire lui-même. (ÉD.) — 2. *Daniel*, chap. II, v. 32, 33. (ÉD.)

Ne m'oubliez pas auprès du chevalier béarnais¹, aussi vif que Henri IV, mon héros, et qui l'emporte, je crois, sur Henri IV en vigueur de tempérament. Je vous souhaite à tous deux que vous partagiez les filles de Genève cet hiver, attendu que cet amusement vaut mieux que celui de la comédie. La pièce suisse de *Guillaume Tell*² n'a pas trop réussi, quoiqu'elle soit, dit-on, écrite dans la langue du pays.

Je suis dans la joie, mon petit La Harpe vient de remporter le prix de l'Académie.

J'attends une autre joie, celle de lire le discours de M. Thomas.

MMMMDCCCLXXXIX. — A M. ***.

Je vois bien, monsieur, que les gens de lettres de Paris sont peu au fait des intrigues de la poste. Je reçus avant-hier deux lettres de vous; l'une du 6 décembre, et l'autre du 6 février. Je réponds à l'une et à l'autre.

Je vous dirai d'abord que vos vers sont fort jolis, et qu'il n'appartient pas à un malade comme moi d'y répondre. Vous me direz que j'ai répondu au prétendu abbé Culture; c'est précisément ce qui me glace l'imagination : rien n'est si triste que de discuter des points d'histoire. Il faut relire cent fatras; je crois que c'est cette belle occupation qui m'a rendu aveugle. Il a fallu réfuter ce polisson de théologien; il faut toujours défendre la vérité, et jamais ne défendre son goût.

Je ne connais ni cet *Examen de Crébillon*, ni la platitude périodique dont vous me parlez. A l'égard des tragédies, je suis très-fâché d'en avoir fait. Racine devrait décourager tout le monde; je ne connais que lui de parfait, et quand je lis ses pièces, je jette au feu les miennes. L'obligation où j'ai été de commenter Corneille n'a servi qu'à me faire admirer Racine davantage.

Vous m'étonnez beaucoup d'aimer l'article *Femme*³ dans l'*Encyclopédie*. Cet article n'est fait que pour déshonorer un livre sérieux. Il est écrit dans le goût d'un petit-maître de la rue Saint-Honoré. Il est impertinent d'être petit-maître, mais encore plus de l'être si mal à propos.

Vous me dites, monsieur, dans votre lettre du 6 décembre, que le roi m'a donné une pension de six mille livres. C'est un honneur qu'il ne m'a point fait, et que je ne mérite pas. Il m'a conservé ma charge de gentilhomme ordinaire de sa chambre, quoiqu'il m'eût permis de la vendre, et y a ajouté une pension de deux mille livres; cela est bien honnête, et je serais trop condamnable si j'en voulais davantage.

L'état où je suis ne me permet pas de longues lettres; mais les sentiments que j'ai pour vous n'y perdent rien.

J'ai l'honneur d'être, monsieur, avec toute l'estime que vous méritez, votre très-humble et très-obéissant serviteur,   VOLTAIRE.

1. Le chevalier de Taulès. (ÉD.) — 2. De Le Mierre. (ÉD.)
3. Il est de Desmahis. (ÉD.)

MMMMDCCCXC. — A M. DAMILAVILLE.

2 janvier 1767.

Vous devez être actuellement bien instruit, mon cher et vertueux ami, du malheur qui m'est arrivé : c'est une bombe qui m'est tombée sur la tête, mais elle n'écrasera ni mon innocence ni ma constance. Je ne peux vous rien dire de nouveau là-dessus, parce que je n'ai encore aucune nouvelle.

J'ai éclairci tout avec M. le prince de Galitzin : il n'y avait point de lettre de lui; tout est parfaitement en règle; et, dans quelque endroit que je sois, les Sirven auront de quoi faire leur voyage à Paris, et de quoi suivre leur procès. Vous pourrez, en attendant, envoyer copie du factum à Mme Denis, si M. de Beaumont ne le fait pas imprimer à Paris.

Vous aurez *les Scythes* incessamment, à condition qu'ils ne seront point joués; et la raison en est que la pièce est injouable avec les acteurs que nous avons.

On m'a envoyé de Paris une pièce très-singulière, intitulée *le Triumvirat*; mais ce qui m'a paru le plus mériter votre attention dans cet ouvrage, et celle de tous les gens qui pensent, c'est une histoire des proscriptions. Elles commencent par celles des Hébreux, et finissent par celles des Cévennes; ce morceau m'a paru très-curieux. Il me semble que la tragédie n'est faite que pour amener ce petit morceau; la pièce d'ailleurs n'est point convenable à notre théâtre, attendu qu'il y a très-peu d'amour.

Adieu, mon cher ami; vous devinez le triste état dans lequel nous sommes, Mme Denis et moi. Nous attendons de vos nouvelles; écrivez à Mme Denis, au lieu d'écrire à M. Souchay, et songez, quoi qu'il arrive, à *écr. l'inf....*

MMMMDCCCXCI. — A M. HENNIN.

A Ferney, vendredi au soir, 2 janvier.

M. l'ambassadeur est parti extrêmement affligé, et *Argatifontidas*[1] un peu embarrassé. Vous allez être, mon cher conciliateur, chargé d'un lourd fardeau que vous porterez légèrement et avec grâce, car on ne peut nier que les trois Grâces ne soient chez vous[2]. Je suppose que c'est vous, mon cher résident, qui m'avez envoyé un paquet de M. le duc de Choiseul; voici la réponse, et voici encore des balivernes[3] pour M. le duc de Praslin.

Je vous prie de mettre tout cela dans votre paquet de la cour, demain samedi.

Je pourrais bien dans quelques jours aller rendre à M. l'ambassadeur sa visite, à Soleure. Je vous prie, à tout hasard, de vouloir bien m'envoyer un passe-port, car voilà les troupes qui vont border Versoix.

1. Le chevalier de Taulès. (ÉD.)
2. Allusion au tableau des *Trois Grâces*, de Carle Vanloo. (ÉD.)
3. *Les Scythes.* (ÉD.)

Maman et toute ma famille vous embrassent tendrement.
Nous sommes ici la victime des troubles de Genève, car nous n'avons point l'honneur de vous voir. Nous savons que le peuple vous aime, mais nous vous aimons sûrement davantage.

MMMMDCCCXCII. — A M. LE COMTE D'ARGENTAL.

A Ferney, samedi au matin, 3 janvier, avant que
la poste de France soit arrivée à Genève.

Mes anges sauront donc pourquoi j'ai fait imprimer *les Scythes*.

1° C'est que je n'ai pas voulu mourir intestat, et sans avoir rendu aux deux satrapes, Nalrisp et Élochivis[1], l'hommage que je leur dois;

2° C'est que mon épître dédicatoire est si drôle, que je n'ai pu résister à la tentation de la publier;

3° C'est qu'il n'y a réellement point de comédiens pour jouer cette pièce, et que je serai mort avant qu'il y en ait;

4° C'est que j'emporte aux enfers ma juste indignation contre les comédiennes qui ont défiguré mes ouvrages, pour se donner des airs penchés sur le théâtre; et contre les libraires, éternels fléaux des auteurs, lesquels infâmes libraires de Paris m'ont rendu ridicule, et se sont emparés de mon bien pour le dénaturer avec un privilége du roi.

J'ai donc voulu faire savoir aux amateurs du théâtre, avant de mourir, que je protestais contre tous les libraires, comédiens, et comédiennes, qui sont les causes de ma mort; et c'est ce que mes anges verront dans l'*Avis au lecteur*, qui est après ma naïve préface.

Je proteste encore, devant Dieu et devant les hommes, qu'il n'y a pas une seule critique de mes anges et de mes satrapes à laquelle je n'aie été très-docile. Ils s'en apercevront par le papier collé page 19, et par d'autres petits traits répandus çà et là.

Je proteste encore contre ceux qui prétendent que je suis tombé en apoplexie; je n'ai été évanoui qu'un quart d'heure tout au plus, et mon style n'est point apoplectique.

Si mes anges et mes satrapes veulent que la pièce soit jouée avant que l'édition paraisse, ils sont les maîtres. Gabriel Cramer la mettra sous cent clefs, pourvu qu'il y ait des acteurs pour la jouer, et que les comédiens la fassent succéder immédiatement après *la pomme*[2]; car, pour peu qu'on diffère, il sera impossible d'empêcher l'édition de paraître; les provinces de France en seront inondées, et il en arrivera à Paris de tous côtés.

Je la lus devant des gens d'esprit, et même devant des connaisseurs, quatre jours avant mon apoplexie; et je fis fondre en larmes pendant tout le second acte et les trois suivants.

J'enverrai au bout des ailes de mes anges les paroles et la musique, dès que les comédiens auront pris une résolution. J'attends leurs ordres avec la soumission la plus profonde.

1. Praslin et Choiseul. (ÉD.)
2. C'est-à-dire le *Guillaume Tell* de Le Mierre, où le principal personnage enlève une pomme sur la tête de son fils. (ÉD.)

MMMMDCCCXCIII. — A Frédéric II, roi de Prusse.

5 janvier.

Sire, je me doutais bien que votre muse se réveillerait tôt ou tard : je sais que les autres hommes seront étonnés qu'après une guerre si longue et si vive, occupé du soin de rétablir votre royaume, gouvernant sans ministres, entrant dans tous les détails, vous puissiez cependant faire des vers français ; mais moi je n'en suis pas surpris, parce que j'ai fort l'honneur de vous connaître : mais ce qui m'étonne, je vous l'avoue, c'est que vos vers soient bons ; je ne m'y attendais pas après tant d'années d'interruption. Des pensées fortes et vigoureuses, un coup d'œil juste sur les faiblesses des hommes, des idées profondes et vraies, c'est là votre partage dans tous les temps ; mais pour du nombre et de l'harmonie, et très-souvent même des finesses de langage, à trois cents lieues de Paris, dans la marche de Brandebourg, ce phénomène doit être assurément remarqué par notre Académie de Paris.

Savez-vous bien, sire, que Votre Majesté est devenue un auteur qu'on épluche?

Notre doyen, mon gros abbé d'Olivet, vient, dans une nouvelle édition de la *Prosodie française*, de vous critiquer sur le mot *crêpe*, dont vous avez retranché impitoyablement le dernier *e* dans une lettre à moi adressée, et imprimée dans les *OEuvres du philosophe de Sans-Souci*; mais je ne crois pas que cette édition ait été faite sous vos yeux : quoi qu'il en soit, vous voilà devenu un auteur classique, examiné comme Racine par notre doyen, cité devant notre tribunal des mots, et condamné sans appel à faire *crêpe* de deux syllabes.

Je me joins au doyen, et je vais intenter au philosophe de Sans-Souci une accusation toute contraire. Vous avez donné deux syllabes au mot *haït* dans votre beau discours du *Stoïcien* :

Votre goût offensé *haït* l'absinthe amère.

Nous ne vous passerons pas cela. Le verbe *haïr* n'aura jamais deux syllabes à l'indicatif, *je hais, tu hais, il hait* ; vous auriez beau nous battre encore,

Nous pourrions bien haïr les infidélités
De ceux qui par humeur ont fait de sots traités ;
Nous pourrions bien haïr la fausse politique
De ceux qui, s'unissant avec nos ennemis,
Ont servi les desseins d'une cour tyrannique,
Et qui se sont perdus pour perdre leurs amis[1] ;

mais nous ne ferons jamais *il haït* de deux syllabes. Prenez, sire, votre parti là-dessus, et ayez la bonté de changer ce vers ; cela vous sera bien aisé.

Où est le temps, sire, où j'avais le bonheur de mettre des points sur les *i* à Sans-Souci et à Potsdam ? Je vous assure que ces deux années

---

1. *Tancrède*, acte I, scène II. (ÉD.)

ont été les plus agréables de ma vie. J'ai eu le malheur de faire bâtir un château sur les frontières de France, et je m'en repens bien. Les Patagons, la poix résine, l'exaltation de l'âme, et le trou pour aller tout droit au centre de la terre, m'ont écarté de mon véritable centre. J'ai payé ce trou bien chèrement [1]. J'étais fait pour vous. J'achève ma vie dans ma petite et obscure sphère, précisément comme vous passez la vôtre au milieu de votre grandeur et de votre gloire. Je ne connais que la solitude et le travail; ma société est composée de cinq ou six personnes qui me laissent une liberté entière, et avec qui j'en use de même; car la société sans la liberté est un supplice. Je suis votre Gilles en fait de société et de belles-lettres.

J'ai eu ces jours-ci une très-légère attaque d'apoplexie, causée par ma faute. Nous sommes presque toujours les artisans de nos disgrâces. Cet accident m'a empêché de répondre à Votre Majesté aussitôt que je l'aurais voulu.

Le diable est déchaîné dans Genève. Ceux qui voulaient se retirer à Clèves restent. La moitié du conseil et ses partisans se sont enfuis; l'ambassadeur de France est parti incognito, et est venu se réfugier chez moi.

J'ai été obligé de lui prêter mes chevaux pour retourner à Soleure. Les philosophes qui se destinent à l'émigration sont fort embarrassés, ils ne peuvent vendre aucun effet; tout commerce est cessé, toutes les banques sont fermées. Cependant on écrira à M. le baron de Werder, conformément à la permission donnée par Votre Majesté; mais je prévois que rien ne pourra s'arranger qu'après la fin de l'hiver.

J'attends avec la plus vive reconnaissance les douze belles préfaces [2], monument précieux d'une raison ferme et hardie, qui doit être la leçon des philosophes.

Vous avez grande raison, sire; un prince courageux et sage, avec de l'argent, des troupes, des lois, peut très-bien gouverner les hommes sans le secours de la religion, qui n'est faite que pour les tromper; mais le sot peuple s'en fera bientôt une, et tant qu'il y aura des fripons et des imbéciles, il y aura des religions. La nôtre est sans contredit la plus ridicule, la plus absurde, et la plus sanguinaire qui ait jamais infecté le monde.

Votre Majesté rendra un service éternel au genre humain en détruisant cette infâme superstition, je ne dis pas chez la canaille, qui n'est pas digne d'être éclairée, et à laquelle tous les jougs sont propres; je dis chez les honnêtes gens, chez les hommes qui pensent, chez ceux qui veulent penser. Le nombre en est très-grand : c'est à vous de nourrir leur âme; c'est à vous de donner du pain blanc aux enfants de la maison, et de laisser le pain noir aux chiens. Je ne m'afflige de toucher à la mort que par mon profond regret de ne vous pas seconder

---

1. Ce fut le ridicule jeté par Voltaire sur ces idées de Maupertuis qui amena la brouille entre Frédéric et Voltaire. (Éd.)
2. Il s'agit de douze exemplaires de l'avant-propos mis par le roi au devant d'un *Abrégé de l'histoire ecclésiastique* de Fleury, en deux volumes in-8°, Berne, 1767. (*Ed. de Kehl.*)

MMMMDCCCXCIV. — A M. L'ABBÉ D'OLIVET[1].

A Ferney, 5 janvier.

Cher doyen de l'Académie,
Vous vîtes de plus heureux temps :
Des neuf Sœurs la troupe endormie
Laisse reposer les talents ;
Notre gloire est un peu flétrie.
Ramenez-nous, sur vos vieux ans,
Et le bon goût et le bon sens
Qu'eut jadis ma chère patrie.

Dites-moi si jamais vous vîtes, dans aucun bon auteur de ce grand siècle de Louis XIV, le mot de *vis-à-vis* employé une seule fois pour signifier *envers*, *avec*, *à l'égard*. Y en a-t-il un seul qui ait dit *ingrat vis-à-vis de moi*, au lieu d'ingrat envers moi ; *il se ménageait vis-à-vis ses rivaux*, au lieu de dire avec ses rivaux ; *il était fier vis-à-vis de ses supérieurs*, pour fier avec ses supérieurs, etc.? Enfin ce mot de *vis-à-vis*, qui est très-rarement juste et jamais noble, inonde aujourd'hui nos livres, et la cour, et le barreau, et la société ; car dès qu'une expression vicieuse s'introduit, la foule s'en empare.

Dites-moi si Racine a *persiflé* Boileau, si Bossuet a *persiflé* Pascal, et si l'un et l'autre ont *mystifié* La Fontaine, en abusant quelquefois de sa simplicité ? Avez-vous jamais dit que Cicéron écrivait *au parfait* ; que *la coupe* des tragédies de Racine était heureuse ? On va jusqu'à imprimer que les princes sont quelquefois mal *éduqués*. Il paraît que ceux qui parlent ainsi ont reçu eux-mêmes une fort mauvaise éducation. Quand Bossuet, Fénelon, Pellisson, voulaient exprimer qu'on suivait ses anciennes idées, ses projets, ses engagements, qu'on travaillait sur un plan proposé, qu'on remplissait ses promesses, qu'on reprenait une affaire, etc., ils ne disaient point : j'ai suivi mes *errements*, j'ai travaillé sur mes *errements*.

Errement a été substitué par les procureurs au mot *erres*, que le peuple emploie au lieu d'*arrhes* : arrhes signifie *gage*. Vous trouvez ce mot dans la tragi-comédie de Pierre Corneille, intitulé *Don Sanche d'Aragon* (act. V, sc. VI) :

Ce présent donc renferme un tissu de cheveux
Que reçut don Fernand pour arrhes de mes vœux.

Le peuple de Paris a changé *arrhes* en *erres* : des erres du coche :

---

[1]. Il venait de publier une nouvelle édition de son *Traité de la prosodie française*. (ÉD.)

donnez-moi des *erres*. De là, *errements*; et aujourd'hui je vois que, dans les discours les plus graves, le roi a suivi ses derniers *errements vis-à-vis* des rentiers.

Le style barbare des anciennes formules commence à se glisser dans les papiers publics. On imprime que Sa Majesté *aurait* reconnu qu'une telle province *aurait* été endommagée par des inondations.

En un mot, monsieur, la langue paraît s'altérer tous les jours; mais le style se corrompt bien davantage : on prodigue les images et les tours de la poésie en physique; on parle d'anatomie en style ampoulé; on se pique d'employer des expressions qui étonnent, parce qu'elles ne conviennent point aux pensées.

C'est un grand malheur, il faut l'avouer, que, dans un livre [1] rempli d'idées profondes, ingénieuses, et neuves, on ait traité du fondement des lois en épigrammes. La gravité d'une étude si importante devait avertir l'auteur de respecter davantage son sujet : et combien a-t-il fait de mauvais imitateurs qui, n'ayant pas son génie, n'ont pu copier que ses défauts!

Boileau, il est vrai, a dit après Horace :

Heureux qui dans ses vers sait, d'une voix légère,
Passer du grave au doux, du plaisant au sévère [2] !

Mais il n'a pas prétendu qu'on mélangeât tous les styles. Il ne voulait pas qu'on mît le masque de Thalie sur le visage de Melpomène, ni qu'on prodiguât les grands mots dans les affaires les plus minces. Il faut toujours conformer son style à son sujet.

Il m'est tombé entre les mains l'annonce imprimée d'un marchand de ce qu'on peut envoyer de Paris en province pour servir sur table. Il commence par un éloge magnifique de l'agriculture et du commerce, il pèse dans ses balances d'épicier le mérite du duc de Sulli et du grand ministre Colbert; et ne pensez pas qu'il s'abaisse à citer le nom du duc de Sulli, il l'appelle l'*ami d'Henri IV*; et il s'agit de vendre des saucissons et des harengs frais! Cela prouve au moins que le goût des belles-lettres a pénétré dans tous les états; il ne s'agit plus que d'en faire un usage raisonnable : mais on veut toujours mieux dire qu'on ne doit dire, et tout sort de sa sphère.

Des hommes même de beaucoup d'esprit ont fait des livres ridicules, pour vouloir avoir trop d'esprit. Le jésuite Castel, par exemple, dans sa *Mathématique universelle*, veut prouver que si le globe de Saturne était emporté par une comète dans un autre système solaire, ce serait le dernier de ses satellites que la loi de la gravitation mettrait à la place de Saturne. Il ajoute à cette bizarre idée que la raison pour laquelle le satellite le plus éloigné prendrait cette place, c'est que les souverains éloignent d'eux, autant qu'ils le peuvent, leurs héritiers présomptifs.

Cette idée serait plaisante et convenable dans la bouche d'une femme qui, pour faire taire des philosophes, imaginerait une raison comique

---

[1] *L'Esprit des lois*, par Montesquieu. (ÉD.)
[2] *Art poétique*, I. 75-76. (ÉD.)

d'une chose dont ils chercheraient la cause en vain ; mais que le mathématicien fasse le plaisant quand il doit instruire, cela n'est pas tolérable.

Le déplacé, le faux, le gigantesque, semblent vouloir dominer aujourd'hui ; c'est à qui renchérira sur le siècle passé. On appelle de tous côtés les passants pour leur faire admirer des tours de force qu'on substitue à la démarche simple, noble, aisée, décente, des Pellisson, des Fénelon, des Bossuet, des Massillon. Un charlatan est parvenu jusqu'à dire dans je ne sais quelles lettres, en parlant de l'angoisse et de la passion de Jésus-Christ, que si Socrate mourut en sage, Jésus-Christ *mourut en dieu*[1] : comme s'il y avait des dieux accoutumés à la mort ; comme si on savait comment ils meurent ; comme si une sueur de sang était le caractère de la mort de Dieu ; enfin comme si c'était Dieu qui fût mort.

On descend d'un style violent et effréné au familier le plus bas et le plus dégoûtant ; on dit de la musique du célèbre Rameau, l'honneur de notre siècle, qu'elle *ressemble à la course d'une oie grasse et au galop d'une vache*[2]. On s'exprime enfin aussi ridiculement que l'on pense, *rem verba sequuntur*[3] ; et, à la honte de l'esprit humain, ces impertinences ont eu des partisans.

Je vous citerais cent exemples de ces extravagants abus, si je n'aimais pas mieux me livrer au plaisir de vous remercier des services continuels que vous rendez à notre langue, tandis qu'on cherche à la déshonorer. Tous ceux qui parlent en public doivent étudier votre *Traité de la Prosodie* ; c'est un livre classique qui durera autant que la langue française.

Avant d'entrer avec vous dans des détails sur votre nouvelle édition, je dois vous dire que j'ai été frappé de la circonspection avec laquelle vous parlez du célèbre, j'ose presque dire de l'inimitable Quinault, le plus concis peut-être de nos poëtes dans les belles scènes de ses opéras, et l'un de ceux qui s'exprimèrent avec le plus de pureté, comme avec le plus de grâce. Vous n'assurez point, comme tant d'autres, que Quinault ne savait que sa langue. Nous avons souvent entendu dire, Mme Denis et moi, à M. de Beaufrant son neveu, que Quinault savait assez de latin pour ne lire jamais Ovide que dans l'original, et qu'il possédait encore mieux l'italien. Ce fut un Ovide à la main qu'il composa ces vers harmonieux et sublimes de la première scène de *Proserpine* (act. I, sc. 1) :

    Les superbes géants armés contre les dieux
      Ne nous donnent plus d'épouvante ;
    Ils sont ensevelis sous la masse pesante
    Des monts qu'ils entassaient pour attaquer les cieux.

---

1. C'est dans le livre IV de l'*Émile* que J. J. Rousseau a dit : « Oui, si la vie et la mort de Socrate sont d'un sage, la vie et la mort de Jésus sont d'un dieu. » (Éd.)

2. Expression de J. J. Rousseau dans sa *Lettre à M. Grimm sur Omphale*. (Éd.)

3. Horace, *Ars poét.*, vers 311. (Éd.)

Nous avons vu tomber leur chef audacieux
Sous une montagne brûlante.
Jupiter l'a contraint de vomir à nos yeux
Les restes enflammés de sa rage expirante.
Jupiter est victorieux,
Et tout cède à l'effort de sa main foudroyante.

S'il n'avait pas été rempli de la lecture du Tasse, il n'aurait pas fait son admirable opéra d'*Armide*. Une mauvaise traduction ne l'aurait pas inspiré.

Tout ce qui n'est pas, dans cette pièce, air détaché, composé sur les canevas du musicien, doit être regardé comme une tragédie excellente. Ce ne sont pas là de

....Ces lieux communs de morale lubrique
Que Lulli réchauffa des sons de sa musique[1].

On commence à savoir que Quinault valait mieux que Lulli. Un jeune homme d'un rare mérite[2], déjà célèbre par le prix qu'il a remporté à notre Académie, et par une tragédie[3] qui a mérité son grand succès, a osé s'exprimer ainsi en parlant de Quinault et de Lulli :

Aux dépens du poëte on n'entend plus vanter
De ces airs languissants la triste psalmodie,
Que réchauffa Quinault du feu de son génie[4].

Je ne suis pas entièrement de son avis. Le récitatif de Lulli me paraît très-bon, mais les scènes de Quinault encore meilleures.

Je viens à une autre anecdote. Vous dites que « les étrangers ont peine à distinguer quand la consonne finale a besoin ou non d'être accompagnée d'un *e* muet, » et vous citez les vers du philosophe de Sans-Souci :

La nuit, compagne du repos,
De son *crêp* couvrant la lumière,
Avait jeté sur ma ma paupière
Les plus léthargiques pavots.

Il est vrai que, dans les commencements, nos *e* muets embarrassent quelquefois les étrangers ; le philosophe de Sans-Souci était très-jeune quand il fit cette épître : elle a été imprimée à son insu par ceux qui recherchent toutes les pièces manuscrites, et qui, dans leur empressement de les imprimer, les donnent souvent au public toutes défigurées.

Je peux vous assurer que le philosophe de Sans-Souci sait parfaitement notre langue. Un de nos plus illustres confrères[5] et moi nous avons l'honneur de recevoir quelquefois de ses lettres, écrites avec au-

---

1. Boileau, satire X, vers 141-42. (ÉD.) — 2. La Harpe. (ÉD.)
3. *Le comte de Warwick*, joué le 7 novembre 1763. (ÉD.)
4. *Discours sur les préjugés et les injustices littéraires*, par La Harpe. (ÉD.)
5. Dalembert. (ÉD.)

tant de pureté que de génie et de force, *eodem animo scribit quo pugnat*[1] : et je vous dirai, en passant, que l'honneur d'être encore dans ses bonnes grâces, et le plaisir de lire les pensées les plus profondes, exprimées d'un style énergique, font une des consolations de ma vieillesse. Je suis étonné qu'un souverain, chargé de tout le détail d'un grand royaume, écrive couramment et sans effort ce qui coûterait à un autre beaucoup de temps et de ratures.

M. l'abbé de Dangeau, en qualité de puriste, en savait sans doute plus que lui sur la grammaire française. Je ne puis toutefois convenir avec ce respectable académicien qu'un musicien, en chantant *la nuit est loin encore*, prononce, pour avoir plus de grâces, la nuit est *loing* encore. Le philosophe de Sans-Souci, qui est aussi grand musicien qu'écrivain supérieur, sera, je crois, de mon opinion.

Je suis fort aise qu'autrefois Saint-Gelais ait justifié le *crép* par son *Bucéphal*. Puisqu'un aumônier de François Iᵉʳ retranche un *e* à *Bucéphale*, pourquoi un prince royal de Prusse n'aurait-il pas retranché un *e* à *crépe*? Mais je suis un peu fâché que Melin de Saint-Gelais, en parlant au cheval de François Iᵉʳ, lui ait dit :

> Sans que tu sois un Bucéphal,
> Tu portes plus grand qu'Alexandre.

L'hyperbole est trop forte, et j'y aurais voulu plus de finesse.

Vous me critiquez, mon cher doyen, avec autant de politesse que vous rendez de justice au singulier génie du philosophe de Sans-Souci. J'ai dit, il est vrai, dans le *Siècle de Louis XIV*, à l'article des MUSICIENS, que nos rimes féminines, terminées toutes par un *e* muet, font un effet très-désagréable dans la musique, lorsqu'elles finissent un couplet. Le chanteur est absolument obligé de prononcer

> Si vous aviez la rigueur
> De m'ôter votre cœur,
> Vous m'ôteriez la *vi-eu*[2].

Arcabonne est forcée de dire :

> Tout me parle de ce que j'*aim-eu*[3].

Médor est obligé de s'écrier :

> .... Ah! quel tourment
> D'aimer sans *espérance-eu*![4]

La gloire et la victoire, à la fin d'une tirade, font presque toujours la *gloire-eu*, la *victoire-eu*. Notre modulation exige trop souvent ces tristes désinences. Voilà pourquoi Quinault a grand soin de finir, autant qu'il le peut, ses couplets par des rimes masculines; et c'est ce

---

1. Quintilien (*Instit.*, I, 1) dit : « Tanta in eo vis est, ut illum eodem animo dixisse quo bellavit appareat. » (ÉD.)
2. *Armide*, acte V, sc. I. (ÉD.) — 3. *Amadis*, acte II, scène II.
4. *Roland*, acte I, scène III. (ÉD.)

que recommandait le grand musicien Rameau à tous les poètes qui composaient pour lui.

Qu'il me soit donc permis, mon cher maître, de vous représenter que je ne puis être d'accord avec vous quand vous dites « qu'il est inutile et peut-être ridicule de chercher l'origine de cette prononciation *gloire-eu*, *victoire-eu*, ailleurs que dans la bouche de nos villageois. » Je n'ai jamais entendu de paysan prononcer ainsi en parlant; mais ils y sont forcés lorsqu'ils chantent. Ce n'est pas non plus une prononciation vicieuse des acteurs et des actrices de l'Opéra ; au contraire, ils font ce qu'ils peuvent pour sauver la longue tenue de cette finale désagréable, et ne peuvent souvent en venir à bout. C'est un petit défaut attaché à notre langue, défaut bien compensé par le bel effet que font nos e muets dans la déclamation ordinaire.

Je persiste encore à vous dire qu'il n'y a aucune nation en Europe qui fasse sentir les e muets, excepté la nôtre. Les Italiens et les Espagnols n'en ont pas. Les Allemands et les Anglais en ont quelques-uns; mais ils ne sont jamais sensibles ni dans la déclamation ni dans le chant.

Venons maintenant à l'usage de la rime, dont les Italiens et les Anglais se sont défaits dans la tragédie, et dont nous ne devons jamais secouer le joug. Je ne sais si c'est moi que vous accusez d'avoir dit que la rime est une invention des siècles barbares; mais, si je ne l'ai pas dit, permettez-moi d'avoir la hardiesse de vous le dire.

Je tiens, en fait de langue, tous les peuples pour barbares, en comparaison des Grecs et de leurs disciples les Romains, qui seuls ont connu la vraie prosodie. Il faut surtout que la nature eût donné aux premiers Grecs des organes plus heureusement disposés que ceux des autres nations, pour former en peu de temps un langage tout composé de brèves et de longues, et qui, par un mélange harmonieux de consonnes et de voyelles, était une espèce de musique vocale. Vous ne me condamnerez pas, sans doute, quand je vous répéterai que le grec et le latin sont à toutes les autres langues du monde ce que le jeu d'échecs est au jeu de dames, et ce qu'une belle danse est à une démarche ordinaire.

Malgré cet aveu, je suis bien loin de vouloir proscrire la rime, comme feu M. de La Motte; il faut tâcher de se bien servir du peu qu'on a, quand on ne peut atteindre à la richesse des autres. Taillons habilement la pierre, si le porphyre et le granit nous manquent. Conservons la rime; mais permettez-moi toujours de croire que la rime est faite pour les oreilles, et non pas pour les yeux.

J'ai encore une autre représentation à vous faire. Ne serais-je point un de ces téméraires que vous accusez de vouloir changer l'orthographe? J'avoue qu'étant très-dévoué à saint François, j'ai voulu le distinguer des *Français* ; j'avoue que j'écris *Danois* et *Anglais* : il m'a toujours semblé qu'on doit écrire comme on parle, pourvu qu'on ne choque pas trop l'usage, pourvu que l'on conserve les lettres qui font sentir l'étymologie et la vraie signification du mot.

Comme je suis très-tolérant, j'espère que vous me tolérerez. Vous pardonnerez surtout ce style négligé à un *Français* ou à un *François* qui *avait* ou qui *avoit* été élevé à Paris dans le centre du bon goût, mais qui s'est un peu engourdi depuis treize ans, au milieu des montagnes de glace dont il est environné. Je ne suis pas de ces phosphores qui se conservent dans l'eau. Il me faudrait la lumière de l'Académie pour m'éclairer et m'échauffer; mais je n'ai besoin de personne pour ranimer dans mon cœur les sentiments d'attachement et de respect que j'ai pour vous, ne vous en déplaise, depuis plus de soixante années.

MMMMDCCCXCV. — A M. DE PEZAY.

5 janvier.

Je vous fais juge, monsieur, des procédés de Jean-Jacques Rousseau envers moi. Vous savez que ma mauvaise santé m'avait conduit à Genève auprès de M. Tronchin le médecin, qui alors était ami de Rousseau ; je trouvai les environs de cette ville si agréables, que j'achetai d'un magistrat, quatre-vingt-sept mille livres, une maison de campagne[1], à condition qu'on m'en rendrait trente-huit mille lorsque je la quitterais. Rousseau dès lors conçut le dessein de soulever le peuple de Genève contre les magistrats, et il a eu enfin la funeste et dangereuse satisfaction de voir son projet accompli.

Il écrivit d'abord à M. Tronchin qu'il ne remettrait jamais les pieds dans Genève, tant que j'y serais ; M. Tronchin peut vous certifier cette vérité. Voici sa seconde démarche.

Vous connaissez le goût de Mme Denis, ma nièce, pour les spectacles; elle en donnait dans le château de Tournay et dans celui de Ferney, qui sont sur la frontière de France, et les Génevois y accouraient en foule. Rousseau se servit de ce prétexte pour exciter contre moi le parti qui est celui des représentants, et quelques prédicants qu'on nomme ministres.

Voilà pourquoi, monsieur, il prit le parti des ministres, au sujet de la comédie, contre M. Dalembert, quoique ensuite il ait pris le parti de M. Dalembert contre les ministres, et qu'il ait fini par outrager également les uns et les autres ; voilà pourquoi il voulut d'abord m'engager dans une petite guerre au sujet des spectacles; voilà pourquoi, en donnant une comédie et un opéra à Paris, il m'écrivit que je corrompais sa république, en faisant représenter des tragédies dans mes maisons par la nièce du grand Corneille, que plusieurs Génevois avaient l'honneur de seconder.

Il ne s'en tint pas là ; il suscita plusieurs citoyens ennemis de la magistrature ; il les engagea à rendre le conseil de Genève odieux, et à lui faire des reproches de ce qu'il souffrait, malgré la loi, un catholique domicilié sur leur territoire, tandis que tout Génevois peut acheter en France des terres seigneuriales, et même y posséder des emplois de finance. Ainsi cet homme, qui prêchait à Paris la liberté de conscience, et qui avait tant de besoin de tolérance pour lui, voulait

1. Les Délices. (Éd.)

établir dans Genève l'intolérance la plus révoltante et en même temps la plus ridicule.

M. Tronchin entendit lui-même un citoyen[1], qui est depuis longtemps le principal boute-feu de la république, dire qu'il fallait absolument exécuter ce que Rousseau voulait, et me faire sortir de ma maison des Délices, qui est aux portes de Genève. M. Tronchin, qui est aussi honnête homme que bon médecin, empêcha cette levée de boucliers, et ne m'en avertit que longtemps après.

Je prévis alors les troubles qui s'exciteraient bientôt dans la petite république de Genève; je résiliai mon bail à vie des Délices; je reçus trente-huit mille livres, et j'en perdis quarante-neuf, outre environ trente mille francs que j'avais employés à bâtir dans cet enclos.

Ce sont là, monsieur les moindres traits de la conduite que Rousseau a eue avec moi. M. Tronchin peut vous les certifier, et toute la magistrature de Genève en est instruite.

Je ne vous parlerai point des calomnies dont il m'a chargé auprès de M. le prince de Conti et de Mme la duchesse de Luxembourg, dont il avait surpris la protection. Vous pouvez d'ailleurs vous informer dans Paris de quelle ingratitude il a payé les services de M. Grimm, de M. Helvétius, de M. Diderot, et de tous ceux qui avaient protégé ses extravagantes bizarreries, qu'on voulait alors faire passer pour de l'éloquence.

Le ministère est aussi instruit de ses projets criminels, que les véritables gens de lettres le sont de tous ses procédés. Je vous supplie de remarquer que la suite continuelle des persécutions qu'il m'a suscitées, pendant quatre années, a été le prix de l'offre que je lui avais faite de lui donner en pur don une maison de campagne, nommée l'Ermitage, que vous avez vue entre Tournay et Ferney. Je vous renvoie, pour tout le reste, à la lettre que j'ai été obligé d'écrire à M. Hume, et qui était d'un style moins sérieux que celle-ci.

Que M. Dorat juge à présent s'il a eu raison de me confondre avec un homme tel que Rousseau, et de regarder comme une querelle de bouffons les offenses personnelles que M. Hume, M. Dalembert, et moi, avons été obligés de repousser, offenses qu'aucun homme d'honneur ne pouvait passer sous silence.

M. Dalembert et M. Hume, qui sont au rang des premiers écrivains de France et d'Angleterre, ne sont point des bouffons; je ne crois pas l'être non plus, quoique je n'approche pas de ces deux hommes illustres.

Il est vrai, monsieur, que, malgré mon âge et mes maladies, je suis très-gai, quand il ne s'agit que de sottises de littérature, de prose ampoulée, de vers plats, ou de mauvaises critiques; mais on doit être très-sérieux sur les procédés, sur l'honneur, et sur les devoirs de la vie.

1. Delne. (Éd.)

MMMMDCCCXCVI. — A M. Damilaville.

7 janvier.

Je ne sais si je vous ai mandé, mon cher ami, que j'ai eu une petite attaque qui m'avertit de mettre mes affaires en ordre.

Je n'ai rien à vous mander de nouveau. Vous aurez par le premier ordinaire la tragédie des *Scythes* imprimée. On n'en a tiré que très-peu d'exemplaires. Je vous prie de la donner à Mme de Florian dès que vous l'aurez lue avec Platon. Vous savez qu'il est question de lui dans la préface.

Je vous embrasse de tout mon cœur.

MMMMDCCCXCVII. — Au même.

Jeudi matin, 8 janvier.

Mon cher ami, en attendant que je lise une lettre de vous, que je compte recevoir aujourd'hui, il faut que je vous communique une réponse que j'ai été obligé de faire à M. de Pezay, au sujet des vers de M. Dorat, que vous devez avoir vus, et qui ne sont pas mal faits. Vous verrez si j'ai tort de regarder J. J. Rousseau comme un monstre, et de dire qu'il est un monstre. Le grand mal, dans la littérature, c'est qu'on ne veut jamais distinguer l'offenseur de l'offensé. M. Dorat a ses raisons pour suivre le torrent, puisqu'il s'y laisse entraîner, et qu'il m'a offensé de gaieté de cœur, sans me connaître.

J'arrête ma plume, en attendant votre lettre, et je vous prie de communiquer à M. Dalembert celle que j'ai écrite à M. de Pezay, avant que M. Dorat m'eût demandé pardon.

Nous avons reçu votre lettre du 3 de janvier. Nos alarmes et nos peines ont été un peu adoucies, mais ne sont pas terminées.

Il n'y a plus actuellement de communication de Genève avec la France; les troupes sont répandues par toute la frontière; et, par une fatalité singulière, c'est nous qui sommes punis des sottises des Génevois. Genève est le seul endroit où l'on pouvait avoir toutes les choses nécessaires à la vie; nous sommes bloqués, et nous mourons de faim: c'est assurément le moindre de mes chagrins.

Je n'ai pas un moment pour vous en dire davantage. Tout notre triste couvent vous embrasse.

MMMMDCCCXCVIII. — A M. Dorat.

A Ferney, ce 8 janvier.

Monsieur, à la réception de la lettre dont vous m'avez honoré, j'ai dit, comme saint Augustin : *O felix culpa!* Sans cette petite échappée dont vous vous accusez si galamment, je n'aurais point eu votre lettre, qui m'a fait plus de plaisir que l'*Avis aux* deux prétendus *sages* ne m'a pu causer de peine. Votre plume est comme la lance d'Achille, qui guérissait les blessures qu'elle faisait.

Le cardinal de Bernis, étant jeune, en arrivant à Paris commença par faire des vers contre moi, selon l'usage, et finit par me favoriser d'une bienveillance qui ne s'est jamais démentie. Vous me faites espérer les mêmes bontés de vous, pour le peu de temps qui me reste à vivre, et je crie *Felix culpa !* à tue-tête.

J'ai déjà lu, monsieur, votre très-joli poëme sur la *Déclamation;* il est plein de vers heureux et de peintures vraies. Je me suis toujours étonné qu'un art, qui paraît si naturel, fût si difficile. Il y a, ce me semble, dans Paris beaucoup plus de jeunes gens capables de faire des tragédies dignes d'être jouées, qu'il n'y a d'acteurs pour les jouer. J'en cherche la raison, et je ne sais si elle n'est pas dans la ridicule infamie que des Welches ont attachée à réciter ce qu'il est glorieux de faire. Cette contradiction welche doit révolter tous les vrais Français. Cette vérité me semble mériter que vous la fassiez valoir dans une seconde édition de votre poëme.

Je ne puis vous dire à quel point j'ai été touché de tout ce que vous avez bien voulu m'écrire.

J'ai l'honneur d'être, etc.

P. S. Ma dernière lettre à M. le chevalier de Pezay était écrite avant que j'eusse reçu la vôtre. J'en avais envoyé une copie à un de mes amis ; mais je ne crois pas qu'il y ait un mot qui puisse vous déplaire, et j'espère que les faits énoncés dans ma lettre feront impression sur un cœur comme le vôtre.

MMMMDCCXCIX. — A M. LE MARÉCHAL DUC DE RICHELIEU.

A Ferney, 9 janvier.

Le favori de Vénus, de Minerve et de Mars, s'est donc ressenti des infirmités attachées à la faiblesse humaine. Il a succombé sous la fatigue des plaisirs ; mais je me flatte qu'il est bien rétabli, puisqu'il m'a écrit de sa main ; il est d'ailleurs grand médecin, et c'est lui qui guérit les autres. Je n'ai pas l'honneur d'être de l'espèce de mon héros : dès que les neiges couvrent la terre dans mon climat barbare, les taies blanches s'emparent de mes yeux, je perds presque entièrement la vue. Mon héros griffonne de sa main des lettres qu'à peine on peut lire, et moi je ne peux écrire de ma belle écriture ; j'entrerai d'ailleurs incessamment dans ma soixante et quatorzième année, ce qui exige de l'indulgence de mon héros.

Nous faisons à présent la guerre très-paisiblement aux citoyens têtus de Genève. J'ai trente dragons autour d'un poulailler qu'on nomme le château de Tournay, que j'avais prêté à M. le duc de Villars, sur le chemin des Délices. Je n'ai point de corps d'armée à Ferney ; mais j'imagine que, dans cette guerre, on boira plus de vin qu'on ne répandra de sang.

Si vous avez, monseigneur, une bonne actrice à Bordeaux, je vous enverrai une tragédie nouvelle, pour votre carnaval ou pour votre carême. Maman Denis, et tous ceux à qui je l'ai lue, disent qu'elle est très-neuve et très-intéressante. La grâce que je vous demanderai, ce sera de mettre tout votre pouvoir de gouverneur à empêcher qu'elle ne soit copiée par le directeur de la Comédie, et qu'elle ne soit imprimée à Bordeaux. J'oserais même vous supplier d'ordonner que le directeur fît copier les rôles dans votre hôtel, et qu'on vous rendît l'exemplaire à la fin de chaque répétition et de chaque représentation; en ce cas, je suis à vos ordres.

Voici le mémoire concernant votre protégé, et l'emploi de la lettre de change que vous avez eu la bonté d'envoyer pour lui. Quand même je ne serais pas à Ferney, il restera toujours dans la maison; madame Denis aura soin de lui, et je le laisserai le maître de ma bibliothèque. Il passe sa vie à travailler dans sa chambre, et j'espère qu'il sera un jour très-savant dans l'histoire de France. Je lui ai fait étudier l'*Histoire des pairs et des parlements*, ce qui peut lui être fort utile. Il se pourra faire que bientôt je sois absent pour longtemps de Ferney; je serais même aujourd'hui chez M. le chevalier de Beauteville, à Soleure, et de là j'irais chez le duc de Wurtemberg et chez l'électeur palatin, si ma santé me le permettait.

Dans cette incertitude, je vous demande en grâce d'avoir pour moi la même bonté que vous avez eue pour Galien. Ni vos affaires, ni celles de la succession de M. le prince de Guise, ne seront arrangées de plus de six mois. Je me trouve, à l'âge de soixante et quatorze ans, dans un état très-désagréable et très-violent. Votre banquier de Bordeaux peut aisément vous avancer, pour six mois, deux cents louis d'or, en m'envoyant une lettre de change de cette somme sur Genève. Il le fera d'autant plus volontiers que le change est aujourd'hui très-avantageux pour les Français; et il y gagnera; en vous faisant un plaisir qui ne vous coûtera rien. J'aurai l'honneur d'envoyer alors mon reçu à compte, de deux cents louis d'or, à M. l'abbé de Blet, sur ce qui m'est dû de votre part. Il joindra ce reçu à ceux que mon notaire a précédemment fournis à vos intendants; ou, si vous l'ordonnez, j'adresserai ce reçu à vous-même, et vous l'enverrez à M. l'abbé de Blet. Je ne vous propose de le lui adresser en droiture que pour éviter le circuit.

Si je suis à Soleure, le trésorier des Suisses me comptera cet argent, et se fera payer à Genève. Je vous aurai une extrême obligation; car, quoique j'aie essuyé bien des revers en ma vie, je n'en ai point eu de plus imprévu et de plus désagréable que celui que j'éprouve aujourd'hui. Ayez la bonté de me donner vos ordres sur tous ces points, et de les adresser à Genève sous l'enveloppe de M. Hennin, résident de France. La lettre me sera rendue exactement, quoiqu'il n'y ait plus de communication entre le territoire de France et celui de Genève; et, si je suis à Soleure, Mme Denis m'enverra votre lettre. Vous pouvez prescrire aussi ce que vous voulez qu'elle dépense par an pour les menues nécessités de Galien; elle vous enverra le compte au bout de l'année.

Je n'ai d'autres nouvelles à vous mander des pays étrangers, sinon que le corps des négociants français, qui est à Vienne, m'a écrit que vous partiez incessamment pour aller chercher une archiduchesse[1], et qu'il me demandait des harangues pour toute la famille impériale et

1. Marie-Antoinette, qui épousa, en 1770, le Dauphin, depuis Louis XVI. (ÉD.)

pour Votre Excellence. J'ai répondu lanternes à ce corps, qui me paraît mal informé.

À l'égard du petit corps de troupes qui est dans mes terres, j'ai bien peur d'être obligé, si je reste dans le pays, de faire plus d'une harangue inutile pour l'empêcher de couper mes bois. On dit que M. de La Borde ne sera plus banquier du roi. C'est pour moi un nouveau coup, car c'est lui qui me faisait vivre.

Je me recommande à vos bontés, et je vous supplie d'agréer mon très-tendre respect.

MMMMCM. — A. M. LE CHEVALIER DE BEAUTEVILLE.

À Ferney, 9 janvier.

Monsieur, je comptais avoir l'honneur de venir présenter *les Scythes* à Votre Excellence, et je déménageais comme la moitié de Genève; mais il plut à la Providence d'affliger mon corps des pieds jusqu'à la tête. Je la supplie de ne vous pas traiter de même dans ce rude hiver. Je vous envoie donc *les Scythes* comme un intermède à la tragi-comédie de Genève. On a logé des dragons autour de mon poulailler, nommé le château de Tournay. Maman Denis ne pourra plus avoir de bon bœuf sur sa table; elle envoie chercher de la vache à Gex. Je ne sais pas même comment on fera pour avoir les lettres qui arrivent au bureau de Genève. Il aurait donc fallu placer le bureau dans le pays de Gex. Ce qu'il y a de pis, c'est qu'il faudra un passe-port du roi pour aller prendre de la casse chez Colladon.

Passe encore pour du bœuf et des perdrix, mais manquer de casse! cela est intolérable; il se trouve à fin de compte que c'est nous qui sommes punis des impertinences de Jean-Jacques et du fanatisme absurde de Deluc le père, qu'il aurait fallu bannir de Genève à coups de bâton, pour préliminaire de la paix.

Que *les Scythes* vous amusent ou ne vous amusent pas, je vous demande en grâce de les enfermer sous cent clefs, comme un secret de votre ambassade. M. le duc de Choiseul et M. le duc de Praslin sont d'avis qu'on joue la pièce avant qu'elle paraisse imprimée. Je ne suis point du tout de leur avis; mais je dois déférer à leurs sentiments autant qu'il sera en moi.

Daignez donc vous amuser avec Obéide¹ et enfermez-la dans votre sérail, après avoir joui d'elle, et que M. le chevalier de Taulès en aura eu sa part.

Le petit couvent de Ferney, faisant très-maigre chère, se met à vos pieds.

J'ai l'honneur d'être avec un profond respect, monsieur, de Votre Excellence, le très-humble et très-obéissant serviteur, VOLTAIRE.

1. Personnage de la tragédie des *Scythes*. (ÉD.)

MMMMCMI. — A M. LE DUC DE CHOISEUL, SUR LE CORDON DE TROUPES
AUPRÈS DE GENÈVE.

9 janvier.

Mon héros, mon protecteur, c'est pour le coup que vous êtes mon colonel. Le satrape Elochivis environne mes poulaillers de ses innombrables armées, et le bonhomme qui cultive son jardin au pied du mont Caucase est terriblement embarrassé par votre funeste ambition.

Permettez-moi la liberté grande de vous dire que vous avez le diable au corps. Maman Denis et moi, nous nous jetons à vos pieds. Ce n'est pas les Genévois que vous punissez, c'est nous, grâce à Dieu. Nous sommes cent personnes à Ferney qui manquons de tout, et les Genevois ne manquent de rien. Nous n'avons pas aujourd'hui de quoi donner à dîner aux généraux de votre armée.

A peine l'ambassadeur de votre sublime Porte eut-il assuré que le roi de Perse prenait les honnêtes Scythes sous sa protection et sauvegarde spéciale, que tous les bons Scythes s'enfuirent. Les habitants de Scythopolis peuvent aller où ils veulent, et revenir, et passer, et repasser, avec un passe-port du chiaoux Hennin; et nous, pauvres Persans, parce que nous sommes votre peuple, nous ne pouvons ni avoir à manger, ni recevoir nos lettres de Babylone, ni envoyer nos esclaves chercher une médecine chez les apothicaires de Scythopolis.

Si votre tête repose sur les deux oreillers de la justice et de la compassion, daignez répandre la rosée de vos faveurs sur notre disette.

Dès qu'on eut publié votre rescrit impérial dans la superbe ville de Gex, où il n'y a ni pain ni pâte, et qu'on eut reçu la défense d'envoyer du foin chez les ennemis, on leur en fit passer cent fois plus qu'ils n'en mangeront en une année. Je souhaite qu'il en reste assez pour nourrir les troupes invincibles qui bordent actuellement les frontières de la Perse.

Que Votre Sublimité permette donc que nous lui adressions une requête qui ne sera point écrite en lettres d'or, sur un parchemin couleur de pourpre, selon l'usage, attendu qu'il nous reste à peine une feuille de papier, que nous réservons pour votre éloge.

Nous demandons un passe-port signé de votre main prodigue en bienfaits, pour aller, nous et nos gens, à Genève ou en Suisse, selon nos besoins; et nous prierons Zoroastre qu'il intercède auprès du grand Orosmade, pour que tous les péchés de la chair que vous avez pu commettre vous soient remis.

MMMMCMII. — A M. DE MONTTON [2].

Ferney par Genève, 9 janvier.

Monsieur, c'est une grande consolation que vous soyez le juge de ma nièce, Mme Denis; car, pour moi, n'ayant rien, on ne peut rien

1. Voyez la dédicace des *Scythes*. (ÉD.)
2. Jean-Baptiste-Robert Auget, baron de Montyon, mort le 29 décembre 1820, âgé de quatre-vingt-sept ans, a légué des sommes considérables aux hôpitaux de Paris, et a fait les fonds de différents prix que distribuent annuellement des classes de l'Institut. (ÉD.)

m'ôter : j'ai tout donné. Le château que j'ai bâti lui appartient ; les chevaux, les équipages, tout est à elle. C'est elle que les cerbères de bureau d'entrée persécutent ; nous avons tous deux l'honneur de vous écrire pour vous supplier de nous tirer des griffes des portiers de l'enfer.

Vous avez sans doute entre les mains, monsieur, tous nos mémoires envoyés à M. le vice-chancelier, qui sont exactement conformes les uns aux autres, parce que la vérité est toujours semblable à elle-même.

Il est absurde de supposer que Mme Denis et moi nous fassions un commerce de livres étrangers : il est très-aisé de savoir de la dame Doiret de Châlons, à laquelle les marchandises sont adressées par une autre Doiret, toute la vérité de cette affaire, et où est la friponnerie.

Nous n'avons jamais connu aucune Doiret, y en eût-il cent : il y a une femme Doiret qui est venue dans le pays en qualité de fripière ; elle a acheté des habits de nos domestiques, sans que nous l'ayons jamais vue ; elle a emprunté d'eux un vieux carrosse et des chevaux de labourage de notre ferme, éloignée du château, pour la conduire ; et nous n'en avons été instruits qu'après la saisie.

Loin de contrevenir en rien à la police du royaume, j'ai augmenté considérablement la ferme du roi sur la frontière où je suis, en défrichant les terres, et en bâtissant onze maisons ; et, loin de faire la moindre contrebande, j'ai armé trois fois mes vassaux et mes gens contre les fraudeurs. Je ne suis occupé qu'à servir le roi, et j'ai trouvé dans les belles-lettres mon seul délassement à l'âge de soixante-treize ans.

Nous avons encore beaucoup plus de confiance en vos bontés, monsieur, que nous n'avons de chagrin de cette aventure inattendue. M. d'Argental peut vous certifier sur son honneur que nous n'avons aucun tort, Mme Denis, ni moi ; et mon neveu, l'abbé Mignot, en est parfaitement instruit.

Nous espérons recouvrer incessamment des pièces qui prouveront bien que nous n'avons jamais eu la moindre connaissance du commerce de la femme Doiret, ni de sa personne : nous vous demandons en grâce d'attendre, pour rapporter l'affaire, que les pièces vous soient parvenues. Mme Denis est trop malade pour avoir l'honneur de vous écrire ; et moi, qui l'ai été beaucoup plus qu'elle, j'espère que vous pardonnerez à un vieillard presque aveugle si j'emploie une main étrangère pour vous présenter le respect avec lequel j'ai l'honneur d'être, monsieur, votre très-humble et très-obéissant serviteur,

VOLTAIRE, *gentilhomme ordinaire du roi.*

Je me joins à mon oncle avec les mêmes sentiments, monsieur. Votre très-humble et très-obéissante servante,

DENIS.

MMMMCMIII. — DE CATHERINE II.

A Pétersbourg, 29 décembre 1766-9 janvier 1767.

Monsieur, je viens de recevoir votre lettre du 22 décembre, dans laquelle vous me donnez une place décidée parmi les astres. Je ne sais si ces places-là valent la peine qu'on les brigue. Je ne voudrais point être mise au rang de ceux que le genre humain a adorés pendant si longtemps, par tout autre que vous et vos dignes amis dont vous me parlez. En effet, quelque peu d'amour-propre qu'on se sente, il est impossible de désirer de se voir l'égal des oignons, des chats, des veaux, des peaux d'ânes, de bœufs, de serpents, de crocodiles, des bêtes de toute espèce, etc., etc. Après cette énumération, quel est l'homme qui voulût des temples ?

Laissez-moi donc, je vous prie, sur la terre; j'y serai plus à portée d'y recevoir vos lettres et celles de vos amis les Dalembert et les Diderot : j'y serai témoin de la sensibilité avec laquelle vous vous intéressez à tout ce qui regarde les lumières de notre siècle, partageant si parfaitement ce titre avec eux.

Malheur aux persécuteurs ! ils méritent d'être rangés parmi ces divinités. Voilà leur vraie place.

Au reste, monsieur, soyez persuadé que votre approbation m'encourage beaucoup.

L'article dont je vous ai fait part, et qui regarde la tolérance, ne paraîtra au grand jour qu'à la fin de l'été prochain.

Je me souviens de vous avoir écrit dans une lettre précédente ce que je pensais de la publication des pièces qui concernent l'archevêque de Novogorod : cet ecclésiastique a donné depuis peu encore une preuve des sentiments que vous lui connaissez. Un homme qui avait traduit un livre le lui porta : il lui dit qu'il lui conseillait de le supprimer, parce qu'il contenait les principes qui établissent les *deux puissances*.

Soyez assuré, monsieur, que tel titre que vous preniez, il ne nuira jamais chez nous à la considération qui est due à celui qui plaide avec toute l'étendue de son génie la cause de l'humanité. CATHERINE.

L'imprimé ci-joint [1] vous fera juger si la justice est de notre côté.

MMMMCMIV. — DU CARDINAL DE BERNIS.

A Alby, ce 11 janvier.

Vos *Scythes*, mon cher confrère, n'ont rien de la vieillesse; si je leur trouvais un défaut, ce serait plutôt d'être trop jeunes. Cela veut dire que le sujet conçu par l'homme de génie a été rempli avec trop peu de soin. Le contraste des mœurs persanes et scythes n'est pas assez frappant; il n'est donc pas digne de vous. Fouillez-vous, mon cher confrère, vous trouverez à foison de ces vers brillants et heureux qui s'impriment dans la mémoire, et qui caractérisent vos ouvrages de poésie; ornez-en un peu vos Persans et vos Scythes. Vos deux vieillards, l'un, nourri à la cour et dans les armes, l'autre, chef de peuples, peuvent dire des choses plus remarquables. Il faudrait bien établir, dès les premiers actes, que la femme scythe doit tuer de sa main le meurtrier de son mari. Cela augmenterait la vraisemblance, et doublerait le trouble du spectateur. Obéide renferme trop sa passion; on ne voit pas assez les efforts qu'elle a faits pour l'étouffer, et pour la sacrifier au devoir et à l'honneur. L'outrage qu'elle a reçu n'est pas assez démêlé :

[1] *Manifeste sur les dissensions de Pologne.* (ÉD.)

Athamare a-t-il voulu l'enlever, ou lui faire violence? Le spectateur français ne souffrirait pas cette dernière idée, elle révolterait la décence des mœurs générales, et réveillerait le goût des mauvaises plaisanteries, si naturel aux Français. Obéide ne se défend pas assez de l'horrible fonction de poignarder son amant ; elle souscrit trop tôt à cette loi des Scythes, qui n'est fondée ni dans la pièce, ni dans l'histoire. On est surpris qu'Athamare conserve la vie par la seule raison qu'Obéide a préféré de se tuer elle-même ; car, convenez-en, ce n'est que par une subtilité qu'il se trouve compris dans le traité passé entre les Scythes et les Persans :

Le coupable respire, et l'innocente meurt.

L'âme du spectateur n'est guère satisfaite, quand les malheurs ne s'accordent pas avec la justice. Voilà mes remarques, ou plutôt mes doutes. J'aime votre gloire : c'est ce qui me rend peut-être trop difficile. Je ne vous parle pas de quelques expressions faibles ou impropres ; vous corrigerez tout cela à votre toilette, ou en vous promenant dans votre cabinet. Dieu vous a donné le talent de produire, et l'heureuse facilité de corriger. Il vous en a donné un bien plus utile, celui de corriger les ridicules de votre siècle, et de les corriger en riant, et en faisant rire ceux qui ont conservé le goût de la bonne compagnie. Les écrivains se moquent quelquefois de cette bonne compagnie avant d'y être admis ; mais il est bien rare qu'ils en saisissent le ton ; or, ce ton n'est autre chose que l'art de ne blesser aucune bienséance. Moquez-vous donc, tant que vous voudrez, de l'insolence, de la vanité, de la hardiesse, si communes aujourd'hui et si déplacées. Vos récréations en ce genre contribuent à la bonne santé, et corrigent l'impertinence de nos mœurs. Il est plaisant que l'orgueil s'élève, à mesure que le siècle baisse : aujourd'hui presque tous les écrivains veulent être législateurs, fondateurs d'empires, et tous les gentilshommes veulent descendre des souverains. On passait autrefois ces chimères aux grandes maisons ; elles seules en avaient le privilège exclusif : aujourd'hui tout le monde s'en mêle. Riez de tout cela, et faites-nous rire ; mais il est digne du plus beau génie de la France de terminer sa carrière littéraire par un ouvrage qui fasse aimer la vertu, l'ordre, la subordination, sans laquelle toute société est en trouble. Rassemblez ces traits de vertu, d'humanité, d'amour du bien général, épars dans vos ouvrages, et composez-en un tout qui fasse aimer votre âme autant qu'on adore votre esprit. Voilà mes vœux de cette année, ils ne sont pas au-dessus de vos forces, et vous trouverez dans votre cœur, dans votre génie, dans votre mémoire si bien ornée, tout ce qui peut rendre cet ouvrage un chef-d'œuvre. Ce n'est pas une pédanterie que je vous demande, ni une capucinade ; c'est l'ouvrage d'une âme honnête et d'un esprit juste.

MMMMCMV. — A M. LE MARÉCHAL DUC DE RICHELIEU.

13 janvier au soir, par Genève, malgré les troupes.

Après avoir eu l'honneur de recevoir votre lettre de Bordeaux, concernant Galien, je vous écrivis, monseigneur, le 9 de janvier. Je reçois aujourd'hui votre lettre du 29, par laquelle je vois que je suis heureusement entré dans toutes vos vues, et que j'avais heureusement prévenu vos ordres concernant ce jeune homme.

Je suis encore fort incertain si je partirai ou non pour aller chez monsieur l'ambassadeur en Suisse, et de là régler mes affaires avec M. le duc de Wurtemberg. Vous seriez d'ailleurs bien étonné de la raison principale qui peut me forcer d'un moment à l'autre à faire ce voyage. C'est un homme que vous connaissez, un homme qui vous a obligation, un homme dont vous vous êtes plaint quelquefois à moi-même, un homme qui est mon ami depuis plus de soixante années, un homme enfin qui, par la plus singulière aventure du monde, m'a mis dans le plus étrange embarras. Je suis compromis pour lui de la manière la plus cruelle; mais je n'ai à lui reprocher que de s'être conduit avec un peu trop de mollesse; et, quoi qu'il arrive, je ne trahirai point une amitié de soixante années, et j'aime mieux tout souffrir que de le compromettre à mon tour. Je vous défie de deviner le mot de l'énigme, et vous sentez bien que je ne puis l'écrire; mais vous devinez aisément la personne[1]. Tout ce que je sais, c'est qu'il faut s'attendre à tout dans cette vie, se tenir prêt à tout, savoir se sacrifier pour l'amitié, et se résigner à la fatalité aveugle qui dispose des choses de ce monde.

Cela n'empêchera pas que je ne vous envoie ma tragédie des *Scythes* pour votre carnaval, dès que vous m'en aurez donné l'ordre; cela vous amusera, et il faut s'amuser.

Je vous demande très-humblement pardon de la prière que je vous ai faite; mais l'état où je suis m'y a forcé. Si je reste dans mes montagnes, nous serons obligés d'envoyer à dix lieues chercher des provisions, parce que la communication est interrompue avec Genève par des troupes; nos fermiers se sont enfuis sans nous payer; et, si je vais en Suisse et ailleurs, le secours que j'ai pris la liberté de vous demander ne me sera pas moins nécessaire.

Je suis bien de votre avis quand vous me marquez que Galien n'est pas encore en état de faire l'histoire du Dauphiné; mais je pense qu'il est très à propos de lui laisser amasser les matériaux qu'il trouve dans ma bibliothèque, et dans celles de plusieurs maisons de Genève, où on se fait un plaisir de l'aider dans ses recherches. Il travaille beaucoup, et même avec passion; il cultive sa mémoire, qui est, comme tout le monde en conviendra, tout à fait étonnante; et, s'il n'est pas un jour votre secrétaire, vous ne pourrez mieux faire que de le faire agréer à la Bibliothèque du roi, place très-conforme au genre d'étude vers lequel il se porte avec une espèce de fureur. Quand même je ne serais pas à Ferney, il pourra toujours assembler ses matériaux dans ma bibliothèque et dans celles dont je vous ai parlé; après quoi son style, que je ne trouve rien moins que mauvais, venant à se perfectionner au bout de quelque temps, on le confiera à quelque savant bénédictin du Dauphiné, pour en tirer les anecdotes les plus curieuses pour l'em-

1. Voltaire, créancier de Richelieu, avait demandé deux cents louis à son débiteur. (ED.)

bellissement de l'histoire de cette province, pour laquelle il a un violent penchant, et sur laquelle il a déjà huit portefeuilles d'anecdotes et de recherches qu'il a faites depuis son arrivée, sans compter ce qu'il avait déjà recueilli dans l'endroit où vous l'avez si judicieusement tenu pendant deux ans, temps qu'il a mis à profit, contre l'ordinaire. Enfin j'augure bien de cette histoire du Dauphiné. Cette province, heureusement pour lui, n'a pas un écrivain dont la lecture soit supportable. Elle peut être enfin le fondement de sa fortune.

En vous priant d'agréer mes hommages et ceux de Mme Denis, permettez que je vous envoie un fragment d'un endroit de ma lettre à la personne dont je vous ai parlé; vous verrez par là à quel homme j'ai affaire. Je vous conjure de me garder le plus profond secret.

MMMMCMVI. — A FRÉDÉRIC, LANDGRAVE DE HESSE-CASSEL.

A Ferney, le 13 janvier.

Monseigneur, comme je sais que vous aimez passionnément les hypocrites, je prends la liberté de vous envoyer pour vos étrennes un petit *Éloge de l'hypocrisie*, adressé à un digne prédicant de Genève. Si cela peut amuser Votre Altesse Sérénissime, l'auteur, quel qu'il soit, sera trop heureux.

Votre Altesse Sérénissime est informée, sans doute, de la guerre que les troupes invincibles de Sa Majesté Très-Chrétienne font à l'auguste république de Genève. Le quartier général est à ma porte. Il y a déjà eu beaucoup de beurre et de fromage d'enlevé, beaucoup d'œufs cassés, beaucoup de vin bu, et point de sang répandu. La communication étant interdite entre les deux empires, je me trouve bloqué dans ce peu château que Votre Altesse Sérénissime a honoré de sa présence. Cette guerre ressemble assez à la *Secchia rapita*; et si j'étais plus jeune, je la chanterais assurément en vers burlesques. Les prédicants, les catins, et surtout le vénérable Covelle, y joueraient un beau rôle. Il est vrai que les Genevois ne se connaissent pas en vers; mais cela pour ait réjouir les princes aimables qui s'y connaissent. La seule chose que j'ambitionne à présent, monseigneur, ce serait de venir au printemps vous renouveler mes sincères hommages. J'ai l'honneur d'être, etc.

MMMMCMVII. — A M. D'ÉTALLONDE DE MORIVAL[1].

13 janvier.

Un homme qui a été sensiblement touché de vos malheurs, monsieur, et qui est encore saisi d'horreur du désastre d'un de vos amis[2], dési-

[1]. Gaillard d'Étallonde, condamné par contumace dans l'horrible affaire du chevalier de La Barre, était fils du président de l'élection d'Abbeville. Échappé aux bourreaux, il prit du service sous le nom de Morival. Voltaire le recommanda au roi de Prusse, qui, plusieurs années après, permit à d'Étallonde de venir en France pour faire casser sa condamnation. Ce fut alors (1775) que Voltaire écrivit le *Cri du sang innocent*. On offrit à d'Étallonde des lettres de grâce; il les refusa, et sortit de France. Il alla voyager en Russie. Ayant obtenu, en 1788, des lettres d'abolition, il revint en France, se fixa à Amiens, où il est mort pendant les premières années de la révolution. (*Note de M. Beuchot*.)
[2]. Le chevalier de La Barre. (ÉD.)

rerait infiniment de vous rendre service. Ayez la bonté de faire savoir à quoi vous vous sentez le plus propre; si vous parlez allemand, si vous avez une belle écriture, si vous souhaiteriez d'être placé chez quelque prince d'Allemagne, ou chez quelque seigneur, en qualité de lecteur, de secrétaire, de bibliothécaire; si vous êtes engagé au service de Sa Majesté le roi de Prusse, si vous souhaitez qu'on lui demande votre congé, si on peut vous recommander à lui comme homme de lettres; en ce cas on serait obligé de l'instruire de votre nom, de votre âge, et de votre malheur. Il en serait touché; il déteste les barbares; il a trouvé votre condamnation abominable.

Ne vous informez point qui vous écrit, mais écrivez un long détail à Genève, à M. Misopriest, chez M. Souchai, marchand de draps, au *Lion d'or*. Ayez la bonté de dire à M. Haas, chez qui vous logez, qu'on lui remboursera tous les ports de lettres qu'on vous enverra sous enveloppe.

Voulez-vous bien aussi, monsieur, nous faire savoir ce que monsieur votre père vous donne par an, et si vous avez une paye à Vesel? On ne peut vous rien dire de plus pour le présent, et on attend votre réponse.

MMMMCMVIII. — A M. LE CHEVALIER DE BEAUTEVILLE.

A Ferney, 13 janvier.

Monsieur, Votre Excellence va être bien étonnée, et va prendre ceci pour une plaisanterie fort indiscrète; mais comme je suis un peu embarrassé avec mes banquiers de Genève, tant par leur argot de change inintelligible que par leur agio trop intelligible, je suis obligé d'avoir recours à votre protection; je suis un pauvre Scythe qui implore les bontés d'un ambassadeur persan.

La lettre de change ci-jointe vous dira de quoi il est question. Si vous daignez engager M. le trésorier des Suisses à faire tenir cette lettre de change à Montbéliard, elle sera acceptée sans difficulté, et j'espère venir prendre cet argent chez M. le trésorier quand je serai assez heureux pour sortir de mon lit, et pour venir vous faire ma cour dans votre royaume. Il est bien vrai que nous n'avons point eu aujourd'hui de bœuf pour faire du bouillon. Nous manquons de tout; les Génevois mangent de bonnes poulardes de Savoie; on s'imagine les avoir punis, et c'est nous que l'on punit. Le mal tombe surtout sur notre maison. Je prends la liberté grande de dire à M. le duc de Choiseul qu'il a le diable au corps; mais *interea patitur justus*.

Si je ne connaissais pas votre extrême bonté, je n'aurais pas tant d'effronterie.

Au reste, je vous réponds que je ne jouerai pas mes deux cents louis au pharaon, comme le chevalier de Boufflers; mais aussi il ne m'est pas permis, à mon âge, d'être aussi plaisant que lui.

Permettez-moi de dire les choses les plus tendres à M. le chevalier de Taulès, et daignez agréer l'attachement inviolable et le profond respect avec lequel j'ai l'honneur d'être, de Votre Excellence, le très-humble et très-obéissant serviteur, VOLTAIRE.

MMMMCMIX. — A M. ÉLIE DE BEAUMONT.

A Ferney, 13 janvier.

Vous jouez un beau rôle, monsieur; vous êtes toujours le protecteur de l'innocence opprimée. Vous avez dû être aussi bien reçu en Angleterre qu'un juge des Calas le serait mal. Une nation ennemie des préjugés et de la persécution était faite pour vous. Je n'ose me flatter que vous fassiez aux Alpes et au mont Jura le même honneur que vous avez fait à la Tamise; mais je crois que j'oublierais ma vieillesse et mes maux si vous faisiez ce pèlerinage.

Je cherche actuellement les moyens de vous faire parvenir quelques livres assez curieux qu'on m'a envoyés de Hollande. Le commerce des pensées est un peu interrompu en France; on dit même qu'il n'est pas permis d'envoyer des idées de Lyon à Paris. On saisit les manufactures de l'esprit humain comme des étoffes défendues. C'est une plaisante politique de vouloir que les hommes soient des sots, et de ne vouloir faire consister la gloire de la France que dans l'opéra-comique. Les Anglais en sont-ils moins heureux, moins riches, moins victorieux, pour avoir cultivé la philosophie? Ils sont aussi hardis en écrivant qu'en combattant, et bien leur en a pris. Nous dansons mieux qu'eux, je l'avoue; c'est un grand mérite, mais il ne suffit pas. Locke et Newton valent bien Dupré et Lulli.

Mille respects à votre aimable femme qui pense. Conservez-moi vos bontés.

MMMMCMX. — A M. DAMILAVILLE.

14 janvier.

Votre lettre du 8 de janvier, mon cher ami, m'a remis un peu de baume dans le sang; c'est le sort de toutes vos lettres. Le président du bureau n'est pas pour les fidèles; mais le chevalier de Chastellux est fidèle; M. de Montyon est fidèle aussi, et c'est beaucoup. Il y a vingt ans qu'on n'aurait pas trouvé les mêmes appuis. Laissez crier les barbares, laissez glapir les Welches; la philosophie est bonne à quelque chose.

Il se peut faire qu'en brûlant une toise cube de papiers, lorsque je faisais mes paquets, j'aie brûlé aussi le billet de onze cents livres dont vous me parlez; mais le remède est entre vos mains.

Je suppose que vous avez déjà donné les trois cents francs à M. Lembertad[1]. Il faut pardonner si on n'a pas exécuté tous ses ordres. Il doit deviner la confusion horrible où l'on est; nous avons des troupes, et nous ne mangeons actuellement que de la vache.

Les Sirven ont de l'argent pour leur voyage et pour leur séjour; ils sont à vos ordres. Je mourrai content quand nous aurons joint la vengeance des Sirven à celle des Calas.

Envoyez, je vous prie, à M. Lembertad la copie de ma lettre à M. le chevalier de Pezay; elle le regarde beaucoup. Je puise ma sensibilité

---

1. Dalembert. (Éd.)

pour les innocents malheureux dans le même fonds dont je tire mon inflexibilité envers les perfides. Si je haïssais moins Rousseau, je vous aimerais moins. *Écr. l'inf....*

MMMMCMXI. — A M. LE MARQUIS DE FLORIAN.

Le 14 janvier.

Mon cher grand écuyer de Babylone, il est juste qu'on vous envoie *les Scythes* et *les Persans;* cela amusera la famille : notre abbé turc[1] y a des droits incontestables. Vous pourrez prier Mlle Durancy à dîner : elle trouvera son rôle noté dans l'exemplaire que je vous enverrai : voilà pour votre divertissement du carnaval. Nous répétons la pièce ici ; elle sera parfaitement jouée par M. et Mme de La Harpe, et j'espère qu'après Pâques M. de La Harpe vous rapportera une pièce intéressante et bien écrite.

Nous remercions mon Turc bien tendrement. Mme Denis et moi nous l'aimons à la folie, puisqu'il a du courage et qu'il en inspire. C'est une énigme dont il devinera le mot aisément.

Je viens d'écrire à Morival, ou plutôt de lui faire écrire ; et dès que j'aurai sa réponse, j'agirai fortement auprès du prince dont il dépend. Ce prince m'écrit tous les quinze jours ; il fait tout ce que je veux. Les choses dans ce monde prennent des faces bien différentes ; tout ressemble à Janus ; tout, avec le temps, a un double visage. Ce prince ne connaît point Morival, sans doute ; mais il connaît très-bien son désastre. Il m'en a écrit plusieurs fois avec la plus violente indignation, et avec une horreur presque égale à celle que je ressens encore.

Il y a des monstres qui mériteraient d'être décimés. Je vous prie de me dire bien positivement si le premier mémoire que vous eûtes la bonté de m'envoyer de la campagne est exactement vrai. En cas que le frère de Morival veuille fournir quelques anecdotes nouvelles, vous pourrez nous les faire tenir sous l'enveloppe de M. Hennin, résident du roi à Genève.

Vous savez que nous sommes actuellement environnés de troupes, comme de tracasseries. Nous mangeons de la vache ; le pain vaut cinq sous la livre ; le bois est plus cher qu'à Paris. Nous manquons de tout, excepté de neige. Oh ! pour cette denrée, nous pouvons en fournir l'Europe. Il y en a dix pieds de haut dans mes jardins, et trente sur les montagnes. Je ne dirai pas que je prie Dieu qu'ainsi soit de vous.

Florianet[2] a écrit une lettre charmante en latin à père Adam. Je vous prie de le baiser pour moi des deux côtés. J'embrasse de tout mon cœur la mère et le fils.

1. L'abbé Mignot, neveu de Voltaire, travaillait à son *Histoire de l'empire ottoman.* (ÉD.)
2. Florian. (ÉD.)

MMMMCMXII. — DE FRÉDÉRIC II, ROI DE PRUSSE.

A Berlin, le 16 janvier.

J'ai lu toutes les pièces que vous m'avez envoyées. Je trouve le *Triumvirat* rempli de beaux détails. Les pièces contre l'*inf*.... sont si fortes, que depuis Celse on n'a rien publié de plus frappant. L'ouvrage de Boulanger est supérieur à l'autre[1], et plus à la portée des gens du monde, pour qui de longues déductions fatiguent l'esprit, relâché et détendu par les frivolités.

Il ne reste plus de refuge au fantôme de l'erreur. Il a été flagellé et frappé sur toutes ses faces, sur tous ses côtés. Partout je vois ses blessures, et nulle part d'empiriques empressés à pallier son mal. Il est temps de prononcer son oraison funèbre, et de l'enterrer. Vous défaites le charme, et l'illusion se dissipe en fumée. Je crains bien qu'il n'en soit pas ainsi des troubles intestins de Genève. J'augure, selon les nouvelles publiques, que nous touchons au dénoûment, qui causera ou une révolution dans le gouvernement, ou quelque tragédie sanglante....

Quoi qu'il en arrive, les malheureux trouveront un asile ouvert où ils le souhaitent. C'est à eux à déterminer le moment où ils voudront en profiter.

La cour de France traite ces gens avec une hauteur inouïe, et j'avoue que j'ai peine à concevoir pourquoi sa décision se trouve actuellement diamétralement opposée à celle qu'elle porta sur la même affaire, il y a trente années. Ce qui était juste alors doit l'être à présent. Les lois sur lesquelles cette république est fondée n'ont point changé; le jugement devait donc être le même. Voilà ce que l'on pense dans le Nord sur cette affaire.

Peut-être dans le Sud fait-on des gloses sur la liberté de conscience sollicitée pour les dissidents. Je me suis fourré dans la *comparsa*, et je n'ai pas voulu jouer un rôle principal dans cette scène. Les rois d'Angleterre et du Nord ont pris le même parti : l'impératrice de Russie décidera cette querelle avec la république de Pologne, comme elle pourra. Les dissensions polonaises et les négociations italiennes sont à peu près de la même espèce : il faut vivre longtemps et avoir une patience angélique pour en voir la fin.

Je vous souhaite, en attendant la bonne année, santé, tranquillité, et bonheur; et qu'Apollon, ce dieu des vers et de la médecine, vous comble de ses doubles faveurs. *Vale.*   FÉDÉRIC.

MMMMCMXIII. — A M. LE MARQUIS D'ARGENCE DE DIRAC.

17 janvier.

Je vous écris, mon cher marquis, mourant de froid et de faim, au milieu des neiges, environné de la légion de Flandre et du régiment de Conti, qui ne sont pas plus à leur aise que moi.

1. Quelques ouvrages philosophiques de M. de Voltaire furent publiés d'abord sous les noms de Boulanger, Fréret, Bolyngbroke, etc. (*Éd. de Kehl.*)

J'ai été sur le point de partir pour Soleure, avec M. l'ambassadeur de France; j'avais fait tous mes paquets. J'ai perdu dans ce remue-ménage l'original de votre lettre à M. le comte de Périgord. Je vous supplie de me renvoyer la copie que vous avez signée de votre main; et sur-le-champ nous mettrons la main à l'œuvre, et tout sera en règle. Les Génevois payeront, je crois, leurs folies un peu cher. Ils se sont conduits en impertinents et en insensés; ils ont irrité M. le duc de Choiseul, ils ont abusé de ses bontés; et ils n'ont que ce qu'ils méritent.

M. Boursier ne peut vous envoyer que dans un mois, ou environ, les bouteilles de Colladon qu'il vous a promises. Ces liqueurs sont fort nécessaires pour le temps qu'il fait; elles doivent réchauffer des cœurs glacés par huit ou dix pieds de neige qui couvrent la terre dans nos cantons.

Conservez-moi votre amitié, mon cher marquis; la mienne pour vous ne finira qu'avec ma vie.

MMMMCMXIV. — A M. DALEMBERT.

18 janvier.

Je ne peux jamais vous écrire que par ricochet, mon cher philosophe; nous avons une guerre cruelle avec les Génevois. Notre armée s'est déjà emparée de plus de douze bouteilles de vin et de six pintes de lait qui passaient aux ennemis. Tout le poids de la guerre est tombé sur nous. Nous n'avons pas, à la lettre, de quoi faire du bouillon.

Il n'est pas physiquement possible que le sieur Regnard[1] donne vingt-cinq louis d'or d'un discours[2] académique, dont on vend d'ordinaire cent exemplaires tout au plus.

Voici des vers à la louange de Vernet[3], qu'on m'a confiés. On parle d'un poëme sur la *Guerre de Genève*, qui ne sera pas aussi long que la *Secchia rapita*, mais qui doit être plus comique.

Je fais d'avance mille tendres compliments à M. Thomas. Fourrez-moi beaucoup de ces gens-là dans l'Académie quand vous en trouverez.

J'adresse à l'abbé d'Olivet une petite réponse à sa *Prosodie*; il doit vous la remettre : il y est beaucoup question de votre correspondant du Brandebourg. Quand votre correspondant du mont Jura pourra-t-il vous embrasser?

MMMMCMXV. — A M. LE RICHE.

18 janvier.

Mes fréquentes maladies, monsieur, et des affaires non moins tristes que les maladies, m'ont privé longtemps de la consolation de vous écrire.

1. Imprimeur de l'Académie française. (ÉD.)
2. Il s'agit du *Discours sur les avantages de la paix et les inconvénients de la guerre*, par La Harpe. (ÉD.)
3. *Éloge de l'hypocrisie*. (ÉD.)

Il y a un paquet pour vous à Nyon en Suisse, depuis plus de quinze jours; les neiges ne lui permettent pas de passer; et je ne sais même par quelle voie il pourra vous parvenir, à moins que vous ne m'en indiquiez une.

Je vous suis très-obligé des éclaircissements historiques que vous avez bien voulu me donner sur un des plus grands génies qu'ait jamais produits la Franche-Comté, Nonnotte. Le mal est que beaucoup d'imbéciles sont gouvernés par des gens de cette espèce, et qu'on les croit souvent sur leur parole. Les honnêtes gens qui pourraient les écraser ne font point un corps, et les fanatiques en font un considérable. Si on ne se réunit pas, tout est perdu. Il est bien juste que les esprits raisonnables soient amis; et votre amitié, monsieur, fait une de mes consolations.

MMMMCMXVI. — A M. L'ABBÉ D'OLIVET.

A Ferney, 18 janvier.

J'ai voulu attendre, mon cher maître, que ma réponse à votre *Prosodie* fût imprimée, pour vous dire en quatre mots combien je vous aime. Grâce à Dieu, nos académiciens ne tombent point dans les ridicules dont je me plains dans ma réponse, et le bon goût sera toujours le partage de cette illustre compagnie, à qui je présente mon profond respect.

Vous allez recevoir un homme[1] pour qui j'ai la plus grande estime. Au reste, je vous renvoie à M. Dalembert pour les *eu*; il les contrefaisait autrefois le plus plaisamment du monde.

Adieu; conservez-moi les bontés dont je me vante dans ma lettre imprimée.

MMMMCMXVII. — A M. DAMILAVILLE.

18 janvier.

Je n'ai que le temps, mon cher ami, de vous envoyer ces deux rogatons. Ils ont fait diversion dans mon esprit quand j'ai été accablé de chagrins. Envoyez-en un exemplaire de chacun à Thieriot; il en fera sa cour à son correspondant d'Allemagne.

J'attends de vos nouvelles, mon cher ami, sur l'affaire des Sirven et sur tout le reste.

MMMMCMXVIII. — AU MÊME.

19 janvier.

Je n'ai rien à vous mander, mon cher ami, sinon que je suis toujours bloqué par les neiges et par les soldats; que nous manquons de tout à Ferney; que nous n'avons nulle nouvelle de l'affaire de la Doiré; que je suis très-malade et très-affligé, et que votre amitié me console. Il me semble que, si j'avais de l'argent, je le mettrais à la banque royale. Cette opération de finance me paraît belle et bonne.

Je vous supplie de vouloir bien donner cours à l'incluse.

1. Thomas. (Éd).

MMMMCMXIX. — A M. LE CHEVALIER DE BEAUTEVILLE.

A Ferney, 19 janvier au soir.

Monsieur, je ne vous demande pas pardon de mon ignorance, mais de ma sottise; heureusement Votre Excellence est indulgente et remplie de bontés. J'avais imaginé que je pourrais, lorsque la saison serait moins cruelle, venir vous faire ma cour à Soleure, et aller ensuite arranger mes petites affaires avec Sa très-dérangée Altesse le duc de Wurtemberg. Je croyais que MM. les trésoriers des lignes, qui font quelquefois toucher de l'argent à Bâle, pourraient accepter la petite négociation que je proposais, le receveur du duc à Montbéliard m'ayant assuré qu'ils payeraient sans difficulté. Je trouve actuellement un correspondant à Neuchâtel qui me fera mes remises. Je ne puis remercier assez Votre Excellence de ses offres généreuses. M. Hennin ne nous a donné qu'un passe-port signé de lui pour le commissionnaire qui porte nos lettres. J'avoue que nous avons mangé aujourd'hui des soles aussi fraîches que si elles avaient été pêchées ce matin; mais, par Apicius, ce n'est pas à M. Hennin que nous en avons l'obligation. Nous manquons précisément de tout; nous n'avons autour de nous que des neiges. La voiture publique de Lyon n'arrive plus; nous sommes bloqués, nous sommes les seuls qui souffrons. Les officiers qui nous assiégent en conviennent. J'ai pris la liberté d'en écrire un mot à M. le duc de Choiseul, et beaucoup de mots à MM. Dubois et de Bournonville; il est très-certain que les Génevois peuvent faire venir tout ce qu'ils veulent par la Savoie, par Milan, par la Suisse, par le Valais; qu'ils peuvent manger des gelinottes, et de tout, excepté des soles. Ils ont de bon sucre, de bon café, de bonne bougie, *et moi rien*, tout comme Fréron [1]. La guerre et les neiges finiront quand il plaira à Dieu.

À l'égard de la petite affaire à laquelle Votre Excellence a daigné s'intéresser, je laisse agir ceux qui en sont les auteurs. J'ai l'honneur d'être, avec un profond respect et un attachement inviolable, monsieur, de Votre Excellence le très-humble et très-obéissant serviteur,

VOLTAIRE.

MMMMCMXX. — A M. LE COMTE DE LA TOURAILLE.

Au château de Ferney, le 19 janvier.

Je suis vieux, monsieur, malade, borgne d'un œil, et maléficié de l'autre. Je joins à tous ces agréments celui d'être assiégé, ou du moins bloqué. Nous n'avons, dans ma petite retraite, ni de quoi manger, ni de quoi boire, ni de quoi nous chauffer; nous sommes entourés de soldats de six pieds, et de neiges hautes de dix ou douze; et tout cela parce que J. J. Rousseau a échauffé quelques têtes d'horlogers et de marchands de draps. La situation très-triste où nous nous trouvons ne m'a pas permis de répondre plus tôt à l'honneur de votre lettre : vous êtes trop généreux pour n'avoir pas pour moi plus de pitié que de co-

---

1. Dans *l'Écossaise*, acte I, scène 1. (ÉD.)

lère. Nous avons ici M. et Mme de La Harpe, qui sont tous deux très-aimables. M. de La Harpe commence à prendre un vol supérieur; il a remporté deux prix de suite à l'Académie, par d'excellents ouvrages. J'espère qu'il vous donnera à Pâques une fort bonne tragédie. Il eut l'honneur de dédier à M. le prince de Condé sa tragédie de *Warwick*, qui avait beaucoup réussi. J'ai vu une ode[1] de lui à Son Altesse Sérénissime, dans laquelle il y a autant de poésie que dans les plus belles de Rousseau. Il mérite assurément la protection du digne petit-fils du grand Condé. Il a beaucoup de mérite, et il est très-pauvre. Il ne parage actuellement que la disette où nous sommes.

Adieu, monsieur; agréez les assurances de mes tendres et respectueux sentiments, et ayez la bonté de me mettre aux pieds de Son Altesse Sérénissime.

MMMMCMXXI. — A MADAME LA MARQUISE DE BOUFFLERS.

A Ferney, 21 janvier.

Madame, non-seulement je voudrais faire ma cour à Mme la princesse de Beauvau, mais assurément je voudrais venir, à sa suite, me mettre à vos pieds dans les beaux climats où vous êtes; et croyez que ce n'est pas pour le climat, c'est pour vous, s'il vous plaît, madame. M. le chevalier de Boufflers, qui a ragaillardi mes vieux jours, sait que je ne voulais pas les finir sans avoir eu la consolation de passer avec vous quelques moments. Il est fort difficile actuellement que j'aie cet honneur; trente pieds de neige sur nos montagnes, dix dans nos plaines, des rhumatismes, des soldats, et de la misère, forment la belle situation où je me trouve. Nous faisons la guerre à Genève; il vaudrait mieux la faire aux loups qui viennent manger les petits garçons. Nous avons bloqué Genève de façon que cette ville est dans la plus grande abondance, et nous dans la plus effroyable disette. Pour moi, quoique je n'aie plus de dents, je me rendrai à discrétion à quiconque voudra me fournir des poulardes. J'ai fait bâtir un assez joli château, et je compte y mettre le feu incessamment pour me chauffer. J'ajoute à tous les avantages dont je jouis que je suis borgne et presque aveugle, grâce à mes montagnes de neige et de glace. Promenez-vous, madame, sous des berceaux d'oliviers et d'orangers, et je pardonnerai tout à la nature.

Je ne suis point étonné que M. de Sudre ne soit pas premier capitoul, car c'est lui qui mérite le mieux cette place. Je vous remercie de votre bonne volonté pour lui. Permettez-moi de présenter mon respect à M. le prince de Beauvau et à Mme la princesse de Beauvau, et agréez celui que je vous ai voué pour le peu de temps que j'ai à vivre.

Je ne sais sur quel horizon est actuellement M. le chevalier de Boufflers; mais, quelque part où il soit, il n'y aura jamais rien de plus singulier ni de plus aimable que lui.

1. Ode à *Mgr le prince de Condé, à son retour de la compagne de* 1763. (ÉD.)

MMMMCMXXII. — DE M. DALEMBERT.

Le 26 janvier.

J'ai d'abord, mon cher et illustre maître, mille remercîments à vous faire du nouveau présent que j'ai reçu de votre part, de vos excellentes notes sur le *Triumvirat*, que j'ai lues avec transport, et qui sont bien dignes de vous, et comme citoyen, et comme philosophe, et comme écrivain. Nous avons lu hier en pleine Académie votre lettre à l'abbé d'Olivet, qui nous a fait très-grand plaisir; elle contient d'excellentes leçons. Vous avez bien raison, mon cher maître; on veut toujours dire mieux qu'on ne doit dire : c'est là le défaut de presque tous nos écrivains. Mon Dieu, que je hais le style affecté et recherché! et que je sais bon gré à M. de La Harpe de connaître le prix du style naturel! Vous avez bien fait de donner un coup de griffe à Diogène-Rousseau. On a publié ici pour sa défense quatre brochures, toutes plus mauvaises les unes que les autres : c'est un homme noyé, ou peu s'en faut; et tout son *pathos*, pour l'ordinaire si bien placé, ne le sauvera pas de l'odieux et du ridicule.

J'avais déjà lu l'*Hypocrisie;* il y a des vers qui resteront, et Vernet vous doit un remercîment. Vous aurez vu ce que je dis de ce maraud à la fin de mon cinquième volume : je crois qu'on ne sera pas fâché non plus des deux passages de Rousseau qui disent le blanc et le noir, et que je me suis contenté de mettre à la suite l'un de l'autre.

M. de La Harpe m'a déjà parlé du poëme sur la *Guerre de Genève;* ce qu'il m'en dit me donne grande envie de le lire; je ne consentirai pourtant à trouver cette guerre plaisante qu'à condition qu'elle ne vous fera pas mourir de faim. Il ne manquerait plus à cette belle expédition que de mettre la famine dans le pays de Gex et dans le Bugei, pour faire repentir les Génevois de n'avoir pas remercié M. de Beauteville de son digne et éloquent discours.

Vous croyez donc qu'on ne vend que cent exemplaires d'un discours de l'Académie? Détrompez-vous : ces sortes d'ouvrages sont plus achetés que vous ne pensez; tous les prédicateurs, avocats, et autres gens de la ville et de la province, qui font métier de paroles, se jettent à corps perdu sur cette marchandise.

A propos d'avocats et de paroles, avez-vous lu un très-bon *Discours sur l'administration de la justice criminelle*, prononcé au parlement de Grenoble par un jeune avocat général nommé M. Servan? Vous en serez, je crois, très-content : je voudrais seulement que le style, en certains endroits, fût un peu moins recherché; mais le fond est excellent, et ce jeune magistrat est une bonne acquisition pour la philosophie.

J'imagine que l'ouvrage sur les courbes, qu'on imprime actuellement à Genève, sera bientôt fini. Dites, je vous prie, à l'imprimeur de n'en envoyer d'exemplaires à personne, avant que l'auteur n'en ait au moins un; car il est désagréable que des ouvrages de science courent le monde avant que l'auteur sache au moins s'ils sont correctement imprimés. Faites-moi le plaisir de remettre cette lettre à M. de La Harpe : je lui mande d'écrire un mot d'honnêteté à M. de Boullongne, intendant des finances, auprès duquel j'aurai soin de ménager ses intérêts quand l'occasion me paraîtra favorable. Son discours a beaucoup plus de succès que celui de son concurrent ou post-concurrent Gaillard [1], qui s'est avisé de faire une note où il dit que la superstition, appuyée de l'autorité légitime, a droit de faire respecter ses oracles, et que le rebelle a toujours tort. Imaginez-vous quelle bêtise ! il n'a dit cette impertinence que pour justifier la persécution contre les philosophes; et il résulte de son beau principe que les persécutions contre les chrétiens mêmes étaient très-justes. Ainsi il aura contre lui, par ce beau trait de plume, et dévots et antidévots: j'en ai dit hier mon avis en pleine Académie, et nos dévots mêmes ont trouvé que j'avais raison. On dit pourtant du bien de ce Gaillard; mais il a des liaisons avec gens qui me sont suspects: *Dis-moi qui tu hantes*, etc. Ses notes n'ont point été lues à l'Académie; je vous prie de croire qu'on n'eût pas souffert celle dont je vous parle.

Croyez-vous que les *gloire-eu*, les *victoire-eu*, etc., qui sont si choquantes dans notre musique, soient absolument la faute de notre langue? je crois que c'est, au moins pour les trois quarts, celle de nos musiciens, et qu'on pourrait éviter cette désinence désagréable, en mettant la note sensible (Mme Denis me servira d'interprète), non comme ils le font sur la pénultième, mais sur l'antépénultième; la tonique ou finale appuierait sur la pénultième, et la dernière serait presque muette; mais il est encore plus sûr, comme vous le dites, pour éviter cet inconvénient, de ne terminer jamais le chant que sur des rimes masculines.

Adieu, mon cher et illustre maître; voilà bien du bavardage. On m'a dit que Marmontel vous avait écrit le détail de la réception de Thomas; elle a été fort brillante. Je crois, comme vous, que nous avons fait une très-excellente acquisition. *Iterum vale.*

MMMMCMXXIII. — A M. DALEMBERT.

A Ferney, 28 janvier.

Mon cher philosophe, je vous ai déjà mandé qu'il y a cent lieues entre Ferney et Genève; rien ne peut passer en France, pas même un problème de géométrie. J'éprouve la guerre et la famine. Des maux causés par la rigueur de la saison me tiennent lieu de peste; il ne me manque plus rien. On dit que vous avez été comparé à Socrate [2]; mais Socrate n'écrivit rien, et vous écrivez des choses charmantes. Vous n'avez point eu d'Alcibiade, et vous ne boirez point de ciguë. Je vous comparerais plutôt à Pascal vivant dans le monde.

1. Un anonyme fit remettre, en mars 1768, à l'Académie française, les fonds d'une médaille d'or destinée à celui qui aurait le mieux traité le sujet suivant : *Exposer les avantages de la paix*, etc. Le prix fut adjugé, en 1777, à La Harpe ; un second prix fut donné à Gaillard. (ÉD.)
2. C'est Thomas qui avait fait cette comparaison dans son discours de réception à l'Académie française. (ÉD.)

Il y a deux mois que je n'ai vu Cramer; l'esprit malin s'est emparé de notre petit pays : c'est la discorde en Laponie.

Est-il vrai que le secrétaire[1] est en Italie? Je me flatte que notre nouveau confrère va bien vous seconder dans le dessein de rendre la littérature libre et respectable.

Je suis bien content de votre correspondant berlinois[2]; s'il persévère, il faut tout oublier.

MMMMCMXXIV. — A M. DORAT.
28 janvier.

La rigueur extrême de la saison, monsieur, a trop augmenté mes souffrances continuelles pour me permettre de répondre, aussitôt que je l'aurais voulu, à votre lettre du 14 de janvier. L'état douloureux où je suis a été encore augmenté par l'extrême disette où la cessation de tout commerce avec Genève nous a réduits. Ma situation, devenue très-désagréable, ne m'a pas assurément rendu insensible aux jolis vers dont vous avez semé votre lettre. Il aurait été encore plus doux pour moi, je vous l'avoue, que vous eussiez employé vos talents aimables à répandre dans le public les sentiments dont vous m'avez honoré dans vos lettres particulières. Personne n'a été plus pénétré que moi de votre mérite; personne n'a mieux senti combien vous feriez d'honneur un jour à l'Académie française, qui cherche, comme vous savez, à n'admettre dans son corps que des hommes qui pensent comme vous. J'y ai quelques amis, et ces amis ne sont pas assurément contents de la conduite de Rousseau, et le sont très-peu de ses ouvrages. M. Dalembert et M. Marmontel n'ont pas à se louer de lui.

Vous savez d'ailleurs que M. le duc de Choiseul n'est que trop informé des manœuvres lâches et criminelles de cet homme; vous savez que son complice[3] a été arrêté dans Paris. J'ignore, après tout cela, comment vous avez appelé du nom de grand homme un charlatan qui n'est connu que par des paradoxes ridicules et par une conduite coupable.

Vous sentez d'ailleurs la valeur de ces expressions, à la page 8 de votre *Avis*:

> Achevez enfin par vos mœurs
> Ce qu'ont ébauché vos ouvrages.

Je n'avais point vu votre *Avis* imprimé; on ne m'en avait envoyé que les premiers vers manuscrits. Je laisse à votre probité et aux sentiments que vous me témoignez le soin de réparer ce que ces deux vers ont d'outrageant et d'odieux. Pesez, monsieur, ce mot de *mœurs*. J'ose vous dire que ni ma famille, ni mes amis, ni la famille des Calas, ni celle des Sirven, ni la petite-fille du grand Corneille, ne m'accuseront de manquer de mœurs. Vous conviendrez du moins qu'il y a quelque différence entre votre compatriote, qui a marié un gentilhomme de beaucoup de mérite avec Mlle Corneille, et un garçon horloger de Genève, qui écrit que M. le Dauphin doit épouser la fille du bourreau, si elle lui plaît.

1. Duclos, secrétaire perpétuel de l'Académie française. (ÉD.)
2. Frédéric II. (ÉD.) — 3. Le Nieps. (ÉD.)

Les mœurs, monsieur, n'ont rien de commun avec les querelles de littérature; mais elles sont liées essentiellement à l'honnêteté et à la probité dont vous faites profession. C'est à vos mœurs mêmes que je m'adresse. Les deux lettres que vous avez eu la bonté de m'écrire, l'amitié de M. le chevalier de Pezay, la vôtre, que j'ambitionne, et dont vous m'avez flatté, me donnent de justes espérances. Ce sera pour moi la plus chère des consolations de pouvoir me livrer sans réserve à tous les sentiments avec lesquels j'ai l'honneur d'être, monsieur, etc.

MMMMCMXXV. — A M. LE COMTE DE ROCHEFORT.

A Ferney, 28 janvier.

Voici, monsieur, les lettres que j'ai reçues pour vous. Je suis bien fâché de ne vous les pas rendre en main propre; Mme Denis partage mes regrets.

La malheureuse affaire dont vous avez la bonté de me parler ne devait me regarder en aucune manière; j'ai été la victime de l'amitié, de la scélératesse, et du hasard. Je finis ma carrière comme je l'ai commencée, par le malheur.

Vous savez d'ailleurs que nous sommes entourés de soldats et de neige. Je suis dans la Sibérie; je ne puis l'habiter, et je n'en puis sortir. J'ai des malades sans secours, cent bouches à nourrir, et aucunes provisions. Vous avez vu Ferney assez agréable; c'est actuellement l'endroit de la nature le plus disgracié et le plus misérable. Vous nous auriez consolés, monsieur, et nous ne nous consolons de votre absence que parce que nous n'aurions eu que nos misères à vous offrir.

Ce pauvre père Adam est malade à la mort; il ne peut avoir ni médecin ni médecine[1]; ainsi il réchappera.

Conservez-moi vos bontés, et soyez bien convaincu de mon tendre et respectueux attachement.

MMMMCMXXVI. — A M. MARMONTEL.

Ferney, 28 janvier.

Enfin donc, mon cher confrère, voilà le mérite accueilli comme il doit l'être[2]. Ce ne sont pas là les prestiges et le charlatanisme d'un malheureux Génevois dont Paris a été quelque temps infatué. Voilà un beau jour pour la littérature; et ce qui n'est pas moins beau, mon cher ami, c'est la sensibilité avec laquelle vous parlez du triomphe d'un autre. C'est là le partage des vrais talents; il faut que ceux qui les possèdent soient unis contre ceux qui les haïssent. C'est aux Chaumeix, aux Fréron, aux gazetiers ecclésiastiques, à la canaille qui cherche de petites places, ou à la canaille qui les a, de s'élever contre ceux qui cultivent les arts. Le seul bruit d'une union fraternelle entre les Dalembert, les Thomas, vous, et quelques autres, fera périr cette vermine.

1. A cause du cordon de troupes qui empêchait d'aller à Genève. (ÉD.)
2. Thomas venait d'être reçu à l'Académie française. (ÉD.)

Embrassez pour moi notre cher et illustre confrère, qui est, avec vous, la gloire de notre Académie.

Présentez, je vous prie, à Mme Geoffrin mes tendres respects. L'affaire des Sirven, qu'elle a prise sous sa protection, devrait être plus avancée qu'elle ne l'est; on en a déjà pourtant parlé au conseil du roi. M. Chardon est nommé pour rapporteur. J'aurais bien voulu que M. de Beaumont vous eût consulté, mon cher confrère, sur son factum, dont le fond mérite l'attention publique; ce sujet pouvait faire une réputation immortelle à un homme éloquent.

J'attends toujours votre *Bélisaire;* il me consolera. Je suis dans un état pire que le sien, entre trente pieds de neige, des soldats, la famine, les rhumatismes, et le scorbut; mais il faut remercier Dieu de tout, car tout est bien. Je vous embrasse avec la plus sincère et la plus inviolable amitié.

MMMMCXXVII. — A. M. HENNIN.

Janvier.

Je vous plains, mon cher monsieur, et je plains tout Genève.

Je vous prie de vouloir bien mettre ce paquet pour M. le duc de Praslin dans votre paquet pour la cour; vous lui ferez plaisir.

On m'avait dit qu'on ne pouvait sortir de son trou sans passe-port. Je n'aime point tout ce tapage. Mes terres en souffriront. On veut écraser des puces avec la massue d'Hercule.

Je vous embrasse le plus tendrement du monde.   VOLTAIRE.

MMMMCXXVIII. — AU MÊME.

A Ferney, 28 janvier.

M. de Taules faisait tenir mes lettres à M. Thomas. J'espère, mon cher amateur des arts, que vous aurez la même bonté. Il faut épargner, autant qu'on peut, les ports de lettres aux vrais gens de lettres. M. Thomas l'est, car il a les plus grands talents, et il est pauvre. Tout Paris est enchanté de son discours et de son poëme[1]. Je vous supplie de lui faire parvenir ma lettre sans qu'il lui en coûte rien. Je n'ose l'affranchir, et je ne veux pas qu'un vain compliment lui coûte de l'argent. Je vous serai très-obligé de me rendre ce petit service.

Vous devriez bien, monsieur, représenter fortement à M. le duc de Choiseul l'abondance où nage Genève, et le déplorable état où le pays de Gex est réduit. Comptez que, dans ce pays de Gex, personne ne souffre plus que nous. Plus la maison est grosse, plus la disette est grande. Nous n'avons d'autre ressource que Genève pour tous les besoins de la vie; les neiges ont bouché les chemins de la Franche-Comté, les voitures publiques n'arrivent plus de Lyon; nous n'avons aucune provision, aucun secours. Daumart[2], paralytique depuis sept ans, ne peut avoir un emplâtre; l'abbé Adam se meurt, et ne peut avoir ni médecin, ni médecine.

1. Sur Pierre le Grand. (ÉD.) — 2. Arrière-cousin maternel de Voltaire. (ÉD.)

Je quitterai le pays dès que je pourrai remuer, et j'irai mourir ailleurs.

Je ne vous en suis pas moins tendrement attaché. V.

MMMMCMXXIX. — AU MÊME.

A Ferney, 29 janvier.

C'est une grande consolation pour nous, monsieur, dans la disette où nous sommes, et dans la saison la plus rigoureuse que nous ayons jamais éprouvée, de recevoir votre lettre du 28.

Nous avons envoyé chercher de la viande de boucherie à Gex, on n'y vend que de mauvaise vache ; nos gens n'ont pu la manger. Nous avons fait venir deux fois, par le courrier de Lyon, des vivres pour un jour, mais cela ne peut se répéter. Si la cessation de notre correspondance nécessaire avec Genève pouvait contribuer à ramener les esprits, nous nous réduirions volontiers à ne manger que du pain, et vous remarquerez en passant que le pain coûte ici quatre sous et demi la livre.

Nous faisions venir des provisions de Lyon pour cette année par les voitures publiques; elles sont arrêtées. Notre aumônier est tombé très-dangereusement malade à Ornex : nous n'avons pu encore lui faire avoir ni médecin, ni chirurgien, parce que les carrosses qui les allaient chercher n'ont pu passer.

Tout le poids retombe uniquement sur nous, notre maison étant la seule considérable du pays. Vous savez que nous avons cent personnes à nourrir par jour. Vous savez que le pays de Gex ne fournit rien du tout. Les montagnes qui nous séparent de la Franche-Comté sont couvertes de dix pieds de neige cinq mois de l'année; c'est la Savoie qui nous nourrit, et les Savoyards ne peuvent arriver à nous que par Genève. Il n'y a de marché qu'à Genève. Celui de Saconei, comme vous le savez, ne fournit précisément qu'un peu de bois qu'on coupe en délit dans nos forêts.

Vous êtes témoin que tout abonde à Genève, qu'elle tire aisément toutes ses provisions par le lac, par le Faucigny, et par le Chablais; qu'elle peut même faire venir du Valais les choses les plus recherchées. En un mot, il n'y a que nous qui souffrons.

M. le chevalier de Jaucourt et M. le chevalier de Virieu[1] sont les témoins de tout ce que nous vous certifions. Il suffit d'une carte du pays pour voir qu'il est impossible que les choses soient autrement.

Nous ne nous plaignons pas des troupes, au contraire, nous souhaiterions qu'elles restassent toujours dans les mêmes postes. Non-seulement elles mettraient un frein à l'audace des contrebandiers, qui passaient souvent au nombre de cinquante ou soixante sur le territoire de Genève, et qui bientôt deviendraient des voleurs de grand chemin · mais

1. Le chevalier, depuis marquis de Jaucourt, brigadier des armées du roi, colonel de la légion de Flandre, était à la tête des troupes employées à l'investissement de Genève. Il avait le titre de commandant pour Sa Majesté dans les provinces de Bresse, Bugei, Vairomei, et pays de Gex. Le chevalier de Virieu avait un commandement dans ce corps. (ÉD.)

elles empêcheraient que nos bois de chauffage, coupés en délit, fussent vendus à Genève sous nos yeux. Les forêts du roi sont dévastées; c'est un très-grand article qui mérite toute l'attention du ministère.

Les troupes pourraient empêcher encore le commerce pernicieux de la joaillerie et de la fabrique de montres de Genève, commerce prohibé en France, et principalement soutenu par les habitants du pays de Gex, qui ont presque tous abandonné l'agriculture pour travailler chez eux aux manufactures de Genève.

Nous avons sur tous ces objets un mémoire à présenter au ministère, et personne n'est plus empressé que nous à seconder ses vues.

Nous avons toujours tiré nos provisions de France autant que nous l'avons pu, et nous voudrions en faire autant pour les besoins journaliers; mais la position des lieux ne le permet pas.

Le bureau de la poste, qui pourrait être aisément sur le territoire de France, est à Genève; et il faut y envoyer six fois par semaine. Outre le commissionnaire pour nos lettres, nous avons besoin d'envoyer souvent notre pourvoyeur. Nous ne pouvons nous dispenser de demander aussi un passe-port pour un homme d'affaires. Nous ne vivons que grâce aux remises que M. de La Borde veut bien nous faire. Nous avons souvent à recevoir et à payer. Le détail des nécessités renaît tous les jours.

Nous sommes donc forcés à demander trois passe-ports, pour le sieur Wagnière, pour le sieur Fay, et pour le commissionnaire des lettres.

Nous sommes plus affligés que vous ne pouvez le penser, de fatiguer le ministère pour des choses si minutieuses à ses yeux, et si essentielles pour nous.

Nous vous supplions très-instamment d'envoyer notre lettre à la cour. Vous êtes trop instruit des vérités qu'elle contient, pour n'avoir pas la bonté de les appuyer de votre témoignage. Nous vous aurons une obligation égale à la détresse où nous sommes.

Nous avons l'honneur d'être, avec tous les sentiments que nous vous devons, monsieur, vos très-humbles et très-obéissants serviteur et servante,

DENIS. VOLTAIRE.

MMMMCMXXX. — AU MÊME.

29 janvier.

Nous vous envoyons, mon cher monsieur, cette lettre que nous vous supplions de communiquer à M. le duc de Choiseul, ou à M. de Bournonville[1]. Nous sommes réellement les seuls sur qui tombe le fardeau. Je me suis ruiné dans un pays affreux où je n'avais de consolation que votre société, dont je ne peux plus jouir. Mes chagrins sont au comble. Je finis ma vie d'une manière bien triste. L'idée que vous avez quelque bonté pour moi me soutient encore.

V.

---

1. Premier commis de la guerre pour les affaires des Suisses, chargé depuis, sous le duc de Choiseul, de la partie politique de ce même pays, y compris la république de Genève. (ÉD.)

MMMMCMXXXI. — AU MÊME.

A Ferney, 30 janvier.

Nous eûmes hier l'honneur de vous écrire, monsieur, Mme Denis et moi, pour vous supplier d'envoyer notre lettre à M. le duc de Choiseul. Les choses changent quelquefois d'un jour à l'autre. Nous vous supplions aujourd'hui de n'en rien faire; ou, si vous avez déjà eu cette bonté, nous vous prions de vouloir bien mander que nous n'avons plus à faire que les plus respectueux remercîments, et que nous sommes pénétrés de la plus vive reconnaissance.

M. le duc de Choiseul daigne m'écrire du 19, par M. le chevalier de Jaucourt, *qu'il m'excepte de la règle générale, parce que je suis infiniment excepté dans son cœur.*

Il est écrit des choses encore plus fortes à M. le chevalier de Jaucourt. Enfin j'ai un passe-port illimité pour moi et pour tous mes gens. Il ne me reste d'autre peine que celle de voir que vos occupations journalières nous privent de la consolation de vous voir, et de répéter: *les Scythes* devant vous.

Venez, venez! maman[1] vous fera bonne chère à présent; nous aurons de bon bœuf, et plus de vache.

Mille tendres respects.

MMMMCMXXXII. — DE M. HENNIN.

Genève, 30 janvier.

Je vous répéterai, monsieur, ce que j'ai eu l'honneur de vous dire, que j'étais dans la ferme persuasion que vous ne manquiez de rien, votre commissionnaire ayant la permission de venir à Genève, et pouvant en exporter vos provisions comme à l'ordinaire. Un mot de M. le chevalier de Jaucourt aurait abrégé toutes les difficultés, et, de mon côté, j'aurais fait tout ce qui était en moi pour diminuer l'embarras dans lequel vous vous trouviez.

Vos provisions arrêtées en venant de Lyon, si elles vous sont adressées directement, doivent vous parvenir sans difficulté; autrement on irait contre les intentions du roi, qui n'a pas pu vouloir que ses sujets, habitant en France, n'eussent pas la liberté des chemins. Si elles étaient adressées à des Genevois, vous vous trouvez comme tous les étrangers, comme moi-même, dans le cas où une chaussée se rompt, et où rien ne peut passer.

Je n'examine point ce qu'on a pu espérer de l'interdiction des vivres pour Genève, et je ne crois pas même que cet objet puisse opérer un grand effet pour le présent; mais ce n'est pas à nous à le dire, surtout dans ce moment.

Voici les deux passe-ports que vous me demandez; le commissionnaire a déjà le sien, ou une permission qui y équivaut. Je la renouvellerai, s'il est nécessaire.

---

1. Mme Denis. (ÉD.)

Vous me priez, monsieur, d'envoyer votre lettre à la cour. Je suis trop votre ami, et je connais trop la façon de penser de M. le duc de Choiseul pour le faire. Vous pouvez être sûr qu'elle ne ferait rien changer aux dispositions générales, et puisque M. le chevalier de Jaucourt et moi nous nous prêtons volontiers pour vous à toutes les exceptions possibles, je vous demande en grâce de vous en contenter. Tout ce qui vient de Genève, ou qui y a rapport, est mal reçu dans ce moment-ci. Croyez-m'en ; gardez aussi votre mémoire pour des temps plus heureux.

Les représentants viennent de faire une démarche qui pourra diminuer l'aigreur qu'on a contre eux. C'est un orage passager dont vous souffrez, et qui m'accable. Tâchons, autant qu'il est possible, de le dissiper. De votre côté, je vous proteste que vous y contribuerez en ne portant point au ministre ces plaintes sur les mesures qu'il a cru devoir mettre en usage pour amener ce peuple à la raison.

Je vous parle avec franchise, parce que je le dois à tous égards. Vous ne doutez pas, du moins je m'en flatte, que je ne m'occupe de faire tout pour le mieux. Jugez si je désire que ce qui se passe ici n'altère en rien votre bonheur.

Il y a apparence, monsieur, que j'aurai l'honneur de vous voir ces jours-ci ; je pourrai vous en dire davantage sur des affaires auxquelles vous prenez intérêt. Recevez, en attendant, les assurances du tendre attachement que je vous ai voué pour la vie.

P. S. Dans le moment où je finis cette lettre, monsieur, je reçois la vôtre de ce matin, qui me fait un très-grand plaisir. Tout finit, comme vous voyez, et le meilleur est de s'inquiéter le moins possible de ce qui est hors de nous. Je vous envoie néanmoins les deux passe-ports, parce que, pour la règle, il faudra que tous ceux de vos gens qui viendront à Genève en aient.

MMMMCMXXXIII. — À MADAME LA MARQUISE DE BOUFFLERS.

A Ferney, 30 janvier.

A mon âge, madame, on ne peut plus satisfaire ses passions. Il y a un mois que je suis dans mon lit ; et, si je me faisais traîner à Lyon pour vous faire ma cour, vingt pieds de neige, qui couvrent nos montagnes, m'empêcheraient d'arriver.

Je ne sais si j'ai eu l'honneur de vous mander que nous avons la guerre et la famine dans la très-belle et très-détestable vallée où je comptais mourir doucement : il nous manque l'agrément de la peste.

Je n'aurais pas été étonné, madame, qu'un ministre, haut de six pieds ou de trois et demi, m'eût refusé, si je lui avais demandé quelque chose ; mais je le suis qu'on ait eu si peu d'égard pour un prince beau et bien fait, et qui a beaucoup d'esprit. Il y a quelque chose qui a plus de crédit que lui.

Je ne sais, madame, si vous allez à la cour ou à la ville ; mais, en quelque lieu que vous soyez, vous ferez les délices de tous ceux qui seront assez heureux pour vivre avec vous. Cette consolation m'a toujours été enlevée; votre souvenir peut seul consoler le plus respectueux et le plus attaché de vos anciens serviteurs.

MMMMCMXXXIV. — A M. DAMILAVILLE.

30 janvier.

Quoi que vous en disiez, mon cher ami, et quoi qu'on en dise, nous serons toujours dans des transes cruelles. Cette affaire peut avoir les suites les plus funestes, puisqu'on a manqué d'arrêter le mal dans son principe. Je m'abandonne à la destinée ; c'est tout ce qu'on peut faire quand on ne peut remuer, et qu'on est dans son lit, entouré de soldats et de neige.

M. Chardon me mande qu'il a trouvé le mémoire de M. de Beaumont pour les Sirven bien faible. Vous étiez de cet avis; il est triste que vous ayez raison.

Nous sommes délivrés de la famine par les soins de M. le duc de Choiseul.

J'ai tellement refondu mes *Scythes*, que l'édition de Cramer ne peut plus servir à rien, et qu'il en faut faire une autre. Voici la préface, en attendant la pièce. J'ai été bien aise de rendre un témoignage public à Tonpla. Ce n'est pas que je sois content de lui : on dit qu'il laisse élever sa fille dans des principes qu'il déteste : c'est Orosmade qui livre ses enfants à Arimane; ce péché contre nature est horrible. Je me flatte qu'il sèvrera enfin un enfant qu'il a laissé nourrir du lait des furies.

On dit des merveilles de mon confrère Thomas. Je vous supplie d'envoyer l'incluse à votre ami[1].

Adieu, je souffre beaucoup, mais je vous aime davantage.

MMMMCMXXXV. — A M. ***.

Monsieur, puisque M. l'abbé votre cousin m'a ordonné de chercher les brochures qui s'impriment actuellement en Hollande contre notre sainte religion catholique, apostolique et romaine, et qu'il demande ces matériaux pour achever l'excellent livre qu'il a déjà commencé en faveur du concile de Trente[2], j'ai l'honneur de vous adresser pour lui les infamies ci-jointes, que M. l'abbé votre cousin confondra comme elles le méritent. C'est une vraie consolation pour moi de coopérer à ce saint œuvre, en fournissant à M. l'abbé votre cousin des ennemis nouveaux à terrasser. Je me recommande à ses prières et à celles de toute votre famille. Ma femme, ma fille, et mon fils le greffier, nous vous présentons nos obéissances. J'ai l'honneur d'être, à mon particulier, très-sincèrement, monsieur, votre très-humble et très-obéissant serviteur,

CHRISTOPHE BROUNAS.

1. Diderot. (ÉD.)
2. L'abbé Mignot, neveu de Voltaire, est auteur d'une *Histoire de la réception du concile de Trente dans les Etats catholiques*. (ÉD.)

MMMMCMXXXVI. — A M. LE RICHE.

2 février.

Quand trente pieds de neige le permettront, monsieur, et qu'on sera sûr de tromper les argus, ce paquet, qu'on attend depuis si longtemps, partira. Puisque vous avez sauvé Fantet, je me flatte que vous le sauverez encore : votre ouvrage ne restera pas imparfait. L'aventure de Le Clerc[1] me pénètre de douleur. Faut-il donc que les jésuites aient encore le pouvoir de nuire, et qu'il reste du venin mortel dans les tronçons de cette vipère écrasée!

L'affaire dont vous avez été instruit était cent fois plus épineuse que celle de Le Clerc; mais heureusement on a des amis, et des amis philosophes, jusque dans le conseil. Les commis seront réprimandés, et on rendra l'argent; ils seront punis pour avoir fait leur infâme devoir.

Il y a quelquefois une justice qui s'élève au-dessus de la justice, mais je vous assure que ce n'est pas sans peine. Je me flatte que Le Clerc aura des amis à Paris. Il y a des gens qui pensent et qui sentent, quoiqu'on veuille étouffer le sentiment et la pensée. J'emploie, monsieur, ces deux facultés qui restent à mon faible corps pour vous dire combien je vous aime, et combien je désire de vous voir.

MMMMCMXXXVII. — A M. CHARDON.

A Ferney, 2 février.

Monsieur, le mémoire sur Sainte-Lucie[1] ne me donne aucune envie d'aller dans ce pays-là, mais il m'inspire le plus grand désir de connaître l'auteur. Je suis pénétré de la bonté qu'il a eue, je lui dois autant d'estime que de reconnaissance.

Voilà comme les mémoires des intendants, en 1698, auraient dû être faits; on y verrait clair, on connaîtrait le fort et le faible des provinces. Le pays sauvage où je suis, monsieur, ressemble assez à votre Sainte-Lucie; il est au bout du monde, et a été jusqu'à présent un peu abandonné à sa misère.

Je suis trop vieux pour rien entreprendre; et, après ma mort, tout retombera dans son ancienne horreur. Il faudrait être le maître absolu de son terrain pour fonder une colonie : ce n'est pas où les Français réussissent le mieux. Nous trouverons toujours cent filles d'Opéra contre une Didon.

Je serai très-affligé si le mémoire pour les Sirven n'est digne ni de l'avocat ni de la cause; mais je me console, puisque c'est vous, monsieur, qui rapporterez l'affaire. L'éloquence du rapporteur fait bien plus d'impression que celle de l'avocat. Vous verrez, quand vous jugerez cette affaire, que la sentence qui a condamné les Sirven, qui les a dé-

---

1. C'était un libraire de Nancy qu'on était allé arrêter en janvier 1767, et qu'on amena à la Bastille. Il était en correspondance avec Cramer de Genève, Grasset de Lausanne, etc. On saisit cette correspondance et une grande quantité de livres. (ÉD.)

1. *Essai sur la colonie de Sainte-Lucie, par un ancien intendant de cette île* (par Chardon). (ÉD.)

pouillés de leurs biens, qui a fait mourir la mère, et qui tient le père et les deux filles dans la misère et dans l'opprobre, est encore plus absurde que l'arrêt contre les Calas. Il me semble que les juges des Calas pouvaient au moins alléguer quelques faibles et malheureux prétextes; mais je n'en ai découvert aucun dans la sentence contre les Sirven. Un grand roi[1] m'a fait l'honneur de me mander, à cette occasion, que jamais on ne devrait permettre l'exécution d'un arrêt de mort qu'après qu'elle aurait été approuvée par le conseil d'État du souverain. On en use ainsi dans les trois quarts de l'Europe. Il est bien étrange que la nation la plus gaie du monde soit si souvent la plus cruelle.

Je vous demande pardon, monsieur; je suis assez comme les autres vieillards qui se plaignent toujours; mais je sais qu'heureusement le corps des maîtres des requêtes n'a jamais été si bien composé qu'aujourd'hui, que jamais il n'y a eu plus de lumières, et que la raison l'emporte sur la forme atroce et barbare dont on s'est quelquefois piqué, à ce qu'on dit, dans d'autres compagnies. Vous m'avez inspiré de la franchise; je la pousse peut-être trop loin, mais je ne puis pousser trop loin les autres sentiments que je vous dois, et le respect infini avec lequel j'ai l'honneur d'être, monsieur, votre, etc.

MMMMCMXXXVIII. — A M. LE MARQUIS DE FLORIAN.

2 février.

Je reçois un billet bien consolant de Mehemet-Saïd-Effendi[2], dont le rosier soit toujours fleuri, et dont Dieu perpétue les félicités! Ce petit rayon de lumière a dissipé beaucoup de brouillards. Nous ne savons point encore de détails, mais nous sommes tranquilles, et nous ne l'étions point. Ce Turc est un habile homme; il est expéditif. Le mufti devrait bien employer des hommes de son espèce, il y en a peu. Nous l'embrassons tendrement.

J'ai reçu une lettre très-sage et très-bien écrite de ce jeune infortuné Morival[3]. Il est cadet, il est vrai, mais il est engagé. Les cadets n'ont pas plus de liberté que les soldats. Je ferai ce que je pourrai auprès de son maître; mais je connais le terrain, rien n'est plus difficile que d'obtenir une distinction; et il est impossible d'obtenir un congé.

Le père est un homme bien odieux, dans toutes les règles; c'était lui qu'on devait punir; ce sont les vices du cœur, et non des étourderies de jeunesse, qui méritent l'exécration publique. Mon indignation est aussi forte que les premiers jours. Heureusement le maître[4] de ce jeune homme pense comme moi sur cet article. Nous verrons ce qu'on en pourra tirer. Ce maître, comme vous savez, m'écrit depuis quelque temps les lettres les plus tendres; vous voyez qu'il ne faut ni compter sur rien, ni désespérer de rien.

Nous avons toujours la guerre et la neige, mais nous sommes délivrés de la famine. Mes paquets étaient faits, mais je reste dans mon lit.

1. Le roi de Prusse. (ÉD.)
2. Cette expression désigne l'abbé Mignot. (ÉD.)
3. D'Étallonde. — 4. Frédéric II. (ÉD.)

P. S. Voyez, pour l'intelligence de cette lettre, la note dans mon petit commentaire sur l'aventure de la sœur du capitaine Thurot.

MMMMCMXXXIX. — A M. DAMILAVILLE.

2 février.

Mon cher ami, voilà donc Mlle Calas mariée à un homme d'une très-grande considération dans son espèce ; c'est le fruit de vos soins : ce sont des vengeurs qui vont naître. Puissions-nous marier ainsi une fille de Sirven ! mais la pauvre diablesse n'a pas l'air à la danse.

J'ai actuellement bonne opinion de notre nouvelle affaire. M. Chardon est un adepte. Le conseil commence à être composé de sages, si une autre compagnie l'est de fanatiques.

L'affaire de la Doiret, qui m'avait donné tant d'inquiétude, est finie [1] d'une manière plus heureuse que je n'aurais pu le prévoir : il ne s'agit plus que d'obtenir des fermiers généraux la destitution d'un scélérat. Vous savez que les temps n'étaient pas favorables. D'Hémeri est venu enlever à Nanci un libraire nommé Le Clerc, accusé par les jésuites. Qui croirait que les jésuites eussent encore le pouvoir de nuire ; et que cette vipère coupée en morceaux pût mordre dans le seul trou qui lui reste ?

Mon neveu[2], conseiller au grand conseil, s'est comporté, dans toute cette affaire, en digne philosophe. Il y a encore des hommes. Un des malheureux d'Abbeville est chez le roi de Prusse.

Personne ne sait de qui est *le Triumvirat*. Ce n'est pas un ouvrage fait pour le théâtre français, mais les notes sont faites pour l'Europe : il y a de terribles fautes d'impression.

Je vous embrasse, et mon cœur vole vers le vôtre. *Écr. l'inf....*

MMMMCMXL. — A STANISLAS-AUGUSTE PONIATOWSKI.

A Ferney, 3 février.

Sire, ma respectueuse reconnaissance n'a osé passer les bornes de deux lignes, quand j'ai remercié Votre Majesté de ses bienfaits envers la famille des Sirven, qui lui devra bientôt son honneur et sa fortune ; mais le bien que vous faites à l'humanité entière, en établissant une sage tolérance en Pologne, me donne un peu plus de hardiesse. Il s'agit ici du genre humain : vous en êtes le bienfaiteur, sire. Vous pardonnerez donc au bon vieillard Siméon de s'écrier : « Je mourrai en paix, puisque j'ai vu les jours du salut[3]. » Le vrai salut est la bienfaisance.

---

1. Le commis de la douane de Colonges, avec lequel on s'était entendu, s'appelait Dumesrel fils. Il avait promis de laisser passer la voiture, moyennant cinquante louis qui lui avaient été comptés, n'avait pas tenu sa parole, et salit le carrosse de Voltaire, qui était rempli de livres. Cette affaire, qui inquiéta longtemps Voltaire, fut étouffée. On vint à bout de faire regarder la chose comme une indiscrétion commise par Mme Denis, à l'insu de son oncle. Le commis fut destitué, et forcé de rendre les cinquante louis qu'il avait reçus. (ÉD.)

2. D'Hornoy. (ÉD.) — 3. Saint Luc, II, 29-30. (ÉD.)

J'ai lu deux discours de Votre Majesté à la diète, qui sont de cette éloquence qui n'appartient qu'aux grandes âmes. Mme de Geoffrin est bien heureuse[1]. Les vieillards de Saba en feraient autant que leur reine, s'ils n'avaient que leur vieillesse à surmonter; mais la caducité, jointe à la maladie, ne laisse de libre que le cœur. Permettez, sire, que ce cœur, pénétré de vos vertus et de votre sagesse, se mette à vos pieds pour sa consolation. Je suis avec le plus profond respect, etc.

MMMMCMXLI. — A M. LE COMTE DE BERNSTORFF, PREMIER MINISTRE DU ROI DE DANEMARK.

4 février.

Monsieur, la famille Sirven, qui va manifester à Paris son innocence et les bienfaits de Sa Majesté, a dû remercier aujourd'hui Votre Excellence de ces mêmes bienfaits, dont elle vous est redevable. Je ne vous dois pas moins de reconnaissance, monsieur, de la lettre du roi, dont vous m'avez procuré la faveur. J'y reconnais un monarque pénétré de vos principes. On juge du prince par le ministre, et du ministre par le prince. Il y a plus de cent ans que la bienfaisance est assise sur le trône de Danemark. Heureux le pays ainsi gouverné !

Permettez, monsieur, qu'avec mes très-humbles remerciments, je vous adresse ceux que je dois à Sa Majesté.

J'ai l'honneur d'être, avec beaucoup de respect, monsieur, de Votre Excellence, etc.

MMMMCMXLII. — A CHRISTIAN VII, ROI DE DANEMARK.

Le 4 février.

Sire, la lettre dont Votre Majesté m'a honoré m'a fait répandre des larmes de tendresse et de joie. Votre Majesté donne de bonne heure de grands exemples. Ses bienfaits pénètrent dans des pays presque ignorés du reste du monde. Elle se fait de nouveaux sujets de tous ceux qui entendent parler de sa générosité bienfaisante. C'est désormais dans le Nord qu'il faudra voyager pour apprendre à penser et à sentir; si ma caducité et mes maladies me permettaient de suivre les mouvements de mon cœur, j'irais me jeter aux pieds de Votre Majesté.

Du temps que j'avais de l'imagination, sire, je n'aurais fait que trop de vers pour répondre à votre charmante prose. Pardonnez aux efforts mourants d'un homme qui ne peut plus exprimer l'étendue des sentiments que vos bontés font naître en lui. Je souhaite à Votre Majesté autant de bonheur qu'elle aura de véritable gloire.

Pourquoi, généreux prince, âme tendre et sublime,
Pourquoi vas-tu chercher dans nos lointains climats
Des cœurs infortunés que l'injustice opprime[2]?
C'est qu'on n'en peut trouver au sein de tes États.

1. Elle était à Varsovie. (ÉD.) — 2. Les Sirven. (ÉD.)

ANNÉE 1767.

Tes vertus ont franchi par ce bienfait auguste
Les bornes des pays gouvernés par tes mains;
Et partout où le ciel a placé des humains,
Tu veux qu'on soit heureux et tu veux qu'on soit juste.

Hélas! assez de rois que l'histoire a faits grands
Chez leurs tristes voisins ont porté les alarmes;
Tes bienfaits vont plus loin que n'ont été leurs armes :
Ceux qui font des heureux sont les vrais conquérants.

MMMMCMXLIII. — A M. DAMILAVILLE.

4 février.

Le discours de M. Thomas, mon cher ami, est un des plus beaux et des plus grands services rendus à la littérature. Voilà l'homme que j'aimerai tant que j'aurai un souffle de vie, et tant que je détesterai les ennemis de la raison.

A propos de raison, avouez que j'ai un bon second dans mon conseiller au grand conseil[1]; tous les oncles n'ont pas de pareils neveux.

J'augure bien de l'affaire des Sirven. Le roi de Danemark m'écrit une lettre charmante, de sa main, sans que je l'aie prévenu, et leur envoie un secours. Tout vient du Nord. N'admirez-vous pas le roi de Pologne, qui a forcé doucement les évêques à être tolérants? N'oubliez jamais la condamnation de l'évêque de Rostou, pour avoir dit qu'il y a *deux puissances*.

Vous n'aurez point sitôt *les Scythes;* il y a toujours quelque chose à changer à ces maudits ouvrages-là. J'espère que M. de La Harpe vous donnera, à Pâques, quelque chose de meilleur que *les Scythes.*

On ne peut vous aimer plus tendrement que je vous aime.

MMMMCMXLIV. — A M. LE COMTE DE ROCHEFORT.

4 février.

Il y a environ cinquante ans, mon chevalier, que j'ai eu l'honneur de jouer aux échecs avec M. le vice-chancelier[2]; mais il me gagnait, comme de raison. J'étais attaché à toute sa maison. Il y avait surtout un certain évêque de....[3], grand philosophe et très-savant, qui m'honorait de la plus sincère amitié. Un vice-chancelier ne se souvient pas de tout cela, mais les petits ne l'oublient pas. J'ai le cœur pénétré de ses bontés, et de la justice qu'il a rendue dans l'affaire qui m'intéressait par contre-coup.

Je prends la liberté de lui écrire quatre mots; car il ne faut pas de verbiage pour les hommes en place. On donne à la Chine vingt coups de latte à ceux qui écrivent aux ministres des lettres trop longues et du galimatias.

Je vous écrirais bien au long, à vous, mon chevalier, si j'en croyais

1. L'abbé Mignot. (ÉD.)
2. René-Charles de Maupeou. (ÉD.) — 3. Lombez. (ÉD.)

mon cœur, qui est bavard de son naturel; je vous dirais combien je suis enchanté de vous et de vos bons offices; mais la guerre de Genève, les embarras qu'elle cause, les effroyables neiges qui m'environnent, la fièvre, les rhumatismes, imposent silence à ma bavarderie. Cependant il faut que je vous demande si vous avez entendu la musique de *Pandore*[1], de M. de La Borde.

Vous me permettez donc de vous embrasser sans cérémonie.

MMMMCMXLV. — A M. DE CHABANON.

A Ferney, 6 février.

Je vous réponds tard, mon cher confrère; j'ai été malade, je suis en Sibérie, on fait la guerre près de ma tanière, et j'y suis bloqué. Nous avons été exposés à la disette; aucun fléau ne nous a manqué. L'espérance de voir votre tragédie entre dans mes consolations. Je loue toujours beaucoup le dessein que vous avez de la faire imprimer, afin que son succès ne dépende pas du jeu d'un acteur. On dit que le théâtre n'est pas aujourd'hui sur un pied à donner beaucoup de tentation aux auteurs; et d'ailleurs on juge toujours mieux dans le recueillement du cabinet qu'à travers les illusions de la scène. J'ai fait une pièce fort médiocre, intitulée *les Scythes*; j'ai eu bravement l'impudence de mettre des agriculteurs et des pâtres en parallèle avec des souverains et des petits-maîtres. Je l'avais fait imprimer, et ne comptais point la livrer aux comédiens; mais je ne me gouverne pas par moi-même; il a fallu céder aux désirs de mes amis, dont les volontés sont des ordres pour moi. C'est à vous à voir si vous aurez plus de courage que je n'en ai eu.

Avez-vous entendu la musique de *Pandore?* Confiez-moi ce que vous en pensez; il faut dire la vérité à ses amis. Je crois qu'il y a des morceaux très-agréables; mais on dit qu'en général la musique n'est pas assez forte. Je ne m'y connais point, et vous êtes passé maître. Dites-moi la vérité encore une fois, et fiez-vous à ma discrétion. Adieu; je ne suis pas trop en état de causer avec un homme qui se porte bien; mais je ne vous en aime pas moins.

MMMMCMXLVI. — A M. HENNIN.

A Ferney, 7 février.

Je ne sais comment faire, monsieur, pour faire parvenir franc de port (cette lettre) à son adresse; et on a volontiers recours à vous, quand on ne sait comment faire. C'est un pauvre diable de mes amis de Paris que je veux obliger. Je vous supplie de m'aider. Vous connaissez sans doute le résident de Hambourg. Voulez-vous bien lui envoyer le paquet, le prier de l'affranchir de Hambourg à Pétersbourg, et me permettre de vous rembourser les frais? Cela doit être sans cérémonie.

Je commence à détester ce climat-ci. Il n'y a que vous qui puissiez

1. Opéra de Voltaire. (ÉD.)

me le faire supporter. Il n'y a que la vue d'agréable dans le pays de Gex, et je perds les yeux.

Toute notre maison vous fait les plus tendres compliments. V.

MMMMCMXLVII. — A M. ÉLIE DE BEAUMONT.

A Ferney, le 9 février.

Je suis bien plus satisfait encore, mon cher Cicéron, de votre dernier mémoire sur la terre de Canon, que des premiers. Vous prévenez toutes les objections, vous étouffez tous les murmures. *Misericordia cum accusantibus erit.* Je serai bien trompé si Cicéron ne gagne pas son procès *pro domo sua*; et j'imagine que vous souperez à Canon, cette année, avec Mme de Beaumont : vous savez cependant qu'on n'est sûr de rien avec les hommes.

A l'égard de Sirven, je m'en remets entièrement à vous; je n'ai plus rien ni à dire ni à faire. J'attends beaucoup de M. Chardon, qui est, je crois, rapporteur de votre affaire, et qui est sûrement celui des Sirven. Le père et les filles partiront, s'il le faut; et si le père suffit, il partira seul. On n'attend que vos ordres, et ils seront exécutés sur-le-champ.

Notre petite société de Ferney est bien attachée à M. et à Mme de Beaumont; nous voudrions que Canon et Ferney ne fussent pas si éloignés l'un de l'autre.

MMMMCMXLVIII. — A M. DAMILAVILLE.

9 février.

Vous avez dû recevoir une lettre pour M. Lembertad, et vous devez être informé du petit malheur arrivé à la géométrie. Cela est bien désagréable; mais actuellement personne ne sait ce qu'il fait dans Genève.

Voici une lettre pour notre ami M. de Beaumont. J'exécute fidèlement ce que vous m'avez prescrit. Tâchez donc enfin que ce mémoire paraisse avant que les parties soient mortes de vieillesse.

Je crois vous avoir mandé que le roi de Danemark venait de se mettre dans le rang de nos bienfaiteurs. J'ai brelan de roi quatrième; mais il faut que je gagne la partie. N'admirez-vous pas comme cette vie est mêlée de haut et de bas, de blanc et de noir? et n'êtes-vous pas fâché que, parmi mes quatre rois [1], il n'y en ait pas un du Midi?

Un hasard singulier m'a fait connaître ce La Combe, d'abord comme un homme de lettres, ensuite comme libraire. Chose promise, chose due. Je tâcherai de réparer tout cela. Je vous quitte; il faut que j'écrive aux maîtres des requêtes qui n'ont pas été de l'avis de M. Daguesseau. On dit que ce pauvre Le Clerc est un homme d'esprit et fort honnête homme. Ne trouvera-t-il point de protecteurs? *Écr. l'inf....*

2. Les rois de Danemark, de Pologne, de Prusse, et l'Impératrice de Russie. (ÉD.)

MMMMCMXLIX. — A M. LE COMTE D'ARGENTAL.

9 février.

Voici d'abord ce que je réponds à la lettre du 2 de février de mon cher ange. Je le donne en quatre, je le donne en dix, à une âme plus forte que la mienne, logée dans un corps très-faible, âgée de soixante et treize ans, au milieu de cent montagnes de neige, ayant affaire à des pédants et à des prêtres, craignant les choses les plus funestes, assaillie de quatre ou cinq tristes événements à la fois, affublée d'une espèce de petite apoplexie. Je dis que cette âme aurait été pour le moins aussi embarrassée que la mienne : cependant mon âme, encore tout ébouriffée, demande très-tendrement pardon à la vôtre, et elle lui sera toujours soumise.

Vous jugez, mon cher ange, de notre pays par le vôtre; vous vous imaginez, parce que vous avez eu une débâcle, que le mont Jura et les Alpes prennent la loi de la butte Saint-Roch; vous vous trompez cruellement.

Je ne dispute pas sur M. le duc de Wurtemberg, mais je souhaite assurément que vous ayez raison; je ne me suis pas encore aperçu de l'effet de ses beaux arrangements. Il est temps qu'il se corrige de sa manie d'imiter Louis XIV. Mais venons au plus vite aux *Scythes*.

Voici la dernière leçon. Il ne m'a guère été possible de voir les choses d'un coup d'œil bien juste, dans les horreurs des agitations que j'ai éprouvées. Je joins ici deux exemplaires de cette nouvelle correction, que vous pourrez aisément faire porter sur les anciennes éditions que vous avez, et surtout sur celles envoyées en dernier lieu par M. le duc de Praslin.

Cette scène du père et de la fille est de moitié plus courte qu'elle n'était; ni Sozame, ni les Scythes, ne se doutent de la résolution d'Obéide. Les imprécations feront toujours un très-grand effet, à moins qu'elles ne soient ridiculement jouées. Je conviens que ce cinquième acte était extrêmement difficile, mais enfin je crois être parvenu à faire à peu près tout ce que vous vouliez, et j'ose espérer que vous en viendrez à votre honneur. Ce sera à M. de Thibouville à arranger les rôles, les décorations et les habits avec Lekain; c'est de toutes les pièces celle qui exige le moins de frais.

Le rôle d'Obéide demande d'autant plus d'art, qu'elle pense presque toujours le contraire de ce qu'elle dit. Je ne sais pas comment j'ai pu faire un pareil rôle, qui est tout l'opposé de mon caractère. Je ne dis que trop ce que je pense, mais je le dis avec tant de plaisir quand je m'étends sur les sentiments qui m'attachent à mes anges, que je ne me corrigerai jamais de ma naïveté.

J'ai oublié, dans mes dernières lettres, de vous dire qu'il était impossible qu'on pût penser à Lekain dans cette édition du *Triumvirat*. Vous savez qu'on ne fait pas ce qu'on veut des libraires; et moi, je sais ce que c'est que d'être loin de Paris.

Quant aux affaires de Genève, elles s'arrangeront sans doute, car elles ne sont que ridicules; elles ne méritent qu'un *Lutrin*. J'en avais

ébauché quelque chose pour vous faire rire, et pour faire rire MM. les
ducs de Choiseul et de Praslin ; mais, pendant tout le mois de janvier,
je n'ai pas eu envie de rire.

Respect et tendresse.

MMMMCML. — A M. LE MARÉCHAL DUC DE RICHELIEU.

Ferney, le 9 février.

Vous connaissez, monseigneur, la main qui vous écrit, et le cœur
qui dicte la lettre. Les neiges m'ôtent l'usage des yeux cet hiver-ci avec
plus de rigueur que les autres ; mais j'espère voir encore un peu clair
au printemps. L'aventure dont vous avez la bonté de me parler dans
vos deux lettres est une de ces fatalités qu'on ne peut pas prévoir. Je
pense que vous croyez à la destinée ; pour moi, c'est mon dogme favori.
Toutes les affaires de ce monde me paraissent des boules poussées
les unes par les autres. Aurait-on jamais imaginé que ce serait la sœur
de ce brave Thurot tué en Irlande qui serait envoyée à cent cinquante
lieues, à un homme qu'elle ne connaît pas, qui s'attirerait une affaire
capitale pour le plus médiocre intérêt, et qui mettrait dans le plus
grand danger celui qui lui rendrait gratuitement service ? L'affaire a
été extrêmement grave, elle a été portée au conseil des parties. On a
voulu la criminaliser, et la renvoyer au parlement. C'est principalement M. le vice-chancelier dont les bontés et la justice ont détourné ce
coup. Cette funeste affaire avait bien des branches. Vous ne devez pas
être étonné du parti qu'on allait prendre, c'était le seul convenable ;
et, quoiqu'il fût douloureux, on y était parfaitement résolu ; car il faut
prendre son parti sans pusillanimité dans toutes les occasions de la vie
tant que l'âme bat dans le corps. On risquait, à la vérité, de perdre
tout son bien en France ; on jouait gros jeu ; mais, après tout, on avait
brelan de roi quatrième [1]. Je vous donne cette énigme à expliquer. J'ajouterai seulement qu'il y a des jeux où l'on peut perdre avec quatre
rois, et qu'il vaut mieux ne pas jouer du tout. Je crois que la personne
à laquelle vous daignez vous intéresser ne jouera de sa vie.

Cette affaire d'ailleurs a été aussi ruineuse qu'inquiétante : et la personne en question vous a une obligation infinie de la bonté que vous
avez eue de la recommander à M. l'abbé de Blet.

On aura l'honneur, monseigneur, de vous envoyer, par l'ordinaire
prochain, ce qui doit contribuer à vos amusements du carnaval [2] ou
du carême ; il faut le temps de mettre tout en règle, et de préparer les
instructions nécessaires. Si on n'avait que soixante-dix ans, ce qui est
une bagatelle, on viendrait en poste avec ses marionnettes, et on aurait la satisfaction de vous voir dans votre gloire de niquée.

Voici une requête d'une autre espèce que le griffonneur de la lettre
vous présente, et par laquelle il vous demande votre protection. Quoiqu'il s'agisse de toiles, il n'en est pas moins attaché à l'histoire ; et il

---

1. Voltaire serait allé chercher asile chez l'un des quatre rois protecteurs des Sirven. (ÉD.)
2. La tragédie des *Scythes*. (ÉD.)

croit que, s'il dirigeait les toiles de Voiron, il pourrait très-commodément visiter tous les bénédictins du Dauphiné. Il saurait précisément en quelle année un dauphin de Viennois fondait des messes, ce qui serait d'une merveilleuse utilité pour le reste du royaume.

Voici à présent d'une autre écriture. Vous voyez, monseigneur, que celle de votre protégé s'est assez formée; s'il continue, il se rendra digne de vous servir, ce qui vaudra mieux que l'inspection des toiles de son village. Je doute fort que M. de Trudaine déplace un homme qui est dans son poste depuis longtemps, pour favoriser un enfant de cet emploi.

Quoi qu'il en soit, je joins toujours sa requête à cette lettre. Agréez le tendre et profond respect avec lequel je serai jusqu'au dernier moment de ma vie, votre, etc.

L'aventure de la sœur de Thurot n'est plus bonne qu'à oublier.

« Il y a à Voiron, village de Graisivaudan en Dauphiné, une fabrique de toiles dont l'inspection ne se donnait qu'à un des habitants de l'endroit; cependant une personne qui demeure à Romans, et qui possède déjà plusieurs autres inspections considérables, a trouvé le moyen de se faire encore revêtir de celle-ci.

« M. de Trudaine est le maître d'accorder ce petit appui au sieur Claude Galien, natif de Voiron. Il soulagerait une famille nombreuse, connue depuis très-longtemps, domiciliée et estimée dans ledit endroit. Le père, l'oncle et les frères de Claude Galien ont tous été au service : son frère fut tué à Crevelt, étant pour lors dans les volontaires du Dauphiné; c'était l'aîné de la famille.

« Claude Galien demande très-humblement la protection de M. de Trudaine. »

MMMMCMLI. — A M. LE CARDINAL DE BERNIS.

A Ferney, 9 février.

Ayant été mort, monseigneur, et enterré environ cinq semaines dans les horribles glaces des Alpes et du mont Jura, il a fallu attendre que je fusse un peu ressuscité, pour remercier Votre Éminence de ce qu'elle aime toujours ce que vous savez, c'est-à-dire les belles-lettres, et même les vers, et qu'elle daigne aussi aimer ce bon vieillard qui achève sa carrière

OEbaliæ sub montibus altis.
Virg., *Georg.*, lib. IV, v. 125.

Je vous réponds qu'il a profité de vos bons avis, autant que ses forces ont voulu le lui permettre. Je crois que je dois dire à présent :

Claudite jam rivos, pueri; sat prata biberunt.
Virg., ecl. III, v. 111.

N'êtes-vous pas bien content du discours de notre nouveau confrère M. Thomas? Son prédécesseur, Hardion, n'en aurait point autant fait.

J'ai chez moi M. de La Harpe, qui est haut comme Ragotin, mais qui a bien du talent en prose et en vers.

Je corromps la jeunesse tant que je puis ; il a fait un *Discours sur la guerre et sur la paix*, qui a remporté le prix d'une voix unanime. Si Votre Éminence ne l'a pas lu, elle devrait bien le faire venir de Paris ; elle verrait qu'on glane encore dans ce siècle après la moisson du siècle de Louis XIV. Nous cultivons ici les lettres au son du tambour ; nous faisons une guerre plus heureuse que la dernière ; le quartier général est souvent chez moi. Nous avons déjà conquis plus de cinq pintes de lait que nos paysannes allaient vendre à Genève. Nos dragons leur ont pris leur lait avec un courage invincible ; et comme il ne faut pas épargner son propre pays quand il s'agit de faire trembler le pays ennemi ; nous avons été à la veille de mourir de faim.

Ayez la bonté de faire dire quelques prières dans vos diocèses pour le succès de nos armes, car nous combattons les hérétiques, et je hais ces maudits enfants de Calvin, qui prétendent, avec les jansénistes, que les bonnes œuvres ne valent pas un clou à soufflet. Je ne suis point du tout de cet avis ; je voudrais qu'on eût envoyé contre ces parpaillots un régiment d'ex-jésuites au lieu de dragons.

Tout ce que dit Votre Éminence sur les prétentions est d'un homme qui connaît bien son siècle et le ridicule des prétendants. Cela mériterait une bonne épître en vers ; et si vous ne la faites pas, il faudra bien que quelque inconnnu la fasse, et la dédie à un homme titré et illustre, sans le nommer. Mais faudra-t-il dans cette épître passer sous silence ceux de vos confrères[1] qui font des mandements dans le goût des *Femmes savantes* de Molière, et qui, au nom du Saint-Esprit, examinent si un poète doit écrire dans plusieurs genres ou dans un seul, et si La Motte et Fontenelle étaient autorisés à trouver des défauts dans Homère ? Les femmes petits-maîtres pourraient bien aussi trouver leur place dans cette petite diatribe ; on remettrait tout doucement les choses à leur place. J'avoue que les polissons qui, de leur grenier, gouvernent le monde avec leur écritoire, sont la plus sotte espèce de tous ; ce sont les dindons de la basse-cour qui se rengorgent. Je finis en renouvelant à Votre Éminence mon très-tendre et profond respect pour le reste de ma vie.

MMMMCMLII. — A M. D'ÉTALLONDE DE MORIVAL.

Le 10 février.

Dans la situation où vous êtes, monsieur, j'ai cru ne pouvoir mieux faire que de prendre la liberté de vous recommander fortement au maître que vous servez aujourd'hui. Il est vrai que ma recommandation est bien peu de chose, et qu'il ne m'appartient pas d'oser espérer qu'il puisse y avoir égard ; mais il me parut, l'année passée, si touché et si indigné de l'horrible destinée de votre ami et de la barbarie de vos juges ; il me fit l'honneur de m'en écrire plusieurs fois avec tant de compassion et tant de philosophie, que j'ai cru devoir lui parler à cœur ouvert, en dernier lieu, de ce qui vous regarde. Il sait

[1]. Le Franc de Pompignan, évêque du Puy. (ÉD.)

que vous n'êtes coupable que de vous être moqué inconsidérément d'une superstition que tous les hommes sensés détestent dans le fond de leur cœur. Vous avez ri des grimaces des singes, dans le pays des singes, et les singes vous ont déchiré. Tout ce qu'il y a d'honnêtes gens en France (et il y en a beaucoup) ont regardé votre arrêt avec horreur. Vous auriez pu aisément vous réfugier, sous un autre nom, dans quelque province; mais, puisque vous avez pris le parti de servir un grand roi philosophe, il faut espérer que vous ne vous en repentirez pas. Les épreuves sont longues dans le service où vous êtes; la discipline sévère, la fortune médiocre, mais honnête. Je voudrais bien qu'en considération de votre malheur et de votre jeunesse, il vous encourageât par quelque grade. Je lui ai mandé que vous m'aviez écrit une lettre pleine de raison, que vous avez de l'esprit, que vous êtes rempli de bonne volonté, que votre fatale aventure servira à vous rendre plus circonspect et plus attaché à vos devoirs.

Vous saurez sans doute bientôt l'allemand parfaitement; cela ne vous sera pas inutile. Il y aura mille occasions où le roi pourra vous employer, en conséquence des bons témoignages qu'on rendra de vous. Quelquefois les plus grands malheurs ont ouvert le chemin de la fortune. Si vous trouvez, dans le pays où vous êtes, quelque poste à votre convenance, quelque place que vous puissiez demander, vous n'avez qu'à m'écrire à la même adresse, et je prendrai la liberté d'en écrire au roi. Mon premier dessein était de vous faire entrer dans un établissement qu'on projetait à Clèves, mais il est survenu des obstacles; ce projet a été dérangé, et les bontés du roi que vous servez me paraissent à présent d'une grande ressource.

Celui qui vous écrit désire passionnément de vous servir, et voudrait, s'il le pouvait, faire repentir les barbares qui ont traité des enfants avec tant d'inhumanité.

MMMMCMLLI. — DE FRÉDÉRIC II, ROI DE PRUSSE.

A Potsdam, le 10 février.

L'accident qui vous est arrivé[1] attriste tous ceux qui l'ont appris. Nous nous flattons cependant que ce sera sans suite : vous n'avez presque point de corps, vous n'êtes qu'esprit, et cet esprit triomphe des maladies et des infirmités de la nature qu'il vivifie.

Je vous félicite des avantages qu'a remportés le peuple de Genève sur le conseil des deux cents et sur les médiateurs. Cependant il paraît que ce succès passager ne sera pas de longue durée. Le canton de Berne et le roi très-chrétien sont des ogres qui avalent de petites républiques en se jouant. On ne les offense pas impunément; et si ces ogres se mettent de mauvaise humeur, c'en est fait à tout jamais de notre Rome calviniste. Les causes secondes en décideront. Je souhaite qu'elles tournent les choses à l'avantage des bourgeois, qui me paraissent avoir le droit pour eux. Au cas de malheur, ils trouveront l'asile qu'ils ont demandé, et les avantages qu'ils désirent.

1. Voltaire avait eu une attaque d'apoplexie. (ÉD.)

Je vous remercie des corrections de mes vers; j'en ferai bon usage. La poésie est un délassement pour moi. Je sais que le talent que j'ai est des plus bornés; mais c'est un plaisir d'habitude dont je me priverais avec peine, qui ne porte préjudice à personne, d'autant plus que les pièces que je compose n'ennuieront jamais le public, qui ne les verra pas.

Je vous envoie encore deux contes. C'est un genre différent que j'ai essayé pour varier la monotonie des sujets graves par des matières légères et badines. Je crois que vous devez avoir reçu des *Abrégés* de Fleury, autant qu'on en a pu trouver chez le libraire.

Voilà les jésuites qui pourraient bien se faire chasser d'Espagne. Ils se sont mêlés de ce qui ne les regardait pas, et la cour prétend savoir qu'ils ont excité les peuples à la sédition.

Ici, dans mon voisinage, l'impératrice de Russie se déclare protectrice des dissidents; les évêques polonais en sont furieux. Quel malheureux siècle pour la cour de Rome! on l'attaque ouvertement en Pologne, on a chassé ses gardes du corps de France et de Portugal. Il paraît qu'on en fera autant en Espagne.

Les philosophes sapent ouvertement les fondements du trône apostolique : on persifle le grimoire du magicien; on éclabousse l'auteur de sa secte; on prêche la tolérance; tout est perdu. Il faut un miracle pour relever l'Église. C'est elle qui est frappée d'un coup d'apoplexie terrible; et vous aurez encore la consolation de l'enterrer et de lui faire son épitaphe, comme vous fîtes autrefois pour la Sorbonne.

L'Anglais Woolston prolonge la durée de l'*inf.*...., selon son calcul, à deux cents ans; il n'a pu calculer ce qui est arrivé tout récemment. Il s'agit de détruire le préjugé qui sert de fondement à cet édifice. Il s'écroule de lui-même, et sa chute n'en devient que plus rapide.

Voilà ce que Bayle a commencé de faire : il a été suivi par nombre d'Anglais, et vous avez été réservé pour l'accomplir.

Jouissez longtemps en paix de toutes les sortes de lauriers dont vous êtes couvert; jouissez de votre gloire, et du rare bonheur de voir qu'à votre couchant vos productions sont aussi brillantes qu'à votre aurore.

Je souhaite que ce couchant dure longtemps, et je vous assure que je suis un de ceux qui y prennent le plus d'intérêt. FÉDÉRIC.

MMMMCMLIV. — A M. LE CHEVALIER DE BEAUTEVILLE.

A Ferney, 10 février.

Monsieur, certainement j'irai rendre à Votre Excellence les visites dont elle m'a honoré, quand elle voulait mettre la paix chez des gens qui ne méritent pas d'avoir la paix.

M. le duc de Choiseul m'a donné à la vérité toutes les facilités possibles; mais, quelques bontés qu'il ait, la gêne et le fardeau retombent toujours sur nous. Quel pays que celui-ci! Je n'ai pu trouver dans Paris une lettre de change sur Genève; il faut faire venir l'argent par la poste. Les coches de Lyon et de Suisse n'arrivent plus, et je peux vous assurer qu'on trompe beaucoup M. le duc de Choiseul, si on lui écrit que les Génevois souffrent; il n'y a réellement que nous qui souffrons. On croit se venger d'eux, et on nous accable. Si on voulait effectivement rendre la vengeance utile, il faudrait établir un port au *pays de Gex*, ouvrir une grande route avec la Franche-Comté, commercer directement de Lyon avec la Suisse par Versoix, attirer à soi tout le commerce de Genève, entretenir seulement un corps de garde perpétuel dans trois villages entre Genève et le pays de Gex; cela coûterait beaucoup, mais Genève, qui fait pour deux millions de contrebande par an, serait anéantie dans peu d'années. Si on se borne à saisir quelques pintes de lait à nos paysannes, et à les empêcher d'acheter des souliers à Genève, on n'aura pas fait une campagne bien glorieuse.

Pardonnez-moi la liberté que je prends en faveur de la confiance que vous m'avez inspirée, et de l'intérêt très-réel que j'ai à tous ces mouvements.

La petite affaire de la sœur du brave Thurot est finie de la manière dont je l'aurais finie moi-même si j'avais été juge. Je n'en ai point importuné M. le duc de Choiseul; j'ai la principale obligation de tout à M. le vice-chancelier.

Je vous conseille de jeter *les Scythes* dans le feu, car je les ai bien changés; et je vais m'amuser à en faire une meilleure édition.

Permettez que M. le chevalier de Taulès trouve ici les assurances des sentiments que j'aurai pour lui toute ma vie.

J'ai l'honneur d'être, avec bien du respect, et la plus tendre reconnaissance de toutes vos bontés, monsieur, de Votre Excellence, le très-humble et très-obéissant serviteur, VOLTAIRE.

MMMMCMLV. — A M. LE COMTE D'ARGENTAL.

11 février, à huit heures du matin.

Les plus importantes affaires de ce monde, sans doute, sont des tragédies; car elles poursuivent l'âme le jour et la nuit. Ma première idée, quand on veut m'ôter un vers que j'aime, c'est de murmurer et de gronder; la seconde, c'est de me rendre. J'aimais ce vers :

Elle m'a plus coûté que vous ne pouvez croire;

mais il était six heures du matin; et, actuellement qu'il en est huit, j'aime mieux celui-ci :

Me dompter en tout temps est mon sort et ma gloire.

Ainsi donc, mes anges, n'en croyez point mes deux paquets qui sont partis ce matin; croyez ce billet-ci qui court après. Je vous demande bien pardon, mes anges, de vous donner tant de peine pour si peu de chose. J'ai fait humainement tout ce que j'ai pu. Il ne faut pas demander à un artiste plus qu'il ne peut faire; il y a un terme à tout; personne ne peut travailler que suivant ses forces.

Voici le temps de copier les rôles et de les apprendre; il n'y a plus à reculer ni à travailler. Je demande seulement qu'on joue *la Jeune Indienne* avec *les Scythes;* je serai bien aise de donner cette marque d'attention à M. de Chamfort, qui est, dit-on, très-aimable, et qui me témoigne beaucoup d'amitié.

Si Mlle Durancy entend, comme je le crois, le grand art des silences, si elle sait dire de ces *non* qui veulent dire *oui*; si elle sait accompagner une cruauté d'un soupir, et démentir quelquefois ses paroles, je réponds du succès; sinon je réponds des sifflets. J'avoue qu'un grand succès serait nécessaire pour faire enrager les ennemis de la raison, sans parler des miens. La pièce dépend entièrement des acteurs.

Je sais bien qu'il y aura quelques mouvements, au cinquième acte, parmi les malintentionnés du parterre; mais j'espère que le receveur de la Comédie sera content de la pièce. Laissons dire Fréron et l'avocat Coqueley, son approbateur, et les soldats de Corbulon, s'il y en a encore, et qu'on sonne le boute-selle.

MMMMCMLVI. — A M. LE CHEVALIER DE CHASTELLUX.

11 février.

Je vous devais déjà, monsieur, beaucoup de reconnaissance pour les efforts généreux que vous aviez faits auprès d'un homme respectable qui, cette fois, a été seul de son avis pour n'avoir pas été du vôtre. Je suis encore plus reconnaissant de la lettre que vous m'avez fait l'honneur de m'écrire, et des sentiments que vous y témoignez. Il y a si peu de personnes qui cherchent à s'instruire de ce qui mérite le plus l'attention de tous les hommes; les préjugés sont si forts, la faiblesse si grande, l'ignorance si commune, le fanatisme si aveugle et si insolent, qu'on ne peut trop estimer ceux qui ont assez de courage pour secouer un joug si odieux, et si déshonorant pour la nature humaine. Cette vraie philosophie, qu'on cherche à décrier, élève le courage, et rend le cœur compatissant. J'ai trouvé souvent l'humanité parmi les officiers, et la barbarie parmi les gens de robe. Je suis persuadé qu'un conseil de guerre aurait mis en prison pour un an le chevalier de La Barre, coupable d'une très-grande indécence; mais que ceux qui hasardent leur vie pour le service du roi et de l'État n'auraient point fait donner la question à un enfant, et ne l'auraient point condamné à un supplice horrible. La jurisprudence du fanatisme est quelque chose d'exécrable : c'est une fureur monstrueuse. Tandis que d'un côté la raison adoucit les mœurs, et que les lumières s'étendent, les ténèbres s'épaississent de l'autre, et la superstition endurcit les âmes.

Continuez, monsieur, à prendre le parti de l'humanité. L'exemple d'un homme de votre nom et de votre mérite pourra beaucoup. Mon âge et mes maladies ne me permettent pas d'espérer de longues années; je mourrai consolé en laissant au monde des hommes tels que vous. Je vous supplie d'agréer mon sincère et respectueux attachement.

MMMMCMLVII. — A M. LE MARQUIS DE XIMENÈS.

11 février.

J'aime tout à fait, monsieur, à m'entendre avec vous. Je vous passe l'émétique, comme vous me passez la saignée. Sans doute les deux vers dont vous me parlez sont un peu ridicules, et en général Cornélie vise au plus sublime galimatias; mais aussi il y a de bien beaux éclairs, des traits de génie, des morceaux même de sentiment qui enlèvent. Le peu de remarques que j'ai pu faire sur vos remarques sont sur un petit cahier séparé; j'ai respecté votre ouvrage. Ce que j'ai écrit ne consiste que dans des notes abrégées pour aider ma mémoire lorsque je travaillerai sérieusement à en faire une espèce de poétique de théâtre qui puisse être utile aux jeunes gens. Je pense qu'il y faut mettre beaucoup d'objets de comparaison, tant des anciens que des modernes, et que le tout doit être nourri d'un grand fonds de littérature. Je me livrerai à cet ouvrage avec un très-grand plaisir, lorsque vous m'aurez envoyé le reste de vos remarques. Je ne puis rien faire sans ce préalable. Il ne faut pas que vous abandonniez une entreprise qui peut être très-avantageuse aux lettres, très-honorable pour vous, et me procurer avant ma mort l'honneur de vous avoir pour confrère; mais dépêchez-vous, je me porte fort mal, et j'entre dans ma soixante-quatorzième année. Je conserverai jusqu'à mon dernier moment les sentiments qui m'attachent à vous.

MMMMCMLVIII. — A M. LE MARÉCHAL DUC DE RICHELIEU.

A Ferney, 11 février.

Comme je dictais, monseigneur, les petites instructions nécessaires pour la représentation de la pièce dont je vous offrais les prémices pour Bordeaux, j'apprends une funeste nouvelle qui suspend entièrement mon travail, et qui me fait partager votre douleur. J'ignore si cette perte ne vous obligera point de retourner à Paris; en tout cas, je serai toujours à vos ordres. Je voudrais que ma santé et mon âge pussent me permettre de vous faire ma cour dans quelque endroit que vous fussiez; mais mon état douloureux me condamne à la retraite, et si j'avais été obligé de quitter Ferney, ce n'aurait été que pour une autre solitude, et je ne pourrais jamais quitter la solitude que pour vous. Mon petit pays, que vous avez trouvé si agréable et si riant, et qui est en effet le plus beau paysage qui soit au monde, est bien horrible cet hiver; et il devient presque inhabitable, si les affaires de Genève restent dans la confusion où elles sont. Toute communication avec Lyon et avec les provinces voisines est absolument interrompue, et la plus extrême disette en tout genre a succédé à l'abondance. Nos laboureurs déjà découragés ne peuvent même préparer les socs de leurs charrues. Notre position est unique; car vous savez que nous sommes absolument séparés de la France par le lac, et qu'il est de toute impossibilité que le pays de Gex puisse se soutenir par lui-même.

Je sais que chaque province a ses embarras, et qu'il est bien difficile que le ministère remédie à tout. Les abus sont malheureusement nécessaires dans ce monde. Je sens bien qu'il n'est pas possible de punir les Génevois sans que nous en sentions les contre-coups.

Je vous demande pardon de vous parler de ces misères, dans un temps où la perte que vous avez faite vous occupe tout entier; mais je ne vous dis un mot de ma situation que pour vous marquer l'envie extrême que j'aurais de pouvoir servir à vous consoler, si je pouvais être assez heureux pour vous revoir encore, et pour vous renouveler mon tendre et profond respect.

MMMMCMLIX. — A M. MARMONTEL.

A Ferney, le 12 février.

Mon très-cher confrère, vous me mandez que vous m'envoyez *Bélisaire*, et je ne l'ai point reçu. Vous ne savez pas avec quelle impatience nous dévorons tout ce qui vient de vous. Votre libraire a-t-il fait mettre au carrosse de Lyon ce livre que j'attends pour ma consolation et pour mon instruction? l'a-t-on envoyé par la poste, avec un contre-seing? Les paquets contre-signés me parviennent toujours, quelque gros qu'ils soient; enfin je vous porte mes plaintes et mes désirs. Ayez pitié de Mme Denis et de moi; faites-nous lire ce *Bélisaire*. Si vous avez rendu Justinien et Théodora bien odieux, je vous en remercie bien d'avance. Je vous supplie de demander à Mme Geoffrin si son cher roi de Pologne ne s'est pas entendu habilement avec l'impératrice de Russie, pour forcer les évêques sarmates à être tolérants, et à établir la liberté de conscience; je serais bien fâché de m'être trompé. Je suppose que Mme Geoffrin voudra bien me faire savoir si j'ai tort ou raison, qu'elle m'en dira un petit mot, ou qu'elle permettra que vous me disiez ce petit mot de sa part. Présentez-lui mon très-tendre respect. Aimez-moi, mon cher confrère; continuez à rendre l'Académie respectable. Ayons dans notre corps le plus de Marmontels et de Thomas que nous pourrons. M. de La Harpe sera digne un jour d'entrer *in nostro docto corpore*. Il a l'esprit très-juste, il est l'ennemi du phébus, son goût est très-épuré et ses mœurs très-honnêtes; il a paru vous combattre un peu au sujet de Lucain, mais c'est en vous estimant et en vous rendant justice, et vous pourrez être sûr d'avoir en lui un ami attaché et fidèle. J'espère qu'il ne reviendra à Paris qu'avec une très-bonne tragédie, quoiqu'il n'y ait rien de si difficile à faire, et quoiqu'on ne sache pas trop à quoi le succès d'une pièce de théâtre est attaché. Il y en a une[1] qui a eu un grand succès, et qu'on m'a voulu faire lire; j'y suis depuis trois mois, j'en ai déjà lu trois actes; j'espère la finir avant la fin d'avril. Je ne vous parle point des *Scythes*, parce qu'on ne sait qui meurt ni qui vit. Vous le saurez le mercredi des Cendres, qui est souvent un jour de pénitence pour les auteurs. Mais sifflé ou toléré, sachez que je vous aime de tout mon cœur.

1. Le *Siège de Calais*, par de Belloy. (ED.)

MMMMCMLX. — A M. PALISSOT.

A. Ferney, 13 février.

Votre lettre du 3 février, monsieur, a renouvelé mes plaintes et mes regrets. Quel dommage, ai-je dit, qu'un homme qui pense et qui écrit si bien se soit fait des ennemis irréconciliables de gens d'un extrême mérite, qui pensent et qui écrivent comme lui !

Vous avez bien raison de regarder Fréron comme la honte et l'excrément de notre littérature. Mais pourquoi ceux qui devraient être tous réunis pour chasser ce malheureux de la société des hommes se sont-ils divisés? et pourquoi avez-vous attaqué ceux qui devraient être vos amis, et qui ne sont que les ennemis du fanatisme ? Si vous aviez tourné vos talents d'un autre côté, j'aurais eu le plaisir de vous avoir, avant ma mort, pour confrère à l'Académie française. Elle est à présent sur un pied plus honorable que jamais : elle rend les lettres respectables. J'apprends que vous jouissez d'une fortune digne de votre mérite. Plus vous chercherez à avoir de la considération dans le monde, plus vous vous repentirez de vous être fait, sans raison, des ennemis qui ne vous pardonneront jamais. Cette idée peut empoisonner la douceur de votre vie. Le public prend toujours le parti de ceux qui se vengent, et jamais de ceux qui attaquent de gaieté de cœur. Voyez comme Fréron est l'opprobre du genre humain ! Je ne le connais pas, je ne l'ai jamais vu, je n'ai jamais lu ses feuilles; mais on m'a dit qu'il n'était pas sans esprit. Il s'est perdu par le détestable usage qu'il en a fait. Je suis bien loin de faire la moindre comparaison entre vous et lui. Je sais que vous lui êtes infiniment supérieur à tous égards : mais plus cette distance est immense, plus je suis fâché que vous ayez voulu avoir mes amis pour ennemis. Eh ! monsieur, c'était contre les persécuteurs des gens de lettres que vous deviez vous élever, et non contre les gens de lettres persécutés. Pardonnez-moi, je vous en prie, une sensibilité qui ne s'est jamais démentie. Votre lettre, en touchant mon cœur, a renouvelé ma plaie; et quand je vous écris, c'est toujours avec autant d'estime que de douleur.

MMMMCMLXI. — A M. LE COMTE D'ARGENTAL.

14 février.

Mes chers anges, par excès de précaution, et par nouvelle surabondance de droit, j'adresse encore un nouvel exemplaire à M. le duc de Praslin, pour que vous ayez la bonté de le lui communiquer. Il y a quelque peu de vers encore de changés; et les notes instructives sont plus amples. Il serait trop aisé de jouer le rôle d'Obéide à contre-sens; c'est dans ce rôle que la lettre tue, et que l'esprit vivifie [1]; car dans ce rôle, pendant plus de quatre actes, *oui* veut dire *non*. *J'ai pris mon parti* signifie *je suis au désespoir*. *Tout m'est indifférent* [2] veut dire évidemment *je suis très-sensible*.

1. Saint Paul, IIe épître aux Corinthiens, III, 6. (ÉD.)
2. Les Scythes, acte II, scène I. (ÉD.)

Ce rôle, joué d'une manière attendrissante, fait, ce me semble, **un très-grand effet**; et, si nous avons deux vieillards, je crois que tout ira bien.

J'espère toujours qu'après Pâques M. de La Harpe donnera quelque chose de meilleur que *les Scythes*. Il s'est trompé dans son *Gustave*, mais il n'en vaudra que mieux; et il est, en vérité, le seul qui ait un style raisonnable. Par quelle fatalité faut-il que des pièces qu'on ne peut lire aient eu de si prodigieux succès? Cela est horriblement welche, et les Welches ne se corrigeront jamais. Vous, qui êtes Français, tenez toujours pour le bon goût.

Je recommande mes corrections à vos bontés angéliques. Je vous prie de les faire porter sur l'exemplaire de Lekain et sur les autres. Après cette importunité, je vous demande une autre grâce : c'est d'envoyer un exemplaire bien corrigé à Mme de Florian, qui n'en fera pas mauvais usage, et qui ne le laissera pas courir. Il ne serait pas mal qu'elle fît une répétition; elle s'y connaît, elle dit son mot net et court. Plus j'y pense, plus j'aime *les Scythes*. Je prie Dieu qu'ainsi soit de vous. Le sujet est heureux, ou je suis bien trompé. Si la pièce est bien jouée, elle pourra valoir de l'argent au *tripot*, et donner du plaisir à mes anges; mais, pour moi, je suis incapable de plaisir; je ne le suis pas de consolation, et ma plus grande est l'amitié dont mes anges m'honorent.

MMMMCMLXII. — A M. LEKAIN.

14 février.

Probablement mon grand peintre tragique commencera les répétitions des *Scythes* dans le temps qu'il recevra ma lettre. Je vous avertis, mon cher ami, que je fais partir aujourd'hui, à l'adresse de M. le duc de Praslin, un exemplaire marqué A B, dans lequel vous trouverez encore quelques petits changements fort légers. Cette copie est chargée de notes qui disent aux acteurs dans quel esprit la pièce a été composée. Il n'y en a point pour Athamare, parce que c'est vous qui le jouez.

Le rôle d'Obéide ne sera point du tout difficile, si l'actrice veut seulement jeter un coup d'œil sur ces notes. Je suppose que M. Molé sera en état de jouer Indatire, qui n'est point du tout un rôle fatigant. Je crois qu'en général la pièce favorise assez le jeu des acteurs. Il y a plusieurs morceaux qui ne demandent que de la simplicité; mais je vous avoue que je ne saurais souffrir cette familiarité comique qu'on introduit quelquefois dans la tragédie, et qui l'avilit ridiculement, au lieu de la rendre naturelle.

Je ne croyais pas, à mon âge, donner encore une pièce à représenter, mais, quand on est soutenu par vos talents, il n'y a rien qu'on ne puisse hasarder.

Je pense que vous donnerez le rôle d'Obéide à Mlle Durancy. Je vous prie de l'embrasser pour moi des deux côtés, si elle veut bien le souffrir.

MMMMCMLXIII. — A M. SERVAN.

14 février.

Je ne puis, monsieur, vous remercier assez du discours que vous avez bien voulu m'envoyer. Si l'éloquence peut servir au bonheur des hommes, ils seront heureux par vous. Les cinquante dernières pages surtout m'ont ravi en admiration, et m'ont fait répandre des larmes d'attendrissement : sept à huit personnes qui étaient à Ferney ont éprouvé les mêmes transports.

Il me semble, monsieur, que vous êtes le premier homme public qui ait joint l'éloquence touchante à l'instructive; c'est, ce me semble, ce qui manquait à M. le chancelier Daguesseau; il n'a jamais parlé au cœur; il peut avoir défendu des lois, mais a-t-il jamais défendu l'humanité ? Vous en avez été le protecteur dans un discours qui n'a jamais eu de modèle; vous faites bien sentir à quel point nos lois ont besoin de réforme. Elles seraient intolérables, s'il ne se trouvait pas tous les jours dans les tribunaux des âmes éclairées et honnêtes qui en expliquent favorablement les contradictions, et qui en adoucissent la barbarie. Ce M. Pussort, qui rédigea l'ordonnance criminelle, était une âme bien dure; voyez comme il insulta M. Fouquet dans sa prison, et avec quel acharnement il voulait le perdre ! le premier président de Lamoignon ne fut jamais de son avis dans la rédaction de l'ordonnance.

Je ne sais, monsieur, si vous avez lu un petit *Commentaire sur les délits et les peines, par un avocat de province*[1]; il y a quelques faits curieux. Une seule page de votre discours vaut mieux que tout ce livre; je ne vous l'envoie qu'à cause de deux ou trois historiettes qui sont la confirmation de tous les sentiments que vous avez si bien exprimés.

J'ai toujours peur pour Grenoble, monsieur, qu'on ne vous demande à la capitale et au conseil. Partout où vous serez vous ferez du bien, et vous jouirez de la véritable gloire qui est la récompense des belles âmes.

Je compte, parmi les consolations qui embellissent la fin de ma carrière, le souvenir que vous voulez bien conserver des moments que vous m'avez donnés.

J'ai l'honneur d'être, avec l'estime la plus respectueuse, monsieur, votre très-humble et très-obéissant serviteur, VOLTAIRE.

MMMMCMLXIV. — A M. HENNIN.

A Ferney, 15 février.

Vous savez, monsieur, que le pauvre Sirven est à Genève, et qu'il n'est représentant que contre le parlement de Toulouse. Son affaire va être plaidée au conseil des parties, après en avoir obtenu permission au conseil du roi.

J'ai reçu de son avocat des instructions qu'il faut que je lui commu-

1. L'ouvrage est de Voltaire. (ÉD.)

blique. Je vous supplie de vouloir bien lui accorder un passe-port pour venir chez moi. Je crois qu'il vous en demandera bientôt un autre pour aller à Paris faire triompher une seconde fois l'innocence du fanatisme.

J'ai l'honneur d'être, monsieur, avec l'attachement le plus respectueux et le plus tendre, votre très-humble et très-obéissant serviteur,

VOLTAIRE.

MMMMCMLXV. — A M. MARMONTEL.

16 février.

Bélisaire arrive; nous nous jetons dessus, maman et moi, comme des gourmands. Nous tombons sur le chapitre quinzième; c'est le chapitre de la tolérance, le catéchisme des rois; c'est la liberté de penser soutenue avec autant de courage que d'adresse; rien n'est plus sage, rien n'est plus hardi. Je me hâte de vous dire combien vous nous avez fait de plaisir. Nous nous attendons bien que tout le reste sera de la même force; car vous ne pouvez penser qu'avec votre esprit, et écrire que de votre style. Je vous en dirai davantage quand j'aurai tout lu.

Je vous demande votre indulgence pour la tragédie des *Scythes*. Elle est d'un jeune homme qui ne devait pas faire de pièce de théâtre à son âge; mais comme il essuyait une espèce de petite persécution, il a cru devoir imiter Alcibiade, qui fit couper la queue à son chien pour détourner les caquets.

Grand merci, encore une fois, de votre beau chapitre; vous venez de rendre service au genre humain. Dieu vous préserve des regards malins!

Je vous quitte pour entendre la lecture du reste. Bonsoir, mon très-cher confrère.

MMMMCMLXVI. — A M. ÉLIE DE BEAUMONT.

A Ferney, le 16 février.

Mon cher Cicéron, vous venez de faire pleurer le bonhomme Sirven de tendresse et de reconnaissance. Recevez mes nouveaux remercîments; ajoutez à toutes vos bontés celle de dire à M. Target[1], votre ami, combien je suis touché de ce qu'il veut élever sa voix en faveur des filles de Sirven. Je vous réponds que ce bonhomme ne s'adressera pas à d'autres qu'à vous. Les Calas étaient conduits par cinq ou six protestants du Languedoc, et Sirven n'a d'appui que moi; il ne peut ni ne doit se conduire que par mes conseils et par vos ordres.

Vous savez avec quelle impatience j'attends votre mémoire imprimé. Il n'y a certainement pas un instant à perdre. M. Chardon m'a mandé qu'il serait bientôt prêt, malgré l'affaire de la Caïenne, qui lui prend tout son temps. Il est humain, il est philosophe et bon juge; je compte sur lui comme sur vous. Vous aurez la gloire d'écraser deux fois le fanatisme; et les protestants, éclairés d'ailleurs par votre excellent mé-

1. Celui qui fut membre de l'Assemblée constituante. (ÉD.)

moire contre M. de La Roque, ne seront plus fâchés contre Mme de Beaumont, à qui je présente mes très-tendres respects.

N. B. Vous ferez très-bien d'avertir, par une note, que ces longs délais ne doivent être imputés ni aux Sirven ni à vous. La note est nécessaire, et je vous en remercie. Je vous suis aussi tendrement attaché que si j'avais vécu avec vous.

MMMMCMLXVII. — A M. DAMILAVILLE.

16 février.

L'article de votre lettre du 10, concernant un intendant, m'étonne autant qu'il m'afflige. Je crois qu'il sera bon, dans l'occasion, de lui faire parler fortement en votre faveur, sans paraître instruit de ce que vous me mandez. Il m'était venu voir à Ferney, et j'en avais été très-content. Je me flatte encore qu'il ne sera pas difficile de le ramener.

Je ne connais point M. Cassen[1] ; j'étais fort content de M. Mariette, et je vous prie instamment de le lui dire : mais il faut laisser faire M. de Beaumont, et ne le pas décourager. Il est actif, sa gloire est intéressée au succès ; il est ami de M. Cassen ; il fait encore travailler M. Target, qui est, dit-on, un excellent avocat, et qui doit donner un factum en faveur des filles de Sirven.

Je vous demande deux grâces, mon cher ami : c'est de voir Mariette pour le consoler, et Target et Cassen pour les remercier. J'ai très-bonne opinion du procès. Je suis persuadé que les maîtres des requêtes mettront ce dernier fleuron à leur couronne civique. M. de Beaumont croit m'apprendre qu'il a obtenu pour rapporteur M. Chardon ; et il y a près d'un mois que M. Chardon m'a mandé qu'il était rapporteur. Il paraît prendre l'affaire des Sirven à cœur autant que nous-mêmes. Il m'a fait l'honneur de m'envoyer un mémoire sur l'île de Sainte-Lucie, dont il a été intendant : ce mémoire m'a paru un chef-d'œuvre. J'ai été d'autant plus touché de cette marque de confiance, qu'elle me fait espérer qu'il aura quelque envie de s'attirer, dans l'affaire des Sirven, les applaudissements des âmes qui sont sensibles au mérite.

Nous avons reçu, maman Denis et moi, le *Bélisaire*. Nous nous sommes jetés par un heureux instinct sur le chapitre de *la tolérance*, qui est le quinzième chapitre ; il nous a enlevés. Si tout le reste est de cette force, l'ouvrage aura le succès le plus durable. Vous me ferez plaisir d'acheter pour moi un exemplaire de mes sottises chez Merlin, de le faire relier, et de le faire présenter de ma part à M. Marmontel. Voici un petit mot pour lui, et l'autre pour M. de Beaumont. Pardon, mon très-cher ami, de toutes les peines que je vous donne.

1. Pierre Cassen, avocat au conseil du roi, sous le nom duquel Voltaire fit, en 1768, imprimer sa *Relation de la mort de La Barre*. (ED.)

ANNÉE 1767.

MMMMCMLXVIII. — AU MÊME.

17 février.

Sur votre lettre, mon cher ami, qui nous a paru un peu équivoque, nous avons cru ne pouvoir mieux faire que de faire signer le mémoire par les Sirven, et de l'envoyer à M. de Courteilles, pour le rendre à M. de Beaumont.

Nous avons jugé, Mme Denis et moi, que c'était le seul moyen de faire paraître cet excellent ouvrage tel qu'il est, signé par les intéressés. J'estime trop M. de Beaumont pour croire qu'il veuille rien changer à un mémoire si touchant et si victorieux. C'est un chef-d'œuvre de raison, d'éloquence et de sentiment. Faites l'impossible pour qu'il paraisse tel que je le renvoie. Je mande à M. de Courteilles qu'il peut vous le remettre; et je n'écrirai à M. de Beaumont qu'en conformité de ce que vous m'aurez mandé. Dites-moi, je vous prie, comment réussit le *Bélisaire*, dans lequel il y a un si beau morceau sur *la tolérance*.

MMMMCMLXIX. — A M. LEKAIN.

17 février.

Mon cher ami, si vous n'avez pas le dernier exemplaire des *Scythes*, que j'ai envoyé pour vous à M. d'Argental, j'en adresse un à M. Marin pour vous le remettre. Je me flatte qu'il aura cette bonté; et si la multiplicité de ses affaires l'empêche de vous le rendre aussitôt que je le voudrais, je vous prie de le lui demander.

J'espère qu'il ne m'arrivera plus ce qui m'arriva dans *Tancrède*, où Mlle Clairon faillit à faire tomber la pièce, en y insérant ou en y faisant insérer des vers ridicules, tels que ceux-ci :

Voyant tomber leur chef, les Maures *furieux*
L'ont accablé de traits, dans leur *rage cruelle*.

Je sais bien qu'au théâtre on ne se soucie guère du style; mais le théâtre devient barbare, et ce n'est pas à moi de fomenter la barbarie. L'exemplaire que j'envoie est chargé de notes pour l'intelligence des rôles; mais il n'y en a point sur Athamare, parce vous le jouez : c'est à vous, au reste, à disposer de ces rôles : je vous prie de faire mes très-tendres compliments à Mlle Durancy, et de dire à M. Molé combien je m'intéresse à son rétablissement.

Je vous embrasse de tout mon cœur.   V.

MMMMCMLXX. — DE M. LINGUET.

A Paris, le 19 février.

Je me conforme volontiers, monsieur, à une coutume très-juste que je vois assez généralement établie : c'est que les jeunes auteurs vous adressent un exemplaire de leurs ouvrages, et qu'ils briguent pour leurs productions une place dans votre bibliothèque. Il est bien naturel que les premiers fruits d'un arbre soient cueillis par la main qui a le plus contribué à en affermir les racines. Les progrès de la raison et du goût parmi nous vous sont dus pour la plus grande partie. Ceux qui en profitent ne sauraient se dispenser de vous en marquer leur reconnaissance. La protection donnée par nos chanceliers à la littérature leur vaut un livre de chaque espèce : le même hommage vous est dû au même titre.

   Le dieu du goût, ce dieu sensible et délicat,
   Dont vous avez si bien fait connaître l'empire,
    Vous a remis les sceaux de cet État.
     Malgré les cris de la satire,
   Il vous en a nommé le premier magistrat.
     Ce poste-là pour la finance
     Ne vaut pas tant, comme je crois,
     Que le garde des sceaux de France;
    Et ce n'est pas la seule différence
     Qui distingue ces deux emplois.
     Chacun peut se croire capable
     De bien garder ces derniers sceaux.
    Aussi voit-on à ce poste honorable
   Prétendre à chaque instant des concurrents nouveaux.
     Mais ici le cas est tout autre :
     Vous n'aurez jamais de rivaux
    Assez hardis pour demander le vôtre.

Il est bien vrai qu'il vous expose à recevoir de temps en temps des envois fâcheux, et à des lectures ennuyeuses. Mais vous usez sans doute du privilége des autres chanceliers, vous vous gardez bien de lire tous les placets qu'on vous adresse; et quand vous vous y croiriez obligé en conscience, ce ne serait, après tout, qu'un des inconvénients de votre place. Il n'y en a point, comme vous savez, qui n'ait des amertumes. Ce n'est que dans l'Église qu'on trouve des bénéfices sans charge.

Si vous dérogez pour moi aux prérogatives de la vôtre, si vous daignez jeter un coup d'œil sur la *Théorie des lois civiles* [1], vous y trouverez peut-être bien des choses nouvelles ; mais il y en aura beaucoup aussi que vous avez sûrement pensées avant moi. Je vous ai assez lu, je vous ai assez bien compris, pour être certain que vous ne me blâmerez pas d'avoir combattu les opinions de M. de Montesquieu. J'ai rendu justice à son grand génie en attaquant ses erreurs. C'est un esprit brillant qui est sujet à de fréquentes éclipses. Je n'en dis pas à beaucoup près tout ce que j'en aurais pu dire : il me reste des matériaux pour plus d'un volume. J'aurai occasion de les placer dans la suite de mon ouvrage, si je remplis jamais le grand projet que j'ai formé, celui d'attaquer dans sa source la multiplicité des lois, des tribunaux, des coutumes, etc.; de prouver que la simplicité, l'uniformité, sont ou doivent être les vrais ressorts de la politique, et que la complication ne fait que des monstres en tout genre. Vous sentez qu'en développant de

1. Ouvrage de Linguet. (Éd.)

pareils principes, il faudra souvent réfuter M. de Montesquieu, et c'est ce qui paraît aussi facile que nécessaire.

Je pense comme vous, monsieur, que la littérature, les arts, et tout ce qui y a rapport, sont des inventions très-utiles pour les riches, des ressources très-bonnes pour les hommes oisifs qui ont du superflu; ce sont des hochets qui les amusent dans l'état d'enfance perpétuelle où les retient l'opulence. Leur vivacité s'exerce sur ces bagatelles qui les occupent. L'attention qu'ils y donnent les empêche de faire du développement de leurs forces un usage plus dangereux.

Mais je crois fermement qu'il n'en est pas ainsi de l'autre portion infiniment plus nombreuse de l'humanité que l'on appelle peuple. Ces hochets spirituels deviennent pour lui des amulettes empoisonnés qui le gâtent et le corrompent sans retour. L'état actuel de la société le condamne à n'avoir que des bras. Tout est perdu dès qu'on le met dans le cas de s'apercevoir qu'il a aussi un esprit.

Si l'on pouvait n'illuminer qu'une de ces deux divisions du genre humain; s'il était possible d'intercepter tous les rayons qui vont de la petite à la grande, et d'entretenir une nuit éternelle sur celle des deux seulement qui n'est utile et soumise qu'autant qu'elle y reste, j'applaudirais volontiers aux travaux des philosophes et de leurs partisans. Mais songez-y, monsieur, le soleil ne saurait se lever pour la première que le crépuscule ne s'étende jusqu'à la seconde, quelque éloignée qu'elle en soit. Celle-ci, dès qu'elle est éclairée, tend nécessairement à apprécier l'autre, ou à se confondre avec elle. Il s'ensuit de là que le jour leur est funeste à toutes deux, et qu'une obscurité où elles vivent tranquilles, chacune dans leurs limites respectives, est infiniment préférable à des lumières qui ne leur apprennent qu'à se dédaigner, ou à se détester réciproquement.

Voilà, monsieur, ma petite profession de foi littéraire, à laquelle je serai toujours attaché, jusqu'au martyre exclusivement, etc.

MMMMCMLXXI. — A M. DAMILAVILLE.

20 février.

Les aveugles, mon cher ami sont sujets à faire d'énormes méprises. Lorsque le paquet contenant le mémoire des Sirven arriva, nous ne songeâmes pas seulement s'il était accompagné d'une lettre. Nous nous jetâmes dessus avec avidité : il fut lu sur-le-champ, à haute et intelligible voix, par M. de La Harpe. Nous pleurions tous, nous disions tous : « Ce M. de Beaumont s'est surpassé; le mémoire des Sirven est bien supérieur au mémoire des Calas; le conseil du roi fondra en larmes. » Aussitôt nous envoyons le mémoire aux Sirven pour le signer; ils le signent; le mémoire part à l'adresse de M. de Courteilles. Quand tout cela est fait, on lit votre lettre; on voit que le mémoire est de vous, qu'il n'est point juridique, que Sirven ne devait point le signer : alors nous nous promettons le secret. Je vous écris un mot à la hâte; je vous dis que votre mémoire est chez M. de Courteilles. Si on ne vous l'a pas remis, courez vite chez lui, reprenez votre excellent ouvrage;

et, si vous voulez qu'il soit imprimé, renvoyez-le-moi; il fera un grand effet dans les pays étrangers : mais, surtout, que M. de Beaumont donne le sien; il nous fait périr par ses lenteurs.

Il y a six ans qu'une famille innocente gémit, et il y a deux ans que M. de Beaumont devrait avoir fini ses peines : il ne sait donc pas combien la vie est courte.

Bonsoir, mon très-cher ami; mon corps et mes yeux vont bien mal; mais aussi j'entre dans ma soixante et quatorzième année, malgré la fausse date de mes estampes. *Écr. l'inf....*

MMMMCMLXXII. — A M. LE DUC DE CHOISEUL.

A Ferney, 20 février.

Monseigneur, j'ai reçu les deux lettres dont vous m'avez honoré, avec un passe-port général, mais non pas dans leur temps, parce que vos bontés ne me sont parvenues que par les cascades de la dragonnade.

Je vous ai envoyé le *Discours* de M. de La Harpe, qui a remporté le prix à l'Académie. La justice qu'il vous a rendue a beaucoup contribué à lui faire remporter ce prix. Son ouvrage a été applaudi de tout le public.

Je ne sais si on vous a envoyé le mémoire ci-joint : permettez-moi la liberté de vous le présenter; comptez qu'il est exact et fidèle. Il sera bien difficile de vivre dorénavant dans le pays de Gex sans votre protection. Je vous la demande aussi pour *les Scythes*; je les ai retravaillés suivant les judicieuses remarques que vous avez daigné faire. Je n'en ai fait imprimer que quelques exemplaires, pour épargner la peine des copistes; l'édition ne paraîtra à Paris que quand vous en serez content.

Je serais bien flatté si vous pouviez honorer la première représentation de votre présence.

J'ai bien des querelles avec M. d'Argental pour *les Scythes*, sur le cinquième acte; mais je m'en rapporte à vous.

Je suis pénétré de vos bontés, elles font ma consolation dans mes misères. M. le chevalier de Jaucourt ne m'a vu qu'aveugle et malade. J'étais mort, si je ne m'étais pas égayé aux dépens de Jean-Jacques, de la demoiselle Levasseur, et de Catherine [1].

Je me mets à vos pieds avec la plus tendre reconnaissance et le plus profond respect.

MMMMCMLXXIII. — A M. DORAT.

Le 20 février.

Il est vrai, monsieur, que j'avais été flatté de la promesse que vous m'aviez faite, lorsqu'une lettre que j'avais écrite à M. de Pezay m'en attira une très-obligeante de vous. Cette espérance adoucissait beaucoup le mal dont je ne connaissais qu'une partie. Des vers tels que vous les savez faire auraient plu davantage au public, que la publication de quelques lettres qui ne sont pas faites pour lui.

1. Catherine Ferbot, qui joue un rôle dans le poëme de la *Guerre civile de Genève*. (ÉD.)

« Les procédés de J. J. Rousseau ne sont point des querelles de littérature; ce sont des complots formés par l'ingratitude et par la méchanceté la plus noire, dont les médiateurs de Genève et le ministère de France sont assez instruits. Au reste, personne n'a jamais souhaité plus passionnément que moi l'union des gens de lettres; personne n'a mieux senti combien ils seraient utiles, et à quel point ils seraient respectés du public, s'ils se soutenaient les uns les autres. Il faut laisser aux folliculaires, aux Desfontaines, aux Fréron, l'infâme métier de déchirer leurs confrères pour gagner quelque argent : ce sont des misérables qui ont fait de la littérature une arène de gladiateurs.

Vous avez redoublé mon estime pour vous, monsieur, en m'apprenant que vous n'avez nul commerce avec ce vil Fréron, qui est, dit-on, l'opprobre de la société, et dont on ne prononce le nom qu'avec horreur et mépris. Cet homme, assurément, n'était fait ni pour apprécier vos agréables ouvrages, ni pour approcher de votre personne. S'il y avait encore des Chaulieu et des La Fare, ce serait leur société qui vous conviendrait, ainsi qu'à M. de Pezay, votre ami.

Je vous répéterai encore que j'ai été très-touché des lettres que vous m'avez écrites; mais le public les ignore, il a vu la pièce que vous m'aviez promis de réparer. Je vous en parle pour la dernière fois. Je ne veux plus me livrer qu'au plaisir de vous dire combien j'ambitionne votre estime et votre amitié, et avec quels sentiments j'ai l'honneur d'être votre, etc.

MMMMCMLXXIV. — A M. COLINI.

Ferney, 20 février.

Êtes-vous actuellement à Paris, mon cher ami? Je vous écris à l'adresse que vous m'avez donnée. J'ignore l'objet de vos voyages; mais, quel qu'il soit, je vous en félicite, puisque vous ne les avez entrepris sans doute que pour le service de votre aimable souverain. Le rude hiver que nous avons essuyé a achevé de ruiner mon faible tempérament; j'éprouve tous les maux de la décrépitude; consolez-moi par le récit de vos plaisirs, et par les assurances de votre amitié.

Les tracasseries de Genève ont fait un peu de tort au petit pays que j'habite; elles ne nous ôteront pas le bel aspect dont nous commençons à jouir. Si notre climat est cruel l'hiver, il est charmant dans les autres saisons. La jouissance de la campagne et de la liberté est le plaisir de la vieillesse. L'idée d'être toujours aimé de vous redouble ce plaisir et adoucit tous mes maux.

MMMMCMLXXV. — DE FRÉDÉRIC II, ROI DE PRUSSE.

A Potsdam, le 20 février.

Je suis bien aise que ce livre[1] qu'on a eu tant de peine à trouver ici vous soit parvenu, puisque vous le souhaitiez. Ce pauvre abbé Fleury, qui en est l'auteur, a eu le chagrin de l'avoir vu mettre à l'*index* à la

---

1. *L'Abrégé de l'Histoire ecclésiastique.* (ÉD.)

cour de Rome. Il faut avouer que l'*Histoire de l'Église* est plutôt un sujet de scandale que d'édification.

L'auteur de la préface [1] a raison, en ce qu'il soutient que l'ouvrage des hommes se décèle dans toute la conduite des prêtres qui altèrent cette religion (sainte en elle-même) de concile en concile, la surchargent d'articles de foi, et puis la tournent toute en pratiques extérieures, et finissent enfin par saper les mœurs avec leurs indulgences et leurs dispenses, qui ne semblent inventées que pour soulager les hommes du poids de la vertu ; comme si la vertu n'était pas d'une nécessité absolue pour toute société ; comme si quelque religion pouvait être tolérée sitôt qu'elle devient contraire aux bonnes mœurs.

Il y aurait de quoi composer des volumes sur cette matière ; et les petits ruisseaux que je pourrais fournir se perdraient dans les immenses réservoirs et les vastes mers de votre seigneurie de Ferney. Vous écrire sur ce sujet, ce serait porter des corneilles à Athènes.

J'en viens à vos pauvres Génevois. Selon ce que disent les papiers publics, il paraît que votre ministère de Versailles s'est radouci sur ce sujet. Je le souhaite pour le bien de l'humanité. Pourquoi changer les lois d'un peuple qui veut les conserver ? Pourquoi les tracasser ? Certainement il n'en reviendra pas une grande gloire à la France d'avoir pu opprimer une pauvre république voisine. Ce sont les Anglais qu'il faut vaincre, c'est contre eux qu'il y a de la réputation à gagner ; car ces gens sont fiers et savent se défendre. Je ne sais si on réussira en France à établir leur banque. L'idée en est bonne ; mais moi qui vois ces choses de loin, et qui peux me tromper, je ne crois pas qu'on ait bien pris son temps pour l'établir. Il faut avoir du crédit pour en former une ; et, selon les bruits populaires, le gouvernement en manque.

Je vous fais mes remercîments de la façon dont vous avez défendu mes barbarismes et mes solécismes envers l'abbé d'Olivet. Vous, et les grands orateurs, rendez toutes les causes bonnes. Si vous vous le proposiez, vous me donneriez assez d'amour-propre pour me rendre infaillible comme un des quarante, tant l'art de persuader est un don précieux !

Je voudrais l'avoir pour persuader aux Polonais la tolérance. Je voudrais que les dissidents fussent heureux, mais sans enthousiasme, et de façon que la république fût contente. Je ne sais point ce que pense le roi de Pologne ; mais je crois que tout cela pourra s'ajuster doucement, en modérant les prétentions des uns, et en portant les autres à se relâcher sur quelque chose.

Le saint-père a envoyé un bref dans ce pays-là : il n'y est question que de la gloire du martyre, de l'assistance miraculeuse de Dieu, du fer, du feu, de l'obstination, du zèle, etc., etc. Le Saint-Esprit l'inspire bien mal, et lui a fait faire, depuis son pontificat, toutes choses à contre-sens. A quoi bon donc être inspiré ?

Il y a ici une comtesse polonaise ; elle se nomme Crazinsca : c'est une espèce de phénomène. Cette femme a un amour décidé pour les

1. Frédéric lui-même. (Éd.)

lettres; elle a appris le latin, le grec, le français, l'italien et l'anglais; elle a lu tous les auteurs classiques de chaque langue, et les possède bien. L'âme d'un bénédictin réside dans son corps : avec cela, elle a beaucoup d'esprit, et n'a contre elle que la difficulté de s'exprimer en français, langue dont l'usage ne lui est pas encore aussi familier que l'intelligence. Avec pareille recommandation vous jugerez si elle a été bien accueillie. Elle a de la suite dans la conversation, de la liaison dans les idées, et aucune des frivolités de son sexe. Ce qu'il y a d'étonnant, c'est qu'elle s'est formée elle-même, sans aucun secours. Voilà trois hivers qu'elle passe à Berlin avec les gens de lettres, en suivant ce penchant irrésistible qui l'entraîne.

Je prêche son exemple à toutes nos femmes, qui auraient bien une autre facilité que cette Polonaise à se former; mais elles ne connaissent pas la félicité de ceux qui cultivent les lettres; et parce que cette volupté n'est pas vive, elles ne la reconnaissent pas pour telle. Vous, quoique dans un âge avancé, vous leur devez encore les plus heureux moments de votre vie. Quand tous les autres plaisirs passent, celui-là reste; c'est le fidèle compagnon de tous les âges et de toutes les fortunes.

Puissiez-vous encore en jouir longtemps pour le bien de ces lettres mêmes, pour éclairer les aveugles, et pour défendre mes barbarismes! Je le souhaite de tout mon cœur. *Vale.*   FÉDÉRIC.

MMMMCMLXXVI. — A M. LE DUC DE LA VALLIÈRE.

A Ferney, 24 février.

Il est vrai, monsieur le duc, que j'ai fait une drôle de tragédie où j'ai mis un petit-maître persan avec des paysans scythes, et une demoiselle de qualité qui raccommode ses chemises et celles de son père, supposé qu'on eût des chemises en Scythie. Comme vous ne haïssez pas les choses bizarres, j'aurais pris sans doute la liberté de vous envoyer cette facétie, si je n'étais occupé à la corriger; ce qui me coûte beaucoup, attendu que j'ai eu, il y a quelque temps, un petit *soupçon* d'apoplexie qui m'a un peu affaibli le cervelet. J'ai l'honneur d'entrer dans ma soixante et quatorzième année, quoi qu'en disent mes mauvaises estampes. Vous voyez que ma tragédie n'est pas un jeu d'enfant, mais elle tient beaucoup du radotage, ce qui revient à peu près au même.

Ou j'ai perdu entièrement la mémoire, ou je me souviens très-bien que je vous ai remercié de votre beau certificat en faveur d'Urcéus Codrus. Celui qui écrit sous ma dictée (parce que je suis aveugle tout l'hiver) se souvient très-bien de vous avoir remercié de votre témoignage sur Urcéus. Nous sommes exacts, nous autres solitaires, parce que nous ne sommes point distraits par le fracas.

On dit que vous faites un bijou de l'hôtel Jansen. Je m'en rapporte bien à vous, surtout si vous avez autant d'argent que de goût.

On dit qu'on joue chez vous un jeu prodigieux. Fi! cela n'est pas philosophe. Vous n'êtes pas encore au point où je vous voudrais.

Cependant conservez-moi vos bontés; j'ai besoin de cette consolation, après avoir été vingt ans sans vous faire ma cour; car si vous vous en souvenez, je me suis enfui de France au *Catilina* de Crébillon : c'était, pardieu! un détestable ouvrage, c'était le tombeau du sens commun; mais je veux actuellement qu'on ait de l'indulgence pour les vieillards.

Je vous suis attaché pour le reste de ma vie avec bien du respect, et avec toute la vivacité des sentiments d'un jeune homme.

MMMMCMLXXVII. — A M. LEKAIN.

21 février.

Vous avez dû, mon cher ami, recevoir une lettre de moi avec la tragédie des *Scythes*, que j'ai adressée pour vous à M. Marin. Voici encore un petit changement que j'ai jugé absolument nécessaire. Ma mauvaise santé et mon épuisement total ne me permettent plus de travailler à cet ouvrage; je vous demande en grâce de me dire si vous pouvez la faire jouer le mercredi des cendres, parce que si elle ne peut être jouée dans ce temps-là, il est d'une nécessité absolue que je donne l'édition corrigée, pour indemniser le libraire de la perte de sa première édition. Il serait beaucoup plus avantageux pour vous que la pièce fût jouée le mercredi des cendres, parce qu'alors je serai plus en état de vous procurer un honoraire de la part du libraire : d'ailleurs, comme on joue actuellement cette pièce à Lausanne, et qu'on va la jouer à Bordeaux, aussi bien que chez moi, il paraît indispensable que les comédiens se déterminent sans délai. Je vous prie très-instamment de me mander votre dernière résolution, et de compter toujours sur la tendre amitié que je vous ai vouée pour le reste de ma vie. V.

Corrections à la scène deuxième du cinquième acte, entre SOZAME *et* OBÉIDE.

OBÉIDE.

Avez-vous bien connu mes sentiments secrets?
Dans le fond de mon cœur avez-vous daigné lire?

SOZAME.

Mes yeux l'ont vu pleurer sur le sein d'Indatire;
Mais je pleure sur toi dans ce moment cruel :
J'abhorre tes serments.

OBÉIDE.

Vous voyez cet autel,
Ce glaive dont ma main doit frapper Athamare;
Vous savez quels tourments mon refus lui prépare.
Après ce coup terrible, et qu'il me faut porter.

M. Lekain est prié de porter ce changement sur la copie que M. Marin a dû lui remettre.

ANNÉE 1767. 239

MMMMCMLXXVIII. — DE STANISLAS-AUGUSTE PONIATOWSKI, ROI DE POLOGNE.

Varsovie, le 24 février.

Monsieur de Voltaire, tout contemporain d'un homme tel que vous, qui sait lire, qui a voyagé, et ne vous a pas connu, doit se trouver malheureux. Si le roi mon prédécesseur eût vécu un an de plus, j'aurais vu Rome et vous. J'allais partir pour l'Italie lorsqu'il est mort, et je comptais revenir par chez vous. C'est un des plaisirs que me coûte ma couronne, et dont elle ne m'ôtera jamais le regret. Vous l'augmentez par votre lettre du 3 de ce mois; vous m'y tenez compte de faits qui ne sont malheureusement que des intentions. Plusieurs des miennes ont leur source dans vos écrits. Il vous serait souvent permis de dire : « Les nations feront des vœux pour que les rois me lisent. »

Continuez, monsieur, à jouir de votre gloire, et à prouver au monde qu'il est des esprits qui ne s'épuisent point. Je suis bien véritablement, monsieur de Voltaire, votre très-affectionné, STANISLAS-AUGUSTE, *roi*.

MMMMCMLXXIX. — A M. LE MARQUIS DE CHAUVELIN.

A Ferney, 23 février.

Je suis partagé, monsieur, entre la reconnaissance que je vous dois et l'admiration où je suis qu'au milieu de vos occupations, et même de vos dissipations, vous ayez pu faire un plan si rempli de génie et de ressources. Nous convenons qu'il est l'ouvrage d'un esprit supérieur. Vous me direz : « Pourquoi ne l'adoptez-vous donc pas? » Vous en verrez les raisons dans le petit mémoire que nous envoyons à M. et à Mme d'Argental.

Mme Denis, M. et Mme de La Harpe, nos acteurs et moi, nous avons retourné de tous les sens ce que vous nous proposez. Nous nous sommes représenté vivement l'action, et tout ce qu'elle comporte, et tout ce qu'elle doit faire dire; nous sommes tous d'un avis unanime; nous osons même nous flatter que, quand vous verrez nos raisons déduites dans notre mémoire, elles vous paraîtront convaincantes.

Il est vrai que, malgré toutes nos raisons, nous tremblons d'avoir tort lorsque nous disputons contre vous. Nous sentons bien qu'il y a quelque chose de hasardé dans ce cinquième acte, mais nous ne pouvons juger que d'après l'impression qu'il nous laisse. Nous le jouons, et il nous fait un effet terrible.

Comment voulez-vous que nous abandonnions ce qui nous touche pour un plan qui, tout ingénieux qu'il est, nous paraît avoir des difficultés insurmontables? Il en sera toujours d'une tragédie comme de toutes les affaires de ce monde; il faut choisir entre les inconvénients les moins grands. Il y aura sans doute des critiques; *Zaïre*, *Mérope*, *Tancrède*, etc., en ont essuyé beaucoup, et le *Siége de Calais* a inspiré le plus grand enthousiasme. Il faut se soumettre à cette bizarrerie des hommes : mais nous sommes tous persuadés que la chaleur du cinquième acte doit l'emporter sur toutes les critiques qu'on fera de sang-froid.

Le spectateur assurément se doute bien, dans la tragédie d'*Olympie*, que cette Olympie se jettera dans le bûcher de sa mère, et c'est précisément ce doute qui inspire la curiosité et l'attendrissement. Il est dans la nature humaine de vouloir voir comment les choses qu'on devine seront accomplies. C'est ce que nous détaillons dans notre mémoire, que nous vous supplions de lire avec impartialité. Pour moi, je me défie de mes idées ; j'aime et je respecte les vôtres autant que votre personne. C'est avec timidité et avec honte que je suis d'un autre avis que vous : mais enfin il ne faut jamais, dans aucun art, travailler contre son propre sentiment ; comme en morale il ne faut point agir contre sa conscience : on est sûr alors de travailler très-mal; l'enthousiasme est entièrement éteint, l'esprit mis à la gêne perd toute son élasticité. On écrit raisonnablement, mais froidement. En un mot, lisez nos représentations, et jugez.

Agréez, monsieur, mon tendre et respectueux attachement pour vous, pour Mme de Chauvelin, et pour tout ce qui vous appartient.

N. B. Depuis ma lettre écrite, nous avons joué la pièce ; le cinquième acte a fait plus d'effet que les autres, et on a répandu beaucoup de larmes.

MMMMCMLXXX. — A M. LEKAIN.

A Ferney, 23 février.

Mon cher ami, le petit concile de Ferney a répondu au grand concile de l'hôtel d'Argental. Nous trouvons le projet qu'on nous propose froid et impraticable. Nous trouvons insipide ce *Je ne puis*, substitué à ce terrible *Je l'accepte*[1].

Nous croyons, d'après l'expérience, que ce *Je l'accepte*, prononcé avec un ton de désespoir et de fermeté, après un morne silence, fait l'effet le plus tragique.

Nous pensons que l'étonnement, le doute, et la curiosité du spectateur, doivent suivre ce mouvement de l'actrice. Nous sommes persuadés, d'après nos propres sensations, que tout le rôle d'Obéide, au cinquième acte, tient le spectateur en haleine, et le remue d'autant plus fortement qu'il devine dans le fond de son cœur ce qui doit arriver.

Nous avons pesé les inconvénients, et ce qui nous paraît des beautés ; nous avons conclu qu'il serait abominable de faire traîner Athamare à la torture et aux supplices, et que si dans ce moment Obéide prenait la résolution de s'offrir pour l'immoler, afin de lui épargner des souffrances, cela ressemblerait à un bourreau qui va donner le coup de grâce ; et si elle ne prend que dans ce moment la résolution de se tuer, cette inspiration subite ne fait pas, à beaucoup près, le même effet qu'un dessein pris dès la première scène, et qui rend son rôle théâtral pendant l'acte tout entier.

1: *Les Scythes*, acte V, scène I. (ÉD.)

Nous alléguons beaucoup d'autres raisons que nous détaillons dans un mémoire que nous envoyons à M. d'Argental; nous craignons à la vérité de nous tromper, en combattant l'avis des connaisseurs les plus éclairés, mais nous ne pouvons juger que d'après notre sentiment. Nous avons vu l'effet, et M. d'Argental ne l'a pas vu. Nous ne craignons rien de ce qu'ils craignent, et un endroit qui ne leur a fait aucune peine nous en fait beaucoup. C'est ainsi que les opinions se partagent sur toutes les affaires de ce monde; mais après avoir tout pesé, tout discuté, il faut prendre enfin un parti. Ce parti est celui de jouer la pièce, telle que je vous l'ai envoyée par M. Marin. Je vous prie seulement de changer ce vers :

Vous voyez, vous sentez quel meurtre se prépare.

Il faut mettre à la place [1] :

Vous savez quel tourment un refus lui prépare.

Je suis persuadé que vous donnerez à l'actrice toute l'intelligence du rôle d'Obéide.

Nous nous flattons que le quatrième acte sera extrêmement théâtral; je suis bien sûr que vous le ferez réussir, quand vous direz au bonhomme Hermodan, avec une pitié noble :

Vieillard, ton fils n'est plus.

Encore une fois, nous pouvons nous tromper, Mme Denis, Mme de La Harpe, Mme Dupuits, M. de La Harpe, M. Dupuits, M. Cramer, et moi; mais répétez comme nous avons répété, et jugez d'après l'effet. Je suis d'ailleurs dans la nécessité absolue de faire réimprimer la pièce incessamment, et j'attends de vos nouvelles avec la plus vive impatience.

Depuis ma lettre écrite, nous venons de jouer la pièce; le cinquième acte a fait un plus grand effet encore que le quatrième. On a versé beaucoup de larmes, et il n'y a point de critique qui tienne contre des larmes. Si j'avais le malheur de croire une seule des critiques qu'on me fait, la pièce serait perdue : croyez-en mon expérience, et l'effet dont je viens d'êtr. témoin.

Souvenez-vous du quatrième acte de *Tancrède*, qu'on voulait me faire changer.

MMMMCMLXXXI. — AU MÊME.

25 février.

Ne vous laissez point subjuguer, mon cher ami, par un plan tout à fait antithéâtral qu'on propose. Je ne réponds pas de l'effet d'une pièce où tout est simple et naturel, dans un temps où le public égaré semble ne vouloir que des événements incroyables, entassés les uns sur les autres, avec des vers aussi barbares que ceux de Garnier et de Hardi.

---

1. La correction a été faite acte V, scène II. (Éd.)

Résistez au torrent du goût le plus détestable qui ait jamais déshonoré la nation. J'aime mieux tomber avec un ouvrage fait selon les règles de l'art, que de réussir par un poëme barbare.

Je ne puis d'ailleurs m'imaginer que la nature ne parle pas au cœur des Parisiens comme elle nous parle; et je ne vois pas pourquoi ce qui nous fait répandre des larmes serait mal reçu chez vous.

Je vous ai envoyé quelques changements, et je me flatte que vous en avez fait usage. En voici encore un au quatrième acte[1], dans lequel Indatire a nécessairement trop raison contre Athamare. Je fortifie votre rôle autant que la situation le permet; c'est après ce vers d'Indatire :

A servir sous un maître on me verrait descendre !

ATHAMARE.

Va, l'honneur de servir un maître généreux,
Qui met un digne prix aux exploits belliqueux,
Vaut mieux que de ramper dans une république
Insensible au mérite, et même tyrannique.
Tu peux prétendre à tout en marchant sous ma loi.
J'ai parmi, etc.

Il faut encore, mon cher ami, que je vous dise que si, dans la scène entre Obéide et son père, au cinquième acte, il y a encore quelques longueurs, il faudra retrancher les quatre vers d'Obéide :

Une invincible loi me tient sous son empire, etc.

Mais j'avoue que je les supprimerais à regret. Encore une fois, laissez dire les critiques de cabinet, et rapportez-vous-en à l'effet que fait la pièce au théâtre; il n'y a point de meilleur juge.

MMMMCMLXXXII. — A M. CHRISTIN.

25 février.

Mon cher avocat philosophe, il y a plus de cent lieues malheureusement de Saint-Claude à Ferney, et le chemin ne s'accourcira pas de sitôt. On dit que vous avez reçu pour moi un gros paquet de livres d'envoi de ce pauvre Fantet; je vous supplie de l'ouvrir, de lui renvoyer sa *Matière médicale* en dix volumes, dont je n'ai que faire : il y a là de quoi empoisonner un royaume. Je me contente de ma casse, et je ne veux pas d'autre remède.

Je vous envoie six exemplaires de la deuxième édition du *Commentaire*[2]. Je ne risque que cette demi-douzaine, crainte des écornifleurs. M. Servan, avocat général de Grenoble, a fait un discours très-pathétique sur le même sujet[3]; il est imprimé, et vous l'avez peut-être vu

---

1. Scène II. (ÉD.)
2. Sur le *traité des délits et des peines*. (ÉD.)
3. *Discours sur l'administration de la justice criminelle*. (ÉD.)

La raison et l'humanité commencent à percer de tous côtés. L'impératrice de Russie m'écrit ces propres mots : *Malheur aux persécuteurs! ils méritent d'être mis au rang des furies.* Mais tandis que la raison parle, le fanatisme hurle ; on poursuit Fantet ; on en poursuit bien d'autres. M. Le Riche se signale en faveur de Fantet. J'espère qu'il viendra à bout de mettre un frein à la persécution. Si j'étais plus jeune, si je pouvais agir, je ne laisserais pas accabler ainsi un infortuné. Je fais de loin ce que je puis, et c'est fort peu de chose.

Mme Denis vous fait bien ses compliments : je vous embrasse de tout mon cœur. *Écr. l'inf....*

MMMMCMLXXXIII. — A M. MARIOTT, AVOCAT GÉNÉRAL D'ANGLETERRE.

26 février.

Monsieur, je prends le parti de vous écrire par Calais plutôt que par la Hollande, parce que, dans le commerce des hommes comme dans la physique, il faut toujours prendre la voie la plus courte. Il est vrai que j'ai passé près de trois mois sans vous répondre ; mais c'est que je suis plus vieux que Milton, et que je suis presque aussi aveugle que lui. Comme on envie toujours son prochain, je suis jaloux de milord Chesterfield, qui est sourd. La lecture me paraît plus nécessaire dans la retraite que la conversation. Il est certain qu'un bon livre vaut beaucoup mieux que tout ce qu'on dit au hasard. Il me semble que celui qui veut s'instruire doit préférer ses yeux à ses oreilles ; mais, pour celui qui ne veut que s'amuser, je consens de tout mon cœur qu'il soit aveugle, et qu'il puisse écouter des bagatelles toute la journée.

Je conçois que votre belle imagination est quelquefois très-ennuyée des tristes détails de votre charge. Si on n'était pas soutenu par l'estime publique et par l'espérance, il n'y a personne qui voulût être avocat général. Il faut avoir un grand courage, quand on fait d'aussi beaux vers que vous, pour s'appesantir sur des matières contentieuses, et pour deviner l'esprit d'un testateur et l'esprit de la loi.

Ma mauvaise santé ne m'a jamais permis de me livrer aux affaires de ce monde ; c'est un grand service que mes maladies m'ont rendu. Je vis depuis quinze ans dans la retraite avec une partie de ma famille ; je suis entouré du plus beau paysage du monde. Quand la nature ramène le printemps, elle me rend mes yeux, qu'elle m'a ôtés pendant l'hiver ; ainsi j'ai le plaisir de renaître, ce que les autres hommes n'ont point.

Jean-Jacques, dont vous me parlez, a quitté son pays pour le vôtre, et moi j'ai quitté, il y a longtemps, le mien pour le sien, ou du moins pour le voisinage. Voilà comme les hommes sont ballottés par la fortune. Sa Sacrée Majesté le Hasard décide de tout.

Le cardinal Bentivoglio, que vous me citez, dit à la vérité beaucoup de mal du pays des Suisses, et même ne traite pas trop bien leurs personnes ; mais c'est qu'il passa du côté du mont Saint-Bernard, et que cet endroit est le plus horrible qu'il y ait dans le monde. Le pays de Vaud au contraire, et celui de Genève, mais surtout celui de Gex, que j'habite, forment un jardin délicieux. La moitié de la Suisse est l'enfer, et l'autre moitié est le paradis.

Rousseau a choisi, comme vous le dites, le plus vilain canton de l'Angleterre; chacun cherche ce qui lui convient : mais il ne faudrait pas juger des bords charmants de la Tamise par les rochers de Derbyshire. Je crois la querelle de M. Hume et de J. J. Rousseau terminée, par le mépris public que Rousseau s'est attiré, et par l'estime que M. Hume mérite. Tout ce qui m'a paru plaisant, c'est la logique de Jean-Jacques, qui s'est efforcé de prouver que M. Hume n'a été son bienfaiteur que par mauvaise volonté : il pousse contre lui trois arguments qu'il appelle *trois soufflets sur la joue de son protecteur*. Si le roi d'Angleterre lui avait donné une pension, sans doute le quatrième soufflet aurait été pour Sa Majesté. Cet homme me paraît complétement fou. Il y en a plusieurs à Genève. On y est plus mélancolique encore qu'en Angleterre; et je crois, proportion gardée, qu'il y a plus de suicides à Genève qu'à Londres. Ce n'est pas que le suicide soit toujours de la folie. On dit qu'il y a des occasions où un sage peut prendre ce parti; mais, en général, ce n'est pas dans un accès de raison qu'on se tue.

Si vous voyez M. Franklin[1], je vous supplie, monsieur, de vouloir bien l'assurer de mon estime et de ma reconnaissance. C'est avec ces mêmes sentiments que j'ai l'honneur d'être avec beaucoup de respect, monsieur, votre, etc.

MMMMCMLXXXIV. — A Catherine II.

A Ferney, 27 février.

Madame, Votre Majesté Impériale daigne donc me faire juge de la magnanimité avec laquelle elle prend le parti du genre humain. Ce juge est trop corrompu et trop persuadé qu'on ne peut répondre que des sottises tyranniques à votre excellent mémoire. Ne pouvoir jouir des droits de citoyen, parce qu'on croit que le Saint-Esprit ne procède que du Père, me paraît si fou et si sot, que je ne croirais pas cette bêtise, si celles de mon pays ne m'y avaient préparé. Je ne suis pas fait pour pénétrer dans vos secrets d'État; mais je serais bien attrapé si Votre Majesté n'était pas d'accord avec le roi de Pologne; il est philosophe, il est tolérant par principe; j'imagine que vous vous entendez tous deux comme larrons en foire pour le bien du genre humain, et pour vous moquer des prêtres intolérants.

Un temps viendra, madame, je le dis toujours, où toute la lumière nous viendra du Nord : Votre Majesté Impériale a beau dire, je vous fais étoile, et vous demeurerez étoile. Les ténèbres cimmériennes resteront en Espagne; et à la fin même, elles se dissiperont. Vous ne serez ni oignon, ni chatte, ni veau d'or, ni bœuf Apis; vous ne serez point de ces dieux qu'on mange, vous êtes de ceux qui donnent à manger. Vous faites tout le bien que vous pouvez au dedans et au dehors.

1. Benjamin Franklin, né en 1706, mort en 1790. (Éd.)

Les sages feront votre apothéose de votre vivant; mais vivez longtemps, madame, cela vaut cent fois mieux que la divinité; si vous voulez faire des miracles, tâchez seulement de rendre votre climat un peu plus chaud. A voir tout ce que Votre Majesté fait, je croirai que c'est pure malice à elle si elle n'entreprend pas ce changement : j'y suis un peu intéressé, car, dès que vous aurez mis la Russie au trentième degré, au lieu des environs du soixantième, je vous demanderai la permission d'y venir achever ma vie; mais, en quelque endroit que je végète, je vous admirerai malgré vous, et je serai avec le plus profond respect, madame, de Votre Majesté Impériale, etc.

MMMMCMLXXXV. — A M. DAMILAVILLE.

27 février.

En réponse à votre lettre du 21, mon cher ami, je vous dirai d'abord que j'ai été plus occupé que vous ne pensez de l'abominable calomnie qu'un homme en place a vomie contre vous. J'ai écrit à un de ses parents d'une manière très-forte qui ne compromet personne, et qui ne laisse pas même soupçonner que vous soyez instruit de ce procédé infâme. Vous êtes d'ailleurs à portée d'employer des gens de mérite qui le détromperont ou qui le désarmeront.

J'admire sous quelles formes différentes le fanatisme se reproduit : c'est un Protée né dans l'enfer, qui prend toutes sortes de figures sur la terre. Je ne suis pas fâché de l'éclat qu'on a voulu faire contre *Bélisaire*. On ne peut que se rendre ridicule et odieux en attaquant une morale si pure. Les ennemis de la raison achèvent d'amonceler des charbons ardents sur leur tête; le livre qu'ils attaquent en sera plus connu et plus goûté. Dieu et la raison savent tirer le bien du mal.

Je crois enfin l'affaire de M. Lembertad finie; ce n'a pas été sans peine. La communication entre nous et Genève est absolument interdite, et sans les bontés de M. le duc de Choiseul, nous mourrions de faim, après avoir fait vivre tant de monde.

J'ai été très-content de la conversation du curé et du marguillier[1], dans laquelle on rend justice aux vues saines et patriotiques du ministère. Plus la permission qu'il a donnée d'exporter les blés mérite notre reconnaissance, et plus nous en devons aussi au *Dictionnaire encyclopédique*, qui démontre en tant d'endroits les avantages de cette exportation. Il est certain que c'est le plus grand encouragement qu'on pût donner à l'agriculture. Je le sens bien, moi qui suis un des plus forts laboureurs de ce petit pays.

Je suis, pour *les Scythes*, à peu près dans le même cas où Beaumont est pour son mémoire. J'éprouve des difficultés de la part de mes avocats; et ce qui finirait en deux jours si j'étais à Paris, traîne des mois entiers; voilà pourquoi vous n'avez point eu *les Scythes*. On dit que le tragique est absolument tombé; je n'ai pas de peine à le croire.

1. *Dialogue d'un curé de campagne avec son marguillier, au sujet de l'édit du roi qui permet l'exportation des grains*; par M. Gérardin, curé de Rouvre, en Lorraine. (ÉD.)

M. le chevalier de Chastellux est une belle âme. Il a des parents qui ne sont pas si philosophes que lui. Je vous assure qu'on l'a échappé belle, et qu'il y avait là de quoi perdre un homme sans ressource. Je suis affligé que vous n'ayez rien à me dire de Platon[1] sur toutes les occasions que je saisis de lui rendre justice.

Voici les propres mots d'une lettre de l'impératrice de Russie, en m'envoyant son édit *sur la tolérance*[2] : « L'apothéose n'est pas si fort à désirer qu'on le pense ; on la partage avec des veaux, des chats, des oignons, etc., etc., etc. Malheur aux persécuteurs! ils méritent d'être rangés avec ces divinités-là. » Elle m'ajoute que « les suffrages de MM. Diderot et Dalembert l'encouragent beaucoup à bien faire. »

Voici le premier chant de *la Guerre de Genève*, puisque vous voulez vous amuser de cette plaisanterie.

MMMMCMLXXXVI. — A M. LE COMTE DE TRESSAN.

A Ferney, 28 février.

Votre souvenir m'a bien touché, monsieur, et votre ouvrage[3] a fait sur moi l'impression la plus tendre. Voilà comme je voudrais qu'on fît les oraisons funèbres. Il faut que ce soit le cœur qui parle ; il faut avoir vécu intimement avec le mort qu'on regrette.

C'étaient les parents ou les amis qui faisaient les oraisons funèbres chez les Romains. L'étranger qui s'en mêle a toujours l'air charlatan ; il y a même une espèce de ridicule à débiter avec emphase l'éloge d'un homme qu'on n'a jamais vu. Mais où sont les courtisans dignes de louer un bon roi? il n'y a peut-être que vous. Les patriciens romains savaient tous parfaitement leur langue ; les lettres de Brutus sont peut-être plus belles que celles de Cicéron ; César écrivait comme Salluste ; il n'en est pas ainsi parmi nous autres Welches. Votre ouvrage est vrai, il est attendrissant, il est bien écrit. Je vous remercie tendrement de me l'avoir envoyé.

Je me suis informé de vous à tous ceux qui ont pu m'en donner des nouvelles ; je ne vous ai jamais oublié. Je savais que vous aviez fait des pertes, et je croyais qu'on vous avait dédommagé. Vous comptez donc aller vivre en philosophe à la campagne? Je souhaite que ce goût vous dure comme à moi. Il y a treize ans que j'ai pris ce parti, dont je me trouve fort bien. Ce n'est guère que dans la retraite qu'on peut méditer à son aise.

Je signe de tout mon cœur votre profession de foi. Il paraît que nous avons le même catéchisme. Vous me paraissez d'ailleurs tenir pour ce eu élémentaire que Newton se garda bien toujours d'appeler corporel. Ce principe peut mener loin ; et si Dieu, par hasard, avait accordé la pensée à quelques monades de ce feu élémentaire, les docteurs n'auraient rien à dire : on aurait seulement à leur dire que leur feu élémentaire n'est pas bien lumineux, et que leur monade est un peu impertinente.

1. Diderot. (ÉD.) — 2. Du 9 de janvier 1767. (ÉD.)
3. *Portrait historique de Stanislas le Bienfaisant*. (ÉD.)

ANNÉE 1767.

Je suis affligé que vous ayez la goutte, mais il paraît que ce n'est pas votre tête qu'elle attaque.

Vous faites donc actuellement des vers pour votre fille, après en avoir fait pour la mère. Si elle tient de vous, elle sera charmante; elle aura du sentiment et de l'esprit. Il faut que vous me permettiez de lui présenter ici mes respects.

Je n'oublierai jamais mon cher Panpan [1]; c'est une âme digne de la vôtre. Que fera-t-il quand vous ne serez plus en Lorraine? Toute la cour de votre bon roi va s'éparpiller, et la Lorraine ne sera plus qu'une province. On commençait à penser : ces belles semences ne produiront plus rien, c'est vers la Marne qu'il faudra voyager.

Notre lac de Genève fait bien ses compliments à la Marne. Ne tremblez point pour les personnes dont vous vous souvenez; jamais querelle ne fut plus pacifique. Nous avons à la vérité des dragons, mais ils sont aussi tranquilles que les Génevois.

Adieu, monsieur; conservez-moi des bontés qui font la consolation de ma vieillesse. Votre paquet m'est venu par Paris, après bien des cascades.

MMMMCMLXXXVII. — A M. MARMONTEL.

28 février.

Chancelier de Bélisaire, on me dit que la Sorbonne demande des cartons. Ce n'est pas Bélisaire qui est aveugle, c'est la Sorbonne. Voici les propres mots d'une lettre de l'impératrice de Russie, en m'envoyant son édit *sur la tolérance* : « L'apothéose n'est pas si fort à désirer que l'on pense; on la partage avec des veaux, des chats, des oignons, etc., etc., etc. Malheur aux persécuteurs! ils méritent d'être rangés avec ces divinités-là. »

Elle ambitionnera votre suffrage, mon cher confrère, dès qu'elle aura lu votre *Bélisaire*, et n'y fera pas assurément de cartons. Cet ouvrage fera du bien à notre nation, je peux vous en répondre. Tout ce que je vous écris est toujours pour Mme Geoffrin, car j'ai la vanité de croire que je pense comme elle. Si le roi de Pologne et l'impératrice de Russie ne s'entendaient pas sur la tolérance, je serais trop affligé.

Bonsoir, mon cher confrère; jouissez de votre gloire et du ridicule des docteurs.

MMMMCMLXXXVIII. — A M. PANCKOUCKE.

28 février.

J'ai reçu de vous, monsieur, une lettre charmante, et j'ai lu avec beaucoup de plaisir votre traduction de *Lucrèce*, et votre *Mémoire sur l'impossibilité de la quadrature du cercle*. Je vois que vous étiez fait pour être l'ami de M. de Buffon, et non pas de Catherin Fréron. Vous nous rappelez ces beaux jours où les Estienne honoraient la typographie par la science.

1. M. de Vaux. (ÉD.)

Je doute fort que M. de La Harpe, que je crois très-supérieur au Tassoni, veuille s'abaisser à traduire le *Tassoni*. La *Secchia rapita* est un très-plat ouvrage, sans invention, sans imagination, sans variété, sans esprit, et sans grâces. Il n'a eu cours en Italie que parce que l'auteur y nomme un grand nombre de familles auxquelles on s'intéressait. Si on voulait faire un poëme burlesque, il faudrait choisir pour sujet les querelles de Genève, et surtout être plus plaisant que Tassoni, qui ne l'est point du tout en cherchant toujours à l'être.

Je vous suis très-obligé, monsieur de la bonté que vous avez de m'envoyer le livre que j'estime le plus [1]. Je vous supplie de vouloir bien me mander dans quel temps il doit arriver à Lyon, afin de prendre des mesures pour le faire venir à Ferney. Toute communication est interrompue entre Lyon et Genève, et entre Genève et le pays de Gex. J'espère que, malgré ces obstacles, je ne serai pas privé du beau présent que vous voulez bien me faire. J'ai reçu les volumes de M. de Buffon, et je vous en remercie. Tout ce qui me viendra de vous me sera précieux, excepté les feuilles de *l'Année littéraire*, auxquelles je me flatte que vous avez renoncé. Un homme de lettres comme vous, qui imprime M. de Buffon, n'est pas fait pour imprimer des sottises du pont Neuf.

Au reste, monsieur, je voudrais pouvoir vous prouver l'estime que vous m'avez inspirée, quand j'ai eu le plaisir de vous voir à Ferney. Tous les gens qui pensent doivent ambitionner votre amitié, et c'est avec ces sentiments que j'ai l'honneur d'être, etc.

MMMMCMLXXXIX. — DE FRÉDÉRIC II, ROI DE PRUSSE.

A Potsdam, le 28 février.

Je félicite l'Europe des productions dont vous l'avez enrichie pendant plus de cinquante années, et je souhaite que vous en ajoutiez encore autant que les Fontenelle, les Fleury et les Nestor en ont vécu. Avec vous finit le siècle de Louis XIV. De cette époque si féconde en grands hommes, vous êtes le dernier qui nous reste. Le dégoût des lettres, la satiété des chefs-d'œuvre que l'esprit humain a produits, un esprit de calcul, voilà le goût du temps présent.

Parmi la foule de gens d'esprit dont la France abonde, je ne trouve pas de ces esprits créateurs, de ces vrais génies qui s'annoncent par de grandes beautés, des traits brillants, et des écarts même. On se plaît à analyser tout. Les Français se piquent à présent d'être profonds. Leurs livres semblent faits par de froids raisonneurs ; et ces grâces qui leur étaient si naturelles, ils les négligent.

Un des meilleurs ouvrages que j'aie lus de longtemps est ce *factum* pour les Calas, fait par un avocat dont le nom ne me revient pas. Ce *factum* est plein de traits de véritable éloquence, et je crois l'auteur digne de marcher sur les traces de Bossuet, etc., non comme théologien, mais comme orateur.

1. *L'Encyclopédie.* (*Éd. de Kehl.*)

« Vous êtes environné d'orateurs qui haranguent à coups de baïonnettes et de cartouches : c'est un voisinage désagréable pour un philosophe qui vit en retraite, plus encore pour les Génevois.

Cela me rappelle le conte du Suisse qui mangeait une omelette au lard un jour maigre, et qui, entendant tonner, s'écria : « Grand Dieu! voilà bien du bruit pour une omelette au lard[1]. » Les Génevois pourraient faire cette exclamation en s'adressant à Louis XV. La fin de ce blocus ne tournera pas à l'avantage du peuple. Ce qu'ils pourraient faire de plus judicieux serait de céder aux conjonctures, et de s'accommoder. Si l'obstination et l'animosité les en empêchent, leur dernière ressource est l'asile que je leur prépare, et qui se trouve dans un lieu que vous jugez très-bien qui leur sera convenable[2].

Je ne sais quel est le jeune homme dont vous me parlez[3]. Je m'informerai s'il se trouve à Vesel quelqu'un de ce nom. En cas qu'il y soit, votre recommandation ne lui sera pas inutile.

Voici de suite trois jugements bien honteux pour les parlements de France. Les Calas, les Sirven et La Barre devraient ouvrir les yeux au gouvernement, et le porter à la réforme des procédures criminelles : mais on ne corrige les abus que quand ils sont parvenus à leur comble. Quand ces cours de justice auront fait rouer quelque duc et pair par distraction, les grandes maisons crieront, les courtisans mèneront grand bruit, et les calamités publiques parviendront au trône.

Pendant la guerre, il y avait une contagion à Breslau : on enterrait cent vingt personnes par jour; une comtesse dit : « Dieu merci, la grande noblesse est épargnée; ce n'est que le peuple qui meurt. » Voilà l'image de ce que pensent les gens en place, qui se croient pétris de molécules plus précieuses que ce qui fait la composition du peuple qu'ils oppriment. Cela a été ainsi presque de tout temps. L'allure des grandes monarchies est la même. Il n'y a guère que ceux qui ont souffert l'oppression qui la connaissent et la détestent. Ces enfants de la fortune, qu'elle a engourdis dans la prospérité, pensent que les maux du peuple sont exagération, que des injustices sont des méprises, et pourvu que le premier ressort aille, il importe peu du reste.

Je souhaite, puisque la destinée du monde est d'être mené ainsi, que la guerre s'écarte de votre habitation, et que vous jouissiez paisiblement dans votre retraite d'un repos qui vous est dû, sous les ombrages des lauriers d'Apollon : je souhaite encore que, dans cette douce retraite, vous ayez autant de plaisir que vos ouvrages en ont donné à vos lecteurs. A moins d'être au troisième ciel, vous ne sauriez être plus heureux.

FÉDÉRIC.

MMMMCMXC. — A M. LA COMBE.

A Ferney, février.

Non, monsieur, vous n'êtes point mon libraire, vous êtes mon ami, vous êtes un homme de lettres et de goût, qui avez bien voulu faire

1. Beaucoup d'auteurs, et Voltaire lui-même attribuent ce mot à Desbarreaux. (ÉD.)
2. A Clèves. (ÉD.) — 3. D'Étallonde de Morival. (ÉD.)

imprimer un ouvrage d'un de mes autres amis [1], et qui voulez bien vous charger de donner une édition correcte des *Scythes*, dès que je pourrai vous faire connaître l'original.

La cruelle saison que nous éprouvons dans nos climats, monsieur, m'a réduit à un état qui ne m'a pas permis de répondre aussitôt que je l'aurais voulu à vos judicieuses lettres : je n'ai pu vous remercier de votre almanach [2], ni le lire. Les neiges, dans lesquelles je suis enterré, ont attaqué mes yeux plus violemment que jamais. On dit que c'était la maladie de Virgile; je n'ai que cela de commun avec lui. Je n'ai ni son talent ni la faveur d'Auguste, et je ne crois pas que je soupe jamais avec M. de Laverdi, comme Virgile avec Mécène.

Je vous enverrai, n'en doutez pas, *les Scythes*, que je vous promets, et qui sont à vous. Je suis dans leur pays, et j'attends les dernières résolutions de quelques amis que j'ai à Babylone, pour savoir si l'impression doit précéder la représentation. Cette pièce réussira plus auprès des Français que les héros romains. Il y a de l'amour comme dans l'opéra-comique, et c'est ce qu'il faut à nos belles dames.

J'ai préparé un *Avis* au public, dans lequel je dis que le sieur Duchesne, qui demeurait au *Temple du Goût*, mais qui n'en avait aucun, s'est avisé de défigurer tous mes ouvrages, et qu'il a obtenu un privilége du roi pour me rendre ridicule. Je crois du moins que son privilége est expiré, et qu'il m'est permis de donner mes ouvrages à qui bon me semble.

Je finis, selon ma coutume, par les sentiments de l'amitié, sans formules inutiles.

MMMMCMXCI. — A M. Lekain.

2 mars.

Mon cher ami, vous êtes bien sûr que je m'intéresse plus à votre santé qu'à tous *les Scythes* du monde. Ménagez-vous, je vous en prie; il faut se bien porter pour être héros : tous ceux de l'antiquité avaient une santé de fer. Il importe fort peu qu'on joue *les Scythes* devant ou après Pâques; mais, si vous en pouvez donner quatre ou cinq représentations avant la fin du carême, je vous conseille de ne pas perdre ces quatre ou cinq bonnes chambrées, parce qu'il est presque impossible que, dans la quinzaine de Pâques, l'édition de Cramer ne devienne publique.

Je n'avais point eu dessein d'abord de faire jouer cette pièce, et la préface l'indique assez; mais, puisqu'on la joue à Genève, à Lausanne et chez moi, et qu'on la jouera à Lyon et à Bordeaux, il est bien juste que vous en donniez quelques représentations. Comptez que j'aurai soin

---

1. La tragédie du *Triumvirat*, que Voltaire voulait qu'on attribuât à un jésuite. (Éd.)
2. *Almanach philosophique en quatre parties, suivant la division naturelle de l'espèce humaine en quatre classes*; à l'usage de la nation des philosophes, du peuple des sots, du petit nombre des savants, et du vulgaire des curieux, par un auteur très-philosophe. A Goa, chez Dominique Ferox, imprimeur du grand inquisiteur, à l'*Auto-da-fé*, rue des Fous; pour l'an de grâce 1767, in-12. (Éd.)

de vos intérêts dans l'édition qu'on en fera à Paris, quoiqu'il soit difficile d'obtenir des libraires des conditions aussi favorables pour une pièce déjà imprimée que pour une qui serait toute neuve.

Je vo... prie de vous amuser, pendant votre convalescence, à faire collationner sur les rôles tous les changements que je vous ai envoyés. En voici un que je vous recommande : c'est à la première scène du cinquième acte. Il m'a paru, à la représentation, que c'était à Sozame à parler avant sa fille, et qu'Obéide devait être trop consternée pour répondre à la proposition qu'on lui fait d'immoler Athamare. Voici ce petit changement :

OBÉIDE.

Je n'en apprends que trop.

SOZAME.

Je vous l'ai déclaré :
Je respecte un usage en ces lieux consacré;
Mais des sévères lois par vos aïeux dictées,
Les têtes de nos rois pourraient être exceptées.

LE SCYTHE.

Plus les princes sont grands, etc.

Au reste, je ne compte sur le rôle d'Obéide qu'autant que vous voudrez bien conduire l'actrice. Vous avez reçu sans doute l'imprimé en marge duquel j'ai écrit mes petites indications. Ce personnage exige une douleur presque toujours étouffée, des repos, des soupirs, un jeu muet, une grande intelligence du théâtre. Ce n'est guère qu'au cinquième acte que ses sentiments se déploient sur le pont aux ânes des imprécations, pont aux ânes que l'on passe toujours avec succès.

Mme Denis vous fait mille compliments; elle ne joue plus la comédie, ni moi non plus; mais M. de La Harpe est un excellent acteur. Je vous embrasse de toute mon âme.

MMMMCMXCII. — A Frédéric II, roi de Prusse.

Du 3 mars.

Sire, j'entends très-bien l'aventure des *Deux chiens* [1], et je l'entends d'autant mieux que je suis un peu mordu. Mes petites possessions touchent aux portes de Genève. Tout commerce est interrompu par cette ridicule guerre; elle n'ensanglante pas encore la terre, mais elle la ruine. Vos chiens répondent très-pertinemment à nos héros français et bernois. Il est certain que si les animaux raisonnaient avec les hommes, ils auraient toujours raison, car ils suivent la nature, et nous l'avons corrompue.

A l'égard du *Violon* [2], je crains de n'entendre pas le mot de l'énigme.

---

1. Voyez, dans les *OEuvres posthumes de Frédéric*, la fable intitulée *les Deux Chiens et l'Homme*. (ÉD.)
2. Voyez, dans les *OEuvres posthumes de Frédéric*, le conte du *Violon*. (ÉD.)

Est-ce le roi de Pologne, qui, ne pouvant pas lui-même venir à bout de ses évêques, s'est voulu secrètement appuyer de Votre Majesté, de la Russie, de l'Angleterre, et du Danemark, et qui n'est actuellement appuyé que de la Russie ? Est-ce l'impératrice de Russie, qui soutient seule à présent le fardeau qu'elle avait voulu partager avec trois puissances?

Il me paraît que je tourne autour du mot de l'énigme ; mais je peux me tromper ; vous savez que je ne suis pas grand politique.

Votre alliée l'impératrice a eu la bonté de m'envoyer son mémoire justificatif [1], qui m'a semblé bien fait. C'est une chose assez plaisante, et qui a l'air de la contradiction, de soutenir l'indulgence et la tolérance les armes à la main ; mais aussi l'intolérance est si odieuse, qu'elle mérite qu'on lui donne sur les oreilles. Si la superstition a fait si longtemps la guerre, pourquoi ne la ferait-on pas à la superstition ? Hercule allait combattre les brigands, et Bellérophon les Chimères ; je ne serais pas fâché de voir des Hercule et des Bellérophon délivrer la terre des brigands et des Chimères catholiques.

Quoi qu'il en soit, vos deux contes sont bien plaisants ; votre génie est toujours le même, votre raison supérieure est toujours ingénieuse et gaie. J'espère que Votre Majesté daignera m'envoyer quelque nouveau conte sur la folie de ne vouloir pas qu'un prince affermisse son bien lorsqu'il est permis au dernier paysan d'affermer le sien : cela ne me paraît pas juste, et mérite assurément un troisième conte.

J'ai eu l'honneur de vous parler, dans ma dernière lettre, du nommé Morival, cadet dans un de vos régiments à Vesel ; c'est un jeune homme très-bien né, et dont on rend de fort bons témoignages. Est-il convenable qu'il ait été condamné à être brûlé vif chez des Picards, pour n'avoir pas salué une procession de capucins, et pour avoir chanté deux chansons? L'inquisition elle-même ne commettrait pas de pareilles horreurs. Pour peu qu'on jette les yeux sur la scène de ce monde, on passe la moitié de sa vie à rire, et l'autre moitié à frémir.

Conservez-moi, sire, vos bontés, pour le peu de temps que j'ai encore à végéter et à ramper sur ce malheureux et ridicule tas de boue.

MMMMCMXCIII. — A M. ÉLIE DE BEAUMONT.

A Ferney, le 4 mars.

Mes yeux ne me permettent pas d'écrire, mon cher Cicéron ; je n'ai pas actuellement auprès de moi celui [2] qui vous fait d'ordinaire mes remercîments; mais vous n'en verrez pas moins que j'ai reçu votre mémoire. Nous l'avons lu, nous avons pleuré. Ou les hommes seront de bronze, ou les Sirven seront justifiés comme les Calas. La consultation est de la plus grande habileté, et d'une bienséance qui fera beaucoup d'honneur à celui qui l'a rédigée. La victoire me paraît sûre. Les protestants et les catholiques vous béniront également, et personne assu-

1. *Manifeste sur les dissensions de Pologne.* (ÉD.)
2. Wagnière. (ÉD.)

rément ne vous enviera la terre de Canon. On dira qu'il est bien permis au défenseur de l'humanité de se défendre lui-même, et de réclamer le bien des ancêtres de sa femme.

Je vous prie de vouloir bien me faire envoyer un second exemplaire par M. Damilaville. Le premier sera pour messieurs du conseil de Berne; le second sera signé par Sirven et ses filles. Messieurs de Berne doivent en avoir un, parce qu'ils ont promis de continuer aux Sirven la petite pension qu'ils veulent bien leur faire pendant qu'ils poursuivront leur procès à Paris, et qu'ils ont mis pour condition qu'ils verraient le mémoire par lequel ils seraient appelés à venir auprès de vous. Je vous enverrai Sirven et une de ses filles, aussitôt que vous l'ordonnerez. Il y en a une qui est incapable de faire le voyage.

Je ne puis trop vous réitérer mes tendres remerciments. Je vous embrasse cent fois, sage et éloquent vengeur de l'innocence.

MMMMCMXCIV. — A M. DAMILAVILLE.

4 mars.

Mon cher ami, le mémoire des Sirven réussira. Les traits du premier mémoire, conservés dans le second, feront un très-grand effet. L'éloquence perce à travers le style du barreau.

Je vous adresserai les Sirven aussitôt que vous voudrez. Vous serez leur protecteur à Paris. Je me réserve à vous écrire plus amplement sur leur compte, quand je les ferai partir. Il faudra un passe-port de M. le duc de Choiseul : nous sommes bien sûrs de n'être pas refusés.

La querelle que l'on fait à mon cher Marmontel n'est qu'une farce, en comparaison de la tragédie des Sirven et des Calas. Cette farce sera sifflée. Voici un petit madrigal d'un jeune homme de Mâcon[1], sur la bêtise de la sacrée faculté :

> Vénérables sorboniqueurs,
> De l'enfer savants chroniqueurs,
> Vous prétendez que Marc-Aurèle
> Doit cuire à jamais dans ce lieu;
> Pour récompenser votre zèle,
> Puisse incessamment le bon Dieu
> Vous donner la vie éternelle!

Vous voyez que les provinces se forment.

Je n'ai pas le temps de vous parler beaucoup des *Scythes*. Je vous dirai seulement qu'un serment de punir de mort les gens convient fort dans les premiers actes de *Tancrède* et de *Brutus*, mais qu'il serait un peu déplacé dans un mariage, et qu'il serait assez ridicule qu'une femme prévît qu'on tuera son mari, lorsqu'il n'est menacé par personne. Vous sentez qu'une telle finesse serait trop grossière.

Tout dépendra du rôle d'Obéide. Il faudra que Lekain se donne la peine d'adoucir et d'attendrir la voix de Mlle Durancy, qu'on dit un

1. Voltaire lui-même. (Éd.)

peu dure et un peu sèche. Si vous avez lu la préface que je voulais aussi faire lire à M. Diderot, vous aurez vu que mon intention n'était point de faire jouer cette pièce. Mais puisque mes amis veulent qu'on la représente, j'y consens. Cela pourra donner quatre ou cinq représentations avant Pâques. Les comédiens en ont besoin; après quoi je ne m'en mêlerai plus. Je suis bien aise que la police ait passé ces deux vers :

Le premier de l'État, quand il a pu déplaire,
S'il est persécuté, doit souffrir et se taire;

et encore celui-ci :

Pourrais-tu rechercher cette basse grandeur?

La police a jugé sagement que ces choses-là n'arrivaient qu'en Perse.

Je vous remercie, mon cher ami, de l'intérêt que vous prenez à mes petites affaires. Je ne me suis point encore ressenti des arrangements économiques de M. le duc de Wurtemberg. J'écris à Cadix au sujet de la banqueroute des Gilli, mais j'espère très-peu de chose. Les Gilli n'ont fait que de mauvaises affaires.

Vous m'avez mandé, par votre dernière lettre, que Mlle de L'Espinasse désirait des sottises complètes; il n'y a qu'à en prendre un recueil chez Merlin, le faire relier, et le lui envoyer. Ce sera autant de payé sur les mille livres qu'il doit à Wagnière.

Je reçois dans ce moment une lettre de M. de Courteilles, qui est enchanté de votre mémoire.

Je voudrais vous envoyer du Lembertad, mais comment faire?

Je vous embrasse plus fort que jamais.

MMMMCMXCV. — A M. LE MARQUIS DE FLORIAN.

Le 4 mars.

Grand-Turc, grand écuyer persan, cadi, et vous, grande écuyère[1], tombe sur vous la rosée du ciel, et soit votre rosier toujours fleuri! Qui a donc fait la chanson de Moïè[2]? elle est naïve et plaisante. N'en fera-t-on point sur la Sorbonne, qui persécute si sottement Marmontel?

Les Gilli m'ont fait pis; leur banqueroute est forte. Je serai fort obligé à M. le cadi s'il fait agir vigoureusement le procureur boiteux dans mon affaire contre des Normands.

Mme Denis et moi remercions le Grand-Turc de la main levée. Mahomet favorise ses bons serviteurs. J'aurai bientôt, je crois, une plus grande obligation aux maîtres des requêtes. Vous avez vu sans doute le mémoire de M. de Beaumont; il faudrait avoir une âme de bronze pour ne pas accorder une évocation aux Sirven. En vérité, il s'agit dans

---

1. L'abbé Mignot, le marquis de Florian, d'Hornoy son beau-fils, et la marquise de Florian, mère de ce dernier. (ÉD.)
2. Cette chanson qui commence par ce vers :

Quel est ce gentil animal, etc.?

est de Boufflers. (ÉD.)

ANNÉE 1767.   255

cette affaire de l'honneur de la France; il est trop honteux de se faire
continuellement un jeu d'une accusation de parricide. Mon cher grand
écuyer y est surtout intéressé pour l'honneur de son Languedoc. Pour
moi, je m'intéresse plus aux Sirven qu'aux *Scythes* : je n'avais fait cette
pièce que pour mon petit théâtre et pour mes chers Génevois, qui y
sont un peu houspillés. M. et Mme de La Harpe la jouent très-bien;
elle nous fait un très-grand effet. Les changements que les anges nous
proposent nous paraissent absolument impraticables : ce serait nous
couper la gorge. Il faut donner la pièce telle qu'elle est, avec ses défauts, mais il ne la faut donner que quand Mlle Durancy sera sûre de
son rôle, et qu'elle aura appris à répandre et à retenir des larmes, et
quand les deux vieillards sauront imiter la nature, ce qui est aussi rare
dans ce trépot que dans celui de Nicolet.

Si le grand écuyer et le Grand-Turc veulent se donner le plaisir des
répétitions, ils feront un grand plaisir au Scythe, qui les embrasse de
tout son cœur.

Il leur enverra incessamment *la Guerre de Genève*, dès qu'il en aura
fait faire une copie. Cela peut amuser quelques moments ceux qui connaissent les masques.

MMMMCMXCVI. — A M. Lekain.

4 mars.

Je me flatte, mon cher ami, que vous aurez rétabli votre santé quand
cette lettre vous parviendra. Je pense que, pour prévenir les éditions
dont on me menace de tous côtés, vous devez au moins vous assurer
de quatre ou cinq représentations avant Pâques ; mon libraire de Paris
tiendrait alors la pièce toute prête pour la rentrée, supposé que cette
pièce méritât d'être reprise ; sinon vous vous contenteriez de ces quatre
ou cinq représentations, et il n'en serait plus parlé.

On dit que le public n'aime pas Dauberval, et que Grandval conviendrait mieux : c'est à vous à décider, et à faire ce que vous trouverez à
propos. Sans vous, rien ne se peut ni ne se doit faire. Prendrez-vous la
peine, mon cher ami, d'adoucir la voix de Mlle Durancy, surtout dans
les premiers actes? baissera-t-elle les yeux quand il le faut? dira-t-elle
d'une manière attendrissante :

Si la Perse a pour toi des charmes si puissants,
Je ne te contrains pas, quitte-moi, j'y consens.
J'en gémirai, Sulma, dans mon palais nourrie,
Tu fus dans tous les temps le soutien de ma vie :
Mais je serais barbare en t'osant proposer
De *supporter un joug* qui commence à peser, etc.

Pleurera-t-elle, et quelquefois soupirera-t-elle, sans parler? passera-
t-elle de l'attendrissement à la fermeté, dans les derniers vers du troisième acte? dira-t-elle bien *non* de la manière dont on dit *oui*? Si elle
fait tout cela, ce sera vous qu'il faudra remercier. La pièce est difficile
à jouer; elle a surtout besoin de deux vieillards qui soient naturels et

attendrissants. Les succès dépendent entièrement des acteurs; s'il y en avait trois ou quatre comme vous, vos parts seraient au moins de vingt mille livres.

M. de Thibouville a la bonté de se charger de bien des détails. Portez-vous bien; je vous embrasse de tout mon cœur.

MMMMCMXCVII. — A M. DORAT.

4 mars.

Je ne sais, monsieur, si mon amour-propre corrompt mon jugement; mais vos derniers vers me paraissent valoir mieux que les premiers; ils sont, à mon gré, plus remplis de grâces. Votre muse fait ce qu'elle veut; je la remercie d'avoir voulu quelque chose en ma faveur, quoiqu'il y ait encore un coup de patte. Je vous jure, sur mon honneur, que je n'ai aucune connaissance des vers qu'on a faits contre vous : personne ne m'en a écrit un mot; il n'y a que vous qui m'en parliez. Toutes ces sottises couvertes par d'autres sottises tombent dans un éternel oubli au bout de vingt-quatre heures. Je suis uniquement occupé de l'affaire de Sirven, dont vous avez peut-être entendu parler. Ce nouveau procès de parricide va être jugé au conseil du roi; il m'intéresse beaucoup plus que *les Scythes*, dont je ne fais nul cas. Je n'avais destiné cet ouvrage qu'à mon petit théâtre; mais on imprime tout : on a imprimé ce petit amusement de campagne. Les comédiens se repentiront probablement d'avoir voulu le jouer. J'ai donné un rôle à Mlle Durancy, à qui j'en avais promis un depuis très-longtemps. Je ne connaissais point Mlle Duboi ; je vis ignoré dans ma retraite, et j'ignore tout. Si j'avais été informé plus tôt de son mérite et de ses droits, j'aurais assurément prévenu ses plaintes; mais je vous prie de lui dire qu'elle n'a rien à regretter : le rôle qu'elle semble désirer est indigne d'elle. C'est une espèce de paysanne pendant trois actes entiers; c'est une fille d'un petit canton suisse qui épouse un Suisse; et un petit-maître français tue son mari. Je ne connais point de pièce plus hasardée; c'est une espèce de gageure, et je gage avec qui voudra contre le succès. Mais on peut faire une mauvaise pièce de théâtre, et ambitionner votre amitié; c'est là ma consolation et ma ressource.

Je vous supplie, monsieur, de compter sur les sentiments très-sincères de votre très-humble, etc.

MMMMCMXCVIII. — A M. LEKAIN.

Mercredi au matin, après les autres lettres écrites, 4 mars.

Il m'a paru convenable de jeter, dans les premiers actes des *Scythes*, quelques fondements de la loi qui fait le sujet du cinquième acte ; mais il n'est pas naturel qu'on parle dans un mariage de venger la mort d'un époux dont la vie semble en sûreté, et qui n'est encore menacé de rien par personne.

On peut, dans *Tancrède* et dans *Brutus*, commencer le premier acte par dévouer à la mort quiconque trahira sa patrie; on peut commen-

ôté dans *Œdipe* par la proscription du meurtrier de Laïus : cet artifice serait grossier et impraticable dans *les Scythes*. Cependant il serait heureux que le spectateur pût au moins deviner quelque chose de cette loi, qui a, en effet, existé en Scythie. Voici comme je m'y prends à la deuxième scène du second acte; voici le couplet qu'Indatire doit substituer à son premier couplet, qui commence par ces mots : *En ce temple si simple.*

    Cet autel me rappelle à ces forêts si chères;
    Tu conduis tous mes pas, je devance nos pères :
    Je viens lire en tes yeux, entendre de ta voix,
    Que ton heureux époux est nommé par ton choix.
    L'hymen est parmi nous le nœud que la nature
    Forme entre deux amants, de sa main libre et pure.
    Chez les Persans, dit-on, l'intérêt odieux,
    Les folles vanités, l'orgueil ambitieux,
    De cent bizarres lois la contrainte importune,
    Soumettent tristement l'amour à la fortune :
    Ici le cœur fait tout, ici l'on vit pour soi;
    D'un mercenaire hymen on ignore la loi;
    On fait sa destinée. Une fille guerrière
    De son guerrier chéri court la noble carrière,
    Se plaît à partager ses travaux et son sort,
    L'accompagne au combat, et sait venger sa mort.
    Préfères-tu nos mœurs aux mœurs de ton empire?
    La sincère Obéide aime-t-elle Indatire?

OBÉIDE.

Je connais tes vertus, j'estime ta valeur, etc.

Non-seulement ces vers préparent un peu le cinquième acte, mais ils sont plus forts et meilleurs.

M. Lekain est prié de les donner à M. Molé, et de lui faire de ma part les plus sincères compliments. Je persiste toujours à croire qu'il ne faut donner que cinq ou six représentations avant Pâques. La pièce demande à être beaucoup répétée, et, en ce cas, l'approbation du public pourra produire quelque avantage aux acteurs après Pâques.

N. B. Au cinquième acte :

OBÉIDE.

    ....C'est assez, seigneur, j'ai tout prévu :
    J'ai pesé mon destin, et tout est résolu.
    Une invincible loi me tient sous son empire;
    La victime est promise au père d'Indatire;
    Je tiendrai ma parole, allez, il vous attend :
    Qu'il me garde la sienne; il sera trop content.

SOZAME.

    Tu me glaces d'horreur!

OBÉIDE

Hélas ! je la partage.
Seigneur, le temps est cher, achevez votre ouvrage,
Laissez-moi m'affermir; mais surtout obtenez
Un traité nécessaire à ces infortunés, etc.

N. B. Comment des gens du monde peuvent-ils condamner *sénat agreste*? Ils n'ont pas vu les conseils généraux des petits cantons suisses. Le mot *agreste* est noble et poétique. Il est vrai qu'étant neuf au théâtre, quelques Frérons peuvent s'en effaroucher au parterre; mais c'est à la bonne compagnie à le défendre.

MMMMCMXCIX. — A M. DAMILAVILLE.

6 mars.

Voici, mon cher ami, un petit mot pour M. Lembertad. J'ai fait réflexion à votre proposition de préparer la chose. J'ai trouvé le secret de glisser, au second acte, que les femmes dans ce pays-là vengent leurs maris quand on les a tués. Heureusement cela est dit tout naturellement et sans art. Je ne sais si on aura le temps de jouer cette rapsodie. Je voudrais vous envoyer du Lembertad, mais comment faire? Bonsoir, mon cher ami.

MMMMM. — A M. L'ABBÉ BÉRAULT [1].

Le 11 mars.

Non-seulement, monsieur, celui que vous aviez chargé de me faire parvenir votre poëme de *la Terre promise* ne m'a point envoyé votre bel ouvrage, mais il ne m'en a point parlé : il ne m'a pas cru capable de lire un poëme aussi curieux.

Je sens tout le prix de ce que j'ai perdu. Rien n'est plus poétique sans doute que les conquêtes de Josué, et tout ce qui les a précédées et suivies. Aucune fiction grecque n'en approche ; chaque événement est prodige, et les miracles y font un effet d'autant plus admirable, qu'on ne peut pas dire que l'auteur y amène la divinité, comme les poëtes grecs qui faisaient descendre un dieu sur la scène, quand ils ne savaient comment dénouer leur intrigue. On voit le doigt de Dieu partout dans le sujet de votre ouvrage, sans que l'intervention divine soit une ressource nécessaire. Josué pouvait aisément passer à gué le Jourdain, qui n'a pas quarante-cinq pieds de large, et qui est guéable en cent endroits; mais Dieu fait remonter le fleuve vers sa source, pour manifester sa puissance.

Il n'était pas nécessaire que Jéricho tombât au son des cornemuses, puisque Josué avait des intelligences dans la ville par le moyen de Rahab la prostituée. Dieu fait tomber les murs, pour faire voir qu'il est le maître de tous les événements. Les Amorrhéens étaient déjà écrasés

---

1. Bérault Bercastal. (ÉD.)

par une pluies de pierres tombées du ciel; il n'était pas nécessaire que Dieu arrêtât le soleil et la lune à midi, pour que Josué triomphât de ce peu de gens qui venaient d'être lapidés d'en haut. Si Dieu arrête le soleil et la lune, c'est pour faire voir aux Juifs que le soleil et la lune dépendent de lui.

Ce qui me paraît encore de plus favorable à la poésie, c'est que le sujet est petit, et les moyens grands. Josué ne conquit, à la vérité, que trois ou quatre lieues de pays, qu'on perdit bientôt après; mais la nature entière est en convulsion pour la petite tribu d'Éphraïm. C'est ainsi qu'Énée, dans Virgile, s'établit dans un village d'Italie avec le secours des dieux. Le grand avantage que vous avez sur Virgile, c'est que vous chantez la vérité, et qu'il n'a chanté que le mensonge. Vous avez l'un et l'autre des héros pieux, ce qui est encore un avantage. Il est vrai qu'on pourrait reprocher quelques cruautés à Josué, mais elles sont sacrées, ce qui est bien un autre avantage encore. Il n'y a même que trente rois de condamnés à être pendus, dans ce petit pays de quatre lieues, pour avoir osé résister à un étranger envoyé par le Seigneur; et vous prouverez, quand il vous plaira, qu'on ne saurait pendre, pour la bonne cause, trop de princes hérétiques.

Jugez, monsieur, quel est mon regret de n'avoir pu lire, dans ma terre non promise, votre poëme épique sur la terre promise, qui me fait concevoir de si hautes espérances.

J'ai l'honneur d'être avec tous les sentiments que je vous dois, monsieur, etc.

MMMMMI. — A M. LEKAIN.

A Ferney, 11 mars.

Mon cher ami, je sors d'une grande répétition des *Scythes*. Le cinquième acte est sans contredit celui de tous qui a fait le plus d'effet théâtral; mais il demande de terribles nuances. Le couplet d'Athamare quand il encourage Obéide à le frapper, prononcé de la manière dont vous le direz, avec courage, avec noblesse, avec un air de maître, contribue beaucoup au succès. La scène du père et de la fille, l'air morne, recueilli, douloureux et terrible qu'Obéide y conserve toujours avec son père, fait de cette scène même une des plus attachantes; la curiosité et l'effroi saisissent toute l'assemblée. Ce cinquième acte vient de faire le même effet à Lausanne; c'est celui de tous qui a le plus réussi. On répète la pièce à Genève, on la répète à Lyon dans quatre jours. Vous voyez qu'il est de toute impossibilité d'attendre après Pâques; le libraire de Paris serait prévenu par les libraires de province et par ceux de Suisse. Si j'étais à Paris, vous ne seriez pas exposé à ces inconvénients; mais il y a près de vingt ans que les indignes persécutions que j'ai essuyées pour tout fruit de mes travaux m'ont fait renoncer à ma patrie. C'est à Fréron et Coqueley, son approbateur, à triompher dans Paris.

Voici un petit résumé de tous les changements faits à la pièce, afin que, s'il en est échappé quelqu'un dans votre copie, vous puissiez aisément le remplacer. Au reste, vous sentez bien que tout dépend de votre santé : il ne faut pas vous tuer pour des Scythes. Tout dépend surtout de la santé de Mme la Dauphine, et on n'a pas besoin d'un tel motif pour souhaiter son rétablissement. Je vous embrasse bien tendrement.

N. B. Mlle Dubois s'est plainte à moi; elle a cru que vous m'aviez engagé à la priver du rôle d'Obéide; je l'ai détrompée comme je le devais.

MMMMMII. — A M. LE RICHE.

14 mars.

Le parlement de Besançon doit être très-flatté, monsieur, que la cour ne l'ait pas cru persécuteur, et je suis persuadé que le parlement de Dijon montrera bien qu'il ne l'est pas. J'espère même que les principaux magistrats de votre province, justement indignés contre les manœuvres du procureur général [1], agiront auprès de leurs amis de Dijon Pour moi, quoique sans crédit, j'y ferai tous mes faibles efforts.

M. l'avocat Arnoult est l'homme le plus propre à bien servir Fantet. Il faut qu'il s'adresse à cet avocat, à qui j'écrirai dès que j'aurai appris que Fantet est à Dijon. Je vais écrire à quelques amis que j'ai dans ce pays-là, et même à M. le premier président. Ma recommandation auprès du président de Brosses ne serait pas bien reçue; il a mieux aimé profiter de ma bonne foi, en me vendant sa terre de Tournay à vie, que mériter mon amitié par des procédés généreux; mais j'ai le bonheur d'avoir pour amis des hommes qui ont plus de crédit que lui dans le parlement.

Vos bontés pour Fantet redoublent, monsieur, l'attachement que je vous ai voué. Ne pourrai-je point avoir la consolation de vous posséder quelques jours dans ma retraite?

MMMMMIII. — A M. CHRISTIN.

14 mars.

Le diable est déchaîné, mon cher ami; et quand on n'est pas aussi fort que l'archange Michel, qui le battit si bien, il faut faire une honnête retraite. Il est très-prudent à vous de ne point envoyer à Dijon des armes offensives qui pourraient tomber entre les mains des ennemis; faut attendre qu'il y ait une trêve, pour avoir des correspondances sûres.

Je trouve qu'on fait beaucoup d'honneur au parlement de Besançon, en avouant qu'il n'est pas persécuteur; mais je crois qu'on se trompe en regardant comme tel le parlement de Dijon. J'espère que Fantet [2] y sera traité aussi favorablement qu'il l'aurait été dans votre province.

J'écrirai à des amis qui prendront sa défense; avertissez-moi quand Fantet sera à Dijon, et quand il faudra agir; j'y mettrai tout mon savoir-faire. J'ai la main heureuse; l'affaire des Sirven prend le train le

1. Dorox. (ÉD.)
2. Libraire de Besançon, poursuivi juridiquement pour avoir vendu quelques ouvrages philosophiques. (*Éd. de Kehl.*)

plus favorable; et, quoi qu'on en dise et quoi qu'on fasse, la raison et l'humanité l'emportent sur le fanatisme. Puisse la France imiter bientôt la Russie et la Pologne! L'impératrice de Russie et le roi de Pologne me font l'honneur de m'écrire de leur main qu'ils font tous leurs efforts pour établir la plus grande tolérance dans leurs États; ils poussent l'un et l'autre la bonté jusqu'à me dire que mes faibles écrits n'ont pas peu contribué à leur inspirer ces sentiments. Ma patrie ne va pas encore jusque-là; mais la dernière aventure du bureau de Colonges prouve assez les progrès de la raison.

Tâchez de faire parvenir des *Honnêtetés*[1] à M. Le Riche, et quelques *Questions*[2].

Mille tendres amitiés.

MMMMIV. — A M. LINGUET.

15 mars.

.... Je crois, comme vous, monsieur, qu'il y a plus d'une inadvertance dans l'*Esprit des lois*. Très-peu de lecteurs sont attentifs; on ne s'est point aperçu que presque toutes les citations de Montesquieu sont fausses. Il cite le prétendu *Testament du cardinal de Richelieu*, et il lui fait dire au chapitre v, dans le livre III, que s'il se trouve dans le peuple quelque malheureux honnête homme, il ne faut pas s'en servir. Ce testament, qui d'ailleurs ne mérite pas la peine d'être cité, dit précisément le contraire; et ce n'est point au sixième, mais au quatrième chapitre.

Il fait dire à Plutarque que les femmes n'ont aucune part au véritable amour[3]. Il ne songe pas que c'est un des interlocuteurs qui parle ainsi, et que ce Grec, trop grec, est vivement réprimandé par le philosophe Daphneûs, pour lequel Plutarque décide. Ce dialogue est tout consacré à l'honneur des femmes; mais Montesquieu lisait superficiellement, et jugeait trop vite.

C'est la même négligence qui lui a fait dire que le Grand-Seigneur n'était point obligé par la loi de tenir sa parole[4]; que tout le bas commerce était infâme chez les Grecs[5]; qu'il déplore l'aveuglement de François I*er*, qui rebuta Christophe Colomb[6], qui lui proposait les Indes, etc. Vous remarquerez que Christophe Colomb avait découvert l'Amérique avant que François I*er* fût né.

La vivacité de son esprit lui fait dire au même endroit, livre XXI, chapitre XXII, que le conseil d'Espagne eut tort de défendre l'emploi de l'or en dorure. Un décret pareil, dit-il, serait semblable à celui que feraient les états de Hollande, s'ils défendaient la cannelle. Il ne fait pas réflexion que les Espagnols n'avaient point de manufactures; qu'ils auraient été obligés d'acheter les étoffes et les galons des étrangers, et que les Hollandais ne pouvaient acheter ailleurs que chez eux-mêmes la cannelle, qui croît dans leurs domaines.

1. Les *Honnêtetés littéraires*. (ÉD.) — 2. Les *Questions de Zapata*. (ÉD.)
3. Livre II, chapitre IX, note 2. (ÉD.) — 4. Livre III, chapitre IX. (ÉD.)
5. Livre IV, chapitre VIII. — 6. Livre XXI, chapitre XXII. (ÉD.)

Presque tous les exemples qu'il apporte sont tirés des peuples inconnus du fond de l'Asie, sur la foi de quelques voyageurs mal instruits ou menteurs.

Il affirme [1] qu'il n'y a de fleuve navigable en Perse que le Cyrus : il oublie le Tigre, l'Euphrate, l'Oxus, l'Araxe, et le Phase, l'Indus même, qui a coulé longtemps sous les lois des rois de Perse. Chardin nous assure, dans son troisième tome, que le fleuve Zenderouth, qui traverse Ispahan, est aussi large que la Seine à Paris, et qu'il submerge souvent des maisons sur les quais de la ville.

Malheureusement le système de l'*Esprit des lois* a pour fondement une antithèse qui se trouve fausse. Il dit que les monarchies sont établies sur l'honneur, et les républiques sur la vertu; et, pour soutenir ce prétendu bon mot : La nature de l'honneur (dit-il, livre III, chapitre VII) est de demander des préférences, des distinctions; l'honneur est donc, par la chose même, placé dans le gouvernement monarchique. Il devrait songer que, par la chose même, on briguait, dans la république romaine, la préture le consulat, le triomphe, des couronnes et des statues.

J'ai pris la liberté de relever plusieurs méprises pareilles dans ce livre, d'ailleurs très-estimable. Je ne serai pas étonné que cet ouvrage célèbre vous paraisse plus rempli d'épigrammes que de raisonnements solides; et cependant il y a tant d'esprit et de génie, qu'on le préférera toujours à Grotius et à Puffendorf. Leur malheur est d'être ennuyeux; ils sont plus pesants que graves.

Grotius, contre lequel vous vous élevez avec tant de justice, a extorqué de son temps une réputation qu'il était bien loin de mériter. Son *Traité de la religion chrétienne* n'est pas estimé des vrais savants. C'est là qu'il dit, au chapitre XXII de son premier livre, que l'embrasement de l'univers est annoncé dans Hystaspe et dans les Sibylles. Il ajoute à ces témoignages ceux d'Ovide et de Lucain; il cite Lycophron pour prouver l'histoire de Jonas.

Si vous voulez juger du caractère de l'esprit de Grotius, lisez sa harangue à la reine Anne d'Autriche, sur sa grossesse. Il la compare à la Juive Anne, qui eut des enfants étant vieille; il dit que les dauphins, en faisant des gambades sur l'eau, annoncent la fin des tempêtes, et que, par la même raison, le petit Dauphin qui remue dans son ventre annonce la fin des troubles du royaume.

Je vous citerais cent exemples de cette éloquence de collége dans Grotius, qu'on a tant admiré. Il faut du temps pour apprécier les livres et pour fixer les réputations.

Ne craignez pas que le bas peuple lise jamais Grotius et Puffendorf; il n'aime pas à s'ennuyer. Il lirait plutôt (s'il le pouvait) quelques chapitres de l'*Esprit des lois*, qui sont à portée de tous les esprits, parce qu'ils sont très-naturels et très-agréables. Mais distinguons, dans ce que vous appelez peuple, les professions qui exigent une éducation

---

1. Il y a dans Montesquieu, liv. XXIV, chapitre XXVI : « M. Chardin dit qu'il n'y a point de fleuve navigable en Perse, si ce n'est le fleuve Kur. » (ÉD.)

honnête, et celles qui ne demandent que le travail des bras et une fatigue de tous les jours. Cette dernière classe est la plus nombreuse. Celle-là, pour tout délassement et pour tout plaisir, n'ira jamais qu'à la grand'messe et au cabaret, parce qu'on y chante, et qu'elle y chante elle-même; mais, pour les artisans plus relevés, qui sont forcés par leurs professions mêmes à réfléchir beaucoup, à perfectionner leur goût, à étendre leurs lumières, ceux-là commencent à lire dans toute l'Europe. Vous ne connaissez guère, à Paris, les Suisses que par ceux qui sont aux portes des grands seigneurs, ou par ceux à qui Molière fait parler un patois inintelligible, dans quelques farces; mais les Parisiens seraient étonnés s'ils voyaient dans plusieurs villes de Suisse, et surtout dans Genève, presque tous ceux qui sont employés aux manufactures passer à lire le temps qui ne peut être consacré au travail. Non, monsieur, tout n'est point perdu quand on met le peuple en état de s'apercevoir qu'il a un esprit. Tout est perdu au contraire quand on le traite comme une troupe de taureaux; car, tôt ou tard, ils vous frappent de leurs cornes. Croyez-vous que le peuple ait lu et raisonné dans les guerres civiles de la Rose rouge et de la Rose blanche en Angleterre, dans celle qui fit périr Charles Ier sur un échafaud, dans les horreurs des Armagnacs et des Bourguignons, dans celles mêmes de la Ligue? Le peuple, ignorant et féroce, était mené par quelques docteurs fanatiques qui criaient : « Tuez tout, au nom de Dieu. » Je défierais aujourd'hui Cromwell de bouleverser l'Angleterre par son galimatias d'énergumène; Jean de Leyde, de se faire roi de Munster; et le cardinal de Retz, de faire des barricades à Paris. Enfin, monsieur, ce n'est pas à vous d'empêcher les hommes de lire, vous y perdriez trop, etc.

MMMMMV. — A M. LE MARÉCHAL DUC DE RICHELIEU.

A Ferney, 16 mars.

Votre lettre du 2 de mars, monseigneur, m'étonne et m'afflige infiniment. Mon attachement pour vous, mon respect pour votre maison, et toutes les bienséances réunies, ne me permirent pas de vous envoyer une pièce de théâtre le jour que j'apprenais la mort de Mme la duchesse de Fronsac. Je vous écrivis, et je vous demandai vos ordres. Voici la pièce que je vous envoie. Il se sera passé un temps assez considérable pour que votre affliction vous laisse la liberté de gratifier votre troupe de cette nouveauté, et que vous puissiez même l'honorer de votre présence.

M. de Thibouville va faire jouer à Paris *les Scythes*; c'est une obligation que je lui ai; car c'est une peine très-grande, et souvent désagréable, que de conduire des acteurs.

J'ai chez moi actuellement M. de La Harpe et sa femme. Vous n'ignorez pas que M. de La Harpe est un homme d'un très-grand mérite, qui vient de remporter deux prix à notre Académie, par deux ouvrages excellents. Il récite les vers comme il les fait; c'est le meilleur acteur qu'il y ait aujourd'hui en France. Il est un peu petit, mais sa femme est grande. Elle joue comme Mlle Clairon, à cela près qu'elle est beaucoup plus attendrissante. Je souhaite que la pièce soit jouée à Paris et à Bordeaux comme elle l'est à Ferney.

La petite Durancy est mon élève. Elle vint, il y a dix ans, à Genève; c'était un enfant. Je lui promis de lui donner un rôle, si jamais elle entrait à Paris à la Comédie; elle me fit même, par plaisanterie, signer cet engagement. Il est devenu sérieux, et il a fallu le remplir. Je lui ai donné le rôle d'Obéide. Je ne connais point Mlle Dubois; je ne savais pas même quelle sorte d'emploi elle avait à la Comédie. Vous savez qu'il y a près de vingt ans que les Fréron me chassèrent de Paris, où je ne retournerai jamais. Vous savez aussi que les pièces de théâtre font mon amusement; j'en fais présent aux comédiens, et je me dois attendre d'eux que des remercîments, et non des tracasseries. C'était même pour arrêter toutes les querelles de ce *tripot* que j'avais fait imprimer la pièce, que je ne comptais pas livrer au théâtre, ainsi que je le dis dans la préface. Enfin la voici avec tous les changements que j'ai faits depuis, et avec les directions, en marge, pour l'intelligence de la pièce, et pour gouverner le jeu des acteurs. Je ne sais si vous serez en état de vous en amuser, mais vous le serez toujours de la protéger.

Ces petites fêtes font l'agrément de ma vieillesse. Je vous envoie la pièce dans un autre paquet, et j'annonce sur l'enveloppe le titre du livre, afin qu'il puisse servir de passe-port.

Je me doutais bien que Galien, qui, dans ma tragédie, joue le rôle d'un jeune Scythe, ne jouerait pas dans votre réponse celui d'un futur inspecteur des toiles; mais vous êtes assez puissant pour lui procurer autre chose. L'histoire et la bibliographie sont son fait; mais on risque avec cela de mourir de faim, si on n'a pas quelque chose d'ailleurs. Il attend tout de vos bontés. Il travaille toujours beaucoup, et il a déjà plusieurs portefeuilles remplis de bons matériaux sur le Dauphiné, où il voudrait bien aller faire un tour pour voir ses parents près Grenoble, qui n'est pas loin d'ici.

Comme il se connaît en livres rares, il en a acheté un petit nombre de ce genre, et que vous n'avez pas. Il veut vous les offrir; mais comme ce sont de ces livres sur lesquels on n'entend pas raillerie en France, je ne suis point du tout d'avis qu'il vous les envoie; il y aurait du danger, et les conséquences en pourraient être fâcheuses : il vaut mieux qu'il les garde jusqu'à ce que vous m'ayez fait connaître vos ordres sur ces deux derniers articles.

Agréez, monseigneur, les sentiments inaltérables du respect et de l'attachement que je conserverai pour vous jusqu'au dernier moment de ma vie.

MMMMMVI. — A M. DE CHABANON.

16 mars.

Non-seulement je corromps la jeunesse, mon cher et jeune confrère, mais la vieillesse ne m'empêche point de donner de mauvais exemples. Je suis honteux de faire des tragédies à mon âge. Je vous réponds un peu tard, parce que j'ai passé mon temps à soutenir la guerre contre mes anges. Je suis quelquefois très-docile, et quelquefois très-opiniâtre. Je souhaite que vous n'ayez pas été trop docile en changeant votre plan;

vous aurez sans doute senti que le nouveau servira mieux votre génie : c'est toujours le plan qui nous échauffe le plus que l'on doit choisir. Celui que j'avais imaginé pour mes pauvres *Scythes* m'animait, et celui qu'on me proposait me glaçait. J'ai travaillé pour mes Suisses et pour moi ; la pièce nous a amusés à Ferney, et c'est tout ce que je voulais ; car, en cultivant son jardin, il faut aussi ne pas oublier son théâtre.

Nous avons suspendu nos plaisirs, sur la nouvelle du triste état où était Mme la Dauphine ; nous sommes bons Français, quoique nous ne soyons que des Suisses.

M. de La Borde m'avait recommandé de l'informer de tout ce qu'on me manderait sur son *Péché originel*[1]. Je n'eus d'abord que des choses très-flatteuses à lui faire savoir ; mais depuis il m'est revenu qu'on faisait des critiques, et que l'on trouvait quelques endroits faibles ; je m'en rapporte à vous : il y a bien de l'arbitraire dans la musique ; les oreilles, que Cicéron appelle *superbes*, sont fort capricieuses. Il n'en est pas ainsi du cœur. C'est un juge infaillible ; et, quand il est ému dans une tragédie, toutes les critiques n'ont qu'à se taire.

Mon petit La Harpe a fait une réponse à l'abbé de Rancé. Cet abbé de Rancé avait écrit ce qu'on appelle, je ne sais pourquoi, une héroïde à ses moines ; M. de La Harpe fait répondre un moine qui assurément vaut mieux que l'abbé. C'est un des meilleurs ouvrages que j'aie vus ; il faudrait qu'il fût entre les mains de tous les novices, il n'y aurait plus de profès. Jamais on n'a mieux peint l'horreur de la vie monacale.

J'ignore encore si la folle Sorbonne a condamné le sage *Bélisaire*. De quoi se mêle-t-elle ?

Si vous avez l'*Histoire de la philosophie* par des Landes, vous y verrez, tome III, page 299 : « La Faculté de théologie est le corps le plus méprisable qui soit dans le royaume. » Je serais bien fâché de penser comme M. des Landes ; à Dieu ne plaise ! personne ne respecte plus que moi la sacrée faculté ; mais je vous aime encore davantage.

MMMMMVII. — A M. PALISSOT.

A Ferney, 16 mars.

Vous avez touché, monsieur, la véritable corde. J'ai vu Fréret, le fils de Crébillon, Diderot, enlevés et mis à la Bastille ; presque tous les autres, persécutés ; l'abbé de Prades, traité comme Arius par les Athanasiens ; Helvétius, opprimé non moins cruellement ; Tercier, dépouillé de son emploi ; Marmontel, privé de sa petite fortune[2] ; Bret, son approbateur, destitué et réduit à la misère. J'ai souhaité qu'au moins des infortunés fussent unis, et que des forçats ne se battissent pas avec leurs

1. *Pandore*, opéra de Voltaire, mis en musique par La Borde. (ÉD.)
2. Ce ne fut pas à l'occasion du *Bélisaire*, comme quelques personnes l'ont dit, que Marmontel fut privé du privilége du *Mercure*, mais en 1759, c'est-à-dire huit ans plus tôt, à l'occasion d'une *Parodie d'une scène de Cinna*, qui était l'ouvrage de Curis. (*Note de M. Beuchot.*)

chaînes. Je n'ai pu jouir de cette consolation, il ne me reste qu'à achever, dans ma retraite, une vie que je dérobe aux persécuteurs.

Jean-Jacques, qui pouvait être utile aux lettres, en est devenu l'ennemi par un orgueil ridicule, et la honte par une conduite affreuse. Je conclus qu'il faut cultiver son jardin. Je cultive le mien, et je serai toujours avec autant d'estime que de regret, etc.

MMMMMVIII. — A M. LE COMTE DE BOISGELIN, MAÎTRE DE LA GARDE-ROBE DU ROI.

A Ferney, mars.

Ce que vous m'avez envoyé, monsieur, m'a mortellement ennuyé. Voilà tout ce que je peux vous en dire : je n'aime pas les phrases. Vous avez un frère qui m'a accoutumé au bon.

On m'a parlé d'un homme de Nancy, qu'on dit fourré à la Bastille, sur la dénonciation d'un jésuite : il s'appelle, je crois, Le Clerc; il avait la protection de Mme la marquise de Boufflers, votre belle-mère, si on ne m'a pas trompé. En ce cas, je présume que vous daignerez agir tous deux en sa faveur. Rien ne rafraîchit le sang comme de secourir les malheureux.

J'étais impotent et aveugle quand Mme de Boufflers a passé par Lyon. Je suis encore à peu près dans le même état; je ne vaux rien des pieds jusqu'à la tête; et, à l'égard de ma pauvre âme, elle est extrêmement sensible à votre souvenir et à vos bontés, dont je vous demande la continuation avec la sensibilité la plus respectueuse.

MMMMMIX. — A M. MARMONTEL.

16 mars.

Je prie le secrétaire de Bélisaire de dire à Mme Geoffrin que j'avais bien raison de n'être point surpris du billet du roi de Pologne. Il vient de m'écrire sur la tolérance une lettre dans le goût et dans le style de Trajan ou de Julien. Il faudrait la graver dans les écoles de Sorbonne et y graver surtout ce grand mot de l'impératrice de Russie : *Malheur aux persécuteurs!*

Mon cher confrère, un grand siècle se forme dans le Nord, un pauvre siècle déshonore la France. Cependant l'Europe parle notre langue. A qui en a-t-on l'obligation? à ceux qui écrivent comme vous, à ceux qu'on persécute.

Non lasciar la magnanima impresa.

Pétrarque, son. VII.

MMMMMX. — A M. ÉLIE DE BEAUMONT.

Ferney, le 18 mars.

Je doute fort, mon cher Cicéron, que le conseil de Berne ajoute rien à la modique pension qu'il fait aux Sirven; c'est beaucoup s'il la continue. M. Seigneux de Correvon, à qui vous écrivez, ne peut nous être d'aucun secours; il n'a que sa bonne volonté.

Je sens bien que la réconciliation du premier président [1] avec le parlement de Toulouse peut nous être défavorable ; mais j'espère que le conseil ne voudra pas se relâcher sur le droit qu'il a de prononcer des évocations que la voix publique demande, et que l'équité exige. Les conseillers d'État et les maîtres des requêtes paraissent penser unanimement sur cette affaire. Votre mémoire vous fait beaucoup d'honneur ; il a consolé ce pauvre Sirven. Je vous l'enverrai dès que le tribunal qui doit le juger sera nommé. Cinq années de désespoir ont un peu affaibli sa tête ; il ne répondra peut-être qu'en pleurant ; mais, après votre mémoire, je ne sais rien de plus éloquent que des pleurs.

M. Seigneux de Correvon voulait l'engager à faire travailler M. Loyseau ; vous pensez bien qu'il n'en fera rien. J'imagine que rien ne sera décidé qu'après Pâques. J'exécuterai tous vos ordres ponctuellement, et au moment que vous prescrirez.

Bien des respects à Mme de Canon.

MMMMMXI. — A M. Damilaville.

18 mars.

Voici, mon cher ami, une réponse à M. de Beaumont. Son mémoire réussit beaucoup. S'il avait conservé ce bel épiphonème : *Vous n'avez point d'enfants !* il aurait réussi davantage ; mais, tel qu'il est, il inspire la conviction.

Voici la réponse tout ouverte que je vous envoie pour M. Linguet.

Et voici une réponse d'un moine à une héroïde de l'abbé de Rancé. Le moine vaut mieux que l'abbé. C'est, à mon gré, le meilleur ouvrage de M. de La Harpe. Faites-en faire tant de copies qu'il vous plaira, et ensuite ayez la bonté d'envoyer cet exemplaire, avec la lettre ci-jointe, à M. Barthe, secrétaire de l'abbé de la Trappe.

Je vous enverrai incessamment ce que M. Lembertad demande. Nous avons suspendu à Ferney les représentations des *Scythes* ; nous ne prétendons pas nous réjouir quand la cour est dans les alarmes ou dans le deuil. J'ignore le sort de Mme la Dauphine, mais il ne peut être que funeste. Quoique nous ne soyons que des Suisses, nous avons le cœur aussi français que les Parisiens.

Je voudrais que les sorboniqueurs, qui persécutent Marmontel, apprissent que l'impératrice de Russie, les rois de Danemark, de Pologne, de Prusse, et la moitié des princes d'Allemagne, établissent hautement la liberté de conscience dans leurs États, et que cette liberté les enrichit. J'ai reçu du roi de Pologne une lettre qui ferait honneur à Trajan pour le fond et pour le style.

Je vous embrasse ; aimez-moi comme je vous aime.

1. Bastard. (Éd.)

MMMMMXII. — A M. LE MARQUIS DE XIMÉNÈS.

A Ferney, 18 mars.

Je vous ai déjà mandé, monsieur le marquis, que je n'avais jeté sur le papier que des notes informes, de simples indications pour me faire souvenir de ce que je dois dire quand vous m'aurez envoyé le reste. Si vous ne me l'envoyez pas, que puis-je faire? rien. Je sais bien que Racine est rarement assez tragique; mais il est si intéressant, si adroit, si pur, si élégant, si harmonieux; il a tant adouci et embelli notre langue, rendue barbare par Corneille, que notre passion pour lui est bien excusable. M. de La Harpe est tout aussi passionné que nous; il s'indigne avec moi qu'on ose comparer le minéral brut de Corneille à l'or pur de Racine.

Vous savez qu'il a répondu à l'abbé de Rancé, et que l'épître du moine vaut beaucoup mieux que l'épître de l'abbé. Je présume qu'il vous a envoyé les corrections nécessaires qu'il a faites à ce bel ouvrage. Je me flatte que vous en ferez faire plusieurs copies, pour l'édification de ceux qui aiment la raison et les vers.

Si vous n'avez vu *les Scythes* que dans l'édition des Cramer, vous n'avez point vu la pièce. Je la corrige tous les jours, et j'y ai fait plus de cent vers nouveaux; on n'a jamais fini avec une tragédie. Il est beaucoup plus aisé de faire toute l'*Histoire* de Rollin qu'une seule pièce de théâtre. Je ne sais si on jouera *les Scythes* avant ou après Pâques, et si même on les jouera jamais. J'ai fait cette pièce pour m'amuser, et pour la jouer à Ferney. Si elle peut servir à faire gagner quelque argent aux comédiens de Paris, à la bonne heure. Nous fermons notre théâtre à Ferney tant que Mme la Dauphine sera en danger. Je vous assure pourtant que je ne crois pas qu'elle meure; et ma raison, c'est que les médecins l'ont condamnée.

Adieu, monsieur; mille tendres respects du meilleur de mon cœur.

MMMMMXIII. — A M. ÉLIE DE BEAUMONT.

Du 20 mars.

Votre mémoire, monsieur, en faveur des Sirven a touché et convaincu tous les lecteurs, et fera sans doute le même effet sur les juges. La consultation, signée de dix-neuf célèbres avocats de Paris, a paru aussi décisive en faveur de cette famille innocente, que respectueuse pour le parlement de Toulouse.

Vous m'apprenez qu'aucun des avocats consultés n'a voulu recevoir l'argent qu'on leur offrait pour leur honoraire. Leur désintéressement et le vôtre sont dignes de l'illustre profession dont le ministère est de défendre l'innocence opprimée.

C'est la seconde fois, monsieur, que vous vengez la nature et la nation. Ce serait un opprobre trop affreux pour l'une et pour l'autre, si tant d'accusations de parricides avaient le moindre fondement. Vous avez démontré que le jugement rendu contre les Sirven est encore plus irrégulier que celui qui a fait périr le vertueux Calas sur la roue et dans les flammes.

Je vous enverrai le sieur Sirven et ses filles, quand il en sera temps; mais je vous avertis que vous ne trouverez peut-être point dans ce malheureux père de famille la même présence d'esprit, la même force, les mêmes ressources qu'on admirait dans Mme Calas. Cinq ans de misère et d'opprobre l'ont plongé dans un accablement qui ne lui permettrait pas de s'expliquer devant ses juges : j'ai eu beaucoup de peine à calmer son désespoir dans les longueurs et dans les difficultés que nous avons essuyées pour faire venir du Languedoc le peu de pièces que je vous ai envoyées, lesquelles mettent dans un si grand jour la démence et l'iniquité du juge subalterne qui l'a condamné à la mort, et qui lui a ravi toute sa fortune. Aucun de ses parents, encore moins ceux qu'on appelle *amis*, n'osait lui écrire, tant le fanatisme et l'effroi s'étaient emparés de tous les esprits.

Sa femme, condamnée avec lui, femme respectable, qui est morte de douleur en venant chez moi; l'une de ses filles, prête de succomber au désespoir pendant cinq ans; un petit-fils né au milieu des glaces, et infirme depuis sa malheureuse naissance; tout cela déchire encore le cœur du père, et affaiblit un peu sa tête. Il ne fait que pleurer; mais vos raisons et ses larmes toucheront également ses juges.

Je dois vous avertir de la seule méprise que j'aie trouvée dans votre mémoire. Elle n'altère en rien la bonté de la cause. Vous faites dire au sieur Sirven que le conseil de Berne et le conseil de Genève l'ont pensionné. Berne, il est vrai, a donné au père, à la mère, et aux deux filles, sept livres dix sous par tête chaque mois, et veut bien continuer cette aumône pour le temps de son voyage à Paris; mais Genève n'a rien donné.

Vous avez cité l'impératrice de Russie, le roi de Pologne, le roi de Prusse, qui ont secouru cette famille si vertueuse et si persécutée. Vous ne pouviez savoir alors que le roi de Danemark, le landgrave de Hesse, Mme la duchesse de Saxe-Gotha, Mme la princesse de Nassau-Saarbruck, Mme la margrave de Baden, Mme la princesse de Darmstadt, tous également sensibles à la vertu et à l'oppression des Sirven, s'empressèrent de répandre sur eux leurs bienfaits. Le roi de Prusse, qui fut informé le premier, se hâta de m'envoyer cent écus, avec l'offre de recevoir la famille dans ses États, et d'avoir soin d'elle.

Le roi de Danemark, sans même être sollicité par moi, a daigné m'écrire, et a fait un don considérable. L'impératrice de Russie a eu la même bonté, et a signalé cette générosité qui étonne, et qui lui est si ordinaire; elle accompagna son bienfait de ces mots énergiques, écrits de sa main : *Malheur aux persécuteurs !*

Le roi de Pologne, sur un mot que lui dit Mme de Geoffrin, qui était alors à Varsovie, fit un présent digne de lui ; et Mme de Geoffrin a donné l'exemple aux Français, en suivant celui du roi de Pologne. C'est ainsi que Mme la duchesse d'Enville, lorsqu'elle était à Genève, fut la première à réparer le malheur des Calas. Née d'un père et d'un aïeul illustres pour avoir fait du bien, la plus belle des illustrations, elle n'a jamais manqué une occasion de protéger et de soulager les infortunés avec autant de grandeur d'âme que de discernement : c'est ce qui a toujours distingué sa maison; et je vous avoue, monsieur, que je voudrais pouvoir faire passer jusqu'à la dernière postérité les hommages dus à cette bienfaisance, qui n'a jamais été l'effet de la faiblesse.

Il est vrai qu'elle fut bien secondée par les premières personnes du royaume, par de généreux citoyens, par un ministre[1] à qui on n'a pu reprocher encore que la prodigalité en bienfaits, enfin par le roi lui-même, qui a mis le comble à la réparation que la nation et le trône devaient au sang innocent.

La justice rendue sous vos auspices à cette famille a fait plus d'honneur à la France que le supplice de Calas ne nous a fait de honte.

Si la destinée m'a placé dans des déserts où la famille des Sirven et les fils de Mme Calas cherchèrent un asile, si leurs pleurs et leur innocence si reconnue m'ont imposé le devoir indispensable de leur donner quelques soins, je vous jure, monsieur, que, dans la sensibilité que ces deux familles m'ont inspirée, je n'ai jamais manqué de respect au parlement de Toulouse; je n'ai imputé la mort du vertueux Calas, et la condamnation de la famille entière des Sirven, qu'aux cris d'une populace fanatique, à la rage qu'eut le capitoul David de signaler son faux zèle, à la fatalité des circonstances.

Si j'étais membre du parlement de Toulouse, je conjurerais tous mes confrères de se joindre aux Sirven pour obtenir du roi qu'il leur donne d'autres juges. Je vous déclare, monsieur, que jamais cette famille ne reverra son pays natal qu'après avoir été aussi légalement justifiée qu'elle l'est réellement aux yeux du public. Elle n'aurait jamais la force ou la patience de soutenir la vue du juge de Mazamet, qui est sa partie, et qui l'a opprimée plutôt que jugée. Elle ne traversera point des villages catholiques, où le peuple croit fermement qu'un des principaux devoirs des pères et des mères, dans la communion protestante, est d'égorger leurs enfants, dès qu'ils les soupçonnent de pencher vers la religion catholique. C'est ce funeste préjugé qui a traîné Jean Calas sur la roue; il pourrait y traîner les Sirven. Enfin, il m'est aussi impossible d'engager Sirven à retourner dans le pays qui fume encore du sang des Calas, qu'il était impossible à ces deux familles d'égorger leurs enfants pour la religion.

Je sais très-bien, monsieur, que l'auteur d'un misérable libelle périodique intitulé, je crois, l'*Année littéraire*, assura, il y a deux ans, qu'il est faux qu'en Languedoc on ait accusé la religion protestante d'enseigner le parricide. Il prétendit que jamais on n'en a soupçonné les protestants; il fut même assez lâche pour feindre une lettre qu'il disait avoir reçue de Languedoc; il imprima cette lettre, dans laquelle on affirmait que cette accusation contre les protestants est imaginaire : il faisait ainsi un crime de faux pour jeter des soupçons sur l'innocence des Calas, et sur l'équité du jugement de MM. les maîtres des requêtes : et on l'a souffert! et on s'est contenté de l'avoir en exécration!

1. Le duc de Choiseul. (*Éd. de Kehl.*)

Ce malheureux compromit les noms de M. le maréchal de Richelieu et de M. le duc de Villars; il eut la bêtise de dire que je me plaisais à citer de grands noms : c'est me connaître bien mal ; on sait assez que la vanité des grands noms ne m'éblouit pas, et que ce sont les grandes actions que je révère. Il ne savait pas que ces deux seigneurs étaient chez moi quand j'eus l'honneur de leur présenter les deux fils de Jean Calas, et que tous deux ne se déterminèrent en faveur des Calas qu'après avoir examiné l'affaire avec la plus grande maturité.

Il devait savoir, et il feignait d'ignorer, que vous-même, monsieur, vous confondîtes, dans votre mémoire pour Mme Calas, ce préjugé abominable qui accuse la religion protestante d'ordonner le parricide; M. de Sudre, fameux avocat de Toulouse, s'était élevé avant vous contre cette opinion horrible, et n'avait pas été écouté. Le parlement de Toulouse fit même brûler, dans un vaste bûcher élevé solennellement, un écrit extrajudiciaire dans lequel on réfutait l'erreur populaire; les archers firent passer Jean Calas chargé de fers à côté de ce bûcher, pour aller subir son dernier interrogatoire. Ce vieillard crut que cet appareil était celui de son supplice ; il tomba évanoui ; il ne put répondre quand il fut traîné sur la sellette, son trouble servit à sa condamnation.

Enfin, le consistoire et même le conseil de Genève furent obligés de repousser et de détruire, par un certificat authentique, l'imputation atroce intentée contre leur religion ; et c'est au mépris de ces actes publics, au milieu des cris de l'Europe entière, à la vue de l'arrêt solennel de quarante maîtres des requêtes, qu'un homme sans aveu comme sans pudeur ose mentir pour attaquer, s'il le pouvait, l'innocence reconnue des Calas.

Cette effronterie si punissable a été négligée, le coupable s'est sauvé à l'abri du mépris. M. le marquis d'Argence, officier général, qui avait passé quatre mois chez moi, dans le plus fort du procès des Calas, a été le seul qui ait marqué publiquement son indignation contre ce vil scélérat.

Ce qui est plus étrange, monsieur, c'est que M. Coqueley, qui a eu l'honneur d'être admis dans votre ordre, se soit abaissé jusqu'à être l'approbateur des feuilles de ce Fréron, qu'il ait autorisé une telle insolence, et qu'il se soit rendu son complice.

Que ces feuilles calomnient continuellement le mérite en tout genre, que l'auteur vive de son scandale, et qu'on lui jette quelques os pour avoir aboyé, à la bonne heure, personne n'y prend garde ; mais qu'il insulte le conseil entier, vous m'avouerez que cette audace criminelle ne doit pas être impunie dans un malheureux chassé de toute société, et même de celle qui a été enfin chassée de toute la France. Il n'a pas acquis par l'opprobre le droit d'insulter ce qu'il y a de plus respectable. J'ignore s'il a parlé des Sirven ; mais on devrait avertir les provinciaux qui ont la faiblesse de faire venir ses feuilles de Paris, qu'ils ne doivent pas y faire plus d'attention qu'on n'en fait dans votre capitale à tout ce qu'écrit cet homme dévoué à l'horreur publique.

Je viens de lire le mémoire de M. Cassen, avocat au conseil : cet ouvrage est digne de paraître même après le vôtre. On m'apprend que M. Cassen a la même générosité que vous : il protège l'innocence sans aucun intérêt. Quels exemples, monsieur, et que le barreau se rend respectable ! M. de Crosne et M. de Baquencourt ont mérité les éloges et les remercîments de la France, dans le rapport qu'ils ont fait du procès des Calas. Nous avons pour rapporteur¹, dans celui des Sirven, un magistrat sage, éclairé, éloquent (de cette éloquence qui n'est pas celle des phrases); ainsi nous pouvons tout espérer.

Si quelques formes juridiques s'opposaient malheureusement à justes supplications, ce que je suis bien loin de croire, nous aurions pour ressource votre factum, celui de M. Cassen, et l'Europe; la famille Sirven perdrait son bien, et conserverait son honneur; il n'y aurait de flétri que le juge qui l'a condamnée; car ce n'est pas le pouvoir qui flétrit, c'est le public.

On tremblera désormais de déshonorer la nation par d'absurdes accusations de parricides, et nous aurons du moins rendu à la patrie le service d'avoir coupé une tête de l'hydre du fanatisme.

J'ai l'honneur d'être avec les sentiments de l'estime la plus respectueuse, etc.

MMMMMXIV. — A M. LE MARQUIS D'ARGENCE DE DIRAC.

21 mars.

Il est arrivé, monsieur, bien des événements qui nous obligent de différer. L'affaire des Sirven, qui commence à faire un grand bruit à Paris, et qui va être jugée au conseil du roi, m'occupe à présent tout entier, et ne me permet pas une diversion qui pourrait lui nuire. Beaucoup d'autres considérations me persuadent qu'il faut attendre encore quelque temps. M. Boursier doit vous envoyer incessamment trois ou quatre petits paquets du *Colladon*, que vous aimez tant; vous pourrez en donner une boîte à M. le chevalier de Chastellux, s'il est dans vos cantons. Les affaires de Genève sont toujours dans la même situation, et elles y seront encore probablement longtemps. Plus de communication entre la France et le territoire de Genève, plus de voitures, ni de Lyon, ni de Dijon; nous sommes enfermés comme dans une ville assiégée.

M. le duc de Choiseul a eu pour moi les plus grandes bontés, mais je n'en souffre pas moins; je suis toujours très-languissant, mon âge avance, ma force diminue; mais mon attachement pour vous ne diminuera jamais.

MMMMMXV. — A M. DE CHABANON.

21 mars.

Si vous êtes sage, mon cher confrère, vous attendrez la fin d'avril pour revenir dans votre couvent. Nous espérons que la communication avec Lyon et la Bourgogne sera ouverte dans ce temps-là, ou du moins au commencement de mai. Je ne sais si vous savez que nous sommes entourés de troupes et de misère. Nous aurons encore des neiges sur nos montagnes pendant plus d'un mois; les désastres nous environnent, et les secours nous manquent. Je suis obligé en conscience de vous en avertir, afin que, si vous nous faites le plaisir de venir plus tôt, vous ne soyez pas étonné de souffrir comme nous. Je crois même qu'il vous faudra un passe-port de M. le duc de Choiseul.

Je n'aime point du tout cette guerre, toute ridicule qu'elle est. Je me serais retiré à Lyon, si je n'avais pas eu trop de monde à transporter.

On joue actuellement *les Scythes* à Genève et à Lyon; on va les jouer à Paris dès que les spectacles se rouvriront. Les méchants m'attribuent tant d'ouvrages hétérodoxes, que j'ai voulu leur faire voir que je ne faisais que de mauvaises tragédies. J'ai prouvé par là mon alibi; j'ai fait comme Alcibiade, qui fit couper la queue à son chien, afin qu'on ne l'accusât pas d'autres sottises. *Les Scythes* pourront être sifflés par les Welches; mais j'aime mieux être sifflé par le parterre que d'être calomnié par les cagots.

Mes respects à *Eudoxie* ou *Eudocie*[1], et à monsieur son père, que j'aime de tout mon cœur.

MMMMMXVI. — A M. LE MARQUIS DE VILLEVIEILLE.

23 mars.

Il est vrai que le diable est déchaîné. Votre confiseur[2] est devenu martyr, pour des confitures qui ne sont pas à mi-sucre. Il faut espérer que Mme de Boufflers abrégera le temps de ses souffrances. Je prendrai toutes les mesures possibles pour recevoir le présent de M. de Montcomble, malgré l'interruption de tout commerce avec Lyon.

Je vous demande en grâce de me ménager toujours les bontés de M. de Clausonet. Voici une plaisanterie[3] qui pourra vous réjouir vous et M. Duché.

Adieu, monsieur; je vous aime trop pour faire avec vous la moindre cérémonie.

MMMMMXVII. — A M. LE MARQUIS DE XIMÉNÈS.

A Ferney, 23 mars.

Vous avez affligé ce pauvre La Harpe et moi : cela n'est pas bien; il ne faut pas faire comme Dieu, qui damne souvent ses créatures. Il y a quelques longueurs dans le commencement de son ouvrage[4]. On les retranche. La pièce est bonne, elle est utile. Au nom de Dieu, monsieur le marquis, ne brisez pas le cœur de mon petit La Harpe.

On jouera, je crois, le 25 ou le 26, ces polissons de *Scythes*. J'espère que vous aurez la bonté de m'informer de ce qu'il faudra y corri-

---

1. Tragédie de Chabanon. (ÉD.)
2. Le libraire Leclerc, de Nancy. (ÉD.) — 3. *La Guerre civile de Genève.* (ÉD.)
4. Sa *Réponse d'un solitaire de la Trappe.* (ÉD.)

ger. On ne voit pas les choses comme elles sont avec des lunettes de cent trente lieues.

Je me flatte que la Sorbonne s'accommodera avec le révérend père Marmontel pour la permission du *Petit carême de Bélisaire*.

Je vous embrasse très-tendrement; mais vous n'êtes pas assez ennemi du fanatisme!

V.

MMMMMXVIII. — A M. DORAT.

23 mars.

Je réponds, monsieur, à votre lettre du 17 de mars, et je vous demande en grâce qu'après ce dernier éclaircissement il ne soit plus jamais question entre nous d'une affaire si désagréable.

Tout ce que j'ai mandé à M. le chevalier de Pezay est dans la plus exacte vérité. Il est très-vrai que je n'ai jamais montré à personne ni vos lettres, ni vos premiers vers imprimés [1], ni vos seconds manuscrits.

Il est très-vrai que Mme Denis, ayant appris de Paris l'effet dangereux que pouvait faire l'*Avis* imprimé chez Jorri, me demanda, en présence de M. de La Harpe, ce que c'était que cette triste aventure. J'avais la pièce, et je ne la communiquai pas; je dis que vous aviez tout réparé; que je vous croyais un très-bon cœur; que vous m'aviez écrit une lettre pleine de candeur; que vous étiez, de toute façon, au-dessus de la jalousie, qui est le vice des esprits médiocres. Je citai un endroit de votre lettre, très-bien écrit, et qui m'avait fait impression. Si M. de La Harpe a fait quelque usage de cette seule confidence, je l'ignore entièrement. Je viens de lui parler; il m'a dit qu'il était très-affligé d'avoir eu à se plaindre de vous. Je vous prie de considérer que c'est un jeune homme qui a autant de talent que peu de fortune. Il a une femme et des enfants. Qui pourra seconder ses talents, sinon des gens de lettres aussi capables d'en juger que vous? Nous sommes dans un temps où la littérature n'est que trop persécutée; elle le serait certainement moins, si ceux qui la cultivent étaient unis.

Il faut tout oublier, monsieur, et ne se souvenir que du besoin que nous avons de nous soutenir les uns les autres. Nous avons tous la même façon de penser; faudra-t-il que nous soyons la victime de ceux qui ne pensent point, ou qui pensent mal?

Ce qui est encore malheureusement très-vrai, c'est que, lorsque votre *Avis* parut, lorsqu'on eut la cruauté d'y trop remarquer l'injustice publique faite par nos ennemis communs à certains ouvrages, j'avais, dans ce temps-là même, une affaire très-sérieuse, et la calomnie me poursuivait vivement.

Je ne vous dissimulai pas combien il était dangereux pour moi d'être confondu avec Rousseau, convaincu, aux yeux de M. le duc de Choiseul, et même à ceux du roi, des manœuvres les plus criminelles. Je pousserai même la franchise avec vous jusqu'à vous avouer que je ve-

---

1. *L'Avis aux sages du siècle.* (Ed.)

naît de recevoir des reproches de M. le duc de Choiseul sur les affaires qui concernaient ce Génevois. Vous voyez que vous aviez fait beaucoup plus de mal que vous ne pensiez en faire.

N'en parlons plus; j'ai tout oublié pour jamais, et je ne suis sensible qu'à votre mérite et à vos politesses. Je veux que M. le chevalier de Pezay en soit le garant. Tout ce que j'oserais exiger d'un homme aussi bien né que vous l'êtes, ce serait de sentir combien votre supériorité doit vous écarter de tout commerce avec Fréron. Ni ses mœurs ni ses talents ne doivent le mettre à portée de vous compter parmi ceux qui le tolèrent.

Ceux qui, comme vous, monsieur, ont tant de droits de prétendre à l'estime du public, ne sont pas faits pour soutenir ceux qui en sont l'exécration.

MMMMMXIX. — A MADAME LA MARQUISE DE FLORIAN.

24 mars.

Voici, ma chère nièce, l'état où nous sommes. Toute communication avec Genève est interrompue. Il faut tout faire venir de Lyon, et les voitures de Lyon ne peuvent passer : plus de carrosses, plus de messageries, plus de rouliers. Nous faisions venir tout ce qui nous était nécessaire par le courrier, et on vient de saisir ce courrier. Si j'étais plus jeune, j'abandonnerais Ferney pour jamais, j'irais chercher ailleurs la tranquillité; mais le moyen de déménager à soixante-quatorze ans ! Sans doute votre fils doit manger peu et marcher beaucoup, ou souffrir; il faut opter. Il s'agit ici de ne pas se condamner soi-même à une vie courte et malheureuse.

Je vous remercie bien tendrement de votre assistance aux répétitions des *Scythes*, avec votre brave Persan, grand écuyer de Babylone. Je voudrais bien qu'on ne gâtât pas, qu'on ne mutilât pas indignement ces *Scythes* comme on a défiguré toutes les pièces dont j'ai gratifié les comédiens : j'ai été mal payé par eux de mes bienfaits....

Nous avons fermé notre porte heureusement aux Anglais, aux Allemands, et aux Génevois. Il faut finir ses jours dans la retraite; la cohue m'est insupportable. Vous accommoderez-vous de notre couvent? Ne comptez pas sur la bonne chère : elle est devenue impossible.

MMMMMXX. — DE FRÉDÉRIC II, ROI DE PRUSSE.

A Potsdam, le 24 mars.

Je vous plains de ce que votre retraite est entourée d'armes; il n'est donc aucun séjour à l'abri du tumulte ! Qui croirait qu'une république dût être bloquée par des voisins qui n'ont aucun empire sur elle? Mais je me flatte que cet orage passera, et que les Génevois ne se roidiront pas contre la violence, ou que le ministère français modérera sa fougue.

Vous voulez savoir le mot du *conte*? Il ne regarde que moi. Ce conte fut fait l'an 1761, et convenait assez à ma situation telle qu'elle était alors. J'ai corrigé cet ouvrage depuis la paix, et je vous l'ai envoyé. Je suis si ennuyé de la politique, que je la mets de côté dans mes moments de loisir et d'étude; je laisse cet art conjectural à ceux dont l'imagination aime à s'élancer dans l'immense abîme des probabilités.

Ce que je sais de l'impératrice de Russie, c'est qu'elle a été sollicitée par les dissidents de leur prêter son assistance, et qu'elle a fait marcher des arguments munis de canons et de baïonnettes, pour convaincre les évêques polonais des droits que ces dissidents prétendent avoir.

Il n'est point réservé aux armes de détruire l'*inf...*; elle périra par le bras de la Vérité et par la séduction de l'intérêt. Si vous voulez que je développe cette idée, voici ce que j'entends :

J'ai remarqué, et d'autres comme moi, que les endroits où il y a le plus de couvents et de moines sont ceux où le peuple est le plus aveuglément livré à la superstition : il n'est pas douteux que, si l'on parvient à détruire ces asiles du fanatisme, le peuple ne devienne dans peu indifférent et tiède sur ces objets, qui sont actuellement ceux de sa vénération. Il s'agirait donc de détruire les cloîtres, au moins de commencer à diminuer leur nombre. Ce moment est venu, parce que le gouvernement français et celui d'Autriche sont endettés, qu'ils ont épuisé les ressources de l'industrie pour acquitter leurs dettes sans y parvenir. L'appât de riches abbayes et de couvents bien rentés est tentant. En leur représentant le mal que les cénobites font à la population de leurs États, ainsi que l'abus du grand nombre de Cucullati qui remplissent leurs provinces, en même temps la facilité de payer en partie leurs dettes en y appliquant les trésors de ces communautés, qui n'ont point de successeurs, je crois qu'on les déterminerait à commencer cette réforme; et il est à présumer qu'après avoir joui de la sécularisation de quelques bénéfices, leur avidité engloutira le reste.

Tout gouvernement qui se déterminera à cette opération sera ami des philosophes, et partisan de tous les livres qui attaquent les superstitions populaires et le faux zèle des hypocrites qui voudraient s'y opposer.

Voilà un petit projet que je soumets à l'examen du patriarche de Ferney. C'est à lui, comme au père des fidèles, de le rectifier et de l'exécuter.

Le patriarche m'objectera peut-être ce que l'on fera des évêques : je lui réponds qu'il n'est pas temps d'y toucher encore; qu'il faut commencer par détruire ceux qui soufflent l'embrasement du fanatisme au cœur du peuple. Dès que le peuple sera refroidi, les évêques deviendront de petits garçons dont les souverains disposeront, par la suite des temps, comme ils voudront.

La puissance des ecclésiastiques n'est que d'opinion; elle se fonde sur la crédulité des peuples. Éclairez ces derniers, l'enchantement cesse.

Après bien des peines, j'ai déterré le malheureux compagnon de La Barre[1] : il se trouve porte-enseigne à Vesel, et j'ai écrit pour lui.

1. D'Étallonde de Morival. (ÉD.)

On me marque de Paris qu'on prépare au Théâtre-Français, avec appareil, la représentation des *Scythes*. Vous ne vous contentez pas d'éclairer votre patrie, vous lui donnez encore du plaisir. Puissiez-vous lui en donner longtemps, et jouir dans votre doux asile des délices que vous avez procurées à vos contemporains, et qui s'étendront à la race future autant qu'il y aura des hommes qui aimeront les lettres, et d'âmes sensibles qui connaîtront la douceur de pleurer!
Vale.
FRÉDÉRIC.

MMMMMXXI. — DE CATHERINE II.

À Moscou, le 15-26 mars.

Monsieur, j'ai reçu votre lettre du 27 février, où vous me conseillez de faire un miracle pour changer le climat de ce pays. Cette ville-ci était autrefois très-accoutumée à voir des miracles, ou plutôt les bonnes gens prenaient souvent les choses les plus ordinaires pour des effets merveilleux. J'ai lu dans la préface du concile du tzar Ivan Basilewitz, que lorsque le tzar eut fait sa confession publique, il arriva un miracle: le soleil parut en plein midi, ses rayons donnèrent sur lui, et sur tous les pères rassemblés. Notez que ce prince, après avoir fait une confession générale à haute voix, finit par reprocher au clergé, dans des termes très-vifs, tous ses désordres; et conjura le concile de le corriger lui et son clergé aussi.

À présent les choses sont changées. Pierre le Grand a mis tant de formalités pour constater un miracle, et le synode les remplit si strictement, que je crains d'exposer celui dont il vous plaît de me charger avant votre arrivée. Cependant je ferai tout ce qui sera en mon pouvoir pour procurer à la ville de Pétersbourg un meilleur air. Il y a trois ans qu'on est après à saigner par des canaux les marais qui l'entourent, à abattre les forêts de sapins qui la couvrent au midi; et à présent il y a déjà trois grandes terres occupées par des colons, là où un homme à pied ne pouvait passer sans avoir de l'eau jusqu'à la ceinture : les habitants ont semé, l'automne dernière, leurs premiers grains.

Comme vous paraissez, monsieur, prendre intérêt à ce que je fais, je joins à cette lettre la moins mauvaise traduction française du *Manifeste*[1] que j'ai signé le 14 décembre de l'année passée, et qui a été si fort estropié dans les gazettes de Hollande, qu'on ne savait pas trop ce qu'il pouvait signifier. En russe c'est une pièce estimée : la richesse et les expressions fortes de notre langue l'ont rendue telle. La traduction en a été d'autant plus pénible. Au mois de juin, cette grande assemblée commencera ses séances, et nous dira ce qui lui manque : après quoi on travaillera à des lois que l'humanité, j'espère, ne désapprouvera pas. D'ici à ce temps-là, j'irai faire un tour dans différentes provinces, le long du Volga; et au moment peut-être que vous vous y

1. Sur les dissensions de Pologne. (ÉD.)

a′ endrez le moins, vous recevrez une lettre datée de quelque bicoque de l'Asie.

Je serai là, comme partout ailleurs, remplie d'estime et de considération pour le seigneur du château de Ferney. CATERINE.

MMMMMXXII. — DU CARDINAL DE BERNIS.

Alby, le 26 mars.

J'ai attendu, mon cher confrère, pour répondre à votre dernière lettre, d'avoir lu les discours de M. Thomas et de M. de La Harpe. Le style du premier ne me plaît guère que dans les notes qui accompagnent ses éloges. Je n'aime point le style oriental qui se met à la mode. Il est dommage qu'on ne cherche plus à allier la force avec le naturel, et que Lucain ait parmi nous plus d'imitateurs que Virgile. En général, j'ai été content de la manière d'écrire de M. de La Harpe. S'il passe encore quelque temps avec vous, il achèvera de perfectionner des talents qui donnent les plus grandes espérances. Dès que vos *Scythes* seront imprimés, je vous prie de m'en envoyer un exemplaire. J'aime toujours les lettres, et même les vers, surtout quand c'est vous qui les avez faits. Rarement j'en lis d'autres. Je deviens vieux, mon cher confrère, puisque je deviens si difficile. J'espère que nous verrons bientôt vos commentaires sur la petite guerre de Genève. Il ne tiendra qu'à vous de les écrire comme César. L'intérêt des événements ne pourra être le même, et je crois que les comptes de votre maître d'hôtel y joueront le premier rôle.

Dans vos moments de loisir, je vous prie de vous moquer un peu de la bouffissure qui règne aujourd'hui. En fait de goût, dès que les premières bornes sont franchies, on ne sait plus jusqu'où l'on pourra aller. Nous touchons presque au galimatias. Est-il possible que dans un siècle où vous écrivez, on s'éloigne si fort du style de Racine, de Despréaux, et du vôtre! Rendez encore ce service aux lettres. Vous pouvez faire cette heureuse révolution en vous jouant.

Adieu, mon cher confrère, soyez toujours aimable. Vivez, malgré la délicatesse de vos organes et la vivacité de votre âme : soyez un prodige dans le monde physique comme dans le monde moral; et surtout ayez de l'amitié pour moi, qui vous admire et qui vous aime.

MMMMMXXIII. — A M. DAMILAVILLE.

27 mars.

Je ne sais comment les paquets que vous m'avez adressés me parviendront. Il n'y a plus de voitures de Lyon à Genève; et, malgré toutes les bontés de M. le duc de Choiseul, nous serons dans l'état le plus gênant et le plus désagréable, jusqu'à ce que l'on ait fait un nouveau chemin. Nous ne pouvions même faire venir des étoffes de Lyon que par le courrier. Un commis du bureau de Colonges, aussi insolent que fripon, nous a saisi nos étoffes; ainsi je ne vois pas comment les cinquante mémoires de M. de Beaumont en faveur des Sirven me parviendront. Nous souffrons infiniment des mesures qu'on a prises très-justement contre Genève; nous payons les fautes de cette ville. Il est bon d'être philosophe, mais il est triste d'être toujours obligé de se servir de sa philosophie.

Je reçois dans ce moment votre lettre du 21. M. Boursier assure qu'il vous a dépêché par Lyon, à M. de Courteilles, les instruments de mathématiques de M. Lembertad. Il est très-vraisemblable qu'on ne quittera point l'affaire de la Caïenne pour celle d'un particulier : nous sommes résignés à tout.

L'aventure de Mme Le Jeune a du moins produit un grand bien. On lui a saisi deux cents exemplaires du dernier livre de feu M. Boulanger. Je viens de lire ce livre abominable pour la troisième fois : je sens combien il est dangereux. Il détruirait absolument le pouvoir des ecclésiastiques, avec tous les mystères de notre sainte religion. L'auteur ne veut que de la vertu et de la probité, qui sont si malaisées à rencontrer, et qui ne suffisent pas.

Vous aurez bientôt une lettre ostensible sur les Sirven, qui peut-être sera imprimable, supposé qu'il soit permis d'imprimer des choses utiles. On joue actuellement *les Scythes* à Lausanne, à Genève, à Lyon, à Bordeaux, et probablement à Paris. J'aime assez les choses dont personne ne s'est encore avisé ; mais je crains que Paris ne soit plus difficile que les provinces.

Adieu, mon cher ami ; je vous embrasse. *Écr. l'inf....*

MMMMMXXIV. — A MADAME LA DUCHESSE DE GRAMMONT.

Au château de Ferney, 27 mars.

Encouragé par vos bontés, et par celles de Mgr le duc, votre frère, je prends encore la liberté de vous écrire à tous deux, et de vous supplier de lui faire lire cette lettre dans un moment de loisir, s'il est possible qu'il en ait.

Nous sommes bien loin de nous plaindre, Mme Denis, M. et Mme Dupuits et moi, et tout ce qui habite dans ma retraite, ni des arrangements pris par M. le duc de Choiseul, ni des troupes, ni des officiers. Nous nous sommes conformés à ses intentions avec le plus grand zèle, en ne tirant de Genève que la viande de boucherie (pardon de ces détails) ; nous faisons venir tout autre comestible, toute autre provision de Lyon, pour donner l'exemple. Mais jusqu'à ce que les voitures publiques puissent marcher de Lyon au pays de Gex et en Suisse, nous sommes forcés d'user des bontés de Mgr le duc de Choiseul, en chargeant le courrier de nous apporter les choses nécessaires. Cette voie est la seule praticable.

Un malheureux commis du bureau de Colonges (nommé Dumesrel fils) saisit les étoffes que Mme Denis renvoie à Lyon, après avoir choisi celles qu'elle garde. Ce commis, qu'elle a déjà fait condamner à restituer cinquante louis d'or qu'il lui avait extorqués, nous persécute comme s'il était le tyran de la province.

Confinés et bloqués dans notre château ; ne voulant rien tirer de Genève ; obligés de faire venir par Lyon notre argent, nos provisions, nos habits ; n'ayant d'autre ressource que la voie du courrier, que deviendrons-nous si on nous coupe la communication avec Lyon ? Faudra-t-il me réfugier en Suisse à l'âge de soixante-quatorze ans? Je sais qu'ordinairement il est défendu aux courriers de se charger d'aucun ballot; mais cette loi, portée pour favoriser les entrepreneurs de voitures, cesse quand les voitures manquent.

Comment puis-je recevoir cinquante exemplaires du mémoire de Sirven qui sont à Lyon, et que j'attends pour envoyer aux cours étrangères?

Mgr le duc de Choiseul est grand maître des postes; il peut permettre que le courrier de Lyon nous apporte notre nécessaire, dans cette interruption totale de commerce. Il peut réprimer les rapines du nommé Dumesrel fils, receveur du bureau de Colonges.

Il peut donner ses ordres au sieur Tabareau, directeur de la poste de Lyon, à qui le petit ballot saisi était renvoyé. Nous demandons cette justice et cette grâce au protecteur des Calas, des Sirven, et au nôtre.

Comptez, madame, que nous éprouvons depuis trois mois l'état le plus cruel dans un désert qui est pire que la Sibérie la moitié de l'année, et que j'ai pourtant embelli et amélioré aux dépens de ma fortune.

Nous nous jetons à vos pieds et aux siens.

J'ai l'honneur d'être, avec un profond respect, madame, votre très-humble et très-obéissant serviteur. VOLTAIRE.

MMMMMXXV — A M. LE COMTE DE ROCHEFORT.

A Ferney, 1ᵉʳ avril.

J'ai reçu, mon chevalier, une quantité prodigieuse de paquets contre-signés, depuis deux mois, tantôt vice-chancelier, tantôt ministres, tantôt Sartines. Je me souviens, entre autres, d'un imprimé fort éloquent sur les évocations. Je ne crois pas qu'il fût accompagné d'une lettre de vous.

On me rend d'ordinaire toutes les lettres qui me sont adressées, et surtout celles qui sont à contre-seing. Il me semble n'en avoir point reçu de vous depuis le mois de février. Si ma mémoire me trompe, si ma mauvaise santé me rend négligent, daignez me plaindre; si je n'ai pas reçu vos lettres, plaignez-moi encore davantage. Elles font ma consolation; peu de choses me sont plus chères que les témoignages de vos bontés.

On dit qu'il y a eu beaucoup de bruit à la première représentation des *Scythes*, et qu'il y avait dans le parterre des barbares qui n'ont nulle pitié de la vieillesse. Vous serez plus indulgent, vous pardonnerez à un vieillard un peu languissant une lettre si écourtée; elle serait bien longue si j'avais le temps de vous exprimer tous les sentiments que je conserverai pour vous toute ma vie. Mme Denis et toute la maison vous font les plus tendres compliments.

ANNÉE 1767. 281

MMMMMXXVI. — A M. THIERIOT.

1er avril.

M. le marquis de Maugiron vient de mourir. Voici les vers qu'il a faits une heure avant sa mort :

   Tout meurt, je m'en aperçois bien.
   Tronchin, tant fêté dans le monde,
 Ne saurait prolonger mes jours d'une seconde,
   Ni Daumat en retrancher rien.
   Voici donc mon heure dernièr·
   Venez, bergères et bergers,
   Venez me fermer la paupière ;
   Qu'au murmure de vos baisers,
   Tout doucement mon âme soit éteinte.
   Finir ainsi dans les bras de l'Amour,
   C'est du trépas ne point sentir l'atteinte ;
   C'est s'endormir sur la fin d'un beau jour.

Vous remarquerez qu'il logeait chez l'évêque de Valence, son parent. Tout le clergé s'empressait à lui venir donner son passe-port avec la plus grande cérémonie. Pendant qu'on faisait les préparatifs, il se tourna vers son médecin, et lui dit : *Je vais bien les attraper ; ils croient me tenir, et je m'en vais.* Il était mort en effet quand ils arrivèrent avec leur goupillon. Vous pourrez, mon ancien ami, régaler de cette anecdote certain génie à qui vous écrivez quelquefois des nouvelles [1]. Cela sera d'autant mieux placé, qu'il serait homme en pareil cas à imiter M. de Maugiron, et même à faire de meilleurs vers que lui.

Vous avez dû voir la lettre de M. Mauduit sur *Bélisaire* [2] ; cela peut encore amuser un philosophe.

Continuez à vivre de régime, afin de vivre longtemps. On me parle dans plusieurs lettres de M. l'évêque de Saint-Brieuc et de son aventure, qu'on me dit fort plaisante. On suppose que je sais cette aventure, et je ne sais rien du tout [3]. Je suis bien aise d'ailleurs qu'un évêque amuse le monde, cela vaut mieux que de l'excommunier.

P. S. Ah ! on vient de me conter l'aventure. Voilà une maîtresse femme. *Vale.*

MMMMMXXVII. — A M. DAMILAVILLE.

3 avril.

Je reçois, mon cher ami, votre lettre du 21 mars par M. Mallet, et je n'ai reçu encore aucun des envois que vous avez bien voulu me faire par Lyon. Tous les mémoires de M. de Beaumont en faveur des Sirven sont encore à la douane : je ne sais pas quand je pourrai les avoir. Toute communication entre Lyon et Genève est interrompue.

---

1. Thieriot était le correspondant littéraire du roi de Prusse. (Éd.)
2. *Anecdote sur Bélisaire.* (Éd.)
3. Bareau de Girak, évêque de Saint-Brieuc, avait été surpris en flagrant délit avec une dame qui, feignant d'être violée, sauta sur l'épée de son mari, et la plongea dans la cuisse du prélat. On parla beaucoup de ce coup d'épée, qui avait percé la cuisse sans endommager la culotte. (*Note de M. Beuchot.*)

M. Fournier vous avait envoyé l'étui de mathématiques pour M. Lembertad, il y a environ trois semaines, par la même voie que vous aviez vous-même choisie, et par laquelle vous aviez reçu le factum des Sirven signé de toute la famille. Il était à croire que l'étui de mathématiques[1], qui coûte, comme vous savez, cent écus, vous parviendrait de même. Il faut que quelque grand mathématicien ait mis la main dessus et se le soit approprié; car il est d'un des meilleurs ouvriers de l'Europe.

Je suis actuellement séparé du reste du monde. Nous ne savons plus de quel côté nous tourner pour faire venir les choses les plus nécessaires à la vie, et je mets les bons livres parmi les choses absolument nécessaires.

Je me sais bien bon gré de vous avoir envoyé ma lettre pour M. Linguet. Je le croyais de vos amis intimes, puisqu'il m'envoyait son livre[2] par vous, et que M. Thieriot me l'avait vanté comme un des meilleurs ouvrages qu'on eût vus depuis longtemps. Je n'ai pas plus reçu le livre que les autres ballots; mais je vous en crois sur ce que vous me dites. Il est bon de savoir à qui on a affaire. Vous vous êtes conduit très-sagement, je vous en loue, et je vous en remercie.

On m'a envoyé la lettre de l'abbé Mauduit[3]. Il me semble qu'elle n'est que plaisante, et qu'elle n'a aucune teinture d'impiété. L'auteur s'égaye peut-être un peu aux dépens de quelques docteurs de Sorbonne, mais il paraît respecter beaucoup la religion; c'est, comme nous l'avons dit tant de fois ensemble, le premier devoir d'un bon sujet et d'un bon écrivain. Aussi je ne connais aucun philosophe qui ne soit excellent citoyen et excellent chrétien. Ils n'ont été calomniés que par des misérables qui ne sont ni l'un ni l'autre.

Je ne sais point qui est M. de La Férière; mais il paraît que c'est un Burrhus, je souhaite qu'il ne trouve point de Narcisse.

On m'avait déjà touché quelque chose de ce qu'on imputait à Tronchin[4]. Je ne l'en ai jamais cru capable, quoiqu'il me fît l'injustice d'imaginer que je favorisais les représentants de Genève. Je suis bien loin de prendre aucun parti dans ces démêlés; je n'ai d'autre avis que celui dont le roi sera. Il faudrait que je fusse insensé, pour me mêler d'une affaire pour laquelle le roi a nommé un plénipotentiaire. Je suis auprès de Genève comme si j'en étais à cent lieues, et j'ai assez de mes propres chagrins, sans me mêler des tracasseries des autres. Je suis exactement le conseil de Pythagore : *Dans la tempête, adorez l'écho.*

Adieu, mon très-cher ami.

1. L'ouvrage de Dalembert *Sur la destruction des Jésuites*, pour lequel l'auteur avait reçu du libraire cent écus. (ÉD.)
2. *Théorie des lois civiles.* (ÉD.) — 3. *L'Anecdote sur Bélisaire.* (ÉD.)
3. On prétendait que le roi avait demandé à Tronchin s'il était toujours grand ami de Voltaire, et que Tronchin avait répondu qu'il n'était pas l'ami d'un impie. Ce mot, rapporté à Ferney, porta Voltaire à faire figurer Tronchin dans le deuxième chant de la *Guerre de Genève.* (*Note de M. Beuchot.*)

MMMMMXXVIII. — A M. LE MARQUIS DE FLORIAN.

3 avril.

Mon cher grand écuyer, parmi toutes mes détresses il y en a une qui m'afflige infiniment, et qui hâtera mon petit voyage à Montbéliard et ailleurs. Plusieurs personnes dans Paris accusent Tronchin d'avoir dit au roi qu'il n'était point mon ami, et qu'il ne pouvait pas l'être; et d'en avoir donné une raison très-ridicule, surtout dans la bouche d'un médecin. Je le crois fort incapable d'une telle indignité et d'une telle extravagance. Ce qui a donné lieu à la calomnie, c'est que Tronchin a trop laissé voir, trop dit, trop répété, que je prenais le parti des représentants, en quoi il s'est bien trompé. Je ne prends assurément aucun parti dans les tracasseries de Genève, et vous avez bien dû vous en apercevoir par la petite plaisanterie intitulée *la Guerre génevoise*[1], qu'on a dû vous communiquer de ma part.

Je n'ai d'autre avis sur ces querelles que celui dont le roi sera; et il ne m'appartient pas d'avoir une opinion quand le roi a nommé des plénipotentiaires. Je dois attendre qu'ils aient prononcé, et m'en rapporter entièrement au jugement de M. le duc de Choiseul.

Voilà à peu près la vingtième niche qu'on me fait depuis trois mois dans mon désert.

Votre cidre n'arrivera pas, et sera gâté. Il arrive la même chose à mon vin de Bourgogne. Vingt ballots envoyés de Paris, avec toutes les formalités requises, sont arrêtés, et Dieu sait quand ils pourront venir, et dans quel état ils viendront. J'aurais bien assurément l'honnêteté de vous envoyer des *Honnêtetés*[2]; mais on est si malhonnête, que je ne puis même vous procurer ce léger amusement.

Je viens d'écrire à Morival; et, dès que j'aurai sa réponse, j'agirai fortement auprès du prince dont il dépend. Ce prince m'écrit tous les quinze jours; il fait tout ce que je veux. Les choses, dans ce monde, prennent des faces bien différentes; tout ressemble à Janus; tout, avec le temps, a un double visage. Ce prince ne connaît point Morival, sans doute, mais il connaît très-bien son désastre. Il m'en a écrit plusieurs fois avec la plus violente indignation, et avec une horreur égale à celle que je ressens encore. Il y a des monstres qui mériteraient d'être décimés.

Je ne sais si je vous ai mandé que je suis enchanté de la nouvelle calomnie[3] répandue sur les Calas. Il est heureux que les dévots, qui persécutent cette famille et moi, soient reconnus pour des calomniateurs. Ils font du bien sans le savoir; ils servent la cause des Sirven. Je recommande bien cette cause à mon cher Grand-Turc[4]. Il y a des gens qui disent qu'on pourrait bien la renvoyer au parlement de Paris.

1. *La Guerre civile de Genève*, poëme. (ÉD.)
2. *Les Honnêtetés littéraires*. (ÉD.)
3. Jeanne Viguière, servante catholique de la famille Calas, ayant eu la jambe cassée en février 1767, on répandit le bruit de sa mort. On disait qu'en mourant elle avait avoué que Jean Calas était coupable du meurtre de son fils. C'était une calomnie qui fut la cause de la *Déclaration juridique*. (ÉD.)
4. L'abbé Mignot, qui faisait alors une *Histoire des Turcs*. (ÉD.)

Je compte alors sur la candeur, sur le zèle, sur la justesse d'esprit de mon gros goutteux¹, que j'embrasse de tout mon cœur, aussi bien que sa mère.

Vivez tous sainement et gaiement; il n'y a que cela de bon.

Nouvelles tracasseries encore de la part des commis, et point de justice; et je partirai : mais gardez-moi le secret, car je crains la rumeur publique. Je vous embrasse tous bien tendrement.

MMMMMXXIX. — A Frédéric II, roi de Prusse.
5 avril.

Sire, je ne sais plus quand les chiens qui se battent pour un os, et à qui on donne cent coups de bâton, comme le dit très-bien Votre Majesté², pourront aller demander un chenil dans vos États³. Tous ces petits dogues-là, accoutumés à japper sur leurs paliers, deviennent indécis de jour en jour. Je crois qu'il y a deux familles qui partent incessamment, mais je ne puis parler aux autres, la communication étant interdite par un cordon de troupes dont on vante déjà les conquêtes. On nous a pris plus de douze pintes de lait, et plus de quatre paires de pigeons. Si cela continue, la campagne sera extrêmement glorieuse. Ce ne sont pourtant pas les malheurs de la guerre qui me font regretter le temps que j'ai passé auprès de Votre Majesté.

Je ne me consolerai jamais du malheur qui me fait achever ma vie loin de vous. Je suis heureux autant qu'on peut l'être dans ma situation; mais je sais loin du seul prince véritablement philosophe. Je sais fort bien qu'il y a beaucoup de souverains qui pensent comme vous; mais où est celui qui pourrait faire la *préface*⁴ de cette *Histoire de l'Église?* où est celui qui a l'âme assez forte et le coup d'œil assez juste pour oser voir et dire qu'on peut très-bien régner sans le lâche secours d'une secte? où est le prince assez instruit pour savoir que depuis dix-sept cents ans la secte chrétienne n'a jamais fait que du mal? Vous avez vu sur cette matière bien des écrits auxquels il n'y a rien à répondre. Ils sont peut-être un peu trop longs, ils se répètent peut-être quelquefois les uns les autres. Je ne condamne pas toutes ces répétitions, ce sont les coups de marteau qui enfoncent le clou dans la tête du fanatisme; mais il me semble qu'on pourrait faire un excellent recueil de tous ces livres, en élaguant quelques superfluités, et en resserrant les preuves. Je me suis longtemps flatté qu'une petite colonie de gens savants et sages viendrait se consacrer dans vos États à éclairer le genre humain. Mille obstacles à ce dessein s'accumulent tous les jours.

Si j'étais moins vieux, si j'avais de la santé, je quitterais sans regret le château que j'ai bâti et les arbres que j'ai plantés, pour venir ache-

---

1. Son petit-neveu d'Hornoy. (Éd.)
2. Dans la fable intitulée *les Deux Chiens et l'Homme*. (Éd.)
3. M. de Voltaire voulait alors que Vesel servît d'asile aux proscrits de Genève. Il avait essayé quelque temps auparavant, d'y établir une colonie de philosophes français. (Éd. de Kehl.)
4. C'est l'*avant-propos* par le roi de Prusse. (Éd.)

ver ma vie dans le pays de Clèves avec deux ou trois philosophes, et pour consacrer mes derniers jours, sous votre protection, à l'impression de quelques livres utiles. Mais, sire, ne pouvez-vous pas, sans vous compromettre, faire encourager quelque libraire de Berlin à les réimprimer, et à les faire débiter dans l'Europe à un prix qui en rende la vente facile ? ce serait un amusement pour Votre Majesté, et ceux qui travailleraient à cette bonne œuvre en seraient récompensés dans ce monde plus que dans l'autre.

Comme j'allais continuer à vous demander cette grâce, je reçois la lettre dont Votre Majesté m'honore, du 24 mars. Elle a bien raison de dire que l'*inf*.... ne sera jamais détruite par les armes, car il faudrait alors combattre pour une autre superstition qui ne serait reçue qu'en cas qu'elle fût plus abominable. Les armes peuvent détrôner un pape, déposséder un électeur ecclésiastique, mais non pas détrôner l'imposture.

Je ne conçois pas comment vous n'avez pas eu quelque bon évêché pour les frais de la guerre, par le dernier traité ; mais je sens bien que vous ne détruirez la superstition christicole que par les armes de la raison.

Votre idée de l'attaquer par les moines est d'un grand capitaine. Les moines une fois abolis, l'erreur est exposée au mépris universel. On écrit beaucoup en France sur cette matière ; tout le monde en parle. Les bénédictins eux-mêmes ont été si honteux de porter une robe couverte d'opprobre, qu'ils ont présenté une requête au roi de France pour être sécularisés ; mais on n'a pas cru cette grande affaire assez mûre ; on n'est pas assez hardi en France, et les dévots ont encore du crédit.

Voici un petit imprimé[1] qui m'est tombé sous la main ; il n'est pas long, mais il dit beaucoup. Il faut attaquer le monstre par les oreilles comme à la gorge.

J'ai chez moi un jeune homme nommé M. de La Harpe, qui cultive les lettres avec succès. Il a fait une épître d'*un Moine au fondateur de la Trappe*[2], qui me paraît excellente. J'aurai l'honneur de l'envoyer à Votre Majesté par le premier ordinaire. Je ne crois pas qu'on le condamne à être disloqué et brûlé à petit feu comme cet infortuné qui est à Vesel, et que je sais être un très-bon sujet. Je remercie Votre Majesté, au nom de la raison et de la bienfaisance, de la protection qu'elle accorde à cette victime du fanatisme de nos druides.

Les *Scythes* sont un ouvrage fort médiocre. Ce sont plutôt les petits santons suisses et un marquis français, que les Scythes et un prince persan. Thieriot aura l'honneur d'envoyer de Paris cette rapsodie à Votre Majesté.

Je suis toujours fâché de mourir hors de vos États. Que Votre Majesté daigne me conserver quelque souvenir, pour ma consolation.

1. L'*Anecdote sur Bélisaire*. (ÉD.)
2. C'est-à-dire *Réponse d'un solitaire de la Trappe*. (ÉD.)

MMMMMXXX. — A M. CHARDON.

avril.

Monsieur, il paraît, par la lettre dont vous m'honorez, du 27 de mars, que vous avez vu des choses bien tristes dans les deux hémisphères. Si le pays d'Eldorado avait été cultivable, il y a grande apparence que l'amiral Drake s'en serait emparé, et que les Hollandais y auraient envoyé quelques colonies de Surinam. On a bien raison de dire de la France :

Non illi imperium pelagi;
Virg., *Æneid.*, lib. I, v. 142

mais si on ajoute :

Illa se jactet in aula,
Virg., *Æneid.*, lib. I, v. 144.

ce ne sera pas *in aula tolosana*[1].

Je suis persuadé, monsieur, que vous auriez couru toute l'Amérique sans pouvoir trouver, chez les nations nommées sauvages, deux exemples consécutifs d'accusations de parricides, et surtout de parricides commis par amour de la religion. Vous auriez trouvé encore moins, chez des peuples qui n'ont qu'une raison simple et grossière, des pères de famille condamnés à la roue et à la corde, sur les indices les plus frivoles, et contre toutes les probabilités humaines.

Il faut que la raison languedochienne soit d'une autre espèce que celle des autres hommes. Notre jurisprudence a produit d'étranges scènes depuis quelques années; elles font frémir le reste de l'Europe. Il est bien cruel que, depuis Moscou jusqu'au Rhin, on dise que, n'ayant su nous défendre ni sur mer ni sur terre, nous avons eu le courage de rouer l'innocent Calas; de pendre en effigie et de ruiner en réalité la famille Sirven; de disloquer dans les tortures le petit-fils d'un lieutenant général, un enfant de dix-neuf ans; de lui couper la main et la langue, de jeter sa tête d'un côté, et son corps de l'autre, dans les flammes, pour avoir chanté deux chansons grivoises et avoir passé devant une procession de capucins sans ôter son chapeau. Je voudrais que les gens qui sont si fiers et si rogues sur leurs paillers voyageassent un peu dans l'Europe, qu'ils entendissent ce que l'on dit d'eux, qu'ils vissent au moins les lettres que des princes éclairés écrivent sur leur conduite; ils rougiraient, et la France ne présenterait plus aux autres nations le spectacle inconcevable de l'atrocité fanatique qui règne d'un côté, et de la douceur, de la politesse, des grâces, de l'enjouement et de la philosophie indulgente, qui règnent de l'autre; et tout cela dans une même ville, dans une ville sur laquelle toute l'Europe n'a les yeux que parce que les beaux-arts y ont été cultivés; car il est très-vrai que ce sont nos beaux-arts seuls qui engagent les Russes et les Sarmates à parler notre langue. Ces arts, autrefois si bien cultivés en France, font que les autres nations nous pardonnent nos férocités et nos folies.

Vous me paraissez trop philosophe, monsieur, et vous me marquez

1. Le parlement de Toulouse. (ÉD.)

trop de bonté, pour que je ne vous parle pas avec toute la vérité qui est dans mon cœur. Je vous plains infiniment de remuer, dans l'horrible château[1] où vous allez tous les jours, le cloaque de nos malheurs. La brillante fonction de faire valoir le code de la raison et l'innocence des Sirven sera plus consolante pour une âme comme la vôtre. Je suis bien sensiblement touché des dispositions où vous êtes de sacrifier votre temps, et même votre santé, pour rapporter et pour juger l'affaire des Sirven, dans le temps que vous êtes enfoncé dans le labyrinthe de la Caïenne. Nous vous supplions, Sirven et moi, de ne vous point gêner. Nous attendrons votre commodité avec une patience qui ne nous coûtera rien, et qui ne diminuera pas assurément notre reconnaissance. Que cette malheureuse famille soit justifiée à la Saint-Jean ou à la Pentecôte, il n'importe; elle jouit du moins de la liberté et du soleil, et l'intendant de la Caïenne n'en jouit pas. C'est aux plus malheureux que vous donnez bien justement vos premiers soins; et je suis encore étonné que, dans la multitude de vos affaires, vous ayez trouvé le temps de m'écrire une lettre que j'ai relue plusieurs fois avec autant d'attendrissement que d'admiration. Pénétré de ces sentiments et d'un sincère respect, j'ai l'honneur d'être, monsieur, votre, etc.

MMMMMXXXI. — DE M. DALEMBERT

A Paris, 6 avril.

Je vous remercie, mon cher maître, de l'ouvrage de mathématiques[2] que vous m'avez envoyé; il aurait grand besoin d'un *errata*, étant rempli de fautes, dont quelques-unes sont absurdes. Je désirerais fort que vous pussiez faire parvenir à l'auteur une douzaine d'exemplaires pour quelques bons mathématiciens de ses amis. J'imagine que la première partie de l'ouvrage aura été réimprimée, en même temps que le supplément, sur l'exemplaire que vous avez reçu corrigé de la main de l'auteur : il se flatte que les imprimeurs y auront moins fait de bévues que dans l'impression du manuscrit.

Le cinquième volume de mes *Mélanges* ne paraît point encore ici, grâce à la négligence de l'imprimeur Bruyset, de Lyon, qui n'en a point encore envoyé. Les matières que j'y ai traitées et la manière dont elles le sont me mettront à l'abri de la criaillerie des fanatiques, qui devient ici plus odieuse et plus importune que jamais. Cette vermine est une vraie plaie d'Égypte, et qui par malheur a l'air de durer longtemps. Ils sont actuellement aux trousses de Marmontel, qui, je crois, s'est trop avancé avec eux, et qui aura de la peine à s'en tirer. Ils ont écrit un gros volume de censures pour expliquer ou plutôt pour embrouiller leur barbare et ridicule doctrine. J'ai lu avec grand plaisir une certaine *Anecdote sur Bélisaire*, où cette maudite et plate engeance est traitée comme elle le mérite. J'aurais voulu seulement que l'auteur eût ajouté un petit compliment de condoléance à la Sorbonne sur l'embarras où elle doit être au sujet du sort des païens vertueux;

---

1. Le palais, où le tribunal appelé *requêtes de l'hôtel* tenait ses audiences. (ÉD.)
2. L'ouvrage de Dalembert *Sur la destruction des jésuites en France*. (ÉD.)

car si ces païens sont damnés, Dieu est atroce, et, s'ils ne le sont pas, on peut donc à toute force être sauvé sans être chrétien. Damnés ou sauvés, Dieu nous garde d'être en l'autre monde dans la compagnie des docteurs !

Votre ami Jean-George de Pompignan, par la permission divine évêque du Pui et frère de Simon Le Franc, a refusé de faire l'oraison de Mme la Dauphine, pour laquelle l'archevêque de Reims l'avait fait nommer, par quelques raisons d'intrigue qu'on ignore. Jean-George a senti qu'il n'y ferait pas bon pour lui ; que ceux qu'il a appelés mauvais chrétiens pourraient bien lui prouver qu'il est encore plus mauvais orateur. Le parlement vient d'ordonner aux évêques de s'en retourner chacun chez eux, parce qu'ils tenaient, dit-on, des assemblées secrètes. On ne sait ce qu'il en arrivera ; mais, pendant qu'on se battra, la raison aura peut-être quelques moments pour respirer. Adieu, mon cher maître ; on m'a assuré que *les Scythes* avaient bien réussi aux deux dernières représentations : recevez-en mes compliments. *Vale, et me ama.*

Savez-vous que Rousseau a une pension de deux mille quatre cents livres du roi d'Angleterre ? Un honnête homme ne l'aurait pas obtenue.

MMMMMXXXII. — A M. DAMILAVILLE.

9 avril.

On reçoit dans ce moment la nouvelle que l'étui de mathématiques est arrivé. Le quart de cercle que vous demandez ne sera pas sitôt prêt : vous savez que jamais les ouvriers de Genève n'ont été si profonds politiques et si mauvais artisans. On se donne beaucoup, dans ce pays-là, le passe-temps de se tuer : voilà quatre suicides en six semaines ; mais on n'accuse pas encore les pères de tuer leurs enfants ; il faut espérer que cette mode viendra de France.

L'aventure de la servante est heureuse. Fréron la contait en s'enivrant avec ses garçons empoisonneurs. Je vous l'ai déjà dit, nos ennemis amassent des charbons ardents sur leur tête. M. de Lavaysse, à qui je fais mille compliments, sait la demeure de M. l'abbé Sabatier ; il faudra absolument le faire appeler en témoignage.

J'apprends qu'une horde de barbares a fait beau bruit aux *Scythes* ; ces gens-là ne respectent point la vieillesse.

Adieu, mon digne et vertueux ami ; souvenez-vous de ce que vous avez promis de donner à Mme de Florian.

Embrassez bien pour moi le très-aimable Lembertad.

MMMMMXXXIII. — AU MÊME.

10 avril.

Je reçois, mon cher ami, votre lettre du 3. Coqueley a certainement approuvé les infamies de Fréron sur la famille Calas, j'en suis certain ; mais pour ne pas compromettre M. de Beaumont, retranchons ce passage. Je crois que vous pouvez très-bien faire imprimer la lettre, par Merlin, avec l'addition que je vous envoie ; cette publication me paraît essentielle. Au reste, les Welches sont bien welches ; mais il faut les forcer à goûter le noble et le simple. Ils commencent à n'aimer que les tours de passe-passe et les tours de force. Le goût dégénère en tout genre; c'est aux Français à ramener les Welches. Je n'ai reçu encore ni le ballot, ni les mémoires pour Sirven, ni aucun envoi de Lyon. Je suis dans la position la plus désagréable et la plus gênante. Pourquoi faut-il que je sois dans un désert, et séparé de vous?

On m'a envoyé de province une espèce de dialogue entre l'auteur de *Bélisaire* et un moine. L'auteur a trouvé dans saint Paul qu'il ne faut pas damner Marc Aurèle. Il pourrait faire rougir la Sorbonne, si les corps rougissaient. *Écr. l'inf*....

MMMMMXXXIV. — A M. LE COMTE D'ARGENTAL.

11 avril.

Je reçois deux lettres bien consolantes de M. d'Argental et de M. de Thibouville, écrites du 2 d'avril. Ma réponse est qu'on s'encourage à retoucher son tableau, lorsqu'en général les connaisseurs sont contents; mais qu'on est très découragé quand les faux connaisseurs et les cabales décrient l'ouvrage à tort et à travers : alors on ne met de nouvelles touches, que d'une main tremblante, et le pinceau tombe des mains.

Vous me faites bien du plaisir, mon cher ange, de me dire que Mlle Durancy a saisi enfin l'esprit de son rôle, et qu'elle a très bien joué; mais je doute qu'elle ait pleuré, et c'était là l'essentiel. Mme de La Harpe pleure.

Je vais écrire à M. le maréchal de Richelieu, qui ne fait que rire de toutes les choses qui sont très essentielles pour les amateurs des beaux-arts, et je lui parlerai de Mlle Durancy comme je le dois. Mais vous avez à Paris M. le duc de Duras, qui a du goût et de la justice. Je suppose, mon cher ange, que vous avez raccommodé la sottise de La Combe [1]. Vous me demandez pourquoi j'ai choisi ce libraire : c'est qu'il avait rassemblé il y a deux ans, avec beaucoup d'intelligence, quantité de choses éparses dans mes ouvrages, et qu'il en avait fait une espèce de poétique qui eut assez de succès [2].

Il m'écrivit des lettres fort spirituelles. Je ne savais pas qu'il fût lié avec Fréron. Il me semble qu'il en a agi comme les Suisses, qui servaient tantôt la France et tantôt la maison d'Autriche. Enfin il me fallait un libraire, et j'ai préféré un homme d'esprit à un sot.

Il faut vous dire encore que, lorsque je lui envoyai la pièce à imprimer, mon seul but était de faire connaître aux méchants, et à ceux qui écoutent les méchants, qu'un homme occupé d'une tragédie ne pouvait l'être de toutes les brochures qu'on m'attribuait. Vous savez bien que je voulais prouver mon alibi.

A présent que je suis un peu plus tranquille et un peu plus rassuré contre la rage des Welches, j'ai revu *les Scythes* avec des yeux plus éclairés, et j'y ai fait des changements assez importants. Je crois que la meilleure façon de vous faire tenir toutes ces corrections éparses, est

1. Libraire de Paris, qui y faisait imprimer *les Scythes*. (ÉD.)
2. *La Poétique de M. de Voltaire* (ÉD.)

de les rassembler dans le volume même; j'y ferai mettre des cartons bien propres, afin de ménager vos yeux.

J'attends l'édition de La Combe, pour vous renvoyer deux exemplaires bien corrigés. Mais croirez-vous bien que je n'ai pas cette édition encore? La communication interrompue entre Lyon et mon petit pays me prive de tous les secours. J'ai vingt ballots à Lyon, qui ne m'arriveront probablement que dans trois mois. Je ne sais pas pourquoi je ris de la guerre de Genève, car elle me gêne infiniment, et me rend l'habitation que j'ai bâtie insupportable.

Si je ne puis avoir l'édition de La Combe, je me servirai de celle des Cramer, quoiqu'elle soit déjà chargée de corrections qui font peine à la vue.

Quand vous aurez la pièce en état, je vous demanderai en grâce qu'on la joue deux fois après Pâques, en attendant Fontainebleau. Une fois même me suffirait pour juger enfin de la disposition des esprits, qu'on ne peut connaître que quand ils sont calmés.

Peut-être le rôle d'Athamare n'est pas trop fait pour Lekain. Il faudrait un jeune homme beau, bien fait, passionné, pleurant tantôt d'attendrissement et tantôt de colère, n'ayant que des paroles de feu à la bouche dans sa scène avec Obéide, au troisième acte; point de lenteur, point de gestes compassés.

Il faudrait d'autres vieillards que Dauberval, il faudrait d'autres confidents; mais le spectacle de Paris, le seul spectacle qui lui fasse honneur dans l'Europe, est tombé dans la plus honteuse décadence, et je vous avoue que je ne crois pas qu'il se relève.

M. de La Harpe était le seul qui pût le soutenir; le mauvais goût et les mauvaises intentions l'effrayent. Il n'a rien, il n'a été que persécuté; il pourra bien renoncer au théâtre, et passer dans les pays étrangers.

Vous me parlez des caricatures que vous avez de ma personne. Je n'ai jamais eu l'impudence d'oser proposer à quelqu'un un présent si ridicule. Je ne ressemble point à Jean-Jacques, qui veut à toute force une statue. Il s'est trouvé un sculpteur, dans les rochers du mont Jura, qui s'est avisé de m'ébaucher de toutes les manières : si vous m'ordonnez de vous envoyer une de ces figures de Callot, je vous obéirai.

Je vous assure que je suis très-affligé de n'être sous vos yeux qu'en peinture.

Mlle Sainval, comme je vous l'ai dit, me demande à jouer Olympie. Si elle a ce qu'on n'a plus au théâtre, c'est-à-dire des larmes, de tout mon cœur.

Vous trouvez qu'on peut faire un partage des autres pièces entre Mlle Dubois et Mlle Durancy; votre volonté soit faite.

Je compte qu'une grande partie de cette lettre est pour M. de Thibouville aussi bien que pour mes anges. J'obéirai d'ailleurs aux ordres de M. de Thibouville, à la première occasion que je trouverai.

Je me mets aux pieds de Mme d'Argental.

MMMMXXXV. — A M. LE PRINCE GALITZIN, AMBASSADEUR DE RUSSIE, A PARIS.

A Ferney, 11 avril.

Monsieur, Votre Excellence ne doute pas à quel point son souvenir m'est précieux. Je vous suis attaché à deux grands titres, comme à l'ambassadeur de l'impératrice, et comme à un homme bienfaisant.

Je vous remercie de l'imprimé que vous avez bien voulu m'envoyer[1]. Sa Majesté Impériale avait déjà daigné m'en gratifier il y a trois mois, avant qu'il fût public. Je n'y ai rien trouvé ni à resserrer ni à étendre. Cet ouvrage me paraît digne du siècle qu'elle fait naître. J'oserais bien répondre qu'elle fera goûter à son vaste empire tous les fruits que Pierre le Grand a semés. Ce fut Pierre qui forma l'homme, mais c'est Catherine II qui l'anime du feu céleste.

J'ai une opinion particulière sur l'affaire de Pologne, quoiqu'il ne m'appartienne guère d'avoir une opinion politique. Je crois fermement que tout s'arrangera au gré de l'impératrice et du roi, et que ces deux monarques philosophes donneront à l'Europe étonnée le grand exemple de la tolérance. Les pays qui ne produisaient autrefois que des conquérants vont produire des sages, et, de la Chine jusqu'à l'Italie (exclusivement), les hommes apprendront à penser. Je mourrai content d'avoir vu une si belle révolution commencée dans les esprits.

MMMMXXXVI. — A MADAME LA MARQUISE DE FLORIAN.

Le 11 avril.

Famille aimable, je vous embrasse tous. J'aimerais mieux assurément être Picard que Suisse; et, pour comble de désagrément, il faudra qu'au mois de mai je quitte la Suisse pour la Souabe[2]. Il est comique que le bien d'un Parisien soit en Souabe; mais la chose est ainsi. La destinée est une drôle de chose. Je ne dois ni ne veux mourir avant d'avoir mis ordre à mes affaires.

La destinée des *Scythes* est à peu près comme la mienne; ce sont des orages suivis d'un beau jour. Ne regrettez point Paris quand vous serez à Hornoy; il n'y a plus à Paris que l'Opéra-Comique et le singe de Nicolet[3].

Je vois que les deux magistrats[4] resteront à Paris. Je prie le Grand Turc de me dire pourquoi le baron de Tott est à Neuchâtel; il me semble qu'il n'y a nul rapport entre Neuchâtel et Constantinople.

Quand M. d'Hornoy rencontrera par hasard mon boiteux de procureur, je le prie de vouloir bien l'engager à recommander au marquis de Lézeau de marcher droit.

Vous trouverez du blé en Picardie; nous en manquons au pays de Gex : il faudra faire une transmigration à Babylone. On ne sait plus où

---

1. C'était le manifeste de Catherine sur les dissensions de Pologne. (ÉD.)
2. Dans le Wurtemberg. (ÉD.)
3. Ce singe est le sujet d'une chanson de Boufflers. (ÉD.)
4. Mignot et d'Hornoy, ses neveu et petit-neveu. (ÉD.)

se fourrer pour être bien. Je sais qu'il faut s'accommoder de tout ; mais cela n'est pas aussi aisé qu'on dirait bien.

Je finis, comme j'ai commencé, par vous embrasser du meilleur de mon cœur.

MMMMMXXXVII. — A M. DAMILAVILLE.

13 avril.

Mon cher ami, vous aurez tout ce que vous demandez. Mais il faut auparavant savoir si mon paquet du 9 ou du 10 vous a été rendu chez M. Gaudet. Il y a eu beaucoup de paquets perdus. Je n'ai point encore le ballot des mémoires de M. de Beaumont. Comme vous le voyez, je vis dans l'embarras et dans le chagrin, c'est-à-dire comme la plupart des hommes. Faites passer, je vous prie, mon cher ami, cette petite lettre à M. de Lembertad.

MMMMMXXXVIII. — A M. ÉLIE DE BEAUMONT.

A Ferney, 13 avril.

Je reçois, mon cher Cicéron, votre lettre non datée, avec le procès-verbal de la célèbre servante[1]. Je vais répondre à tous vos articles.

Je ne crois pas qu'il m'appartienne de parler dans ma lettre de la conduite du parlement de Toulouse. J'ai voulu et j'ai su me borner aux faits dont je suis témoin. C'est à vous qu'il sied bien de faire voir l'outrage que le parlement de Toulouse a fait au conseil, en refusant d'exécuter son arrêt. Ce que vous en dites est d'autant plus fort, que vous l'avez dit avec le ménagement convenable. Le conseil a senti tout ce que vous n'avez pas exprimé. Il y a des cas où l'on doit plus faire entendre qu'on n'en dit, et c'est un des grands mérites de votre mémoire; c'est ce qui pourra surtout ramener M. Daguesseau, qui n'aime pas l'éloquence violente.

J'ai eu mes raisons dans tout ce que je vous ai écrit. Si j'ai le bonheur de vous tenir à Ferney, vous apprendrez à connaître mes voisins. La grandeur d'âme est dans le pays conquis autrefois par Gengis-kan[2].

Je ne peux faire signer votre mémoire par les Sirven que quand il me sera parvenu. Je vous ai déjà mandé que toute communication était interrompue entre Lyon et mon malheureux pays.

Si vous trouvez que ma lettre puisse être bien reçue du public, telle que je l'ai envoyée en dernier lieu à M. Damilaville, ôtez les mots : *consigné entre vos mains*; et mettez : *l'argent qu'on leur offrait pour leur honoraire;* mettez : *le conseil de Berne*, au lieu de *Berne; le conseil de Genève*, au lieu de *Genève;* et tout sera dans la plus grande exactitude. Il faut rendre à chacun selon ses œuvres, et Mme la duchesse d'Enville et Mme Geoffrin ne doivent pas être frustrées des éloges dus à leur générosité.

Quant à M. Coqueley, il est très-sûr qu'il a eu le malheur d'être l'approbateur de Fréron; c'est être le recéleur de Cartouche. Mais on dit qu'il a abdiqué depuis longtemps un emploi si odieux, et si indi-

1. La *Déclaration juridique de la servante de Mme Calas*. (ÉD.)
2. La Chine. (ÉD.)

gne d'un avocat. On m'assure que c'est un nommé d'Albaret qui lui a succédé, et qui a été réformé; si cela est, je transporterai authentiquement à d'Albaret, et par-devant notaire s'il le faut, l'horreur et le mépris qu'un approbateur de Fréron mérite; mais je ne transporterai jamais mon estime et ma tendre amitié pour vous à qui que ce soit dans le monde. Je vous garde ces deux sentiments pour jamais.

P. S. J'apprends la justice qu'on a rendue à celui qui éclaire la justice et qui la fait rendre. Je partage ce triomphe avec tous les honnêtes gens de Paris. Je m'intéresse autant qu'eux au rétablissement de Mme de Beaumont.

Sirven se met aux pieds du protecteur de l'innocence opprimée, avec la pancarte ci-jointe, et attendra sa commodité.

MMMMMXXXIX. — A M. LE COMTE D'ARGENTAL.

13 avril.

Je supplie mes anges et M. de Thibouville de lire les nouveaux changements ci-joints. Il ne faut plaindre ni la peine de l'auteur, ni celle du libraire, ni celle des comédiens.

Pour engager le libraire à faire des cartons, ou à faire une édition nouvelle, il ne donnera que trois cents livres à Lekain, et je lui donnerai les trois cents autres.

J'ose me persuader que mes juges, en voyant ce nouveau mémoire de leur client, me donneront cause gagnée.

Je ne sais pas pourquoi on a imprimé à Paris :

Nous marchons dans la nuit, et d'abîme en abîme;

Je vous assure que mon vers

Nous partons, nous marchons de montagne en abîme,
Acte I, scène III.

est beaucoup plus convenable aux voisins du mont Jura. Je vois de mes fenêtres une montagne, au milieu de laquelle se forment des nuages. Elle conduit à des précipices de quatre cents pieds de profondeur, et, quand on est englouti dans cet abîme, on trouve d'autres montagnes qui mènent à d'autres précipices. Je peins la nature telle qu'elle est, et telle que je l'ai vue. Je vous demande en grâce de faire jouer *les Scythes* après Pâques, de n'en faire annoncer qu'une représentation, et d'en donner deux si le public les redemande, après quoi on les jouera à Fontainebleau.

Les papiers publics disent qu'on les reprendra à la rentrée; il ne faut pas les démentir, ce serait avouer une chute complète; les Frérons triompheraient. Lekain me doit au moins cette complaisance; il pourrait bien retarder d'un jour son voyage de Grenoble.

J'avoue que le rôle d'Athamare ne lui convient point. Il faudrait un jeune homme beau, bien fait, brillant, ayant une belle jambe et une belle voix, vif, tendre, emporté, pleurant tantôt de tendresse et tantôt de colère; mais comme il n'a rien de tout cela, qu'il y supplée un peu par des mouvements moins lents. Que Mlle Durancy passe toute la semaine de Quasimodo à pleurer; qu'on la fouette jusqu'à ce qu'elle répande des larmes : si elle ne sait pas pleurer, elle ne sait rien.

Ah! mon Dieu! peut-on me proposer d'établir une loi par laquelle on est obligé de se marier au bout de quatre ans? cela serait en vérité d'un comique à faire rire. Il n'est permis d'ailleurs de supposer des lois que quand il en a existé de pareilles. La loi de venger le sang de son mari, ou de son père, ou de son frère, a été connue de vingt nations; celle de n'être reçu dans un pays qu'à condition qu'on s'y mariera ressemblerait à l'usage du château de Cutendre, où l'on n'entrait que deux à deux[1].

Dieu me préserve de charger d'aventures et d'épisodes la noble simplicité, si difficile à saisir, si difficile à traiter, si difficile à bien jouer!

Rendez-moi Mlle Le Couvreur et Dufresne, je vous réponds bien du troisième acte. Le meilleur conseil qu'on m'ait jamais donné se trouve exécuté dans ces vers :

Va, si j'aime en secret les lieux où je suis née,
Mon cœur doit s'en punir, il se doit imposer
Un frein qui le retienne, et qu'il n'ose briser :
N'en demande pas plus....
Acte II, scène 1.

Je vous dirai de même :

N'en demandez pas plus, ce serait tout gâter.

J'ose vous répondre que, si les comédiens approchaient un peu de la manière dont nous jouons les Scythes à Ferney, s'ils avaient la vérité, la simplicité, l'empressement, l'attendrissement de nos acteurs, ils feraient fortune; mais la même raison pour laquelle ils ne peuvent jouer ni Mithridate, ni Bérénice, ni tant d'autres pièces, leur fera toujours jouer les Scythes médiocrement. N'importe, je demande à cor et à cri deux représentations après Pâques.

Si mon cher ange parvient à faire chasser le monstre qui déshonore la littérature depuis si longtemps, les gens de lettres lui devront une statue. Je demande pardon à M. Coqueley; mais un avocat plaide furieusement contre lui-même, quand il se fait l'approbateur de Fréron ; c'est se faire le recéleur de Cartouche. On le dit parent de M. le procureur général : son parent devait bien lui dire qu'il se déshonorait. On ne connaît pas toutes les scélératesses de Fréron. C'est lui qui a répandu dans Paris la calomnie contre les Calas. Il a voulu engager un des gueux avec lesquels il s'enivre à faire des vers sur les prétendus aveux de la pauvre Viguière[2]. Je suis bien fâché que la vérité se soit trop tôt découverte. Il fallait laisser parler et triompher les Frérons pendant quinze jours, et ensuite montrer leur turpitude. Les colombes n'ont pas eu la prudence du serpent[3]

1. Chant XII de la Pucelle. (ÉD.)
2. C'était la servante de Calas. (ÉD.) — 3. Matthieu, x. 16. (ÉD.)

Déployez vos ailes, mes anges, jetez le diable dans l'abîme, et tirez *les Scythes* du tombeau.

Respect et tendresse.

MMMMMXL. — AU MÊME.
15 avril.

Mon divin ange, battez des ailes plus que jamais, et ne laissez pas à l'infâme cabale un prétexte de dire qu'on n'ose plus rejouer *les Scythes*. Je suis persuadé que si on annonce cette pièce avec des vers nouveaux répandus dans l'ouvrage, elle attirera un très-grand concours. Les acteurs, rassurés par le succès des deux dernières représentations, rempliront mieux les personnages.

Mlle Durancy, plus pénétrée de son rôle, versera enfin des larmes et en fera répandre.

On pourra faire précéder la représentation d'un petit compliment, dans lequel on dirait que l'éloignement des lieux n'a pas permis que les acteurs reçussent avant Pâques les changements qu'on avait envoyés. On pourrait faire entendre qu'il est triste qu'un homme qui travaille depuis cinquante ans pour les plaisirs de Paris vive et meure dans un désert éloigné de Paris.

Voyez s'il serait convenable qu'au premier acte, dans la scène des deux vieillards, Sozame dît :

Ah ! crois-moi, *ces lauriers* sont affreux;
Ce grand art d'opprimer, trop indigne du brave,
D'être esclave d'un roi, pour faire un peuple esclave;
Ces honneurs, cet éclat, par le meurtre achetés,
Dans le fond de mon cœur je les ai détestés.
Enfin Cyrus sur moi répandant ses largesses, etc.
Scène III.

Je vous supplie de vouloir bien faire parvenir mes réponses à Mlle Durancy et à Mlle Sainval.

Dites bien, quelque mardi, à M. le duc de Choiseul combien je suis outré contre lui; il ne sait pas quel tort il me fait. Je suis vexé dans les lieux que j'ai défrichés, embellis et enrichis; cela n'est pas juste : je suis entré dans toutes ses vues, et il ne daigne écouter aucune de mes prières.

Joignez-y le fardeau insupportable de plus de cinquante lettres par semaine, auxquelles je suis obligé de répondre; la régie d'une terre, vingt ouvrages qui viennent à la traverse, et jugez si j'ai du temps de reste pour limer une tragédie. Plaignez-moi, et faites jouer *les Scythes*.

Mlle Sainval veut s'essayer dans *Olympie*; pourquoi non ?

MMMMMXLI. — A M. LE MARQUIS DE FLORIAN.
Le 16 avril.

En réponse à la lettre du 3 d'avril du cher grand écuyer, je dirai à toute la famille que mon voyage à Montbéliard est absolument nécessaire; mais je ne le ferai que dans la saison la plus favorable.

Le succès de l'affaire des Sirven me paraît infaillible, quoi qu'en dise Fréron. La calomnie absurde contre cette pauvre servante des Calas ne peut servir qu'à indigner tout le conseil, que cette calomnie attaquait vivement, en supposant qu'il avait protégé des coupables contre un parlement équitable et judicieux. Plus la rage du fanatisme exhale de poison, plus elle rend service à la vérité. Rien n'est plus heureux que de réduire ses ennemis à mentir.

Le prince au service duquel est Morival m'a mandé qu'il l'avait fait enseigne, et qu'il aurait soin de lui. Il est aussi indigné que moi de cette abominable aventure, que j'ai toujours sur le cœur.

Nous sommes embarrassés de toutes les façons à Ferney. Vous pensez bien, messieurs, que les commis condamnés à restituer les cinquante louis d'or cherchent à les regagner par toutes les vexations de leur métier. Nous sommes en pays ennemi. Il est triste de batailler continuellement avec les fermiers généraux. Notre position, qui était si heureuse, est devenu tout à fait désagréable : il faut quelquefois savoir boire la lie de son vin. Nous serons plus heureux quand vous pourrez venir passer quelques mois chez nous. Notre transplantation à Hornoy est actuellement de toute impossibilité.

J'aurais souhaité que Tronchin eût été plus médecin que politique, qu'il se fût moins occupé des tracasseries d'une ville qu'il a abandonnée. S'il a pris parti dans ces troubles, il devait me connaître assez pour savoir que je me moque de tous les partis. Quoi qu'il en soit, il est plaisant que Tronchin soit à Paris, et moi aux portes de Genève; Rousseau en Angleterre, et l'abbé de Caveirac à Rome. Voilà comme la fortune ballotte le genre humain.

Je demande à M. le Grand-Turc pourquoi son baron de Tott est à Neuchâtel. Dites-moi, je vous prie, mon Turc, si ce Turc de Tott vous a donné de bons mémoires sur le gouvernement des Turcs. N'êtes-vous pas bien fâché qu'Athènes et Corinthe soient sous les lois d'un bacha ou d'un pacha?

Mille amitiés à tous. Le Turc est prié d'écrire un mot.

MMMMXLII. — A. M. LE CARDINAL DE BERNIS.
Le 16 avril.

Albi, nostrorum sermonum candide judex.
Hor., lib. I, ep. IV.

Vous êtes sûrement du nombre des élus, monseigneur, puisque vous n'êtes pas du nombre des ingrats. Vous chérissez toujours les lettres, à qui vous avez dû les principaux événements de votre vie. Je leur dois un peu moins que Votre Éminence; mais je leur serai fidèle jusqu'au tombeau. Je suis encore moins ingrat envers vous, qui avez bien voulu m'honorer de très-bons conseils sur la Scythie. J'attends de Paris mon ouvrage tartare[1], pour vous l'envoyer dans le pays des Visigoths, quoique assurément il n'y ait dans le monde rien de moins visigoth que vous. Le blocus de Genève retarde un peu les envois de

1. *Les Scythes.* (ÉD.)

Paris. Cette campagne-ci sera sans doute bien glorieuse; mais elle me gêne beaucoup. Dès que j'aurai ma rapsodie imprimée, j'y ferai coudre proprement une soixantaine de vers que vous m'avez fait faire, et je dirai : *Si placet, tuum est*[1].

Si Votre Éminence souhaite que je lui envoie le factum des Sirven, il partira à vos ordres. Il est signé de dix-neuf avocats ; c'est un ouvrage très-bien fait. On y venge votre province de l'affront qu'on lui fait de la croire féconde en parricides. C'était à un Languedochien, et non à moi, de faire rendre justice aux Sirven et aux Calas. Mais ces deux familles infortunées s'étant réfugiées dans mes déserts, j'ai cru que la fortune me les envoyait pour les secourir.

Plus vous réfléchissez sur tout ce qui se passe, plus vous devez aimer votre retraite. La grosse besogne archiépiscopale me paraît fort ennuyeuse; mais vous faites du bien, vous êtes aimé, et il vous appartient de vous réjouir dans vos œuvres[2], comme dit le livre de l'*Ecclésiaste*, attribué fort mal à propos à Salomon.

Oserai-je vous demander si vous avez lu le *Bélisaire* de Marmontel, qu'on appelle son *Petit-Carême?* La Sorbonne le censure pour n'avoir pas damné Titus, Trajan, et les Antonins[3]. Messieurs de Sorbonne seront sauvés probablement dans l'autre monde, mais ils sont furieusement sifflés dans celui-ci.

Riez, monseigneur : il faut souvent rire sous cape ; mais il est fort agréable de rire sous la barrette.

Felix qui potuit rerum cognoscere causas, etc.
Virg., *Georg.*, lib. II, v. 490.

Que Votre Éminence agrée les très-tendres respects du vieux Suisse.

MMMMXLIII. — A M. DAMILAVILLE.
17 avril.

Monsieur, la famille des Sirven a renvoyé, selon vos ordres, à M. de Courteilles, le mémoire signé pour être remis à M. l'avocat de Beaumont par votre entremise ; ayez la bonté de le retirer avec les autres pièces.

Toute notre famille est fort étonnée et très-indignée de la démarche odieuse faite auprès de M. de Meaux. Il y a des hommes qui ne sont jamais occupés qu'à nuire. Nous prions Dieu, qui bénit notre petit commerce, qu'il ne vous fasse point tomber sous la dent de ces gens-là. M. Raitvolo[4] dit vous avoir envoyé le livre cité par Fabricius[5], qu'il a eu bien de la peine à trouver. Il y a longtemps qu'on ne trouve plus dans nos quartiers de livres espagnols.

Mon épouse vous salue. J'ai l'honneur d'être très-cordialement,
BOURSIER.

1. Horace, liv. IV, ode III, vers dernier. (ÉD.) — 2. *Ecclésiaste*, III, 22. (ÉD.)
3. C'est la huitième des trente-sept propositions condamnées par la Sorbonne. (ÉD.)
4. Anagramme de Voltaire. (ÉD.)
5. L'ouvrage que Voltaire dit être cité par Fabricius est tout simplement les *Questions de Zapata*. (ÉD.)

MMMMXLIV. — A M. LE COMTE D'ARGENTAL.
19 avril.

Je devrais dépouiller le vieil homme dans ce saint jour de Pâques, et me défaire du vieux levain;

Mais *enfin* je suis Scythe, et le suis pour vous plaire [1].

Je plaide encore pour *les Scythes*, du fond de mes déserts. Voilà trois éditions de ces pauvres *Scythes*, celle des Cramer, celle de La Combe, et une autre qu'un nommé Pellet vient de faire à Genève; on en donnera pourtant bientôt une quatrième, dans laquelle seront tous les changements que j'ai envoyés à mes anges et à M. de Thibouville, avec ceux que je ferai encore, si Dieu prend pitié de moi. Je ne me plains point ma peine; mais voyez ma misère! Toutes les lettres qu'on m'écrit se contredisent L faire pouffer de rire. Une des critiques les plus plaisantes est celle de quelques belles dames qui disent : « Ah! pourquoi Obéide va-t-elle s'aviser d'épouser un jeune Scythe, c'est-à-dire un Suisse du canton de Zug, lorsque dans le fond de son cœur elle aime Athamare, c'est-à-dire un marquis français? » Mais, ô mes très-belles dames! ayez la bonté de considérer que son marquis français est marié, et qu'elle ne peut savoir que madame la marquise est morte. Cette fille fait très-bien de chercher à oublier pour jamais un marquis qui a ruiné son pauvre père; et ces vers que vous m'avez conseillés, et que j'ai ajoutés trop tard, ces vers assez passables, dis-je, répondent à toutes ces critiques :

Au parti que je prends je me suis condamnée.
Va, si j'*aime en secret* les lieux où je suis née,
Mon cœur doit s'en punir, il se doit imposer
Un frein qui le retienne et qu'il n'ose briser.
Acte II, scène I.

Je vous assure encore que le second acte, récité par Mme de La Harpe, arrache des larmes. Soyez bien persuadé que si la scène du troisième acte entre Athamare et Obéide était bien jouée, elle ferait une très-vive impression.

Pleurez donc, mademoiselle Obéide, lorsque Athamare vous dit :

Elle l'est dans la haine, et lui seul est coupable.
Acte III, scène II.

Pleurez en disant :

Tu ne le fus que trop; tu l'es de me revoir,
De m'aimer, d'attendrir un cœur au désespoir.
Destructeur malheureux d'une triste famille
Laisse leurer en paix et le père et la fille, etc.
Acte III, scène II.

1. Vers des *Scythes*, acte V, scène II. (Éd.)

Et vous, Athamare, dites d'une manière vive et sensible :

> Juge de mon amour ! il me force au respect.
> J'obéis.... Dieux puissants, qui voyez mon offense,
> Secondez mon amour, et guidez ma vengeance, etc.
>
> Acte III, scène II.

La scène des deux vieillards, au quatrième acte, attendrit tous ceux qui n'ont point abjuré les sentiments de la simple nature. Mais ces sentiments sont toujours étouffés dans un parterre rempli de petits critiques à qui la nature est toujours étrangère dans le tumulte des cabales. C'est ce qui arriva à la scène touchante de Sémiramis et de Ninias; c'est ce qui arriva à la scène de l'urne dans *Oreste*; c'est ce que vous avez vu dans *Tancrède* et dans *Olympie*. *Trois amis y seront*, etc., est très à sa place, très-naturel, très-touchant; mais des acteurs froids et intimidés rendent tout ridicule aux yeux d'un public frivole et barbare, qui ne court à une première représentation que pour faire tomber la pièce.

Les deux dernières représentations ne subjuguèrent l'hydre qu'à moitié, parce que les acteurs n'étaient point encore parvenus à ce degré nécessaire de sensibilité qui est le maître des cœurs. Ce n'est qu'avec le temps qu'on goûtera ces mœurs champêtres, cette simplicité si touchante, mise en opposition avec l'insolence du despotisme et la fureur des passions d'un jeune prince qui se croit tout permis. C'est précisément au parterre que cela doit plaire. Tous les gens de lettres sont de mon avis. On s'apercevra aussi que le style n'est point négligé, et que sa naïveté, convenable au sujet, loin d'être un défaut, est un véritable ornement; car tout ce qui est convenable est bien. Les mots de *toison*, de *glèbe*, de *gazons*, de *mousse*, de *feuillage*, de *soie*, de *lacs*, de *fontaines*, de *pâtre*, etc., qui seraient ridicules dans une autre tragédie, sont ici heureusement employés. Mais cette convenance n'est sentie qu'à la longue; elle plaît quand on y est accoutumé.

J'ai dit, dans la préface, que la pièce est très-difficile à jouer, et j'ai eu grande raison. Voilà les acteurs enfin un peu accoutumés. Profitez donc, je vous en supplie, mes anges, de ce moment favorable; faites reprendre la pièce après Pâques. La nature, après tout, est partout la même, et il faudra bien qu'elle parle dans votre Babylone comme dans ma Scythie. Si Brizard peut avoir plus de sentiment, si Dauberval peut être moins gauche, si Pin pouvait être moins ridicule, s'ils pouvaient prendre des leçons dont ils ont besoin, si de jeunes bergères vêtues de blanc venaient attacher des guirlandes, dans le deuxième acte, aux arbres qui entourent l'autel, pendant qu'Obéide parle; si elles venaient le couvrir d'un crêpe dans la première scène du cinquième acte; si tous les acteurs étaient de concert; si les confidents étaient supportables, je vous réponds que cela ferait un beau spectacle.

Essayez, je vous prie; et surtout qu'Obéide sache pleurer. Je vois bien qu'elle n'est point faite pour les rôles attendrissants; il lui faudra des Léontine[1] qui disent des injures à un empereur dans sa maison, contre toute bienséance et contre toute vraisemblance. Il lui faudra des Cléopâtre[2] qui fassent à leurs fils la proposition absurde d'assassiner leur maîtresse. Le parterre aime encore ces sottises gigantesques, à la bonne heure; pour moi qui suis le très-humble et très-obéissant serviteur du naturel et du vrai, je déteste cordialement ces prestiges dramatiques.

Je crois que je vais bientôt quitter ma Scythie, et en chercher une autre; ma santé ne peut plus tenir à l'hiver barbare qui nous accable au mois d'avril, et aux neiges qui nous environnent, lorsque ailleurs on mange des petits pois. Les commis sont devenus plus affreux que les neiges. Je veux fuir les loups et les frimas.

En voilà trop; respect et tendresse, mes anges.

MMMMMXLV. — A M. DE BELLOY.

A Ferney, le 19 avril.

Je suis bien touché, monsieur, de vos sentiments nobles, de votre lettre et de vos vers. Il n'y a point de pièces de théâtre qui aient excité en moi tant de sensibilité. Vous faites plus d'honneur à la littérature que tous les Fréron ne peuvent lui faire de honte. On reconnait bien en vous le véritable talent. Il ressemble parfaitement au portrait que saint Paul fait de la charité[3]; il la peint indulgente, pleine de bonté, et exempte d'envie; c'est le meilleur morceau de saint Paul, sans contredit; et vous me pardonnerez de vous citer un apôtre le saint jour de Pâques.

Il est vrai que nos beaux-arts penchent un peu vers leur chute; mais ce qui me console, c'est que vous êtes jeune, et que vous aurez tout le temps de former des auteurs et des acteurs. Les vers que vous m'envoyez sont charmants. J'ai avec moi M. et Mme de La Harpe, qui en sentent tout le prix, aussi bien que ma nièce. Il y a longtemps que nous aurions joué le Siége de Calais sur notre petit théâtre de Ferney, si notre compagnie eût été plus nombreuse. Nous ne pouvons malheureusement jouer que des pièces où il y a peu d'acteurs. M. de Chabanon va venir chez nous avec une tragédie; nous la jouerons; et, dès que vous aurez donné la comtesse de Vergy[4], notre petit théâtre s'en saisira. On ne s'est pas mal tiré de la Partie de chasse de Henri IV, de M. Collé. Où est le temps que je n'avais que soixante-dix ans! je vous assure que je jouais les vieillards parfaitement. Ma nièce faisait verser des larmes, et c'est là le grand point. Pour M. et Mme de La Harpe, je ne connais guère de plus grands acteurs.

Vous voyez que vos beaux fruits de Babylone croissent entre nos montagnes de Scythie; mais ce sont des ananas cultivés à l'ombre dans une serre, loin de votre brillant soleil.

Adieu, monsieur; vous me faites aimer plus que jamais les arts,

---

1. Personnage de l'*Héraclius* de Corneille. (ÉD.)
2. Personnage de la *Rodogune* de Corneille. (ÉD.)
3. *Aux Corinthiens*, XIII, 4. (ÉD.)
4. *Gabrielle de Vergy*, tragédie de de Belloy. (ÉD.)

que j'ai cultivés toute ma vie. Je vous remercie; je vous aime, je vous estime trop pour employer ici les vaines formules ordinaires, qui n'ont pas certainement été inventées par l'amitié.

V.

MMMMXLVI. — A M. LE COMTE DE ROCHEFORT.

20 avril.

J'ai reçu votre lettre du 9 d'avril, mon très-aimable et preux chevalier (puisque vous ne voulez pas que je vous appelle monsieur). Je vous avais écrit, huit ou dix jours auparavant, par M. Chenevières. Je n'ai reçu aucun des paquets dont vous me parlez. Toutes les choses de ce monde n'atteignent pas à leur but. Il faut se consoler ; la patience est une vertu nécessaire.

Je vous fais mon compliment sur votre mariage ; faites-nous beaucoup d'enfants qui pensent comme vous : vous ne sauriez rendre un plus grand service à la société. Je vous écris à Châlons-sur-Marne. J'aimerais mieux que ce fût à Châlon-sur-Saône, j'aurais le bonheur d'être moins éloigné de vous. Je ne puis rien vous mander. Je suis dans la solitude et dans les neiges, bloqué par vos troupes, et malade. Quand vous serez à la source des plaisirs et des nouvelles, n'oubliez pas les solitaires dont vous avez fait la conquête.

MMMMXLVII. — A M. LE COMTE D'ARGENTAL.

Ferney, 22 avril.

Je réponds à la lettre du 14, dont mon cher ange m'honore, dans le cabinet d'*Elochivis*[1], à deux grandes parasanges de Babylone. Comme je suis à trois cent mille pas géométriques de votre superbe ville, et que vos Persans m'écrivent toujours des choses contradictoires, je suis très-souvent le plus embarrassé de tous les Scythes; mais je crois mon ange, de préférence à tout. Je pense ne pouvoir mieux faire que de lui envoyer la pièce scythe, bien nettement ajustée. Si cet exemplaire ne suffit pas pour sa comédie, il sera aisé d'en faire encore un autre sur ce modèle. Je suis convaincu que tous les prétextes des ennemis leur étant ôtés, ayant sacrifié *Il est mort en brave homme*, qui est pourtant fort naturel; ayant épargné aux gens malins l'idée de viol, qui pourtant est piquante; ayant donné la raison la plus valable du mariage d'Obéide, raison prise dans l'amour même d'Obéide pour Athamare, raison touchante, raison tragique, raison même que mes anges ont toujours voulu que j'employasse ; ayant enfin distillé le peu qui me reste de cerveau pour apaiser les Welches et pour plaire aux bons Français, j'espère que tant de peines ne seront pas perdues.

Ceux qui demandent que le mariage d'Obéide avec Indatire soit nécessaire n'entendent point les intérêts de leurs plaisirs. Cela est bon dans *Alzire*, cela serait détestable dans *les Scythes*. Les deux vieillards doivent faire un très-grand effet au quatrième acte, s'ils peuvent

1. C'est par cet anagramme que Voltaire, dans son *épître dédicatoire des Scythes*, désigne le duc de Choiseul. (ÉD.)

jouer d'une manière attendrissante, et surtout si les Welches sont capables de faire réflexion que deux bonnes gens de quatre-vingts ans, sans armes, et consignés à la porte d'Athamare, ne peuvent commander une armée, surtout quand l'un des deux vieillards est évanoui. Le malheur de tous vos comédiens, c'est de jouer froidement : ils n'ont point d'âme, ils n'arrivent jamais qu'à moitié. Je le dirai toujours, jusqu'à ce que je meure, *les Scythes* bien joués doivent faire un grand effet. Mme de La Harpe fait pleurer quand elle dit :

Ah, fatal Athamare !
Quel démon t'a conduit dans ce séjour barbare ?
Qua t'a fait Obéide ? etc.

Acte III, scène IV.

et Mme Dupuits, qui a une voix touchante, augmente l'attendrissement. Il y a l'infini entre jouer avec art et jouer avec âme.

Je vous ai soumis, mon cher ange, ma réponse à Mlle Sainval ; je n'ai écrit que des politesses vagues à Mlle Dubois ; je ne me suis engagé à rien : vous savez que je ne ferai que ce que vous voudrez; mais je vous répète encore qu'il faut reprendre *les Scythes* après Pâques, malgré la cabale, ou plutôt malgré les cabales, car il y en a quatre contre nous. Il faut que Mlle Durancy fasse pleurer, afin que M. le maréchal de Richelieu ne la fasse pas enrager, s'il ne lui fait pas autre chose.

On fait une nouvelle édition des *Scythes* à Genève ; on en fait une en Hollande ; on en va faire une encore à Lyon : cela peut servir de prétexte à La Combe pour diminuer un peu l'honoraire de Lekain ; mais il n'y perdra rien, il aura toujours ses six cents francs. Puisse-t-il être beau comme le jour, et être un amant charmant quand il viendra, au troisième acte, se jeter aux genoux d'Obéide ! puisse-t-il avoir une voix sonore et touchante ! puissent les confidents n'être pas des buffles ! puisse le seul véritable théâtre de l'Europe n'être pas entièrement sacrifié à l'Opéra-Comique !

Grâce au ridicule retranchement fait par la police à la première scène du troisième acte, Sozame ne dit mot, et joue un rôle pitoyable ; je le fais parler de manière que la police n'aura rien à dire.

Je vous remercie tendrement vous et Elochivis ; je suis terriblement vexé, et si on ne réprime pas l'insolence des commis, je serai obligé d'aller mourir ailleurs.

A propos de mourir, savez-vous, mon divin ange, que je n'ai guère de santé ? mais qu'importe ! je suis aussi gai qu'homme de ma sorte. Je n'ai actuellement que la moitié d'un œil, et vous voyez que j'écris très-lisiblement. Je soupçonne avec vous que le tyran du *tripot*[1] a contre vous quelque rancune qui n'est pas du *tripot*. N'y a-t-il pas un fou de Bordeaux, nommé Vergi, qui aurait pu vous faire quelque tracasserie ? Ce monde est hérissé d'anicroches. Jean-Jacques est aussi fou que les d'Éon et les Vergi, mais il est plus dangereux.

1. Le maréchal de Richelieu, chargé, comme premier gentilhomme de la chambre, des affaires de la Comédie-Française. (ÉD.)

N. B. Vous serez peut-être surpris que Luc[1] m'écrive toujours; j'ai trois ou quatre rois que je mitonne : comme je suis fort jeune, il est bon d'avoir des amis solides pour le reste de la vie. Divin ange! ces quatre rois ne valent pas seulement une plume de vos ailes.

Couple céleste, couple aimable, vous savez si vous m'êtes chers! Mais ce que vous ne saurez jamais bien, c'est le bonheur et la félicité suprême que goûte mon cœur, des hommages purs qu'il vous rend chaque jour dans le temple d'Hyperdulie.

MMMMMXLVIII. — A M. MARIN.

22 avril.

Vous devez être bien ennuyé, monsieur, des misérables tracasseries de la littérature. Vous êtes plus fait pour les agréments de la société que pour les misères de ce *trépôt*. En voici une que je recommande à vos bons offices. Vous êtes le premier qui m'ayez instruit de l'insolence des libraires de Hollande; il est dans votre caractère que vous soyez le premier qui m'aidiez à confondre ces abominables impostures.

Puis-je vous supplier, monsieur, de vouloir bien faire rendre mes *barbares*[2] à l'avocat devenu libraire[3], qui plaide pour moi au bas du Parnasse? il me paraît un homme de beaucoup d'esprit, et plus fait pour être mon juge que pour être mon imprimeur.

On dit qu'on ôte à Fréron ses feuilles; mais, quand on saisit les poisons de la Voisin, on ne se contenta pas de cette cérémonie.

Lekain est allé chercher des acteurs en province : il n'en trouvera pas; il n'y en a que pour l'opéra-comique. C'est le spectacle de la nation, en attendant Polichinelle.

Fuit Ilium, et ingens
Gloria Teucrorum.
Virg., Æn., lib. II, v. 326.

J'attends avec impatience le décret de la Sorbonne pour damner les Scipion et les Caton. Il ne manquait plus que cela pour l'honneur de la patrie.

Je vous souhaite les bonnes fêtes, comme disent les Italiens.

MMMMMXLIX. — A M. LE BARON DE TOTT.

A Ferney, le 23 avril.

Monsieur, je m'attendais bien que vous m'instruiriez; mais je n'espérais pas que les Turcs me fissent jamais rire. Vous me faites voir que la bonne plaisanterie se trouve en tout pays.

Je vous remercie de tout mon cœur de vos anecdotes; mais quelques agréments que vous ayez répandus sur tout ce que vous me dites de ces Tartares circoncis, je suis toujours fâché de les voir les maîtres du pays d'Orphée et d'Homère. Je n'aime point un peuple qui n'a été que destructeur, et qui est l'ennemi des arts. Je plains mon neveu de faire l'histoire de cette vilaine nation. La véritable histoire est celle

---

1. Le roi de Prusse. (ÉD.) — 2. *Les Scythes.* (ÉD.) — 3. La Combe. (ÉD.)

des mœurs, des lois, des arts et des progrès de l'esprit humain. L'histoire des Turcs n'est que celle des brigandages; et j'aimerais autant faire les mémoires des loups du mont Jura, auprès desquels j'ai l'honneur de demeurer. Il faut que nous soyons bien curieux, nous autres Welches de l'Occident, puisque nous compilons sans cesse ce qu'on doit penser des peuples de l'Asie, qui n'ont jamais pensé à nous.

Au reste, je crois le canal de la mer Noire beaucoup plus beau que le lac de Neuchâtel, et Stamboul une plus belle ville que Genève, et je m'étonne que vous ayez quitté les bords de la Propontide pour la Suisse; mais un ami comme M. du Peyrou vaut mieux que tous les vizirs et tous les cadis. J'ai l'honneur d'être, etc.

MMMMML. — A M. COQUELEY[1].

A Ferney, 24 avril

Dans la lettre dont vous m'honorez, monsieur, vous m'apprenez que j'ai mal épelé votre nom, qui est mieux orthographié dans l'histoire du président de Thou. Comme je n'ai cette histoire qu'en latin, et que de Thou a défiguré tous les noms propres, je n'ai point consulté ses dix gros volumes, et je n'ai pu vous donner un nom en *us*; ainsi vous pardonnerez ma méprise; mais si votre nom se trouve dans cette histoire, il ne doit pas certainement être au bas des feuilles de Fréron. Vous étiez son approbateur, et il avait trompé apparemment votre sagesse et votre vigilance, lorsqu'une de ses feuilles lui valut le For ou le Four-l'Évêque, et lui attira même l'*Écossaise*, qui le fit punir sur tous les théâtres de l'Europe. Franchement, un homme bien né, un avocat au parlement, un homme de mérite, ne pouvait pas continuer à être le réviseur d'un Fréron. Je vous sais très-bon gré, monsieur, d'avoir séparé votre cause de la sienne; mais je ne pouvais pas en être instruit. Je suis très-fâché d'avoir été trompé. Je vous demande pardon pour moi et pour ceux qui ne m'ont pas averti. Je transporte, par cette présente, mon indignation et mon mépris, c'est-à-dire les sentiments contraires à ceux que vous m'inspirez; j'en fais une donation authentique et irrévocable à celui qui a signé et approuvé la lettre supposée que ce misérable imprima contre le jugement du conseil en faveur de l'innocence des Calas. Il crut se mettre à couvert en alléguant que cette lettre n'était que contre moi; mais, dans le fond, toutes les raisons pitoyables par lesquelles il croyait prouver que je m'étais trompé en défendant l'innocence des Calas, tombaient également sur tous les avocats qui s'étaient servis des mêmes moyens que moi, sur les rapporteurs qui employèrent ces mêmes moyens, et enfin sur tous les juges qui les consacrèrent d'une voix unanime par le jugement le plus solennel.

Cette feuille de Fréron, et celle qui lui avait mérité le supplice de l'*Écossaise*, sont les seules de ce polisson que j'aie jamais lues. Je vous avoue que je ne conçois pas comment on permettait de si infâmes impostures. Un homme très-considérable me répondit que l'excès du

---

1. Coqueley de Chaussepierre, avocat et censeur royal. (Éd.)

mépris qu'on avait pour lui l'avait sauvé, et qu'on ne prend pas garde aux discours de la canaille. Je trouve cette réponse fort mauvaise, et je ne vois pas qu'un délit doive être toléré, uniquement parce qu'on en méprise l'auteur.

Voilà mes sentiments, monsieur; ils sont aussi vrais que la douleur où je suis de vous avoir cru coupable, et que l'estime respectueuse avec laquelle j'ai l'honneur d'être monsieur votre, etc.

MMMMMLI. — A M. PERRAND, CHANOINE D'ANNECY[1].

24 avril.

Monsieur, votre procureur Vachat n'imite ni votre politesse ni vos procédés honnêtes; il exige toujours un prix exorbitant de deux arpents de terre achetés autrefois de M. de Montréal, et relevant de votre chapitre. Il suppose, dans son exploit, qu'il avait une maison sur ce terrain, et il est évident, par son exploit même et par le plan levé en 1709, que le terrain en question confinait à cette maison ou masure; ainsi il accuse faux pour embarrasser ou intimider une veuve qu'il croit hors d'état de se défendre.

Les deux arpents qui vous doivent un cens sont un terrain absolument inutile, que j'ai enclavé dans mon jardin, et qui ne produit rien du tout. Il y avait autrefois dans un de ces arpents une petite vigne entourée de gros noyers, lesquels subsistent encore, et qui, par conséquent ne valait pas la culture. Ce peu de vigne a été arraché il y a longtemps. Vous savez, monsieur, ce que valent les vignes dans ce pays-ci; vous savez que les paysans ne veulent pas même boire du vin qu'elles donnent.

Et à l'égard de l'autre arpent sur lequel il y a aujourd'hui des arbres d'ombrage plantés, vous savez ce qui ne produit aucun avantage n'a pas une grande valeur. Les terres à froment même ne sont estimées dans ce pays-ci que vingt écus l'arpent ou la pose. Quand on évaluerait ces deux poses ensemble à cent écus, je ne devrais au sieur Vachat que le sixième de cent écus, qui font cinquante livres.

Vous avez eu la générosité de me mander que votre procureur devait en user avec moi selon l'usage ordinaire, qui est de n'exiger que la moitié des lods. Si donc, monsieur, le sieur Vachat s'était conformé à la noblesse de vos procédés, il n'aurait exigé que vingt-cinq livres de France; et, s'il avait imité la manière dont j'en use avec mes vassaux, il se serait réduit à douze livres dix sous.

Je suis bien loin de demander une telle diminution, je n'en demande aucune; je suis prête à payer tout ce que vous jugerez convenable; c'est à messieurs du chapitre qu'il appartient de mettre un prix au fonds dont nous devons le cens. Vachat, étant votre fermier, ne peut exiger pour lods et ventes que la sixième partie de ce fonds même; cependant il exige plus que la valeur du terrain. Il veut me ruiner en frais; il a

---

1. Cette lettre fut écrite au nom de quelque habitante de Ferney ou de Tournay. (*Éd. de Kehl.*) — Voltaire avait acheté la terre de Ferney, sous le nom de sa nièce, Mme Denis. (ÉD.)

pris pour m'assigner le temps où j'étais très-malade, et où je ne pouvais répondre; il m'a fait condamner par défaut; il m'a traduite au parlement de Dijon, et il a dit publiquement qu'il me ferait perdre plus de deux mille écus pour ce cens de deux sous et demi.

Votre chapitre, monsieur, est trop équitable et trop religieux pour ne pas réprimer une telle vexation. Je n'ai jamais contesté votre droit, sur quelque titre qu'il puisse être fondé. Je suis si ennemie des procès, que je n'ai pas seulement répondu aux manœuvres de Vachat. Je suis prête à consigner le double et le triple, s'il le faut, de la somme qui vous est due. Ayez la bonté d'évaluer le fonds vous-même, et cette évaluation servira de règle pour l'avenir. Je vous propose de nommer qui il vous plaira pour arbitre de cette évaluation. Voulez-vous choisir M. le maire de Gex, M. de Menthon, gentilhomme du voisinage, et le curé de la terre de Ferney, où ces terrains sont situés? Vous préviendrez par là non-seulement ce procès injuste, mais tous les procès à venir. Ce sera une action digne de votre piété et de votre justice.

MMMMMLII. — A M. LE MARECHAL DUC DE RICHELIEU.

A Ferney, 25 avril.

J'ignore, monseigneur, si vous vous amusez encore des spectacles dans votre royaume de Guienne. Je vous envoie à tout hasard cette nouvelle édition¹; et, en cas que vos occupations vous permettent de jeter les yeux sur cette pièce, la voici telle que nous la jouons sur le théâtre de Ferney.

Je ne sais par quelle heureuse fatalité nous sommes les seuls qui ayons des acteurs dignes des restes de ce beau siècle sur la fin duquel vous êtes né. Nous avons surtout, dans notre retraite de Scythes, un jeune homme nommé M. de La Harpe, dont je crois avoir déjà eu l'honneur de vous parler. Il a remporté deux prix cette année à votre Académie. Il est l'auteur du *Comte de Warwick*, tragédie dans laquelle il y a de très-beaux morceaux. C'est un jeune homme d'un rare mérite, et qui n'a absolument que ce mérite pour toute fortune. Il a une femme dont la figure est fort au-dessus de celle de Mlle Clairon, qui a beaucoup plus d'esprit, et dont la voix est bien plus touchante. Je les ai tous deux chez moi depuis longtemps. Ce sont, à mon gré, les deux meilleurs acteurs que j'aie encore vus. Vous n'avez pas à la Comédie-Française une seule actrice qui puisse jouer les rôles que Mlle Le Couvreur rendait si intéressants; et, hors Lekain, qui n'est excellent que dans *Oreste* et dans *Sémiramis*, vous n'avez pas un seul acteur à la Comédie.

Mlle Durancy joue, dit-on (et c'est la voix publique), avec toute l'intelligence et tout l'art imaginables. Elle est faite pour remplacer Mlle Dumesnil; mais elle ne sait point pleurer, et par conséquent ne fera jamais répandre de larmes.

J'ai vu une trentaine d'acteurs de province qui sont venus dans ma Scythie en divers temps; il n'y en a pas un qui soit seulement capable

1. Des *Scythes*. (ÉD.)

de jouer un rôle de confident ; ce sont des bateleurs faits uniquement pour l'opéra-comique. Tout dégénère en France furieusement, et cependant nous vivons encore sur notre crédit, et on se fait honneur de parler notre langue dans l'Europe.

Nous sommes toujours bloqués dans nos retraites couvertes de neiges. Nous n'avons plus aucune communication avec Genève, et malgré toutes les bontés de M. le duc de Choiseul, dont j'ai le plus grand besoin, notre pays souffre infiniment. Nous ne pouvons ni vendre nos denrées, ni en acheter. Le pain vaut cinq sous la livre depuis très-longtemps. Les saisons conspirent aussi contre nous ; et enfin, n'ayant plus ni de quoi nous chauffer, ni de quoi manger, ni de quoi boire, je serai forcé de transporter mes petits pénates et toute ma famille auprès de Lyon, uniquement pour vivre. Je tâcherai d'y mener votre protégé, si je m'accommode du château qu'on me propose. Il aura plus de secours pour faire son *Histoire du Dauphiné*, dont il est toujours entêté, et qui ne sera pas extrêmement intéressante.

Je ne sais trop à quoi vous le destinez, ni ce qu'il pourra devenir. Il est bien dangereux, pour qui n'a nulle fortune, de n'avoir aucun talent décidé, ni aucun but réel, ni aucun moyen de mériter sa fortune par de vrais services. Il a une aversion mortelle pour copier et pour faire la fonction de secrétaire, à laquelle je pensais que vous le destiniez. Il n'a point réformé sa main, et j'ai peur qu'il ne soit au nombre de tant de jeunes gens de Paris, qui prétendent à tout, sans être bons à rien. Il est bien loin d'avoir encore des idées nettes, et de se faire un plan régulier de conduite. Je lui recommande cent fois de se faire un caractère lisible pour vous être utile dans votre secrétairerie ; de lire de bons livres pour se former le style, d'étudier surtout à fond l'histoire de la pairie et des parlements, d'avoir une teinture des lois ; il pourrait par là vous rendre service, aussi bien qu'à M. le duc de Fronsac ; mais il vole d'objet en objet, sans s'arrêter à aucun.

Il a fait venir de Paris, à grands frais, des bouquins que l'on ne voudrait pas ramasser. Il achète à Genève tous les libelles dignes de la canaille, et j'ai peur que ses fréquents voyages à Genève ne le gâtent beaucoup. Il est défendu à tous les Français d'y aller. Si vous le jugiez à propos, on prierait le commandant des troupes de ne le pas laisser passer. J'ai peur encore que sa manière de se présenter et de parler ne soit un obstacle à une profession sérieuse et utile. C'est un grand malheur d'être abandonné à soi-même dans un âge où l'on a besoin de former son extérieur et son âme.

Je m'étonne comment M. le duc de Fronsac ne l'a pas pris pour voyager avec lui ; il aurait pu en faire un domestique utile. Il a de la bonté pour lui ; l'envie de plaire à un maître aurait pu fixer ce jeune homme. Vous avez daigné l'élever dans votre maison dès son enfance ; ce voyage lui aurait fait plus de bien que dix ans de séjour auprès de moi. Il me voit très-peu ; je ne puis le réduire à aucune étude suivie.

Je vous ai rendu le compte le plus fidèle de tout, je me recommande à vos bontés, et je vous supplie d'agréer mon respect et mon attachement inviolable.

MMMMLIII. — A J. VERNES.

Le 25 avril.

Mon cher prêtre philosophe et citoyen, je vous envoie deux mémoires des Sirven. Ce petit imprimé vous mettra au fait de leur affaire. Comptez qu'ils seront justifiés comme les Calas. Je suis un peu opiniâtre de mon naturel. Jean-Jacques n'écrit que pour écrire, et moi j'écris pour agir.

Bénissez Dieu, mon cher huguenot, qui chasse partout les jésuites, et qui rend la Sorbonne ridicule. Il est vrai qu'il traite fort mal le pays de Gex; mais il faut lui pardonner le mal en faveur du bien. Je me suis mis, depuis longtemps, à rire de tout, ne pouvant faire mieux.

Rien ne vous empêche de venir chez nous en passant par Versoix, Gentoux, et Collex; alors nous parlerons de perruques.

Je vous donne ma bénédiction.

MMMMLIV. — A M. LE COMTE D'ARGENTAL

27 avril.

Je reçois la lettre du 21 d'avril, toute de la main de mon ange. Il doit être bien sûr que je pèse toutes ses raisons; mais je conjure tous les anges du monde, en comptant M. de Thibouville, d'examiner les miennes. J'ai toujours voulu faire d'Obéide une femme qui croit dompter sa passion secrète pour Athamare, qui sacrifie tout à son père, et je n'ai point voulu déshonorer ce sacrifice par la moindre contrainte. Elle s'impose elle-même un joug qu'elle ne puisse jamais secouer; elle se punit elle-même, en épousant Indatire, des sentiments secrets qu'elle éprouve encore pour Athamare, et qu'elle veut étouffer. Athamare est marié; Obéide ne doit pas concevoir la moindre espérance qu'elle puisse être un jour sa femme. Elle doit dérober à tout le monde et à elle-même le penchant criminel et honteux qu'elle sent pour un prince qui n'a persécuté son père que parce qu'il n'a pu déshonorer la fille. Voilà sa situation, voilà son caractère.

Une froide scène entre son père et elle, au premier acte, pour l'engager à se marier avec Indatire, ne serait qu'une malheureuse répétition de la scène d'Argire et d'Aménaïde dans *Tancrède*, au premier acte. Il est bien plus beau, bien plus théâtral, qu'Obéide prenne d'elle-même sa résolution, puisqu'elle a déjà pris d'elle-même la résolution de fuir Athamare, et de suivre son père dans des déserts. Ce serait avilir ce caractère si neuf et si noble que de la forcer, de quelque manière que ce fût, à épouser Indatire; ce serait faire une petite fille d'une héroïne respectable. Un monologue serait pire encore; cela est bon pour Alzire. Mais lorsque, dans son indignation contre Athamare, dans la certitude de ne pouvoir jamais être à lui, dans le plaisir consolant de se livrer à toutes les volontés de son père, dans l'impossibilité où elle croit être de jamais sortir de la Scythie, dans l'opiniâtreté de courage avec laquelle elle s'est fait une nouvelle patrie, elle a conclu ce mariage, qui semble devoir la rendre moins malheureuse, tout à coup elle revoit Athamare, elle le revoit souverain, maître de sa main, et mettant sa couronne à ses pieds; alors son âme est déchirée : et si tout cela n'est pas théâtral, neuf et touchant, j'avoue que je n'ai aucune connaissance du théâtre, ni du cœur humain.

Je vous répète que, si quelques-unes de vos belles dames de Paris ont trouvé qu'Obéide épousait trop légèrement Indatire, c'est qu'elles ont elles-mêmes jugé trop légèrement; c'est qu'elles ont trop écouté les règles ordinaires du roman, qui veulent qu'une héroïne ne fasse jamais d'infidélité à ce qu'elle aime. Elles n'ont pas démêlé, dans le tapage des premières représentations, qu'Obéide devait détester Athamare, et ne jamais espérer d'être à lui, puisqu'il était marié. Elles ont apparemment imaginé qu'Obéide devait savoir qu'Athamare était veuf; ce qu'elle ne peut certainement avoir deviné. Il faut laisser à ces très-mauvaises critiques le temps de s'évanouir, comme aux critiques de *Mérope*, de *Zaïre*, de *Tancrède*, et de toutes les autres pièces qui sont restées au théâtre.

Je vois trop évidemment, et je sens avec trop de force, combien je gâterais tout mon ouvrage, pour que je puisse travailler sur un plan si contraire au mien. Je ne conçois pas, encore une fois, comment ce qui intéresse à la lecture pourrait ne point intéresser au théâtre. Je ne dis pas assurément qu'Obéide doive toujours pleurer; au contraire, j'ai dit qu'elle devait avoir presque toujours une douleur concentrée; douleur qui vaut bien les larmes, mais qui demande une actrice consommée. J'ai marqué les endroits où elle doit pleurer, et où Mme de La Harpe pleure. C'est à ces vers :

D'une pitié bien juste elle sera frappée,
En voyant de mes pleurs une lettre trempée, etc.
Acte II, scène I.

Laisse dans ces déserts ta fidèle Obéide.
Ah!... c'est pour mon malheur....
Acte III, scène II.

Ah, fatal Athamare!
Quel démon t'a conduit dans ce séjour barbare?
Que t'a fait Obéide? etc.
Acte III, scène IV.

A l'égard des détails, vous les trouverez tout comme vous les désirez. On veut qu'Athamare soit moins criminel, et moi je voudrais qu'il fût cent fois plus coupable.

Venons maintenant à ce qui m'est essentiel pour de très-fortes raisons : c'est de donner incessamment deux représentations avec tous les changements, qui sont très-considérables; de n'annoncer que ces deux représentations, qui probablement vaudront deux bonnes chambrées aux comédiens. Je vous demande en grâce de me procurer cette satisfaction; c'est d'ailleurs le seul moyen de savoir à quoi m'en tenir. Je vous envoie un nouvel exemplaire où tout est corrigé, jusqu'aux virgules. Il servira aisément aux comédiens; je leur demande une répétition et deux représentations; ce n'est pas trop, et ils me doivent cette complaisance.

J'ajoute encore que, quand cette pièce sera bien jouée (si elle peut l'être), elle doit faire beaucoup plus d'effet à Paris qu'à Fontainebleau. C'est auprès du parterre qu'Indatire doit réussir à la longue, et jamais à la cour.

Je sais bien qu'Athamare n'est point dans le caractère de Lekain ; il lui faut du funeste, du pathétique du terrible. Athamare est un jeune cheval échappé, amoureux comme un fou : mais pourvu qu'il mette dans son rôle plus d'empressement qu'il n'y en a mis, tout ira bien ; le quatrième et le cinquième acte doivent faire un très-grand effet.

Enfin le plus grand plaisir que vous me puissiez faire, dans les circonstances où je me trouve, c'est de me procurer ces deux représentations. Je vous en conjure, mes chers anges ; quand cela ne servirait qu'à faire crever Fréron, ce serait une très-bonne affaire.

J'aurai à M. de Thibouville une obligation que je ne puis exprimer, s'il engage les comédiens à me rendre la justice que je demande. Le rôle d'Indatire¹ ne peut tuer Molé ; et il me tue s'il ne le joue pas.

MMMMMLV. — A M. LE MARQUIS DE VILLEVIEILLE.
27 avril.

Je prie mon digne chevalier de vouloir bien me mander dans quel endroit du Languedoc demeure le sieur de La Beaumelle. Je me réjouis avec mon brave chevalier de l'expulsion des jésuites. Le Japon commença par chasser ces fripons-là ; les Chinois ont imité le Japon ; la France et l'Espagne imitent les Chinois. Puisse-t-on exterminer de la terre tous les moines qui ne valent pas mieux que ces faquins de Loyola ! Si on laissait faire la Sorbonne, elle serait pire que les jésuites : on est environné de monstres.

On embrasse bien tendrement notre digne chevalier. On l'exhorte à combattre toujours, et à cacher ses marches aux ennemis.

MMMMMLVI. — A M. LEKAIN.
27 avril.

Vous me ferez un extrême plaisir, mon cher ami, d'essayer une ou deux représentations des *Scythes*, à votre retour de Grenoble, suivant la leçon nouvelle ci-jointe. Engagez M. Molé à se prêter à mes désirs. Je serais au désespoir de nuire à sa santé ; mais il joue dans le comique ; et son rôle dans les *Scythes* est bien moins violent que plusieurs rôles de comédie ; je m'en tiendrai même à une seule représentation. Elle vous attirera certainement beaucoup de monde, en annonçant qu'elle sera donnée suivant une nouvelle édition qu'on a reçue de Genève.

J'ai à vous demander pardon, mon cher ami, de vous avoir fait un rôle dont le fond n'est pas aussi intéressant que celui d'Indatire ; il n'a pas ce tragique fier et terrible de Ninias, d'Oreste, et de quelques rôles dans lesquels j'ai servi heureusement vos grands talents. C'est un très-jeune homme amoureux comme un fou, fier, sensible, empressé, emporté, qui ne doit mettre dans l'exécution de son personnage aucune

---
1. Dans les *Scythes*. (ÉD.)

de ces pauses, lesquelles font ailleurs un très-bel effet. Il doit surtout couper la parole à Obéide avec un empressement plein de douleur et d'amour. Je ne doute pas que vous n'ayez réparé, par cet art que vous entendez si bien, le peu de convenance qui se trouve peut-être entre ce personnage et le caractère dominant de votre jeu.

J'ai envoyé à M. d'Argental deux exemplaires pareils à celui que je vous envoie. J'ai été dans la nécessité absolue de m'en tenir à cette édition, parce que l'on réimprime actuellement la pièce en plusieurs endroits, et qu'on la traduit en italien et en hollandais. Je n'ai pas eu un moment à perdre, et il est impossible d'y rien changer désormais sans faire du tort aux traducteurs et aux éditeurs.

Je vous embrasse de tout mon cœur. Si vous avez de l'amitié pour moi, faites ce que je vous demande. Il vous sera bien aisé de faire porter sur les rôles les changements que vous trouverez à la main dans l'exemplaire ci-joint.

MMMMMLVII. — A M. DAMILAVILLE.

29 avril.

Monsieur, comme je sais que vous aimez les belles-lettres, je crois ne pas vous importuner en vous dépêchant les deux brochures ci-jointes, qui ne se débitent pas encore dans la ville de Lyon, mais que je me suis procurées par le canal d'un de mes amis qui est fort au fait de la littérature.

On dit que M. de Voltaire, par le conseil des médecins, va quitter le pays de Gex. C'est en effet un climat trop dur pour sa vieillesse, et pour une santé aussi faible que la sienne. L'air de la Saône est beaucoup plus favorable. Mais je plains beaucoup les environs de Ferney, qui vont retomber dans leur ancienne misère, si M. de Voltaire vient en effet s'établir ici.

J'ai l'honneur d'être, monsieur, avec tous les sentiments que je vous ai voués, etc.,

BOURSIER.

MMMMMLVIII. — DU CARDINAL DE BERNIS.

A Alby, le 30 avril.

J'ai lu, mon cher confrère, les *Scythes* imprimés, avec l'éloge des deux grands satrapes de Babylone. J'ai trouvé dans cette pièce des changements heureux, et plusieurs morceaux qui prouvent que vous pouvez encore remplir cette carrière avec plus de force et d'intérêt que nos jeunes gens. Si vous m'envoyez des vers, faites en sorte que je puisse m'en vanter. Je ne suis ni pédant, ni hypocrite; mais sûrement vous seriez bien fâché que je ne fusse pas ce que je dois être et paraître. Vous me ferez grand plaisir de m'envoyer les mémoires des Sirven. Je suis très-disposé à trouver innocents les malheureux; on ne peut d'ailleurs être plus éloigné que je le suis du fanatisme en tout genre. J'aime l'ordre et la paix. L'humanité a sur moi les droits les plus étendus. A propos d'humanité, avez-vous lu le discours d'un avocat général de Grenoble? Quoiqu'il donne quelquefois dans l'enflure et l'enluminure modernes, on ne peut s'empêcher d'être remué en lisant cet ouvrage. Finissez votre petite guerre. Prolongez, embellissez votre couchant, en riant des ridicules, en donnant aux jeunes écrivains des leçons et des exemples, et en faisant les délices de vos amis. Adieu, mon cher confrère; je vous aime autant que je vous admire.

Je n'approuve pas que la Sorbonne censure *Bélisaire*, qui respire les bonnes mœurs, et je n'approuve pas non plus que notre confrère se soit exposé à la censure par un chapitre épisodique[1], et qui ne tient à rien.

MMMMMLIX. — A M. LA COMBE.

A Ferney, avril.

Si vous m'aviez pu répondre plus tôt, monsieur, je vous aurais envoyé tous les changements que j'ai faits à mesure pour mon petit théâtre de Ferney, et votre nouvelle édition des *Scythes* aurait été complète. Je vous les envoie à tout hasard par M. Marin.

Je compte toujours sur votre amitié, et je vous prie de donner un petit honoraire de vingt-cinq louis d'or à M. Lekain, pour toutes les peines qu'il a bien voulu prendre; car, quoique cette pièce ne fût point faite du tout pour Paris, il faut pourtant témoigner sa reconnaissance celui qui s'est donné tant de peine pour si peu de chose. Je suppose que la pièce a quelque succès : si vous y perdez, je suis prêt à vous dédommager; vous n'avez qu'à parler.

Je voudrais vous avoir donné un meilleur ouvrage; mais, à mon âge, on ne fait ce que l'on veut en aucun genre : on boit tristement la lie de son vin.

Mandez-moi, le plus tôt que vous pourrez, quel est l'auteur[2] du *Supplément à la Philosophie de l'histoire* de feu M. l'abbé Bazin, mon cher oncle. C'est un digne homme, qui mérite de recevoir incessamment de mes nouvelles; mais vous me ferez plus de plaisir de me donner des vôtres.

N. B. Je suis bien fâché contre vous de ce que, dans votre *Avant-Coureur*, vous imprimez toujours français par un *o*. Je vous demande en grâce de distinguer mon bon patron saint François d'Assise de mes chers compatriotes. Imprimez, je vous en prie, *anglais, français*. Si j'osais, j'irais jusqu'à vous prier de mettre un *a* à tous les imparfaits, etc.; mais je ne suis pas encore assez sûr de votre amitié pour vous proposer une si grande conspiration.

MMMMMLX. — A FRÉDÉRIC II, ROI DE PRUSSE.

2 mai.

Permettez-moi de dire à Votre Majesté que vous êtes comme un certain personnage de La Fontaine[3] :

Droit au solide allait Bartholomée.

Ce solide accompagna merveilleusement la véritable gloire; vous faites un royaume florissant et puissant de ce qui n'était, sous le roi votre

1. Le chapitre xv, sur lequel portait principalement la censure de la Sorbonne. (ÉD.)
2. Cet ouvrage est de Larcher. (ÉD.)
3. La Fontaine, conte du *Calendrier des vieillards*. (ÉD.)

grand-père, qu'un royaume de vanité. Vous avez connu et saisi le vrai en tout, aussi êtes-vous unique en tout genre.

Je dois dire à Votre Majesté qu'un jeune homme de vingt-cinq ans, très-bon officier, très-instruit, ayant servi dès l'âge de douze ans, et ne voulant plus servir que vous, est parti de Paris sans en rien dire à personne, et vient vous demander la permission de se faire casser la tête sous vos ordres. Il est d'une très-ancienne noblesse, véritable marquis, et non pas de ces marquis de robe ou de hasard, qui prennent leur titre dans une auberge, et se font appeler monseigneur par les postillons, qu'ils ne payent point. Il s'appelle le marquis de Saint-Aulaire, neveu d'un lieutenant général, l'un de nos plus aimables académiciens, lequel a fait de très-jolis vers à près de cent ans, comme vous en ferez, à ce que je crois, et à ce que j'espère.

Je rends grâce à Votre Majesté de ce qu'elle a daigné m'envoyer, par M. de Catt, la réponse qu'elle a faite à Marmontel sur la *Poétique*. Que de leçons elle nous donne! Votre digne Suisse[1] m'a écrit une lettre charmante. Il s'estime heureux d'avoir vu ces grandes scènes où Votre Majesté a joué si supérieurement son rôle. Pour moi, je l'estime plus heureux d'être chaque jour aux pieds de mon héros, s'occupant du bonheur de son peuple.

Le vieux malade se met à vos pieds avec attachement, admiration, respect, et syndérèse.

MMMMLXI. — A M. DALEMBERT.

3 mai.

M. Necker, qui part dans l'instant, mon cher et véritable philosophe, vous rendra une *Lettre au conseiller*[2]. Messieurs de la poste en ont butiné deux, selon leur louable coutume. Ces messieurs de la poste aux lettres deviendront des gens très-lettrés; ils se forment une belle bibliothèque de tous les livres qu'ils saisissent. Chaque pays, comme vous voyez, a son inquisition; vous n'êtes pas plus tôt délivré des renards, que vous tombez dans la main des loups.

Votre *Lettre au conseiller* devrait exciter le monde à faire une battue. Ne voudriez-vous point ajouter à l'histoire de *la Destruction* quelque chose concernant l'Espagne[3], en retranchant le dernier chapitre touchant le serment que devaient prêter les jésuites, chapitre devenu inutile par les précautions que l'on a prises en France contre ces pauvres diables, dignes aujourd'hui de pitié?

L'imbécile et ignorant libraire qui s'est chargé de votre seconde édition ne l'aura pas achevée sitôt. Je n'ai de lui aucune nouvelle; toute communication est interrompue entre Genève et la France. On s'est imaginé assez ridiculement que je suis en France; et je m'aperçois en effet que j'y suis, parce que je manque de tout. Je ne sais comment on fera pour faire passer dans votre monarchie française la *Lettre au con-*

---

1. De Catt était Suisse. (Éd.) — 2. Opuscule de Dalembert. (Éd.)
3. Dalembert publia une *Seconde lettre à M.****, etc., sur *l'édit du roi d'Espagne pour l'expulsion des jésuites*. (Éd.)

seiller, il n'est plus permis de lire, et il n'y a que les auteurs du *Journal chrétien*, et Fréron, qui aient la liberté d'écrire.

Vous verrez par les deux petites pièces ci-jointes [1] qu'on ne rogne pas les ongles de si près dans les pays étrangers. L'exemple que donne l'impératrice de Russie est unique dans ce monde. Elle a envoyé quarante mille Russes prêcher la tolérance, la baïonnette au bout du fusil. Vous m'avouerez qu'il était bien plaisant que les évêques polonais accordassent des priviléges à trois cents synagogues, et ne voulussent plus souffrir l'Église grecque.

Bonsoir, mon cher philosophe; souvenez-vous, je vous en prie, que je n'ai aucune part aux *Anecdotes sur Bélisaire*. On m'accuse de tout : voyez la malice!

MMMMLXII. — De M. D'Alembert.

A Paris, 4 mai.

*Gens inimica mihi Tyrrhenum navigat æquor,
Ilium in Italiam portans, victosque Penates.*

Virg., Æn., lib. I, v. 67.

Voilà, mon cher et illustre philosophe, ce que disait l'autre jour des jésuites d'Espagne un abbé italien [2] qui, comme vous voyez, les aime tendrement, attendu qu'ils ont empêché son oncle d'être cardinal. Et vous, mon cher maître, que dites-vous de cette singulière aventure? ne pensez-vous pas que la société se précipite vers sa ruine? ne pensez-vous pas qu'elle travaille depuis longtemps à mériter ce qui lui arrive aujourd'hui, et qu'elle recueille ce qu'elle a semé? Mais croyez-vous tout ce qu'on dit à ce sujet? croyez-vous à la lettre de M. d'Ossun, lue en plein conseil, et qui marque que les jésuites avaient formé le complot d'assassiner, le jeudi saint, bon jour bonne œuvre, le roi d'Espagne et toute la famille royale? ne croyez-vous pas, comme moi, qu'ils sont bien assez méchants, mais non pas assez fous pour cela, et ne désirez-vous pas que cette nouvelle soit tirée au clair? Mais que dites-vous de l'édit du roi d'Espagne, qui les chasse si brusquement? persuadé, comme moi, qu'il a eu pour cela de très-bonnes raisons, ne pensez-vous pas qu'il aurait bien fait de les dire, et de ne les pas renfermer *dans son cœur royal* [3]? ne pensez-vous pas qu'on devrait permettre aux jésuites de se justifier, surtout quand on doit être sûr qu'ils ne le peuvent pas? ne pensez-vous point encore qu'il serait très-injuste de les faire tous mourir de faim, si un seul frère coupe-chou s'avise d'écrire bien ou mal en leur faveur? Que dites-vous aussi des compliments que fait le roi d'Espagne à tous les autres moines, prêtres, curés, vicaires et sacristains de ses États, qui ne sont, à ce que je crois, moins dangereux que les jésuites que parce qu'ils sont plus plats et plus vils? enfin, ne vous semble-t-il pas qu'on pouvait faire avec plus de raison une chose si raisonnable? Le *cœur royal* me fait souvenir

1. L'*Anecdote sur Bélisaire* et la *Seconde anecdote sur Bélisaire*. (Éd.)
2. Galiani. (Éd.)
3. L'édit qui chasse les jésuites d'Espagne n'en donne pas les raisons, et porte que le roi les renferme *dans son cœur royal*. (Éd.)

de la surprise impériale d'un certain *Rescrit de l'empereur de la Chine*. Ma surprise de tout ce qui arrive et de la manière dont il arrive n'est ni royale ni impériale, mais n'en est ni moins grande ni moins fondée. Après tout, il faut attendre la fin.

Soyez sûr que c'est à M. Hume, et point à d'autres, que Rousseau est redevable de sa pension. Soyez sûr qu'il s'en doute bien lui-même; mais il ne veut pas paraître le savoir, et son cœur reconnaissant en sera plus à son aise. La Sorbonne vient de faire imprimer trente-sept propositions extraites du livre de Marmontel[1], et qu'elle se propose de qualifier dans un gros volume qu'elle donnera quand il plaira à Dieu. Cet extrait va d'avance la couvrir d'opprobre. Voici une des propositions, par où vous pourrez juger des autres : « La vérité brille de sa propre lumière, et l'on n'éclaire pas les esprits avec la flamme des bûchers[2]. » Que dites-vous de cette impudente et odieuse canaille? On dit que vous allez demeurer à Lyon; permettez-moi de vous demander, par le tendre intérêt que je prends à vous, si vous y avez bien pensé. N'est-ce pas vous mettre à la merci d'une race d'hommes aussi méchante que les jésuites, plus puissante et plus dangereuse, et plus déterminée à chercher les moyens de vous nuire? Pourquoi quittez-vous le ressort du parlement de Bourgogne, dont vous avez lieu d'être content? Adieu, mon cher maître; le papier m'oblige de finir; je vous embrasse de tout mon cœur.

P. S. M. le chevalier de Rochefort, que je viens de voir, et qui, par parenthèse, vous aime à la folie, est inquiet de deux paquets qu'il vous a envoyés contre-signés *Vice-chancelier*, et dont vous ne lui avez point accusé la réception. Il me charge de vous faire mille compliments. M. de Chabanon part mercredi pour vous aller voir; je lui envie bien le plaisir qu'il aura. Je me flatte au moins qu'il vous dira combien je vous aime, et combien j'ai de plaisir à lui parler de vous. Il vous apporte une tragédie dont je crois que vous serez content, supposé pourtant que je n'aie point été séduit par la lecture que je lui en ai entendu faire, car il est impossible de mieux lire. Je viens d'apprendre que l'arrêt du parlement qui renvoie les évêques chez eux vient d'être cassé par un arrêt du conseil. Les jansénistes, qui, comme vous savez, sont fort plaisants, ne manqueront pas de dire que le roi vient d'ordonner aux évêques de ne point résider. Cette aventure fera sans doute dire et faire bien des sottises aux imbéciles et fanatiques des deux partis. Vous ne voulez donc pas m'envoyer cette petite figure[3] que je vous demande depuis tant de temps avec tant d'instance? Est-ce que l'original ne m'en croit pas digne, ou bien est-ce qu'il ne m'aime plus? J'aurais bien envie de le quereller aussi sur ce que je ne reçois jamais de lui rien de ce qu'il pourrait m'envoyer; ni l'*Anecdote sur Bélisaire*, de son ami l'abbé Mauduit[4]; ni les *Honnêtetés littéraires*, que je n'ai pas encore lues; ni la *Lettre à Élie de Beaumont*; ni le poëme sur la

---

1. *Bélisaire*. (Éd.) — 2. Chap. xv de *Bélisaire*. (Éd.)
3. Un des bustes que faisait le sculpteur de Saint-Claude. (Éd.)
4. C'est sous le nom de l'abbé Mauduit que fut imprimée l'*Anecdote sur Bélisaire*. (Éd.)

belle *Guerre de Genève*, aussi intéressante que celle de nos pédants en robe et en soutane. Dites, je vous prie, à l'auteur de toutes ces pièces qu'il a tort d'oublier ainsi ses amis.

MMMMMLXIII. — A M. DAMILAVILLE.
4 mai.

Je vois, mon cher ami, qu'il y a dans le monde des gens alertes qui ont dévalisé les licenciés espagnols[1] que je vous avais envoyés; et, à l'égard de la *Destruction des jésuites*, je ne compte pas qu'elle soit sitôt prête, attendu la négligence et l'imbécillité des gens qui s'en sont chargés.

J'envoie à M. Dalembert un exemplaire de sa *Lettre au conseiller*, par M. Necker. Il doit vous faire remettre aussi des chiffons qui ne valent pas cette lettre, deux *Zapata* et deux *Honnêtetés*.

Je suis bien faible, bien languissant, mon cher ami; c'est un grand effort d'écrire de ma main; mon cœur vous en dit cent fois plus que je ne vous en écris.

Ah! qu'importe que les jésuites soient chassés d'Espagne, s'il n'est pas permis de penser en France?

MMMMMLXIV. — A M. LE COMTE D'ARGENTAL.
4 mai.

Vous êtes plus aimable que jamais, mon cher ange, et moi plus importun, et plus insupportable que je ne l'ai encore été. Moi, qui suis ordinairement si docile, je me trouve d'une opiniâtreté qui me fait sentir combien je vieillis. Ce monologue que vous demandez, je l'ai entrepris de deux façons : elles détruisent également tout le rôle d'Obéide. Ce monologue développe tout d'un coup ce qu'Obéide veut se cacher à elle-même dans tout le cours de la pièce. Tout ce qu'elle dira ensuite n'est plus qu'une froide répétition de son monologue. Il n'y a plus de gradations, plus de nuances, plus de pièce. Il est de plus si indécent qu'une jeune fille aime un homme marié, cela est si révoltant chez toutes les nations du monde, que, quand vous y aurez fait réflexion, vous jugerez ce parti impraticable.

Il y a plus encore; c'est que ce monologue est inutile. Tout monologue qui ne fournit pas de grands mouvements d'éloquence est froid. Je travaille tous les jours à ces pauvres *Scythes*, malgré les éditions qu'on en fait partout.

La Combe vient d'en faire une qu'il m'envoie, mais il n'y a pas la moitié des changements que j'ai faits; il ne pouvait pas encore les avoir reçus. Il n'a fait cette nouvelle édition que dans la juste espérance où il était que la pièce serait reprise après Pâques. C'est encore une raison de plus pour que je ne puisse exiger de lui qu'il donne cent écus à Lekain; j'aime beaucoup mieux les donner moi-même.

Il est bien vrai que tout dépend des acteurs. Il y a une différence immense entre bien jouer et jouer d'une manière touchante, entre se

---

1. Les *Questions de Zapata*. (ÉD.)

faire applaudir et faire verser des larmes. M. de Chabanon et M. de La Harpe viennent d'en arracher à toutes les femmes dans le rôle de Némours et dans celui de Vendôme, et à moi aussi.

Je doute fort qu'on puisse faire des recrues pour Paris. On a écarté et rebuté les bons acteurs qui se sont présentés; je ne crois pas qu'il y en ait actuellement deux en province dignes d'être essayés à Paris. Je vous l'ai déjà dit, les troupes ne subsistent plus que de l'opéra-comique. Tout va au diable, mes anges, et moi aussi.

Ma transmigration de Babylone me tient fort au cœur. Ce que vous me faites entrevoir redoublera mes efforts; mais j'ai bien peur que la situation présente de mes affaires ne me rende cette transmigration aussi difficile que mon monologue. Je me trouve à peu près dans le cas de ne pouvoir ni vivre dans le pays de Gex, ni aller ailleurs. Figurez-vous que j'ai fondé une colonie à Ferney; que j'y ai établi des marchands, des artistes, un chirurgien; que je leur bâtis des maisons; que, si je vais ailleurs, ma colonie tombe; mais aussi, si je reste, je meurs de faim et de froid. On a dévasté tous les bois; le pain vaut cinq sous la livre; il n'y a ni police ni commerce. J'ai envoyé à M. le duc de Choiseul, conjointement avec le syndic de la noblesse, un mémoire très-circonstancié. J'ai proposé que M. le duc de Choiseul renvoyât ce mémoire à M. le chevalier de Jaucourt, qui commande dans notre petite province. Il a oublié mon mémoire, ou s'en est moqué; et il a tort, car c'est le seul moyen de rendre la vie à un pays désolé, qui ne sera plus en état de payer les impôts. On a voulu faire, malgré mon avis, un chemin qui conduisît de Lyon en Suisse en droiture; ce chemin s'est trouvé impraticable.

Je vous demande pardon de vous ennuyer de ces détails; mais je vois qu'avec la meilleure volonté du monde on nous ruinera sans en retirer le moindre avantage. Je me suis dégoûté de *la Guerre de Genève*, je n'ai point mis au net le second chant, et je n'ai pas actuellement envie de rire.

J'écris lettre sur lettre au sculpteur qui s'est avisé de faire mon buste: c'est un original capable de me faire attendre trois mois au moins, et ce buste sera au rang de mes œuvres posthumes.

Il peut être encore un acteur à Genève dont on pourrait faire quelque chose. Il est malade; quand il sera guéri, je le ferai venir; La Harpe le dégourdira; pour moi, je suis tout engourdi. D'ordinaire la vieillesse est triste, mais la vieillesse des gens de lettres est la plus sotte chose qu'il y ait au monde. J'ai pourtant un cœur de vingt ans pour toutes vos bontés; je suis sensible comme un enfant; je vous aime avec la plus vive tendresse.

MMMMMLXV. — DE FRÉDÉRIC II, ROI DE PRUSSE.

A Potsdam, 5 mai.

J'aurais cru, pendant les troubles qui désolaient l'Europe, que la terre de Ferney et la ville de Genève étaient l'arche où quelques justes furent préservés des calamités publiques. Mais, il faut l'avouer, il n'est aucun lieu où l'inquiétude des hommes et l'enchaînement fatal des causes ne puissent amener ce fléau. Je plains les citoyens de la Rome calviniste de se trouver réduits à la dure nécessité d'abandonner leur patrie, ou de renoncer aux priviléges de leur liberté. Ils ont affaire à trop forte partie, et les Français les traitent à la rigueur. Lentulus[1], qui a fait un tour en sa patrie, s'était proposé de passer chez vous, si ce cordon impénétrable ne l'en eût empêché. Voilà comme tout se dénature par les lois de la vicissitude.

La ville de Jérusalem, bâtie par le peuple de Dieu, est possédée par les Turcs : le Capitole, cet asile des nations, ce lieu auguste où s'assemblait un sénat maître de l'univers, est maintenant habité par des récollets; et Ferney, douce et agréable retraite philosophique, sert de quartier général aux troupes françaises. Mais vous adoucirez ces guerriers farouches, comme Orphée, votre devancier, apprivoisa les tigres et les lions.

Il est fâcheux que vous soyez assujetti, comme le reste des êtres, aux infirmités de l'âge : il faudrait que les corps joints à des âmes privilégiées comme la vôtre en fussent exempts. Les arts et la société de notre petite contrée regretteront à jamais votre perte. Ce ne sont pas de celles qu'on répare facilement : aussi votre mémoire ne périra-t-elle pas parmi nous.

Vous pouvez vous servir de nos imprimeurs selon vos désirs. Ils jouissent d'une liberté entière; et comme ils sont liés avec ceux de Hollande, de France et d'Allemagne, je ne doute pas qu'ils n'aient des voies pour faire passer des livres où ils le jugent à propos.

Voilà pourtant un nouvel avantage que nous venons de remporter en Espagne : les jésuites sont chassés de ce royaume. De plus, les cours de Versailles, de Vienne, et de Madrid, ont demandé au pape la suppression d'un nombre considérable de couvents. On dit que le saint-père sera obligé d'y consentir, quoique en enrageant. Cruelle révolution! A quoi ne doit pas s'attendre le siècle qui suivra le nôtre? La cognée est mise à la racine de l'arbre : d'une part les philosophes s'élèvent contre les absurdités d'une superstition révérée; d'une autre les abus de la dissipation forcent les princes à s'emparer des biens de ces reclus, les suppôts et les trompettes du fanatisme. Cet édifice, sapé par ses fondements, va s'écrouler, et les nations transcriront dans leurs annales que Voltaire fut le promoteur de cette révolution qui se fit au dix-neuvième siècle dans l'esprit humain.

Qui aurait dit au douzième siècle que la lumière qui éclairerait le monde viendrait d'un petit bourg suisse nommé Ferney? Tous les grands hommes communiquent leur célébrité aux lieux qu'ils habitent, et au temps où ils fleurissent.

On m'écrit de Paris qu'on m'enverra *les Scythes*. Je suis bien sûr que cette pièce sera intéressante et pathétique : heureux talents qui font le charme de toutes vos tragédies ! J'ai vu des tragédies et des panégyriques du jeune poëte[2] dont vous me parlez; il a du feu et ver-

1. Général prussien qui avait fait toutes les campagnes avec Frédéric, et qui était né en Suisse. (Éd.)
2. La Harpe. (Éd.)

ainsi bien. Je vous suis obligé de son épître, que vous voulez me communiquer. On m'a envoyé le *Bélisaire* de Marmontel. Il faut que la Sorbonne ait été de bien mauvaise humeur pour condamner l'envie que l'auteur a de sauver Cicéron et Marc Aurèle. Je soupçonnerais plutôt que le gouvernement a cru apercevoir quelques allusions du règne de Justinien à celui de Louis XV, et que, pour chagriner l'auteur, il a lâché contre lui la Sorbonne, comme un mâtin accoutumé d'aboyer contre qui on l'excite.

Conservez-vous toutefois, et ménagez votre vieillesse dans votre quartier général de Ferney. Souvenez-vous qu'Archimède, pendant qu'on donnait l'assaut à la ville qu'il défendait, résolvait tranquillement un problème; et soyez persuadé que le roi Hiéron s'intéressait moins à la conservation de son géomètre, que moi à celle du grand homme que le cordon des troupes françaises entoure. FÉDÉRIC.

MMMMMLXVI. — A M. DALEMBERT.
9 mai.

Si on vous a appelé Rabsacès[1], mon cher philosophe, on m'appelle Capanée[2]. Nos savants d'aujourd'hui prodiguent les titres honorifiques. Je vous garderai le secret : dites moi quel est le cuistre nommé Foucher[3] qui vient, dit-on, de faire un *Supplément à la Philosophie de l'histoire*? N'est-il pas de l'Académie des inscriptions et belles-lettres? S'il y a des académies de politesse et de raison, je ne crois pas qu'il y soit reçu.

Je vous ai mandé que je vous avais envoyé par M. Necker un volume de la *Lettre au conseiller*; mais Dieu sait quand M. Necker arrivera à Paris.

Faites-moi, je vous prie, réponse en droiture sur mon ami Foucher. Je ne sais ce qu'est devenu le libraire à qui on a donné *la Destruction* jésuitique. Nous avons quatre mille cinq cents soldats autour de Genève; c'est la seule nouvelle que j'aie. Quand il y aura des guerres ou des bruits de guerre, fuyez aux montagnes.

Interim vale, et me ama.

MMMMMLXVII. — DE M. DALEMBERT.
A Paris, ce 12 mai.

Je crois, mon cher maître, vous avoir parlé, dans ma dernière lettre, d'une liste de propositions que la Sorbonne a extraites de *Bélisaire* pour les condamner; liste qui est le comble de l'atrocité et de la bêtise. Cette canaille mourait de peur que cette liste ne se répandît avant la censure : en conséquence les amis de Marmontel l'ont fait imprimer, et frère Damilaville vous l'enverra : vous ne pourrez pas en croire vos yeux, tant ces animaux-là sont absurdes. Je me flatte que le cri

---
1. A la page 29 de la *Lettre à un ami sur un écrit intitulé : Sur la destruction des jésuites, par un auteur désintéressé*. (*Note de M. Beuchot.*)
2. Dans la préface du *Supplément à la Philosophie de l'histoire*, par Larcher. (ÉD.)
3. Larcher. (ÉD.)

public va les faire rentrer dans la boue, et qu'ils n'oseront pas publier leur censure : tant la seule liste des propositions les rendra d'avance odieux et ridicules !

Chabanon m'étonne et m'afflige beaucoup en m'apprenant que vous n'êtes pas content de sa pièce[1]. Je vous avoue qu'elle m'avait fait beaucoup de plaisir, et me paraissait bien meilleure que dans le premier état; mais vous vous y connaissez mieux que moi. La seule chose que je vous demande, mon cher maître, et que mon amitié pour Chabanon exige de la vôtre pour moi, c'est de vouloir bien donner à son ouvrage, pour le fond et pour les détails, toute l'attention possible; Chabanon le mérite, en vérité, et par lui-même, et par les sentiments qu'il a pour vous. L'intérêt que vous lui marquerez en cette occasion sera une nouvelle obligation que je vous aurai, car on ne saurait lui être plus attaché que je le suis.

Voilà donc les jésuites chassés d'Espagne, et puis de France, grâce à l'abbé de Chauvelin, et vraisemblablement bientôt de Naples et de Parme. On dit pourtant que Naples sera difficile, parce qu'ils ont à leurs ordres cent cinquante mille coquins. L'autre jour je déplorais leur triste sort, car au fond je suis bon homme; quelqu'un me dit : « Vous êtes bien bon de vous lamenter sur des hommes qui vous verraient brûler en riant. » J'avoue que j'essuyai un peu mes larmes; ils me font pitié pourtant : *O qu'il est doux de plaindre*[2]*!* etc. Adieu, mon cher et illustre confrère, je vous embrasse de tout mon cœur. Vous ne voulez donc pas dire au libraire de m'envoyer quelques exemplaires de l'ouvrage de mathématiques[3]? Ce sera de la moutarde après dîner. *Vale, et me ama.*

MMMMMLXVIII. — A M. BORDES.

13 mai.

Mon âge commence à désespérer, mon cher confrère, de venir *cum penatibus et magnis diis*[4]. Il m'arrive des dérangements dans ma fortune qui pourront bien me faire rester dans ma Scythie.

Il y a près de cinq mois qu'on m'avait mandé, des frontières d'Espagne, que beaucoup de moines avaient eu part à la révolte générale qui devait se manifester le même jour dans toutes les provinces. Je n'en croyais rien, et me voilà désabusé. On n'a chassé que les jésuites :

Mais à tous penaillons Dieu doint pareille joie!

Voici une *Lettre sur les Panégyriques*, laquelle n'est pas le panégyque des moines.

Connaissez-vous l'*Anecdote sur Bélisaire?* Si vous ne l'avez pas, je vous l'enverrai; et tant que je serai près de Genève, je me charge de vous fournir toutes les nouveautés : vous n'avez qu'à parler.

1. La tragédie d'*Eudoxie*. (Éd.)
2. Voy. les vers de Corneille dans *Pompée*, acte V, scène 1. (Éd.)
3. L'ouvrage de D'Alembert *Sur la destruction des jésuites*. (Éd.)
4. *Æneid.*, III, 12. (Éd.)

Je crois que vous jugez très-bien M. Thomas, en lui accordant de grandes idées et de grandes expressions.

Vous m'affligez en m'apprenant qu'il y a tant de sots et de méchants à Lyon. C'est la destinée de toutes les grandes villes; mais je crois qu'il y a plus de justes qu'il n'y en avait à Sodome. Il y a du moins trois fois plus de philosophes. Je vous nommerais bien quinze personnes qui pensent comme vous et moi. Il me semble que la lumière s'étend de tous côtés : mais les initiés ne communiquent pas assez entre eux; ils sont tièdes, et le zèle du fanatisme est toujours ardent.

L'anecdote qu'on vous a contée sur ce malheureux Jean-Jacques est très-vraie ; ce misérable a laissé mourir ses enfants à l'hôpital, malgré la pitié d'une personne compatissante qui voulait les secourir. Comptez que Rousseau est un monstre d'orgueil, de bassesse, d'atrocité, et de contradictions.

MMMMMLXIX. — A M. LE COMTE D'ARGENTAL.

15 mai.

Nous jouons donc plus souvent *les Scythes* en Scythie qu'à Paris ? C'est en essayant mon habit de Sozame que je présente encore ma requête à M. et Mme d'Argental, à M. de Thibouville, à M. de Chauvelin (à qui je n'ai pas encore pu faire réponse), et à toutes les belles dames qui se sont imaginé qu'Obéide doit commencer par un beau monologue sur son amour adultère pour un homme marié, qui a voulu l'enlever et en faire une fille entretenue : monologue qui certainement jetterait de l'indécence, du froid et du ridicule sur tout son rôle.

De l'indécence, parce qu'elle ne doit pas balancer lorsqu'elle croit son amant marié; du froid, parce que les combats secrets qu'elle éprouve ensuite ne seraient qu'une répétition de ce que son monologue aurait dit; du ridicule, parce qu'alors elle serait forcée de dire, dans son entrevue avec Athamare : « Ah! ah! votre femme est donc morte? tant mieux; tirez-moi d'ici au plus vite, et allons nous marier à Ecbatane. »

     Oui, j'aurai le courage
 D'ensevelir mes jours dans ce désert sauvage[1].

Cela seul, dit de la manière dont Mme de La Harpe le récite, fait cent fois plus d'effet qu'un monologue, qui est presque toujours du remplissage.

Ah! si vous aviez deux vieillards attendrissants! Non, vous dis-je, cette pièce n'a jamais été bien jouée que par nous. J'avertirai toujours qu'il faut qu'Obéide pleure à ces vers :

 Laisse dans ces déserts ta fidèle Obéide....
  Quand je dois tant haïr ce funeste Athamare[2]....
  Si tout finit pour moi, toi seul en es la cause;
  Toi seul m'as condamnée à vivre en ces déserts.

1. Acte II, scène I. (ÉD.) — 2. *Ibid.* (ÉD.)

Ah! c'est pour mon malheur!
Va, c'est toi qui reviens pour m'arracher le cœur[1].

Et puis, quand le père lui dit.

Mais qu'il parte à l'instant; que jamais sa présence
N'*épouvante* un asile ouvert à l'innocence[2];

comme elle doit répondre avec une voix entrecoupée :

C'est ce que je prétends, seigneur!

comme elle doit dire douloureusement :

Et plût aux dieux
Que son fatal aspect n'eût point blessé mes yeux[3]!

Relisez la pièce d'une tire, je vous en prie, et voyez si, étant jouée avec un concert unanime, par des acteurs intelligents et animés, elle ne doit pas attacher le spectateur d'un bout à l'autre. Voyez si le style n'est pas convenable au sujet; si ce n'est pas une critique ridicule, et digne d'un Fréron, de vouloir qu'Obéide parle comme Sémiramis, Sozame comme Mahomet, et Indatire comme César.

On ne laisse pas de sentir un peu d'indignation de se voir si mal jugé. Ah! Welches! maudits Welches! quand je vous donne du grand, vous dites que je suis boursouflé, et quand je vous donne du simple, vous dites que je suis bas. Allez, vous ne méritez pas les peines que je prends pour vous depuis cinquante années; je vous abandonne à votre sens réprouvé.

Monsieur le marquis de Chauvelin, je vous demande pardon de ne vous avoir pas écrit. Lisez la pièce, en voilà trois exemplaires; voyez l'effet qu'elle fera sur vous.

Messieurs, détrompez tant que vous pourrez les belles dames: je les respecte fort, mais jamais je n'approuverai le monologue qu'elles demandent sur un amour adultère dont il ne faut pas dire un mot.

Et toi, pauvre Théâtre-Français, qui n'as qu'un seul acteur, et encore est-il trop gros, toi qui n'approches pas de notre petit théâtre de Ferney, est-il possible que tu n'aies ni confident ni second rôle? ferme donc ta porte, malheureux!

Faites comme vous pourrez, mes anges; mais venons-en à notre honneur, et mettez-moi dans l'occasion aux pieds d'Elochivis et de Nalrisp[4].

A l'égard de Valider[5], je crois que cette âme-là se soucie peu d'une tragédie, et que vous ne vivez pas le long du jour avec lui.

Le faiseur de bustes a mandé qu'il avait envoyé, par une diligence qui va de Besançon à Paris, un petit buste d'ivoire dont l'original vous adore. Ce n'était pas ce que je lui avais demandé; je ne l'ai point vu : je suis contredit en tout dans les déserts de Scythie.

1. Acte III, scène II. (ÉD.) — 2. Acte III, scène III. (ÉD.) — 3. *Ibid.* (ÉD.)
4. Choiseul et Praslin. (ÉD.) — 5. Laverdi. (ÉD.)

Je reçois dans le moment une lettre de M. de Thibouville, lettre funeste, lettre odieuse, dans laquelle il propose un froid réchauffé du monologue d'*Alzire*; cela est intolérable. Ce qui est bon dans *Alzire* est affreux dans *les Scythes*. Il est beau qu'Obéide, étant adultère dans son cœur, se cache dans son crime; il est beau qu'elle l'expie en épousant Indatire; mais il faut que l'actrice fasse sentir qu'elle est folle d'Athamare; il y a vingt vers qui le disent. Comment n'a-t-on pas compris que ce détestable monologue serait absolument incompatible avec le rôle d'Obéide? Une telle proposition excite ma juste colère.

M. de Thibouville me mande que mon ange prend des bouillons purgatifs. Ah! mes anges, portez-vous bien, si vous voulez que je vive.

MMMMLXX. — AU MÊME.

16 mai.

Je dépêche aujourd'hui à M. d'Argental, par M. le duc de Praslin, trois exemplaires d'une nouvelle édition de Genève. Je vous enverrai incessamment celle de Lyon, qui sera, je crois, plus correcte. Je n'impute toutes ces éditions qu'on s'empresse de faire qu'à cet heureux contraste des mœurs républicaines et agrestes avec les mœurs fardées des cours. Je ne pense pas que la pièce ait un grand mérite; cependant, si vous nous l'aviez vu jouer, je crois que vous en seriez assez content. Lekain trouverait peut-être du plaisir à dire:

Nul monarque avant moi sur le trône affermi
N'a quitté ses États pour chercher un ami;
Je donne cet exemple, et ton maître te prie;
Entends sa voix, entends la voix de ta patrie,
Celle de ton devoir, qui doit te rappeler,
Et des pleurs qu'à tes yeux mes remords font couler [1].

J'ai aussi un peu fortifié sa scène avec Indatire, afin qu'il ne fût pas tout à fait écrasé par le Scythe.

Le quatrième acte, au moyen de quelques légers changements, a fait une très-grande sensation; les deux vieillards ont fait verser des larmes. C'est un grand jeu de théâtre, c'est la nature elle-même. Les galants Welches ne sont pas encore accoutumés à ces tableaux pathétiques. Je n'ai jamais vu sur notre théâtre un vieillard attendrissant; Sarrazin même ne jouait Lusignan que comme un capucin.

Mme de La Harpe a fait pleurer dès sa première scène, en disant:

Laisse dans ces déserts ta fidèle Obéide....
Quand je dois tant haïr ce funeste Athamare...
Tranquilles, sans regrets, sans cruels souvenirs[2]....

Il faut convenir que ce rôle est très-neuf au théâtre, et, en vérité, c'est quelque chose que de faire du neuf aujourd'hui. Ce vers

Quand je dois tant haïr ce funeste Athamare;

1. Acte II, scène IV. (ÉD.) — 2. Acte II, scène I. (ÉD.)

et ceux-ci :

Va, si mon cœur m'appelle aux lieux où je suis née,
Ce cœur doit s'en punir, il se doit imposer
Un frein qui le retienne, et qu'il n'ose briser [1];

ces vers, dis-je, contiennent tout le monologue qu'on propose ; et ils font un bien plus grand effet dans le dialogue. Il y a cent fois plus de délicatesse, plus d'intérêt de curiosité, plus de passion, plus de décence, que si elle commençait grossièrement par se dire à elle-même, dans un monologue inutile, qu'elle aime un homme marié.

Il n'y a personne de nos acteurs de Ferney qui ne sente vivement combien ce monologue gâterait le rôle entier d'Obéide, à quel point il serait déplacé, et combien il serait contradictoire avec son caractère. Comment irriter, par degrés, la curiosité du spectateur ? comment lui donner le plaisir de deviner qu'Obéide idolâtre un homme qu'elle doit haïr, quand elle aura dit platement, dans un très-froid monologue, ce qu'elle doit, ce qu'elle veut se cacher à elle-même ?

Je n'aime pas assurément les longs et insupportables romans de *Paméla* et de *Clarisse*. Ils ont réussi, parce qu'ils ont excité la curiosité du lecteur, à travers un fatras d'inutilités : mais si l'auteur avait été assez malavisé pour annoncer, dès le commencement, que Clarisse et Paméla aimaient leurs persécuteurs, tout était perdu, le lecteur aurait jeté le livre.

Serait-il possible que ces insulaires connussent mieux la nature que vos Welches ? ne sentez-vous pas que ce qui est à sa place dans Alzire serait détestable dans Obéide ?

La pièce a été mal jouée sur votre théâtre, il faut en convenir; et la malignité a pris ce prétexte pour accabler la pièce : c'est ce qui m'est toujours arrivé. On s'est attaché à de petits détails, à des mots, pour justifier cette malignité. J'ai ôté ce prétexte autant que je l'ai pu; mais je ne puis vous donner des acteurs. Lekain n'est point assez jeune, et Mlle Durancy ne sait point pleurer; vos vieillards sont à la glace. Il n'y a pas un rôle dans la pièce qui ne dût contribuer à l'harmonie du tableau. Les confidents mêmes y ont un caractère; mais où trouver des confidents qui sachent parler avec intérêt ?

Malgré cette disette, Mlle Durancy, les Lekain, les Brizard, les Molé, en jouant avec un peu plus de chaleur et de véhémence (c'est-à-dire comme nous jouons), pourraient certainement attirer beaucoup de monde, et subjuguer enfin la cabale, comme ils ont fait dans *Adélaïde Du Guesclin*, laquelle ne vaut pas certainement *les Scythes*.

Le rôle d'Athamare est actuellement plus favorable à l'acteur. Il arrivait au second acte sans parler; il faut qu'il attire sur lui toute l'attention. Ce sont de ces défauts dont je ne me suis aperçu que sur notre théâtre.

Je m'attendais que les comédiens répondraient à toutes les peines que je me suis données, et à tous les services que je leur ai rendus depuis

[1] Acte II, scène I. (ÉD.)

cinquante ans. Ils devaient reprendre les représentations des *Scythes*; c'est une loi dont ils ne se sont écartés que pour moi. Ils ont mieux aimé manquer à ce qu'ils me doivent, et jouer *les Illinois*[1] pour faire mieux tomber *les Scythes*. Ils savent bien que c'est à peu près le même sujet. Leur conduite est le vrai secret de dégoûter le public d'un sujet neuf qu'ils vont rendre trivial. Je ne méritais pas cette ingratitude de leur part. Ma consolation est qu'il y a plus d'éditions des *Scythes* que les comédiens n'en ont donné de représentations.

MMMMMLXXI. — A M. LE MARQUIS DE CHAUVELIN.

16 mai

Il y a longtemps, monsieur le marquis, que je vous dois les plus tendres remercîments. Je voudrais faire mieux pour vous remercier; je voudrais mériter vos bontés, mais je suis un de ces justes à qui la grâce manque. Il n'y a point de janséniste qui ne vous dise que la bonne volonté ne suffit pas. J'ai fait comme la plupart des hommes qui cherchent à justifier leurs faiblesses.

J'ai écrit plusieurs lettres à M. d'Argental pour tâcher de lui prouver que j'ai raison d'être stérile.

Voici la copie de la dernière lettre que je viens d'écrire à un de ses amis. Je la soumets à votre jugement, et je vous supplie de lire un des trois exemplaires de la dernière édition de Genève, que je viens de faire partir.

Imaginez, en lisant, des acteurs attendrissants, des voix touchantes, des vieillards désespérés, de jeunes amants bien passionnés, et jugez sur l'impression que vous aura faite la lecture.

Il se peut que je sois bien baissé; mais j'ose vous répondre que mes sentiments pour vous ne le sont pas, et que mon très-tendre respect et ma reconnaissance n'éprouvent aucune diminution.

MMMMMLXXII. — A M. DAMILAVILLE.

16 mai.

Je vois bien, monsieur, par votre lettre du 9 de mai, que ce pauvre homme[1] qui fut mis à Valladolid n'a pu arriver à Paris dans votre hôtel. M. Boursier, votre ami, m'a promis qu'il tenterait de vous faire tenir ce magot par une autre voie.

Ce pauvre Boursier est bien embarrassé. Je ne crois pas qu'il aille sur la Saône. Il prendra patience. On dit que c'est la vertu des ânes; mais il faut que chacun porte son bât dans ce monde.

Je vous demande en grâce de m'envoyer le petit libelle sorbonique[3] contre *Bélisaire*. Il y a cent lieues et cent siècles des honnêtes gens

---

1. *Hirza, ou les Illinois*, tragédie de Sauvigny. (Éd.)
2. Voltaire veut parler des *Questions de Zapata*. (Éd.)
3. *Indiculus propositionum excerptarum ex libro cui titulus : Bélisaire.* Le nombre des propositions qu'y condamne la Sorbonne est de trente-sept. Peu après parurent *les XXXVII vérités opposées aux XXXVII impiétés de Bélisaire, par un bachelier ubiquiste.* On attribua cet écrit à Voltaire. Il est de Turgot. (Éd.)

d'aujourd'hui à la Sorbonne. J'ai toujours fait une prière à Dieu, qui est fort courte; la voici : *Mon Dieu, rendez nos ennemis bien ridicules!* Dieu m'a exaucé.

Je vous embrasse tendrement; tantôt je pleure, tantôt je ris.

MMMMMLXXIII. — A M. MARMONTEL.

16 mai.

Comment, mon cher confrère, toute l'Académie française ne se récrie-t-elle pas contre l'insolente et ridicule absurdité des chats fourrés qui osent condamner cette proposition[1] : « La vérité luit par sa propre lumière, et on n'éclaire pas les esprits à la lueur des bûchers? » C'est dire évidemment que les flammes des seuls bûchers peuvent éclairer les hommes, et que les bourreaux sont les seuls apôtres. Ce sera bien alors que, suivant Jean-Jacques, il faudra que les jeunes princes épousent les filles des bourreaux; et vous êtes trop heureux, après tout, que ces polissons aient dit une si horrible sottise. Il est bon d'avoir affaire à de si sots ennemis.

Pourquoi ne m'avez-vous pas envoyé sur-le-champ toutes les bêtises qu'on a écrites contre votre excellent ouvrage? Vous avez raison de ne point répondre, de ne vous point compromettre; mais il y a des théologiens qui prendront votre parti sérieusement et vigoureusement. Il ne s'agit plus ici de plaisanter, il faut écraser ces sots monstres. Celui qui s'en chargera déclarera qu'il ne vous a pas consulté, qu'il ne vous connaît point, qu'il ne connaît que votre livre, et qu'il écrit au nom de la nation contre les ennemis de toute nation.

N. B. Si vous avez lu le livre de *la Tolérance*, il y a deux pages entières de citations des Pères de l'Église contre la proposition diabolique des chats fourrés.

On vous embrasse le plus tendrement du monde.

MMMMMLXXIV. — A M. LE CARDINAL DE BERNIS.

18 mai.

Voici, monseigneur, deux exemplaires du mémoire en faveur des Sirven, et de la nature, et de la justice, contre le fanatisme et l'abus des lois. J'aime mieux vous envoyer cette prose que la tragédie des *Scythes*, que je n'ai pas seulement voulu lire, parce que les libraires s'étant trop hâtés n'ont pas attendu mon dernier mot. On en fait actuellement une édition plus honnête, que j'aurai l'honneur de soumettre au jugement de Votre Éminence. Je joue demain un des vieillards sur mon petit théâtre, et vous sentez bien que je le jouerai d'après nature.

Vraiment, si je suis assez heureux pour vous dédier une épître, cette épître ne sera que morale; mais il faut que cette morale soit piquante, et c'est là ce qui est difficile.

Ce M. Servan[2] se taille des ailes pour voler bien haut. Il vint, il y a

1. C'est la trente-quatrième des propositions condamnées par la Sorbonne. (ÉD.)
2. Il venait de publier son *Discours sur l'administration de la justice criminelle.* (ÉD.)

deux ans, passer quelques jours chez moi. C'est un jeune philosophe tout plein d'esprit; il pense profondément; il n'a pas besoin des petites pretintailles du siècle.

J'ai peur que notre guerre de Genève ne dure autant que celle de Corse; mais elle ne sera pas sanglante. L'aventure des jésuites fait une très-grande sensation jusque dans nos déserts; et on parle à peine d'une femme¹ qui établit la tolérance dans onze cent mille lieues carrées de pays, et qui l'établit encore chez ses voisins. Voilà, à mon gré, la plus grande époque depuis trois siècles. Conservez-moi vos bontés, aimez toujours les lettres, et agréez mon tendre et profond respect.

MMMMLXXV. — A MADAME LA MARQUISE DU DEFFAND.
18 mai.

Il y a plus de six semaines, madame, que je suis toujours prêt à vous écrire, à m'informer de votre santé, à vous demander comment vous supportez la vie, vous et M. le président Hénault, et à m'entretenir avec vous sur toutes les illusions de ce monde; mais je me suis trouvé exposé à tous les fléaux de la guerre, et à celui de trente pieds de neige, dont j'ai été longtemps environné. Les neiges et les glaces me privent tous les ans de la vue pendant quatre mois; j'ai l'honneur d'être alors, comme vous savez, votre confrère des Quinze-Vingts; mais les quinze-vingts ne souffrent pas, et j'éprouve des douleurs très-cuisantes. Je renais au printemps, et je passe de la Sibérie à Naples, sans changer de lieu : voilà ma destinée.

Pardonnez-moi si j'ai passé tant de temps sans vous écrire; vous savez que je vous aimerai toujours. Vous me direz : *Montrez-moi votre foi par vos œuvres*²; *on écrit, quand on aime*. Cela est vrai; mais, pour écrire des choses agréables, il faut que l'âme et le corps soient à leur aise, et j'en ai été bien loin. Vous me mandez que vous vous ennuyez, et moi je vous réponds que j'enrage. Voilà les deux pivots de la vie, de l'insipidité ou du trouble.

Quand je vous dis que j'enrage, c'est un peu exagérer; cela veut dire seulement que j'ai de quoi enrager. Les troubles de Genève ont dérangé tous mes plans; j'ai été exposé, pendant quelque temps, à la famine; il ne m'a manqué que la peste; mais les fluxions sur les yeux m'en ont tenu lieu. Je me dépique actuellement en jouant la comédie. Je joue assez bien le rôle de vieillard, et cela d'après nature, et je dicte ma lettre en essayant mon habit de théâtre.

Vous vous êtes fait lire sans doute le quinzième chapitre de *Bélisaire*; c'est le meilleur de tout l'ouvrage, ou je m'y connais bien mal. Mais n'avez-vous pas été étonnée de la décision de la Sorbonne, qui condamne cette proposition : « La vérité luit de sa propre lumière, et on n'éclaire point les hommes par les flammes des bûchers ? » Si la Sorbonne a raison, les bourreaux seront donc les seuls apôtres.

Je ne conçois pas comment on peut hasarder quelque chose d'aussi sot et d'aussi abominable. Je ne sais comment il arrive que les compa-

1. Catherine II. (ÉD.) — 2. Épître de saint Jacques, II, 18. (ÉD.)

gnies disent et font de plus énormes sottises que les particuliers; c'est peut-être parce qu'un particulier a tout à craindre, et que les compagnies ne craignent rien. Chaque membre rejette le blâme sur son confrère.

A propos de sottises, je vous ferai présenter très-humblement de ma part ma sottise des *Scythes*, dont on fait une nouvelle édition, et je vous prierai d'en juger, pourvu que vous vous la fassiez lire par quel qu'un qui sache lire des vers; c'est un talent aussi rare que celui d'en faire de bons.

De toutes les sottises énormes que j'ai vues dans ma vie, je n'en connais point de plus grande que celle des jésuites. Ils passaient pour de fins politiques, et ils ont trouvé le secret de se faire chasser déjà de trois royaumes [1], en attendant mieux. Vous voyez qu'ils étaient bien loin de mériter leur réputation.

Il y a une femme qui s'en fait une bien grande; c'est la Sémiramis du Nord, qui fait marcher cinquante mille hommes en Pologne, pour établir la tolérance et la liberté de conscience. C'est une chose unique dans l'histoire de ce monde, et je vous réponds que cela ira loin. Je me vante à vous d'être un peu dans ses bonnes grâces; je suis son chavalier envers et contre tous. Je sais bien qu'on lui reproche quelque bagatelle au sujet de son mari; mais ce sont des affaires de famille dont je ne mêle pas; et d'ailleurs il n'est pas mal qu'on ait une faute à réparer, cela engage à faire de grands efforts pour forcer le public à l'estime et à l'admiration, et assurément son vilain mari n'aurait fait aucune des grandes choses que ma Catherine fait tous les jours.

Il me prend envie, madame, pour vous désennuyer, de vous envoyer un petit ouvrage concernant Catherine [2], et Dieu veuille qu'il ne vous ennuie pas! Je m'imagine que les femmes ne sont pas fâchées qu'on loue leur espèce, et qu'on les croie capables de grandes choses. Vous saurez d'ailleurs qu'elle va faire le tour de son vaste empire. Elle m'a promis de m'écrire des extrémités de l'Asie; cela forme un beau spectacle.

Il y a loin de l'impératrice de Russie à nos dames du Marais, qui font des visites de quartier. J'aime tout ce qui est grand et je suis fâché que nos Welches soient si petits. Nous avons pourtant encore un prodigieux avantage: c'est qu'on parle français à Astracan, et qu'il y a des professeurs en langue française à Moscou. Je trouve cela plus honorable encore que d'avoir chassé les jésuites. C'est une belle époque sans doute que l'expulsion de ces renards; mais convenez que Catherine a fait cent fois plus en réduisant tout le clergé de son empire à être uniquement à ses gages.

Adieu, madame; si j'étais à Paris, je préférerais votre société à tout ce qui se fait en Europe et en Asie.

1. Portugal, France et Espagne. (Éd.)
2. La *Lettre sur les panégyriques*. (Éd.)

ANNÉE 1767.

MMMMLXXVI. — A M. DE BELLOY.

A Ferney, le 21 mai.

J'ai eu la hardiesse, monsieur, de me faire acteur dans ma soixante-quatorzième année. Des jeunes gens et des jeunes femmes ont corrompu ma vieillesse. Je n'ai pas soutenu la fatigue aussi bien qu'eux, et j'en ai été malade. C'est ce qui a retardé un peu les tendres et sincères remercîments que vous doit un cœur pénétré de votre mérite et de la beauté de votre âme.

Nous voilà, ce me semble, parvenus à imiter les Grecs, chez qui les auteurs jouaient eux-mêmes leurs pièces. M. de Chabanon et M. de La Harpe récitent des vers aussi bien qu'ils en font, et Mme de La Harpe a un talent dont je n'ai encore vu le modèle que dans Mlle Clairon.

Enfin, par un concours singulier, la perfection de la déclamation s'est trouvée dans nos déserts. Mais ce qui fait encore plus d'honneur à la littérature, c'est l'exemple que vous donnez; c'est l'amitié que vous me témoignez du sein de vos triomphes; ce sont vos beaux vers[1] qui viennent au secours de ma muse languissante.

> Les neuf muses sont sœurs, et les beaux-arts sont frères.
> Quelque peu de malignité
> A dérangé parfois cette fraternité;
> La famille en souffrit, et des mains étrangères
> De ces débats ont profité.
> C'est dans son union qu'est son grand avantage;
> Alors elle en impose aux pédants, aux bigots;
> Elle devient l'effroi des sots,
> La lumière du siècle, et le soutien du sage.
> Elle ne flatte point les riches et les grands :
> Ceux qui dédaignaient son encens
> Se font honneur de son suffrage,
> Et les rois sont ses courtisans.

J'ai grande opinion du chevalier Bayard[2]. C'est un beau sujet. Je ne suis que le poète de l'Amérique et de la Chine, et vous êtes celui des Français. Recevez, monsieur, les témoignages les plus vrais de ma reconnaissance.

MMMMLXXVII. — DE M. DALEMBERT.

A Paris, ce 23 mai.

J'ai reçu, mon cher et illustre maître, le paquet que vous avez bien voulu m'envoyer par M. Necker : je vous prie de vouloir bien remercier de ma part l'abbé Mauduit, de la *Seconde anecdote sur Bélisaire*, qui m'a fort amusé; la *Lettre sur les panégyriques* m'a fait encore plus de plaisir; elle est pleine de vérités utiles, dont il faut espérer qu'à la fin l'espèce écrivante fera son profit.

Il y a bien à l'Académie des belles-lettres un abbé Foucher, assez

---

1. Les vers de de Belloy à Voltaire *Sur la première représentation des Scythes* sont dans le *Mercure* de juin 1767. (ÉD.)
2. *Gaston et Bayard*, tragédie, par de Belloy. (ÉD.)

plat janséniste, qui même a écrit autrefois contre la préface de l'*Encyclopédie*; mais plusieurs de ses confrères, à qui j'en ai parlé, ne croient pas qu'il soit l'auteur du *Supplément à la Philosophie de l'histoire*[1]; ils ne connaissent pas même ce beau supplément, qui en effet est ici fort ignoré, et ne produit pas la moindre sensation : y répondre, ce serait le tirer de l'obscurité, comme on a tiré Nonnotte.

Avez-vous lu les trente-sept propositions que la Sorbonne doit condamner? votre ami l'abbé Mauduit ne nous donnera-t-il pas ses réflexions sur ce prodige d'atrocité et de bêtise? Ce qu'il y a de plus fâcheux, c'est que l'inquisition est ici à son comble; on permet à toute la canaille du quartier de la Sorbonne d'imprimer tous les jours des libelles contre *Bélisaire*, et on ne permet pas à l'auteur de se défendre.

Notre jeune mathématicien a fait une petite suite pour l'ouvrage de mathématiques que vous connaissez, où il traite de l'état de la géographie en Espagne; vous la recevrez incessamment, quelque mécontent qu'il soit de la négligence du libraire.

Adieu, mon cher maître, je vous embrasse mille fois.

MMMMLXXVIII. — A M. DAMILAVILLE.

23 mai.

Nous avons reçu, monsieur, le beau discours de M. l'abbé Chauvelin[2]. Je l'ai communiqué à M. de Voltaire, qui en a pensé comme vous. Il est un peu malade actuellement. C'est apparemment de la fatigue qu'il a eue de faire jouer chez lui *les Scythes*, et d'y représenter lui-même un vieillard. Je n'ai jamais vu de meilleurs acteurs. Tous les rôles ont été parfaitement exécutés, et la pièce a fait verser bien des larmes. Vous n'aurez jamais de pareils acteurs à la Comédie de Paris.

Je sais peu de nouvelles de littérature. J'ai ouï parler seulement d'un livre de feu M. Boulanger, et d'un autre de milord Bolingbroke[3], dont on vient de donner en Hollande une édition magnifique. On parle aussi d'un petit livre espagnol[4], dont l'auteur s'appelle, je crois, Zapata. On en a fait une nouvelle traduction à Amsterdam.

On calomnie l'impératrice de Russie, quand on dit qu'elle ne favorise les dissidents de Pologne que pour se mettre en possession de quelques provinces de cette république. Elle a juré qu'elle ne voulait pas un pouce de terre, et que tout ce qu'elle fait n'est que pour avoir la gloire d'établir la tolérance.

Le roi de Prusse a soumis à l'arbitrage de Berne toutes ses prétentions contre les Neuchâtelois. Pour nos affaires de Genève, elles sont toujours dans le même état; mais le pays de Gex est celui qui en souffre davantage. On disait que M. de Voltaire allait passer tout ce temps orageux auprès de Lyon, mais je ne le crois pas. Il est dans sa soixante-quatorzième année, et trop infirme pour se transplanter.

1. L'ouvrage est de Larcher. (Éd.)
2. Au sujet de l'expulsion des jésuites d'Espagne, prononcé au parlement le 29 avril 1767, imprimé in-4°. (Éd.)
3. *L'Examen important*. (Éd.) — 4. *Les Questions de Zapata*. (Éd.)

J'ai l'honneur d'être, monsieur, bien sincèrement, avec toute ma famille, votre très-humble et très-obéissant serviteur, BOURSIER.

MMMMLXXIX. — A M. LE COMTE D'ARGENTAL.

25 mai.

Je commence, mon cher ange, ma réplique à votre lettre du 14, par vous dire combien je suis étonné que vous ayez de la bile; c'est donc pour la première fois de votre vie. Il n'y a pourtant nulle bile dans votre lettre; au contraire, vous m'y comblez de bontés, et vous compatissez à mes angoisses. C'est à moi qu'il appartient d'avoir de la bile; je ne peux ni rester où je suis, ni m'en aller. Vous savez que j'ai donné la terre de Ferney à Mme Denis. J'ai arrangé mes affaires de famille de façon qu'il ne me reste que des rentes viagères qu'on me paye fort mal, et M. le duc de Wurtemberg surtout me met, malgré toutes ses promesses, dans l'impuissance de faire une acquisition auprès de Lyon.

Mme Denis, qui est très-commodément logée, se transplanterait avec beaucoup de peine. Tout notre pauvre petit pays est si effarouché, qu'il est impossible de trouver un fermier; nous sommes donc forcés de rester dans cette terre ingrate.

Je vous avouerai, de plus, qu'il y a un certain ressort[1] que je n'aime pas; l'affaire d'Abbeville me tient au cœur, je n'oublie rien; la Saint-Barthélemy me fait autant de peine que si elle était arrivée hier.

Il faut que je vous dise, à propos d'Abbeville, qu'un de ces infortunés jeunes gens, qui méritait d'être six mois à Saint-Lazare, et qui a été condamné au plus horrible supplice pour une mièvreté, ayant, pour comble de malheur, un père très-avare, a été obligé de se faire soldat chez le roi de Prusse. Il a beaucoup d'esprit; il m'a écrit : j'ai représenté son état au roi de Prusse, qui, sur-le-champ, l'a fait officier. J'espère qu'il sera un jour à la tête des armées, et qu'il prendra Abbeville; mais, en attendant, je ne crois pas que je doive me mettre dans le ressort. Mon cœur est trop plein, et je dis trop ce que je pense.

Après vous avoir ainsi rendu compte de mon âme et de ma situation, je dois vous parler de M. et de Mme de Beaumont, et de leur procès au conseil. Ils demandent que vous disiez un mot en leur faveur à M. le duc de Praslin et à M. le duc de Choiseul. Le défenseur des Calas et des Sirven mérite vos bontés, et n'a pas besoin de ma recommandation auprès de vous.

Je viens enfin aux *Scythes*; ils avancent la fin de mes jours; ils me tuent comme Indatire Obéide. Le procédé des comédiens a été pour moi le coup de pied de l'âne; il faut dix ans pour ressusciter quand on est mort d'un pareil coup, témoin *Oreste*, témoin *Adélaïde du Guesclin*, témoin *Sémiramis*. J'avais un besoin extrême du succès de cet ouvrage; j'ai été contredit en tout, et je finis ma carrière par essuyer l'affront et l'injustice inouïe qu'on me fait avec ingratitude. Cela n'empêchera

1. Le ressort du parlement de Paris, qui s'étendait d'Aurillac à Boulogne, et de la Rochelle à Mézières. (ÉD.)

pas que Lekain ne touche le petit honoraire qu'on lui a promis ; il peut y compter : on le portera chez lui au mois de juin.

MMMMMLXXX. — A CATHERINE II.

26 mai.

Un voyage en Asie! allez-vous l'entreprendre,
Belle et sublime Thalestris?
Que ferez-vous dans ce pays?
Vous n'y verrez point d'Alexandre.

Hélas! Votre Majesté Impériale ferait le tour du globe, qu'elle ne rencontrerait guère de rois dignes d'elle. Elle voyage comme Cérès la législatrice, en faisant du bien au monde. Je ne sais point la langue russe; mais, par la traduction que vous daignez m'envoyer, je vois qu'elle a des inversions et des tours qui manquent à la nôtre. Je ne suis pas comme une dame de la cour de Versailles, qui disait : « C'est bien dommage que l'aventure de la tour de Babel ait produit la confusion des langues; sans cela tout le monde aurait toujours parlé français. »

L'empereur de la Chine, Kang-hi, votre voisin, demandait à un missionnaire si on pouvait faire des vers dans les langues de l'Europe; il ne pouvait le croire.

Que Votre Majesté Impériale daigne agréer mes sentiments, et le très-profond respect de ce vieux Suisse, etc.

MMMMMLXXXI. — A M. D'ÉTALLONDE DE MORIVAL.

26 mai.

Je fus très-consolé, monsieur, quand le roi de Prusse daigna me mander qu'il vous ferait du bien. Il a rempli sur-le-champ ses promesses, et j'ai l'honneur de lui écrire aujourd'hui pour l'en remercier du fond de mon cœur. Il est assurément bien loin de penser comme vos infâmes persécuteurs. Je voudrais que vous commandassiez un jour ses armées, et que vous vinssiez assiéger Abbeville. Je ne sais rien de plus déshonorant pour notre nation que l'arrêt atroce rendu contre des jeunes gens de famille, que partout ailleurs on aurait condamnés à six mois de prison.

Le nonce [1] disait hautement à Paris que l'inquisition elle-même n'aurait jamais été si cruelle. Je mets cet assassinat à côté de celui des Calas, et immédiatement au-dessous de la Saint-Barthélemy. Notre nation est frivole, mais elle est cruelle. Il y a peut-être dans la France sept à huit cents personnes de mœurs douces et de bonne compagnie qui sont la fleur de la nation, et qui font illusion aux étrangers. Dans ce nombre il s'en trouve toujours dix ou douze qui cultivent les arts avec succès. On juge de la nation par eux; on se trompe cruellement. Nos vieux prêtres et nos vieux magistrats sont précisément ce qu'étaient les anciens druides, qui sacrifiaient des hommes : les mœurs ne changent point.

Vous savez que M. le chevalier de La Barre est mort en héros. Sa

1. Colonna Pamphile, archevêque de Colosse. (ÉD.)

fermeté noble et simple, dans une si grande jeunesse, m'arrache encore des larmes. J'eus hier la visite d'un officier de la légion de Soubise, qui est d'Abbeville. Il m'a dit qu'il s'était donné tous les mouvements possibles pour prévenir l'exécrable catastrophe qui a indigné tous les gens sensés de l'Europe. Tout ce qu'il m'a dit a bien redoublé ma sensibilité. Quelle religion, monsieur, qu'une secte absurde qui ne se soutient que par des bourreaux, et dont les chefs s'engraissent de la substance des malheureux!

Servez un roi philosophe, et détestez à jamais la plus détestable des superstitions.

MMMMMLXXXII. — A M. LE MARÉCHAL DUC DE RICHELIEU.

A Ferney, 27 mai.

Il me paraît, monseigneur, que le royaume du prince Noir m'a été plus favorable que les Welches de Paris. J'en ai uniquement l'obligation au maître de l'Aquitaine[1]. Il faut qu'il ait lui-même ordonné des répétitions sous ses yeux, et que l'envie de lui plaire ait mis les acteurs au-dessus d'eux-mêmes. Vous connaissez Paris; il n'est rempli que de petites cabales en tout genre. *Zaïre*, *Oreste*, *Sémiramis*, *Mahomet*, *Tancrède*, *l'Orphelin de la Chine*, tombèrent à la première représentation; elles furent accablées de critiques, elles ne se relevèrent qu'avec le temps. On se faisait un plaisir de me mettre fort au-dessous de Crébillon, pour plaire à Mme de Pompadour, qui disait que le *Catilina* de ce Crébillon était la seule bonne pièce qu'on eût jamais faite. Voilà comme on juge de tout, jusqu'à ce que le temps fasse justice. S'il est permis de comparer les petites choses aux grandes, vous savez que le maréchal de Villars ne jouit de sa réputation qu'à l'âge de près de quatre-vingts ans. Le favori de Vénus, de Minerve, et de Mars, sait lui-même quelles contradictions il a essuyées dans sa carrière de la gloire. Il faut se soumettre à cette loi générale qui existe dans le monde depuis le péché originel : il mit dans le cœur humain l'envie et la malignité, qui sans doute n'y étaient pas auparavant.

Je vous avertis que nous avons ici la meilleure troupe de l'Europe, et que l'envie n'est point entrée dans notre *tripot*. Nous avons un jeune M. de La Harpe, auteur du *Comte de Warwick*. Il est, par sa figure et par la beauté de son organe, beaucoup plus fait que Lekain pour jouer Athamare. Jamais je n'ai rien vu de plus parfait qu'un M. de Chabanon, quia joué Indatire. La femme de M. de La Harpe était Obéide. Sa figure est fort supérieure à celle de Mlle Clairon; elle a une voix aussi théâtrale, elle sait pleurer et frémir. Les deux vieillards étaient de la plus grande vérité. Je ne me suis pas mal tiré du rôle de Sozame, et surtout, quand je me plaignais des cours, je puis me vanter d'avoir fait une impression singulière. La pièce n'a point été ainsi jouée à Paris : il s'en faut de beaucoup. A qui en est la faute? à mon séjour en Scythie. M. d'Argental ne s'en est point mêlé; il est très-malade, et je crains même que sa maladie ne soit trop sérieuse.

1. Le maréchal de Richelieu en était gouverneur. (ÉD.)

J'avais vu chez moi Mlle Durancy, il y a quelques années ; je lui avais trouvé du talent ; elle me demanda le rôle d'Obéïde. On dit qu'elle le joua très-mal à la première représentation, mais qu'à la troisième et quatrième elle fit un très-grand effet. On me mande qu'elle joue avec beaucoup d'intelligence et de vérité, mais qu'elle n'est pas d'une figure agréable, et qu'elle n'a pas le don des larmes. On dit que les autres actrices n'ont point de talent, et que le théâtre tragique n'a jamais été dans un état plus pitoyable. On me mande que, lorsqu'un acteur de province se présente pour doubler les premiers rôles, ceux qui sont chargés de ces rôles ne manquent pas de les accabler de dégoûts, et de les faire renvoyer. Si on est aussi malin dans ce *tripot* qu'à la cour, je vous réponds que vous n'aurez d'autre théâtre que celui de l'Opéra-Comique. C'est à vous, qui êtes doyen de l'Académie, et premier gentilhomme de la chambre, de protéger les beaux-arts ; ils en ont besoin. Vous savez dans quelle décadence est ma chère patrie dans tous les genres.

Vous conservez votre gloire, mais la France a un peu perdu la sienne. Il faut espérer que nous aurons du moins encore quelques crépuscules des beaux jours du siècle de Louis XIV.

Agréez, monseigneur, mon tendre et profond respect.

MMMMLXXXIII. — De Catherine II.

A Casan, le 18-29 mai.

Je vous avais menacé d'une lettre de quelque bicoque de l'Asie, je vous tiens parole aujourd'hui.

Il me semble que les auteurs de l'*Anecdote sur Bélisaire*, et de la *Lettre sur les panégyriques*, sont proches parents du neveu de l'abbé Bazin. Mais, monsieur, ne vaudrait-il pas mieux renvoyer tout panégyrique des gens après leur mort, crainte que tôt ou tard ils ne donnent un démenti, vu l'inconséquence et le peu de stabilité des choses humaines ? Je ne sais si, après la révocation de l'édit de Nantes, on a fait beaucoup de cas des panégyriques de Louis XIV : les réfugiés au moins n'étaient pas disposés à leur donner du poids.

Je vous prie, monsieur, d'employer votre crédit auprès du savant du canton d'Uri[1], pour qu'il ne perde pas son temps à faire le mien avant mon décès.

Ces lois dont on parle tant, au bout du compte ne sont point faites encore. Eh ! qui peut répondre de leur bonté ? C'est la postérité, et non pas nous, en vérité, qui sera à portée de décider cette question. Imaginez, je vous prie, qu'elles doivent servir pour l'Europe et pour l'Asie : et quelle différence de climat, de gens, d'habitudes, d'idées même !

Me voilà en Asie ; j'ai voulu voir cela par mes yeux. Il y a dans cette ville vingt peuples divers qui ne se ressemblent point du tout. Il faut pourtant leur faire un habit qui leur soit propre à tous. Ils peuvent se bien trouver des principes généraux ; mais les détails ? Et quels détails !

---

1. La *Lettre sur les panégyriques* est donnée comme l'ouvrage d'un professeur en droit du canton d'Uri. (Éd.)

J'allais dire : c'est presque un monde à créer, à unir, à conserver. Je ne finirais pas, et en voilà beaucoup trop de toutes façons.

Si tout cela ne réussit pas, les lambeaux de lettres que j'ai trouvés cités dans le dernier imprimé paraîtront ostentation (et que sais-je, moi ?) aux impartiaux et à mes envieux. Et puis mes lettres n'ont été dictées que par l'estime, et ne sauraient être bonnes à l'impression. Il est vrai qu'il m'est bien flatteur et honorable de voir par quel sentiment tout cela a été cité chez l'auteur de la *Lettre sur les panégyriques*; mais Bélisaire dit que c'est là justement le moment dangereux pour mon espèce. Bélisaire ayant raison partout, sans doute n'aura pas tort en ceci. La traduction de ce dernier livre est finie, et va être imprimée. Pour faire l'essai de cette traduction, on l'a lue à deux personnes qui ne connaissaient point l'original. L'un s'écria : « Qu'on me crève les yeux, pourvu que je sois Bélisaire j'en serai assez récompensé. » L'autre dit : « Si cela était, j'en serais envieux. »

En finissant, monsieur, recevez les témoignages de ma reconnaissance pour toutes les marques d'amitié que vous me donnez; mais, s'il est possible, préservez mon griffonnage de l'impression. CATERINE.

MMMMMLXXXIV. — A M. LE MARÉCHAL DUC DE RICHELIEU.
Mai.

Je vous supplie, monseigneur, de lire attentivement ce mémoire. Vous savez que j'ai rendu quelques services aux protestants. J'ignore s'ils les ont mérités; mais vous m'avouerez que La Beaumelle est un ingrat.

Je soumets ce mémoire à vos lumières, et la vérité à votre protection. Vous serez indigné, quand vous verrez tant de calomnies et d'horreurs rassemblées, et ce que nous avons de plus auguste avili avec tant d'insolence. On n'oserait imaginer qu'un tel homme pût calomnier la cour impunément. Il est dans le pays de Foix, à Mazères. Peut-être un mot de vous pourrait le faire rentrer en lui-même.

Galien attend toujours la décision de son sort. Il a un frère, âgé de quatorze ans tout au plus, qui a été au Canada, à Alger, à Maroc, en qualité de mousse. Il est de retour, et est venu voir son frère ici : il y a resté sept ou huit jours; et ensuite, avec une petite pacotille, il est retourné en Dauphiné chez ses parents, où l'aîné l'aurait bien voulu suivre, à ce qu'il m'a paru, pour peu de temps.

Peut-être ne savez-vous pas que j'ai donné la terre de Ferney à Mme Denis, et que je ne me suis réservé que la douceur de finir dans mon obscurité une vie mêlée de bien des chagrins, comme l'est la carrière de presque tous les hommes. Ce n'est qu'avec cette triste vie que finira le tendre et respectueux attachement que je vous ai voué jusqu'à mon dernier moment.

Je vous supplie instamment de me conserver vos bontés; elles me sont nécessaires, par le prix que mon cœur y met; elles sont la plus chère consolation du plus ancien serviteur que vous ayez.

MMMMLXXXV. — A M. MOREAU DE LA ROCHETTE [1].

Au château de Ferney, par Genève, 1ᵉʳ juin.

Vous voulez, monsieur, que j'aie l'honneur de vous répondre sous l'enveloppe de M. le contrôleur général, et je vous obéis.

Il est vrai que j'avais fort applaudi à l'idée de rendre les enfants trouvés et ceux des pauvres utiles à l'État et à eux-mêmes. J'avais dessein d'en faire venir quelques-uns chez moi pour les élever. J'habite malheureusement un coin de terre dont le sol est aussi ingrat que l'aspect en est riant. Je n'y trouvai d'abord que des écrouelles et de la misère. J'ai eu le bonheur de rendre le pays plus sain en desséchant les marais. J'ai fait venir des habitants, j'ai augmenté le nombre des charrues et des maisons, mais je n'ai pu vaincre la rigueur du climat. M. le contrôleur général m'invitait à cultiver la garance, je l'ai essayé; rien n'a réussi. J'ai fait planter plus de vingt mille pieds d'arbres que j'avais tirés de Savoie; presque tous sont morts. J'ai bordé quatre fois le grand chemin de noyers et de châtaigniers; les trois quarts ont péri, ou ont été arrachés par les paysans : cependant je ne me suis pas rebuté; et, tout vieux et infirme que je suis, je planterais aujourd'hui, sûr de mourir demain. Les autres en jouiront.

Nous n'avons point de pépinières dans le désert que j'habite. Je vois que vous êtes à la tête des pépinières du royaume, et que vous avez formé des enfants à ce genre de culture avec succès. Puis-je prendre la liberté de m'adresser à vous pour avoir deux cents ormeaux qu'on arracherait à la fin de l'automne prochain, qu'on m'enverrait pendant l'hiver par les rouliers, et que je planterais au printemps? je les payerai au prix que vous ordonnerez. Je voudrais qu'on leur laissât à tous un peu de tête.

Il y a une espèce de cormier qui rapporte des grappes rouges, et que nous appelons *timier* [2]; ils réussissent assez bien dans notre climat. Si vos ordres pouvaient m'en procurer une centaine, je vous aurais, monsieur, beaucoup d'obligation. J'ai été très-touché de votre amour pour le bien public; celui qui fait croître deux brins d'herbe où il n'en croissait qu'un rend service à l'État.

J'ai l'honneur d'être avec l'estime la plus respectueuse, monsieur, votre très-humble et très-obéissant serviteur. VOLTAIRE.

MMMMLXXXVI. — A M. LE MARQUIS ALBERGATI CAPACELLI.

A Ferney, 2 juin.

Vous envoyez, monsieur, des tableaux à un aveugle, et des filles à un eunuque; l'état où je suis tombé ne me permet plus de lire. Un homme, qui prononce fort mal l'italien, m'a lu une partie de votre traduction du *Comminges* [3]. Il m'a fait entendre, dans son baragouin, de beaux vers sur un triste sujet. Le saint homme Rancé ne s'attendait

---

1. Inspecteur général des pépinières royales de France. (Éd.)
2. C'est le sorbier des oiseleurs, *Sorbus aucuparia* L. (Éd.)
3. *Les Amants malheureux, ou le Comte de Comminges*, drame en trois actes et en vers, par d'Arnand-Baculard. (Éd.)

pas que ses moines fussent un jour le sujet d'une tragédie. Les jésuites fournissent actuellement une matière plus intéressante. Je les recommande à quelque muse : la mienne, aussi languissante que mon corps, ne peut plus chanter les moines. Portez-vous mieux que moi, et vivez.

MMMMLXXXVII. — A M. LE COMTE D'ARGENTAL.
4 juin.

Mon cher ange éprouve donc aussi les misères de l'humanité; il est donc malade aussi bien que moi : il fait des remèdes, il évacue sa bile; la mienne ne sort que par le bout de ma plume, quand j'écris des pouilles à mon cher ange sur des monologues. Guérissez-vous, prolongez votre agréable carrière; voilà le point important.

Le grand malheur de la mienne, c'est que je la finis sans avoir pu vous voir; j'ai le cœur percé de me voir privé de cette consolation. Voulez-vous, pour nous amuser tous deux, que je vous dise encore un petit mot des *Scythes?* vous daignez toujours vous y intéresser. Lekain m'a mandé qu'on ne m'avait fait un petit passe-droit qu'à la sollicitation de Molé; mais je vois que vous êtes tous des fripons qui avez persisté dans l'idée de ne reprendre la pièce qu'à Fontainebleau. Eh bien! j'y consens; je demande seulement qu'on essaye *les Scythes* une seule fois à Paris, deux ou trois jours avant que les comédiens partent pour la cour. Cette représentation servira de répétition, et la pièce n'en sera que mieux jouée devant mes deux patrons.

J'ai le malheur d'aimer mieux *les Scythes* qu'aucune de mes tragédies. Premièrement, parce qu'ils ont été honnis; en second lieu, parce qu'elle est pleine de vers naturels, que tout le monde peut s'appliquer, et qui appartiennent à toutes les conditions de la vie, autant qu'à la pièce même.

Je crois vous avoir satisfait sur tout ce que vous me demandiez, et je suis prêt à vous rendre ce vers que vous aimez :

Ah! l'on venge mon fils, je retrouve mes sens.

Cela est fort aisé; nous n'aurons pas là-dessus de querelle. J'aime aussi à me rendre à votre avis sur Mlle Durancy. Bien des gens m'ont mandé qu'elle et Lekain avaient très-mal joué aux deux premières représentations : cela est très-vraisemblable; la pièce est difficile à jouer, et le parterre n'encourageait pas les acteurs; mais je suis persuadé qu'à la longue les acteurs et le public s'accoutumeront à ce nouveau genre. Il me semble que ce contraste des mœurs champêtres avec celles de la cour doit être bien reçu quand les cabales seront affaiblies. Une femme qui ne s'avoue point à elle-même la passion malheureuse dont elle est dévorée est encore quelque chose d'assez neuf au théâtre. Si j'ai encore un peu d'amour-propre d'auteur, vous devez me le pardonner; c'est vous qui, depuis environ treize ans, m'avez fait rentrer dans le champ de bataille dont je croyais être sorti pour jamais. Je ne suis plus qu'un poëte de province; mes pauvres pièces réussissent mieux à Genève et à Bordeaux qu'à Paris. Pourquoi vient-on de rejouer à Genève, six fois de suite, *Olympie?* pourquoi votre troupe royale ne la rejoue-t-elle point? J'aime mes enfants quand on les abandonne.

Adieu, mon cher ange; je me mets aux pieds de Mme d'Argental. Faites-moi savoir, je vous prie, des nouvelles de votre santé. J'espère que M. de Thibouville ne se refroidira pas dans son zèle; je suis pénétré pour lui de reconnaissance.

MMMMMLXXXVIII. — A M. D'ALEMBERT.
4 juin.

Mon cher philosophe, j'ai envoyé vos gants d'Espagne [1] sur-le-champ à leur destination; ils ont une odeur qui m'a réjoui le nez. Vous savez que je n'ai point de troupes; et que je ne peux forcer le cordon de dragons qui coupe toute communication entre Genève et mes déserts. Celui qui s'est chargé de donner des soufflets aux jésuites et aux jansénistes n'a jamais pu venir chez moi; je ne le connais point, et j'ai craint même de lui écrire. Gabriel Cramer, qui est le seul à qui je puisse me fier, a fait agir cet homme, qui est un sot et un pauvre diable, lequel fait agir encore en sous-ordre un autre sot pauvre diable. Ces sots pauvres diables n'ont aucun débouché, nulle correspondance en France, et tout va comme il plaît à Dieu. Les Genevois touchent au moment de la crise de leurs affaires; pour moi, je m'occupe à cultiver mon jardin et à me moquer d'eux.

Dieu maintienne votre Sorbonne dans la fange où elle barbote! La gueuse a rendu un service bien essentiel à la philosophie. On commence à ouvrir les yeux d'un bout de l'Europe à l'autre. Le fanatisme, qui sent son avilissement, et qui implore le bras de l'autorité, fait malgré lui l'aveu de sa défaite. Les jésuites chassés partout, les évêques de Pologne forcés d'être tolérants, les ouvrages de Bolingbroke [2], de Fréret et de Boulanger, répandus partout, sont autant de triomphes de la raison. Bénissons cette heureuse révolution qui s'est faite dans l'esprit de tous les honnêtes gens depuis quinze ou vingt années; elle a passé mes espérances. A l'égard de la canaille, je ne m'en mêle pas; elle restera toujours canaille. Je cultive mon jardin, mais il faut bien qu'il y ait des crapauds; ils n'empêchent pas mes rossignols de chanter.

Adieu, aigle; donnez cent coups de bec aux chouettes qui sont encore dans Paris.

MMMMMLXXXIX. — A M. DAMILAVILLE.
4 juin.

Mon cher ami, faites d'abord mes compliments à la Sorbonne du service qu'elle nous a rendu; car les choses spirituelles doivent marcher devant les temporelles : ensuite ayez la charité de reprendre l'affaire des Sirven. M. Chardon peut à présent rapporter l'affaire. Sirven est prêt à partir pour Paris; je vous l'adresserai. Il faudra qu'il se cache, jusqu'à ce que son affaire soit en règle.

1. *Seconde lettre sur l'édit du roi d'Espagne pour l'expulsion des jésuites*, par Dalembert. (ÉD.)
2. *L'Examen important de milord Bolingbroke.* (ÉD.)

Je tremble pour celle de notre ami Beaumont; on me mande qu'elle a un côté odieux, et un autre qui est très-défavorable. L'odieux est qu'un philosophe, que le défenseur des Calas et des Sirven reproche à un mort d'avoir été huguenot, et demande que la terre de Canon soit confisquée, pour avoir été vendue à un catholique ; le défavorable est qu'il plaide contre des lettres patentes du roi. Il est vrai qu'il plaide pour sa femme, qui demande à rentrer dans son bien ; mais elle n'y peut rentrer qu'en cas que le roi lui donne la confiscation. Il reste à savoir si ce bien de ses pères a été vendu à vil prix. Tout cela me paraît bien délicat. C'est une affaire de faveur, et il est fort à craindre que le secrétaire d'État qui a signé les lettres patentes de son adverse partie ne soutienne son ouvrage. Je crois que M. Chardon est le rapporteur. Je serais fâché que M. Chardon fût contre lui, et plus fâché encore si, M. Chardon étant pour lui, le conseil n'était pas de l'avis du rapporteur. L'affaire de Sirven me paraît bien plus favorable et bien plus claire. Je m'intéresse vivement à l'une et à l'autre.

Voici un petit mot pour Protagoras, qui est d'une autre nature. Tout ce qui est dans ce billet est pour vous comme pour lui ; tout est commun entre les frères.

Ma santé devient tous les jours plus faible ; tout périt chez moi, hors les sentiments qui m'attachent à vous. Je vous embrasse bien fort, mon très-cher ami.

MMMMMXC. — AU MÊME.

7 juin.

Mon cher ami, voici enfin Sirven qui veut vous voir, vous remercier de vos bontés, et remettre son sort entre vos mains. Je ne crois pas qu'il doive se montrer avant que son procès ait été porté au conseil. J'ai écrit à M. Cassen pour le supplier de presser le rapport de M. Chardon. Vous présenterez sans doute Sirven à M. de Beaumont. J'ai bien peur que M. de Beaumont ne puisse pas à présent donner tous ses soins à cette affaire; il doit être si occupé de la sienne, qu'il n'aura pas le temps de songer à celles des autres. Mais, comme il ne s'agit actuellement que de procédures au conseil, M. Cassen est en état de faire tout ce qui est nécessaire. Il pourra avoir la bonté de mener Sirven chez M. Chardon.

J'ai lu les inepties contre mon ami *Bélisaire*. Ces sottises sont écrites par des Vandales dont il triomphera.

On a fait contre ce pauvre abbé Bazin un livre bien plus savant [1], qui mérite peut-être une réponse. Tout cela part, dit-on, du collége Mazarin. Il faudra que nous disions, comme du temps de la Fronde : *Point de Mazarin!*

J'espère que l'affaire du vingtième, qui est plus intéressante, sera finie avant que vous receviez ma lettre. Il faut bien payer les dettes de l'État, et on ne les peut payer qu'au moyen des impôts.

Voici un petit livre qu'on m'a donné pour vous. Personne n'est plus en état que vous de le réfuter.

Je vous embrasse avec la plus vive tendresse.

1. Le *Supplément à la Philosophie de l'histoire*, par Larcher. (ÉD.)

MMMMMXCI. — A M. LE MARQUIS DE FLORIAN.

9 juin.

Seigneurs châtelains, nous vous rendons grâce, du pied des Alpes, d'avoir pensé à nous dans les plaines de Picardie. Il n'y a que trois jours que nous avons du beau temps. J'ai été bien près d'aller m'établir auprès de Lyon, tant j'étais las des tracasseries génevoises, qui ne finiront pas de sitôt.

Le diable est à Neuchâtel, comme il est à Genève; mais il est principalement dans le corps de J. J., qui s'est brouillé en Angleterre avec tout le canton où il demeurait. Il s'est enfui au plus vite, après avoir laissé sur sa table une lettre dans laquelle il chantait pouille à ses hôtes et à ses voisins. Ensuite il écrivit une lettre au grand chancelier, pour le prier de lui donner un messager d'État, qui le conduisît au premier port en sûreté. Le chancelier lui fit dire que tout le monde en Angleterre était sous la protection des lois. Enfin Rousseau est parti avec sa Vachine[1], et il est allé maudire le genre humain ailleurs.

J'ai reçu une lettre pleine d'esprit et de bon sens du jeune Morival, enseigne de la colonelle de son régiment. S'il vient jamais assiéger Abbeville, soyez sûrs qu'il vous donnera des sauvegardes; mais il n'en donnera pas à tout le monde.

J'attends avec impatience l'état des finances, que l'on dit imprimé au Louvre. Je trouve cette confiance et cette franchise très-nobles. C'est ainsi qu'en usa M. Desmarets; et cette méthode fut très-applaudie. Le seul secret pour faire contribuer sans murmure est de montrer le bon usage qu'on a fait des contributions. Personne n'en fera moins mauvaise chère pour payer les deux vingtièmes. Cet impôt d'ailleurs n'étant point arbitraire, n'est sujet à aucune malversation, et cela console le peuple ; c'est à l'État que l'on paye, et non pas aux fermiers généraux.

Je vous envoie un petit mémoire qui regarde un peu votre pays de Languedoc. Il a déjà eu son effet. M. de Gudane, commandant au pays de Foix, a menacé le sieur de La Beaumelle de le mettre pour le reste de sa vie dans un cachot, s'il continuait à vomir ses calomnies.

MM. de Chabanon et de La Harpe sont toujours à Ferney; mais point de tragédies. M. de Chabanon en fait une, encore y a-t-il bien de la peine. Pour moi, je suis hors de combat. Je me console en formant des jeunes gens. Mme de Fontaine-Martel disait que, quand on avait le malheur de ne pouvoir plus être catin, il fallait être maq........

Aimez-moi toujours un peu, et soyez sûrs de ma tendre amitié.

MMMMXCII. — A M. LE COMTE D'ARGENTAL.

10 juin.

Si vous vous portez bien, mon cher ange, j'en suis bien aise; pour moi, je me porte mal. C'est ainsi qu'écrivait Cicéron, et je ne vois pas trop pourquoi on nous a conservé ces niaiseries. M. de Thibouville me mande que votre santé est meilleure, et que vous n'êtes point au lait;

1. Thérèse Levasseur. (ÉD.)

dis grand bien de votre régime. Jouissez, mes anges, d'une bonne santé, sans laquelle il n'y a rien. M. de Thibouville m'écrit une lettre peu déchiffrable, mais dans laquelle j'ai entrevu que Mlle Durancy a passé de Scythie au Canada[1]; qu'elle s'est perfectionnée dans les mœurs sauvages, et qu'au lieu de se sacrifier pour son amant, elle le tue par mégarde. C'est là sans doute un beau coup de théâtre, et digne d'un parterre welche. Voici ce que je dois répondre à M. de Thibouville sur *les Scythes*, et ce que je vous prie de lui communiquer.

Puisque vous renoncez à votre diabolique monologue, je vous aimerai toujours, et il n'y aura rien que je ne fasse pour vous plaire. Je serai de votre avis sur tous les petits détails dont vous me parlez, du moins sur une bonne partie.

J'attendrai surtout Fontainebleau pour envoyer à peu près tout ce que vous désirez. Je me flatte toujours que la naïveté singulière des *Scythes* les sauvera à la fin; car la naïveté est un mérite tout neuf, et il faut du neuf aux Welches. Mettez votre gloire à faire réussir ce que vous avez approuvé, et ne vous laissez jamais séduire par ces Welches capricieux.

A vous, monsieur Lekain : continuez, combattez pour la bonne cause, ne vous laissez point abattre par les cabales et par le mauvais goût. J'aimerai toujours vos talents et votre personne; et s'il me reste des forces, c'est pour vous que je les emploierai.

Voilà, mon cher ange, tous mes sentiments que je dépose entre vos mains, et que je vous supplie de faire valoir avec votre bonté ordinaire : mais surtout ayez soin d'une santé si chère à tous ceux qui ont ou qui ont eu le bonheur de vivre avec vous.

MMMMXCIII. — A M. LE MARQUIS D'ARGENCE DE DIRAC.

11 juin.

Mon cher marquis, j'allais vous écrire quand j'ai reçu votre lettre. Je n'ai pas, depuis quelque temps, une destinée fort heureuse. J'ai été bien consolé quand vous m'avez appris que vous viendriez passer quelque temps dans votre ancien ermitage, et accepter une cellule dans l'abbaye de Ferney; mais voici une nouvelle contradiction qui me survient. Je ne sais si vous êtes instruit que j'ai la plus grande partie de mon bien chez M. le duc de Wurtemberg. On propose un arrangement, et je me trouve dans la nécessité d'aller à Montbéliard. Ce voyage me déplaît fort, mais il m'est indispensable. Je vous prie de m'instruire au juste du temps auquel vous pourrez venir, afin que je règle ma marche.

Je présume qu'on commencera le procès des Sirven au conseil pendant votre séjour à Paris. Il me paraît presque impossible qu'on ne leur rende pas la même justice qu'aux Calas.

Vous allez voir des remontrances sur les deux vingtièmes. C'est fort bien de remontrer, mais il faut payer ses dettes. Si le parlement trouve

---

1. Thibouville avait induit Voltaire en erreur. Le seul rôle de femme qu'il y ait dans la tragédie d'*Hirza, ou les Illinois*, n'était pas joué par Mlle Durancy, mais par Mlle Dubois. (ÉD.)

le secret de libérer l'État sans contribution, il me paraîtra fort habile. Messieurs vos fils seront sans doute du camp de Compiègne. N'irez-vous pas à ce spectacle? il est plus beau que ceux dont vous me parlez. Voulez-vous bien me mettre aux pieds de Mme la princesse de Ligne? Je la crois très-favorable à la bonne cause. Adieu; je vous embrasse de tout mon cœur.

MMMMMXCIV. — A M. DAMILAVILLE.

12 juin.

J'ai vu M. de Voltaire, monsieur, comme vous me l'avez ordonné par votre lettre du 2 de juin. Sa santé décline toujours, et ses sentiments pour vous ne s'affaiblissent pas.

Sirven, que vous protégez, est parti avec une lettre pour vous. Nous nous flattons que vous le présenterez à M. Cassen, avocat au conseil, et qu'il obtiendra le rapport de son affaire. Je n'ai encore aucune nouvelle sur celle de M. et de Mme de Beaumont. Il serait fort triste que notre ami succombât.

Pourriez-vous m'envoyer le dernier factum de sa partie adverse? Voulez-vous bien avoir la bonté de faire donner cinquante-trois livres au sieur Briasson?

La *Seconde lettre* de M. Lembertad se débite à Genève, mais elle n'est point encore à Lyon. Je ne sais comment je pourrai faire pour la lui envoyer; car il est très-sévèrement défendu de faire passer des imprimés du pays étranger à Paris, quoiqu'il soit permis d'en envoyer de Paris chez l'étranger. La raison m'en paraît plausible : les livres imprimés hors de France n'ont ni approbation ni privilége, et peuvent être suspects; mais les moindres brochures imprimées en France étant imprimées avec permission, et munies de l'approbation des hommes les plus sages, elles portent leur passe-port avec elles. Ainsi j'ai reçu sans difficulté l'excellent *Supplément à la Philosophie de l'histoire*, et l'*Examen de Bélisaire*, composés au collége Mazarin; mais je ne crois pas qu'on puisse avoir les réponses à Paris. Il est d'ailleurs très-difficile de répondre à ces ouvrages supérieurs, qui confondent la raison humaine.

On a fait en Hollande une sixième édition du *Dictionnaire philosophique*. Apparemment que ce livre n'est pas aussi dangereux qu'on l'avait présumé d'abord. On y a ajouté plusieurs articles de divers auteurs. J'en ai acheté un exemplaire. Je vous avoue que j'ai été très-content d'y voir partout l'*immortalité de l'âme*, et l'*adoration d'un Dieu*. Au reste, il est ridicule d'avoir attribué ce livre à M. de Voltaire, votre ami; c'est évidemment un choix fait avec assez d'art de plus de vingt auteurs différents.

On me mande aussi qu'on imprime à Amsterdam un ouvrage curieux de feu milord Bolyngbroke [1]; mais il faut plus de trois mois pour que les livres de Hollande parviennent ici par l'Allemagne. Je crois que toutes ces nouveautés vous intéressent moins que les deux ving-

---

1. *L'Examen important.* (ÉD.)

tièmes. Nous sommes gens de calcul à Genève, et nous jugeons que la continuation de cet impôt est indispensable, parce que l'État doit payer les dettes de l'État.

Au reste, nous espérons que nos affaires finiront bientôt, grâce aux bontés de Sa Majesté, qui est aussi aimée et aussi révérée à Genève qu'en France.

J'ai l'honneur d'être, monsieur, votre très-humble serviteur,

BOURSIER.

MMMMMXCV. — A M. LE RICHE.

19 juin.

Un solitaire, monsieur, chez qui vous avez bien voulu accepter pour trop peu de temps une petite cellule, et qui a été bien affligé de votre prompt départ, prie le Seigneur continuellement pour votre salut, et pour celui de vos frères qui souffrent persécution en ce monde. Il se flatte que votre voyage à Paris fera du bien au petit troupeau des fidèles.

On a dû vous remercier de la bonté que vous avez eue de vous charger d'un paquet que vous avez fait rendre à son adresse. Si, à votre retour, vous passez par Lyon, songez que nous sommes sur votre route, et n'oubliez pas les bons moines qui vous sont essentiellement dévoués. Comptez surtout que vous avez en moi un serviteur attaché pour jamais.

MMMMMXCVI. — A M. DALEMBERT.

19 juin.

Mon cher et grand philosophe, un brave officier, nommé M. le comte de Wargemont, vient à notre secours; car nous avons des prosélytes dans tous les états. Il vous fait parvenir trois exemplaires d'une très-jolie *Lettre à un conseiller au parlement*[1]. J'en ai eu six; Mme Denis, M. de Chabanon et M. de La Harpe ont pris chacun le leur; en voilà trois pour vous. Cela vient bien tard; le mérite de l'à-propos est perdu, mais le mérite du fond subsistera toujours. C'est bien dommage que l'auteur n'écrive pas plus souvent, et ne conseille pas tous les conseillers du roi. L'inquisition redouble; il est beaucoup plus aisé de faire parvenir une brochure à Moscou qu'à Paris. La lumière s'étend partout, et on l'éteint en France, où elle venait de naître. Il semble que la vérité soit comme ces héros de l'antiquité, que des marâtres voulaient étouffer dans leur berceau, et qui allaient écraser des monstres loin de leur patrie.

La sixième édition du *Dictionnaire philosophique* paraît en Hollande tête levée. Les dissidents de Pologne ont fait imprimer le petit panégyrique de Catherine, ou plutôt de la tolérance : c'est une édition magnifique. La superstition fanatique est bafouée de tous côtés. Le roi de Prusse dit qu'on la traite comme une vieille p..... qu'on adorait quand elle était jeune, et à qui l'on donne des coups de pied au cul dans sa vieillesse.

Voici quelques échantillons qui vous prouveront que le roi de Prusse n'a pas tort.

---

1. *Sur l'expulsion des jésuites d'Espagne*, ouvrage de Dalembert. (ÉD.)

Je reçois dans le moment les *Trente-sept vérités opposées aux trente-sept impiétés de Bélisaire, par un bachelier ubiquiste* [1]; cela me paraît salé.

J'espère qu'il viendra un temps où on sèmera du sel sur les ruines du tripot où s'assemble la sacrée Faculté.

Je sais bien que les gens du monde ne liront point le *Supplément à la Philosophie de l'histoire*; mais il y a beaucoup d'érudition dans ce petit livre, et les savants le liront. L'auteur se joint à l'évêque hérétique Warburton contre l'abbé Bazin. Son neveu est obligé, en conscience, de prendre la *Défense de son oncle*; c'est un nommé Larcher qui a composé cette savante rapsodie sous les yeux du syndic de la Sorbonne, Riballier, principal du collège Mazarin. Je connais le neveu de l'abbé Bazin; il est goguenard comme son oncle, il prend le sieur Larcher pour son prétexte, et il fait des excursions partout. Il n'est pas assez sot pour se défendre; il sait qu'il faut toujours établir le siége de la guerre dans le pays ennemi.

Ne vous ai-je pas mandé que le roi de Prusse avait donné une enseigne au camarade du chevalier de La Barre, condamné par *messieurs*, dans le dix-huitième siècle, à être brûlé vif pour avoir chanté deux chansons de corps de garde, et pour n'avoir pas salué des capucins?

Est-il vrai que Diderot a fait un roman intitulé *l'Homme sauvage* [2]? Si cet homme sauvage est sot, pédant et barbare, nous connaissons l'original [3].

Tout ce qui est chez nous vous fait les plus tendres compliments; nous ne sommes, en vérité, ni sauvages ni barbares.

MMMMMXCVII. — A M. LE COMTE D'ARGENTAL.

26 juin.

Mon cher ange se trouve-t-il mieux de son régime? peut-on avoir une humeur dartreuse, et avoir l'humeur si douce? Donnez-moi votre secret, car je suis insupportable quand je souffre. Je me tapis dans ma cellule, j'y suis inaccessible; je ne vois ni les frères de mon couvent, ni nos commandants, ni nos inspecteurs, ni les officiers, hauts de six pieds, qui viennent remplir mon château, que j'avais bâti pour vivre en retraite.

Je me flatte que vous avez bien voulu instruire M. de Thibouville et Lekain des articles qui étaient pour eux dans ma précédente lettre.

J'avais pris la liberté de vous adresser, il y a environ un mois, une lettre pour M. de Belloy, dans laquelle il y avait de petits vers en réponse à une belle et longue épître dont il m'avait gratifié.

On m'apprend qu'il a fourré une lettre de moi dans le *Mercure*; je ne sais si c'est celle dont je vous parle. Mais pourquoi imprimer les lettres de ses amis? Est-ce qu'on écrit au public, quand on fait des réponses inutiles à des lettres qui ne sont que des compliments?

M. de Chabanon refait son *Eudoxie* pour la troisième fois, et notre

---

1. Opuscule de Turgot. (ÉD.)
2. 1767, in-12. Cet ouvrage est de Mercier, auteur du *Tableau de Paris*. (ÉD.)
3. Voltaire désigne Jean-Jacques Rousseau. (ÉD.)

petit La Harpe commence une pièce nouvelle, après en avoir fait une autre à moitié. Vous voyez qu'une tragédie n'est pas aisée à faire. On a représenté *Sémiramis* sur mon théâtre, et elle a été très-bien jouée. J'avais perdu de vue cet ouvrage; il m'a fait sentir que *les Scythes* sont un peu ginguets, en comparaison.

Cependant j'ai toujours du faible pour *les Scythes*, et je vous les recommande pour Fontainebleau.

J'élève un acteur de province qui a de la figure, de la noblesse et de l'âme; quand je lui aurai bien fait dégorger le ton provincial, je vous l'enverrai. Nous verrons enfin si on pourra vous fournir un acteur supportable.

Je ne sais si vous avez entendu parler d'un livre composé par un barbare, intitulé *Supplément à la Philosophie de l'histoire*. L'auteur n'est ni poli ni gai; il est hérissé de grec; sa science n'est pas à l'usage du beau monde et des belles dames. Il m'appelle Capanée, quoique je n'aie jamais été au siége de Thèbes. Il voudrait me faire passer pour un impie; voyez la malice! On donne des priviléges à ces livres-là, et les réponses ne sont pas permises. Avouez qu'il y a d'horribles injustices dans ce monde. Mais portez-vous bien, vous et Mme d'Argental; conservez-moi vos bontés; jouissez d'une vie heureuse : peu de gens en sont là.

MMMMMXCVIII. — Du cardinal de Bernis.

A Alby, ce 22 juin.

J'ai lu avec intérêt, mon cher confrère, le mémoire des Sirven. Je souhaite de tout mon cœur que justice leur soit rendue, et que leurs malheurs soient réparés. O combien l'ignorance et les passions ont sacrifié de victimes, et combien cette partie de l'histoire du genre humain humilie les esprits éclairés et afflige les âmes sensibles ! Ces sacrifices sanglants, répétés d'âge en âge, et dans tous les pays, ne doivent pas nous rendre misanthropes, mais nous exciter à la bienfaisance. Les belles âmes se croient chargées de réparer toutes les injustices exercées par le plus fort sur le plus faible. J'aime en vous, de préférence même à vos talents que j'admire, ce penchant qui vous porte à protéger le faible et à secourir l'opprimé. Vos belles actions, en ce genre, dureront autant que vos ouvrages : on ne pourra pas dire que vous ayez cru que la vertu n'était qu'une chimère. Mais on dit que vous vous êtes amusé à faire dans notre langue la *Secchia rapita*. Si cela est assez grave pour moi, faites-m'en part. J'attends vos *Scythes* mieux imprimés. J'aime toujours les lettres; elles m'ont fait plus de bien que je ne leur ai fait d'honneur. Mille entraves m'ont empêché de m'y livrer entièrement; rien ne m'empêchera de les honorer, de les chérir, ni d'admirer ni d'aimer de tout mon cœur celui qui, dans notre siècle, les a cultivées avec tant de supériorité. *Vale.*

MMMMMXCIX. — A. M. LE COMTE DE LAURENCIN.

Au château de Ferney, le 24 juin.

Monsieur, j'ai été très-touché de votre lettre. Je dois à la sensibilité que vous me témoignez l'aveu de l'état où je me trouve. Je me suis retiré, il y a environ treize ans, dans le pays de Gex, près de la Franche-Comté, où j'ai la plus grande partie de ma fortune; mais mon âge, ma faible santé, les neiges dont je suis entouré huit mois de l'année dans un pays d'ailleurs très-riant, et surtout les troubles de Genève et l'interruption de tout commerce avec cette ville, m'avaient fait penser à faire une acquisition dans un climat plus doux. On m'a offert vingt maisons dans le voisinage de Lyon. Tout ce que vous voulez bien m'écrire, et votre façon de penser, qui me charme, me détermineraient à préférer votre château, pourvu que vous n'en sortissiez pas; mais j'ai avec moi tant de personnes dont je ne puis me séparer, que ma transmigration devient très-difficile; car, outre une de mes nièces, à qui j'ai donné la terre que j'habite, j'ai marié une descendante du grand Corneille à un gentilhomme du voisinage; ils logent dans le château avec leurs enfants. J'ai encore deux autres ménages dont je prends soin : un parent impotent [1], qu'on ne peut transporter; un aumônier auparavant jésuite [2]; un jeune homme [3] que M. le maréchal de Richelieu m'a confié; un domestique trop nombreux; et enfin je suis obligé de gouverner cette terre, parce que la cessation du commerce avec Genève empêche qu'on ne trouve des fermiers.

Toutes ces raisons me forcent à demeurer où je suis, quelque dur que soit le climat, dans quelque gêne que les troubles de Genève puissent me mettre. M. le duc de Choiseul a bien voulu adoucir le désagrément de ma situation par toutes les facilités possibles. D'ailleurs ma terre, et une autre dont je jouis aux portes de Genève, ont un privilège presque unique dans le royaume, celui de ne rien payer au roi, et d'être parfaitement libres, excepté dans le ressort de la justice. Ainsi vous voyez, monsieur, que tout est compensé, et que je dois supporter les inconvénients, en jouissant des avantages.

Je vous remercie de vos offres, monsieur, avec bien de la reconnaissance. Vos sentiments m'ont encore plus flatté; je vois combien vous avez cultivé votre raison. Vous avez un cœur généreux et un esprit juste. Je voudrais vous envoyer des livres qui pussent occuper votre loisir. Je commence par vous adresser un petit écrit qui a paru sur la cruelle aventure des Calas et des Sirven; je l'envoie à M. Tabareau, qui vous le fera tenir. Si je trouve quelque occasion de vous faire des envois plus considérables, je ne la manquerai pas. Il est fort difficile de faire passer des livres de Genève à Lyon. Il est triste que ces ressources de l'âme, et les consolations de la retraite, soient interdites. J'ai l'honneur d'être, etc.

1. Daumart. (ÉD.) — 2. Le P. Adam. (ÉD.) — 3. Galien. (ÉD.)

MMMMMC. — A M. DAMILAVILLE.

24 juin.

Monsieur, je reçois la vôtre du 16 juin. Je vois que c'est toujours à vous que les infortunés doivent avoir recours. Le sieur Nervis[1] s'est un peu trop hâté d'aller à Paris; mais il n'a pas été possible de modérer son empressement. Il n'était pas d'ailleurs trop content de Genève. Je sais que sa présence n'imposera pas beaucoup : la veuve respectable d'un homme livré par le fanatisme au plus horrible supplice, accompagnée de deux filles dont l'une était belle, devait faire une impression bien différente. Je crois que le mieux que peut faire Nervis est de ne se montrer que très-peu.

M. Cassen, son avocat, me paraît un homme de mérite, qui pense sagement, et qui agit avec noblesse. Heureusement l'affaire est uniquement entre ses mains. Je sais que le triste procès de M. de Beaumont peut faire grand tort à la cause que vous soutenez. Le public n'est pas dupe : il verra trop que l'envie de briller lui a fait entreprendre la cause des Calas et des Sirven, et que l'intérêt lui fait réclamer la cruauté de ces mêmes lois, contre lesquelles il s'élève dans ses mémoires pour ses deux clients protestants. Ils sont tous révoltés, ils se plaignent amèrement. Cette contradiction frappante, qui les indigne, les refroidit beaucoup pour le pauvre Nervis; mais leur ressentiment n'aura aucune influence sur le rapporteur et sur les juges.

Il n'est point du tout vrai que la communication avec Genève soit rétablie; au contraire, les défenses de rien laisser passer sont plus sévères que jamais. On ouvre plusieurs lettres. J'ai heureusement reçu tous vos paquets, parce qu'on sait que nous sommes tous deux bons serviteurs du roi, et que nous ne nous mêlons d'aucune affaire suspecte. M. de Lamberta doit recevoir quelques instruments de mathématiques dans peu de jours.

Bélisaire, qui est, je crois, de M. Marmontel, a été reçu dans toutes les cours étrangères avec transport. Mes correspondants me mandent que l'impératrice de Russie l'a lu sur le Volga, où elle est embarquée. On me mande aussi qu'elle a fait un présent considérable à Mme de Beaumont; mais ce n'est pas la vôtre : c'est une Mme de Beaumont-Leprince, qui fait des espèces de catéchismes pour les jeunes demoiselles.

Il me semble qu'on ne connaît point encore hors de Paris le *Supplément à la Philosophie de l'histoire*. Il est d'un nommé Larcher, ancien répétiteur du collège Mazarin, qui l'a composé sous les yeux de Riballier. Il n'est pas trop honnête qu'on permette de traiter de Capanée feu l'abbé Bazin, qui était un homme très-pieux. On veut le faire passer dans la préface, page 33, pour un impie, parce qu'il a dit que la famine, la peste et la guerre, sont envoyées par la Providence. Vous voyez bien que ces messieurs, qui osent nier la Providence, se rendent gaiement coupables de la plus horrible impiété, quand ils en accusent

1. Sirven. (Éd.)

leurs adversaires. Il est à croire que les mêmes personnes qui ont permis la rapsodie infâme de Larcher permettront une réponse honnête. Ils le doivent d'autant plus que ce Larcher s'appuie de l'autorité de l'hérétique Warburton, qui a scandalisé toutes les Églises de la chrétienté, en voulant prouver que les Juifs ne connurent jamais l'immortalité de l'âme, et en voulant prouver que cette ignorance même imprimait le caractère de la divinité à la révélation de Moïse. Au reste, je doute fort que les gens du monde lisent tous ces fatras. On ne peut guère faire naître des fleurs au milieu de tant de chardons.

J'ai dû vous mander déjà qu'on a lu avec beaucoup de satisfaction l'ouvrage du bachelier sur les *trente-sept propositions de Bélisaire*. Ce bachelier paraît orthodoxe, et, qui plus est, de bonne compagnie.

Voilà donc Jean-Jacques à Vesel! il n'y tiendra pas; il n'y a que les soldats; mais il ira souvent en Hollande, où il fera imprimer toutes ses rêveries. On parle d'un roman intitulé *l'Homme sauvage*; on l'attribue à un de vos amis. Je vous supplie de vouloir bien me l'envoyer par la voie dont vous vous servez ordinairement.

Adieu, monsieur; toute ma famille vous fait les plus sincères et les plus tendres compliments. BOURSIER.

MMMMMCI. — A M. LE COMTE DE FÉKÉTÉ[1].

24 juin.

Celui qui a été assez heureux pour recevoir du noble inconnu un recueil de vers pleins d'esprit et de grâces, présente sa respectueuse estime à l'auteur de tant de jolies choses. Il admire comment l'inconnu peut écrire si bien dans une langue étrangère. Il admire encore plus la générosité de son cœur. On serait heureux de pouvoir jouir de la conversation d'un jeune homme d'un mérite si rare. On n'ose pas s'en flatter, on connaît quels sont les liens des devoirs et des plaisirs. Il n'appartient qu'aux souverains et aux belles de jouir du bonheur de le posséder. Quand il voudra se faire connaître, on lui gardera le secret.

En attendant, on bénira le ciel d'avoir produit des Messala et des Catulle dans le pays où l'on prétend que les compagnons d'Attila s'établirent. Il est prié d'agréer tous les sentiments qu'il inspire, et le respect d'un homme pénétré de son mérite.

MMMMMCII. — A M. DAMILAVILLE.

26 juin.

On me mande, mon cher ami, que les huguenots d'un petit canton en Guienne ont assassiné un curé, et en ont poursuivi deux autres. Si la chose est vraie, ces messieurs n'ont pas la tolérance en grande recommandation, et on n'en aura pas beaucoup pour eux. Je ne veux pas croire cette horrible nouvelle. Pour peu qu'ils eussent donné lieu à une émeute, ils ne feraient pas de bien à la cause des Sirven. Je pense qu'alors il faudrait tout abandonner. Mais je me flatte encore que ce n'est qu'un faux bruit. Je n'ai point auprès de moi mon ami Wagnière.

---

1. **George de Fékété de Galantha**, vice-chancelier de Hongrie. (ED.)

J'écris avec peine; je suis malade. Je finis, mon cher ami, en vous recommandant les incluses, et en vous aimant.

MMMMMCIII. — A M. Marmontel.

Dans le long voyage que Sa Majesté l'impératrice de Russie vient de faire dans l'intérieur de ses États, elle a daigné s'amuser, dans ses loisirs, à traduire *Bélisaire* en langue russe. Les seigneurs de sa suite ont eu chacun leur chapitre. Le neuvième, sur les vrais intérêts d'un souverain, est tombé en partage à Sa Majesté. Il ne pouvait être en de meilleures mains : aussi dit-on qu'il est traduit dans la plus grande perfection. Sa Majesté a pris la peine de rédiger elle-même tout l'ouvrage. Elle le fait imprimer actuellement; et comme il a été commencé dans la ville de Twer, c'est à l'archevêque de Twer que l'impératrice l'a dédié.

MMMMMCIV. — A M. Dalembert.

Juillet.

Pendant que la Sorbonne, entraînée par un zèle louable, mais très-peu éclairé, et qui fait peu d'honneur à la nation, veut censurer *Bélisaire*, il est traduit dans presque toutes les langues de l'Europe. L'impératrice de Russie mande de Casan, en Asie, qu'on y imprime actuellement la traduction russe. M. Dalembert est prié de faire passer ce petit billet à M. Marmontel, en quelque lieu qu'il puisse être.

MMMMMCV. — A M. le comte d'Argental.

4 juillet.

Vous serez peut-être aussi affligé que moi, mon cher ami, de ne recevoir qu'un maudit livre de prose [1], au lieu des vers scythes que vous attendiez. Ce n'est pas que vous ne soyez bientôt muni de vos vers scythes, mais enfin ils devaient arriver les premiers, puisque vous les aviez ordonnés; et il est triste de ne recevoir que la prose du neveu de l'abbé Bazin, quand on attend des couplets de tragédie. Bazin *minor* vous a adressé sa petite drôlerie par M. Marin; elle est toute à l'honneur des dames, et même des petits garçons, que les ennemis de l'abbé Bazin ont si indignement accusés. Il est juste de prendre la défense de la plus jolie partie du genre humain, que des pédants ont cruellement attaquée.

A l'égard de la défense juridique des Sirven, j'ai bien peur qu'elle ne soit pas admise. Le procureur général de Toulouse [2] est à Paris, il réclame vivement les droits de son corps, et ce droit est celui de juger les Sirven, et probablement de les condamner. De plus, on me mande que les protestants ont excité une émeute vers la Saintonge, qu'ils ont poursuivi trois curés, qu'ils en ont tué un, qu'on a envoyé des troupes contre eux, qu'on a tué six-vingts hommes. Je veux croire que tout cela est fort exagéré; mais il faut bien qu'il se soit passé quelque chose de funeste; et vous m'avouerez que ces circonstances ne sont pas favo-

1. La *Défense de mon oncle*. (Éd.) — 2. Riquet de Bonrepos. (Éd.)

rables pour **obtenir**, **contre les lois** du royaume, une nouvelle attribution de juges en **faveur** d'une famille huguenote. Pour comble de disgrâce, le huguenot La Beaumelle, beau-frère du jeune huguenot Lavaysse, s'est rendu coupable d'une nouvelle horreur.

J'ai découvert enfin que c'était lui qui m'avait fait adresser quatre-vingt-quatorze lettres anonymes; le compte est net, et le fait est rare. J'en ai reçu enfin une quatre-vingt-quinzième qui m'a mis hors de doute. Il y a d'étranges pervers dans le monde.

L'ami Damilaville ira sans doute chez vous pour consulter l'oracle. Il est fâché, aussi bien que moi, du procès de M. de Beaumont. C'est une chose douloureuse que M. de Beaumont, dans ce procès, paraisse en quelque façon comme délateur des protestants, après avoir été leur défenseur; qu'il demande la confiscation du bien d'un protestant, et qu'il réclame des lois rigoureuses contre lesquelles il s'est élevé lui-même. Il est vrai qu'il redemande le bien des ancêtres de sa femme; mais malheureusement les apparences sont odieuses; il a des ennemis, ces ennemis se déchaînent; tout cela fait au pauvre Sirven un tort irréparable.

Pour me consoler, M. de Chabanon achève aujourd'hui sa tragédie; mais M. de La Harpe n'est pas si avancé; il s'en faut beaucoup. Deux tragédies à la fois, sorties des cavernes du mont Jura, auraient été pour moi une chose bien douce.

Je vous assure que j'ai besoin d'être réconforté. Je ne peux plus rien faire par moi-même pour le *tripot*; j'ai besoin de jeunes gens qui prennent ma place pour vous plaire.

Je me mets aux pieds de Mme d'Argental; je me recommande aux bontés de M. de Thibouville. J'espère que les satrapes Nalrisp et Elochivis[1] ne seront pas regardés à Fontainebleau comme des satrapes de mauvais goût, quand ils protégeront des Scythes. Agréez, mon divin ange, les tendres sentiments de tout ce qui habite Ferney, et surtout mon culte de dulie.

MMMMMCVI. — A M. DAMILAVILLE.

A Ferney, 4 juillet.

Vous savez, mon cher ami, que ce fut vous qui, dans le temps du triomphe de la famille Calas et de M. Lavaysse, m'apprîtes que M. Lavaysse était beau-frère de ce malheureux La Beaumelle. Monsieur son père m'écrivit de **Toulouse** que, quelque temps après, Mademoiselle sa fille, veuve d'un homme assez riche, avait en effet épousé La Beaumelle, malgré toutes ses représentations. Je fus affligé qu'une famille à laquelle je m'intéresse fût alliée à un homme si coupable; mais je n'en demeurai pas moins attaché à cette famille.

Vous n'ignorez pas que j'ai reçu dans ma retraite un nombre prodigieux de lettres anonymes; j'en ai reçu quatre-vingt-quatorze de la même écriture, et je les ai toutes brûlées. Enfin j'en ai reçu une quatre-vingt-quinzième qui ne peut être écrite que par **La Beaumelle**, ou par

---

1. Praslin et Choiseul. (ÉD.)

son frère, ou par quelqu'un à qui ils l'auront dictée, puisque, dans cette lettre, il n'est question que de La Beaumelle même. J'ai pris le parti de l'envoyer au ministère. J'avais d'ailleurs dessein d'instruire le public littéraire de cette étrange manœuvre, et de faire connaître celui qui outrageait ma vieillesse avec tant d'acharnement, pour récompense des services rendus à la famille dans laquelle il est entré. J'ai même envoyé à M. Lavaysse le père cette déclaration que je devais rendre publique, et que j'ai supprimée, en attendant que je prenne une résolution plus convenable.

Dans ces circonstances, M. Lavaysse de Vidou m'a écrit le 25 de juin. Il ignore apparemment la conduite de son beau-frère; je le plains beaucoup. Je vous prie de lui faire part de mes sentiments, et de lui montrer cette lettre.

Je crains bien que nous n'ayons d'autre parti à prendre, au sujet des Sirven, que celui de la douleur et de la résignation. Ils sont innocents, on n'en peut douter. On leur a ôté leur honneur et leurs biens; on les a condamnés à la mort comme parricides : on leur doit justice. Mais, d'un côté, le malheureux procès de M. de Beaumont; de l'autre, la présence de M. le procureur général du Languedoc, qui soutiendra les droits de son parlement; enfin les bruits affreux qui courent sur les protestants des provinces méridionales, ne permettent pas de se flatter qu'on puisse s'adresser au conseil avec succès. Les nouvelles horreurs de La Beaumelle sont encore un obstacle. Toutes ces fatalités réunies laissent peu d'espérance. Vous voyez les choses de plus près; je m'en rapporte à vous. Je vous supplie de m'instruire de l'état des choses.

La multitude de lettres que j'ai à écrire aujourd'hui, et ma santé, qui baisse tous les jours, me mettent hors d'état de répondre aussi au long que je le voudrais à M. Lavaysse de Vidou. Le peu que je vous écris, mon cher ami, suffira pour le convaincre de mes sentiments, et de l'état où je me trouve. Ayez donc la bonté, encore une fois, de lui faire lire cette lettre; c'est tout ce que je puis vous dire, dans l'incertitude où je suis, et dans les souffrances de corps que j'éprouve.

Je vous embrasse tendrement, et j'attends mes consolations de votre amitié.

MMMMMCVII. — A M. DE BELLOY.

A Ferney, 6 juillet.

Il y a quelques années, monsieur, que je ne lis aucun papier public; j'ignore dans ma retraite ce qui se fait sur la terre. Je sais pourtant ce qui se passe à Moscou; mais ce n'est pas par le *Mercure*. L'impératrice de Russie daigna me mander l'année passée qu'elle avait converti Abraham Chaumeix, et qu'elle en avait fait un tolérant. Si depuis ce temps-là cet Abraham a fait cette sottise; s'il a vendu sa femme à quelque boïard, comme le père des croyants vendit la sienne [1] au roi d'Égypte et au roitelet de Gérare; si, au lieu d'obtenir des bœufs, des

---

1. *Genèse*, XII, 16; et XX, 14. (ÉD.)

vaches, des moutons, des serviteurs et des servantes, il est tombé dans la misère, c'est probablement parce qu'il est ivrogne, et que le vin coûte fort cher en Scythie.

Il n'en est pas de même dans votre Paris, où l'ami Fréron gagne de l'argent à bon marché, et s'enivre de même. Je fais mon compliment à ma chère patrie du privilége exclusif qu'on a donné à cet homme de vilipender son pays; cela manquait à notre siècle.

Ce que vous me mandez, monsieur, de la générosité des comédiens de Paris ne m'étonne point. Ils sont si riches de leur propre fonds, qu'ils peuvent se passer aisément des vers charmants de Racine. Mais ce n'est pas assez qu'ils tronquent des scènes entières de ce grand homme, il faudrait, pour rendre la chose plus touchante, qu'ils substituassent des vers de leur façon à ceux qu'ils retranchent. Le copiste de la Comédie doit être le premier poëte du royaume; et c'est à lui qu'on doit s'en rapporter.

Il me paraît que les imprimeurs en savent autant que les comédiens de votre bonne ville. Ils ont plaisamment accommodé l'endroit dont vous me parlez; il y avait *ennemis des lois et de la science*, et ils ont mis *ennemis des lois et de la sienne*. Cela vaut le *trompez sonnettes*, au lieu de *sonnez, trompettes*. Que cela ne vous rebute pas, monsieur; vous savez mieux que personne combien les bons citoyens rendent justice au mérite :

Non lasciar la magnanima.... impresa.
Pétrarque, son. VII.

Sans compliments, et avec autant d'amitié que d'estime, votre, etc.

MMMMMCVIII. — A M. COLINI.
Ferney, 7 juillet.

Il est vrai, mon cher ami, que j'ai eu la faiblesse de jouer un rôle de vieillard dans la tragédie des *Scythes*; mais je l'ai tellement joué d'après nature, que je n'ai pu l'achever : j'ai été obligé d'en sauter près de la moitié, et encore ai-je été malade de l'effort. Vous savez que j'ai soixante-quatorze ans, et que ma constitution est faible. Il y a aujourd'hui quatre années révolues que je ne suis sorti de l'ermitage que j'ai bâti. Mon cœur est à Schwetzingen; mais mon corps n'attend qu'un petit tombeau fort modeste que je me suis élevé auprès d'une petite église de ma façon. Hélas! comment oserai-je me présenter devant Leurs Altesses Électorales, ayant presque perdu la vue, et n'entendant que très-difficilement ? Il faut savoir subir sa destinée. Nous avons à Ferney d'excellents acteurs; leurs talents me consolent quelquefois dans ma décrépitude; le climat est dur, mais la situation est charmante; j'achève doucement ma vie entre une nièce et Mlle Corneille, que j'ai mariée, et quelques amis qui viennent partager ma retraite. Mais rien ne me dédommage de Schwetzingen. Je me ferai un plaisir bien vif de vous voir à Manheim, dans le sein de votre famille. J'embrasse de loin votre femme et vos enfants. Je m'intéresserai à votre bonheur jusqu'au dernier moment de ma vie.

Mettez-moi, je vous prie, aux pieds de Leurs Altesses. Plaignez-moi, et que votre amitié soit ma consolation.

MMMMMCIX. — A M. DE SARTINES.

Ferney, pays de Gex, par Genève, 8 juillet.

Monseigneur, la vérité et moi, nous implorons votre protection contre la calomnie et contre les lettres anonymes. Vous daignerez lire, avec les yeux d'un sage et d'un ministre, cette requête en forme de mémoire [1]. Il s'agit des plus horribles noirceurs imputées à toute la famille royale. Il ne m'appartient que de vous supplier d'imposer silence à La Beaumelle [2], qui est actuellement à Mazères, au pays de Foix, et

---

1. Lisez seulement depuis la page 10, afin de ne pas perdre un temps précieux.
2. Voici la lettre que de son côté La Beaumelle écrivit :

« A Mazères, pays de Foix, ce 13 juillet.

« Monseigneur, on vient de me faire passer un avis dont il m'importe de vous instruire promptement. C'est M. de Voltaire qui, après avoir imprimé vingt libelles où je suis peint comme un voleur, comme un scélérat, comme un scélérat, quoique depuis quinze ans je me taise sur son compte, m'apprend qu'il a envoyé au ministère je ne sais quelle quatre-vingt-quinzième lettre anonyme qu'il m'attribue, et me menace de *mettre au pied du trône certains écrits* qu'il prétend avoir de moi, et qui tous contiennent des crimes, *dont la plupart*, ajoute-t-il, *sont des crimes de lèse-majesté*. Il réveille sa vieille calomnie sur M. le duc d'Orléans régent. Il m'accuse d'avoir outragé Monsieur le duc, sur lequel je n'ai jamais écrit un mot; M. de Vrillière, dont j'écris actuellement le nom pour la première fois de ma vie; Louis XIV, que je révère avec tout l'univers ; et ce qu'il y a de plus affreux, Sa Majesté même : calomnie si atroce, que je me reprocherais de m'en justifier.

« Comme je suis très-décidé à ne pas reprendre la plume contre lui, quoiqu'il en ait une peur qui le jette dans des convulsions, j'ai fait tout ce que j'ai pu pour avoir, signées de sa main, toutes les imputations qu'il prétend vouloir soutenir devant tout l'univers, afin de le poursuivre en justice réglée. Mais je n'ai pu avoir que des signatures imprimées qui ne prouvent rien, et qu'on peut toujours désavouer.

« Je suis très-persuadé, monseigneur, que si cet homme a l'audace de tenter l'exécution du projet qu'il a formé de me perdre, vous ne me jugerez point sur les allégations même les plus spécieuses d'un implacable ennemi, ou d'autres personnes que son adroite méchanceté pourrait employer. Mais comme les déclamations véhémentes, le ton affirmatif, les tours artificieux de l'accusateur, pourraient laisser quelque fâcheuse impression contre l'accusé, j'ai cru devoir vous en prévenir, et opposer une protestation d'innocence au poids de son crédit, dont il me menace de m'accabler. Je ne sais de quels écrits il parle ; je ne sais s'il en a forgé pour me perdre. Il vit près d'un pays où cette fraude lui serait aisée : et de quoi n'est-il pas capable, après avoir eu le front de m'attribuer sa *Pucelle d'Orléans*, après avoir imprimé que j'avais été condamné aux galères pour avoir pris l'habitude de tirer de mes mains adroites les bijoux des poches de mes voisins; après avoir écrit à Mme de La Beaumelle et à son père des lettres dont chaque mot est un opprobre?

« Cependant je garde le silence : et depuis quinze ans que nos démêlés commencèrent et que je le réprimai vigoureusement, je n'ai rien écrit contre lui. Je suis bien déterminé à continuer de traiter ses libelles avec le même mépris; mais qu'il me soit permis de pousser un cri auprès de vous, monseigneur, quand il ose me menacer d'employer la plus sainte des autorités à l'appui de la calomnie.

« Quoi qu'il puisse m'imputer, depuis douze ans, c'est-à-dire depuis que je sortis de la Bastille, qu'il transforme pour moi en Bicêtre, je n'ai pas fait imprimer une syllabe. Je vis dans mes terres, au sein de ma famille, partagé

de vous renouveler le profond respect et la reconnaissance avec lesquels je serai toute ma vie, monseigneur, votre très-humble, très-obéissant et obligé serviteur.
VOLTAIRE.

MMMMMCX. — A M. LE MARQUIS D'ARGENCE DE DIRAC.

Le 10 juillet.

Votre vieux philosophe est bien fâché de n'avoir pu voir apparaître encore dans son ermitage le philosophe militaire de Dirac. Comptez, monsieur, que je sens toute ma perte.

Je ne sais si la nouvelle que vous m'avez apprise d'une émeute de calvinistes, auprès de Sainte-Foi, a eu des suites. On m'a mandé qu'on avait démoli un temple auprès de la Rochelle, et qu'il y aurait eu du monde tué; mais je me défie de tous ces bruits, et je me flatte encore qu'il n'y a pas eu de sang répandu; il ne faut croire le mal que quand on ne peut plus faire autrement. Notre petit pays est plus tranquille, malgré la prétendue guerre de Genève. Nous sommes entourés des troupes les plus honnêtes et les plus paisibles; il n'y a rien eu de tragique que sur le théâtre de Ferney, où nous leur avons donné *les Scythes* et *Sémiramis*; de grands soupers ont été tous nos exploits militaires.

Le ministère a daigné jeter les yeux sur notre pays de Gex. On y fait de très-beaux chemins; on m'a même pris quatre-vingts arpents de terre pour ces nouvelles routes; mais je sais sacrifier mon intérêt particulier au bien public.

On a des copies très-imparfaites de la petite plaisanterie de *la Guerre de Genève* : on a mis Tissot, au lieu d'un médecin nommé Bonnet, qui aimait un peu à boire; le mal est médiocre. Aimez toujours un peu le vieux solitaire. J'apprends, dans ce moment, qu'il y a beaucoup de monde décrété à Bordeaux, que le curé n'est pas mort, et qu'on est fort déchaîné contre les calvinistes.

MMMMMCXI. — A M. BORDES.

10 juillet.

Mon cher confrère en Académie, et mon frère en philosophie, mille grâces vous soient rendues de toutes les peines que vous daignez prendre. Je n'aime pas les *h* aspirées, cela fait mal à la poitrine; je suis pour l'euphonie. On disait autrefois *je hésite*, et à présent on dit *j'hésite* ; on est fou *d'Henri IV*, et non plus *de Henri IV*. On achète du linge *d'Hollande*, et non plus *de Hollande*. Ce qu'on n'adoucira jamais*, la culture de mon jardin et mon Tacite. Il serait bien juste que si Voltaire ne veut pas jouir enfin tranquillement de sa gloire, il laissât au moins les autres jouir de leur obscurité. Je me flatte donc, monseigneur, que si quelque écrit, soit manuscrit, soit imprimé, vous est ou vous a été déjà déféré comme étant de moi, vous daignerez me le faire communiquer, afin que je puisse vous donner tous les éclaircissements convenables. Je suis d'autant plus fondé à vous faire cette prière, qu'il est public qu'en 1751 mon ennemi me nuisit essentiellement en m'attribuant ce qui ne m'appartenait pas.

Je suis avec un très-profond respect, monseigneur, votre très-humble et très-obéissant serviteur.
LA BEAUMELLE.

* Pour l'édition des *Scythes* faite à Lyon. (ÉD.)

mais, c'est la canaille de la littérature. Vous en voyez une belle preuve dans ce maraud de La Beaumelle, qui m'a adressé la plupart de ses lettres anonymes par Lyon, où il faut qu'il ait quelque correspondant. La dernière était datée de Beaujeu, auprès de Lyon. Je crois que ni les ministres, ni M. le chancelier, ni la maison de Noailles, ni même la maison royale, ne seront contents de ce La Beaumelle. En vérité, ceci est plutôt un procès criminel qu'une querelle littéraire. Ce n'est pas le cas de garder le silence. On doit mépriser les critiques, mais il faut confondre les calomniateurs.

On doit encore plus vous aimer.

Voici une petite brochure[1] en réponse à une grosse brochure. S'il y a quelque chose de plaisant, amusez-vous-en; passez ce qui vous ennuiera. Faites-moi votre bibliothécaire, je vous enverrai tout ce que je pourrai faire venir des pays étrangers. Bientôt nous ne pourrons plus avoir de France que des almanachs, ou des fréronades, ou du *Journal chrétien*. Si je suis votre bibliothécaire, soyez, je vous prie, mon Aristarque.

Je recommande la Scythie à vos bontés.

MMMMMCXII. — A M. DAMILAVILLE.
11 juillet.

Il est trop certain, mon cher ami, que les protestants de Guienne sont accusés d'avoir voulu assassiner plusieurs curés[2], et qu'il y a près de deux cents personnes en prison à Bordeaux pour cette fatale aventure, qui a retardé l'arrivée de M. le maréchal de Richelieu à Paris. C'est dans ces circonstances odieuses que l'infâme La Beaumelle m'a fait écrire des lettres anonymes. J'ai été forcé d'envoyer aux ministres le mémoire ci-joint.

C'est du moins une consolation pour moi d'avoir à défendre la mémoire de Louis XIV et l'honneur de la famille royale, en prenant la juste défense de moi-même contre un scélérat audacieux, aussi ignorant qu'insensé. J'ai toujours été persuadé qu'il faut mépriser les critiques, mais que c'est un devoir de réfuter la calomnie. Au reste, j'ai mauvaise opinion de l'affaire des Sirven. Je doute toujours qu'on fasse un passe-droit au parlement de Toulouse, en faveur des protestants, tandis qu'ils se rendent si coupables, ou du moins si suspects. Tout cela est fort triste : les philosophes ont besoin de constance.

Adieu, mon cher ami ; je n'ai pas un moment à moi, je fais la guerre en mourant. Aimez-moi toujours, et fortifiez-moi contre les méchants.

MMMMMCXIII. — DE M. DALEMBERT.
A Paris, ce 14 juillet.

Je n'ai pas besoin de vous dire, ou plutôt de vous répéter, mon cher et illustre maître, avec quel plaisir j'ai lu ou plutôt relu ce que vous avez bien voulu m'envoyer ; vous connaissez mon avidité pour tout ce

---

1. *Défense de mon oncle.* (ÉD.)
2. A Sainte-Foy sur les frontières du Périgord. (ÉD.)

qui vient de vous, et il ne tiendrait qu'à vous de la satisfaire encore mieux que vous ne faites. Je suis presque fâché quand j'apprends, par le public, que vous avez donné, sans m'en rien dire, quelque nouveau camouflet au fanatisme et à la tyrannie, sans préjudice des gourmades à poing fermé que vous leur appliquez si bien d'ailleurs. Il n'appartient qu'à vous de rendre ces deux fléaux du genre humain odieux et ridicules. Les honnêtes gens vous en ont d'autant plus d'obligation qu'on ne peut plus attaquer ces deux monstres que de loin; ils sont trop redoutables sur leurs foyers, et trop en garde contre les coups qu'on pourrait leur porter de trop près.

Les nouveaux soufflets que votre ami s'est essayé à donner aux jésuites et aux jansénistes ont bien de la peine à leur parvenir; ce seront vraisemblablement des coups perdus : il n'y a pas grand mal à cela, pourvu que les vérités qui accompagnent ces soufflets ne soient pas tout à fait inutiles.

Dites-moi, je vous prie, à propos de cela, où en est la nouvelle édition de *la Destruction des jésuites*. Pourriez-vous, si elle est enfin achevée, m'en faire parvenir quelques exemplaires?

J'ai donné à mes petits gants d'Espagne une nouvelle façon qui leur procurera un peu plus d'odeur; je vous enverrai cela au premier jour par frère Damilaville. Que dites-vous, en attendant, de ces pauvres diables-là, qui courent la mer sans pouvoir trouver d'asile? on serait presque tenté d'en avoir pitié, si on n'était pas bien sûr qu'en pareil cas ils n'auraient pitié ni d'un janséniste ni d'un philosophe. J'écrivais ces jours passés à votre ancien disciple que j'étais persuadé que s'il chassait jamais les jésuites de la Silésie, il ne tiendrait pas *renfermées dans son cœur royal* les raisons de leur expulsion. Je lui ai fait, par la même occasion, mes remerciments, au nom de la raison et de l'humanité, de ce qu'on peut espérer des grâces de sa part, quoiqu'on ait cassé le chapeau sur la tête devant une procession de capucins, et qu'on ait chanté devant son perruquier et son laquais des chansons de o......

J'ignore qui est ce faquin de Larcher qui a écrit sous les yeux du syndic Riballier contre *la Philosophie de l'histoire;* mais je recommande très-instamment ce syndic Riballier au neveu de l'abbé Bazin. Je lui donne ce syndic pour le plus grand fourbe et le plus grand maraud qui existe; Marmontel pourra lui en dire des nouvelles. Croiriez-vous bien qu'il n'a pas été permis à ce dernier de se défendre, à visage découvert, contre ce coquin qui l'a attaqué sous le masque, et de lui donner cent coups de bâton pour les coups d'épingle qu'il en a reçus par les mains d'un autre faquin nommé Coger, dit *Coge pecus*[1], régent de rhétorique au collège Mazarin, dont Riballier est principal? Il faut que le neveu de l'abbé Bazin applique à ces deux drôles des soufflets qui les rendent ridicules à leurs écoliers même.

On dit que la censure de la Sorbonne va enfin paraître; ce sera sans doute une pièce rare. En attendant, les *Trente-sept vérités opposées*

---

1. Allusion au vers vingtième de la troisième églogue de Virgile. (ÉD.)

aux trente-sept impiétés les ont couverts de ridicule et d'opprobre. On dit qu'ils désavoueront, dans leur censure, les trente-sept propositions condamnées; mais à qui en imposeront-ils? Il est certain que cette liste a été imprimée chez Simon, et qu'elle était signée du syndic, qui, à la vérité, a essuyé, sur ce sujet, quelques mortifications en Sorbonne, quoiqu'il n'eût rien fait que de concert avec les députés commissaires de la sacrée Faculté.

Voulez-vous bien remettre ce billet à M. de La Harpe? Nous avons pour l'éloge de Charles V un concours nombreux; mais le jugement ne sera pas aussi long que je le croyais d'abord. Comme je sais l'intérêt que vous y prenez, je ne manquerai pas de vous en mander le résultat, dès que le prix sera donné; ce qui ne tardera pas : nous avons une pièce excellente, contre laquelle je doute que les autres puissent tenir. Ne trouvez-vous pas bien ridicule cette approbation que nous exigeons de deux docteurs en théologie[1]? J'ai fait l'impossible pour qu'on abolît ce plat usage : croiriez-vous que j'ai été contredit sur ce point par des gens même qui auraient bien dû me seconder? L'esprit de corps porte malheur aux meilleurs esprits. Si nous proposons, l'année prochaine, l'éloge de Molière, comme cela pourrait être, je suis persuadé que le public nous rira au nez, quand nous annoncerons devant lui qu'il faut que cet éloge soit approuvé par deux prêtres de paroisse.

Je ne sais quand Marmontel reviendra des eaux : on dit que la femme[2] avec qui il y est allé, et qui comptait mourir en chemin, pour éviter les prêtres, se porte beaucoup mieux, et reviendra peut-être se remettre entre leurs saintes mains cet hiver.

Je ne sais ce qu'est devenu J. J. Rousseau, et je ne m'en inquiète guère. On dit qu'il avoue ses torts avec M. Hume, ce qui me paraît bien fort pour lui. On dit même qu'il a changé de nom, ce que j'ai bien de la peine à croire.

Adieu, mon cher et illustre confrère; j'embrasse de tout mon cœur tous les habitants de Ferney, à commencer par vous. Ne m'oubliez pas, je vous prie, quand vous pourrez envoyer quelque chose à Paris. *Vale, et me ama.*

MMMMMCXIV. — A M. LE COMTE D'ARGENTAL.
15 juillet.

Je reçois votre lettre angélique du 10 juillet, mon tendre et respectable ami. Vous aurez bientôt ces malheureux *Scythes;* mais je crois qu'il faut mettre un intervalle entre les sauvages de l'Orient et les sauvages de l'Occident. Je persiste toujours à penser qu'il faut laisser le public dégorger *les Illinois*[3]; je pense encore qu'une ou deux représentations suffiront avant Fontainebleau. Faisons-nous un peu désirer, et ne nous prodiguons pas.

Je suis sans doute plus affligé que le petit Lavaysse; mais comment

1. L'article 6 du règlement de 1671 portait qu'aucun discours ne serait admis au concours sans être revêtu d'une approbation signée de deux docteurs de la faculté de théologie de Paris. (Ed.)
2. Mme Filleul. (Ed.) — 3. *Hirza ou les Illinois*, tragédie de Sauvigny. (Ed.)

voulez-vous que je fasse? J'ai affaire à un d'Éon et à un Vergy, et je ne suis pas ambassadeur de France. Je suis persécuté, depuis longtemps, par mes chers rivaux les gens de lettres; c'est un tissu de calomnies si long et si odieux, qu'il faut bien enfin y mettre ordre. Il y a plus de douze ans que ce La Beaumelle me persécute, et me fait le même honneur qu'à la maison royale. Il y a plus de sûreté à s'attaquer à moi qu'aux princes. Si j'étais prince, je ne m'en soucierais guère; mais je suis un pauvre homme de lettres, sans autre appui que celui de la vérité : il faut bien que je la fasse connaître, ou que je meure calomnié. Il ne s'agit pas ici de la *Défense de mon oncle*, qui est une pure plaisanterie; il s'agit des plus horribles impostures dont jamais on ait été noirci.

Je serai assez hardi pour écrire à M. Daguesseau, puisque vous m'encouragez, mon cher ange; et je tâcherai de ne lui écrire que des choses qui pourront lui plaire et le toucher.

La Harpe (Dieu merci) ne fait point deux tragédies, mais il a abandonné un sujet presque impraticable, pour un autre où il est plus à son aise. En un mot, mon atelier aura l'honneur de vous servir.

Je vous avoue que je voudrais bien qu'on jouât *Olympie* une ou deux fois avant Fontainebleau ; mais qu'on la jouât comme je l'ai faite, car il est assez dur de se voir mutiler. Il est vrai que je ne le vois point, mais je l'entends dire, et je reçois la blessure par les oreilles : vous savez que les oreilles d'un poëte sont délicates. Toute notre petite troupe vous présente ses hommages, ainsi qu'à Mme d'Argental.

Je crois M. de Thibouville à la campagne. S'il vient à Paris, je vous supplie de ne me pas oublier auprès de lui. Recevez toujours mon culte de dulie.

Je viens d'acheter un *Dictionnaire historique portatif*[1], par une société de gens de lettres, en quatre gros volumes in-octavo, sous le titre d'Amsterdam, qu'on dit imprimé à Paris. Je tombe sur l'article *Tencin*; Mme votre tante y est indignement outragée. On y dit que *La Frenaie, conseiller au grand conseil, fut tué chez elle*. Quels historiens! quels Tite Live! Dites-moi, après cela, si je dois souffrir un La Beaumelle. Vous devriez bien demander à Marin où s'est faite cette infâme édition, et qui en sont les auteurs.

MMMMCXV. — A M. LEKAIN.
17 juillet.

Mon cher ami, je reçois votre lettre du 8 de juillet. J'attends tous les jours l'édition des *Scythes*, faite à Lyon, pour vous l'envoyer; c'est la seule à laquelle on doive se tenir. Elle est faite entièrement selon les vues de M. d'Argental ; on a fait tout ce qu'on a pu pour profiter de ses observations judicieuses. Il est vrai que le rôle que vous voulez bien jouer dans cette pièce ne convient pas tout à fait à vos grands talents, et n'a pas ce sublime et cette terreur que vous savez si bien mettre sur la scène. Athamare est un très-jeune homme, amoureux, vif, pétulant

1. Par Barral et Guibaud. (ÉD.)

dans sa tendresse, un jeune petit cheval échappé, et puis c'est tout. Il est fait pour un petit blondin nouvellement entré au service; mais vous savez vous plier à toute sorte de caractères.

Si vous jouez le *Droit du seigneur*, comme je l'espère, je donne le rôle d'Acanthe à Mlle Doligni, celui de Colette à Mlle Luzi, celui du fermier Mathurin à M. Monfoulon; ce sont les dispositions que M. d'Argental a faites lui-même.

A l'égard d'*Olympie*, je suis persuadé que cette pièce, remise au théâtre, vous vaudra quelque argent; mais il est absolument nécessaire de la jouer comme je l'ai faite, et non pas comme Mlle Clairon l'a défigurée. Elle a cru devoir sacrifier la pièce à son rôle, supprimer et changer des vers dont la suppression ou le changement ne forme aucun sens. On a surtout dépouillé le cinquième acte de ce qui en faisait toute la terreur et l'intérêt. Une actrice assez bonne, qui a joué Olympie à Genève, ayant restitué tous les endroits supprimés ou altérés par Mlle Clairon, a eu un succès si prodigieux, que la pièce a été jouée six jours de suite.

Si vous jouez l'*Orphelin de la Chine*, je vous prie très-instamment de la donner aussi telle qu'elle est imprimée dans l'édition des Cramer. Vous devez avoir cette édition; et, si vous ne l'avez pas, elle est chez M. d'Argental.

Voici encore un petit mot pour l'*Écossaise*, que je vous prie de donner à l'assemblée. Nous allons ce soir jouer l'*Orphelin de la Chine*. M. de Chabanon et M. de La Harpe travaillent pour vous de toutes leurs forces. J'aurai du moins le plaisir de voir mes amis soutenir le théâtre auquel mon grand âge, mes maladies, et peut-être encore plus mes ennemis, me forcent de renoncer. Je vous embrasse de tout mon cœur.

MMMMMCXVI. — A M. DEPARCIEUX[1].

A Ferney, le 17 juillet.

Vous avez dû, monsieur, recevoir des éloges et des remercîments de tous les hommes en place : vous n'en recevez aujourd'hui que d'un homme bien inutile, mais bien sensible à votre mérite et à vos grandes vues patriotiques. Si ma vieillesse et mes maladies m'ont fait renoncer à Paris, mon cœur est toujours votre concitoyen. Je ne boirai plus des eaux de la Seine, ni d'Arcueil, ni de l'Yvette, ni même de l'Hippocrène; mais je m'intéresserai toujours au grand monument que vous voulez élever. Il est digne des anciens Romains, et malheureusement nous ne sommes pas Romains. Je ne suis point étonné que votre projet soit encouragé par M. de Sartines. Il pense comme Agrippa; mais l'hôtel de ville de Paris n'est pas le Capitole. On ne plaint point son argent pour avoir un Opéra-Comique, et on le plaindra pour avoir des aqueducs dignes d'Auguste. Je désire passionnément de me tromper. Je voudrais voir la fontaine d'Yvette former un large bassin autour de la statue de Louis XV : je voudrais que toutes les maisons de Paris

1. Ingénieur qui avait proposé d'amener les eaux de l'Yvette auprès de l'Estrapade à Paris. (ÉD.)

eussent de l'eau, comme celles de Londres. Nous venons les derniers en tout. Les Anglais nous ont précédés et instruits en mathématiques, les Italiens en architecture, en peinture, en sculpture, en poésie, en musique; et j'en suis fâché.

J'ai l'honneur d'être, avec l'estime infinie que vous méritez, et avec la reconnaissance d'un concitoyen, monsieur, votre, etc.

MMMMMCXVII. — A M. LE PRINCE DE CONDÉ[1].

Au château de Ferney, par Genève, 20 juillet.

Monseigneur, je suis trop respectueusement attaché à votre auguste nom, et à la personne de Votre Altesse Sérénissime, pour ne pas lui donner avis que La Beaumelle, retiré à présent au pays de Foix, dans la petite ville de Mazères, fait réimprimer à Avignon le livre abominable dans lequel ce calomniateur ose accuser Mgr le duc, votre père, d'avoir fait assassiner le sieur Vergier, ancien commissaire de marine. Cette horreur, jointe à tant d'autres, doit certainement être réprimée. L'audace criminelle de ce misérable donne du cours à ses livres, surtout dans les pays étrangers. Je suis persuadé que si Votre Altesse Sérénissime daigne dire ou faire dire un mot à M. de Saint-Florentin, on préviendra aisément cette nouvelle édition. Vous verrez, monseigneur, dans le *Mémoire* ci-joint, la page où ce coquin ose ainsi vous outrager. Vous y verrez ses autres crimes. Jamais l'abus de l'imprimerie n'a rien produit de si coupable. Les sentiments que la France a pour votre personne autorisent la liberté que je prends.

Je suis avec un profond respect, etc.

MMMMMCXVIII. — DE M. DALEMBERT.

A Paris, ce 21 juillet.

Il est juste, mon cher confrère, de vous laisser une seconde fois la satisfaction d'annoncer vous-même à M. de La Harpe qu'il a remporté le prix d'éloquence d'une voix unanime; ce jugement a été porté dans notre assemblée d'hier. Il avait vingt-neuf concurrents, parmi lesquels on dit qu'il y en avait de redoutables; mais aucun n'a tenu devant lui, et son discours est infiniment supérieur à tous les autres. Je le regarde comme un des meilleurs que l'Académie ait encore couronnés, et je ne doute point que le public n'en porte le même jugement.

Faites-lui, je vous prie, mon compliment sur ce nouveau succès, qui, vraisemblablement, ne sera pas le dernier, à en juger par le vol qu'il prend dans la littérature, et que je vois avec le plaisir que me donne l'intérêt que je prends à lui. Je me flatte qu'il en est bien persuadé. Il faut qu'il écrive à notre secrétaire, qui lui fera tenir, à son choix, ou la médaille ou l'argent de la médaille. Il serait bien juste que notre libraire lui donnât encore, pour ce beau et bon discours, un honoraire convenable; mais une loi, que je trouve très-injuste, rend notre libraire propriétaire des discours qui ont remporté le prix;

---

1. C'est celui qui est mort le 13 mai 1818. (Éd.)

Il ne tiendra pas à moi qu'elle ne soit réformée par la suite, ainsi que la loi absurde de l'approbation des docteurs. A propos de docteurs, j'ai remarqué, dans le discours de M. de La Harpe, quelques lignes rayées qui me paraissent être de leur besogne ; il me semble qu'en cela ils ont passé leurs pouvoirs, les endroits rayés ne regardant ni la religion ni les mœurs ; j'en conférerai avec quelques-uns de nos amis, et je verrai si ces endroits-là ne peuvent pas se rétablir à l'impresion. Au reste, le fourrage qu'ils ont fait est peu de chose, et le discours n'y perdra rien ou presque rien. Il n'y a pas en tout la valeur de six lignes effacées.

Je vous prie de dire au neveu de l'abbé Bazin que j'ai lu, avec un grand plaisir, la *Défense de* feu *son oncle*; mais qu'il aurait bien dû me l'envoyer, ainsi que tout ce qu'il fait d'ailleurs. On parle d'un roman intitulé l'*Ingénu*, que j'ai grande envie de lire. L'abbé Bazin, dont j'étais l'ami intime, m'a recommandé, en mourant, à ce neveu, qui doit respecter les volontés de son oncle, et avoir quelque égard pour ses plus zélés admirateurs. Je prie aussi ce neveu de me dire où en est la deuxième édition de *la Destruction*[1], et si je pourrai en avoir un exemplaire. Adieu, mon cher maître ; je vous embrasse de tout mon cœur.

MMMMMCXIX. — A M. LE COMTE D'ARGENTAL.
22 juillet.

Ah ! mon respectable ami, mon cher ange, qu'il y a une différence immense entre les sentiments des sociétés de Paris et le reste de l'Europe ! il y a bien des espèces d'hommes différentes ; et quiconque a le malheur d'être un homme public est obligé de répondre à tous.

Vous me mandez, dans votre lettre du 15 de juillet, que La Beaumelle est oublié, tandis qu'il y a sept éditions de ses calomnies dans les pays étrangers, et que tous les sots, dont le monde est plein, prennent ses impostures pour des vérités. Il est triste en effet que La Beaumelle soit le beau-frère de Lavaysse : sa sœur a fait cet indigne mariage malgré son père. Mais dois-je me laisser déshonorer par un scélérat dans toute l'Europe, parce que ce malheureux est le beau-frère d'un homme à qui j'ai rendu service ? n'est-ce pas au contraire à Lavaysse de forcer ce malheureux à rentrer dans son devoir, s'il est possible ? La Beaumelle a fait commencer secrètement une nouvelle édition de ses infamies dans Avignon. Le commandant du pays de Foix est chargé, par M. le comte de Saint-Florentin, de le menacer des plus grands châtiments, mais cela ne le contiendra point ; c'est un homme de la trempe des d'Éon et des Vergy : il niera tout, et il en sera quitte pour désavouer l'édition. Je n'ai de ressource que dans une justification nécessaire. Je n'envoie mon *Mémoire* qu'aux personnes principales de l'Europe, dont les noms sont intéressés dans les calomnies que La Beaumelle a prodiguées : je remplis un devoir indispensable.

A l'égard des *Scythes*, je suis indigné de la lenteur du libraire de Lyon. Il me mande qu'enfin cette édition sera prête cette semaine ; mais il m'a tant trompé que je ne peux plus me fier à lui. Un libraire

---

1. L'ouvrage de Dalembert *Sur la destruction des jésuites*. (ÉD.)

d'une autre ville veut encore en faire une nouvelle édition. On n'imprime pas, mais on joue *les Illinois*. Nous avons joué ici *l'Orphelin de la Chine*; mais, Dieu merci, nous ne l'avons pas donné tel qu'on me fait l'affront de le représenter à Paris. Je ne sais si de Belloy a raison de se plaindre; mais, pour moi, je me plains très-fort d'être défiguré sur le théâtre, et par Duchesne. Je me flatte que vos bontés pour moi ne se démentiront pas. Vous m'avouerez qu'il est désagréable que les comédiens, qui m'ont quelques obligations, prennent la licence de jouer mes pièces autrement que je ne les ai faites. Quel est le peintre qui souffrirait qu'on mutilât ses tableaux?

Ayez soin de votre santé, mon cher ange; portez-vous mieux que moi, et je serai consolé d'avoir une santé détestable.

MMMMMCXX. — A M. DAMILAVILLE.

22 juillet.

Je ne puis que vous répéter, mon cher ami, que je suis très-fâché que Lavaysse soit le beau-frère de La Beaumelle, mais que ce n'est pas une raison pour que je me laisse accabler par les calomnies de ce malheureux. Mon *mémoire* présenté aux ministres a eu déjà une partie de l'effet que je désirais. Le commandant du pays de Foix a envoyé chercher La Beaumelle, et l'a menacé des plus grands châtiments; mais cela ne détruit pas l'effet de la calomnie. Le devoir des ministres est de la punir, le mien est de la confondre. Je ne sais ni pardonner aux pervers, ni abandonner les malheureux. J'enverrai de l'argent à Sirven : il n'a qu'à parler.

M. Marin a dû vous faire tenir un paquet; c'est la seule voie dont je puisse me servir. J'ai écrit à M. Daguesseau.

On m'assure que la Sorbonne lâchera toujours son décret contre *Bélisaire*. Il est difficile de comprendre comment un corps entier s'obstine à se rendre ridicule. *Bélisaire* est traduit dans presque toutes les langues de l'Europe. L'impératrice de Russie m'écrit, de Casan en Asie, qu'on y imprime actuellement la traduction russe.

Je suis assailli, mon cher ami, à droite et à gauche. Je vous embrasse en courant, mais très-tendrement.

MMMMMCXXI. — A M. LE MARÉCHAL DUC DE RICHELIEU.

A Ferney, 22 juillet.

Je me flatte, monseigneur, que c'est par votre ordre que M. de Gudane, commandant au pays de Foix, a fait de justes menaces à La Beaumelle; mais ces menaces ne l'empêchent pas de faire secrètement réimprimer dans Avignon les calomnies affreuses qu'il a vomies contre la maison royale, et contre tout ce que nous avons de plus respectable en France. Après le crime de Damiens, je n'en connais guère de plus grand que celui d'accuser Louis XIV d'avoir été un empoisonneur, et de vomir des impostures non moins exécrables contre tous les princes. J'ignore si vous êtes actuellement à Paris ou à Bordeaux; mais, en quelque endroit que vous soyez, vos bontés me sont bien chères, et j'espère qu'elles feront toujours la plus grande douceur de ma retraite. Je **compte** sur votre protection pour *les Scythes* à Fontainebleau; j'aurai l'honneur de vous envoyer la nouvelle édition qu'on fait à Lyon. Je vous demanderai qu'il ne soit pas permis aux comédiens de mutiler mes pièces. Vous savez qu'il y a des gens qui croient en savoir beaucoup plus que moi, et qui substituent leurs vers aux miens. Je ne fais pas grand cas de mes vers; mais enfin j'aime mieux mes enfants tortus et bossus, que les beaux bâtards que l'on me donne.

Je ne sais pas encore quelles sont vos résolutions sur Galien. Il y a longtemps que je ne l'ai vu; il est presque toujours à Genève. Si j'avais cru que vous le destinassiez à être votre secrétaire, je l'aurais engagé à former sa main; mais comme vous ne m'avez jamais répondu sur cet article, et que je n'ai point d'autorité sur lui, je me suis borné à le traiter comme un homme qui vous appartient, sans prendre sur moi de lui rien prescrire. Je souhaite toujours qu'il se rende digne de vos bontés.

Je n'ai que des nouvelles fort vagues touchant le curé de Sainte-Foi et les protestants qui sont en prison. Cette affaire m'intéresse, parce qu'elle peut beaucoup nuire à celle des Sirven, qui se jugera à Compiègne.

Je vous supplie de conserver vos bontés au plus ancien serviteur que vous ayez, et au plus respectueusement attaché.

MMMMMCXXII. — A M. LE MARQUIS DE FLORIAN.

Le 24 juillet.

Mes chers patrons d'Hornoy, je suis toujours prêt à aller trouver le duc de Wurtemberg, et je ne pars point. Mauvaise santé, travaux nécessaires, affaires qui m'ont traversé, tout s'est opposé jusqu'à présent à mon voyage.

Il est vrai que Mme Denis a donné de belles fêtes, mais je suis trop vieux et trop malade pour en faire les honneurs. Je crois que l'affaire des Sirven sera jugée à Compiègne à la fin du mois, et nous espérons qu'elle le sera favorablement. Ce sera une seconde tête de l'hydre du fanatisme abattue.

Je profite de l'adresse que vous m'avez donnée pour vous envoyer un petit mémoire qui regarde un peu votre pays de Languedoc. Il a déjà eu son effet. M. de Gudane, commandant au pays de Foix, a menacé le sieur La Beaumelle de le mettre pour le reste de sa vie dans un cachot, s'il continuait à vomir ses calomnies.

Je ne sais point encore de nouvelles du procès de M. de Beaumont. Son affaire est bien épineuse, et il est triste qu'il réclame en sa faveur la sévérité des mêmes lois contre lesquelles il a paru s'élever, avec l'applaudissement du public, dans le procès des Calas et des Sirven.

MM. de Chabanon et de La Harpe sont toujours à Ferney; cela vous vaudra deux tragédies nouvelles pour votre hiver. Pour moi, je suis hors de combat, mais j'encourage les combattants.

Aimez-moi toujours un peu, et soyez sûrs de ma tendre amitié.

MMMMMCXXIII. — A M. CH. DU C., GOUVERNEUR,
POUR LE ROI, D'ANDELY.

Au château de Ferney, près Genève, 24 juillet.

L'honneur que vous m'avez fait, monsieur, de me choisir pour m'apprendre qu'il y a à Andely une maison où a logé quelque temps le grand-oncle de Mlle Corneille, que j'ai le bonheur d'avoir chez moi, et qui est très-bien mariée, exigeait de moi une réponse plus prompte. Je vous prie d'excuser un vieillard malade, qui a presque perdu la vue : je n'en suis pas moins sensible à votre intention.

J'ai l'honneur d'être, etc.

VOLTAIRE, *gentilhomme ordinaire de la chambre du roi.*

MMMMMCXXIV. — A M. TABAREAU, DIRECTEUR GÉNÉRAL
DES POSTES, A LYON.

27 juillet.

Il a été avéré, mon cher monsieur, que c'est La Beaumelle qui me fit écrire la lettre anonyme dont je me plaignis il y a trois mois. M. le comte de Saint-Florentin l'a fait avertir qu'on le remettrait dans un cul de basse-fosse s'il continuait ce manége. Il est bien triste pour moi que cette aventure m'ait privé du bonheur de m'approcher de vous.

Voici la troisième chant de la très-ridicule *Guerre de Genève;* je crois qu'on m'a volé le second. Un misérable capucin, très-digne, s'étant échappé de son couvent en Savoie, et s'étant réfugié chez moi, m'a volé, au bout de deux ans, des manuscrits, de l'argent et des bijoux. Son nom est Bastian; il s'appelait chez moi Ricard. Il porte encore un habit rouge que je lui ai donné. Il est à Lyon depuis quelques jours; c'est lui probablement qui a fait courir ce second chant. Il faut l'abandonner à la vengeance de saint François d'Assise.

Savez-vous que le roi d'Espagne a mandé au roi de France que les jésuites avaient fait un complot contre la famille royale? Voilà d'étranges gens, et la religion est une belle chose! On m'a mandé des frontières d'Espagne, il y a longtemps, que les jésuites n'étaient pas les seuls moines coupables. Ils ont été jusqu'à présent les seuls punis; espérons en la justice de Dieu sur toute cette abominable racaille.

Ne pourriez-vous point, monsieur, vous faire informer secrètement s'il n'y a point quelque négociant protestant à Beaujeu, ou même quelque prédicant secret? S'il y en a un à Lyon, comment s'appelle-t-il? comment pourrai-je parvenir à avoir une liste des négociants languedochiens protestants qui sont à Lyon? à qui pourrais-je m'adresser?

Le prétendu *Pierre III*[1] commence à faire du bruit dans le monde, mais il n'en fera pas longtemps; il ressemblera aux ouvrages nouveaux. On rapporte lundi l'affaire des Sirven.

1. Plusieurs imposteurs ont pris le nom de Pierre III : le seul célèbre est Pugatschef, qui fut mis à mort en 1775. (ÉD.)

MMMMCXXV. — A M. L'ABBÉ COGER.

27 juillet.

Vous êtes bien à plaindre, monsieur, de vous acharner à calomnier des citoyens et des académiciens que vous ne pouvez connaître.

Vous m'imputez, dans votre critique de *Bélisaire*, à la gloire duquel vous travaillez, vous m'imputez, dis-je, un poëme sur *la Religion naturelle*. Je n'ai jamais fait de poëme sous ce titre. J'en ai fait un, il y a environ trente ans, sur *la Loi naturelle*, ce qui est très-différent.

Vous m'imputez un *Dictionnaire philosophique*, ouvrage d'une société de gens de lettres, imprimé sous ce titre pour la sixième fois, à Amsterdam, qui est une collection de plus de vingt auteurs, et auquel je n'ai pas la plus légère part.

Page 96, vous osez profaner le nom sacré du roi, en disant que S. Majesté en a marqué la plus vive indignation à M. le président Hénault et à M. Capperonnier. J'ai en main la lettre de M. le président Hénault, qui m'assure que ce bruit odieux est faux. Quant à M. Capperonnier, j'atteste sa véracité sur votre imposture. Vous avez voulu outrager et perdre un vieillard de soixante-quatorze ans, qui ne fait que du bien dans sa retraite; il ne vous reste qu'à vous repentir.

MMMMCXXVI. — A M. MOREAU DE LA ROCHETTE.

Au château de Ferney, 27 juillet.

Je vous remercie, monsieur, de toutes vos bontés; j'ai pris aussi la liberté d'adresser mes remercîments à M. le contrôleur général.

Les platanes dont vous me parlez ne réussissent pas mal dans nos cantons; je planterais volontiers cinquante érables et cinquante platanes; mais je ne veux pas abuser de vos offres obligeantes. Je tâcherai de préparer si bien la terre, que, malgré les fortes gelées auxquelles nous sommes exposés dès le mois de novembre, j'espère donner une bonne éducation aux enfants que vous voulez bien me confier. Je vois avec bien du plaisir combien vous êtes utile à la France, et je suis pénétré de la reconnaissance que je vous dois. C'est avec ces sentiments que j'ai l'honneur d'être, monsieur, votre très-humble et très-obéissant serviteur.

VOLTAIRE.

MMMMCXXVII. — A M. LE COMTE D'ARGENTAL.

29 juillet.

Mon divin ange, vos *Scythes* de Lyon sont prêts; j'y ai fait tout ce que j'ai pu. Je pense que les *Illinois* ayant voulu imiter les *Scythes* dans le cinquième acte, il sera bon de ne les jouer qu'une seule fois avant Fontainebleau, deux fois tout au plus.

Vous avez peut-être vu la nouvelle édition du Coger, régent au collége Mazarin, contre *Bélisaire*. Pourquoi me fourre-t-il là? pourquoi une si étrange calomnie? est-il permis de prostituer ainsi le nom du roi? Et cela s'imprime avec permission! et on me dit : « Méprisez ces sottises; laissez-vous calomnier; laissez-nous en rire. » Quant à La Beaumelle, qui est de la clique de Fréron, les avoyers de Berne, plus essentiellement outragés que moi dans les ouvrages de ce misérable, viennent de s'en plaindre à M. de Choiseul. Si j'étais souverain à Berne, je ne me plaindrais pas.

Mon cher ange, mettez-moi aux pieds de mes deux protecteurs, et soyez le troisième.

MMMMMCXXVIII. — DE FRÉDÉRIC II, ROI DE PRUSSE.

A Potsdam, le 31 juillet.

J'ai cru avec le public que vous aviez changé de domicile. Des lettres de Paris nous assuraient que vous alliez vous établir à Lyon, et j'attribuais votre long silence à votre déménagement; la cause que vous en alléguez est bien plus fâcheuse.

Le poëme sur les Génevois m'était parvenu par Thieriot. Je n'en ai que deux chants; vous me feriez plaisir de m'envoyer l'ouvrage entier. J'admirais, en le lisant, ce feu d'imagination que les frimas de la Suisse et le froid des ans n'ont pu éteindre; et, comme cet ouvrage est écrit avec autant de gaieté que de chaleur, je vous croyais plus vivant que jamais. Enfin vous êtes échappé de ce nouveau danger, et vous allez sans doute nous régaler de quelque poëme sur le Styx, sur Caron, sur Cerbère, et sur tous ces objets que vous avez vus de si près. Vous nous devez la relation de ce voyage : vous vous trouverez à votre aise en la faisant, instruit par l'exemple de tant de voyageurs qui ne se sont pas gênés en nous racontant ce qu'ils n'ont jamais vu dans des pays réels. Votre champ vous fournit la mythologie, la théologie, et la métaphysique. Quelle carrière pour l'imagination! mais revenons à ce monde-ci.

On y vieillit prodigieusement, mon cher Voltaire : tout a bien changé depuis le temps passé que vous vous rappelez. Mon estomac, qui ne digère presque plus, m'a contraint de renoncer aux soupers. Je lis le soir, ou je fais conversation. Mes cheveux sont blanchis, mes dents s'en vont, mes jambes sont abîmées par la goutte. Je végète encore, et je m'aperçois que le temps fixe une différence sensible entre quarante et cinquante-six ans. Ajoutez à cela que depuis la paix j'ai été surchargé d'affaires, de sorte qu'il ne me reste dans la tête qu'un peu de bon sens, avec une passion renaissante pour les sciences et pour les beaux-arts. Ce sont eux qui font ma consolation et ma joie.

Votre esprit est plus jeune que le mien : sans doute que vous avez bu de la fontaine de Jouvence, ou vous avez trouvé quelque secret ignoré des grands hommes qui vous ont devancé.

Vous allez travailler le *Siècle de Louis XIV* : mais n'est-il pas dangereux d'écrire les faits qui tiennent à nos temps? c'est l'arche du Seigneur, il ne faut pas y toucher. Ceci me donne lieu de vous proposer un doute que je vous prie de résoudre. On dit le siècle d'Auguste, le siècle de Louis XIV : jusqu'à quel temps doit s'étendre ce siècle? combien avant la naissance de celui qui lui donne son nom, et combien après sa mort? Votre réponse décidera un petit différend littéraire qui s'est élevé ici à cette occasion.

J'envie à Lentulus le plaisir qu'il a eu de vous voir. Comme vous me parlez de lui, je suppose qu'il aura été à Ferney. Il vous aura vu *facies ad factem*, comme le grand Condé mourant espérait voir Dieu. Pour moi, je ne vois rien que mon jardin. Nous avons célébré des noces, et puis des fiançailles. J'établis ma famille. J'ai plus de neveux et de nièces que vous n'en avez. Nous menons tous une vie paisible et philosophique.

On parle aussi peu des dissidents et de ce qu'ils décideront, que des Génevois et des héros qui les entourent. Toutefois j'ai appris avec plaisir qu'on les laisse tranquilles. S'ils sont sages, ils auront hâte de s'accommoder, et de ne plus rechercher dorénavant l'arbitrage de voisins plus puissants qu'eux.

Vivez donc pour l'honneur des lettres; que votre corps puisse se rajeunir comme votre esprit; et si je ne puis vous entendre, que je puisse vous lire, vous admirer, et faire des vœux pour le patriarche de Ferney!

FÉDÉRIC.

MMMMCXXIX. — A UN MINISTRE D'ÉTAT.

Juillet.

Vous savez, monseigneur, qu'en sortant du grand conseil tenu pour le testament du roi d'Espagne, Louis XIV rencontra trois de ses filles qui jouaient, et leur dit : « Eh bien ! quel parti prendriez-vous à ma place ? » Ces jeunes princesses dirent leur avis au hasard, et le roi leur répliqua : « De quelque avis que je sois, j'aurai des censeurs. »

Vous daignez en user avec un vieillard ignorant comme fit Louis XIV avec ses enfants. Cette plaisanterie vous amuse. M. le curé aime quelquefois que Gros-Jean lui remontre.

Je remontre donc d'abord que tous les hommes ont été, sont et seront menés par les événements. Je respecte fort le cardinal de Richelieu, mais il ne s'engagea avec Gustave-Adolphe que quand Gustave eut débarqué en Poméranie sans le consulter; il profita de la circonstance. Le cardinal Mazarin profita de la mort du duc de Veimar: il obtint l'Alsace pour la France, et le duché de Rhetel pour lui. Louis XIV, quoi qu'on en dise, ne s'attendait point du tout, en faisant la paix de Riswick, que son petit-fils aurait trois ans après la succession de Charles-Quint. Il s'attendait encore moins qu'un jour la première guerre de son petit-fils serait contre son oncle. Rien de ce que vous avez vu n'a été prévu. Vous savez que le hasard fit la paix avec l'Angleterre, signée par ce beau lord Bolyngbroke sur les belles fesses de Mme P.... Vous ferez donc comme tous les grands hommes de votre espèce qui ont mis à profit les circonstances où ils se sont trouvés.

Le grand point est, dit-on, d'avoir un peu d'argent. Henri IV se prépara à se rendre l'arbitre de l'Europe en faisant faire des balances d'or par le duc de Sulli. Les Anglais ne réussissent qu'avec des guinées et un crédit qui les décuple. Le roi de Prusse a fait trembler quelque temps l'Allemagne, parce que son père avait plus de sacs que de bouteilles dans ses caves de Berlin. Nous ne sommes plus au temps des Fabricius; c'est le plus riche qui l'emporte, comme parmi nous c'est le plus riche qui achète une charge de maître des requêtes, et qui ensuite peut gouverner l'État. Cela n'est pas noble, mais cela est vrai.

Je vois que, sur tous les trônes du monde, on vit au jour la journée.

comme le Savetier de *La Fontaine*. Quoi ! point de système? Non : ceux de Pythagore, de Démocrite, de Platon, de Descartes, de Leibnitz, sont tombés. Peut-être faut-il, dans votre noble métier comme en physique, s'en tenir à faire des expériences.

MMMMMCXXX. — A M. DAMILAVILLE.
1er auguste.

Mes associés, monsieur, vous ont envoyé ce que vous demandez, et ce qui vous était dû. Si rien ne vous est parvenu, il ne faut s'en prendre qu'à l'interruption du commerce; car il est plus difficile, comme j'ai déjà eu l'honneur de vous le dire, d'envoyer des ballots de ce pays-ci que d'en recevoir. Les bijouteries sont surtout prohibées.

J'ai vu votre ami à la campagne; il traîne une vie assez languissante. Je lui ai parlé du sieur La Beaumelle, en conformité de votre lettre du 25 de juillet; il m'a dit que ce malheureux étant sur le point de faire réimprimer ses calomnies contre tout ce que nous avons de plus respectable, on s'était trouvé dans la nécessité de présenter l'antidote contre le poison; que cela ne se pouvait faire décemment que par un mémoire historique, lequel n'a été adressé qu'aux personnes intéressées, aux ministres, et aux gens de lettres. S'il avait été possible que le jeune M. Lavaysse eût mis un frein à la démence horrible de son beau-frère, et si le repentir avait pu entrer dans l'âme d'un homme aussi méchant et aussi fou, on aurait pris d'autres mesures.

L'aventure de Sainte-Foi est très-vraie, et on informe criminellement depuis un mois. L'évêque d'Agen a jeté un monitoire; il y a beaucoup de protestants en prison. On ne sait pas un mot de tout cela à Paris. Il y aurait cinq cents hommes de pendus en province, que Paris n'en saurait pas un seul mot; mais le ministère en est très-instruit.

Vous avez dû recevoir de votre ami la copie de la lettre qu'il a écrite au sieur Coger. Il m'a dit qu'il était obligé de faire la guerre toute sa vie, mais que c'était l'état du métier. Il vous est toujours bien attaché. Toute ma famille vous présente ses obéissances. Est-il vrai que mon ancien compatriote Jean-Jacques Rousseau est établi en Auvergne?

J'ai l'honneur d'être, monsieur, avec les sentiments les plus inviolables, votre, etc.
BOURSIER.

MMMMMCXXXI. — A M. DALEMBERT.
3 auguste.

Il faut que je vous dise ingénument, mon cher philosophe, qu'il n'y point d'*Ingénu*, que c'est un être de raison ; je l'ai fait chercher à Genève et en Hollande; ce sera peut-être quelque ouvrage comme *le Compère Matthieu*. L'ami *Coge pecus*[1] fait apparemment courir ces bruits-là, qui ne rendront pas sa cause meilleure. Vous voyez l'acharnement de ces honnêtes gens : leur ressource ordinaire est d'imputer aux gens des *Ingénus* pour les rendre suspects d'hérésie, et malheureusement le public les seconde; car, s'il paraît quelque brochure avec deux ou trois grains de sel, même du gros sel, tout le monde dit :

---
1. L'abbé Coger. (ÉD.)

« C'est lui, je le reconnais; voilà son style; il mourra dans sa peau comme il a vécu. » Quoi qu'il en soit, il n'y a point d'*Ingénu*, je n'ai point fait l'*Ingénu*, je ne l'aurai jamais fait; j'ai l'innocence de la colombe, et je veux avoir la prudence du serpent.

En vérité, je pense que vous et moi nous avons été les seuls qui aient prévu que la destruction des jésuites rendrait les jansénistes trop puissants. Je dis d'abord, et même en petits vers, qu'on nous avait délivrés des renards pour nous abandonner aux loups. Vous savez que la chasse aux loups est beaucoup plus difficile que la chasse aux renards; il y faut du gros plomb : pour moi, qui ne suis qu'un vieux mouton, j'achève mes jours dans ma bergerie, en vous priant d'armer les pasteurs, et de les exciter à défendre le troupeau.

J'attends avec impatience votre réponse sur *Coge pecus*. Ce ne sont pas ces cuistres-là qui sont les plus dangereux. Les trompettes ne sont pas à craindre, mais les généraux le sont. Les honnêtes gens ne peuvent combattre qu'en se cachant derrière les haies. Il y a des choses qui affligent; cependant il faut vivre gaiement; c'est ce que je vous souhaite au nom du père, etc., en vous embrassant de tout mon cœur.

MMMMMCXXXII. — DE M. DALEMBERT.
A Paris, ce 4 auguste.

Tranquillisez-vous, mon cher maître. Aussitôt votre billet reçu, j'ai volé chez Capperonnier, qui est un galant homme; il m'a dit vous avoir déjà fait une réponse qui a dû calmer vos inquiétudes; il est aussi indigné que vous et moi de l'insolence du maraud qui s'est avisé de le mettre en jeu. Je sais que le président Hénault pense de même, et je ne doute pas que M. Lebeau, tout janséniste et dévot qu'il est, ne vous donne la liberté que *Coge pecus* a prise de le citer. Au fond, cette tracasserie vous tourmente plus qu'elle ne vaut, et je ne puis surtout approuver la peine que vous avez prise d'écrire à ce cuistre de collège une lettre dont il se glorifiera, et qui lui fera croire que vous le craignez. Je suis toujours étonné que vous ne sentiez pas votre force, et que vous ne traitiez pas tous les polissons qui vous attaquent comme vous avez fait Aliboron. A votre place, je me serais contenté d'avoir le désaveu du président Hénault, qui, par parenthèse, doit se plaindre à M. de Sartines, de Capperonnier et de Lebeau, et j'aurais ensuite publiquement donné à Coger un démenti bien formel, supposé encore que la chose en vaille la peine : car répondre à cette canaille, c'est lui donner l'existence qu'elle cherche. Capperonnier ignorait, sans votre lettre, que Coger eût écrit, et qu'il y eût une critique de *Bélisaire* où il est cité.

J'ai reçu et lu avec grand plaisir la *Défense de mon oncle*, et je vous prie d'en faire mes remercîments à son neveu, qui demeure, à ce qu'on dit, dans vos quartiers. Je ne sais qui est *Larcher des gueux* auquel le jeune abbé Bazin répond : les coups de gaule qu'il lui donne me divertissent fort; cependant j'aimerais encore mieux qu'il s'en dispensât, et il me semble voir César qui étrille des portefaix; il ne doit se battre que contre Pompée.

La réponse à *Warburton*, dans la petite feuille, est juste; mais je la voudrais moins amère : il faut pincer bien fort, même jusqu'au sang, mais ne jamais écorcher; ou du moins il faut écorcher avec gaieté, et donner le knout en riant à ceux qui le méritent. J'en dis autant du ministre ou ex-ministre La Beaumelle que de l'évêque Warburton. Le premier est un va-nu-pieds, le second est un pédant; mais ni l'un ni l'autre ne sont dignes de votre colère. Vous êtes si persuadé, mon cher philosophe, qu'il faut rire de tout, et vous savez si bien rire quand vous voulez; que ne riez-vous donc toujours, puisque Dieu vous a fait la grâce de le pouvoir? Pour moi, dans ce moment, je n'en ai guère envie : on ne nous paye point nos pensions; et, à la longue, cela ne peut produire tout au plus que le rire sardonique, qui est la grimace de ceux qui meurent de faim.

J'ai envoyé à Marmontel votre petit billet, qui sûrement lui fera plaisir. La censure de la Sorbonne se fait toujours attendre; ce sera sans doute un bel ouvrage. A propos, je trouve que le neveu de l'abbé Bazin ne l'a pas suffisamment vengé; il dit presque autant de mal du capitaine Bélisaire que des censeurs du roman. Je lui recommande, encore une fois, les Coger, Riballier, et compagnie; et je le prie de leur donner si bien les étrivières, qu'il n'y ait plus à y revenir; cette canaille a grand besoin qu'on lui rogne les ongles. Je voudrais que vous vissiez les deux ou trois phrases qu'ils ont retranchées dans le discours de M. de La Harpe. Par exemple, en parlant de l'autorité du clergé, qu'il faut, dit l'auteur, *renfermer dans de justes bornes*, ils ont mis *dans ses justes bornes*. Au lieu du mot *juger le clergé*, ils ont mis *réprimer ses excès;* ils ont retranché *principes cruels*, et la phrase suivante : *Porterez-vous encore longtemps le fardeau des vieilles erreurs?* Je voulais rétablir ces phrases à l'impression; mais la plupart de nos confrères ont cru plus prudent de n'en rien faire, pour ne pas compromettre l'Académie. Avec cette prudence-là, on recevrait, sans mot dire, cent coups de bâton. Adieu, mon cher maître; portez-vous bien, et surtout riez.

MMMMMCXXXIII. — A M. DAMILAVILLE.

5 auguste.

Mon cher ami, La Combe me mande qu'il imprime le *mémoire* que je n'avais présenté qu'au vice-chancelier, aux ministres et à mes amis. Je compte même en mettre un beaucoup plus grand et plus instructif à la tête de la nouvelle édition du *Siècle de Louis XIV*. Cette nouvelle édition, consacrée principalement aux belles-lettres et aux beaux-arts, est augmentée d'un grand tiers. Je n'ai rien oublié de ce qui peut servir à l'honneur de ma patrie et à celui de la vérité. J'espère que cet ouvrage, aussi philosophique qu'historique, aura l'approbation des honnêtes gens. Mais si M. Lavaysse veut que ce monument, que je tâche d'élever à la gloire de la France, ne soit point imprimé avec la réfutation des calomnies de La Beaumelle, il ne tient qu'à lui d'engager le libraire à en suspendre la publication, jusqu'à ce que celui qui a outragé si longtemps et si indignement la vérité et moi reconnaisse sa faute, et s'en repente. Je ne peux qu'à ce prix abandonner ma cause; il serait trop lâche de se taire quand l'imposture est si publique.

Je suis très-affligé que le coupable soit le beau-frère de M. Lavaysse; mais je le fais juge lui-même entre son beau-frère et moi. Je vous prie de lui envoyer cette lettre, et de lui témoigner toute ma douleur.

Je vous embrasse bien tendrement.

MMMMCXXXIV. — A M. MARMONTEL.
7 auguste.

Mon cher confrère, vous savez sans doute que ce malheureux Coger a fait une seconde édition de son libelle contre vous[1], et qu'il y a mis une nouvelle dose de poison. Ne croyez pas que ce soit la rage du fanatisme qui arme ces coquins-là; ce n'est que la rage de nuire, et la folle espérance de se faire une réputation en attaquant ceux qui en ont. La démence de ce malheureux a été portée au point qu'il a osé compromettre le nom du roi dans une de ses notes, page 96. Il dit, dans cette note : « Que vous répandez le déisme, que vous habillez Bélisaire des haillons des déistes; que les jeunes empoisonneurs et blasphémateurs de Picardie, condamnés au feu l'année dernière, ont avoué que c'était de pareilles lectures qui les avaient portés aux horreurs dont ils étaient coupables; que le jour que MM. le président Hénault, Capperonnier et Lebeau eurent l'honneur de présenter au roi les deux derniers volumes de l'Académie des belles-lettres, Sa Majesté témoigna la plus grande indignation contre M. de V., etc. »

Vous savez, mon cher confrère, que j'ai les lettres de M. le président Hénault et de M. Capperonnier, qui donnent un démenti formel à ce maraud. Il a osé prostituer le nom du roi, pour calomnier les membres d'une Académie qui est sous la protection immédiate de Sa Majesté.

De quelque crédit que le fanatisme se vante aujourd'hui, je doute qu'il puisse se soutenir contre la vérité qui l'écrase, et contre l'opprobre dont il se couvre lui-même.

Vous savez que Coger, secrétaire de Riballier, vous prodigue, dans sa nouvelle édition, le titre de séditieux; mais vous devez savoir aussi que votre séditieux *Bélisaire* vient d'être traduit en russe, sous les yeux de l'impératrice de Russie. C'est elle-même qui m'a fait l'honneur de me le mander. Il est aussi traduit en anglais et en suédois; cela est triste pour maître Riballier.

On s'est trop réjoui de la destruction des jésuites. Je savais bien que les jansénistes prendraient la place vacante. On nous a délivrés des renards, et on nous a livrés aux loups. Si j'étais à Paris, mon avis serait que l'Académie demandât justice au roi. Elle mettrait à ses pieds, d'un côté, les éloges donnés à votre *Bélisaire* par l'Europe entière, et de l'autre les impostures de deux cuistres de collége. Je voudrais qu'un corps soutînt ses membres, quand ses membres lui font honneur.

1. *Examen de Bélisaire*. (ED.)

Je n'ai que le temps de vous dire combien je vous estime et vous aime.

P. S. On écrit de Vienne que Leurs Majestés Impériales ayant lu *Bélisaire*, et l'ayant honoré de leur approbation, ce livre s'imprime actuellement dans cette capitale, quoiqu'on y sache très-bien ce qui se passe à Paris.

MMMMMCXXXV. — A M. LE COMTE D'ARGENTAL.

7 auguste.

Mon cher ange, je vous crois actuellement à Paris, et j'ai bien des choses à vous dire sur le *tripot*. En premier lieu, les exemplaires de Lyon[1] sont encore en chemin de Lyon à Ferney; et, grâce à l'interruption du commerce, ils y seront encore longtemps. Sur votre premier ordre, j'écrirai au libraire de Lyon de faire partir les exemplaires au moins à l'adresse de M. le duc de Praslin.

Secondement, il faut que vous sachiez que Lekain m'écrit que M. le duc de Duras a perdu une petite distribution de rôles que j'avais envoyée, et qu'il en faut une seconde; mais, dans cette seconde, il me semble qu'on enfle un peu la liste des pièces destinées à Mlle Durancy. On demande pour elle Alzire, Électre, Aurélie, Aménaïde, Idamé, Zulime, Obéide. Je ferai sur-le-champ ce que vous aurez ordonné. Vous savez qu'il y a des contestations entre Mlle Durancy et Mlle Dubois.

Après le *tripot* de la comédie, vient celui de la typographie. Il me paraît que c'était à Lavaysse à mettre un frein aux horreurs dont son beau-frère est coupable, et que s'il n'a pu en venir à bout, c'est une preuve que ce beau-frère est un monstre incorrigible. Vous ne savez pas, mon cher ange, combien le reste de l'Europe est différent de Paris, et avec quelle avidité de telles calomnies sont recherchées; elles sont répétées par mille échos. Vous pouvez, ainsi que M. le duc de Praslin, mépriser les d'Éon et les Vergy. M. le prince de Condé peut dédaigner un misérable qui traite son père d'assassin; mais les gens de lettres ne sont pas dans une situation à négliger de pareilles atteintes. Il est assurément bien nécessaire de réprimer cet excès, parvenu à son comble. La vie d'un homme de lettres est un combat perpétuel.

Les jansénistes, d'un autre côté, sont devenus plus persécuteurs et plus insolents que les jésuites. On nous a défaits des renards, mais on nous laisse en proie aux loups. Ce sont des jansénistes qui ont fait ce malheureux *Dictionnaire historique*, où feu Mme de Tencin est si maltraitée.

Je reviens à la comédie. Vous allez avoir une nouvelle pièce[2], dont Lekain ne me parle pas. Je suis bien aise qu'il y ait quelques nouveautés qui fassent entièrement oublier *les Illinois*. Les nouveautés de MM. de Chabanon et de La Harpe ne seront pas de sitôt prêtes. Tant mieux; plus ils travailleront, plus ils réussiront. M. de Chabanon vous est toujours très-attaché, maman[3] aussi, et moi aussi, qui vous adore. Mme d'Argental me boude, mais mettez-moi à ses pieds.

---

1. L'édition des *Scythes*, faite à Lyon par les soins de Bordes. (ÉD.)
2. La tragédie de *Cosroès*, par Lefèvre. (ÉD.) — 3. Mme Denis. (ÉD.)

ANNÉE 1767.

MMMMMCXXXVI. — A M. LA COMBE.

A Ferney, le 7 auguste.

Il serait sans doute bien flatteur pour moi qu'un homme de lettres tel que vous, monsieur, qui a bien voulu se donner à la typographie, entreprît la nouvelle édition du *Siècle de Louis XIV*, que j'ai consacré principalement à la gloire des belles-lettres et des beaux-arts. J'ai augmenté le catalogue raisonné des gens de lettres d'un grand tiers, et j'ai tâché de détruire plus d'un préjugé et plus d'une fable qui déshonoraient un peu l'histoire littéraire de ce beau siècle. J'en ai usé ainsi dans la liste des souverains contemporains, des princes du sang, des généraux et des ministres. D'anciens recueils que j'avais faits pour mon usage m'ont beaucoup servi. J'ai reçu de toutes parts, depuis dix années, des instructions que je fais entrer dans le corps de l'ouvrage : j'ose enfin le regarder comme un monument élevé à l'honneur de la France.

Il est très-triste pour moi que cette édition ne se fasse pas en France; mais vous savez que je suis plus près de Genève et de Lausanne que de Paris. L'édition est commencée. Ma méthode, dont je n'ai jamais pu me départir, est de faire imprimer sous mes yeux, et de corriger à chaque feuille ce que je trouve de défectueux dans le style. J'en use ainsi en vers et en prose. On voit mieux ses fautes quand elles sont imprimées.

Au reste, cette édition est principalement destinée aux pays étrangers. Vous ne sauriez croire quels progrès a faits notre langue depuis dix ans dans le Nord : on y recherche nos livres avec plus d'avidité qu'en France. Nos gens de lettres instruisent vingt nations, tandis qu'ils sont persécutés à Paris, même par ceux qui osent se dire leurs confrères.

Quant au *mémoire* qui regarde les calomnies absurdes du sieur La Beaumelle, il était encore plus nécessaire pour les étrangers que pour les Français. On sait bien à Paris que Louis XIV n'a point empoisonné le marquis de Louvois; que le Dauphin, père du roi, ne s'est point entendu avec les ennemis de l'État pour faire prendre Lille; que M. le duc, père de M. le prince de Condé d'aujourd'hui, n'a point fait assassiner M. Vergier; mais à Vienne, à Bade, à Berlin, à Stockholm, à Pétersbourg, on peut aisément se laisser séduire par le ton audacieux dont La Beaumelle débite ces abominables impostures. Ces mensonges imprimés sont d'autant plus dangereux, qu'ils se trouvent aussi à la suite des *Lettres de Mme de Maintenon*, qui sont pour la plupart authentiques. Le faux prend la couleur de la vérité à laquelle il est mêlé. La calomnie se perpétue dans l'Europe, si on ne prend soin de la détruire. Il est de mon devoir de venger l'honneur de tant de personnes de tout rang outragées, surtout dans des notes infâmes dont ce malheureux a défiguré mon propre ouvrage. J'étais historiographe de France lorsque je commençai le *Siècle de Louis XIV* : je dois finir ce que j'ai commencé; je dois laver ce monument de la fange dont on l'a souillé; enfin je dois me presser, ayant peu de temps à vivre.

N. B. Vous saurez, monsieur, en qualité d'homme d'esprit et de goût, qu'il y a dans le monde un nommé M. du Laurens, auteur du *Compère Matthieu*, lequel a fait un petit ouvrage intitulé *l'Ingénu*[1], lequel est fort couru des hommes, des femmes, des filles, et même des prêtres. Ce M. du Laurens m'est venu voir : il m'a dit, avant de partir pour la Hollande, que si vous pouviez imprimer ce petit ouvrage, il vous l'enverrait de Lyon à Paris par la poste. M. Marin m'a mandé qu'il avait lu par hasard cet ouvrage, et qu'on donnerait une permission tacite sans aucune difficulté.

MMMMMCXXXVII. — A M. GUYOT.

A Ferney, le 7 auguste.

Il est très-certain, monsieur, que la France manque d'un bon vocabulaire ; l'Espagne et l'Italie en ont ; tous les mots y sont marqués avec leurs étymologies, leurs significations propres et figurées, avec des exemples tirés des meilleurs auteurs, dans les différents styles. Il faut remarquer surtout qu'en espagnol et en italien on écrit comme on parle. Tout cela est à désirer dans nos dictionnaires. Notre écriture est perpétuellement en contradiction avec notre prononciation. Il n'y a point de raison pour laquelle je *croyois*, *j'octroyois*, doivent s'écrire ainsi, quand on prononce je *croyais*, *j'octroyais*. Le second *oi* ne doit pas être plus privilégié que le premier. Du temps de Corneille, on prononçait encore je *connois*, et même on retranchait l'*s*. Vous voyez dans *Héraclius* :

> Qu'il entre ; à quel dessein vient-il parler à moi,
> Lui que je ne vois point, qu'à peine je *connoi*?
>   Acte II, scène IV.

On ne souffrirait point aujourd'hui une pareille rime, puisque l'on prononce *je connais*.

Notre langue est très-irrégulière. Les langages, à mon gré, sont comme les gouvernements ; les plus parfaits sont ceux où il y a le moins d'arbitraire. Il est bien ridicule que d'*augustus* on ait fait *août* ; de *pavonem*, *paon* ; de *Cadomum*, *Caen* ; de *gustus*, *goût*. Les lettres retranchées dans la prononciation prouvent que nous parlions très-durement ; ces mêmes lettres, que l'on écrit encore, sont nos anciens habits de sauvages.

Que de termes éloignés de leur origine ! *Pédant*, qui signifiait instructeur de la jeunesse, est devenu une injure ; de *fatuus*, qui signifiait prophète, on a fait un fat ; *idiot*, qui signifiait solitaire, ne signifie plus qu'un sot.

Nous avons des architraves, et point de *trave* ; des archivoltes, et point de *volte*, en architecture ; des soucoupes, après avoir banni les *coupes* ; on est impotent, et on n'est point *potent* ; il y a des gens implacables, et pas un de *placable*. On ne finirait pas si on voulait expo-

---

1. C'est sous le nom de P. Quesnel, et non sous celui de du Laurens que *l'Ingénu* a été publié. (En.)

ser tous nos besoins; cependant notre langue se parle à Vienne, à Berlin, à Stockholm, à Copenhague, à Moscou : elle est la langue de l'Europe; mais c'est grâce à nos bons livres, et non à la régularité de notre idiome. Nos excellents artistes ont fait prendre notre pierre pour de l'albâtre.

J'attends, monsieur, votre *Vocabulaire* pour fixer mes idées, et je vous remercie par avance de votre politesse et de vos instructions.

MMMMMCXXXVIII. — A M. DAMILAVILLE.
8 auguste.

Je vous ai obligation, mon cher ami, de m'avoir fait connaître jusqu'où un Coger pouvait porter l'insolence. M. Capperonnier vient de m'écrire une lettre dans laquelle il donne un démenti formel à ce maraud. Il est bon de répandre parmi les sages et les gens de bien la turpitude des méchants. Cette turpitude est bien punissable. Il n'est pas permis de prendre le nom de Dieu en vain. Je vous l'avais bien dit qu'il fallait passer sa vie à combattre. Un homme de lettres, pour peu qu'il ait de réputation, est un Hercule qui combat des hydres. Prêtez-moi votre massue, j'ai plus de courage que de force. Si j'avais de la santé, tous ces drôles-là verraient beau jeu.

M. le prince de Galitzin me mande que le livre intitulé *l'Ordre essentiel et naturel des sociétés politiques*[1] est fort au-dessus de Montesquieu. N'est-ce pas le livre que vous m'avez dit ne rien valoir du tout? Le titre m'en déplaît fort. Il y a longtemps qu'on ne m'a envoyé de bons livres de Paris.

J'ai fait chercher l'*Ingénu*, dont vous me parlez; on ne le connaît point. Il est très-triste qu'on m'impute tous les jours non-seulement des ouvrages que je n'ai point faits, mais aussi des écrits qui n'existent point. Je sais que bien des gens parlent de l'*Ingénu*; et tout ce que je puis répondre très-ingénument, c'est que je ne l'ai point vu encore. Je vous embrasse bien tendrement.

J'ai lu le plaidoyer de Loyseau contre Berne, par-devant l'Europe. Le cas est singulier. Ce Loyseau veut se faire de la réputation, à quelque prix que ce soit; mais je crois qu'on s'intéressera fort peu à cette affaire dans Paris.

MMMMCXXXIX. — A M. HENNIN.
9 auguste; aoust est bien welche.

Ma foi, monsieur, je crois que vous faites une bonne acquisition[2]. Vous formerez ce jeune homme, il sera *ad nutus promptus heriles*[3]. Je vais écrire à M. le maréchal de Richelieu. Je suis d'ailleurs à vos ordres comme Galien, et comme toute notre maison, et comme tout le pays; c'est-à-dire que vous avez mon cœur.

1. Par Mercier de La Rivière. (*Éd. de Kehl.*)
2. Hennin prenait pour secrétaire Galien, le protégé de Richelieu. (ÉD.)
3. Horace, liv. II, épître II, vers 6. (ÉD.)

MMMMMCXL. — A M. DALEMBERT.

10 auguste.

Mon cher philosophe saura que le maudit libraire n'a point voulu se charger de la seconde édition de la *Destruction* des prêtres de Baal [1]. Il dit qu'on lui saisit une partie de la première à Lyon, qu'il ne veut pas en risquer une seconde; que personne ne s'intéresse plus à l'humiliation des prêtres de Baal; et il n'a point encore rendu l'exemplaire corrigé qu'on lui avait remis : l'interruption du commerce désespère tout le monde.

Riballier, Larcher et Coger sont trois têtes du collège Mazarin dans un bonnet d'âne. Ce sont les troupes légères de la Sorbonne; il faut crier : *Point de Mazarin!*

Warburton est un fort insolent évêque hérétique, auquel on ne peut répondre que par des injures catholiques. Les Anglais n'entendent pas la plaisanterie fine; la musique douce n'est pas faite pour eux; il leur faut des trompettes et des tambours.

Je fais la guerre à droite, à gauche. Je charge mon fusil de sel avec les uns, et de grosses balles avec les autres. Je me bats surtout en désespéré, quand on pousse l'impudence jusqu'à m'accuser de n'être pas bon chrétien; et, après m'être bien battu, je finis par rire; mais je ne ris point quand on me dit qu'on ne paye point vos pensions; cela me fait trembler pour une petite démarche que j'ai faite auprès de M. le contrôleur général en faveur de M. de La Harpe : je vois bien que, s'il fait une petite fortune, il ne la devra jamais qu'à lui-même. Ses talents le tireront de l'extrême indigence, c'est tout ce qu'il peut attendre.

Atque inopi lingua desertas invocat artes [2].

A propos, je ne trouve point ma lettre à *Coge pecus* si douce; il me semble que je lui dis, d'un ton fort paternel, qu'il est un coquin. *Interim vale, et me ama.*

MMMMMCXLI. — A M. LE MARQUIS DE MIRANDA, CAMÉRIER MAJOR DU ROI D'ESPAGNE,

écrite sous le nom d'un Amtmann de Bâle.

10 auguste.

Vous osez penser dans un pays où l'on a regardé souvent cette liberté comme une espèce de crime. Il a été un temps à la cour d'Espagne, surtout lorsque les jésuites avaient du crédit, qu'il était presque défendu de cultiver sa raison. L'abrutissement de l'esprit était un mérite à la cour. Vos rois semblaient être comme les docteurs de la Comédie italienne, qui choisissaient des arlequins pour leurs confidents et leurs favoris, parce que les arlequins sont des balourds. Vous avez enfin un ministre éclairé, qui, ayant lui-même beaucoup d'esprit, a permis qu'on en eût. Il a surtout senti le vôtre; mais les préjugés sont

1. *La Destruction des jésuites,* par Dalembert. (ÉD.)
2. Pétrone. (ÉD.)

encore plus forts que vous et lui. Cicéron et Virgile auraient beau venir dans votre cour, ils verraient que des moines et des prêtres seraient plus écoutés qu'eux; ils seraient forcés de fuir, ou d'être hypocrites. Vous avez aux barrières de Madrid la douane des pensées; elles y sont saisies aux portes comme les marchandises d'Angleterre.

On met chez vous aux galères un libraire qui prête un livre à un officier de la cour pour le désennuyer pendant sa maladie. Cette persécution faite à l'esprit humain rend votre cour et votre religion odieuses à nous autres républicains. Les Grecs esclaves ont cent fois plus de liberté dans Constantinople que vous n'en avez dans Madrid. Cette crainte, si lâche et si tyrannique; cette crainte, où est toujours votre gouvernement, que les hommes n'ouvrent les yeux à la lumière, fait voir à quel point vous sentez que votre religion serait détestée si elle était connue. Il faut bien que vous en ayez aperçu l'absurdité, puisque vous empêchez qu'on ne l'examine. Vous ressemblez à cette reine des *Mille et une nuits*, qui, étant extrêmement laide, punissait de mort quiconque osait la regarder entre deux yeux.

Voilà, monsieur, l'état où a été votre cour jusqu'au ministère de M. le comte d'Aranda, et jusqu'à ce qu'un homme de votre mérite ait approché de la personne de Sa Majesté. Mais la tyrannie monacale dure encore. Vous ne pouvez ouvrir votre âme qu'à quelques amis, en très-petit nombre. Vous n'osez dire à l'oreille d'un courtisan ce qu'un Anglais dirait en plein parlement.

Vous êtes né avec un génie supérieur, vous faites d'aussi jolis vers que Lope de Vega; vous écrivez mieux en prose que Gratien [1]. Si vous étiez en France, on croirait que vous êtes le fils de l'abbé de Chaulieu et de Mme de Sévigné; si vous étiez né Anglais, vous deviendriez l'oracle de la chambre des pairs. De quoi cela vous servira-t-il à Madrid, si vous consumez votre jeunesse à vous contraindre? Vous êtes un aigle enfermé dans une grande cage, un aigle gardé par des hiboux.

Je vous parle avec la liberté d'un républicain et d'un protestant philosophe. Votre religion, j'ose le dire, a fait plus de mal au genre humain que les Attila et les Tamerlan. Elle a avili la nature; elle a fait d'infâmes hypocrites de ceux qui auraient été des héros; elle a engraissé les moines et les prêtres du sang des peuples. Il faut, à Madrid et à Naples, que la postérité du Cid baise la main et la robe d'un dominicain. Vous êtes encore à savoir qu'il ne faut baiser de main que celle de sa maîtresse.

Je vous suis très-obligé, monsieur le marquis, de la relation d'Érèse que vous voulez bien m'envoyer. Il paraît que vous connaissez bien les hommes, et de là je conclus que vous avez bien des moments de dégoût; mais je suppose que vous avez trouvé dans Madrid une société digne de vous, et que vous pouvez philosopher à votre aise dans votre *cœtus selectus*. Vous ferez insensiblement des disciples de la raison; vous élèverez les âmes en leur communiquant la vôtre; et, quand vous serez dans les grandes places, votre exemple et votre protection don-

[1] Jésuite espagnol. (ÉD.)

neront aux âmes toute l'élévation dont elles manquent. Il ne faut que trois ou quatre hommes de courage pour changer l'esprit d'une nation. Voyez ce que fait l'impératrice de Russie; elle a fait traduire le livre de *Bélisaire*, que des cuistres de Sorbonne voulaient condamner. Elle a traduit elle-même le chapitre contre lequel les théologiens s'étaient élevés avec une fureur imbécile. On est philosophe à sa cour; on y foule aux pieds les préjugés du peuple. C'est une extrême sottise, dans les souverains, de regarder la religion catholique comme le soutien de leurs trônes; elle n'a presque servi qu'à les renverser. L'Angleterre et la Prusse n'ont été puissantes qu'en secouant le joug de Rome.

Puissiez-vous, monsieur, quand vous serez en place, enchaîner cette idole, si vous ne pouvez la briser! C'est ce que j'attends d'un esprit tel que le vôtre. Vous cueillez actuellement les fleurs, vous ferez un jour mûrir les fruits.

Je suis, avec bien du respect et un véritable attachement, monsieur, votre très-humble, très-obéissant serviteur, ERIMBOLT.

MMMMMCXLII. — A M. DE BARRAU.

A Ferney, 11 auguste.

Monsieur, on fait actuellement une nouvelle édition du *Siècle de Louis XIV*. Je fais usage de toutes les observations que vous eûtes la bonté de me communiquer il y a plus d'une année, et je vous réitère mes très-humbles remerciments; souffrez qu'en même temps je vous envoie ce *mémoire*. Il est fait pour venger la vérité que vous aimez, et l'honneur de la maison royale que vous servez. J'ai été forcé à cette démarche par ces deux motifs. Je soumets le mémoire à vos lumières et à vos bontés.

On m'a assuré qu'en 1685 ou 1686, il y eut un étrange traité entre l'empereur Léopold et Louis XIV, qui fut à peu près dans le goût du traité de partage fait si longtemps après. Léopold devait laisser le roi s'emparer de toute la Flandre, à condition qu'à la mort du jeune Charles II, qui était d'une complexion très-faible, Louis XIV laisserait Léopold s'emparer de l'Espagne. Le traité fut très-secret, on n'en fit point de double, et l'original devait être remis au grand-duc de Florence. Louis XIV trouva moyen de l'avoir en sa possession. Les *Mémoires de Torcy* indiquent ce fait d'une manière assez confuse, et vous devez, monsieur, en avoir des preuves certaines. C'est une vérité que le temps permet enfin de révéler.

Si vous aviez d'ailleurs quelques instructions à me donner sur tout ce qui peut faire honneur à la patrie et au ministère, vous pourriez compter sur ma docilité, sur ma discrétion, et sur ma reconnaissance.

J'ai l'honneur d'être avec tous les sentiments que je vous dois, monsieur, votre très-humble et très-obéissant serviteur, VOLTAIRE.

ANNÉE 1767. 379

MMMMMCXLIII. — A M. LE COMTE DE FÉKÉTÉ.

A Genève, en passant, 12 auguste.

J'ai vu la personne qui a été assez heureuse pour être quelque temps auprès de vous. Je n'ai point été surpris de ce que j'ai lu. Vous ne m'étonnez plus, et j'attends de grandes choses de vous en tout genre; je suis surtout édifié de votre piété; c'est un sentiment que vous fortifiez tous les jours dans l'auguste cour[1] où vous êtes. Votre homme m'a dit que vous réfuteriez la lettre d'un Bâlois à M. de Miranda. C'est dans cette vue que je vous l'envoie. Je suis pénétré de vos bontés.

J'ai l'honneur d'être avec les sentiments les plus respectueux,

RATEIVOL[2], *catholique romain*.

MMMMMCXLIV. — A M. DAMILAVILLE.

12 auguste.

Je crois qu'il faut laisser imprimer le *mémoire* qui devait précéder la nouvelle édition du *Siècle de Louis XIV*. C'est une affaire qui n'est pas seulement littéraire, elle est personnelle à plusieurs grandes maisons du royaume qui m'ont témoigné leur indignation contre ce malheureux La Beaumelle. Ses calomnies, peut-être peu connues à Paris, sont répandues dans les pays étrangers. Il m'a traité comme Louis XIV, et je ne suis pas roi. Un pauvre particulier doit se défendre; il doit décrier au moins le témoignage de son ennemi.

Je ne reviens point de mon étonnement, quand mes amis me disent qu'il faut mépriser de telles impostures. Je n'entends pas quel honneur il y a de se laisser diffamer, et je suis bien persuadé qu'aucun de ceux qui me disent : « Gardez le silence, » ne le garderait à ma place.

Voici une grâce que je vous demande. M. Diderot peut vous dire dans quel temps il croit qu'on ait écrit le *Mercure trismégiste* que nous avons en grec. Je ne sais si je me trompe, mais ce livre me paraît de la plus haute antiquité, et je le crois fort antérieur à Timée de Locres. Engagez le Platon moderne à me donner sur cela quatre lignes d'éclaircissement, que vous me ferez parvenir. Il y a loin de *Mercure trismégiste* à La Beaumelle, mais il faut répondre à tout.

Adieu, mon cher ami; je vous embrasse de tout mon cœur.

MMMMMCXLV. — A M. LE COMTE D'ARGENTAL.

13 auguste.

Ah! mon Dieu! on me mande que Mme d'Argental est à l'extrémité. Je venais de vous écrire une lettre de quatre pages, je la déchire : je ne respire point. Mme d'Argental est-elle en vie? Mon adorable ange, ordonnez que vos gens nous écrivent un mot. Nous sommes dans des transes mortelles. Un mot par un de vos gens, je vous en conjure.

1. La cour d'Autriche. (ÉD.) — 2. Anagramme de Voltaire. (ÉD.)

MMMMMCXLVI. — A M. LE PRINCE DE GALITZIN.

A Ferney, 14 auguste.

Monsieur le prince, je vois, par les lettres dont Sa Majesté Impériale et Votre Excellence m'honorent, combien votre nation s'élève, et je crains que la nôtre ne commence à dégénérer à quelques égards. L'impératrice daigne traduire elle-même le chapitre de *Bélisaire* que quelques hommes de collége calomnient à Paris. Nous serions couverts d'opprobre si tous les honnêtes gens, dont le nombre est très-grand en France, ne s'élevaient pas hautement contre ces turpitudes pédantesques. Il y aura toujours de l'ignorance, de la sottise, et de l'envie, dans ma patrie; mais il y aura toujours aussi de la science et du bon goût. J'ose vous dire même qu'en général nos principaux militaires et ce qui compose le conseil, les conseillers d'État et les maîtres des requêtes, sont plus éclairés qu'ils ne l'étaient dans le beau siècle de Louis XIV. Les grands talents sont rares, mais la science et la raison sont communes. Je vois avec plaisir qu'il se forme dans l'Europe une république immense d'esprits cultivés. La lumière se communique de tous les côtés. Il me vient souvent du Nord des choses qui m'étonnent. Il s'est fait, depuis environ quinze ans, une révolution dans les esprits qui fera une grande époque. Les cris des pédants annoncent ce grand changement comme les croassements des corbeaux annoncent le beau temps.

Je ne connais point le livre[1] dont vous me faites l'honneur de me parler. J'ai bien de la peine à croire que l'auteur, en évitant les fautes où peut être tombé M. de Montesquieu, soit au-dessus de lui dans les endroits où ce brillant génie a raison. Je ferai venir son livre; en attendant, je félicite l'auteur d'être auprès d'une souveraine qui favorise tous les talents étrangers, et qui en fait naître dans ses États. Mais c'est vous surtout, monsieur, que je félicite de la représenter si bien à Paris. J'ai l'honneur, etc.

MMMMMCXLVII. — A M. EISEN.

A Ferney, 14 auguste.

Je commence à croire, monsieur, que *la Henriade* ira à la postérité, en voyant les estampes dont vous l'embellissez; l'idée et l'exécution doivent vous faire également honneur. Je suis sûr que l'édition où elles se trouveront sera la plus recherchée. Personne ne s'intéresse plus que moi aux progrès des arts; et plus mon âge et mes maladies m'empêchent de les cultiver, plus je les aime dans ceux qui les font fleurir.

Soyez persuadé des sentiments d'estime et de reconnaissance avec lesquels j'ai l'honneur d'être, etc.

---

1. *L'Ordre naturel et essentiel des sociétés politiques*, par Le Mercier de La Rivière. (Éd.)

MMMMCXLVIII. — A M. DAMILAVILLE.

14 auguste.

Mon cher ami, votre lettre du 8 ne m'a pas laissé une goutte de sang ; je crains que Mme d'Argental ne soit morte ; c'est une perte irréparable pour ses amis. Que deviendra M. d'Argental ? Je suis désespéré et je tremble.

M. le maréchal de Richelieu m'écrit sur l'aventure de Sainte-Foi. La chose est très-sérieuse. J'espère qu'à la fin l'innocence des protestants sera plus reconnue au parlement de Bordeaux qu'à celui de Toulouse.

Il me mande que La Beaumelle n'est point de son département. Ce La Beaumelle n'a été que fortement réprimandé et menacé par le commandant du pays de Foix, au nom du roi. Ce n'est pas le silence de ce coquin que je demande, c'est une rétractation ; sans quoi on lui apprendra à calomnier. Ne tient-il qu'à débiter des impostures atroces, pour se taire ensuite, et laisser le poison circuler ? Lavaysse doit le renoncer pour son beau-frère, s'il ne se repent pas.

Il paraît tous les huit jours, en Hollande, des livres bien singuliers. Je vois avec douleur qu'on a une bibliothèque nombreuse contre la religion chrétienne, qu'on devrait respecter. Vous savez que je ne l'ai jamais attaquée, et que je la crois, comme vous, utile à l'Europe.

Permettez que je vous prie d'envoyer à M. de Laleu un certificat qui assure que votre ami est encore en vie, quoique cela ne soit pas tout à fait vrai ; mais, tant qu'il aura un souffle, il vous aimera.

MMMMCXLIX. — A M. LEKAIN.

A Ferney, 14 auguste.

Je vous envoie, mon cher ami, la distribution des rôles que vous me demandez. Je tâcherai de vous faire parvenir incessamment les *Scythes*. Je crois qu'il ne les faut jouer qu'une ou deux fois tout au plus avant Fontainebleau. La nouvelle édition de Lyon, qui est la huitième, est très-bien reçue ; mais l'interruption du commerce de Lyon avec Genève m'a empêché jusqu'ici de l'avoir ; vous l'aurez probablement à Paris avant moi.

J'apprends dans le moment, par les lettres de Paris, que Mme d'Argental est à l'extrémité ; elle est peut-être morte. Que va devenir M. d'Argental ? Je suis au désespoir. Adieu le théâtre, adieu tout ; adieu, mon cher ami.

V.

MMMMCL. — DE M. D'ALEMBERT.

A Paris, ce 14 auguste.

Les philosophes, mon cher et illustre confrère, doivent être comme les petits enfants : quand ceux-ci ont fait quelque malice, ce n'est jamais eux, c'est le chat qui a tout fait. Je crois très-ingénument que l'*Ingénu* n'existe pas ; je ne le croirai que le plus tard que je pourrai ; mais enfin, si on me le montre, et que je trouve cet *Ingénu* tant soit peu malicieux, je dirai que c'est le neveu ou le chat de l'abbé Bazin qui en est l'auteur.

A propos d'*Ingénu*, avez-vous lu un livre qui a pour titre *Théologie portative*, et dans lequel on dit ingénument aux prêtres de toutes les sectes leurs vérités? c'est une espèce de dictionnaire dont les articles sont courts, mais où il y en a un grand nombre de très-plaisants et de très-salés ; c'est encore quelque chat qui a fait cette malice.

Voilà une lettre que Marmontel m'envoie pour vous la faire parvenir. On dit que la belle censure de la Sorbonne va enfin paraître, et, qui plus est, le mandement du révérendissime père en Dieu Christophe de Beaumont. On ajoute que la censure de la Sorbonne contenait douze à quinze pages contre la tolérance, mais que cette canaille les a supprimées pour laisser toute la gloire de ce beau sujet à l'archevêque de Paris, dont on dit que le mandement roulera principalement sur cet article. Il faudra, pour réponse, faire imprimer les lettres de la czarine à la suite du mandement.

Vous ne voulez donc pas me dire si la seconde édition de l'ouvrage de mathématiques[1] est imprimée, et si je pourrai en avoir au moins un exemplaire? Il n'est plus possible de rien imprimer qu'en pays étranger, lorsqu'on effleure la canaille janséienne : je crois pourtant que, quoique ces loups soient à craindre, la philosophie, avec un peu d'adresse, viendra à bout de leur arracher les dents. Vous avez bien raison, mon cher maître; les honnêtes gens ne peuvent plus combattre qu'en se cachant derrière les haies, mais ils peuvent appliquer de là de bons coups de fusil contre les bêtes féroces qui infestent le pays.

L'essentiel, comme vous le dites, est de vivre gaiement, et de rire quand on a eu l'adresse de les coucher par terre. Adieu, mon cher et illustre philosophe; mille respects à Mme Denis, et mille compliments à MM. de Chabanon et de La Harpe. Les amis de ce dernier ont fait annoncer son prix dans la gazette; ils se sont trop pressés, et ils sont cause que dorénavant l'Académie ne déclarera son jugement que le jour même de l'assemblée. *Vale, et me ama*. Je vous embrasse de tout mon cœur.

N. B. J'oubliais de vous dire que le collège Mazarin, où président les deux cuistres Riballier et *Coge pecus*, le premier comme principal, le second comme régent de rhétorique, est un des plus mauvais collèges de l'université, et reconnu pour tel, cela peut servir en temps et lieu. On peut exhorter ces deux pédants à ne pas tant parler de philosophie, et à mieux instruire la jeunesse qui leur est confiée.

Je me recommande à vous pour me procurer, s'il est possible, tout ce que le neveu et le chat de l'abbé Bazin pourront donner de coups de griffe. Je n'ai plus d'autre plaisir que celui-là.

MMMMMCLI. — A M. LE MARÉCHAL DUC DE RICHELIEU.

A Ferney, 17 auguste.

Celle-ci, monseigneur, est bien autant pour le premier gentilhomme de la chambre que pour le souverain d'Aquitaine. Je mets à vos pieds deux exemplaires des *Scythes*, de l'édition de Lyon ; l'un pour vous, et

---

1. *La Destruction des jésuites.* (ÉD.)

l'autre pour votre troupe de Bordeaux. Cette édition est, sans contredit, la meilleure. *Les Scythes* se recommandent à votre protection pour Fontainebleau. J'avoue que nous avons de meilleurs acteurs que le roi. M. le comte de Coigni, M. le chevalier de Jaucourt, et M. de Melfort, en sont bien étonnés. Il ne tiendrait qu'à vous d'en avoir d'aussi bons, si vous pouviez faire effacer la note d'infamie qu'un sot préjugé attache encore à des talents précieux et rares.

M. Hennin, résident du roi à Genève, a dû avoir l'honneur de vous écrire sur Galien. Il m'en paraît content; il espère le former : cette place est bonne. Les passe-ports et les certificats de vie des Génévois vaudront au moins à Galien mille francs par an. Je donnerai les dix louis d'or en question, sur le premier ordre que je recevrai de vous. Vous me permettez de ne pas vous écrire de ma main quand ma détestable santé me tient sur le grabat : c'est l'état où je suis aujourd'hui, avec la résignation convenable, et avec le plus tendre et le plus respectueux attachement.

MMMMMCLII. — A M. LE COMTE D'ARGENTAL.

A Ferney, 18 auguste.

Bénis soient Dieu et mes anges ! Puisque Mme d'Argental se porte mieux, je suis assez hardi pour envoyer deux exemplaires des *Scythes*. Je n'en envoie que deux, pour ne pas trop grossir le paquet. J'en ai adressé quatre à M. le duc de Praslin, et trois à M. le duc de Choiseul. J'en ferai venir tant qu'on voudra; on n'a qu'à commander.

Dès que Mme d'Argental sera en pleine convalescence, et qu'elle pourra s'amuser de balivernes, adressez-vous à moi, je vous amuserai sur-le-champ : cela est plus nécessaire que des juleps de cresson. Elle a essuyé là une furieuse secousse. Pour moi, je ne sais pas comment je suis en vie, avec ma maigreur, qui se soutient toujours, et mon climat, qui change quatre fois par jour. Il faut avouer que la vie ressemble au festin de Damoclès : le glaive est toujours suspendu.

Portez-vous bien tous deux, mes divins anges. Le petit ermitage va faire un feu de joie.

MMMMMCLIII. — A M. LE MARQUIS DE VILLEVIEILLE.

A Ferney, 18 auguste.

Je doute beaucoup, monsieur, que le sieur La Beaumelle soit allé à Paris faire des siennes, car je sais qu'il avait ordre de rester où il est; et M. de Gudane, commandant du pays de Foix, l'a menacé, de la part du roi, des châtiments les plus sévères. C'est ce que M. le comte de Saint-Florentin m'a fait l'honneur de me mander. Ce La Beaumelle est un étrange homme. Je l'avais tiré, à Berlin, de la misère. Une veuve, plus charitable que moi, l'a mis à son aise en l'épousant. Cette veuve est malheureusement la fille de M. de Lavaysse, célèbre avocat de Toulouse, dont le fils fut mis aux fers avec les Calas, et dont je pris le parti si hautement et avec tant de chaleur. Il est très-triste pour moi que ce gendre d'un homme que j'estime et que j'ai servi soit si criminel et si méprisable. Mais, si d'une main on soutient les innocents opprimés, on doit, de l'autre, écraser les calomniateurs. Point de quartier aux méchants, et point d'indifférence pour la cause des gens de bien : voilà le devoir d'un homme qui pense avec fermeté.

Je vois qu'il y a encore bien de la fermentation dans les esprits en Languedoc. Il me paraît qu'il y en a davantage en Guienne. Vous savez que les protestants y sont accusés d'avoir voulu assassiner un curé, qu'il y a du monde en prison, et que l'affaire n'est pas encore éclaircie. M. le maréchal de Richelieu, à qui j'en ai écrit, me mande que c'est une affaire fort embarrassée et fort embarrassante. La philosophie perce bien difficilement chez les huguenots et chez les papistes.

Nous avons ici plus de légions que César n'en avait quand il chassa Pompée de Rome ; mais, Dieu merci, elles ne font que du bien dans notre petit pays de Gex. Vous avez, dans ce pays inconnu, un homme qui vous sera attaché jusqu'au dernier moment de sa vie avec la plus respectueuse tendresse.

MMMMMCLIV. — A M. MARMONTEL.

A Ferney, 21 auguste.

Je reçois, mon cher ami, votre lettre du 7 d'auguste, car août est trop welche. Vous avez dû recevoir la mienne, dans laquelle je vous disais que notre impératrice, notre héroïne de Scythie, avait traduit le quinzième chapitre. On m'assure, dans le moment, qu'il est traduit en italien, et dédié à un cardinal ; c'est de quoi il faut s'informer ; mais ce qu'il faut surtout souhaiter, c'est que la Sorbonne le condamne : elle sera couverte d'un ridicule et d'un opprobre éternels ; elle sera précisément au niveau de Fréron.

Je vous recommande La Harpe quand je ne serai plus. Il sera un des piliers de notre Église ; il faudra le faire de l'Académie : après avoir eu tant de prix, il est bien juste qu'il en donne.

Au reste, souvenez-vous que s'il y a dans l'Europe des princes et des ministres qui pensent, ce n'est guère qu'en France qu'on peut trouver les agréments de la société. Les Français, persécutés et chargés de chaînes, dansent très-joliment avec leurs fers, quand le geôlier n'est pas là. Nous avons eu des fêtes charmantes à Ferney. Mme de La Harpe a joué comme Mlle Clairon, M. de La Harpe comme Lekain, M. de Chabanon infiniment mieux que Molé : cela console.

Adieu, mon cher confrère ; je n'écris point de ma main, je suis aveugle comme Bélisaire ; je répète mon *Credo*, mais je ne le commente pas si bien que lui.

MMMMMCLV. — A M. DAMILAVILLE.

22 auguste.

Je sais, monsieur, que vous vous amusez quelquefois de littérature. J'ai fait chercher *l'Ingénu* pour vous l'envoyer, et j'espère que vous le recevrez incessamment ; c'est une plaisanterie assez innocente d'un moine défroqué, nommé du Laurens, auteur du *Compère Matthieu*.

J'ai vu à Ferney, depuis peu de jours, votre ami, qui est menacé de perdre entièrement les yeux, et dont la santé est très-altérée. Il m'a montré des lettres des ministres, de MM. les maréchaux de Richelieu et d'Estrées, et de toute la maison de Noailles, au sujet de La Beaumelle. Il m'a dit que ses démarches étaient absolument nécessaires; que les écrits de La Beaumelle étaient très-répandus dans les pays étrangers, et qu'on n'y rechercherait même d'autre édition du *Siècle de Louis XIV* que celle qui a été faite par ce malheureux, et qui est chargée de falsifications et de notes infâmes. Ce La Beaumelle est un énergumène du Languedoc, un esprit indomptable, qu'il a fallu écraser. Le canton de Berne, outragé dans ses libelles, en a demandé justice au ministère.

On dit que M. de Beaumont fait le factum pour les protestants de Guienne, accusés d'avoir assassiné les curés. Je ne vois pas comment il peut faire à Paris un mémoire sur une enquête secrète instruite à Bordeaux.

Pourriez-vous, monsieur, avoir la bonté de me faire parvenir le petit livre de la *Théologie portative?* Vous savez qu'on n'a pas voulu faire une seconde édition de l'ouvrage de mathématiques. Le libraire dit qu'on est surchargé d'éléments de géométrie. Il n'y a plus de livres qu'on imprime plusieurs fois, que les livres condamnés. Il faut aujourd'hui qu'un libraire supplie les magistrats de brûler son livre pour le faire vendre.

Votre ami malade vous fait les plus tendres compliments; il passe la moitié de la journée à souffrir, et l'autre à travailler.

J'ai l'honneur d'être, monsieur, votre, etc. BOURSIER.

MMMMMCLVI. — A M. L'ABBÉ D'OLIVET.

23 auguste.

Si j'étais votre Atticus, mon cher Cicéron, *præclare venderem* votre livre très-instructif[1]; et je vous assure qu'au propre votre libraire le vendra à merveille. Je vous assure que je ne me porte pas si bien que vous; mais vous m'étonnez de me dire qu'il ne faut pas travailler dans la vieillesse; c'est, ce me semble, la plus grande consolation de notre âge : *Decet musarum cultorem scribentem mori*. Je ne hais pas même la guerre à mon âge; cela me ranime, et je ris quelquefois dans ma barbe.

Si je ne peux plus faire de tragédies, on en fait chez moi[2] qui vaudront mieux que les miennes : nous les jouerons bientôt sur le théâtre de Ferney. Je ne faisais pas mal les rôles de vieillard; mais je deviens aveugle, et je ne pourrais plus jouer que le rôle de Tirésias. Puissiez-vous avoir la goutte, mon cher confrère! Bernard de Fontenelle en avait quelques accès, et il a vécu jusqu'à cent ans : c'est un avant-goût de la vie éternelle.

Il faut que je vous envoie quelque jour la *Défense de mon oncle*. Il y a je ne sai quelle bavarderie orientale et hébraïque qui pourra amuser un savant comme vous.

J'admire votre style, et votre petite écriture nette et ferme; pour

---

1. *Traité de la Prosodie française*. (ÉD.) — 2. La Harpe et Chabanon. (ÉD.)

moi, je suis obligé presque toujours de dicter. Vous êtes *meliore luto* que moi.

Non equidem invideo; miror magis....
Virg., *Égl.*, I, v. 11.

Mes respects à l'Académie, je vous en supplie; et quelques sifflets, si vous le voulez, à la Sorbonne.

Et, sur ce, je vous embrasse de tout mon cœur, avec les sentiments les plus inaltérables. Ainsi fait ma nièce.

MMMMMCLVII. — A M. VERNES.

1er septembre.

Voici, monsieur, les paroles de Sanchoniathon : « Ces choses sont écrites dans la *Cosmogonie* de Thaut, dans ses mémoires, et tirées des conjectures et des instructions qu'il nous a laissées. C'est lui qui nomma les vents du septentrion et du midi, etc.... Ces premiers hommes consacrèrent les plantes que la terre avait produites : ils les jugèrent divines, et vénérèrent ce qui soutenait leur vie, celle de leur postérité et de leurs ancêtres, etc. »

Au reste, mon cher monsieur, il se pourrait très-bien que Sanchoniathon eût dit une sottise, ainsi que des gens venus après lui en ont dit d'énormes.

L'affaire des Sirven n'a pu être encore rapportée, parce que M. d'Ormesson[1] a été malade; du moins on donne cette excuse : mais il se pourrait bien que le crédit des ennemis en fût la véritable raison. La malheureuse aventure de Sainte-Foi sur les frontières du Périgord, vingt-quatre pauvres diables de huguénots décrétés, le fatal édit de 1724 renouvelé dans le Languedoc, et enfin le malheur de Sirven, qui n'a point de jolie fille pour intéresser les Parisiens, tout cela pourrait nuire à la cause de cet infortuné.

Je vous envoie, mon cher philosophe huguenot, une petite philippique que j'ai été obligé de faire. L'ami La Beaumelle s'en est mal trouvé. Le commandant de la province l'a un peu menacé, de la part du roi, du cachot qu'il mérite. Je suis très-tolérant, mais je ne le suis pas pour les calomniateurs. Il faut d'une main soutenir l'innocence, et de l'autre écraser le crime.

Je vous embrasse en *Jéhovah*, en *Knef*, en *Zeus*; point du tout en Athanase, très-peu en Jérôme et en Augustin.

MMMMMCLVIII. — A M. LE COMTE D'ARGENTAL.

2 septembre.

Nous nous apprêtons à célébrer la convalescence : il y aura comédie nouvelle, souper de quatre-vingts couverts. C'est bien pis que chez M. de Pompignan; et puis nous aurons bal et fusées.

J'envoyai, par le dernier ordinaire, un *Ingénu*, par M. le duc de Praslin, pour amuser la convalescente; et vous aurez, mes anges, pour

---

1. Parent de La Barre. Il était alors président à mortier, et fut premier président en 1788. (ÉD.)

votre hiver, les tragédies de MM. de Chabanon et de La Harpe; cela n'est pas trop mal pour des habitants du mont Jura; mais en vérité, vous autres Welches, vous êtes des habitants de Montmartre. Je vous assure que les *Guillaume Tell*[1] et les *Illinois*[2] sont aux Danchet et aux Pellegrin ce que les Pellegrin et les Danchet sont à Racine. Je ne crois pas qu'il y ait une ville de province dans laquelle on pût achever la représentation de ces parades qui ont été applaudies à Paris. Cela met en colère les âmes bien nées : cette barbarie avancera ma mort. Le fonds des Welches sera toujours sot et grossier. Le petit nombre des prédestinés qui ont du goût n'influe point sur la multitude : la décadence est arrivée à son dernier période.

Vivez donc, mes anges, pour vous opposer à ce torrent de bêtises de tant d'espèces qui inonde la nation. Je ne connais, depuis vingt ans, aucun livre supportable, excepté ceux que l'on brûle, ou dont on persécute les auteurs. Allez, mes Welches, Dieu vous bénisse! vous êtes la chiasse du genre humain. Vous ne méritez pas d'avoir eu parmi vous de grands hommes qui ont porté votre langue jusqu'à Moscou. C'est bien la peine d'avoir tant d'académies pour devenir barbares! Ma juste indignation, mes anges, est égale à la tendresse respectueuse que j'ai pour vous, et qui fait la consolation de mes vieux jours.

Tout Ferney se réjouit de la convalescence.

MMMMMCLIX. — A M. L'ABBÉ D'OLIVET.

2 septembre.

Votre nom, votre âge, vos qualités, mon cher doyen, mon cher maître, envoyez-moi tout cela sur-le-champ, sans perdre un seul instant; en voici la raison. On réimprime le *Siècle de Louis XIV*, malgré La Beaumelle; il faut qu'on vous traite de votre vivant comme si vous étiez mort, que je vous rende justice, que je satisfasse mon cœur. La lettre O vous attend[3] : mettez-moi vite à portée de vous rendre l'hommage que je vous dois, et, après cela, vous m'enterrerez si vous voulez.

MMMMMCLX. — A M. D'ALEMBERT.

4 septembre.

Mon cher philosophe, voici une occasion d'exercer votre philosophie. Vous connaissez très-bien les théologiens de Genève, pédants, sots, de mauvaise foi, et, Dieu merci, sans crédit, comme tout animal sacerdotal devrait l'être; mais vous ne connaissez pas les libraires. L'ami Cramer avait donné à un nommé Chirol le livre de mathématiques à imprimer avec les planches corrigées. Ce Chirol est le même qui avait fait la première édition, et qui a refusé de faire la seconde. Je lui demande, depuis près de quinze jours, qu'il rende au moins l'exemplaire qu'on lui a confié en dernier lieu. Il dit qu'il ne l'a point reçu. Cramer dit qu'il le lui a donné, et je n'ai pas encore pu juger qui des deux se trompe ou me trompe. Il y a mille lieues de chez moi à Genève

---

1. Tragédie de Le Mierre. (ÉD.) — 2. Tragédie de Sauvigny. (ÉD.)
3. Ce fut dans son édition de 1768 du *Siècle de Louis XIV* que Voltaire donna un article à l'abbé d'Olivet, encore vivant. (ÉD.)

et davantage, puisque toute communication est interrompue. Chirol est un pauvre diable qui n'a pas même encore pu payer le prix de la première édition, mais qui le payera.

Gabriel Cramer donne de grands soupers dans le petit castel de Tournay, que je lui ai abandonné. C'est un homme d'ailleurs fort galant, qui ne me paraît pas faire une extrême attention aux livres qu'on lui confie : voilà l'état des choses. Je suivrai cette affaire, car je suis exact, et il s'agit de mathématiques. On dit qu'on vous a prêché Louis IX et non pas saint Louis, qu'on s'est fort moqué des croisades et du pape : le prédicateur[1] ne sera pas archevêque de Paris, mais il doit être de l'Académie. On parle d'une drôle de *Théologie portative*; je ne l'ai point encore. J'espère que bientôt tous ces marauds de théologiens seront si ridicules, qu'ils ne pourront nuire. Notre impératrice russe les mène grand train. Leur dernier jour approche en Pologne : il est tout arrivé en Prusse et dans l'Allemagne septentrionale. Les maisons d'Autriche et de Bavière sont les seules qui soutiennent encore ces cuistres-là; cependant on commence à s'éclairer à Vienne même. Pardieu, le temps de la raison est venu. O nature ! grâces immortelles vous en soient rendues!

Mon cher philosophe, rendez tous ces pédants-là aussi énormément ridicules que vous le pouvez dans vos conversations avec les honnêtes gens ; car cela est impossible à Paris par la voie de la typographie; mais un bon mot vaut bien un beau livre. Foudroyez-moi ces marauds-là, je vous en prie.

Répandez sur eux le sel dont il a plu à Dieu de favoriser votre conversation. Faites qu'on les montre au doigt quand ils passeront dans la rue; et quand vous les aurez bien écorchés, bien salés, marchez-leur sur le ventre en passant, cela est fort amusant. Il paraît un ouvrage de feu milord Bolingbroke qui est curieux. Julien l'apostat n'y fit œuvre. Bonsoir, vous dis-je ; je vous aime, je vous estime et je vous révère autant que je hais les b...... dont j'ai eu l'honneur de vous parler.

MMMMCLXI. — A M. DAMILAVILLE.

4 septembre.

Je reçois, monsieur, votre lettre du 29 d'auguste. Tous les paquets arrivent de Paris en pays étranger, mais rien n'arrive de nos cantons à Paris.

Je vois très-souvent votre ami, qui vous aime tendrement. Il voudrait bien avoir le *Panégyrique de Louis IX;* mais je crois que l'impératrice russe méritera un plus beau panégyrique. Quelle époque, mon cher monsieur ! elle force les évêques sarmates à être tolérants, et vous ne pouvez en faire autant des vôtres. O Welches! pauvres Welches! quand l'étoile du Nord pourra-t-elle vous illuminer ?

Savez-vous bien qu'on fait actuellement des vers à Pétersbourg mieux qu'en France? savez-vous, mes pauvres Welches, que vous n'avez plus ni goût ni esprit? Que diraient les Despréaux, les Racine, s'ils voyaient

1. Babulnet. (Éd.)

toutes les barbaries de nos jours? Les barbares *Illinois*[1] l'ont emporté sur le barbare Crébillon : le barbare.... le dispute aux *Illinois* par-devant l'auteur de *Childebrand*[2]. Ah! polissons que vous êtes! combien je vous méprise!

Nous avons du moins chez nous deux hommes[3] qui ont du goût, et c'est ce qui se trouvera difficilement à Paris. La nation m'indigne.

Bonsoir, mon cher monsieur; vous avez dans mon voisinage un ami qui vous aime avec la plus vive tendresse, tout vieux qu'il est. On dit que les vieillards n'aiment rien; cela n'est pas vrai. Voici un petit billet qu'on m'a donné pour M. Lembertad.

BOURSIER.

MMMMMCLXII. — A M. AUDIBERT FILS AÎNÉ, A MARSEILLE.

A Ferney, 5 septembre.

Celui qui a disputé le prix[4] à M. de Chamfort est M. de La Harpe. Ils sont tous deux amis; ils s'estiment l'un l'autre; ils méritent d'être couronnés des mains des muses et de celles de l'amitié.

Voilà, mon cher monsieur, le mot de l'énigme. Vous avez été du nombre des juges, et vous ne pouviez manquer de donner les prix à ceux qui en étaient dignes. M. de La Harpe se fait un mérite d'avoir concouru avec un adversaire qu'il chérit. Si vous voulez m'adresser à Genève ce qui peut lui revenir de cette petite aubaine, vous ferez encore une bonne action; car M. de La Harpe n'est pas auprès de Plutus aussi bien qu'auprès d'Apollon. Il est dans le château de Ferney depuis un an. Il joue la comédie, il en fait. Nous sortons de la répétition[5]. Je vous embrasse de tout mon cœur. Mme Denis vous fait les plus sincères compliments.

MMMMMCLXIII. — A M. LE MARÉCHAL DUC DE RICHELIEU.

A Ferney, 9 septembre.

Rendez à César ce qui appartient à César[6].

J'avoue, monseigneur, que l'impertinence[7] est extrême. S'il sait si bien l'histoire, il doit savoir que le secrétaire d'État Villeroy écrivait *monseigneur* aux maréchaux de France.

Incessamment Galien pourra vous écrire avec la même noblesse de style, dès qu'il aura fait une petite fortune. Je ne manquerai pas d'exécuter vos ordres. Vous savez peut-être qu'en qualité de Français je ne puis aller à Genève; cela est défendu ; mais on viendra chez moi, et je parlerai comme je le dois. De plus, je suis dans mon lit, où une fièvre lente retient ma figure usée et languissante.

Je présume que vous donnerez l'ordre d'achever le payement de ce

---

1. *Hirza, ou les Illinois*, tragédie de Sauvigny. (ÉD.)
2. *Childebrand*, tragédie de Morand. (ÉD.)
3. La Harpe et Chabanon, alors à Ferney. (ÉD.)
4. Pour l'*Éloge de La Fontaine*, proposé par l'Académie de Marseille. (ÉD.)
5. De *Chariot*. (ÉD.) — 6. Matthieu, XXII, 21. (ÉD.)
7. Galien, alors secrétaire de M. Hennin, sur l'adresse d'une lettre pour le maréchal de Richelieu, avait mis : *A monsieur le maréchal de Richelieu*. Celui-ci, qui tenait beaucoup au *monseigneur*, en voulut longtemps à Hennin, malgré les explications qui furent données. (ÉD.)

que doit Galien, après quoi vous serez probablement débarrassé de ce petit fardeau. Je joins ici les mémoires. Vos paquets sont francs, et ce n'est point une indiscrétion de ma part.

Quant à l'article des spectacles, j'ose espérer que vous aurez la bonté d'entrer dans mes peines. Je ne connais aucun des acteurs, excepté Mlle Dumesnil et Lekain. La petite Durancy avait joué chez moi aux Délices, à l'âge de quatorze ans; je ne lui ai donné quelques rôles que sur la réputation qu'elle s'est faite depuis. J'ai fait un partage assez égal entre elle et Mlle Dubois. Il me paraît que ce partage entretient une émulation nécessaire. Si Mlle Durancy ne réussit pas, les rôles reviennent nécessairement aux actrices qui sont plus au goût du public, et vos ordres décident de tout. Le pauvre d'Argental a été bien loin de pouvoir se mêler dans ces tracasseries; il a été longtemps malade, et sa femme a été un mois entier à la mort. M. de Thibouville, qui a beaucoup de talent pour la déclamation, n'a fait autre chose qu'assister à quelques répétitions. Il est mon ami depuis trente ans, et celui de ma nièce. Vous ne voulez pas nous priver de cette consolation, surtout dans le triste état où la vieillesse et la maladie me réduisent.

Daignez agréer mon respect et mon attachement avec votre bonté ordinaire.

MMMMMCLXIV. — A M. DAMILAVILLE.

12 septembre.

Mon cher ami, je reçois votre lettre du 5, et je suis pénétré d'une double peine, la vôtre et la mienne. Vous avez à vous plaindre de la nature, et moi aussi. Nous sommes tous deux malades; mais je suis au bout de ma carrière, et vous voilà arrêté au milieu de la vôtre par une indisposition qui pourra vous priver longtemps de la consolation du travail, consolation nécessaire à tout être qui pense, et principalement à vous, qui pensez si sagement et si fortement.

N'êtes-vous pas à peu près dans le cas où s'est trouvé M. Dubois? n'a-t-il pas été guéri? n'y a-t-il pas un homme dans Paris qu'on dit fort habile pour la guérison des tumeurs? mandez-moi, je vous prie, quel parti vous prenez dans cette triste circonstance.

Malgré mes maux, je m'égaye à voir embellir, par des acteurs qui valent mieux que moi, une comédie[1] qui ne mérite pas leurs peines. Nous avons trois auteurs dans notre troupe. Vous m'avouerez que cela est unique dans le monde; et ce qu'il y a de beau encore, c'est que ces trois auteurs ne cabalent point les uns contre les autres. Nous sommes plus unis que la Sorbonne. Tous les étrangers sont très-fâchés que cette faculté de grands hommes ait supprimé sa censure; elle aurait édifié l'Europe, et mis le comble à sa gloire.

J'ai reçu les belles pièces de théâtre[2] qu'on m'a envoyées depuis peu; c'est Racine et Molière tout pur. Il y a quelque temps que l'on m'adressa un livre intitulé *le Siècle de Louis XV*[3]. Les principaux personnages du siècle sont trois joueurs d'orgues et deux apothicaires. Il manquait à

1. *Charlot.* (ÉD.)
2. *Hirza*, de Sauvigny, et *Guillaume Tell*, de Le Mierre. (ÉD.)
3. D'Aquin de Châteaulyon. (ÉD.)

ce siècle l'ouvrage que la Sorbonne annonçait; mais j'ose espérer que nous verrons ce chef-d'œuvre. Je ne peux concevoir comme on a permis en France l'impression du livre de du Laurens, intitulé l'*Ingénu*. Cela me passe.

Je finis, car j'ai la fièvre. Je vous embrasse du meilleur de mon cœur.

MMMMMCLXV. — A M. LE MARÉCHAL DUC DE RICHELIEU.

A Ferney, 12 septembre.

J'ai fait prier, monseigneur, notre résident de passer chez moi. Je vous avais prévenu que je n'allais plus à Genève; et d'ailleurs, quand l'entrée de cette ville serait permise aux Français, l'état où je suis ne me permettrait pas de sortir.

Nous avons eu une longue conférence; et le résultat a été que, la première fois qu'il aurait l'honneur de vous écrire, il ne manquerait pas de vous rendre ce qu'il vous doit; voilà ce qu'il m'a dit en présence de ma nièce. Je reçus, sous votre enveloppe, hier au soir, une lettre pour Galien, et je la lui ai envoyée de grand matin.

Voici une très-grande partie des frais qui restent à payer pour lui. Comme la somme montera à près de huit cents livres, indépendamment de ce que vous avez déjà bien voulu donner, et de quantité de menus frais qui n'entrent pas en ligne de compte, je n'ai rien voulu faire sans vos ordres exprès. Jusqu'à présent il n'a paru aucun mémoire considérable par lui-même. Je payerai tout sur-le-champ, selon l'ordre que je recevrai de vous. Voilà, je pense, toutes vos commissions remplies: il ne me resta qu'à vous souhaiter un agréable voyage, et à recommander la Scythie à votre protection, en cas qu'on ait des spectacles à Fontainebleau. J'avoue que j'aime la Scythie; pardonnez-moi ma faiblesse, et joignez l'indulgence à vos bontés.

Vous voyez que j'écris régulièrement, tout malade que je suis, dès qu'il s'agit de la moindre affaire. Je regretterai Galien, qui me valait des ordres de votre part.

Nous avons ici beaucoup de troupes : notre petit pays en est charmé. J'écris dans l'intervalle de la fièvre.

Agréez mon tendre respect.

MMMMMCLXVI. — AU MÊME.

A Ferney, 13 septembre.

Vous me pardonnerez, monseigneur, si je ne sers d'une main étrangère; ma fièvre ne me permet pas d'écrire. Vous me pardonnerez encore si je vous importune si souvent pour les affaires de Galien; mais il faut que mes comptes soient apurés avant que je meure. Il m'est venu voir aujourd'hui avec deux seigneurs espagnols qu'il m'a amenés. Je lui ai demandé s'il n'avait point encore quelques dettes, et il m'a donné le petit mémoire ci-joint, de sorte que tout se monte à la somme de huit cent quatre-vingt-et-une livres dix-huit sous. Ainsi donc, monseigneur, ce jeune homme vous coûtait par an douze cents livres, indépendamment de sa nourriture et des autres choses nécessaires. Il y a très-peu de personnes qui en fissent davantage pour leur fils. Ses dépenses me paraissent exorbitantes pour un jeune homme que vous avez si bien équipé quand vous me l'envoyâtes. Je n'ai cessé de lui recommander la plus grande retenue; mais je vois qu'il a usé largement de vos bontés. Il faut avouer pourtant qu'il a mis de la discrétion dans sa magnificence; car, à l'abri de votre protection et de votre nom, il aurait pu prendre dix mille francs chez les marchands; on ne lui aurait rien refusé. Vous voilà heureusement débarrassé de ce fardeau, sans qu'il puisse être dégagé de la reconnaissance éternelle qu'il vous doit.

Il ne me reste, monseigneur, que d'attendre vos ordres, et de vous supplier de me continuer vos bontés pour le peu de temps que j'ai encore à en jouir.

MMMMMCLXVII. — A M. LE COMTE D'ARGENTAL.

18 septembre.

Mon cher ange est donc dans l'allégresse et la jubilation; la convalescence se soutient donc parfaitement; l'appétit est donc revenu : Dieu soit loué! Je chante *Te Deum* pour Mme d'Argental, et pour moi un *Libera*, car j'ai encore de grands ressentiments de fièvre. Je tâcherai d'engager La Combe à faire encore mieux que vous ne proposez pour Lekain; mais il a imprimé *l'Ingénu*, sans m'en rien dire, sur les premières feuilles incorrectes qu'il a été assez heureux pour se procurer. Son édition fourmille de fautes absurdes : je ne conçois pas comment on en a pu souffrir la lecture. Je ne lui ai écrit jusqu'à présent que pour lui laver la tête. Vous aurez incessamment *Charlot*, ou *la Comtesse de Givry*, dont je fais plus de cas que de *l'Ingénu*, mais qui n'aura pas le même succès. Je ne le destine pas aux comédiens, à qui je ne donnerai jamais rien, après la manière barbare dont ils m'ont défiguré, et l'insolence qu'ils ont eue de mettre dans mes pièces des vers dont l'abbé Pellegrin et Danchet auraient rougi. D'ailleurs les caprices du parterre sont intolérables, et les Welches sont trop Welches.

Il m'a été de toute impossibilité, mon cher ange, de faire ce que vous exigiez à l'égard des *Scythes*, la tournure que vous vouliez était absolument incompatible avec mon goût et ma manière de penser. On fait toujours très-mal les choses auxquelles on a de la répugnance.

Au reste, les comédiens me doivent la reprise des *Scythes*, qu'ils ont abandonnés, après les plus fortes chambrées, pour jouer des pièces qui sont l'opprobre de la nation. J'espère que vous voudrez bien engager les premiers gentilshommes de la chambre, qui sont vos amis, à me faire rendre justice; et que, de son côté, M. le maréchal de Richelieu, qui a fait jouer *les Scythes* à Bordeaux avec le plus grand succès, ne souffrira pas qu'on me traite avec si peu d'égards. On dit qu'il n'y aura point de spectacles à Fontainebleau; ainsi je compte qu'on jouera *les Scythes* à la Saint-Martin. Il serait bien étrange que les comédiens ne payassent mes bienfaits que d'ingratitude; vous ne le souffrirez pas : vos bontés pour moi sont trop constantes, et ce n'est pas votre coutume d'abandonner vos amis.

Mon village est devenu le quartier général des troupes qui font le blocus de Genève. Je vous écris au son du tambour, et en attendant la fièvre qui va me prendre.

Mme Denis et M. de Chabanon se joignent à moi pour vous dire combien ils s'intéressent à la santé de Mme d'Argental, et moi je ne puis vous dire combien je vous aime.

MMMMCLXVIII. — A M. DAMILAVILLE.
18 septembre.

Je saisis, mon cher ami, l'intervalle de ma fièvre pour vous envoyer de quoi réparer un peu les griefs de Merlin. Il peut imprimer cela sur-le-champ, car je ne veux point absolument de privilége, et ce n'est qu'à condition qu'il n'aura nul privilége que je lui donne ce petit ouvrage [1]. Il nous amuse, il plaît aux officiers qui sont chez nous; il plaira, s'il peut, aux Welches.

Je mets encore une condition à ce présent que je lui fais : c'est que la pièce sera imprimée sur-le-champ, sans avoir été communiquée à personne.

Il y a un gros paquet pour vous qui vous sera remis quand il plaira à Dieu. Tâchez que votre santé soit meilleure que la mienne. Je vous embrasse tendrement.

Je vous prie de faire donner cette lettre à Panckoucke.

MMMMCLXIX. — AU MÊME.
19 septembre.

Je vous ai envoyé, mon cher ami, une petite galanterie pour Merlin; je vous supplie de vouloir bien faire un petit changement au premier acte.

Madame la comtesse dit à son fils :

> Tous les grands sont polis. Pourquoi ? C'est qu'ils ont eu
> Cette éducation qui tient lieu de vertu.
> Si de la politesse un agréable usage
> N'est pas la vertu même, il est sa noble image.

Il faut mettre :

> Leur âme en est empreinte; et si cet avantage
> N'est pas la vertu même, il est sa noble image.

Je crois que Merlin peut tirer, sans rien risquer, sept cent cinquante exemplaires, qu'il vendra bien.

Je ne sais aucune nouvelle. Je suis entouré d'officiers et de soldats, fort affaibli de ma fièvre, et très-inquiet de votre santé.

Je rouvre ma lettre pour vous supplier de mettre encore ce petit changement à la fin du troisième acte :

> Je dois tout pardonner, puisque je suis heureuse.
> CHARLOT, *dans l'enfoncement.*
> Qui peut changer ainsi ma destinée affreuse ?
> Où me conduisez-vous ?

1. *Charlot, ou la Comtesse de Givry.* (B.)

LA COMTESSE.
Dans mes bras, mon cher fils.
CHARLOT.
Moi, votre fils !
LE DUC.
Sans doute.
CHARLOT.
O destins inouïs !
LA COMTESSE, *l'embrassant.*
Oui, reconnais ta mère; oui, c'est toi que j'embrasse, etc

MMMMCLXX. — A M. LE MARQUIS DE VILLETTE.

20 septembre.

Je vous pardonne, mon cher marquis, d'avoir oublié un vieillard malade et inutile, longtemps pénétré, dans sa retraite, de l'affliction la plus profonde ; mais je ne vous pardonne pas de vous livrer au public[1], qui cherche toujours une victime, et qui s'acharne impitoyablement sur elle. On ne vous dit peut-être pas à quel point il enfonce le poignard dans les plaies qu'il a faites lui-même. Je vous prédis que vous serez malheureux si vous ne vous dérobez pas à l'envie et à la malignité ; et je vous répète que vous n'avez d'autre parti à prendre que de vivre avec un petit nombre d'amis dont vous soyez sûr.

Vous vous plaignez de quelques tours qu'on vous a joués ; j'aimerais mieux qu'on vous eût volé deux cent mille francs, que de vous voir déchirer par les harpies de la société, qui remplissent le monde. Il faut absolument que vous sachiez que cela a été poussé à un excès qui m'a fait une peine cruelle. On dit : « Voilà comme sont faits tous les petits philosophes de nos jours : » on clabaude à la cour, à la ville. Vous sentez combien mon amitié pour vous en a souffert. Vous êtes fait pour mener une vie très-heureuse, et vous vous obstinez à gâter tout ce que la nature et la fortune ont fait en votre faveur.

Je vous dirai encore qu'il ne tient qu'à vous de faire tout oublier. Je vous demande en grâce que vous soyez heureux. Je ne veux pas qu'un beau diamant soit mal monté. Pardonnez ma franchise ; c'est mon cœur qui vous parle ; il ne vous déguise ni son affliction, ni ses sentiments pour vous, ni ses craintes : je vous aime trop pour vous écrire autrement.

Je vous invite plus que jamais à vous livrer à l'étude. L'homme studieux se revêt à la longue d'une considération personnelle que ne donnent ni les titres, ni la fortune. Celui qui travaille n'a pas le temps de faire mal parler de soi. Je vous parle ainsi, parce que vous me devez compte de cette heureuse facilité, et de vos belles dispositions pour les lettres. Je vous pardonne si vous écrivez, et surtout si vous m'écrivez.

1. Le marquis de Villette venait de faire imprimer son *Éloge de Charles V.* C'était le sujet du prix d'éloquence proposé l'année précédente par l'Académie française, et que remporta La Harpe. (ÉD.)

Vous voilà quitte de ma morale; mais, si vous étiez ici, je vous avertis qu'elle serait beaucoup plus longue.

Mme Denis pense absolument de même : quiconque s'intéressera à vous vous dira les mêmes choses. Pardonnez, encore une fois, aux sentiments qui m'attachent à vous.

MMMMCLXXI. — A M. DAMILAVILLE.
21 septembre.

Le malade demande comment se porte le malade. Il le supplie de faire coller sur la pièce cette dernière leçon, qui est la meilleure. Il demande à Merlin exactitude et diligence. *Le Huron* du sieur du Laurens est défendu à Paris; mais on espère que *la Comtesse de Givry* aura permission de paraître.

Dernière leçon du commencement de la dernière scène du troisième acte.

MADAME AUBONNE.

J'ai mérité la mort....

LA COMTESSE.

C'est assez, levez-vous.
Je dois tout pardonner, puisque je suis heureuse :
Tu m'as rendu mon sang.

CHARLOT, *dans l'enfoncement.*

O destinée affreuse!
Où me conduisez-vous?

LA COMTESSE, *courant à lui.*

Dans mes bras, mon cher fils.

CHARLOT.

Vous, ma mère !

LE DUC.

Oui, sans doute.

JULIE.

O destins inouïs!

LA COMTESSE, *l'embrassant.*

Oui, reconnais ta mère; oui, c'est toi que j'embrasse, etc.

MMMMCLXXII. — DE M. D'ALEMBERT.
A Paris, ce 22 septembre.

Avouez, mon cher et illustre maître, que les pauvres mathématiciens à double courbure ont bien raison de se louer de vos libraires huguenots; ces gens-là traitent les ouvrages de géométrie comme ils feraient le *Catéchisme* du docteur Vernet, ou le *Journal chrétien;* ils en font des papillotes, et en sont quittes après pour dire qu'ils les ont perdus. Je ne trouve pas mauvais qu'ils se frisent, quoique leur patriarche Calvin l'ait défendu; mais j'aimerais autant que ce fût avec *la Religion vengée* du P. Hayer, récollet, qu'avec mes œuvres. Je vous prie pourtant de les engager à parler encore à leurs perruquiers, et à voir si les débris de mes calculs ne pourraient pas se retrouver dans les ordures. Vous aimez les mathématiques, et je vous recommande instamment mes intérêts en cette occasion.

Il est vrai que c'est l'oraison funèbre de Louis IX, et non pas le panégyrique de saint Louis, qui a été prêchée à l'Académie; mais l'ouvrage n'en était que meilleur. Les d'Olivet et compagnie avaient déjà murmuré dès le matin; mais le murmure a augmenté le soir à Saint-Roch, où l'orateur a prêché le même panégyrique. Il n'y a point d'horreurs et de faussetés que la canaille des prêtres habitués n'ait dites à cette occasion : il est pourtant vrai que deux curés de Paris, qui avaient assisté au sermon du matin, ont dit qu'ils étaient prêts à signer tout ce que le prédicateur avait avancé contre les croisades et contre le pape.

Il nous pleut ici de Hollande des ouvrages sans nombre contre l'infâme : c'est la *Théologie portative*, l'*Esprit du clergé*, les *Prêtres démasqués*, le *Militaire philosophe*, le *Tableau de l'esprit humain*, etc., etc., etc. Il semble qu'on ait résolu de faire le siége de l'infâme dans les formes, tant on jette de boulets rouges dans la place. Il est vrai qu'elle ne sera pas sitôt prise, car c'est le feld-maréchal Riballier qui y commande, et qui a sous lui le capitaine d'artilleurs Jean-Gilles Larcher, et le colonel de hussards *Coge pecus*. Avec ces grands généraux-là, une ville assiégée doit tenir longtemps.

Priez Dieu qu'il tire la Sorbonne et l'archevêque d'embarras au sujet de *Bélisaire* ; ils ne savent plus comment s'y prendre pour faire paraître leur censure. Ils y avaient mis un grand article contre la tolérance ; la cour, qui est sur cela dans des principes un peu différents de ces messieurs, et même, dit-on, le parlement, tout intolérant qu'il est, leur ont fait dire qu'il voulaient voir cet endroit de la censure avant qu'elle parût : on dit qu'ils sont actuellement occupés à bourrer leur censure de cartons. Figurez-vous le ridicule dont ils vont se couvrir. On dira que ces pédants-là ne sont pas même décidés sur le genre de sottises qu'ils ont à dire. D'autres prétendent que l'article de la tolérance sera supprimé : c'est ce qu'ils pourraient faire de mieux ; mais ils ne veulent pas qu'on dise qu'ils ont cédé ce quartier de la place. D'autres disent que la censure ne paraîtra point du tout ; ils feraient encore mieux : il est vrai qu'on se moquera d'eux tant soit peu, mais un peu de honte est bientôt passée. Je sais, de science certaine, que plusieurs docteurs sont de cet avis, et pensent que la Sorbonne a déjà eu dans cette affaire sa dose d'opprobre assez complète pour ne pas grossir davantage la pacotille.

Adieu, mon cher et illustre maître; je vous recommande l'ouvrage de mathématiques, abandonné si vilainement aux barbiers de Calvin. Voulez-vous bien remettre cette lettre à M. de La Harpe ? J'écris par le même courrier à Chabanon, qui me paraît bien pénétré de reconnaissance et d'attachement pour vous. Les expressions de son cœur à votre sujet m'ont d'autant plus attendri, que j'y retrouve les sentiments du mien. Vous ne sauriez croire combien il est sensible à l'intérêt que vous prenez à son ouvrage, et combien il sent le prix de vos conseils. Je le recommande à votre amitié pour lui, et à celle que vous avez pour moi. Vous pouvez être bien sûr que vous obligez en lui l'âme la plus honnête et la plus reconnaissante. Il me mande, ainsi que M. de La Harpe (dont je ne vous parle point, parce que je sais combien vous l'aimez, et combien il en est digne), que vous avez été malade, et que pendant ce temps vous avez fait une comédie; vos maladies font honte à la santé des autres. A propos, vraiment j'oublie de vous dire (car j'oublie tout) que je suis enchanté de *l'Ingénu*, quoique ce ne soit pas le neveu de l'abbé Bazin qui l'ait fait, comme il est évident dès la première page : on dit que c'est un petit-fils de l'abbé Gordon, qui me paraît avoir très-bien élevé cet enfant-là. Les ennemis du P. Quesnel[1], qui n'aiment pas qu'on les voie ingénument tels qu'ils sont, ont si bien fait que l'ouvrage vient d'être défendu. Il est vrai qu'il n'y en avait eu que trois mille cinq cents de vendus en quatre ou cinq jours, au moyen de quoi personne n'en aura. Ce petit-fils de l'abbé Gordon est un fin courtisan; il a appris à ses semblables qu'avec un petit mot d'éloge on fait passer bien de la contrebande. La recette est bonne, sans doute, mais un peu difficile à avaler. *Iterum vale*, mon cher maître; je vous embrasse de tout mon cœur.

MMMMMCLXXIII. — A M. DAMILAVILLE.

23 septembre.

Le malade de Ferney est bien en peine du malade de Paris, et il attend avec impatience de ses nouvelles. Il soupçonne qu'on a fait une faute dans la dernière lettre, où il est question de *la Comtesse de Gizy*. On a fait dire à Charlot dans la dernière scène :

O destins inouïs!

et c'est à la belle Julie de le dire. Le malade des champs recommande à la bonté du malade de la ville la Comtesse, Charlot, Julie, et l'Intendant faiseur de contes. Puisse cette pièce vous amuser autant qu'elle nous amuse, et être utile à l'enchanteur Merlin!

Que faut-il faire pour Sirven? J'ai bien peur que cette affaire ne s'en aille en fumée.

MMMMMCLXXIV. — A M. GUYOT.

A Ferney, 25 septembre.

J'ai enfin reçu, monsieur, les deux premiers volumes de votre *Vocabulaire*. Tout ce que j'en ai lu m'a paru exact et utile : rien de trop ni de trop peu; point de fades déclamations. J'attends la suite avec impatience; votre entreprise est un vrai service rendu à toute la littérature.

Vous me feriez plaisir de m'apprendre les noms des auteurs à qui nous aurons tant d'obligations.

J'ai l'honneur d'être bien véritablement, monsieur, votre, etc.

P. S. Il ne serait pas mal de mettre, dans votre *errata*, que nous

---

1. C'était sous le nom du P. Quesnel que Voltaire avait donné *l'Ingénu*. (ED.)

prononçons *auto-da-fé* par corruption, et que les Espagnols disent *auto de fé*. Il y a une grosse faute à la page 423 :

Les dieux *mêmes*, éternels arbitres[1].

Il faut lire les dieux *même*, sans *s*. Cet *s* donne une syllabe de trop au vers.

Il y a une plus grande faute à la page 422 :

Plaçât *tous* bienfaiteurs au rang des immortels[2] ;

c'est un barbarisme. On dit *tous les bienfaiteurs*, et non *tous bienfaiteurs*. On n'entendrait pas un homme qui dirait : *J'ai mis tous saints dans le catalogue*. D'ailleurs il faut tâcher, dans un dictionnaire, de ne citer que de bons vers, et ne point imiter en cela l'impertinent *Dictionnaire de Trévoux*. Les vers cités en cet endroit sont trop mauvais : *bonté fertile*[3] est ridicule.

Priez vos auteurs de ne citer que des faits avérés. Le viol d'une dame par un marabout, à la face et non *en face* de tout un peuple, est un conte à dormir debout, digne de Léon d'Afrique.

MMMMMCLXXV. — A M. LE COMTE D'ARGENTAL.

28 septembre.

Mon cher ange, quoique vous ne m'écriviez point, je suppose toujours que Mme d'Argental a repris sa santé, son embonpoint, sa gaieté et ses grâces, et qu'elle est tout comme je l'ai laissée il y a environ quinze ans. Vous voulez que je vous envoie, pour vous amuser, la petite drôlerie[4] qui nous a fait passer quelques heures agréablement dans nos déserts. La perfection singulière avec laquelle cette médiocrité a été jouée me fait oublier les défauts de la pièce, et me donne la hardiesse de vous l'envoyer. Je l'adresse sous l'enveloppe de M. de Courteilles, et j'espère qu'elle vous parviendra saine et sauve.

On dit qu'on va reprendre l'affaire des Sirven en considération. Je commence à en avoir bonne espérance, puisque M. de Beaumont a gagné son procès, qui me donnait tant d'inquiétude : il a la main heureuse. La justice du conseil est, à la vérité, comme celle de Dieu, fort lente ; mais enfin elle arrive. La justice du parterre est assez dans ce goût ; elle fait gagner d'assez mauvais procès en première instance, et il lui faut trente années pour rendre justice à ce qui est passable.

On m'a mandé qu'il n'y aurait point de spectacles à Fontainebleau. La chasse suffit ; mais, comme vous aimez mieux la comédie que la chasse, je vous supplie de me mander des nouvelles du tripot.

Pour l'autre tripot, qui a condamné *l'Ingénu*[5] à ne plus paraître, je

1. Vers de J. B. Rousseau, liv. II, ode II, vers 191. (ÉD.)
2. Rousseau a dit (liv. IV, ode II, vers 78) :

Plaçât leurs bienfaiteurs au rang des immortels. (ÉD.)
3. Expression de J. B. Rousseau, liv. III, ode II, vers 189. (ÉD.)
4. *Charlot*. (ÉD.)
5. La police avait fait saisir *l'Ingénu* ; mais je ne connais pas de jugement contre cet ouvrage. (*Note de M. Bouchot.*)

ne vous en parle point; mais quand je dis qu'il y a des Welches dans le monde, vous m'avouerez que j'ai raison.

Mille tendres respects à la convalescente.

MMMMMCLXXVI. — A M. DAMILAVILLE.
28 septembre.

Je reçois, mon cher ami, votre lettre du 21. Je vous assure que vous m'aviez donné bien des inquiétudes. Prenez bien des fondants, et vivez pour l'intérêt de la raison et de la vérité.

Vous ne me disiez pas que M. et Mme de Beaumont avaient gagné pleinement leur cause. Il est juste, après tout, que le défenseur des Calas et des Sirven prospère. Je me flatte que le procès des Sirven sera rapporté.

J'ai lu les *Pièces relatives* [1]. Les Riballier et les Coger devraient mourir de honte, s'ils n'avaient pas toute honte bue.

Je ne sais qui m'a envoyé le *Tableau philosophique du genre humain, depuis le commencement du monde jusqu'à Constantin* [2]. Je crois en deviner l'auteur; mais je me donnerai bien de garde de le nommer jamais. Je suis fâché de voir qu'un homme si respectueux envers la Divinité, et qui étale partout des sentiments si vertueux et si honnêtes, attaque si cruellement les mystères sacrés de la religion chrétienne. Mais il est à craindre que les Riballier et les Coger ne lui fassent plus de tort par leur conduite infâme, et par toutes leurs calomnies, qu'elle ne peut recevoir d'atteintes des Bolingbroke, des Woolston, des Spinosa, des Boulainvilliers, des Maillet, des Meslier, des Fréret, des Boulanger, des La Métrie, etc., etc.

Je présume que vous avez reçu actuellement le brimborion que je vous ai envoyé pour l'enchanteur Merlin. Je lui donne cette pièce, que j'ai brochée en cinq jours [3] à condition qu'il n'aura nul privilége. Je n'ai pas osé faire paraître Henri IV dans la pièce; elle n'en a pas moins fait plaisir à tous nos officiers et à tout notre petit pays, à qui la mémoire de Henri IV est si chère. Songez à votre santé; la mienne est déplorable.

MMMMMCLXXVII. — A M. COLINI.
A Ferney, 28 septembre.

Mon cher ami, votre *Dissertation sur le cartel* [4] offert par l'électeur palatin au vicomte de Turenne m'arrivera fort à propos. On a déjà entamé une nouvelle édition du *Siècle de Louis XIV*. Je profiterai de votre pyrrhonisme, pour peu que je le trouve fondé; car vous savez que je l'aime, et que je me défie des anecdotes répétées par mille historiens. Il est vrai que vous êtes obligé d'avoir prodigieusement raison, car vous avez contre vous l'*Histoire de Turenne* par Ramsai, le président Hénault, et tous les mémoires du temps.

Ayez la bonté de m'envoyer sur-le-champ votre ouvrage. Voici comm

1. A *Bélisaire*. (ÉD.) — 2. Par Ch. Bordes. (ÉD.)
3. *Charlot, ou la Comtesse de Givry*. (ÉD.)
4. *Dissertation historique et critique sur le prétendu cartel envoyé par Charles-Louis, électeur palatin, au vicomte de Turenne*. (ÉD.)

on peut s'y prendre. Vous n'auriez qu'à l'envoyer à Lyon, tout ouvert, à M. Tabareau, directeur des postes, avec un petit mot de lettre. Vous auriez la bonté de lui écrire que, sachant qu'il lit beaucoup, et qu'il se forme une bibliothèque, vous lui envoyez votre ouvrage comme à un bon juge et à mon ami ; que vous le priez de me le prêter après l'avoir lu, en attendant que je puisse en avoir un exemplaire à ma disposition.

Voilà, mon cher ami, les expédients auxquels les impôts horribles mis sur les lettres me forcent d'avoir recours. Si, pour plus de sûreté, pendant que vous enverrez ce paquet par la poste à M. Tabareau, à Lyon, vous voulez m'en envoyer un autre par les chariots qui vont à Schaffhausen et dans le reste de la Suisse, il n'y a qu'à adresser ce paquet à mon nom à Genève, je vous serai très-obligé. Comptez que j'ai la plus grande impatience de lire votre dissertation : mettez-moi aux pieds de Leurs Altesses Électorales. Si je pouvais me tenir sur les miens, je serais allé à Schwetzingen, tout vieux et tout malade que je suis ; mais il y a trois ans que je ne suis sorti de chez moi.

Mme Denis ne cesse de donner des fêtes, et moi je reste dans mon lit : je dicte, ne pouvant écrire ; mais ce que je dicte de plus vrai, c'est que je vous aime de tout mon cœur.

MMMMMCLXXVIII. — A M. DUPONT.

À Ferney, 29 septembre.

Il faut que je vous avoue, mon cher ami, que j'ai soixante et quatorze ans ; que j'ai donné tout mon bien à M. le duc de Wurtemberg, qui ne me paye point. Il me doit une année entière, il doit beaucoup à M. Dietrich sur ses terres d'Alsace ; je ne sais ce qu'il doit sur celles de Franche-Comté ; mais je n'ai pas le temps d'attendre. Les dissensions de Genève m'ont attiré un régiment entier en garnison dans mes terres. Donnez-moi, je vous prie, un procureur qui puisse saisir les terres d'Alsace ; j'en chercherai un pour celles de Franche-Comté, sans quoi il faut que je demande l'aumône, moi et ma famille. M. le duc de Wurtemberg devrait savoir qu'il faut payer ses dettes avant de donner des fêtes. Je vous embrasse de tout mon cœur, et je me recommande à votre justice. VOLTAIRE.

MMMMMCLXXIX. — A M. LE COMTE D'ARGENTAL.

30 septembre.

Je ne comprends pas, mon cher ange, ni votre lettre ni vous. J'ai suivi de point en point la distribution que Lekain m'avait indiquée ; comme, par exemple, de donner Alzire à Mlle Durancy, et Zaïre à Mlle Dubois, etc.

Comme je ne connais les talents ni de l'une ni de l'autre, je m'en suis tenu uniquement à la décision de Lekain, que j'ai confirmée deux fois.

Mlle Dubois m'a écrit en dernier lieu une lettre lamentable, à laquelle j'ai répondu par une lettre polie. Je lui ai marqué que j'avais partagé les rôles de mes médiocres ouvrages entre elle et Mlle Durancy ; que si elles n'étaient pas contentes, il ne tiendrait qu'à elles de s'arranger ensemble comme elles voudraient. Voilà le précis de ma lettre; vous ne l'avez pas vue sans doute : si vous l'aviez vue, vous ne me feriez pas les reproches que vous me faites.

M. de Richelieu m'en fait, de son côté, de beaucoup plus vifs, s'il est possible. Il est de fort mauvaise humeur. Voilà, entre nous, la seule récompense d'avoir soutenu le théâtre pendant près de cinquante années, et d'avoir fait des largesses de mes ouvrages.

Je ne me plains pas qu'on m'ôte une pension que j'avais, dans le temps qu'on en donne une à Arlequin. Je ne me plains pas du peu d'égard que M. de Richelieu me témoigne sur des choses plus essentielles; je ne me plains pas d'avoir sur les bras un régiment, sans qu'on me sache le moindre gré de ce que j'ai fait pour lui : je ne me plains que de vous, mon cher ange, parce que plus on aime, plus on est blessé.

Il est plaisant que, presque dans le même temps, je reçoive des plaintes de M. de Richelieu et de vous. Il y a sûrement une étoile sur ceux qui cultivent les lettres, et cette étoile n'est pas bénigne. Les tracasseries viennent me chercher dans mes déserts : que serait-ce si j'étais à Paris ? Heureusement notre théâtre de Ferney n'éprouve point de ces orages; plus les talents de nos acteurs sont admirables, plus l'union règne parmi eux : la discorde et l'envie sont faites pour la médiocrité. Je dois me renfermer dans les plaisirs purs et tranquilles que mes maladies cruelles me laissent encore goûter quelquefois. Je me flatte que celui qui a le plus contribué à ces consolations ne les mêlera pas d'amertume, et qu'une tracasserie entre deux comédiennes ne troublera pas le repos d'un homme de votre considération et de votre âge, et n'empoisonnera pas les derniers jours qui me restent à vivre.

Vous ne m'avez point parlé de Mme de Groslée; vous croyez qu'il n'y a que les spectacles qui me touchent. Vous ne savez pas qu'ils sont mon plus léger souci, qu'ils ne servent qu'à remplir le vide de mes moments inutiles, et que je préfère infiniment votre amitié à la vaine et ridicule gloire des belles-lettres, qui périssent dans ce malheureux siècle.

MMMMMCLXXX. — A M. LE COMTE DE SCHOWALOW.

A Ferney, 30 septembre.

J'ai été longtemps malade, monsieur; c'est à ce triste métier que je consume les dernières années de ma vie. Une de mes plus grandes souffrances a été de ne pouvoir répondre à la lettre charmante dont vous m'honorâtes il y a quelques semaines. Vous faites toujours mon étonnement, vous êtes un des prodiges du règne de Catherine II. Les vers français que vous m'envoyez sont du meilleur ton, et d'une correction singulière; il n'y a pas la plus petite faute de langage : on ne peut vous reprocher que le sujet que vous traitez[1]. Je m'intéresse à la gloire de son beau règne, comme je m'intéressais autrefois au *Siècle de Louis XIV*. Voilà les beaux jours de la Russie arrivés ; toute l'Europe a les yeux sur ce grand exemple de la tolérance que l'impératrice

1. Voltaire lui-même. (ÉD.)

donne au monde. Les princes jusqu'ici ont été assez infortunés pour ne connaître que la persécution. L'Espagne s'est détruite elle-même en chassant les Juifs et les Maures. La plaie de la révocation de l'édit de Nantes saigne encore en France. Les prêtres désolent l'Italie. Les pays d'Allemagne, gouvernés par les prélats, sont pauvres et dépeuplés, tandis que l'Angleterre a doublé sa population depuis deux cents ans, et décuplé ses richesses. Vous savez que les querelles de religion, et l'horrible quantité de moines qui couraient comme des fous du fond de l'Égypte à Rome, ont été la vraie cause de la chute de l'empire romain; et je crois fermement que la religion chrétienne a fait périr plus d'hommes depuis Constantin qu'il n'y en a aujourd'hui dans l'Europe.

Il est temps qu'on devienne sage; mais il est beau que ce soit une femme qui nous apprenne à l'être. Le vrai système de la machine du monde nous est venu de Thorn[1], de cette ville où l'on a répandu le sang pour la cause des jésuites. Le vrai système de la morale et de la politique des princes nous viendra de Pétersbourg, qui n'a été bâtie que de mon temps, et de Moscou, dont nous avions beaucoup moins de connaissance que de Pékin.

Pierre le Grand comparait les sciences et les arts au sang qui coule dans les veines; mais Catherine, plus grande encore, y fait couler un nouveau sang. Non-seulement elle établit la tolérance dans son vaste empire, mais elle la protége chez ses voisins. Jusqu'ici on n'a fait marcher des armées que pour dévaster des villages, pour voler des bestiaux, et détruire des moissons. Voici la première fois qu'on déploie l'étendard de la guerre uniquement pour donner la paix, et pour rendre les hommes heureux. Cette époque est, sans contredit, ce que je connais de plus beau dans l'histoire du monde.

Nous avons aussi des troupes dans ce petit pays de Ferney, où vous n'avez vu que des fêtes, et où vous avez si bien joué le rôle du fils de Mérope. Ces troupes y sont envoyées à peu près comme les vôtres le sont en Pologne, pour faire du bien, pour construire de beaux grands chemins qui aillent jusqu'en Suisse, pour nous creuser un pont sur notre lac Léman : aussi nous les bénissons, et nous remercions M. le duc de Choiseul de rendre les soldats utiles pendant la paix, et de les faire servir à écarter la guerre, qui n'est bonne à rien qu'à rendre les peuples malheureux.

Si vous allez ambassadeur à la Chine, et si je suis en vie quand vous serez arrivé à Pékin, je ne doute pas que vous ne fassiez des vers chinois comme vous en faites de français. Je vous prierai de m'en envoyer la traduction. Si j'étais jeune, je ferais assurément le voyage de Pétersbourg et de Pékin; j'aurais le plaisir de voir la plus nouvelle et la plus ancienne création. Nous ne sommes tous que des nouveaux venus, en comparaison de messieurs les Chinois; mais je crois les Indiens encore plus anciens. Les premiers empires ont été sans doute établis dans les plus beaux pays. L'Occident n'est parvenu à être quelque chose qu'à force d'industrie. Nous devons respecter nos premiers maîtres.

1. Cette ville est la patrie de Copernic. (Éd.)

Adieu, monsieur; je suis le plus grand bavard de l'Occident. Mille respects à Mme la comtesse de Schowalow.

MMMMMCLXXXI. — A M. D'ALEMBERT.
30 septembre.

Mon cher philosophe, Gabriel Cramer dit qu'il n'a point retrouvé votre livre de géométrie. Je ne lui donne point de relâche, mais il s'en moque; il donne de bons soupers dans mon château de Tournay, que je lui ai prêté. Il renoncera bientôt au métier d'imprimeur, comme moi à celui d'auteur. Il est d'ailleurs si dégoûté par l'interruption totale du commerce, qu'il ne songe qu'à se réjouir. Pour moi, j'ai un régiment entier à Ferney. Les grenadiers ni les capitaines ne se soucient que fort peu de géométrie; et quand je leur dis que la Sorbonne veut écrire contre *Bélisaire*, ils me demandent si Bélisaire est dans l'infanterie ou la cavalerie. Cependant la raison perce jusque dans ces têtes peu pensantes, et occupées de demi-tours à gauche. Genève surtout commence une seconde révolution, plus raisonnable que celle de Calvin. Les livres dont vous me parlez sont entre les mains de tous les artisans. On ne peut voir passer un prêtre dans les rues sans rire; c'est bien pis dans le Nord: l'affaire des dissidents achève de rendre Rome ridicule et odieuse, et dans dix ans la Pologne aura entièrement secoué le joug. On a fait en Angleterre une seconde édition de l'*Examen de milord Bolingbroke*; elle est beaucoup plus ample et beaucoup plus forte que la première. Les femmes, les enfants, lisent cet ouvrage, qui se vend à très-bon marché. Voilà plus de trente écrits, depuis deux ans, qui se répandent dans toute l'Europe. Il est impossible qu'à la longue cela n'opère pas quelque changement utile dans l'administration publique. Celui qui dit le premier que les hommes ne pourraient être heureux que sous des rois philosophes[1] avait sans doute grande raison. Je suis trop vieux pour voir un si beau changement, mais vous en verrez du moins les commencements. Je reconnais déjà le doigt de Dieu dans la bêtise de la Sorbonne. On craignait qu'elle n'élevât le trône du fanatisme sur le colosse renversé des Lessius et des Escobar: elle est devenue plus ridicule que les jésuites mêmes, et beaucoup moins puissante. Ces polissons sont l'opprobre de la France, et le capitaine Bélisaire reviendra d'Aix-la-Chapelle leur tirer leurs longues oreilles. Ils ont fait souvent des démarches plus scandaleuses et plus atroces, mais ils n'en ont jamais fait de plus impertinentes.

Gardez-vous bien de recevoir jamais dans l'Académie un seul homme de l'Université. Vous reverrez probablement, vers la fin de l'automne, M. de Chabanon et M. de La Harpe. Il faut qu'ils soient un jour vos confrères; mais il faut que M. de La Harpe ait du pain, et nous n'avons point de Colbert qui encourage le génie. Il commence une carrière bien épineuse. Le théâtre de Paris n'existe plus. Nous sommes dans la fange des siècles pour tout ce qui regarde le bon goût. Par

---

1. Platon, *République*, liv. V. (ÉD.)

quelle fatalité est-il arrivé que le siècle où l'on pense soit celui où l'on ne sait plus écrire? Vous qui savez l'un et l'autre, aimez-moi toujours un peu.

MMMMMCLXXXII. — A M. THIERIOT.

30 septembre.

Mon ancien ami, j'ai été fort occupé, et ensuite fort malade. Je n'ai pu vous remercier aussi tôt que je l'aurais voulu des bons conseils que vous avez donnés à la Duchesne. J'ai chez moi un régiment entier que les tracasseries de Genève nous ont attiré. Aucun des officiers qui sont dans mon château ou dans mon village ne sait si le capitaine Bélisaire a des querelles avec la Sorbonne. Les officiers soupent chez moi pendant que je suis dans mon lit, et les soldats me font un beau chemin aux dépens de mes blés et de mes vignes; mais ils ne me défendront pas du vent du nord qui va me désoler pendant six mois, ou qui va me tuer.

Tâchez de conserver votre santé, et que je puisse vous dire : *Si bene vales, ego quidem valeo.*

Je ne sais plus où vous demeurez. J'envoie cette lettre à M. Damilaville, dont la santé m'inquiète beaucoup, et dont l'amitié toujours égale, ardente et courageuse, est pour moi d'un prix inestimable.

Je vous embrasse de tout mon cœur.

MMMMMCLXXXIII. — A M. LE MARQUIS D'ARGENCE DE DIRAC.

A Ferney, 1er octobre.

Par votre lettre du 20 de septembre, mon cher philosophe militaire, vous m'apprenez que MM. de Broglie s'imaginent que je ne leur suis pas attaché; cela prouve que ni MM. de Broglie ni vous n'avez jamais lu *le Pauvre diable* : il a pourtant été imprimé bien souvent. Vous y auriez trouvé ces vers-ci, lesquels sont adressés à un pauvre diable qui voulait faire la campagne :

> Du duc Broglie osez suivre les pas :
> Sage en projets, et vif dans les combats,
> Il a transmis sa valeur aux soldats;
> Il va venger les malheurs de la France :
> Sous ses drapeaux marchez dès aujourd'hui,
> Et méritez d'être aperçu de lui.

Pour moi, je suis un pauvre diable environné actuellement du régiment de Conti, dont trois compagnies sont logées à Ferney. Si elles étaient venues il y a dix ans, elles auraient couché à la belle étoile. Je fais ce que je peux pour que les officiers et les soldats soient contents; mais mon âge et mes maladies ne me permettent pas de faire les honneurs de mon ermitage comme je le voudrais. Je ne me mets plus à table avec personne. J'achève ma carrière tout doucement; et, quand je la finirai, vous perdrez un serviteur aussi attaché qu'inutile.

MMMMCLXXXIV. — A M. LE MARQUIS ALBERGATI CAPACELLI.

A Ferney, 1er octobre.

Je suis encore entre le mont Jura et les Alpes, monsieur, et j'y finirai bientôt ma vie. Je n'ai point reçu la lettre par laquelle vous me faisiez part de votre chambellanie. Je vous aimerais mieux dans votre palais à Bologne, que dans l'antichambre d'un prince. J'ai été aussi chambellan d'un roi, mais j'aime cent fois mieux être dans ma chambre que dans la sienne. On meurt plus à son aise chez soi que chez des rois; c'est ce qui m'arrivera bientôt. En attendant, je vous présente mes respects.

MMMMCLXXXV. — A M. DAMILAVILLE.

2 octobre.

Fondez donc cette maudite glande, mon cher et digne ami. Que l'exemple de M. Dubois vous rende bien attentif et bien vigilant : vous n'avez pas, comme lui, cent mille écus de rente à perdre; mais vous avez à conserver cette âme philosophique et vertueuse, si nécessaire dans un temps où le fanatisme ose combattre encore la raison et la probité. Vous êtes dans la force de l'âge; vous serez utile aux gens de bien qui pensent comme il faut, et moi je ne suis plus bon à rien. Je suis actuellement obligé de me coucher à sept heures du soir. Je ne peux plus travailler.

Que Merlin ne fourre pas mon nom à la bagatelle que je lui ai donnée. Si par hasard son édition a quelque succès dans ce siècle ridicule, je lui prépare un petit morceau sur Henri IV, qu'il pourra mettre à la tête de la seconde édition, et je vous réponds que vous y retrouverez vos sentiments. Je finis ma carrière littéraire par ce grand homme, comme je l'ai commencée, et je finis comme lui. Je suis assassiné par des gueux; Coger est mon Ravaillac.

Adieu, mon cher ami; je suis trop malade pour dicter longtemps; mais ne jugez point de mes sentiments par la brièveté de mes lettres. Faudra-t-il que je meure sans vous revoir?

MMMMCLXXXVI. — A M. MOREAU.

Au château de Ferney, le 4 octobre.

Monsieur, voici le mois d'octobre; il est dans nos cantons le vrai mois de décembre. J'ai fait tous les préparatifs nécessaires pour planter, et je plante même dès aujourd'hui quelques arbres qui me restaient en pépinière.

J'attendrai l'effet de vos bontés pour planter le reste. Je crois que la rigueur du climat ne permet guère de faire un essai aussi considérable, et qu'il ne faut hasarder que ce qui pourrait remplir une charrette. Si elle peut contenir plus de cent arbres, à la bonne heure, mais je crois que vingt-cinq tiliers, vingt-cinq ormes, autant de platanes, autant de peupliers d'Italie, suffiront pour cette année.

Je réclame donc, monsieur, les bontés que vous avez voulu me témoigner. J'enverrai une charrette à Lyon pour prendre ces arbres; et si la gelée était trop forte chez moi lorsqu'ils arriveront à Lyon, je les ferais mettre en pépinière à Lyon même, chez un de mes amis. Il n'y aura pas de soin que je ne prenne pour ne pas rendre vos bontés inutiles.

Il est certain qu'on a trop négligé jusqu'ici les forêts en France, aussi bien que les haras. Je ne suis pas de ceux qui se plaignent à tort et à travers de la dépopulation; je crois au contraire la France très-peuplée, mais je crains bien que ses habitants n'aient bientôt plus de quoi se chauffer. Personne n'est plus persuadé et plus touché que moi du service que vous rendez à l'État, en établissant des pépinières. Je voulus, il y a trois ans, avoir des ormes à Lyon, de la pépinière royale; il n'y en avait plus. Je plante des noyers, des châtaigniers, sur lesquels je ne verrai jamais ni noix ni châtaignes, mais la folie des gens de mon espèce est de travailler pour la postérité. Vous êtes heureux, monsieur, de voir déjà le fruit de vos travaux; c'est un bonheur auquel je ne puis aspirer; mais je n'en suis pas moins sensible à la grâce que vous me faites.

J'ai l'honneur d'être, avec de la reconnaissance, monsieur, votre, etc.

MMMMMCLXXXVII. — A M. LE MARQUIS DE VILLETTE.

A Ferney, 4 octobre.

Votre sage héros[1], si peu terrible en guerre,
Jamais dans les périls ne voulut s'engager :
    Il ne ravagea point la terre,
    Mais il la fit bien ravager.

Il doit tout à son Bertrand. Ce bon connétable, le meilleur des hommes, tailla en pièces nombre de ses ennemis. Il fut comparé, dans le temps, à Ituriel l'exterminateur, qui, de son épée flamboyante, chassa les anges rebelles.

Vous mettez sur la même ligne du Guesclin et Turenne. Mais quelle prodigieuse différence pour les mœurs! Le premier recevait des balafres dans les tournois, et voyait jouer *les mystères*; le second assistait aux carrousels de Louis XIV, et aux représentations d'*Athalie* et de *Cinna*.

Pourquoi ne dites-vous pas que votre paisible monarque avait une fort belle marine royale sans sortir de chez lui? Il prit dans les mers de la Rochelle neuf mille Anglais, avec le comte de Pembrock leur amiral!

Pourquoi ne dites-vous pas que le fastueux empereur des Germains, ce roi des rois, qui se faisait servir par sept souverains dans une cour plénière, vint abaisser son orgueil devant la sagesse de Charles? Il fit le pèlerinage de Prague à Paris, pour le visiter, comme la reine de Saba était venue voir Salomon.

Vous pouviez aussi rappeler ce trait si touchant : Le jour de sa mort, il supprima la plupart des impôts; et quelques heures avant d'expirer, comme un bon père de famille, il fit ouvrir les portes de sa chambre afin de voir encore une fois son peuple, et de le bénir.

1. Charles V, dont Villette avait écrit l'*Éloge*. (ÉD.)

Votre amitié, monsieur, pour M. de La Harpe vous a empêché de composer pour l'Académie; mais vous avez travaillé pour le public, pour votre gloire, et pour mon plaisir. Je vous ai deux grandes obligations, celle de m'avoir témoigné publiquement l'amitié dont vous m'honorez, et celle de m'avoir fait passer une heure délicieuse en vous lisant. Puissiez-vous être aussi heureux que vous êtes éloquent! Puissiez-vous mépriser et fuir ce même public pour lequel vous avez écrit!

M. de La Harpe reviendra bientôt vous voir; il a été un an chez moi : s'il avait autant de fortune que de talents et d'esprit, il serait plus riche que feu Marmontel. Il lui sera plus aisé d'avoir des prix de l'Académie que des pensions du roi. Lui et sa femme jouent ici la comédie parfaitement; M. de Chabanon aussi. Notre petit théâtre a mieux valu que celui du faubourg Saint-Germain. On a joué *Zaïre* avec une grande perfection. Pour moi, je vous avoue que j'aime mieux une scène de César ou de Cicéron que toute cette intrigue d'amour que je filais il y a trente-cinq ans. Mais le parterre de Paris et les loges sont plus galants que moi; ils donnent la préférence à ma *Quinauderie*. Vous nous avez bien manqué. Vous devez être un excellent acteur, car, sans rire, vous jouez tous vos contes à faire mourir de rire.

Me voilà bloqué par mon grand ennemi, qui est l'hiver. On me fait peur ici d'une fièvre qui court. On me tourmente pour aller passer six mois à Lyon : toute la maisonnée en brûle d'envie. Mais je resterai où je suis bien calfeutré. J'ai plus de courage que de force. Je sens bien que cette expédition est impossible. Je ne suis pas, comme Frédéric, un héros de toutes les saisons.

Conservez vos bontés pour un vieillard dont elles feront la consolation, et qui vous sera véritablement attaché jusqu'au dernier moment de sa vie.

MMMMMCLXXXVIII. — A M. D'ÉTALLONDE DE MORIVAL.

6 octobre.

Celui à qui vous avez écrit, monsieur, du 23 de septembre, prendra toujours un intérêt très-vif à tout ce qui vous regarde. Le roi que vous servez l'honore quelquefois de ses lettres. Il prendra toujours la liberté de vous recommander à ses bontés, et il fera agir ses amis en votre faveur. Il vous supplie de penser qu'il n'y a d'opprobre que pour les Busiris en robe noire, et pour ceux qui assassinent juridiquement l'innocence. Tous les hommes qui pensent sont indignés contre ces monstres, et contre la détestable superstition qui les anime. La moitié de votre nation est composée de petits singes qui dansent, et l'autre de tigres qui déchirent. Il y a des philosophes; le nombre en est petit; mais à la longue leur voix se fait entendre. Il viendra un temps où votre procès sera revu par la raison, et où vos infâmes juges seront condamnés avec horreur à son tribunal.

Consolez-vous; attendez le temps de la lumière; elle viendra : on rougira à la fin de sa sottise et de sa barbarie. Si vous avez quelque ami à peu près dans le même cas que vous, ayez la bonté, monsieur, d'en donner avis par la même adresse.

MMMMCLXXXIX. — A M. DAMILAVILLE.

9 octobre.

Mon cher ami, je n'ai point encore de nouvelles de Marmontel. Je m'imagine qu'il est occupé de son triomphe[1]; mais le pauvre Bret, son approbateur, reste toujours interdit. On commença donc par en croire les Riballier et les Coger, et on finit par bafouer la Sorbonne et les pédants du collége Mazarin, sans pourtant rendre justice à M. Marmontel ni à l'approbateur. Ainsi les gens de lettres sont toujours écrasés, soit qu'ils aient tort, soit qu'ils aient raison.

Voici la réponse que j'ai jugé à propos de faire à ce Coger, qui m'impute le *Dictionnaire philosophique;* il m'est important de détromper certaines personnes. Vous ne savez pas ce qui se passe dans les bureaux des ministres, et même dans le cabinet du roi, et je sais ce qui s'y est passé à mon égard.

Tandis que vous imprimez l'*Éloge d'Henri IV*, sous le nom de *Charlot*, on l'a rejoué à Ferney mieux qu'on ne le jouera jamais à la Comédie. Mme Denis m'a donné, en présence du régiment de Conti et de toute la province, la plus agréable fête que j'aie jamais vue. Les princes peuvent en donner de plus magnifiques, mais il n'y a pas de souverain qui en puisse donner de plus ingénieuse.

Je vous supplie, mon cher ami, de donner à Thieriot les rogatons de vers qui sont dans le paquet : cela peut servir à sa correspondance.

Va-t-on entamer l'affaire des Sirven à Fontainebleau? puis-je en être sûr? car je ne voudrais pas fatiguer M. Chardon d'une lettre inutile.

Ma santé va toujours en empirant, et je suis bien inquiet de la vôtre. Adieu, mon cher ami; nous savons tous deux combien la vie est peu de chose, et combien les hommes sont méchants.

MMMMCXC. — A MADAME LA MARQUISE DE FLORIAN.

À Ferney, le 12 octobre.

Il n'y a pas moyen, ma chère niece, que je vous blâme de penser comme moi. Je vous sais très-bon gré de passer votre hiver à la campagne : on n'est bien que dans son château. Consultez le roi; c'est ainsi qu'il en use. Il ne passe jamais ses hivers à Paris. Le fracas des villes n'est fait que pour ceux qui ne peuvent s'occuper. Ma santé a été si mauvaise que je n'ai pu aller à Montbéliard, quoique ce voyage fût indispensable. Il y a un mois que je ne sors presque pas de mon lit. Je ne me suis habillé que pour aller voir une petite fête que votre sœur m'a donnée. Vous jugerez si la fête a été agréable, par les petites bagatelles ci-jointes. On vous enverra bientôt de Paris la petite comédie qu'on a jouée. M. de La Harpe et M. de Chabanon n'ont pas encore fini leurs pièces; et quand elles seraient achevées, je ne vois pas quel usage ils en pourraient faire dans le délabrement horrible où le théâtre est tombé.

Ferney est toujours le quartier général. Nous avons le colonel du

1. Le gouvernement venait d'arrêter la censure de la Sorbonne et le mandement de l'archevêque de Paris contre *Bélisaire*. (ÉD.)

régiment de Conti dans la maison, et trois compagnies dans le village. Les soldats nous font des chemins, les grenadiers me plantent des arbres. Mme Denis, qui a été accoutumée à tout ce fracas à Landau et à Lille, s'en accommode à merveille. Je suis trop malade pour faire les honneurs du château. Je ne mange jamais au grand couvert. Je serais mort en quatre jours, s'il me fallait vivre en homme du monde : je suis tranquille au milieu du tintamarre, et solitaire dans la cohue.

S'il me tombe quelque chose de nouveau entre les mains, je ne manquerai pas de vous l'envoyer à l'adresse que vous m'avez donnée. Je m'imagine que M. de Florian ne perd pas son temps cette automne; il aligne sans doute des allées; il fait des pièces d'eau et des avenues. Les pauvres Parisiens ne savent pas quel est le plaisir de cultiver son jardin : il n'y a que Candide et nous qui ayons raison.

Je vous embrasse tous de tout mon cœur.

MMMMMCXCI. — A M. DUPONT.

A Ferney, 13 octobre.

Depuis ma dernière lettre, mon cher ami, j'ai reçu de nouveaux éclaircissements touchant les terres dépendantes du comté de Montbéliard, situées en France. Les tristes connaissances que j'ai acquises me mettent dans la nécessité indispensable d'assurer mes droits et mon revenu par des actes juridiques; j'ai besoin même de la plus grande célérité. Je suis comptable à ma famille de ce bien, qui est presque la seule chose qui me reste. Je vous prie donc de faire agir sans délai mon fondé de procuration, de m'envoyer son nom, et d'avoir l'œil sur lui.

Je vous prie aussi très-instamment de me faire avoir une copie authentique des anciens actes de M. le duc de Wurtemberg, énoncés dans les contrats que vous avez passés en mon nom. Ces anciens actes sans doute doivent tenir lieu de contrats, et vous n'aurez pas manqué de les faire homologuer au conseil d'Alsace. Je m'en rapporte à vous pour assurer mes droits et ceux de ma famille; je vous demande en grâce d'envoyer la copie de ces contrats bien conditionnée à l'adresse de *M. Damilaville, premier commis des bureaux du vingtième, quai Saint-Bernard, à Paris*, avec une double enveloppe, l'une à moi, l'autre à lui.

En même temps, ayez la bonté de m'écrire ce que vous aurez fait. Vous m'avez mandé que vous aviez bien voulu solliciter en ma faveur la chambre des finances de Montbéliard; mais sachez que cette chambre des finances est la chambre de la confusion et de la pauvreté; M. de Montmartin m'a fait cet aveu; c'est un naufrage; il me faut une planche pour me sauver, et je ne puis trouver ma sûreté que par la voie de la justice. Je ne prétends point en cela manquer de respect à M. le duc de Wurtemberg; je ne m'attaque qu'à ses fermiers et à ses régisseurs; on plaide tous les jours en France contre le roi; je ne dois point trahir les intérêts de ma famille par une vaine considération; en un mot, je vous prie d'agir sans délai. Mme Denis joint ses remerciments aux miens; je vous embrasse bien tendrement, et je fais mes compliments à toute votre famille. V.

MMMMCXCII. — A M. LE COMTE D'ARGENTAL.

A Ferney, 14 octobre.

Mon cher ange, j'apprends qu'on vous a saigné trois fois : voilà ce que c'est que d'être gras et dodu. Si on m'avait saigné deux fois, j'en serais mort. On dit que vous vous en êtes tiré à merveille. J'apprends en même temps votre maladie et votre convalescence; tout notre petit ermitage aurait été alarmé, si on ne nous avait pas rassurés. Vous voilà donc au régime avec Mme d'Argental, et sous la direction de Fournier. Pour moi, je suis dans mon lit depuis un mois; je suis plus vieux et plus faible que vous; il faut que je me prépare au grand voyage, après un petit séjour assez ridicule sur ce globe.

La Comédie-Française me paraît aussi malade que moi. Je me flatte qu'après les saignées qu'on vous a faites, votre sang n'est plus aigri contre votre ancien et fidèle serviteur. Vous avez dû voir combien on a abusé de ma lettre à Mlle Dubois, qui n'était qu'un compliment et une plaisanterie, mais dans laquelle je lui disais très-nettement que j'avais partagé mes rôles entre elle et Mlle Durancy. Il y avait long-temps qu'on vous préparait ce tour; on [1] aurait beaucoup mieux fait de me payer beaucoup d'argent qu'on me doit. Je suis vexé de tous côtés; c'est la destinée des gens de lettres. Ce sont des oiseaux que chacun tire en volant, et qui ont bien de la peine à regagner leur trou avec l'aile cassée.

Je vous embrasse du fond de mon trou, avec une tendresse qui ne finira qu'avec moi, mais qui finira bientôt.

MMMMCXCIII. — A M. MARMONTEL.

14 octobre.

Mon cher ami, qui m'appelez votre maître, et qui êtes assurément le mien, je reçois votre lettre du 8 d'octobre dans mon lit, où je suis malade depuis un mois; elle me ressusciterait si j'étais mort. Ne doutez pas que je ne fasse tout ce que vous exigez de moi, dès que j'aurai un peu de force. Souvenez-vous que je n'ai pas attendu les suffrages des princes et les cris de l'Europe en votre faveur, pour me déclarer. Dieu confonde ceux qui attendent la voix du public pour oser rendre justice à leurs amis, à la vertu et à l'éloquence !

Il est bien vrai que la Sorbonne est dans la fange, et qu'elle y restera, soit qu'elle écrive des sottises, soit qu'elle n'écrive rien. Il est encore très-vrai qu'il faudrait traiter tous ces cuistres-là comme on a traité les jésuites. Les théologiens, qui ne sont aujourd'hui que ridicules, n'ont servi autrefois qu'à troubler le monde; il est temps de les punir de tout le mal qu'ils ont fait. Cependant votre approbateur reste toujours interdit, et la défense de débiter *Bélisaire* n'est point encore levée. Coger a encore ses oreilles, et n'a point été mis au pilori; c'est là ce qui est honteux pour notre nation. Croiriez-vous bien que ce maroufle de Coger a osé m'écrire? Je lui avais fait répondre par mon la-

---

1. Le maréchal de Richelieu. (Éd.)

quais; la lettre était assez drôle; c'était la *Défense de mon maître*. Elle pouvait faire un pendant avec la *Défense de mon oncle*; mais j'ai trouvé qu'un pareil coquin ne méritait pas la plaisanterie.

Bonsoir, mon cher ami; resserrez bien les nœuds qui doivent unir tous les gens qui pensent; inspirez-leur du courage. Mes tendres compliments à M. Dalembert; ne m'oubliez pas auprès de Mme Geoffrin.

Mme Denis vous fait mille compliments; autant en disent MM. de Chabanon et de La Harpe.

MMMMMCXCIV. — A M. DAMILAVILLE.
16 octobre.

Mon cher ami, je vous parlerai de Henri IV avant de vous entretenir de Mlle Durancy.

1° Je savais qu'on avait défendu de faire jamais paraître Henri IV sur le théâtre, *ne nomen ejus vilesceret*; et, en cas que jamais les comédiens voulussent jouer *Charlot*, il ne fallait pas les priver de cette petite ressource, supposé que c'en soit une dans leur décadence et dans leur misère.

2° Henri IV, étant substitué au duc de Bellegarde, n'aurait pu jouer un rôle digne de lui. Il aurait été obligé d'entrer dans des détails qui ne conviennent point du tout à sa dignité. De plus, tout ce que le duc de Bellegarde dit de son maître est bien plus à l'avantage de ce grand homme, que si Henri IV parlait lui-même.

Enfin il est nécessaire que celui qui fait le dénoûment de la pièce soit un parent de la maison; et voilà pourquoi j'ai restitué les vers qui fondent cette parenté au premier acte; ils sont d'une nécessité indispensable.

Je n'ai encore rien écrit sur mon cher Henri IV, mais j'ai tout dans ma tête; et, s'il arrivait que la mémoire de ce grand homme fût assez chère aux Français pour qu'ils pardonnassent aux fautes de ce petit ouvrage; si, malgré les cris des Fréron et des autres Welches, il s'en faisait une autre édition après celle de Genève, je vous enverrais une petite diatribe sur Henri IV; vous n'auriez qu'à parler.

J'ai lu une grande partie de l'*Ordre essentiel des sociétés*. Cette ensemble m'a porté quelquefois à la tête, et m'a mis de mauvaise humeur. Il est bien certain que la terre paye tout : quel homme n'est pas convaincu de cette vérité? Mais qu'un seul homme soit le propriétaire de toutes les terres, c'est une idée monstrueuse, et ce n'est pas la seule de cette espèce dans ce livre, qui d'ailleurs est profond, méthodique, et d'une sécheresse désagréable. On peut profiter de ce qu'il y a de bon, et laisser là le mauvais; c'est ainsi que j'en use avec tous les livres.

J'ai été bien étonné, en lisant l'article *Ligature* dans le *Dictionnaire encyclopédique*, de voir que l'auteur croit aux sortilèges. Comment a-t-on laissé entrer de fanatique dans le temple de la vérité? il y a trop d'articles défectueux dans ce grand ouvrage, et je commence à croire qu'il ne sera jamais réimprimé. Il y a d'excellents articles; mais, en vérité, il y a trop de pauvretés.

Depuis trois mois il y a une douzaine d'ouvrages d'une liberté extrême, imprimés en Hollande. La *Théologie portative* n'est nullement théologique; ce n'est qu'une plaisanterie continuelle par ordre alphabétique; mais il faut avouer qu'il y a des traits si comiques, que plusieurs théologiens mêmes ne pourront s'empêcher d'en rire. Les jeunes gens et les femmes lisent cette folie avec avidité. Les éditions de tous les livres dans ce goût se multiplient. Les vrais politiques disent que c'est un bonheur pour tous les États et tous les princes; que plus les querelles théologiques seront méprisées, plus la religion sera respectée; et que le repos public ne pouvait naître que de deux sources : l'une, l'expulsion des jésuites; l'autre, le mépris pour les écoles d'arguments. Ce mépris augmente heureusement par la victoire de Marmontel.

Soyez persuadé, mon cher ami, que je n'ai nulle part à la retraite de Mlle Durancy. M. d'Argental a été très-mal informé. J'ai soutenu le théâtre pendant cinquante ans; ma récompense a été une foule de libelles et de tracasseries. Ah! que j'ai bien fait de quitter Paris, et que je suis loin de le regretter! Votre correspondance me tient lieu de tout ce qui m'aurait pu plaire encore dans cette ville.

Comment vos fondants réussissent-ils? Adieu; il n'y a de remède pour moi que celui de la patience.

MMMMMCXCV. — A M. LE COMTE D'ARGENTAL.

16 octobre.

Je jure par tous les anges, et par la probité, et par l'honnêteté, et par la vérité, que je n'ai jamais écrit un seul mot de l'étrange et ridicule phrase soulignée dans la lettre de mon ange, du 8 d'octobre. J'ai écrit tout le contraire; j'ai écrit que le partage fait entre Mlle Durancy et Mlle Dubois devait être regardé comme mon testament, et qu'après ma mort, si elles n'étaient pas contentes de leur partage, elles pourraient lire le testament expliqué par Ésope, et prendre chacune ce qui lui conviendrait.

Je me doutais bien qu'il y avait là quelque friponnerie. Comme ma lettre n'était point de mon écriture, il est très-vraisemblable qu'on en aura substitué une autre, en ajoutant à mes paroles, et en me faisant dire ce que je n'ai point dit. Celui à qui je dictai ma lettre se souvient très-bien qu'il n'y a pas un seul mot de ce qu'on m'impute. Je le somme devant Dieu de dire la vérité.

« Je proteste, devant Dieu et devant M. d'Argental, que je n'ai jamais écrit un seul mot de la phrase soulignée par M. d'Argental dans sa lettre du 8 d'octobre, laquelle commence par ces mots : *Vous devez regarder ce qui s'est passé comme un testament mal fait.* En foi de quoi j'ai signé, ce 16 d'octobre 1767, à Ferney. VOLTAIRE. »

Si j'avais écrit à Mlle Dubois ce qu'on prétend que je lui ai écrit, elle m'en aurait remercié; et c'est ce qu'elle n'a eu garde de faire. Cependant voilà Mlle Durancy sacrifiée par sa faute, et cela, pour avoir pris une résolution trop précipitée, pour n'avoir point confronté l'écriture, pour avoir mal lu, pour n'avoir point pris de moi des informations. L'affaire est faite; l'artifice a réussi. Ce n'est pas le premier tour de cette espèce qu'on m'a joué; c'est, Dieu merci, le seul revenant-bon de la littérature. L'auteur du beau poëme intitulé *le Balai et de la Poule à ma tante* s'avisa un jour de falsifier et de faire courir une lettre que j'avais écrite à M. Dalembert, et de me faire dire que les ministres étaient des oisons, et qu'il n'y avait que *la Poule à ma tante* et *le Balai* qui soutinssent l'honneur de la France. Cette belle lettre parvint à M. le duc de Choiseul, qui d'abord goba cette sottise, et qui bientôt après me rendit plus de justice que vous ne m'en rendez.

Tout ce qui reste, ce me semble, à faire après cette petite infamie, c'est d'abandonner le théâtre pour jamais. Je mourrai bientôt, mais il mourra avant moi. Ce siècle des raisonneurs est l'anéantissement des talents; c'est ce qui ne pouvait manquer d'arriver après les efforts que la nature avait faits dans le siècle de Louis XIV. Il faut, comme le dit élégamment Pierre Corneille,

Céder *au destin*, qui roule toutes choses[2].

Pour moi, qui ai vu empirer toutes choses, je ne regrette rien que vous.

Je me doutais bien que Mme de Groslée vous jouerait quelque mauvais tour; c'est bien pis que Mlle Dubois. Ces collatéraux-là ne sont pas votre meilleur côté.

Adieu, mon cher ange; achevons notre vie comme nous pourrons, et ne nous fâchons pas injustement. Il y a dans ce monde assez de sujets réels de chagrin. Tous les miens sont plus adoucis par votre amitié, qu'ils n'ont été aigris par vos reproches. Comptez que je vous aimerai tendrement jusqu'au dernier moment de ma vie.

MMMMMCXCVI. — A MADEMOISELLE CLAIRON.

15 octobre.

Vous m'apprenez, mademoiselle, que vous revenez du pays où j'irai bientôt. Si j'avais su votre maladie, je vous aurais assurément écrit. Vous ne doutez pas de l'intérêt que je prends à votre conservation; il égale mon indifférence pour le théâtre que vous avez quitté. Il fallait, pour que je l'aimasse, que vous en fissiez l'ornement.

Si vous voulez vous amuser à faire la Scythe[3] chez Mme de Villeroi, j'ai l'honneur de vous en adresser un exemplaire par M. Janel. Une bagatelle intitulée *Chariot, ou la Comtesse de Givry*, a été exécutée à Ferney d'une manière qui peut-être ne vous aurait pas déplu; c'est à vous qu'il appartient de juger des talents.

1. Ces deux poèmes ne sont pas du même auteur. *Le Balai* est de l'abbé du Laurens. *Caquet Bonbec, ou la Poule à ma tante*, est de Jonquières. (ÉD.)
2. Corneille a dit dans *Pompée*, acte I, scène I :

Et cédons au torrent, etc. (ÉD.)

3. C'est-à-dire jouer le rôle d'Obéide dans la tragédie des *Scythes*. (ÉD.)

Tout ce qui est à Ferney vous fait les plus sincères compliments. Je n'ai pas besoin des arts qui doivent nous unir l'un et l'autre, pour vous être tendrement attaché pour le reste de ma vie.

MMMMMCXCVII. — A M. L'ABBÉ DE VOISENON.

19 octobre.

Je n'osais me plaindre de votre silence, mon cher ancien évêque de Montrouge, mais j'en étais affligé. Vous sentez bien que, dans la décadence où nous sommes, et dans la barbarie dont nous approchons, vous m'êtes nécessaire pour me consoler. Si Mme de Saint-Julien prend des cuisiniers à l'Opéra, vous pourriez bien prendre des marmitons à la Comédie-Française. Si vous aviez été homme à venir faire un pèlerinage à Ferney, vous auriez été étonné d'y voir des tragédies mieux jouées qu'à Paris. Nous avons depuis un an M. et Mme de La Harpe, et M. de Chabanon, qui sont d'excellents acteurs. Il y a des rôles dont la descendante de Corneille se tire très-bien, et elle récite quelquefois des vers comme l'auteur de *Cinna* les faisait. Mme Denis a joué supérieurement dans une bagatelle intitulée *la Comtesse de Givry*, ou *Charlot*. M. l'évêque de Montrouge aurait donné sa bénédiction à toutes nos fêtes.

Je ne sais si vous êtes docteur de Sorbonne : si vous l'êtes, vous ne prendrez pas assurément le parti de Riballier contre Marmontel. Ce maraud et ses semblables veulent absolument que Dieu soit aussi méchant qu'eux. Vous savez bien que les hommes ont toujours fait Dieu à leur image. Je vous parle votre langage de prêtre. Je suis trop vieux et trop hors de combat pour vous parler la langue de la bonne compagnie, qui vous est plus naturelle que celle de l'Église.

Conservez-moi vos bontés, comme vous avez conservé votre gaieté. Mme Denis et tout ce qui est à Ferney vous fait ses compliments de tout son cœur.

V.

MMMMMCXCVIII. — A M. COLINI.

Ferney, 21 octobre.

J'ai lu, mon cher ami, avec un très-grand plaisir votre *Dissertation* sur la mauvaise humeur où était si justement l'électeur palatin Charles-Louis contre le vicomte de Turenne. Vous pensez avec autant de sagacité que vous vous exprimez dans notre langue avec pureté. Je reconnais là *il genio fiorentino*[1]. Je ferai usage de vos conjectures dans la nouvelle édition du *Siècle de Louis XIV*, qui est sous presse, et je serai flatté de vous rendre la justice que vous méritez. Voici, en attendant, tout ce que je sais de cette aventure, et les idées qu'elle me rappelle.

J'ai eu l'honneur de voir très-souvent, dans ma jeunesse, le cardinal d'Auvergne et le chevalier de Bouillon, neveu du vicomte de Turenne. Ni eux ni le prince de Vendôme ne doutaient du cartel ; c'était une opinion généralement établie. Il est vrai que tous les anciens of-

---

1. Colini était Florentin. (Éd.)

fidèles, ainsi que les gens de lettres, avaient un très-grand mépris pour le prétendu du Buisson, auteur de la mauvaise *Histoire de Turenne*. Ce romancier Sandras de Courtilz, caché sous le nom de du Buisson, qui mêlait toujours la fiction à la vérité, pour mieux vendre ses livres, pouvait très-bien avoir forgé la lettre de l'électeur, sans que le fond de l'aventure en fût moins vrai.

Le témoignage du marquis de Beauvau[1], si instruit des affaires de son temps, est d'un très-grand poids. La faiblesse qu'il avait de croire aux sorciers et aux revenants, faiblesse si commune encore en ce temps-là, surtout en Lorraine, ne me paraît pas une raison pour le convaincre de faux sur ce qu'il dit des vivants qu'il avait connus.

Le défi proposé par l'électeur ne me semble point du tout incompatible avec sa situation et son caractère; il était indignement opprimé; et un homme qui, en 1655, avait jeté un encrier à la tête d'un plénipotentiaire, pouvait fort bien envoyer un défi, en 1674, à un général d'armée qui brûlait son pays sans aucune raison plausible.

Le président Hénault[2] peut avoir tort de dire « que M. de Turenne *répondit* avec une modération qui fit honte à l'électeur de cette *bravade*. » Ce n'était point, à mon sens, une bravade, c'était une très-juste indignation d'un prince sensible et cruellement offensé.

On touchait au temps où ces duels entre des princes avaient été fort communs. Le duc de Beaufort, général des armées de la Fronde, avait tué en duel le duc de Nemours. Le fils du duc de Guise avait voulu se battre en duel avec le grand Condé. Vous verrez, dans les *Lettres de Pelisson*[3], que Louis XIV lui-même demanda s'il lui serait permis en conscience de se battre contre l'empereur Léopold.

Je ne serais point étonné que l'électeur, tout tolérant qu'il était (ainsi que tout prince éclairé doit l'être), ait reproché, dans sa colère, au maréchal de Turenne son changement de religion, changement dont il ne s'était avisé peut-être que dans l'espérance d'obtenir l'épée de connétable, qu'il n'eut point. Un prince tolérant, et même très-indifférent sur les opinions qui partagent les sectes chrétiennes, peut fort bien, quand il est en colère, faire rougir un ambitieux qu'il soupçonne de s'être fait catholique romain par politique, à l'âge de cinquante-cinq ans; car il est probable qu'un homme de cet âge, occupé des intrigues de cour, et, qui pis est, des intrigues de l'amour et des cruautés de la guerre, n'embrasse pas une secte nouvelle par conviction. Il avait changé deux fois de parti dans les guerres civiles; il n'est pas étrange qu'il ait changé de religion.

Je ne serais point encore surpris de plusieurs ravages faits en différents temps dans le Palatinat par M. de Turenne; il faisait volontiers subsister ses troupes aux dépens des amis comme des ennemis. Il est très-vraisemblable qu'il avait un peu maltraité ce beau pays, même en 1664, lorsque le roi de France était allié de l'électeur, et que l'ar-

---

1. *Mémoires du marquis de B****, concernant ce qui s'est passé de plus mémorable sous le règne de Charles IV, duc de Lorraine et de Bar.* (ÉD.)
2. *Nouvel abrégé chronologique de l'histoire de France.* (ÉD.)
3. *Lettres historiques de M. Pelisson.* (ÉD.)

mée de France marchait contre la Bavière. Turenne laissa toujours à ses soldats une assez-grande licence. Vous verrez, dans les *Mémoires* du marquis de La Fare, que, vers le temps même du cartel, il avait très-peu épargné la Lorraine, et qu'il avait laissé le pays messin même au pillage. L'intendant avait beau lui porter ses plaintes, il répondait froidement : « Je le ferai dire à l'ordre. »

Je pense, comme vous, que la teneur des lettres de l'électeur et du maréchal de Turenne est supposée. Les historiens malheureusement ne se font pas un scrupule de faire parler leurs héros. Je n'approuve point dans Tite Live ce que j'aime dans Homère. Je soupçonne la lettre de Ramsay[1] d'être aussi apocryphe que celle du Gascon Sandras. Ramsay l'Écossais était encore plus gascon que lui. Je me souviens qu'il donna au petit Louis Racine, fils du grand Racine, une lettre au nom de Pope, dans laquelle Pope se justifiait des petites libertés qu'il avait prises dans son *Essai sur l'homme*. Ramsay avait pris beaucoup de peine à écrire cette lettre en français, elle était assez éloquente : mais vous remarquerez, s'il vous plaît, que Pope savait à peine le français, et qu'il n'avait jamais écrit une ligne dans cette langue; c'est une vérité dont j'ai été témoin, et qui est sue de tous les gens de lettres d'Angleterre. Voilà ce qui s'appelle un gros mensonge imprimé; il y a même, dans cette fiction, je ne sais quoi de faussaire qui me fait de la peine.

Ne soyez point surpris que M. de Chenevières n'ait pu trouver, dans le dépôt de la guerre, ni le cartel ni la lettre du maréchal de Turenne. C'était une lettre particulière de M. de Turenne au roi, et non au marquis de Louvois. Par la même raison, elle ne doit point se trouver dans les archives de Manheim. Il est très-vraisemblable qu'on ne garda pas plus de copie de ces lettres d'animosité que l'on n'en garde de celles d'amour.

Quoi qu'il en soit, si l'électeur palatin envoya un cartel par le trompette Petit-Jean, mon avis est qu'il fit très-bien, et qu'il n'y a à cela nul ridicule. S'il y en avait eu, si cette bravade avait été honteuse, comme le dit le président Hénault, comment l'électeur, qui voyait ce fait publié dans toute l'Europe, ne l'aurait-il pas hautement démenti? comment aucun homme de sa cour ne se serait-il élevé contre cette imposture?

Pour moi, je ne dirai pas comme ce maraud de Frelon dans l'*Écossaise* : « J'en jurerais, mais je ne le parierais pas. » Je vous dirai : Je ne le jure ni ne le parie. Ce que je vous jurerai bien, c'est que les deux incendies du Palatinat sont abominables. Je vous jure encore que, si je pouvais me transporter, si je ne gardais pas la chambre depuis près de trois ans, et le lit depuis deux mois, je viendrais faire ma cour à Leurs Altesses Sérénissimes, auxquelles je serai bien respectueusement attaché jusqu'au dernier moment de ma vie. Comptez de même sur l'estime et sur l'amitié que je vous ai vouées.

A propos d'incendie, il y a des gens qui prétendent qu'on mettra le feu à Genève cet hiver. Je n'en crois rien du tout ; mais si on veut

---

1. *Histoire du vicomte de Turenne*, par Ramsay. (Éd.)

brûler Ferney et Tournay, le régiment de Conti et la légion de Flandre, qui sont occupés à peupler mes pauvres villages, prendront gaiement ma défense.

MMMMMCXCIX. — A M. LE COMTE DE FÉKÉTÉ.

A Ferney, 23 octobre.

Je reçus hier, monsieur le comte, vos vers, qui m'étonnent toujours; votre belle apologie des chrétiens, qui en usent avec les dames beaucoup plus honnêtement que les musulmans; et votre vin de Hongrie, dont je viens de boire un coup malgré tous mes maux, et qui est, après vos vers et votre prose, ce que j'aime le mieux. Les bords du lac de Genève, qui ne produisent que de fort mauvais vin, ont été bien étonnés du vôtre, et moi confondu d'un si beau présent, qui vaut mieux assurément que toute l'eau d'Hippocrène. Je suis bien honteux que les stériles montagnes suisses n'aient rien qui soit digne de vous. Il n'y a que des ours, des chamois, des marmottes, des loups, des renards, et des Suisses.

J'ai l'honneur de vous envoyer la faible tragédie scythe, que vous avez la curiosité de voir. Je l'adresse à M. de ...., sans aucune lettre particulière, et seulement avec une enveloppe à votre adresse. Si elle arrive à bon port, cela m'encouragera à vous envoyer d'autres paquets.

Vous renoncez donc à la dignité de chancelier, et vous donnez la préférence à celle de général d'armée. Je ne serai plus au monde quand vous commanderez, mais je vous souhaite tous les succès que votre esprit, qui s'étend à tout, doit vous faire espérer. Le roi de Prusse a commencé par faire des vers.

M. le marquis de Miranda me paraît penser très-juste, et connaît fort bien son monde. Je croyais les chambellans de la première reine de l'Europe étaient excellences de droit. J'ai été chambellan d'un roi dont le grand-père tenait sa dignité du grand-père de votre souveraine; mais ces chambellans-là étaient *vostra coglioneria*, et non pas *vostra eccellenza lustrissima*. C'est en Italie que l'*eccellenza lustrissima* a beau jeu.

Quelque titre que vous preniez, monsieur, je chérirai jusqu'au dernier moment de ma vie celui de votre très-humble, très-obéissant, très-attaché et très-reconnaissant serviteur.

MMMMMCC. — A M. DUPONT.

A Ferney, 24 octobre.

Mon cher ami, je reçois votre lettre du 18. Je commen... par les plus sincères et les plus tendres remer...ments; je vous dir... ...te que si le juste soin d'assurer mes droits faisait quelque bruit en Alsace et en Souabe, ce serait tant pis pour la cour de Wurtemberg, qui ne paye pas ses dettes.

J'ai été forcé d'envoyer un avocat de mes amis en Franche-Comté pour assurer mes créances; et je me flatte que vous voudrez bien faire pour moi dans le district de Colmar ce qu'il a fait dans celui de Besançon.

« Il y a longtemps que j'ai prévenu votre conseil, en écrivant à M. le duc de Wurtemberg les lettres les plus pressantes, auxquelles il n'a pas seulement fait réponse. Il faut absolument mettre cette affaire en règle, et forcer la chambre des finances de Montbéliard à me donner des délégations irrévocables sur des fermiers que je puisse contraindre. Je vous répète que j'ai cent personnes à nourrir, et que cette dépense journalière ne permet aucun ménagement.

Je crois qu'on peut faire saisir les revenus des terres en Alsace, sans faire une saisie réelle; je m'en rapporte à vos lumières sur cette formalité.

Il aurait été bien convenable et bien utile que les lois eussent donné autant de force à la copie authentique d'un contrat qu'à la grosse; car cette grosse peut se perdre par mille accidents : par le feu, par la guerre, par la négligence d'un héritier, par la mauvaise foi d'un homme d'affaires. Il aurait donc fallu, pour prévenir tant d'inconvénients, ordonner qu'on délivrât deux grosses, comme les banquiers délivrent deux lettres de change pour la même somme, les deux lettres ne valant que pour une.

Je vous supplie de remarquer surtout que je n'ai point de grosse de contrat pour les engagements précédents de M. le duc de Wurtemberg en 1752 et 1753. Ces objets sont considérables; ils montent à soixante-dix mille écus d'Allemagne.

Je crois vous avoir mandé, mon cher ami, que j'ai remis entre les mains de mon avocat de Franche-Comté le contrat de deux cent mille livres que vous passâtes en ma faveur en 1764; c'est en vertu de ce contrat qu'il agit actuellement dans les terres de Franche-Comté. Je lui manderai de vous envoyer mon contrat dès qu'il aura rempli les formalités nécessaires. J'ai gardé par devers moi pour quatre-vingt mille livres de contrats, uniquement pour ne point multiplier les frais du contrôle que l'on paye dans le comté de Bourgogne.

Si malheureusement quelques discussions arrêtaient trop longtemps en Franche-Comté l'avocat qui s'est bien voulu charger de mes affaires, dites-moi, je vous prie, comment vous pourriez vous y prendre pour me faire rendre justice avec les seules pièces qui sont entre vos mains.

Il est d'une nécessité absolue qu'on agisse en forme juridique dans la confusion totale où sont les affaires. J'ai écrit à M. Jean Maire; ma lettre est pleine de respect pour M. le duc de Wurtemberg, et ne parle que de la nécessité où je suis de prendre des mesures contre ceux qui pourraient me disputer mes hypothèques. Je prie même M. Jean Maire de communiquer ma lettre à la chambre des finances de Montbéliard.

Je vous ai rendu un compte exact de ma situation ; tout mon embarras actuellement est de savoir comment nous ferons pour faire valoir les promesses de contrat de M. le duc de Wurtemberg, faites en 1752 et 1753; promesses qui sont rappelées, si je ne me trompe, dans le contrat de 1764, que vous avez bien voulu signer. Ses promesses valent-elles en effet contrat? Je les ai toutes deux par devers moi; ne faudra-t-il pas que je vous les envoie? Dites-moi, je vous prie, quel usage vous en ferez, et quelle est, sur ce point délicat, la jurispru-

dence du conseil souverain d'Alsace. Toutes ces affaires ne laissent pas d'être fort tristes pour un homme de mon âge, dont la santé est très-languissante; ma consolation est dans votre amitié. Je vous embrasse de tout mon cœur.
V.

MMMMMCCI. — A M. CHRISTIN.

A Ferney, 27 octobre.

Mon cher ami, je vous écris à tout hasard, ne sachant où vous êtes, et je prie M. Le Riche de vous faire tenir ma lettre. J'ai écrit à M. Jean Maire, receveur de M. le duc de Wurtemberg; je lui ai mandé que la nécessité de soutenir mes droits et ceux de ma famille contre les créanciers du prince, m'oblige de mettre les affaires en règle; que vous êtes chargé de ma procuration; que vous devez être incessamment dans le bailliage de Baume, et qu'il est de l'intérêt du prince que la chambre de Montbéliard prenne sans délai des arrangements avec vous, pour prévenir des frais ultérieurs; qu'il n'y a qu'à me déléguer mes rentes et celles de ma famille, sur des fermiers solvables et sur des régisseurs, en stipulant que leurs successeurs seront tenus aux mêmes conditions, quand même ces conditions ne seraient pas exprimées dans les contrats que la chambre de Montbéliard ferait un jour avec eux.

Si la chambre de Montbéliard a une envie sincère de terminer cette affaire, elle le pourra très-aisément; et il sera nécessaire que M. le duc de Wurtemberg ratifie ces conventions.

Si les terres de Franche-Comté étaient tellement chargées qu'elles ne pussent suffire à mon payement, il faudrait faire déléguer le surplus sur les terres de Richwir et d'Horbourg, situées près de Colmar. Mais, dans toutes ces délégations, il faut stipuler que les fermiers ou régisseurs seront tenus de me faire toucher ces revenus dans mon domicile, sans aucuns frais, selon mes conventions avec M. Jean Maire, bien entendu surtout que l'on comprendra dans la dette tous les frais que l'on aura faits, tant pour la procédure que pour les contrôles et insinuations, que pour le payement de votre voyage.

S'il est impossible d'entrer dans cet accommodement raisonnable, vous ferez saisir toutes les terres dépendantes de Montbéliard en Franche-Comté; après quoi je vous prierai d'envoyer le contrat de deux cent mille livres, par la poste, à M. Dupont, avocat au conseil souverain de Colmar, à Colmar, avec la précaution de faire charger le paquet à la poste.

M. Le Riche m'écrit d'Orgelet qu'il faut faire insinuer mon contrat de deux cent mille livres, parce que, dit-il, on pourrait un jour prétendre *que j'aurais seulement placé sur la tête de ma nièce, sans que ce soit à son profit*. Je ne conçois point du tout cette difficulté, puisqu'il est stipulé dans le contrat que ma nièce ne jouira qu'après ma mort. Certainement cette jouissance exprimée est au profit de Mme Denis; mais il ne faut négliger aucune précaution, et je payerai tout ce que M. Le Riche jugera convenable.

Au reste, je me rapporte de toute cette affaire entièrement à vous; mais je crois qu'il ne faut pas se presser de faire l'insinuation, si la chambre des finances se prête à un prompt accommodement.

Mandez-moi, je vous prie, ce que vous pensez de tout cela, et ce que vous aurez fait. Adieu, mon cher ami ; on ne peut vous être plus tendrement attaché que je le suis.

MMMMMCCII. — A M. ÉLIE DE BEAUMONT.
25 octobre.

Non, mon cher défenseur de l'innocence des autres et des droits de madame votre femme, non, mon cher Cicéron, ne m'envoyez pas votre factum pour les Sirven : ce serait perdre un temps précieux. Je m'en rapporte à vous ; je ne veux voir votre mémoire qu'imprimé. Vous n'avez pas besoin de mes faibles conseils, et les malheureux Sirven ont besoin que leur mémoire paraisse incessamment, signé de plusieurs avocats. Je vais écrire à M. Chardon, puisque vous l'ordonnez ; mais il me semble qu'aucun maître des requêtes ne demande jamais d'être rapporteur d'une affaire. Ils attendent tous que M. le vice-chancelier les nomme. J'aurai du moins le plaisir de dire à M. Chardon tout ce que je pense de vous.

M. de La Borde, premier valet de chambre du roi, en revenant de Ferney, rencontra M. le vice-chancelier[1] dans la chambre de Sa Majesté : il lui dit que M. le duc de Choiseul devait lui demander M. Chardon pour rapporteur dans l'affaire des Sirven : M. le vice-chancelier répondit qu'il le nommerait de tout son cœur. Je m'attends donc que votre mémoire pourra faire parler M. le duc de Choiseul, qui aura cette bonté.

Quand vous serez à Paris, pourrez-vous m'envoyer par M. Damilaville vos mémoires contre Mme de Roncherolles? Tout ce qui vous concerne m'intéresse. Ne doutez pas que M. d'Argental ne parle et ne fasse parler M. le duc de Praslin à M. Chardon. J'aurai même l'insolence de demander la protection de M. le duc de Choiseul : il a déjà eu la bonté de m'écrire qu'il est depuis longtemps l'ami de M. Chardon, et qu'il l'avait envoyé dans une île[2] toute pleine de serpents, de laquelle il était revenu le plus tôt qu'il avait pu.

Vous avez donc trouvé d'autres serpents en Normandie? M. Ducelier[3] siffle donc toujours contre vous, et tâche de vous mordre au talon ? Mais il paraît que vous lui écraserez la tête.

Voilà bien des affaires : vous faites la guerre de tous côtés; mais la grande guerre, celle qui m'intéresse le plus, est celle de qui dépend la fortune de Mme de Beaumont. Je vous ai déjà dit que j'ai lu avec beaucoup d'attention vos factums. Je vois que vous demandez à rentrer dans une terre de sa famille, vendue à vil prix; je vois que la raison et les lois sont pour vous : je veux voir absolument le factum de votre adverse partie. Je sais qu'elle a soulevé contre vous beaucoup de protestants ; je puis en ramener quelques-uns qui ne laissent pas d'avoir du crédit. Ce que je vous dis est plus essentiel que vous ne pensez. Je vous de-

1. Maupeou. (ÉD.) — 2. Sainte-Lucie. (ÉD.)
3. C'est sans doute le nom de la partie adverse de Beaumont dans le procès pour la terre de Canon. (Note de M. Beuchot.)

mande en grâce de m'envoyer ce mémoire de votre adversaire avec celui des Sirven. Depuis votre triomphe dans l'affaire des Calas, toutes vos affaires sont devenues les miennes.

Adieu, mon cher Cicéron : mille respects à Mme Terentia.

MMMMCCIII. — DE M. COLINI.

Manheim, 29 octobre.

Mgr l'électeur a lu avec avidité, monsieur, la lettre que vous veniez de m'écrire. Il regrette de ne pouvoir pas vous voir à Manheim, et vous ne lui donnez seulement pas l'espoir de vous posséder un jour. Je vous remercie des réflexions que vous avez bien voulu faire sur mon petit ouvrage. Voici quelques-unes de mes remarques.

Comme vous êtes né en 1694, le cardinal d'Auvergne et le chevalier de Bouillon n'ont pu vous parler du cartel de l'électeur palatin que dans un temps où ce fait était déjà imprimé dans une foule d'ouvrages. A moins qu'ils ne vous aient montré quelque écrit particulier que nous ne connaissons point, je ne vois pas ce qui pourrait empêcher de penser qu'ils n'ont connu cette anecdote que par ces ouvrages, qu'elle a pu les flatter, et qu'ils pouvaient être charmés de l'adopter. Lorsque j'ai fait des recherches dans les archives de Manheim, et que j'ai souhaité qu'on en fît au dépôt de la guerre en France, ce n'était pas uniquement pour trouver le défi et la réponse de Turenne, lettres d'animosité dont je veux croire qu'on n'art pas gardé de copie; mais je cherchais quelque trace de ce fait; et il est étonnant que parmi ce fatras de papiers et de correspondances, qui contient souvent des choses plus inutiles que ce cartel, on n'en trouve pas le moindre vestige. Dites-moi, je vous prie, par quelle fatalité, depuis l'époque du cartel jusqu'à la publication du livre du romancier Courtilz, c'est-à-dire depuis 1674 jusqu'à 1685, on ne trouve ni papiers, ni nouvelles, qui fassent mention de cette anecdote, et pourquoi, après la publication du même livre, voit-on ce bruit répandu dans l'Europe? Vous voudriez le faire regarder comme assez indifférent, pour qu'on ne se donnât pas plus de peine pour en conserver le souvenir qu'on ne s'en donne pour *copier des lettres d'amour*. Cependant tous les auteurs, même les plus respectables, qui ont parlé après Gatien de Courtilz, ont eu intention de nous les transmettre comme un fait intéressant et curieux. Ne le dites-vous pas?

Louis XIV a pu fort bien demander s'il ne pourrait pas en conscience se battre avec l'empereur Léopold; mais Louis XIV s'avisa-t-il jamais d'envoyer des défis au prince Eugène et à Marlborough?

Je n'ai point dit qu'il ne faut pas ajouter foi au marquis de Beauvau, parce qu'il croyait aux revenants et aux visions; mais j'ai dit que, du temps du prétendu cartel, il était à quatre-vingts lieues de Manheim; qu'il était attaché à la maison de Bavière, l'ennemi juré de la Palatine, et qu'il écrivait alors son ouvrage, comme il le déclare lui-même, sur la foi d'autrui : raison bien plus plausible que celle dont vous me rendez responsable, et que je n'avais alléguée que parce que ces auteurs à visions sont sujets quelquefois à être visionnaires.

Vous vous étonnez de ce que Charles-Louis, qui voyait ce fait publié dans toute l'Europe, ne l'ait pas hautement démenti, et vous en concluez que le fait était vrai : vous admettez ici gratuitement ce qui fait justement le nœud de toute la difficulté. Qui est ce qui vous a dit que Charles-Louis ait vu ce fait publié dans toute l'Europe? c'est un point fort embarrassant qui vous reste à prouver, un point que je nie hautement, et sur lequel roule toute ma dissertation. Le silence de Charles-Louis, de ses courtisans, de tous les historiens et de tous les écrivains du temps, démontre la fausseté du fait. Pour que vous puissiez donc prouver qu'il était public dans toute l'Europe du temps de l'électeur, il faut produire des pièces justificatives, citer les ouvrages et les historiens contemporains qui en ont parlé, et faire voir que j'ai eu tort de regarder Gatien de Courtilz comme le premier auteur de cette fable en 1685, dix ans après la mort de Turenne, et cinq ans après celle de Charles-Louis. J'ai tâché de faire voir dans mon ouvrage comment s'est répandue cette fable après Gatien, comment d'un auteur elle a passé à l'autre; et en admettant que Charles-Louis ait eu connaissance de ce fait, vous renversez sans aucune preuve mon système.

Vous ajoutez : « Comment aucun homme de sa cour ne se serait-il élevé contre cette imposture? » Selon moi, aucun homme de sa cour ne put s'élever contre cette imposture qu'après l'année 1685; et je trouve, en effet, que huit ans après cette date, un homme de sa cour fit connaître la fausseté de cette anecdote. Pourquoi ai tardé? direz-vous. On n'en sera pas surpris, si on veut observer dans quelles circonstances parut l'ouvrage de Gatien de Courtilz.

Au commencement de l'année 1685, la branche réformée de Charles-Louis vint à s'éteindre en son fils, et fit place à la catholique de Neubourg : c'est immédiatement après cet événement que le livre de Gatien devint public. On voyait alors à Heidelberg une cour entièrement nouvelle, agitée par d'autres vues et par de nouveaux intérêts, animée d'un autre esprit de religion, et qui eut tout à coup à redouter les prétentions de la maison d'Orléans sur la succession de Simmeren[1]. Pensez-vous qu'au milieu de ce changement et de la crainte d'une guerre prochaine, les anciens courtisans de feu Charles-Louis fussent fort curieux de nouveautés de littérature française? et exigeriez-vous que le livre de Gatien leur dût être connu immédiatement après la publication, afin qu'ils pussent le réfuter? Reiger, secrétaire de cet électeur, enveloppé dans cette catastrophe, et réfugié en Suisse, n'apprit même que vers l'an 1692 le bruit que faisait en France l'anecdote de ce cartel. Cet animé serviteur de Charles-Louis, auquel on ne saurait attribuer des vues de flatterie, publia, en 1693, *que ce fait était entièrement faux*. Vous voyez donc qu'il y a eu quelqu'un de la cour de Charles-Louis qui s'est élevé contre cette imposture aussitôt qu'il a pu en avoir connaissance. Le témoignage de cet homme me paraît d'un grand poids. Croira-t-on plutôt à M. de Beauvau qui s'était éloigné de

---

[1]. Louis-Philippe, frère de la duchesse d'Orléans, mère du régent, mourut en 1685. Il avait en apanage la principauté de Simmeren ou Simmern, sur laquelle la maison d'Orléans éleva des prétentions. (ED.)

Manheim, qu'à Reiger qui ne quittait pas Charles-Louis, qui était son confident, qui écrivait toutes ses lettres, et qui était auprès de son maître dans le temps de ce prétendu défi ?

Lorsqu'on jette un encrier à la tête de quelqu'un qui vous dit des injures, c'est un mouvement de colère dont on n'est pas le maître, et on a le plaisir de se voir vengé avant que d'y avoir pensé. Mais un cartel, il faut l'écrire, il faut chercher les expressions; cela demande du temps; on réfléchit; on pense que le général avec lequel on veut se battre n'est peut-être pas si coupable; qu'il agit par des ordres; que quand on l'aura tué, les villages n'en seront pas moins brûlés; qu'en cas qu'on soit tué, les sujets n'en seront que plus à plaindre : on commence à entrevoir l'inutilité de la bravade et le mauvais choix qu'on a fait du moyen de témoigner *sa très-juste indignation* par un défi qu'il est aisé de prévoir qu'on n'acceptera pas : en attendant, l'ardeur se calme, l'envie de se battre diminue, la raison vient : on finit par déchirer la lettre. Aura-t-on donc raison de conclure que si quelqu'un a commis la première de ces actions, on doit le supposer capable de la seconde ?

Voilà les remarques que j'ai voulu soumettre à vos lumières. Je voudrais que vous les trouvassiez fondées, etc.   COLINI.

MMMMMCCIV. — A M. DAMILAVILLE.

30 octobre.

Mon cher ami, je reçois votre lettre du 20 d'octobre, car il faut que je sois exact sur les dates : on dit qu'il y a quelquefois des lettres qui se perdent.

J'écris à M. Chardon, à tout hasard, pour l'affaire des Sirven, quoique je ne croie pas le moment favorable. On vient de condamner à être pendu un pauvre diable de Gascon qui avait prêché la parole de Dieu dans une grange auprès de Bordeaux. Le Gascon, maître de la grange, est condamné aux galères, et la plupart des auditeurs gascons sont bannis du pays; mais quand on appesantit une main, l'autre peut devenir plus légère. On peut en même temps exécuter les lois sévères qui défendent de prêcher la parole de Dieu dans des granges, et venger les lois qui défendent aux juges de rouer, de pendre les pères et les mères sans preuves.

Ne pourriez-vous point m'envoyer cette *Honnêteté théologique*[1] dont on parle tant, et qu'on m'impute à cause du titre, et parce que l'on sait que je suis très-honnête avec ces messieurs de la théologie ? Je ne l'ai point vue, et je meurs d'envie de la lire. On ne pourra pas empêcher qu'il y ait une Sorbonne, mais on pourra empêcher que cette Sorbonne fasse du mal. Le ridicule et la honte dont elle vient de se couvrir dureront longtemps. Il faut espérer que tant de voix, qui s'élèvent d'un bout de l'Europe à l'autre, imposeront enfin silence aux théologiens, et que le monde ne sera plus bouleversé par des arguments, comme il l'a été tant de fois.

Pourquoi donc ne pas donner vos observations sur l'*Ordre essentiel*

---

[1]. Opuscule de Damilaville. (ÉD.)

des sociétés? mais il n'y a pas moyen de dire tout ce qu'on devrait et qu'on voudrait dire.

Adieu, mon très-cher ami; tâchez donc de venir à bout de cette enflure au cou; pour moi, je suis bien loin d'avoir des enflures, je diminue à vue d'œil, et je serai bientôt réduit à rien.

MMMMMCCV — A M. DUPONT.

A Ferney, 31 octobre.

Mon cher ami, je reçois votre lettre, et celle du procureur que vous avez choisi; je vous demande en grâce d'exiger de lui qu'il fasse sur-le-champ une opposition entre les mains des régisseurs de Richwir et des fermiers du Martinet. Il est essentiel que mes démarches soient faites en même temps en Alsace et en Franche-Comté; je crois qu'on peut toujours faire une opposition sans avoir la grosse en main, sauf à la produire ensuite : tout mon but est de forcer M. le duc de Wurtemberg de mettre de l'ordre dans ses affaires, à ne se pas ruiner, et à ne pas ruiner ses créanciers. Quand il verra qu'on fait des saisies en France, tandis que la commission impériale lui impose des lois en Souabe, il faudra bien qu'il prenne un parti raisonnable, dans la crainte de se voir en tutelle; il aurait même la douleur de ne pouvoir s'opposer à la vente de ses terres, s'il ne prenait incessamment une résolution digne de son rang. Il est fort mal à M. Jean Maire de ne m'avoir point averti du désordre des affaires, et de m'avoir toujours donné des paroles qu'il savait bien ne pouvoir tenir. Il m'a envoyé, en dernier lieu, quatre mille cinq cents livres, au lieu de soixante-deux mille qu'il m'avait promises; ce n'est pas sa faute de promettre ce qu'il ne peut exécuter! M. de Montmartin a été plus sincère que lui. En un mot, mon cher ami, je compte sur vous comme sur ma seule ressource : je vous embrasse du meilleur de mon cœur. VOLTAIRE.

Je vous prie de me mander à quoi se monte la créance du baron banquier Dietrich, et celle des marchands de Lyon qui ont fourni de belles étoffes à des filles.

MMMMMCCVI. — A M. DAMILAVILLE.

2 novembre.

Mon corps, qui n'en peut plus, fait ses compliments à votre cou, qui n'est pas en trop bon ordre, mon cher ami. J'arrange mes petites affaires, et voici un papier que je vous prie de faire parvenir à M. de Laleu.

Au reste, plus la raison est persécutée, plus elle fait de progrès. Puissent les braves combattre toujours, et les tièdes se réchauffer!

Je reçois une lettre d'un des nôtres, nommé M. Dupont, avocat au conseil souverain d'Alsace, qui me mande vous avoir adressé des papiers très-importants pour moi. Il faut bien, quelque philosophe que l'on soit, ne pas négliger absolument ses affaires temporelles; ces papiers me seront très-utiles dans le délabrement des affaires de M. le duc de Wurtemberg. Personne ne me paye, et j'ai, depuis six semaines, le régiment de Conti, auquel il faut faire les honneurs du pays. Je suis plus embarrassé que la Sorbonne ne l'est avec M. Marmontel.

Je viens d'apprendre qu'il y a des mémoires imprimés du maréchal de Luxembourg, et je suis honteux de l'avoir ignoré. Ils me seront très-utiles pour la nouvelle édition que l'on fait du *Siècle de Louis XIV*; et je vous prie instamment, mon cher ami, de me les faire venir par Briasson, ou de quelque autre manière.

Connaîtriez-vous un petit écrit sur la population d'une partie de la Normandie et de deux ou trois autres provinces de France? on dit que l'intendant, M. de La Michodière, a part à cet ouvrage, qui est, dit-on, très-exact et très-bien fait.

Mandez-moi surtout des nouvelles de votre cou; je m'y intéresse plus qu'à tous les dénombrements de la France. Vous ne m'avez point parlé de l'opéra¹ de M. Thomas et de M. de La Borde. Je crois que vous vous souciez plus d'un bon raisonnement que d'une double croche.

Portez-vous bien, mon cher ami, et aimez un homme qui vous chérira jusqu'au dernier moment de sa vie.

MMMMMCCVII. — A M. MOREAU.

A Ferney, 3 novembre.

Les arbres dont vous me gratifiez, monsieur, sont heureusement arrivés à Lyon. Je vais les envoyer chercher. La saison est encore favorable. Je sens également l'excès de vos bontés, et le ridicule de planter à mon âge; mais ce ridicule est bien compensé par l'utilité dont il sera à mes successeurs, et au petit pays inconnu que j'ai tâché de tirer de la barbarie et de la misère.

J'ai eu dans mes terres, en dernier lieu, la moitié du régiment de Conti et de la légion de Flandre; ils auraient été obligés de coucher à la belle étoile il y a dix ans. Les officiers et les soldats ont été fort à leur aise. Je suis toujours très-convaincu que la France en vaudrait mieux d'un tiers, si les possesseurs des terres voulaient bien en prendre soin eux-mêmes; mais je gémis toujours sur les déprédations des forêts.

Je ne pense pas du tout que la France soit aussi dépeuplée qu'on le dit. Je vois par le dénombrement exact des feux, fait en 1753, qu'il y a environ vingt millions de personnes dans le royaume, en comptant les soldats, les moines et les vagabonds. Je vois que l'industrie se perfectionne tous les jours, et qu'au fond la France est un corps robuste qui se rétablit aisément en peu d'années par du régime, après ses maladies et ses saignées.

Je ne suis point du nombre des gens de lettres qui gouvernent l'État du fond de leurs greniers, et qui prouvent que la France n'a jamais été si malheureuse; mais je suis du petit nombre de ceux qui défrichent en silence des terres abandonnées, et qui améliorent leur terrain et celui de leurs vassaux.

Je vous dois bien des remercîments, monsieur, de m'avoir aidé dans

1. *Amphion.* (ÉD.)

mon petit travail. Je dois payer au moins la peine de vos enfants trouvés, qui ont arraché les arbres, et qui les ont fait transporter à Chailli. Je vous supplie de vouloir bien me dire à qui et comment je puis faire tenir une petite lettre de change.

Continuez, monsieur, à être utile à l'État, par le bel établissement à la tête duquel vous êtes; jouissez de vos heureux succès; comptez moi parmi ceux qui en sentent tout le prix, et qui sont véritablement sensibles au bien public.

J'ai l'honneur d'être avec autant de respect que d'estime, monsieur, votre, etc.

MMMMMCCVIII. — A M. DALEMBERT.

4 novembre.

Mon cher philosophe (car il faut toujours vous appeler de ce nom respectable que la cour ne respecte guère), le philosophe M. de Chabanon aura donc le bonheur de vous embrasser! vous lèverez donc les épaules ensemble sur l'avilissement où l'on veut jeter les lettres, sur la conspiration contre la raison et contre la liberté, sur les sottises dont vous êtes environné, sur la barbarie où l'on va nous replonger, si vous n'y mettez ordre!

M. de Chabanon a un beau plan de tragédie, et a fait un premier acte qui annonce le succès des quatre autres [1]; mais pour qui travaille-t-il? quels comédiens et quels spectateurs! Le temps des beaux-arts est passé, et la philosophie, qui faisait l'honneur de ce siècle, est persécutée. La Sorbonne est dans la boue, mais les gens de lettres sont sub gladio. L'approbateur de *Bélisaire* [2] est toujours destitué. Rien ne marque plus le dessein formé d'empêcher la nation de penser; c'était tout ce qui lui restait. Battue par le prince de Brunswick et par le margrave de Brandebourg, par les Anglais et par le roi de Maroc; sans argent, sans commerce et sans crédit; si elle ne se met pas à penser, que deviendra-t-elle? Votre cour de parlement fait conduire en place de Grève un lieutenant général [3] avec bâillon en bouche, sans daigner alléguer le moindre délit; on coupe la main, la langue et la tête à un jeune gentilhomme à Abbeville, et on jette tout cela dans un grand feu, pour n'avoir pas salué des capucins, et pour avoir chanté deux vieilles chansons; et les gens coupables de ces assassinats judiciaires sont honorés! Vraiment, après cela, il faut boucher les yeux, les oreilles et l'entendement d'une nation; mais on n'y parviendra pas. Les hommes s'éclaireront malgré les tigres et les singes. Vous ne voulez pas être martyr, mais soyez confesseur: vos paroles feront plus d'effet qu'un bûcher. Mon cher philosophe, criez toujours comme un diable.

Je vous aime autant que je hais ces monstres.

MMMMMCCIX. — A M. LE COMTE D'ARGENTAL.

6 novembre.

Vraiment, mon divin ange, je ne savais pas que vous eussiez enterré votre médecin. Je ne sais rien de si ridicule qu'un médecin qui ne

---

1. *Eudoxie*, tragédie de Chabanon. (ÉD.) — 2. Bret. (ÉD.) — 3. Lally. (ÉD.)

meurt pas de vieillesse; et je ne conçois guère comment on attend sa santé de gens qui ne savent pas se guérir : cependant il est bon de leur demander quelquefois conseil, pourvu qu'on ne les croie pas aveuglément. Mais comment pouvez-vous prendre les mêmes remèdes, Mme d'Argental et vous, puisque vous n'avez pas la même maladie? c'est une énigme pour moi. Tout ce que je puis faire, c'est de lever les mains au ciel, et de le prier de vous accorder une vie très-longue, très-saine, avec très-peu de médecins.

J'avais déjà écrit un petit mot à M. de Thibouville pour vous être montré. Votre lettre du 28 d'octobre ne m'a été rendue qu'après. Vous ne doutez pas que je ne sois bien curieux de voir ma lettre à la belle Mlle Dubois. Vous avez vu les raisons que j'ai de me tenir un peu clos et couvert jusqu'à ce que j'aie reçu des nouvelles de M. le maréchal de Richelieu. Il me semble qu'il y a dans cette affaire je ne sais quelle conspiration pour m'embarrasser et se moquer de moi. Mais comment M. le duc de Duras n'a-t-il pas eu la curiosité de voir cette lettre, qui est devenue la pomme de discorde chez les déesses du *tripot?* Rien n'est, ce me semble, si facile; tout serait alors tiré au clair, sans que des personnes qui peuvent beaucoup me nuire eussent le moindre prétexte contre moi.

Je vous avouerai grossièrement, mon cher ange, que je me trouve dans une situation bien gênante, et que je crains l'éclat d'une brouillerie qui me mettrait dans l'alternative de perdre une partie de mon bien, ou de le redemander par les voies du monde les plus tristes, et peut-être les plus inutiles. On me mande des choses si extraordinaires, que je ne sais plus où j'en suis; ma santé d'ailleurs est absolument ruinée. Je dois plutôt songer à vivre que songer à la singulière tracasserie qu'on m'a faite. Je n'ose même écrire à Lekain, de peur de l'exposer.

Vous verrez incessamment M. de Chabanon et M. de La Harpe. J'ai donné une lettre à M. de La Harpe pour vous.

Adieu, mon divin ange; maman¹ et moi nous nous mettons au bout de vos ailes plus que jamais.

Vous savez quel est pour vous mon culte d'hyperdulie.

MMMMCCX. — A M. DUPONT.

A Ferney, 7 novembre.

Je reçois à la fois, mon cher ami, vos deux lettres du 29 octobre et du 1ᵉʳ novembre. Je ne demande autre chose, sinon que mon procureur s'oppose (en vertu de mon hypothèque antérieure) à toutes délivrances d'argent ou fruits aux créanciers de Lyon ; l'arrêt viendra ensuite quand il pourra ; peut-être qu'avant l'arrêt, le sieur Jean Maire aura pris un parti raisonnable ; mais il faut l'y forcer. Il m'a donné cent paroles qu'il ne m'a point tenues ; il me devra soixante-dix-sept mille livres au 1ᵉʳ janvier ; et ayant reçu l'ordre, il y a au moins six semaines, de m'envoyer trois cents louis d'or, il ne m'a donné que des

1. Mme Denis. (ÉD.)

lettres de change pour quatre mille cinq cents livres. Il ne sait pas la triste situation où il me réduit. Il vient de m'écrire une lettre très-ridicule; je lui ai fait une réponse catégorique, dont j'enverrai copie, s'il le faut, à M. le duc de Wurtemberg lui-même : je veux absolument que les choses soient en règle, c'est une justice que je dois à ma famille; mais je ne manquerai jamais de respect ni d'attention pour ce prince.

Soyez bien sûr aussi, mon cher ami, que je ne manquerai jamais de reconnaissance envers vous.

Je vous supplie de vouloir bien m'envoyer les noms des marchands de Lyon, et me faire savoir la somme de la créance du baron banquier Dietrich.
V.

MMMMMCCXI. — A M. LE COMTE DE LA TOURAILLE.

Le 9 novembre.

Je n'ai pu répondre, monsieur, aussitôt que je l'aurais voulu à la lettre par laquelle vous eûtes la bonté de m'apprendre votre excommunication. J'étais enchanté de vous avoir pour confrère, et il était bien juste qu'un doyen félicitât avec empressement un novice tel que vous; mais j'étais dans ce temps-là sur le point d'aller à tous les diables. Ma vieillesse et mes maladies continuelles ne me permettent pas de remplir mes devoirs bien exactement avec les réprouvés auxquels je suis très-attaché. Je me flatte que si vous êtes excommunié auprès de quelques habitués de paroisse, vous ne l'êtes pas auprès de l'habitué de la gloire. Les lauriers des Condé garantissent des foudres de l'Église.

Je vous souhaite, monsieur, beaucoup de joie et de plaisir dans ce monde, en attendant que vous soyez damné dans l'autre.

Ne montrez point ma lettre à M. l'archevêque, si vous voulez que j'aie l'honneur d'être enterré en terre sainte; mais, si jamais vous lui parlez de moi, assurez-le bien que je ne suis pas janséniste.

Conservez-moi vos bontés. Voulez-vous bien me mettre aux pieds de Son Altesse Sérénissime?

MMMMMCCXII. — A M. ***.

9 novembre.

Vraiment, mon cher ami, je suis fort aise que M. de Taulès soit M. de Barrau; mandez-moi, je vous prie, s'il est encore à Versailles, s'il reviendra bientôt à Soleure. C'est un homme fort instruit, et le seul capable de fournir des anecdotes vraies sur le *Siècle de Louis XIV*. Je ferais bien volontiers le voyage de Soleure pour le consulter, si ma santé me le permettait; il est d'ailleurs du pays de mon héros Henri IV, et j'ai mille raisons pour l'aimer : quand vous écrirez à M. de Rochefort, dites-lui, je vous prie, combien je m'intéresse à son nouvel établissement[1] et à son bonheur. Voici un petit mot pour M. le comte de La Touraille. Maman et moi nous faisons les plus tendres compliments à notre ancien ami et à la sœur du pot[2].
VOLTAIRE.

1. Son mariage. (ÉD.) — 2. Mme la duchesse d'Aiguillon. (ÉD.)

MMMMCCXIII. — A M. DAMILAVILLE.

Le 11 novembre.

J'ai aussi, mon cher ami, une très-ancienne colique. Je suis à peu près de l'âge de M. de Courteilles[1], et beaucoup plus faible et plus usé que lui. Je dois m'attendre à la même aventure au premier jour. Que cette dernière facétie soit jouée dans mon désert ou demain, ou dans six mois, ou dans un an, cela est parfaitement égal entre deux éternités qui nous engloutissent, et qui ne nous laissent qu'un moment pour souffrir et pour mourir.

Je vous plains beaucoup d'avoir perdu votre protecteur, mais vous ne perdrez pas pour cela votre emploi. Vous vous soutiendrez par vos propres forces; et d'ailleurs vous avez des amis. Plût à Dieu que vous pussiez, au lieu de votre emploi, avoir un bénéfice simple, et venir philosopher avec moi sur la fin de ma carrière!

Mandez-moi, je vous prie, si M. Marmontel est revenu à Paris. Le voilà pleinement victorieux; et il le serait encore davantage, si les chats fourrés de la Sorbonne étaient assez fous pour lâcher un décret. Vous m'avez envoyé les *Pièces relatives à Bélisaire*, mais elles ne sont pas complètes.

Il n'est pas juste de m'attribuer l'*Honnêteté théologique* quand je ne l'ai pas faite. Il faut que chacun jouisse de sa gloire. Ceux qui font ces bonnes plaisanteries sont trop modestes de les mettre sur mon compte. J'ai bien assez de mes péchés, sans me charger encore de ceux de mon prochain.

Je ne suis point du tout fâché qu'on ait imprimé ma lettre à Marmontel. J'y traite Coger de *maraud*; et j'ai eu raison, car il a eu la conduite d'un coquin avec le style d'un sot. On peut même imprimer cette lettre que je vous écris, je le trouverai très-bon.

Je vous embrasse de toutes les forces qui me restent.

MMMMCCXIV. — A M. COLINI.

A Ferney, 11 novembre.

Mon cher ami, oublierez-vous toujours que j'ai soixante-quatorze ans, que je ne sors presque plus de ma chambre? il s'en faut peu que je ne sois entièrement sourd et mort. Vous m'écrivez comme si j'avais votre jeunesse et votre santé. Soyez très-sûr que, si je les avais, je serais à Manheim ou à Schwetzingen.

Il y aura toujours un peu de nuage sur la lettre *amère* de l'électeur au maréchal de Turenne : le fait, entre nous, n'est pas trop intéressant, puisqu'il n'a rien produit. C'est un pays en cendres qui est intéressant. Il importe peu au genre humain que Charles-Louis ait défié Maurice de La Tour : mais il importe qu'on ne fasse pas une guerre de barbares.

Gatien de Courtilz, caché sous le nom de du Buisson, avait déjà été convaincu de mensonges imprimés par l'illustre Bayle, avant que le

---

1. Il venait de mourir. (ÉD.)

marquis de Beauvau eût écrit. Il est donc très-vraisemblable que le marquis de Beauvau n'eût point parlé du cartel, s'il n'avait eu que Gatien de Courtilz pour garant. Bayle, qui reproche tant d'erreurs à ce Courtilz-du-Buisson, ne lui reproche rien sur le cartel. Il faut donc douter, mon cher ami : *de las cosas mas seguras, la mas segura es dudar.* Mais ne doutez jamais de mon estime et de ma tendre amitié pour vous. Mme Denis vous en dit autant.

MMMMCCXV. — A M. CHARDON.

A Ferney, 14 novembre.

Monsieur, il paraît que le conseil cherche bien plus à favoriser le commerce et la population du royaume, qu'à persécuter des idiots qui aiment le prêche, et qui ne peuvent plus nuire. Dans ces circonstances favorables, je prends la liberté de rappeler à votre souvenir l'affaire des Sirven, et d'implorer votre protection et votre justice pour cette famille infortunée. On dit que vous pourrez rapporter cette affaire devant le roi. Ce sera, monsieur, une nouvelle preuve qu'il aura de votre capacité et de votre humanité. Il s'agit d'une famille entière qui avait un bien honnête, et qui se voit flétrie, réduite à la mendicité, et errante, en vertu d'une sentence absurde d'un juge de village.

Il n'y a pas longtemps, monsieur, qu'on a imprimé à Toulouse, par ordre du parlement, une justification de l'affreux jugement rendu contre les Calas. Cette pièce soutient fortement l'incompétence de messieurs des requêtes, et la nullité de leur arrêt. Jugez comme la pauvre famille Sirven serait traitée par ce parlement, si elle y était renvoyée après avoir demandé justice au conseil. Vous êtes son unique appui. Je partage son affliction et sa reconnaissance.

J'ai l'honneur d'être avec beaucoup de respect, monsieur, votre, etc.

MMMMCCXVI. — A M. DUPONT.

17 novembre.

Mon cher ami, j'écris quand je peux, et les lettres arrivent aussi quand elles peuvent : la vôtre du 7 novembre m'apprend qu'il y a encore un usurier qui me coupe l'herbe sous le pied ; je ne sais si cet usurier est juif ou chrétien ; vous me ferez plaisir de m'apprendre son nom. Le royaume des cieux est souvent comparé à l'usure dans saint Matthieu, dont le premier métier était d'être usurier.

Je vois que le sieur Jean Maire s'est toujours moqué de moi, et ne m'a jamais dit un mot de vérité. J'ai écrit à la chambre des finances de Montbéliard, et je lui ai fait proposer de me payer moitié comptant, de me donner pour le reste des délégations irrévocables sur des fermiers ou régisseurs, bien acceptées, bien autorisées et bien légalisées ; je n'ai pas le temps d'attendre, et j'ai bien la mine de mourir avant d'avoir obtenu de quoi vivre.

J'ai fort à cœur que votre baron banquier n'ait rang et séance qu'après moi au conseil souverain de Colmar, pour l'article des dettes. Quand il s'agira d'une diète de l'empire, il peut passer devant moi tant qu'il voudra.

Si l'indigente chambre des finances de monseigneur ne me fait pas une réponse catégorique, j'enverrai certaine grosse en vertu de laquelle Simon Magus instrumentera vigoureusement : *interea patitur justus*.

Adieu, mon cher ami; on ne peut vous aimer ni vous regretter plus sincèrement que l'ermite de Ferney.

MMMMCCXVII. — A M. Damilaville.

18 novembre.

Je présume, mon cher ami, qu'on vous a donné de fausses alarmes. Il n'est point du tout vraisemblable qu'un conseiller d'État, occupé d'une décision du roi qui le regarde, ait attendu un autre conseiller d'État à la porte du cabinet du roi, pour parler contre vous. On ne songe dans ce moment qu'à soi-même, et tout au plus aux affaires majeures, dont on ne dit qu'un mot en passant. Si mon amitié est un peu craintive, ma raison est courageuse. Je ne me figurerai jamais qu'un maréchal de France, qui vient d'être nommé pour commander les armées, attende un ministre au sortir du conseil pour lui dire qu'un major d'un régiment n'est pas dévot : cela est trop absurde. Mais aussi il est très-possible qu'on vous ait desservi, et c'est ce qu'il faut parer.

J'ai imaginé d'écrire à Mme de Sauvigny, qui est venue plusieurs fois à Ferney. Je ferai parler aussi par monsieur son fils. Je saurai de quoi il est question, sans vous compromettre.

On a imprimé en Hollande des lettres au P. Malebranche; l'ouvrage est intitulé *le Militaire philosophe*; il est excellent : le P. Malebranche n'aurait jamais pu y répondre. Il fait une très-grande impression dans tous les pays où l'on aime à raisonner.

On m'assure de tous côtés que l'on doit assurer un état civil aux protestants, et légitimer leurs mariages; il est étonnant que vous ne m'en disiez rien.

Bonsoir, mon très-cher ami; je vous embrasse bien fort.

MMMMCCXVIII. — A Madame d'Épinal.

26 novembre.

Ma belle philosophe a donc aussi chez elle un petit théâtre; ma belle philosophe, qui sait bien qu'il vaut mieux jouer la comédie que de jouer au wisk, se donne donc ce petit amusement avec ses amis. C'est assurément le plaisir le plus noble, le plus utile, le plus digne de la bonne compagnie qu'on puisse se donner à la campagne; mais il est bien plaisant qu'on excommunie dans le faubourg Saint-Germain¹ ce que l'on respecte à Villers-Coterets². Il est vrai qu'on n'a jamais eu tant de raisons d'excommunier les comédiens ordinaires du roi. On prétend qu'ils sont en effet diaboliques; le public les fuit comme des excommuniés. On dit que ce tréteau est absolument désert, et que de toutes les troupes, après celle de la Sorbonne, c'est la plus vilipendée.

1. Le Théâtre-Français était alors rue des Fossés Saint-Germain des Prés. (Éd.)
2. On y jouait la comédie chez le duc d'Orléans. (Éd.)

Il y en a une à Genève qui le dispute à la Sorbonne; c'est la horde des prédicants. Depuis que le grand Tronchin l'a quittée, et qu'elle est abandonnée des médecins, elle est à l'agonie. Les autres citoyens ne se portent guère mieux; leur petite convulsion dure toujours. Il sera fort aisé de leur donner des lois, et impossible de leur donner la paix. Heureux qui se tient paisiblement dans son château! Il me paraît que ma belle philosophe prend ce parti neuf mois de l'année: ainsi je me tiens d'un quart plus philosophe qu'elle; mais elle est faite pour Paris, et moi je ne suis plus fait que pour la retraite.

Je suis bien respectueusement, véritablement, tendrement attaché à ma belle philosophe.

MMMMCCXIX. — A M. LE CHEVALIER DE TAULÈS.

A Ferney, 20 novembre.

Le zèle de M. de Barrau [1] s'est bien ralenti; il m'avait instruit autrefois, et il m'avait promis de m'instruire encore. Faudra-t-il que je m'en tienne aux mémoires de Torcy sur ce singulier traité entre Louis XIV et Léopold, qui dut être déposé entre les mains du grand-duc? M. de Barrau laissera-t-il son ouvrage imparfait? Quand on a fait un enfant, il faut le nourrir et le vêtir. J'ai recours aux bontés de M. de Barrau, et je le somme de ses promesses.

Les plates tracasseries de Genève peuvent bien être sacrifiées au cabinet de Louis XIV.

C'est bien dommage que M. de Torcy n'ait pas écrit des mémoires sur tout son ministère; c'est un homme plein de candeur.

Si M. de Barrau veut, avec la même candeur, me continuer ses bontés, la vérité et moi nous lui en aurons grande obligation.

VOLTAIRE.

MMMMCCXX. — A M. DE CHABANON.

A Ferney, 20 novembre.

Vous êtes assurément un plus aimable enfant que je ne suis un aimable papa; c'est ce que toutes les dames vous certifieront, depuis les portes de Genève jusqu'à Ferney. Vous allez faire à Paris de nouvelles conquêtes; mais j'espère que vous n'abandonnerez pas l'empire romain et les Vandales.

Je sais que le trépot de la Comédie est tombé comme cet empire. Il n'y a plus ni acteurs ni actrices; mais vous travaillez pour vous-même. Un bon ouvrage n'a pas besoin d'un tripot pour se soutenir, et vous le ferez jouer à votre loisir quand la scène sera un peu moins délabrée. Je voudrais être assez jeune pour jouer le rôle de l'ambassadeur vandale sur notre petit théâtre; mais vous avez assez d'acteurs sans moi, car j'espère toujours vous revoir ici. Je suis comme toutes nos femmes; elles n'ont qu'un cri après vous, et Mme de La Harpe sera une très-bonne Eudoxie. Mon cher confrère en tragédies, avez-vous vu

(1) C'était sous ce nom que Taulès avait envoyé à Voltaire des remarques sur le *Siècle de Louis XIV*. (Cl.)

M. de La Borde, votre confrère en musique? *Amphion*[1] ne doit pas l'avoir découragé. Je ne sais si je me trompe, mais il me semble que dans sa *Pandore* il y a bien des morceaux qui vont à l'oreille et à l'âme. Ranimez, je vous prie, sa noble ardeur; il ne faut pas qu'il enfouisse un si beau talent. Il me paraît surtout entendre à merveille ce que personne n'entend : c'est l'art de dialoguer. Vous ferez quelque jour un bien joli opéra avec lui, mais je ne prétends pas que *Pandore* soit entièrement sacrifiée.

Nos dames, sensibles à votre souvenir, vous écriront des lettres plus galantes; mais je vous avertis que je suis aussi sensible qu'elles, tout vieux que je suis. Ma santé est détestable, mais je suis heureux autant qu'un vieux malade peut l'être. Votre façon d'être heureux est d'une espèce toute différente.

Adieu; je vous souhaite tous les genres de félicité, dont vous êtes très-digne.

1. Opéra de Thomas, musique de La Borde. (ÉD.)

FIN DU QUARANTE ET UNIÈME VOLUME.

Coulommiers. — Typog. P. BRODARD et GALLOIS.